石窟文物抗震防护研究

石玉成　王兰民　王旭东　著

蘭州大學出版社
LANZHOU UNIVERSITY PRESS

图书在版编目（CIP）数据

石窟文物抗震防护研究 / 石玉成，王兰民，王旭东著. -- 兰州 : 兰州大学出版社，2019.12
ISBN 978-7-311-05733-6

Ⅰ. ①石… Ⅱ. ①石… ②王… ③王… Ⅲ. ①石窟－抗震－文物保护－研究－中国 Ⅳ. ①K879.294 ②P315.9

中国版本图书馆CIP数据核字(2019)第289891号

责任编辑 陈红升 张 萍
封面设计 王 挺

书 名 石窟文物抗震防护研究
作 者 石玉成 王兰民 王旭东 著
出版发行 兰州大学出版社 （地址:兰州市天水南路222号 730000）
电 话 0931-8912613(总编办公室) 0931-8617156(营销中心)
0931-8914298(读者服务部)
网 址 http://press.lzu.edu.cn
电子信箱 press@lzu.edu.cn
印 刷 兰州人民印刷厂
开 本 880 mm×1230 mm 1/16
印 张 28.75
字 数 845千
版 次 2019年12月第1版
印 次 2019年12月第1次印刷
书 号 ISBN 978-7-311-05733-6
定 价 198.00元

填补了国内外在石窟文物抗震防护研究方面的空白，对于石窟的综合防御减灾和文物保护，具有重要的社会经济价值及推广应用前景，达到了同类研究的国际领先水平，同意通过科技成果鉴定。同时建议进一步加强对重点石窟的地震响应监测。2014年本书主要研究成果获2013年度甘肃省科技进步二等奖。

2008年四川汶川8.0级地震对四川、甘肃、陕西等地的众多具有极高文化价值的文物造成了严重损毁，文物的地震防灾问题引起了社会的广泛重视。在甘肃省地震局和敦煌研究院的共同努力下，促成了“敦煌莫高窟地震监测系统建设”项目。“石窟文物抗震防护技术对策研究”课题成果为该项目的建设提供了重要的技术支持，同时也为莫高窟后续的文物保护研究提供了重要的指导性方向。2018年7月，甘肃省地震局和敦煌研究院组织专家验收组在敦煌对莫高窟地震监测系统项目进行了验收，会议由中国工程院院士、哈尔滨工业大学教授欧进萍担任验收组组长，与会专家一致认为，该项目是国内首个专门针对重大文化遗产的地震监测系统工程，对于提高对莫高窟及邻近地区的地震活动监测能力、灾害预警能力和地震危险性分析研究，全天候对洞窟岩体和窟内文物的振动防护监测以及开展石窟动力响应分析和抗震加固研究，具有十分重要的意义，社会效益显著，同时对国内外同类重大文化遗产地震安全防护具有典型的示范引领作用。

在近些年召开的有关岩土工程或石窟保护的学术会议上，如古遗址保护国际学术讨论会、国际岩石力学学会区域研讨会、海峡两岸学术交流会以及中国地震局“百人计划”学术交流会、甘肃省岩石力学与工程会议、甘肃省地震学会等会议上，展示了石窟文物抗震防护研究等方面的进展，并获得了好评，有关科研成果被广泛地介绍给大家，供专家们讨论、借鉴和相互学习。

参加本专著编写和主要研究工作的有石玉成、王兰民、王旭东、陈永明、王爱国、卢育霞、高峰、付长华、秋仁东、尹志文、郭青林、梁庆国、韦凯、蔡红卫、刘红玫、胡明清、刘琨、钟秀梅、袁中夏、徐晖平、郭俊英、严武建、徐舜华、王恒知、李国鹏、何丽君、王平、裘国荣、李舒、李倩等。全书由石玉成审阅、统稿。

在相关项目立项过程中，得到了科学技术部基础研究司和中国地震局科学技术司的重视和支持，在项目实施过程中，得到了中国地震局科学技术司的大力指导和帮助，同时也得到了甘肃省地震局、中国地震局兰州地震研究所、敦煌研究院、兰州交通大学、大同云冈石窟文物研究所、兰州大学土木工程与力学学院、洛阳龙门石窟文物研究所、新疆文物局、新疆地震局等单位的大力支持，在此表示感谢！

在石窟现场考察期间，得到了各有关石窟管理部门工作人员的配合和支持，他们对项目组的工作提供了很多便利，为项目的顺利实施和完成发挥了重要作用，在此向上述部门和单位表示衷心的感谢！

在项目执行期间，中国地震局兰州地震研究所科学技术处、发展与财务处和黄土地震工程研究室也为本项目的实施提供了支持和便利条件，谨此表示诚挚的谢意！

最后，向所有为本书编著提供帮助和支持的领导和同事以及关心石窟文物保护事业的人们表示衷心的感谢，让我们共同努力，为祖国的文物保护事业做出更积极的贡献！

目 录

第一章 绪 论

1.1 石窟文物概述

佛教建筑有许多种类，石窟是其中最古的形式之一，在印度称为“石窟寺”（grotto temples），是指就着山势，从山崖壁面向内部纵深开凿的古代庙宇建筑，里面有宗教造像或宗教故事的壁画。石窟本是佛教僧侣的住处，一般石窟寺是开凿岩窟成一长方形，在入口的地方有门窗。石窟中间是僧侣集会的地方，两边是住房。后来发展成为两种形式：一种叫作“礼拜窟”，一种叫作“禅窟”。礼拜窟雕造佛像，供人瞻仰礼拜；禅窟主要是供比丘修禅居住的。礼拜窟有前后两室的，也有单独一室的。其入口处有门，上面开窗采光。其平面有马蹄形的、方形的。内部装饰有在石壁上雕刻佛像的，也有在中心石柱雕造佛龛、佛塔的，也有在石窟四周作壁画的。印度现存的佛教石窟以公元前1、2世纪至公元5世纪时所造的阿旃陀石窟最为著名。

从公元4世纪到8世纪之间，印度佛教石窟艺术不断向东传播，越过葱岭传入我国新疆塔里木盆地北缘，形成具有浓郁地方风格的龟兹石窟艺术，传入我国西藏后形成了另一个具有地方风格的大乘密宗窟寺艺术。印度佛教石窟艺术传入我国新疆以后，沿着古代中西陆路交通孔道——丝绸之路进行传播。其方向是由西向东，由北至南：由新疆而河西，由河西而中原北方，形成了不同风格的石窟艺术模式，如新疆的库车、甘肃的敦煌、山西的云冈、河南的龙门、河北的南北响堂山等地现存的古代石窟，无数艺术匠师们根据当时的宗教信仰、社会风尚并结合他们自身的生活感受，以及在吸收外来文化艺术的基础上不断有所创新，形成中国的特色，反映了中国封建时代的思想文化和社会生活，集建筑、雕塑和绘画艺术之大成。北魏洞窟形式都是模仿印度石窟的制度，前面入窟的地方有一个“人”字形披间，是便于礼佛跪拜的前庭，窟的后半部有一个龛柱（中心柱），是为礼拜时遵照印度习惯回旋巡礼用的。隋唐洞窟大约有两种：一是沿用北魏的龛柱形式；一是中央平广而三面有笼壁的形式。后来建造增多，为省工起见，把龛柱改成须弥座和屏风，另创一种洞窟的形式。各时代石窟雕刻作品的鉴别，主要是从其面相、花纹、服装等加以观察。如六朝面相多是丰圆，后期较为瘦长，唐代则是颊丰颐满。衣纹最初用汉代传统的阴线刻法，后来兼采用西域的凸起线条，更发展成为直平阶梯式的衣纹。服饰一般是采用印度的装束，由单纯而逐渐演变为复杂。

据统计，中国现存的大中型石窟群、造像在350处以上，其地域分布以西北地区、黄河流域和长江流域比较集中，根据国务院批准的第一批至第七批全国重点文物保护单位目录，被列为全国重点文物保护单位的石窟寺有137处，许多已被列为世界级文化遗产并成为我国最重要的旅游资源之一。中国石窟可分为新疆、中原北方和南方三大地区，敦煌石窟、云冈石窟和龙门石窟是中国石窟寺的三大代表，属于世界上最优秀的石窟。

敦煌莫高窟又名“千佛洞”，位于甘肃省敦煌市东南25km处，大泉沟河床西岸，鸣沙山东麓的断崖上。前秦苻坚建元二年（公元366年）有沙门乐尊者行至此处，见鸣沙山上金光万道，状有千佛，于是萌发开凿之心，后历建不断，遂成佛门圣地。敦煌莫高窟因岩质不适雕刻，故造像以泥塑壁画为主。整个洞窟一般前为圆塑，而后逐渐淡化为高塑、影塑、壁塑，最后则以壁画为背景，把塑、画两种艺术融为一体。莫高窟唐时有窟千余洞，现存石窟735个（含北区生活洞窟243个），其中魏窟32个，隋窟110个，唐窟247个，五代窟36个，宋窟45个，元窟8个，壁画45000多平方米，彩塑雕像2415尊。石窟分上下五层，其窟形建制和壁画系统反映了十六国、北魏、西魏、北周、隋、唐、五代、宋、西夏、元等十多个朝代及东西方文化交流的各个方面。莫高窟是集建筑、彩塑、壁画为一体的文化艺术宝库，内容涉及古代社会的艺术、历史、经济、文化、宗教、教学等领域，具有珍贵的历史、艺术、科学价值，是中华民族的历史瑰宝，人类优秀的文化遗产。它是中国也是世界现存规模最宏大、保存最完整的佛教艺术宝库。1961年被国务院列为国家重点文物保护单位，1987年被联合国教科文组织列入世界文化遗产名录。1907年至1924年间，藏经洞内大批文物被掠走，大量精美壁画被粘揭盗走。

敦煌莫高窟九层楼

敦煌莫高窟一角

云冈石窟位于山西省大同市以西16km处的武周山南麓。石窟始凿于北魏兴安二年（公元453年），大部分完成于北魏迁都洛阳之前（公元494年），造像工程则一直延续到正光年间（公元520—525年）。石窟依山而凿，东西绵亘约1km，气势恢宏，内容丰富。现存主要洞窟45个，大小窟龛252个，石雕造像51000余尊，最大者达17m，最小者仅几厘米。其中的昙曜五窟，布局设计严谨统一，是中国佛教艺术第一个巅峰时期的经典杰作。云冈石窟的造像气势宏伟，内容丰富多彩，堪称公元5世纪中国石刻艺术之冠，被誉为中国古代雕刻艺术的宝库。按照开凿的时间可分为早、中、晚三期，不同时期的石窟造像风格也各有特色。云冈石窟形象地记录了印度及中亚佛教艺术向中国佛教艺术发展的历史轨迹，反映出佛教造像在中国逐渐世俗化、民族化的过程。其晚期石窟的窟室布局和装饰，更加突出地展现了浓郁的中国式建筑、装饰风格，反映出佛教艺术“中国化”的不断深入。1961年国务院公布其为全国重点文物保护单位，2001年被列为世界文化遗产。1500年以来，云冈石窟由于受到风化、水蚀和地震的影响毁损较为严重，中华人民共和国成立前也遭到人为破坏。据不完全统计，被盗往海外的佛头、佛像竟达1400多个，斧凿遗痕，至今犹在。

云冈石窟外貌

龙门石窟位于河南省洛阳市区东南12km处，密布于伊水东西两山的峭壁上，南北长达1km。始开凿于北魏孝文帝迁都洛阳（公元494年）前后，迄今已有1500多年的历史。后来，历经东西魏、北齐、北周，到隋唐至宋等朝代又连续大规模营造达400余年之久。现存石窟1300多个，佛洞、佛龛2345个，佛塔50多座，佛像10万多尊，最大的佛像高达17.14m，最小的仅有2cm，窟龛数量为中国之最，石窟艺术以宾阳中洞、奉先寺和古阳洞最具代表性。龙门石窟是北魏、唐代皇家贵族发愿造像最集中的地方，洞窟的开凿是皇家意志和行为的体现，具有浓厚的国家宗教色彩，因而以北魏和唐代的开凿活动规模最大，长达150年之久，北魏洞窟约占30%，唐代洞窟占60%，其他朝代洞窟仅占10%左右。龙门石窟规模宏大，气势磅礴，窟内造像雕刻精湛，内容题材丰富，展现了中国北魏晚期至唐代（公元493—907年）期间，最具规模和最为优秀的造型艺术，这些翔实描述佛教中宗教题材的艺术作品，代表了中国石刻艺术的最高峰。1961年国务院公布龙门石窟为全国第一批重点文物保护单位，2000年被列为世界文化遗产。龙门石窟自建造以来受到的人为盗凿破坏十分严重，唐武宗时期的灭佛运动使石窟蒙难，清末和民国年间石窟造像受到了疯狂的盗凿，许多头像、碑刻、浮雕被外国不法商人收购。

龙门石窟外貌

龟兹石窟是龟兹国境内石窟的总称，包括克孜尔石窟、库木吐拉石窟、森木塞姆石窟、克孜尕哈石窟、玛扎伯哈、托乎拉克埃肯石窟等六处主要石窟。龟兹石窟在本地传统文化基础上吸收外来因素，逐渐发展，形成了相对稳定的极具地方特色的龟兹石窟艺术模式。在传承佛教文化、模仿印度支提窟的同时，根据本地岩石酥松易于坍塌的特性，创造出别具一格的“龟兹式”中心柱窟，是佛教理念和自然条件巧妙结合的产物，这是佛教艺术史上的一大贡献。

龟兹石窟的经典——克孜尔千佛洞

雕塑在龟兹石窟中占有重要地位，但在千年历史沧桑、宗教易宗过程中遭到严重毁坏。从残存部分的塑像中，不仅可以看到早期受印度犍陀罗和秣兔罗雕塑艺术的影响，而且从中也可见其雕塑艺术的自身发展进程，逐步融合本地区、本民族的审美意识，体现出浓郁的龟兹风格。

就建筑形制而言，石窟作为一种地面上的大型文物，大多以群体的形式存在，规模大，延续的时期长。一般都是十几个，几十个成群成组集中在一个区域，更大的从几十个到几百上千个。石窟寺作为一种特殊类型的建筑物，它存在一定的地质条件环境中，即在一定的岩体内凿除掉一定数量的岩石，用“减法”形成一定的空间，只有一面有窟门或窟廊，后来为了防止石窟岩体的崩塌和滑动，在其外侧附以大型块石砌体或浇灌混凝土挡墙或采用锚杆实施加固。鉴于不同时代的艺术和宗教的审美要求，各个地区、各个时代都有不同的石窟形式。

洞窟形制除佛殿、僧房两大类外，又常常增窟内立中心塔柱或佛像的塔庙窟。总体上，石窟按形制可分为塔庙窟、佛殿窟、墓葬窟、僧房窟、讲堂窟、禅窟等类型。有些专家按洞窟结构形式，分为僧房群形式、中心柱式、平面方形的覆斗状顶三种洞窟类型。在石窟文物分类中，也常将摩崖造像归于石窟寺中，它主要是指以石刻为主要内容的佛教造像，特点是或置于露天或位于浅龛中，多数情况以群组形式出现，有时与石窟并存。

按照岩石的性质又可将石窟分为砂岩型、砾岩型、灰岩型、结晶岩型等。新疆、甘肃等地的石窟寺所在地的山岩，多属砂砾岩，这种岩石结构较为松散，颗粒粗糙，不宜进行雕刻，故河西走廊、渭河上游的诸多石窟中的造像，绝大多数为泥塑或石胎泥塑。西南地区石窟的大部分造像为石雕。

1.2 石窟抗震防护研究的必要性

在漫长的历史岁月中，石窟寺经过千百年的风吹沙打，水泡雨淋，阳光曝晒，地震活动以及人类的破坏以后，产生了多种地质病害，如边坡岩体失稳，悬崖危石丛生，洞窟崖壁开裂，窟顶崩坍剥落，软弱夹层泥化以及窟龛岩体和石刻造像的风化病害等。而在各种自然灾害中，地震以其袭击的突然性和灾害的严重性成为最突出的灾种。对于未来地震对石窟文物的灾难性影响，有关部门尚未给予足够的重视。一方面，文物既不同于一般的工业与民用建筑，也不同于其他重要工程，它具有永久保存价值，一旦毁于地震，即使修复重建，其文物价值亦不复存在。另一方面，由于经费紧张和其他方面的原因，我国三十多年来石窟文物工作的重点主要是“抢险加固”，防止石窟大面积的崩塌，当时缺乏全面的论证。有些石窟经过多年的使用和检验，砌体已发生位移、开裂和沉陷现象，能否抵挡住未来地震的袭击，尚值得怀疑。因此，加强石窟抗震防护研究十分迫切。

石窟文物90%以上分布在西部地区。该地区是我国主要的地震多发区和高烈度地区，历史上的许多地震对石窟都造成了严重的破坏。在西部大开发建设中如何充分利用文物旅游资源、振兴西部经济是极其重要的问题。历史留给我们丰富而珍贵的文化遗产，同时也赋予我们不容推卸的保护重任。因此，大力开展石窟文物抗震防护技术研究，不仅是一项关系到弘扬中华民族灿烂文化的重大的战略性科技项目，而且对中西部经济建设和社会发展具有深远的现实意义。

在文物保护工作中，如何科学合理地考虑未来地震灾害的影响，在我国基本上属于空白。20世纪80年代末以来，中国地震局兰州地震研究所相继开展了一些与石窟文物有关的专题研究，包括“敦煌莫高窟地震防灾、文物保护基础研究”“爆破振动对敦煌莫高窟的影响”等课题，已有相当程度的工作积累。特别是近几年，本项目组成员在国家自然科学基金资助下，开展了石窟文物保护中的地震安全评估及防灾对策研究，从多方面分析研究了石窟及其附属建筑物震害特点、形成机制和成灾规律，取得了大量有价值的成果。但石窟寺作为一种特殊类型的建筑物，鉴于不同时代的艺术和宗教的审美要求，各个地区、各个时代都有不同的石窟形式。限于时间和经费，研究中涉及的一些内容仅限于莫高窟等少数石窟，许多问题尚待进一步研究，本次研究将特别侧重于石窟文物抗震防护技术对策研究，为石窟抗震加固、文物保护提供依据。

因此，加强石窟文物抗震防护研究是我国科研工作者对全人类的功在当代、利在千秋的一个开拓性的工作，在岩土地震工程的科学领域中具有理论上的创新意义。研究成果可以为石窟文物的震害预防及其抗震加固对策提供依据，使石窟抗震防护设计更科学、更合理，以达到既经济又安全的效果，这无疑会产生巨大的经济效益。同时，也可为石窟旅游资源的综合治理与开发利用、景区规划设计、综合防御减轻各类灾害以及资金的合理配置与使用等方面提供依据和对策，经济意义重大。

1.3　研究目标和技术思路

石窟文物抗震防护研究的主要目标是以西部大开发为背景，以满足社会和经济文化发展需求为出发点，针对石窟文物自身的特殊性，从多方面分析研究石窟及其附属工程构筑物震害机制和成灾规律，建立石窟抗震安全评估理论体系，提出一套完整的、系统的服务于石窟文物的工程性防护对策的新理论、新方法、新技术，为石窟文物旅游资源的开发治理、综合防御减轻地震灾害提供技术保障。其基本思路是：在注意吸收以往成果的基础上，将岩土工程理论、地震工程学和数学力学分析方法相融合，注重理论与工程实践、综合减灾相结合，以历史震害调查、地质条件勘查分析、室内试验与现场测定、理论分析与数值模拟等为主要技术路线，并结合代表性场地或典型震害现场调查、震例分析，形成具有区域特色的石窟文物地震灾害预测理论与防治技术对策。

对于像莫高窟这样的大型石窟群，其地震稳定性分析评价既是一个斜坡岩体稳定问题和洞群的围岩稳定问题，也是附属工程构筑物的抗震性能评价问题。从拟静力法看来，把支挡构筑物看成研究主体，在假定危岩不存在的情况下，即得到支挡构筑物自身的稳定性；在假定危岩存在的情况下，支挡构筑物的稳定性实际上就是支挡构筑物与其所支挡岩体所组成的复合体系的稳定性。抗震稳定性，实际上是把地震荷载作为特殊荷载叠加之后的稳定性问题。我们也应当看到，以莫高窟为例，洞窟极为密集，彼此之间出现薄顶、薄底和薄壁，洞室差别很大，无论从平面上还是从剖面上看，洞型都不相同。从严格意义上讲，洞室围岩稳定问题已超出传统岩体力学中洞室围岩稳定问题的范围，已转化成洞室岩体的结构力学问题，从这个意义上讲，采用动力分析方法是必然的。

动力分析方法能反映石窟围岩与附属工程构筑物之间以及岩体裂隙的非连续特征，能够模拟接触面和结构面在动荷载作用下的不同工作状态，对其接触条件做出具体判断。动力分析方法能够给出各部位在地震作用下的稳定过程和破坏过程，能够模拟不同的地震作用，便于分析受力变形全过程中的各种问题和检验石窟的抗震性能。还可用于反演计算，根据石窟岩体的位移场和应力场等参数，确定支挡方式和窟体防护重点。从理论上讲，动力分析方法比之静力分析方法更切实际，更具有普遍意义。

震害调查结果表明，通常洞口段在地震时最容易遭受破坏。20世纪90年代以来，国外开展了一些地下结构的抗震试验。但涉及工程上非常关心的洞口、洞门以及洞口山体稳定性的试验研究的成果，基本上还是空白。不论是拟静力法还是动力分析方法本身都存在着许多假定，而影响动力分析计算结果的敏感性参数更多，因此，对于像莫高窟这样的具有重要经济价值和文化价值而自身结构又较为特殊的石窟，采用不同的地震动输入和不同的动力分析方法互为补充、对比分析是非常必要的。动力分析方法能够较为全面的考虑各种因素的影响，揭示洞窟和附属构筑物不同部位的破坏特征和抗震薄弱环节，对于制定合理的抗震设计方案、窟体防护重点及支护措施是很有实效的。

概括起来讲，石窟抗震防护的研究思路可归纳为如下几个方面：

(1) 通过石窟环境工程地质条件调查、物探测试、室内试验，查明洞窟地层的工程地质性质，给出岩体的工程力学参数。

（2）通过对裂隙分布、裂隙发展状况、支挡构筑物运行过程中变形情况的调查和分析，确定有代表性的计算模型。

（3）通过分析石窟文物的地震构造环境及地质灾害特征以及历史地震对石窟文物的影响，提出不同等级文物的抗震设防目标和地震荷载的确定方法。关于石窟文物抗震设防等级问题，除了以地震危险性分析结果为其重要依据外，还要结合历史上石窟本身的抗震实践、文物保护等级来进行。

（4）石窟近场活动断裂发震所产生的地震动效应对石窟安全具有重要的影响。本项研究以Boore等提出并改进的点源模型为基础，运用随机有限断层地震动叠加合成方法，模拟了缺乏强震记录地区石窟的近场地震动特征，作为石窟地震稳定分析计算的输入地震动之一。

（5）基于地震的断层弹性位错理论，采用地震位移水平分布的抛物线模型，研究了三维有限元方法在地震变形计算中的应用，揭示断层活动方式对地震地表变形分布特征的影响，探讨石窟文物活动断裂安全距离问题。

（6）合理模拟随机地震动荷载作用下，洞窟和附属构筑物之间以及岩体节理之间的“动接触”问题，采用动力分析方法给出石窟围岩和支挡结构的抗震稳定性以及各部位在不同地震作用下的稳定过程和破坏过程。

计算模型的选择要注意以下几个方面的代表性：①洞窟疏密程度、洞窟壁体厚薄、岩体节理裂缝空间分布特征的代表性；②岩性、洞窟几何形状及窟群组合特征的代表性；③不同地震作用（强度、频谱特性等）特点的代表性；④支护型式的代表性；⑤洞窟有无中心柱的代表性；⑥洞窟和附属建筑物的接触关系的代表性；⑦洞窟加固类型的代表性；⑧锚杆、锚索技术有无预应力的代表性。

（7）以敦煌莫高窟为典型实例，提出石窟地震监测系统建设目标、主要任务和设计方案。

（8）提出石窟文物灾害防治的基本原则，结合工程实践，提出不同类型石窟文物抗震防护技术对策。

开展现场调查的代表性石窟有敦煌莫高窟、洛阳龙门石窟、大同云冈石窟、安西（瓜州）榆林窟、肃南马蹄寺石窟群、永靖炳灵寺石窟、天水麦积山石窟、庆阳北石窟寺、泾川南石窟寺、泾川王母宫石窟、新疆吐鲁番柏孜克里克石窟、库车克孜尔石窟、库木吐拉石窟、森木塞姆石窟、克孜尔尕哈石窟、宁夏须弥山石窟、四川大足石刻和乐山大佛等，获得了现场第一手资料，为不同环境条件下各种类型石窟的抗震模拟计算和防护对策的制定奠定了基础。2003年甘肃民乐和岷县相继发生破坏性地震后，根据地震现场马蹄寺石窟震害情况，重点对该石窟进行了考察研究；2008年汶川地震以后，重点对汶川地震灾区内的麦积山石窟进行了考察研究。

1.4 研究内容和特色

我国是文物大国，又是发展中国家，基本建设不断地在开拓扩展，要跟上建设的步伐，去保护被发现和将要破坏的大量文物，多数是出于被动状态，再加上文物保护经费短缺，使石窟保护研究严重滞后，本书涉及的大部分内容可弥补国内这方面的不足。在文物保护工作中，如何科学合理地考虑未来地震灾害的影响并采取适合文物保护特点的抗震防护技术及相应对策，在我国基本上属于空白，本书多项研究成果在这一领域做了一些尝试，研究特色明显。同时，针对石窟及其附属建筑物这样一种完全不同类型的研究对象，重点研究了石窟的抗震安全问题，诸如洞窟与附属建筑物的“动接触”问题、锚杆（锚索）在石窟加固中的作用问题等，在研究方法和技术手段上均有一定的创新，对于推动地震工程学在文物保护领域的应用和发展也具有一定的价值。

本项研究以石窟文物保护为出发点，针对国内外地震工程研究领域的一些热点问题，紧紧围绕目

前言

文物是一种历史文化现象，它记录着每个时代我们祖先留下的痕迹。保持历史的连续性，是人类现代文明的需要。佛教石窟艺术是中国悠久而灿烂的古代文化的重要组成部分，也是极其珍贵的文化旅游资源。中国大多数石窟是佛教东传之后作为宗教形象的石窟寺。石窟开凿源于印度，始于汉代（公元2世纪），盛于北魏、隋唐（公元4—9世纪），一直延续到明、清时代。就地区分布看，比较集中地分布在古丝绸之路、黄河流域以及长江流域。在漫长的历史长河中，无数艺术匠师们以惊人的毅力、智慧和气魄，天才般地创造了具有鲜明民族风格的佛像、陶俑、壁画、石雕等艺术作品，其规模之大，数量之多，气度之恢宏，艺术之高超，影响之深远，足以和世界任何国家的石窟艺术相媲美。著名的石窟有甘肃敦煌莫高窟、山西大同云冈石窟、四川洛阳龙门石窟、重庆大足石刻、甘肃天水麦积山石窟、新疆拜城克孜尔千佛洞、甘肃安西（瓜州）榆林窟、甘肃永靖炳灵寺石窟、四川广元皇泽寺摩崖造像、河北邯郸响堂山石窟、新疆库车库木吐喇千佛洞 等。据统计，全国的石窟、摩崖造像总数超过350处，截至目前被列为全国重点文物保护单位的有137处，敦煌莫高窟、洛阳龙门石窟、大同云冈石窟、重庆大足石刻已被列为世界级文化遗产。石窟建筑、雕塑艺术在全国各地灿若群星，形成我国独具特色的文化群落。

甘肃是中华文明的重要发祥地之一。在这片广袤的土地上，由于我们祖先数千年的繁衍、生息和劳动，遗留下了无数丰富而优秀的文化遗产，其中尤以石窟寺最为突出。古代甘肃由于地理位置的独特和重要，曾是著名的陆路丝绸之路的要冲。在当时也成为中西经济文化交流中的总汇和集散之地。佛教从印度经中亚向内地传播，陇原是必经之地。因此，甘肃境内的石窟寺以其数量之多、开创年代之久远、延续时间之长、内容之丰富和形式之多样等诸多优势，居全国石窟寺之冠。

我国西部地区是石窟文物分布相对集中的地区，同时该地区也是我国地震多发区，历次大震均对石窟文物造成了严重破坏和影响。历史留给我们丰富而珍贵的文化遗产，同时也赋予我们不容推卸的保护重任。开展石窟文物的地震灾害风险防范和防灾减灾工作，乃是关系到弘扬中华民族灿烂文化的重大课题，也是关系到振兴与发展我国经济的有巨大效益的课题。西部大开发和“一带一路”建设，为当地社会、经济、文化的发展带来了契机，充分发挥石窟寺作为一种独特的艺术文化景观所具有的优势，对于进一步扩大开放，振兴西部经济，具有重要的意义。

本书是在科技部国家社会公益研究专项“石窟文物抗震防护技术对策研究”、国家自然科学基金“石窟文物保护中的地震安全评估研究”以及甘肃省科技支撑计划项目“敦煌莫高窟地震防灾、文物保护基础研究”等资助下，作者历辛十余年所取得的研究成果汇集而成，主要是针对我国石窟文物抗震安全中的关键科学问题，在石窟围岩的工程特性及主要病害、强震区岩体地震动力破坏特征、石窟地震环境评价和未来地震危害性估计、石窟文物抗震设防标准、石窟近场区地震动参数的模拟、石窟潜在地震变形及其与活动断裂的安全距离、石窟围岩及其附属建筑物动力响应特性和地震稳定性、挡墙加固型石窟和预应力锚杆（索）加固石窟围岩的动态损伤特性、石窟岩体危石（滚石）灾害的动力机理、石窟振动安全阈值、莫高窟地震监测系统建设、石窟文物综合防震减灾体系建设和震害防御对策等方面取得了创新性成果，为石窟文物的震害综合防御提供了重要的理论依据和技术保障，并取得显著的应用实效。

2010年8月30日，科技部组织专家对该项目成果进行了验收，验收意见为：该项目理论分析充分，技术路线正确，资料翔实可靠，取得了创新性成果，对北方石窟的地震灾害预测和防御减灾，具有重要的社会经济价值及推广应用前景，总评项目实施等级为“优秀”。2012年12月23日，甘肃省科学技术厅组织以中国科学院院士赖远明研究员担任主任委员的鉴定委员会，对“石窟文物抗震防护技术对策研究”项目进行了科技成果鉴定。鉴定委员会一致认为，本成果意义重要，内容丰富，研究方法先进，具有创新性，

前国内城市和重大工程地震安全性研究的一些最新动态和发展趋势，在研究目标和内容设置上力求对石窟文物抗震防护中的一些关键问题进行较为深入的分析研究，研究内容较为系统，在一定程度上弥补了石窟文物抗震研究方面的一些不足，使石窟文物的抗震防护对策的选取建立在较为坚实的理论基础之上，具有较重要的社会效益和经济效益。

工程抗震的研究和实践走过了近百年的历程，取得了重大成就。但破坏性地震仍然对人类社会的经济生活造成重大危害，其中的一个重要原因是人类尚无法对活动断裂的危险性和危害性做出准确的评价。发震断层附近的强烈地震动是造成工程设施破坏的重要原因，目前，发震断层附近的强震记录十分缺乏，开展活断层附近地震动场空间分布特征的研究，显然具有重要的科学意义和实际应用价值。一些国家的规范规定，对断层附近的设计要做地震动特殊研究，但限于资料而无法实施。因此，加强对近源强地震动的性态研究，对于科学评价石窟围岩的抗震安全性有重要作用。

在重大工程的抗震设防中，如何科学合理地避开活断层并采取相应的抗震技术对策，在我国研究得尚不够。这不但涉及活断层测年、定位等科学难题，亦需对断层可能造成的地面破裂规模和范围做出估计。其中，断层破裂形态、规模、性质等因素均需考虑，目前尚无解决这一难题的成熟技术途径。作为无法移动的大型文物，本研究采用定量化的分析方法对石窟文物活断层安全距离问题进行探讨，更全面和定量地揭示其特点规律并在实际中应用，在科学上有较明显的创新意义。

在研究过程中，做到了理论研究与文物保护的有效结合，同有关石窟文物保护部门保持了紧密合作，及时将科研成果转化为生产力，着力解决工程实际问题，为社会经济服务。反过来，文物保护需求也对理论研究提出了要求，在一定程度上有力地支持了科研工作的开展，两者相得益彰，共同发展。本书研究成果曾用于指导敦煌莫高窟南区崖体加固，对锚杆加固技术提出了合理化建议，并取得了较好效果。同时该成果在安西（瓜州）榆林窟以及2003年民乐-山丹6.1级地震后马蹄寺石窟的抗震防护加固和文物灾害综合防治中得到了借鉴和参考，取得了较好的应用效果。

本书的主要研究内容和取得的进展如下：

（1）阐述了石窟的分类及其工程地质和动力学特征，揭示了石窟文物主要病害及成因机制，强调了环境保护对石窟围岩稳定的影响；分析了甘肃石窟文物的地震构造环境及地质灾害特征以及历史地震对石窟文物的影响；揭示了强震区岩体地震动力破坏特征；以甘肃主要石窟文物为例，提出了石窟地震环境评价和未来地震危害性估计方法；针对石窟文物的特殊性，提出了不同等级文物的抗震设防目标和地震荷载的确定方法。

（2）从石窟所在场地的地震安全性评价、石窟地震稳定性分析、工程防护措施等方面入手，建立起一套合理的、较为完整的石窟抗震安全评估理论体系。以Boore等提出并改进的点源模型为基础，以敦煌莫高窟为例，运用随机有限断层地震动叠加合成方法，模拟了缺乏强震记录地区石窟的近场地震动特征；揭示了石窟所在高陡岩石边坡在水平动荷载下动力响应的加速度、速度、位移三量放大系数等值线在边坡剖面上分布的规律性特点。

（3）归纳总结了目前关于余震的相关研究成果，给出了中国西部以大量样本量为基础的具有统计意义的主震震级与余震震级之间的经验公式，揭示了强余震的空间分布和时间分布特点，为重大岩土文物在主余震作用下的反应特性和累积损伤效应提供了依据。

（4）基于地震的断层弹性位错理论，采用地震位移水平分布的抛物线模型，研究了三维有限元方法在地震变形计算中的应用，分析计算了敦煌莫高窟的潜在地震变形，揭示了断层活动方式对地震地表变形分布特征的影响，探讨了石窟文物活动断裂安全距离问题。

（5）提出了考虑岩体在节理裂缝处以及石窟和附属结构之间的动接触问题的动力有限元分析方法，建立了锚杆、锚索技术（无预应力、有预应力）加固石窟岩体的理论分析方法和数值模拟技术；采用二维、三维分析方法通过对无裂隙无锚杆、有裂隙无锚杆、有裂隙有锚杆和有裂隙有预应力锚杆4种模型的分析，定量分析了不同类型石窟在不同地震荷载作用下的动力响应和震害机制。

（6）以敦煌莫高窟为例，通过对不同峰值加速度、频谱、持续时间的动荷载作用下石窟围岩位移场、应力场分布特征的数值模拟计算，揭示了挡墙加固型石窟及其附属构筑物在地震作用下的动态响应和变化规律，归纳总结了洞室围岩的动态损伤特性；以莫高窟人字批顶结构的254号石窟为例，采用三维有限元分析方法，计算分析了竖向地震荷载作用下不同模型（按双层洞窟和中心柱的不同组合方式考虑）的拉应力分布规律，揭示了石窟中心塔柱对石窟岩体抗震能力的影响，指出了窟体防护加固的重点部位。

（7）在归纳总结国内外锚固理论与技术发展现状的基础上，针对预应力锚索加固石窟文物的特点，以榆林窟为例，通过对不同地震荷载作用下预应力锚索加固的石窟围岩位移场、应力场分布特征的数值模拟计算，揭示了预应力锚索加固石窟岩体在地震作用下的动态响应和变化规律，论证了锚杆（锚索）在石窟岩体加固中的作用。

（8）以洛阳龙门石窟有代表性的洞窟和大同云冈石窟的大型洞窟为研究对象，阐述了地震荷载下洞窟围岩损伤的影响因素，从地震动的不同工程特性、不同输入方向等方面入手，分析研究了不同地震作用下洞窟围岩的位移、速度和应力动态变化特征，揭示了围岩在不同地震作用下可能出现的拉性、压性以及剪性破坏，为石窟文物地震安全评估及防灾对策研究提供了依据。同时，运用Newmark隐式时间积分有限元法并采用黏-弹性人工边界，计算了不同地震动作用下不同的围岩材料对洞室地震反应的影响，分析了注浆加固围岩的减震效果、适用条件及其减震机理。

（9）揭示了石窟岩体危石（滚石）灾害及其基本特征，地震诱发滚石灾害及其基本特征，以某危岩体加固工程的3个典型工程剖面为实例，通过数值模拟分析，揭示了预应力锚索加固危岩体在地震作用下的动态响应和变化规律，论证了预应力锚索加固危岩体的可行性，分析了地震诱发滚石的运动轨迹，提出了危石（滚石）灾害的防治措施。

（10）针对洞窟上覆岩体裂隙性状，提出了利用反分析法来确定岩体裂隙的抗剪强度（C，Φ）值来进行石窟边坡的锚杆加固设计方法。该方法对于在无法进行试验确定岩体抗剪强度（C，Φ）值的石窟尤为适用。

（11）提出了不同类型石窟振动安全度安全阈值（环境振动、爆破振动）；对拟采用的锚索加固技术所产生的振动情况进行了分析测试，较好地反映了该施工工艺引起的振动效应的实际情况，并对其安全性进行了评估，为莫高窟崖体的加固施工提供了重要依据。

（12）设计了国内首个专门针对重大文化遗产的地震监测系统建设方案，完成了由9个数字测震台站组成的小孔径同心圆台阵，8个不同高度、不同位置的强震动台站组成的强震动立体观测台阵，建设了莫高窟地震监测台网中心。对于提高对莫高窟及邻近地区的地震活动监测能力和地震危险性研究，全天候对洞窟岩体和窟内文物的振动防护监测，以及开展石窟动力响应分析和抗震加固研究，具有十分重要的意义，同时对国内外重大文物地震安全保障工作具有典型的示范引领作用。

（13）提出了石窟文物灾害防治的基本原则，结合工程实践，提出了不同类型石窟文物抗震防护技术对策，较好地促进了石窟防护技术与文物保护的有机结合。

石窟文物震害特征及其防护研究同工程实践相结合，是今后面临的重要课题和发展趋势。目前，文物保护部门和工程界迫切要求科研部门能够提供石窟地震灾害的定量预测研究结果和抗震防护技术措施，以便能够指导石窟文物的抗震防灾工作。但由于我国石窟类型多，赋存的环境地质条件复杂，受不同时代的艺术和宗教的审美要求，各个地区、各个时代都有不同的石窟形式，要想解决石窟文物保护领域中的所有地震问题，绝非易事。因此，对于西南广大的石窟摩崖造像涉及的研究比较少。今后应进一步扩大研究区域，加大石窟文物抗震防护技术研究，使研究成果得到发展和完善，从而更好地服务于我国的文物保护事业。另外，由于受文物保护方面的限制，岩土力学基础资料获得的难度很大，影响了资料的准确程度，今后应加强模拟试验研究。

综上所述，石窟抗震防护研究也有力地推动了我国岩土地震工程学科建设和研究方向的拓展，近些年来的地震震害提出了若干有待我们加深理解和着力解决的问题，其中有些问题早已引起广泛关注，有些问题则值得深入研究探讨。坚持不懈地对这些问题进行研究和实践，是推进地震工程研究和抗震减灾事业的必由之路。随着西部大开发、国家“一带一路”倡议的实施和基础设施的大规模建设，相信本书研究成果的进一步深化，将会为石窟文物的加固或防震减灾做出贡献。

第二章 石窟围岩的工程特性及主要病害

2.1 石窟分布及保护状况

2.1.1 石窟分布现状

石窟是依山崖开凿的一种特殊的石结构建筑。早在西汉武帝元鼎四年（公元前113年）开凿的河北满城汉墓中山靖王刘胜及妻子窦绾墓，即是在陵山东坡开凿的长达50多米的洞窟。东汉时期，佛教由印度传入中国，作为僧侣修行场所形式之一的石窟寺，首先在“丝绸之路”西段（新疆境内）开凿了克孜尔石窟等13处石窟群。在我国历史上，南北朝及隋、唐时期，建凿石窟寺达到高峰，如著名的敦煌莫高窟、大同云冈石窟、洛阳龙门石窟及天水麦积山石窟等皆始凿于南北朝时期。据最新报道，考古学家在西藏西部发现了一个巨大的佛教石窟群。至此，石窟的地域分布已遍及20多个省区（见表2-1，图2.1）。

作为无法移动的大型文物的石窟寺，历史上曾多次遭到地震袭击。根据中国地震局颁布的《中国地震动参数区划图》（GB 18306—2015）和国家文物局公布的第一批至第六批全国重点文物情况，统计了71处全国重点石窟文物，其中25.3%分布在Ⅷ度或Ⅷ度（0.20g、0.30g）以上地区，42.3%分布在Ⅶ度（0.10g、0.15g）地区，32.4%分布在Ⅵ度（0.05g）地区（见图2.2）。在西北地区和华北地区的石窟90%以上分布在Ⅶ度以上高烈度区，尽管一些石窟位于少震弱震地区，但在低烈度地区发生破坏性地震的事例屡见不鲜。可以看出，石窟寺所处的地震地质背景不容乐观。目前，我国正处于地震活跃期，开展石窟寺抗震防灾、文物保护工作意义重大。

表2-1 全国部分重点石窟文物分布一览表

序号	石窟名称	时代	地址	文物所在地地震动PGA(g)	基本烈度
1	莫高窟(包括西千佛洞)	北魏至元	甘肃省敦煌市	0.10	Ⅶ
2	龙门石窟	北魏至唐	河南省洛阳市	0.10	Ⅶ
3	云冈石窟	北魏	山西省大同市	0.20	Ⅷ
4	榆林窟(包括东千佛洞)	北魏至元	甘肃省瓜州县	0.15	Ⅶ
5	麦积山石窟	北魏至明	甘肃省天水市	0.30	Ⅷ
6	炳灵寺石窟	北魏至明	甘肃省永靖县	0.20	Ⅷ
7	响堂山石窟	东魏、北齐至元	河北省邯郸市	0.15	Ⅶ
8	克孜尔千佛洞	唐至宋	新疆拜城县	0.15	Ⅶ

续表 2-1

序号	石窟名称	时代	地址	文物所在地地震动 PGA(g)	基本烈度
9	库木吐喇千佛洞	唐至宋	新疆库车县	0.20	Ⅷ
10	皇泽寺摩崖造像	唐	四川省广元市	0.10	Ⅶ
11	广元千佛崖摩崖造像	唐、宋	四川省广元市	0.10	Ⅶ
12	北山摩崖造像（包括南山—石篆山摩崖造像）	唐、宋	重庆大足县	0.05	Ⅵ
13	宝顶山摩崖造像（包括石门山摩崖造像）	宋	重庆大足县	0.05	Ⅵ
14	石钟山石窟	南诏、大理时期	云南大理剑川县	0.30	Ⅷ
15	巩县石窟	北魏至宋	河南省巩义市	0.10	Ⅶ
16	须弥山石窟	北朝至唐	宁夏原州区	0.20	Ⅷ
17	乐山大佛	唐	四川省乐山市	0.10	Ⅶ
18	柏孜克里克千佛洞	唐至元	新疆吐鲁番市	0.15	Ⅶ
19	飞来峰造像	五代至元	浙江省杭州市	0.10	Ⅶ
20	孔望山摩崖造像	东汉	江苏省连云港市	0.10	Ⅶ
21	北石窟寺	北魏至宋	甘肃省西峰区	0.10	Ⅶ
22	南石窟寺	北魏至唐	甘肃省泾川县	0.10	Ⅶ
23	万佛堂石窟	北魏	辽宁省义县	0.05	Ⅵ
24	驼山石窟	北周至唐	山东省青州市	0.15	Ⅶ
25	南龛摩崖造像	隋至宋	四川省巴中市	0.05	Ⅵ
26	千佛崖造像	唐至明	山东济南历城区	0.05	Ⅵ
27	大佛寺石窟	唐	陕西省彬县	0.05	Ⅵ
28	卧佛院摩崖造像	唐	四川省安岳县	0.05	Ⅵ
29	钟山石窟	北宋	陕西省子长县	0.05	Ⅵ
30	通天岩石窟	宋至明	江西省赣州市	0.05	Ⅵ
31	森木赛姆千佛洞	晋至宋	新疆库车县	0.20	Ⅷ
32	马蹄寺石窟群	十六国至清	甘肃省肃南县	0.20	Ⅷ
33	灵泉寺石窟	东魏至清	河南省安阳县	0.20	Ⅷ
34	龙山石窟	元	山西省太原市	0.20	Ⅷ
35	瑞岩弥勒造像	元	福建省福清市	0.10	Ⅶ
36	宝成寺麻曷葛剌造像	元	浙江省杭州市	0.10	Ⅶ
37	千佛崖石窟	六朝、唐	江苏省南京市	0.10	Ⅶ
38	白佛山石窟造像	隋、唐	山东省东平县	0.05	Ⅵ

续表 2-1

序号	石窟名称	时代	地址	文物所在地地震动PGA(*g*)	基本烈度
39	鸿庆寺石窟	北魏	河南省义马市	0.05	Ⅵ
40	小南海石窟	北齐	河南省安阳县	0.20	Ⅷ
41	大伾山摩崖大佛及石刻	北朝至明	河南省浚县	0.15	Ⅶ
42	毗卢洞石刻造像	宋	四川省安岳县	0.05	Ⅵ
43	慈善寺石窟	隋、唐	陕西省麟游县	0.10	Ⅶ
44	水帘洞——大像山石窟	北朝至唐	甘肃省武山县、甘谷县城	0.30	Ⅷ
45	天梯山石窟	北朝至唐	甘肃省武威市	0.20	Ⅷ
46	文殊山石窟	北朝至西夏	甘肃省肃南裕固族自治县	0.20	Ⅷ
47	克孜尔尕哈石窟	北朝至唐	新疆维族自治区库车县	0.20	Ⅷ
48	天龙山石窟	东魏至唐	山西省太原市	0.20	Ⅷ
49	千像寺造像	辽	天津市蓟县	0.15	Ⅶ
50	羊头山石窟	南北朝至唐	山西省高平市	0.05	Ⅶ
51	金灯寺石窟	明	山西省平顺县	0.10	Ⅶ
52	真寂之寺石窟	辽	内蒙古自治区巴林左旗	0.05	Ⅵ
53	栖云洞造像	宋至明	福建省罗源县	0.05	Ⅵ
54	崇唐观造像	唐	河南省登封市	0.10	Ⅶ
55	仙佛寺石窟	唐	湖北省来凤县	0.05	Ⅵ
56	潼南大佛寺摩崖造像	隋至清	重庆市潼南县	0.05	Ⅵ
57	涞滩二佛寺摩崖造像	宋	重庆市合川区	0.05	Ⅵ
58	蒲江石窟	南北朝至清	四川省蒲江县	0.10	Ⅶ
59	邛崃石窟	唐至宋	四川省邛崃市	0.10	Ⅶ
60	荣县大佛石窟	唐	四川省荣县	0.05	Ⅵ
61	夹江千佛岩石窟	唐	四川省夹江县	0.10	Ⅶ
62	通江千佛岩石窟	唐	四川省通江县	0.05	Ⅵ
63	牛角寨石窟	唐	四川省仁寿县	0.05	Ⅵ
64	卧龙山千佛岩石窟	唐	四川省梓潼县	0.10	Ⅶ
65	石泓寺石窟	隋至明	陕西省富县	0.05	Ⅵ
66	万安禅院石窟	宋	陕西省黄陵县	0.05	Ⅵ
67	云崖寺和陈家洞石窟	南北朝至明	甘肃省庄浪县	0.20	Ⅷ
68	木梯寺石窟	南北朝至元	甘肃省武山县	0.20	Ⅷ
69	王母宫石窟	南北朝	甘肃省泾川县	0.10	Ⅶ
70	贝大日如来佛石窟寺和勒巴沟摩崖	唐	青海省玉树市	0.15	Ⅶ
71	吐峪沟石窟	南北朝至唐	新疆维吾尔自治区鄯善县	0.10	Ⅶ

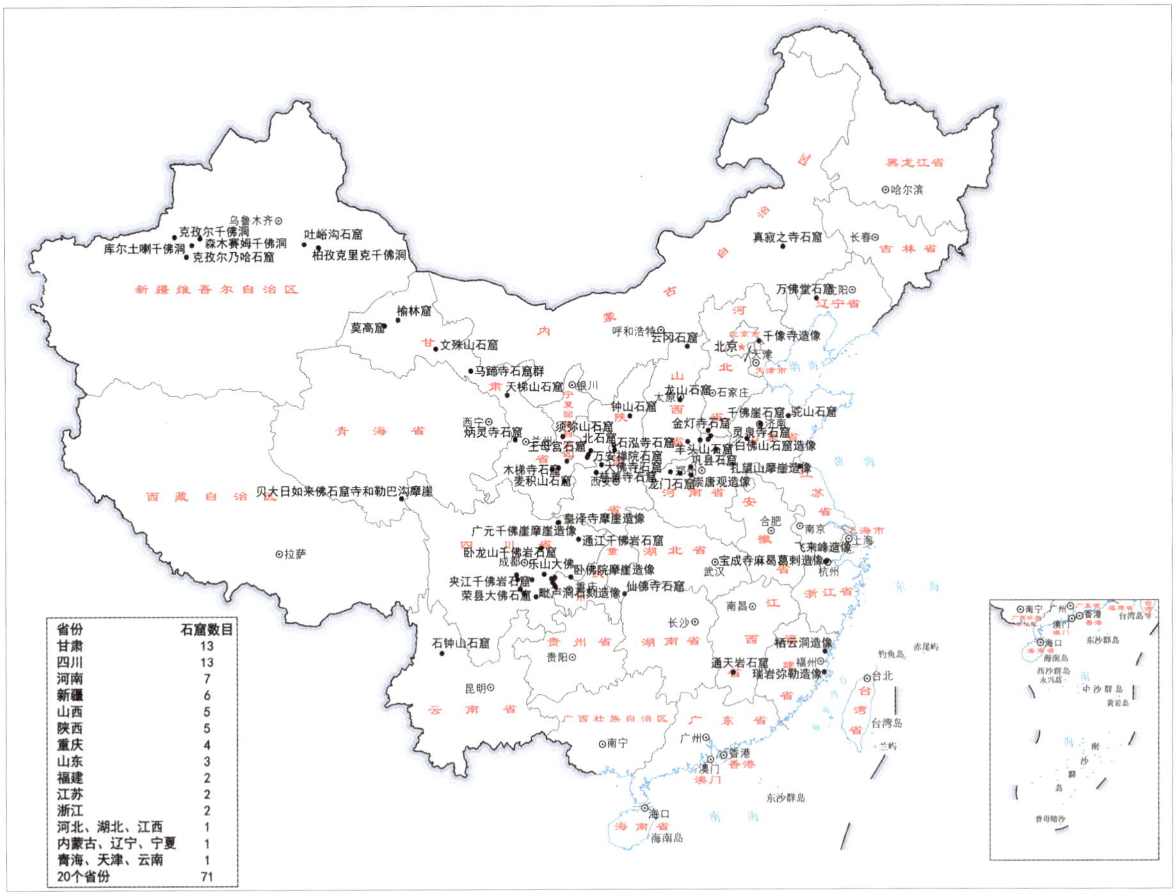

图2.1　中国部分重点石窟文物分布图

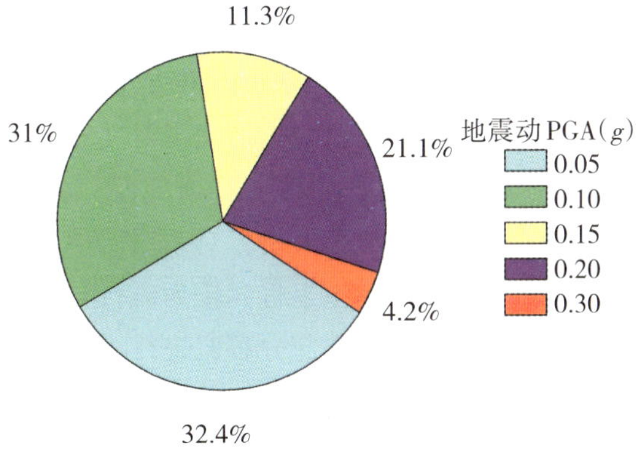

图2.2　全国部分重点石窟文物所在烈度分布

2.1.2　石窟保护状况

中国的石窟寺历经千百年的漫长岁月，由于受到自然营力（地震、河流冲刷、地下水侵蚀、大气降雨侵蚀、风蚀等）和人类活动（战乱、偷盗、火灾、烟熏火燎、采矿等）的长期作用，绝大多数石窟岩体及壁画、石雕、塑像遭受到不同程度的破坏。尤其是近几百年来，帝国主义列强入侵掠夺，战乱不绝，盗贼猖獗，不少石窟呈现一派荒凉破败、伤痕累累的景象。1949年新中国成立后，国家非常重视对文物的保护工作，各级政府陆续拨款对一些重点石窟寺进行了抢救维修，取得了巨大成绩。虽然近几十年来国家投入了大量的人力、物力进行研究保护，但随着国内经济建设的规模和空间日益增大及一些人文物保护意识的淡薄，自觉或不自觉地损害石窟文物的事件时有发生。例如甘肃省永靖县炳灵寺石窟，由于1967年刘家峡水库的修建，水库蓄水后改变了炳灵寺石窟区的局部小气候，使得岩体渗水病害增加，石刻风化加剧；甘肃省武威天梯山石窟由于修建黄羊水库而曾淹没大佛下半身；新疆库木吐喇石窟也受到水库的严重影响；甘肃省庆阳北石窟寺和天水麦积山石窟、河南省洛阳龙门石窟等受采石放炮、水泥厂粉尘和地下采矿等诸多人类活动的影响，均对文物造成了难以挽回的不良影响[1-2]。“文物不可再生”，对此应引起我们高度重视。今后在石窟文物附近兴建各种工程或进行其他工程活动时，应首先进行环境影响评价和文物保护评价，否则一旦对文物造成破坏，即使投入再多的资金也是难以完全补救的。同时我国的洞窟文物由于长期受裂隙切割、危岩发育、渗水侵蚀和风化作用，部分洞窟已岌岌可危，有整体坍塌的趋势，如果不及时采取必要的措施进行保护，许多珍贵文物将会遭到致命的破坏，甚至可能毁于一旦，因此急需对存在的石窟病害从根本上进行治理。20世纪90年代后，随着综合国力和文物保护意识的增强以及旅游事业发展的需要，从根本上消除危及洞窟文物存在的重大隐患不但有了可能，而且更加迫切。国家近二十多年来从立法、宣传和财力、物力等方面加大了对文物保护的投入力度，对石窟文物的岩体崩塌变形、渗水溶蚀和风沙侵蚀等多方面的病害进行了全面、科学、细致的调查分析和试验，并采取了多种技术措施，从根本上对石窟文物病害进行了综合治理，消除了部分石窟存在的隐患。

为了将珍贵的石窟及古建筑文化遗产很好地保存、传承下去，我国研究和保护文物的专家学者们付出了艰辛的努力，做了大量的工作，做出了突出的贡献。回顾半个多世纪以来，我国石窟及古建筑物的保护工作大致可分为三个阶段：

第一阶段为20世纪40—50年代。随着敦煌艺术研究所的成立，以常书鸿、段文杰、罗哲文等为代表的一大批文物工作者在极其艰苦的条件下，经过含辛茹苦的努力，使得几千年以来遭受破坏的石窟及古建筑恢复了基本原貌，并进行了有效的管理。

第二阶段为20世纪50—80年代。国家在财政十分困难的情况下拨出巨款，对敦煌莫高窟南区、云冈石窟、龙门石窟及大足石刻等多处全国重点文物进行了抢救性加固和地质勘查测绘，并组织召开了多次文物保护专家会议，揭开了中国应用现代科学技术保护石窟的序幕。

第三阶段为20世纪90年代至今。随着综合国力和文物保护意识的增强以及旅游发展的需要，国家近年来从包括立法在内及财力、物力等多方面进一步加大了对文物保护工作的力度，在国家文物局及国家各级文物保护机构的领导组织和支持下，中国文物研究所、敦煌研究院、中铁西北科学研究院、中国地质大学等多家机构的一大批科研、工程人员，对石窟保护和病害的治理进行了大量卓有成效的研究工作，结合文物保护的特点，将目前岩土工程界较为流行且成熟的新技术、新材料、新工艺应用于文物保护及病害治理工程中，对病害严重的部分石窟进行了综合性的病害治理，使珍贵的文化艺术遗产得到了切实有效的保护。

石窟文物的安全和稳定除了受其开凿岩体本身的物质组成、坡体结构和地质构造运动形成的断裂、节理裂隙以及地下水的赋存运移条件的影响外，还受其所处的地质环境例如所处山体的稳定性、窟区地震烈度、降雨、风沙侵蚀等诸多因素的影响，此外还有气候条件的改变、大气污染加剧、人类工程活动的增加等因素的影响，其病害的类型及形成机理各不相同，因此对石窟病害所采取的治理措施也各有侧重，不尽相同。

对于一些石窟，已经采取了不同形式的加固措施，如20世纪60年代莫高窟的抢险加固工程是以重力挡墙的形式阻止石窟大面积的崩塌；70年代麦积山石窟的加固，采用的是喷锚加固与裂隙灌浆相结合的方式，彬县大佛寺石窟、安西（瓜州）榆林窟等石窟的修缮加固也基本上采用了类似的方法。龙门石窟、云冈石窟在防止岩体崩塌的加固工程中，则采用了化学灌浆黏结、补砌等方法，这些已加固了的石窟同样存在着抗震安全评价问题。

随着现代技术的发展进步，石窟数字化保护越来越受到重视。有学者指出，已历经千年风雨的世界文化遗产敦煌莫高窟，正以“比古代快100倍的速度走向死亡”。除了风沙水害的侵蚀，日均数千游客带来的人为损害，也让莫高窟不堪重负。著名学者樊锦诗曾慨叹：莫高窟老化消失的趋势，只能延缓，无法逆转。如果敦煌终将消失，有没有可能，以另一种方式流传后世？20世纪90年代初，敦煌研究院发起以现代技术保护莫高窟的“数字敦煌”项目，目前已有近百个洞窟完成高分辨率数字采集与存储，其中部分洞窟已完成整个洞窟的图像拼接。通过数字图像，可精准地记录不同类型的壁画病害信息，为评估壁画修复效果和日常监测、调查洞窟壁画保存状况提供准确的依据。更重要的是，敦煌石窟的数字化让壁画和雕像得到更久远的存储及更广泛的传播，为敦煌莫高窟的保护开辟了新的途径。数字化技术解决了我们既要旅游开放又需石窟保护之间的冲突，同时数字化技术也可以让敦煌石窟承载的璀璨文明及珍贵历史传播至世界各地。

2.2　石窟分类及岩性特征

历史学家和艺术家从不同角度对石窟进行了深入的研究，并进行了不同的分类，本节主要从石窟开凿的地貌环境和岩性等地学特征去分析研究不同类型石窟的特点，为石窟稳定性分析提供依据。

2.2.1　石窟的类型[3]

1.按开凿的形式分类

（1）僧房群形式。主室纵长，后壁开一大圆券龛，内塑佛像，左右为方形禅室，只容一僧在里边修行，这种样式称毗诃罗式。

（2）中心柱式。主室后部建中心塔柱，塔柱前边凿成人字披屋顶的形式。

（3）平面方形的覆斗状顶洞窟。后壁为大佛龛，上为方形藻井，顶心和四壁画满壁画或凿刻石像。

2.按人文存在形式分类

（1）窟、龛类，如莫高窟、麦积山石窟、云冈石窟、龙门石窟等。

（2）露天造像类，如乐山大佛等。

（3）摩崖造像类，如大足宝顶山摩崖造像、北山摩崖造像、贵州葫市摩崖造像、山东九龙山摩崖造像等。

3.按艺术风格分类

（1）壁画类，如莫高窟和新疆的一些石窟。

（2）石胎泥塑类，如甘肃的麦积山石窟、大象山石窟等。

（3）精雕细刻类，如甘肃炳灵寺石窟、山西云冈石窟、河南龙门石窟、四川大足石刻等。

4.按石窟开凿所在岩层的岩性种类分类

（1）砂岩型石窟。砂岩是适宜开凿石窟的主要岩石之一。石窟开凿在巨厚层、厚层砂岩或薄层砂岩地层中，以白垩系砂岩居多，为长石、石英砂岩，其间夹杂少量泥岩或页岩薄夹层，以泥、钙质胶结为主，胶结物中常含蒙脱石、伊利石和高岭石，遇水易分解，属于较软岩，孔隙度大，吸水性强，抗风化能力低。据不完全统计，这类石窟在我国分布极为广泛，约占国内石窟总数的80%左右。如甘肃永靖县炳灵寺石窟、山西省大同云冈石窟、甘肃省张掖马蹄寺石窟、甘肃省庆阳北石窟寺和南石窟寺、甘肃省靖远寺儿湾石窟、四川省大足石刻以及广元皇泽寺石窟，均属于此种岩石类型。

还有部分石窟为多种岩石混合，如新疆库木吐喇千佛洞所开凿的岩体为新生界第三系上新统岩石，属河湖相沉积，主要岩性为砂岩、砾岩及泥岩。岩石呈互层状产出，层理清晰，主要以泥质胶结为主，钙质胶结次之，岩石强度较低，风化后易碎。砂岩、砾岩具遇水崩解性，泥岩遇水软化，具弱膨胀性。地层中富含盐及碱质成分，浸水干燥后析出表面呈白色的结晶物。

（2）砾岩中的石窟。砾岩也是开凿石窟的主要岩石之一。如甘肃的麦积山石窟、大象山石窟和云南的剑川石窟等均开凿于砾岩中，与开凿石窟的砂岩一样，多属红色地层。就地层时代而言，属于新生代第三纪。

（3）半胶结砂砾层中的石窟。由于佛教传播、地理位置等诸多因素，半胶结的砂砾石层也是一类开凿石窟的重要岩层，这类石窟主要分布在甘肃省河西走廊一带和新疆部分地区。如甘肃省敦煌莫高窟、瓜州县榆林窟、西千佛洞均开凿于第四系酒泉组砾石层中，以泥质胶结为主，产状平缓，层理发育，在干燥状态岩石强度较高，但遇水强度迅速降低；甘肃省武威天梯山石窟开凿在成岩程度较低的第三系角砾地层中。

（4）石灰岩型石窟。石灰岩质地坚固，可雕性好，适宜开凿石窟，龙门石窟是这类石窟的代表，此外还有响堂山石窟以及桂林的一些石窟等。

（5）其他岩石中的石窟。前述的4类岩石是开凿石窟的基本对象，仅极个别的石窟分别开凿于花岗岩、安山岩和泥岩中。如北京延庆古崖居石窟就开凿在花岗岩体中；甘肃省瓜州县榆林石窟群东千佛洞部分石窟开凿在第三系泥岩层中，甘肃省玉门昌马石窟开凿于白垩统灰绿色泥岩层中。泥岩多夹于砂岩和砂砾岩中，遇水易成软塑状，透水性较差，力学强度指标较低。

5. 按地层时代分类

（1）古生代地层中的石窟。这类石窟基本上分布在碳酸盐岩中，如龙门石窟、响堂山石窟、云龙山石窟、玉皇洞石窟等。

（2）中生代地层中的石窟。这类石窟主要是指红色岩层，尤其是砂岩中的石窟，如甘肃炳灵寺石窟、南石窟寺、北石窟寺、王母宫石窟，山西的云冈石窟，以及四川的一些石窟和大佛。

（3）新生代地层中的石窟。①第三纪地层中的石窟，红色砾岩中的石窟多属此类，如甘肃麦积山、大象山石窟和云南剑川石窟等；②第四纪地层中的石窟，这类石窟分布在第四纪地层中，集中分布在甘肃西部和新疆境内，如莫高窟、榆林窟即开凿在更新世地层中。

岩石分类与地层时代分类存在着密切的内在统一性，如古生代地层中的石窟多与石灰岩有关，中生代地层中的石窟多与砂岩有关，第三纪地层中的石窟多与砾岩有关，第四纪地层中的石窟则多与半胶结砂砾石层有关。这些都说明石窟与地学有着密切的关系。

6. 按地理位置和环境特征分类

（1） 北方石窟。主要分布在甘肃、新疆以及华北地区，如敦煌莫高窟、安西（瓜州）榆林窟、敦煌东千佛洞石窟、永靖炳灵寺石窟、庆阳北石窟寺、张掖马蹄寺石窟、武威天梯山石窟、昌马石窟、靖远寺儿湾石窟、肃北五个庙石窟、天水麦积山石窟，新疆拜城克孜尔石窟和库木吐喇千佛洞，大同云冈石窟、河北响堂山石窟、北京延庆古崖居石窟等。

（2） 南方石窟。主要分布在长江流域，如四川省广元皇泽寺石窟和安岳石窟、重庆大足石刻、江苏千佛崖石窟、浙江龙游石窟等。

2.2.2 石窟区的岩性特征

1. 北方石窟

北方石窟多开凿在陆相、河湖相的砂岩、砂砾岩、砾岩、砾石层、页岩或砂岩与砾岩互层、页岩与砂岩互层及花岗岩岩体中，局部多夹有少量半胶结的透镜体或薄层细砂岩和泥岩，岩体上部主要为厚度不大的第三系泥岩、砂岩和第四系冲洪积层或黄土、残坡积物。岩体斜层理及交错层理、节理裂隙发育且贯通性好，尤其平行于崖面的卸荷裂隙发育。岩体表面分化严重，差异分化明显，坡面上多见风化凹槽和水蚀凹槽（如庆阳北石窟寺165号窟窟顶坍塌处可见到泥质砂岩夹层已风化成沙状，严重处已蚀空），崖面岩体稳定性差。岩体中地下水主要为基岩裂隙水，地下水以垂直运动和水平运动为主，其排泄方向为临空面（崖面）方向。

其地层岩性特性如下：

砂岩：多为巨厚层构造，钙质或泥-粉砂质胶结。钙质胶结的砂岩岩质较坚硬，单轴饱和抗压强度为47.4～49.2MPa，为硬质岩，岩石的吸水率为1.1%～1.3%，岩石的孔隙率为6%；而泥-粉砂质胶结的砂岩岩质疏松，单轴饱和抗压强度为9～17MPa，为软岩或较软岩，岩石的吸水率为6%～11%，岩石的孔隙率为27.5%～19.6%，软弱层面结构及交错层理、斜层理发育，常见多组交错层理。砂岩多具有软硬互层的特征，差异分化明显，抗风化能力低，风化面凹凸不平，岩体立面危岩发育。北方石窟主要开凿在以泥质胶结为主的砂岩地层中。

砾岩：主要由石英、长石、岩屑组成，多为第三系晚期或第四系早期形成，也有白垩系砂岩，以砂质和泥质胶结为主。极少数为钙质胶结，泥质胶结程度较差，多属于基底——孔隙式胶结，层理多近水平。由于成岩较晚，成岩程度一般较高。其工程性质较差。

第四系砾石层：一般成岩程度较差（如酒泉组砾石层），为半成岩状态-未成岩状态，多为钙、泥质胶结，以泥质胶结为主，砾石成分复杂，粒径多在4～15mm，夹有大粒径卵石。层内可见小沉积韵律，局部夹贝壳，多夹中、细砂薄层和砂黏土夹层，薄夹层单层厚度5～40mm不等；砾石层层理清晰，产状平缓，岩性干燥，透水性极强，孔隙率大，松散，力学强度指标较低。

半胶结圆砾土：接触式胶结，胶结物为泥、钙质混合物。岩性干燥，透水性极强，孔隙率大，松散，力学强度指标较低，由于长期受雨水冲刷、风蚀的作用，其岩体崖顶呈斜坡状，坡度约35°左右。半胶结圆砾土饱和抗压强度一般为8～14MPa，属软质岩。

透镜体状或薄层状半胶结砂层：其多夹于砾石层之间，泥、钙质胶结，遇水易崩解。室内土工试验结果显示，密度1.95～1.96g/cm^3，干抗压强度2.4～2.6MPa，摩擦角28.3°，黏聚强度0.01MPa，其工程性质极差。

砂质页岩：为灰黑-黑色，或为灰褐、黄褐色，岩体中页理及节理发育，层厚可达20～50cm。其多夹杂于砂岩和砂砾岩中，为砂岩和砂砾岩岩体中的层间软弱带，岩质软弱，风化严重，与砂岩和砂砾岩相比较，风化明显。

泥岩：多为黄色，局部呈灰绿色，多呈不整合接触下伏于砾石层之下或夹于砂岩、砾岩之间，多属内陆河湖相碎屑沉积岩。泥岩遇水易成软塑状，透水性极差，力学强度指标低。泥质夹层往往是岩体分级崩塌、滑移的分界面。

花岗岩：多为浅粉红色，粗粒结构，块状构造，分化严重。其主要成分以长石、石英为主，可见少量云母，岩体节理裂隙较为发育。

第四系上更新统风积砂质黄土：分布在山体上部的斜坡地带和山顶，粉粒为主，土质较均匀，具孔隙和垂直裂隙，厚度变化较大。

2.南方石窟

南方石窟多开凿于长石、石英砂岩和白云质灰岩中，局部夹薄层泥岩、粉砂岩，坡顶、坡面及坡脚多覆盖有第四系残坡积层及人工填土。

其地层岩性特性如下：

长石、石英砂岩：呈灰-灰黄色，其间夹薄层泥岩、粉砂岩，巨厚层构造，厚度可达30～40m，岩性较坚硬完整，工程性质较好。

白云质灰岩：呈灰-灰白色，多为中厚-厚层状构造，岩石致密完整，工程性质较好。

第四系残坡积层：一般由亚砂土、亚黏土及砂石组成，主要分布在陡崖坡顶地表及陡崖以下的缓坡和坡脚地带，厚度不等。

人工杂填土：一般由堆填土及岩石风化物混杂构成，局部含有不同时期的砖、瓦碎片，厚度不等。

南方石窟区的断裂及褶皱构造较为发育，岩体节理裂隙、岩溶发育，地下水丰富。

四川省广元皇泽寺石窟开凿在长石、石英砂岩中，窟区背斜构造和张扭性断裂带发育，受上述构造的影响，皇泽寺坐落的坡体截然分为陡崖和缓坡两种坡体结构单元。陡崖为巨厚层砂岩，岩性较坚硬完整，巨厚层砂岩岩体中发育着与陡崖走向近于垂直的两组构造裂隙，其贯通性、延伸性较好，这两组裂隙组合将岩体切割成楔形体，在风化、卸荷和水的共同影响下，构成了产生危岩崩塌体的基本条件；缓坡地层则相互重复，岩层破碎，软硬相间，为层间破碎带、泥化带发育的坡体构造，为坡体在地震、暴雨等各种因素影响下变形蠕动提供了潜在条件。

2.3 石窟寺的建筑形制特点

石窟寺建筑的形制特点直接关系到洞窟围岩的稳定性，石窟寺建筑的主要空间为内部空间，只有窟前有殿堂建筑的一部分窟有外部空间，与印度佛教石窟的建制相同，但又颇具地方特色。敦煌研究院付华林曾对莫高窟的窟形进行了大致归纳分类，基本上反映了中国石窟的形制特点。

2.3.1 建筑形制分类

1. 中心塔柱窟

因为窟中心有方形柱而得名，洞窟前半部是人字披顶，后半部是方柱撑顶柱地，方柱四面开龛，也有洞窟是一面或三面开龛的。这种形式，是遵循印度支提窟的形式并结合汉式建筑人字披顶而成的一种窟式；它除受印度、中国新疆造窟形式影响外，还与佛教徒当时修习禅行、绕窟巡礼、坐禅观像有密切关系。北朝时期的洞窟大多是这样的窟形，其典型的例子有莫高窟第254、248、428窟等（见图2.3）。

图2.3 中心塔柱窟——莫高窟第254窟

龟兹石窟中的克孜尔石窟是模仿了印度的支提窟而加以改变而建成的。新疆石窟开凿所依赖的岩体，质地为比较松散的砂岩，将舍利塔改为中心柱，可以起到支撑窟顶的作用。克孜尔的中心柱窟，一般由前室、主室和后室三部分组成，虽然目前保存有完整前室的洞窟不多，主要是因为年代久远，历经千年沧桑，因山体的倒塌而多有塌毁，但多数洞窟前室作为一个洞窟整体的一部分，其痕迹依然可见。前室一般为方形，面积小于主室，顶部为平顶，前壁门两侧一般绘龙王像，两侧壁绘佛说法图，后壁开门通向主室，如克孜尔后山区第224窟和谷东区的第175、178窟都保存有完整的前室。主室平面呈纵深方向的长方形，券顶，大多数正壁中间开龛设佛像，柱体的前方空间比较大。柱体的另外三侧壁与洞窟的诸侧壁之间形成可以通行、右绕礼拜的通道。洞窟中间的柱体，是塔的象征。克孜尔石窟的中心柱窟，柱体多数没有基座，小龛多凿于柱体正壁，其他壁面大多不凿龛，甬道比较低矮，顶多做成券顶。

2. 方形窟

方形窟一般由两部分组成，分为前室和主室。前室多为正方形，也有横长方形、纵长方形等形制，前室多有塌毁，从残存痕迹看，有平顶、一面坡顶和覆斗顶。主室平面为横长方形或纵长方形，主室为纵长方形的占多数。顶部形式变化主要有：横券顶、穹隆顶、套斗顶、覆斗顶和纵券顶。

有些洞窟的平面为长方形或长条形，窟顶为纵券顶或平顶。一部分是通过对原先的洞窟改建而成的，利用僧房窟的甬道改造的长方形洞窟一般规模不大。在方形窟中，有开龛、造像、绘画和不造像、不绘画两种情况，这说明其性质和使用功能是不同的。有的方形窟中主室正中有一方形坛基，坛基上目前还保存有佛像残块，具有礼拜的功能，没有壁画的方形窟，可能用来讲经说法。

在莫高窟，比较典型的是覆斗顶形窟，即因窟顶形如覆斗而得名。窟形平面呈方形，这种形制受汉墓形式的影响，窟内多在西壁开凿一个佛龛，也有少数洞窟是南、西、北三壁各开凿一个佛龛或没有佛龛，各时代都有，隋唐两代较集中。如莫高窟的西魏第285窟（见图2.4），北周第296窟，隋代第420窟，初唐第220窟，盛唐第328、45窟及中晚唐第159、156窟等。

图2.4　覆斗顶形窟——莫高窟第285窟

3.殿堂窟

形式与覆斗顶形窟大致相同，区别在于殿堂窟有中心佛坛，坛上塑有佛像，坛前有阶陛，坛后部有背屏与窟顶相接，也有个别洞窟无背屏。信徒可围绕佛坛右旋环通，礼佛观像。这类洞窟大多是大型洞窟，建于唐代后期及五代，典型洞窟如晚唐第85、196窟，五代第98、146窟，元代第61窟等（见图2.5）。

图2.5　殿堂窟——莫高窟第61窟

4.大像窟

大像窟在形制上与中心柱窟很相似，在主室的正壁前，塑一座高大的石胎泥塑佛像，后室也开凿得比较宽敞高大，大像的高度一般在10m以上，如克孜尔石窟第47、48、70、77、136、139、148、154等窟。另外，在库木吐喇、森木赛姆和克孜尔尕哈石窟都开凿有大像窟，虽然目前塑像荡然无存，但早期塑像留下的痕迹依然可见，正壁下部有像座。新疆以东的大型立佛，最早开凿的是云冈石窟的第16、18窟，分别高13.5m和15.5m。莫高窟塑有北大像的初唐第96窟、塑有南大像的盛唐第130窟等。其中第96窟外部建筑“九层楼”，目前是莫高窟的标志性建筑。

图2.6　涅槃窟——莫高窟第158窟

5.涅槃窟

这类洞窟是券顶、横矩形的窟。西壁有横贯全窟的佛床，佛床上塑有佛陀的涅槃像（如中唐第158窟、盛唐第148窟）（见图2.6）。这类窟按形制，应该称为横长形券顶窟，但因为一开始就称呼其为“涅槃窟”，所以现在仍遵循旧称。

6.僧房窟

僧房窟也称毗诃罗窟，主要用于僧人居住、生活，也兼有修禅打坐的功用。最早出现在印度的阿族陀石窟，是僧侣在夏季来临时为了躲避酷暑和风雨，而开凿的僧房窟。其形制和内部设施，都考虑到生活起居的需要，一般由主室和雨道两部分组成，洞窟内几乎没有壁画、塑像。如莫高窟北区洞窟。

7.禅窟

在主窟左右两壁各开凿仅供坐禅用的几个小型洞窟，以供禅僧习禅修行、礼佛观像，如北凉第267～271组窟、西魏第285窟。

2.3.2 洞窟几何尺寸

各地石窟寺洞窟开凿的尺寸因地制宜，因功能不同存在很大差别，且随意性较大。如莫高窟，第131窟为小型洞窟，主室尺寸约为3.0m×3.2m；第172窟为中型洞窟，主室尺寸约为4.8m×5.0m；第138窟为中型偏大洞窟，主室尺寸约为15.6m×12.6m。

再以新疆地区的石窟为例，经实测，列举几个洞窟的几何尺寸如下：

1.柏孜克里克千佛洞

第017窟：大型长方形纵券顶式，宽4.0m，高4.5m，深8m。

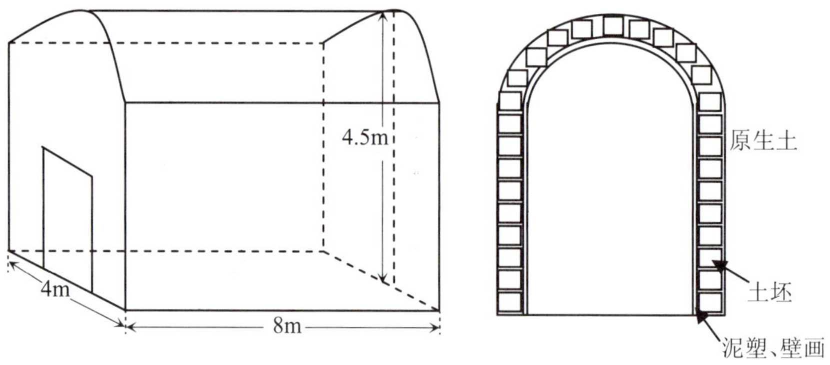

图2.7 柏孜克里克千佛洞017窟

2.克孜尔石窟，西窟区

第110窟：方形库，穹隆顶，宽3.5m，深4m，高2.5m+1.5m。

前门面：

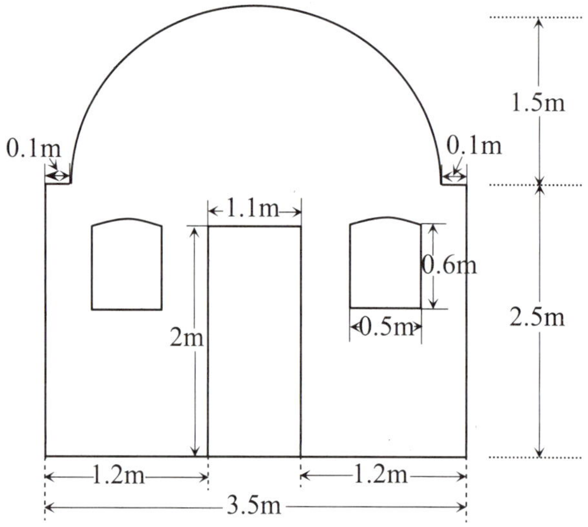

图2.8 克孜尔石窟110库前门面尺寸图

第004窟：中心柱窟

前室：纵券顶式，宽3.5m，深4.0m，高2.5m+1.5m。

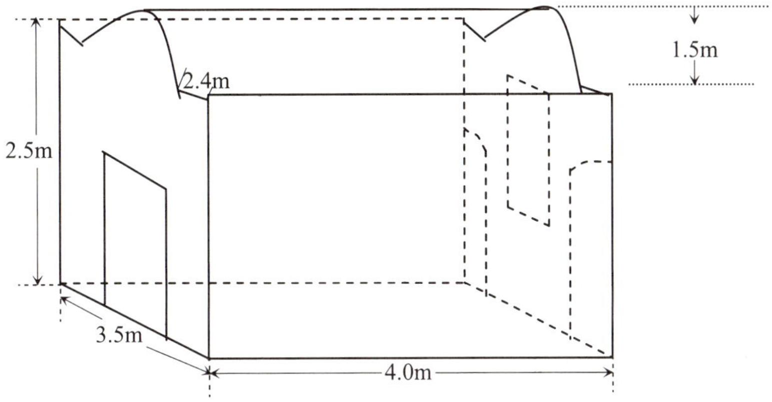

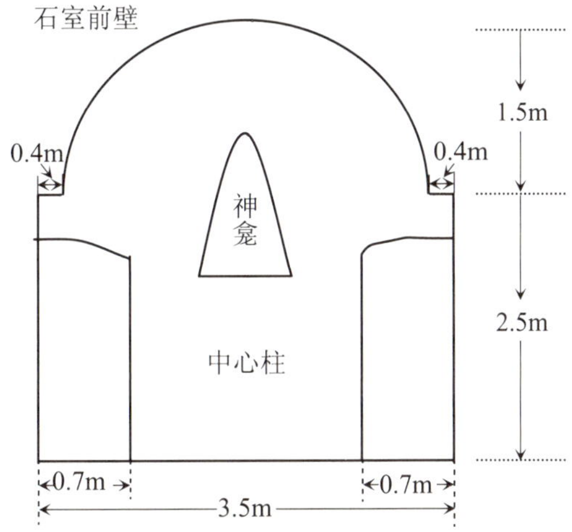

图2.9　克孜尔石窟004窟前室尺寸图

第010窟：僧房窟

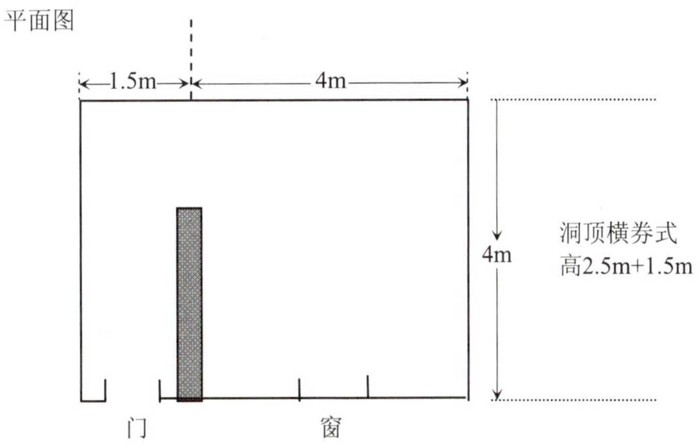

图2.10　克孜尔石窟010僧房窟尺寸图

3.森木塞姆石窟

第011窟：中心柱形制大像窟

前室破坏，只保留前室后部及后室。

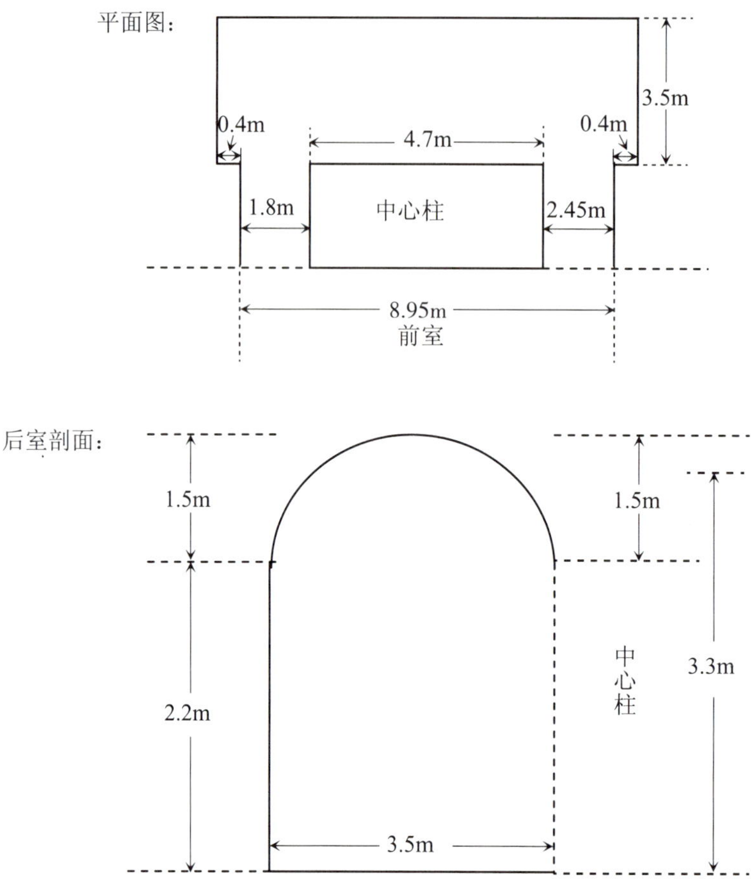

图2.11　森木塞姆石窟011窟尺寸图

4. 克孜尔尕哈石窟

第47号窟：中心柱窟

前室宽3.25m，深3m，高2m+1.5m；后室深2.3m，高1.92m。

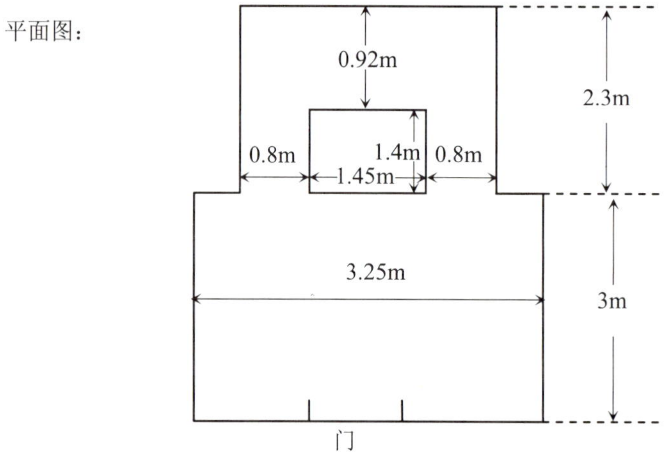

图2.12　克孜尔尕哈石窟47号窟平面尺寸图

2.4　石窟岩体的物理力学性质及动力学特征

2.4.1　石窟岩体的物理力学性质

石窟岩体的物理力学性质，对于石窟的稳定性评价和保护具有重要的意义。西北地区的石窟岩体以砂砾岩为主，泥、钙质胶结，力学强度较低；东部地区的石窟岩体以灰岩、花岗岩为主，强度较高。受制于文物保护的特殊要求，加之不允许取样，因此在现场或在室内开展岩体物性参数试验非常困难。本项研究主要根据文物保护单位提供的数据资料，同时结合在石窟附近的同类岩体开展的物性参数试验结果，对部分石窟岩体的物理力学性质指标进行了分析汇总，见表2-2～表2-11。

表2-2　莫高窟围岩不同层位岩性岩抗压、抗拉强度值

岩性	平均峰值抗压强度(MPa)		平均峰值抗拉强度(MPa)		顺层纵波波速(m/s)
	垂直层面	平行层面	垂直层面	平行层面	
厚层状砾岩夹薄层细砾岩	10.6	9.5	0.36	0.40	
含砾石英砂岩	16.3	12.6	0.47	0.62	1200～1600
厚层状细砂岩夹薄层砾岩	12.4	8.6	0.33	0.47	1500～1930
厚层状细砾岩夹中粗砾岩	19.4	15.8	0.60	0.74	2100～2300

表2-3　洛阳龙门石窟岩体物理力学性质[4]

岩石名称	天然容重(kN/m^3)	单轴抗压强度(kPa)	单轴抗拉强度(kPa)	抗剪强度		变形性质	
				摩擦角(°)	黏聚强度(kPa)	泊松比	变形模量(kPa)
极细晶白云岩	25.61	1166～1314	54～63	24	400	0.26～0.32	1.8～10.0
鲕粒灰岩	26.95	1062～1399	29～32	28～29	380～550	0.21～0.25	1.5～10.0

表2-4　洛阳龙门石窟结构面力学性质[5]

结构类型	剪切强度		变形性质(kPa)	
	摩擦角(°)	黏聚强度(kPa)	法向刚度	切向刚度
卸荷结构面	37	0.40	230	650
层面节理面	34	0.63	300	700

表2-5　大同云冈石窟岩体物理力学性质指标[6]

取样地点	18窟顶部北侧2号探井							
岩石名称	细砂岩		中砂岩			细砂岩		
取样深度(m)	2	3	4	5	6	7	8	9
天然抗压强度(kg/cm^2)	1049	967	823	874	940	818	527	586
弹性模量(Pa)					37.6	44.4	3320	1500
泊松比					0.14	0.3	0.17	0.19
容重(kN/m^3)					26.3	26.3	26.3	26.3

表 2-6　肃南马蹄寺石窟群（金塔寺石窟）物理力学性质指标

岩层	容重（kN/m^3）	干抗压强度（kPa）	湿抗压强度（kPa）	抗拉强度（kPa）	抗剪强度（kPa）	内摩擦角（°）	内黏聚力（kPa）
砂岩	20.8	21.1	1.32	1	1.48	24	0.02

表 2-7　彬县大佛寺石窟岩体物理力学性质指标

岩层	容重（kN/m^3）	单轴抗压强度（MPa）	抗拉强度（MPa）	内摩擦角（°）	内黏聚（kPa）
砂岩	20.9	2.5～13	0.3～0.7	27～41.6	1.0～2.9

表 2-8　河南灵泉寺石窟物理力学性质指标

岩性	弹性模量（MPa）	泊松比	初始黏聚力（MPa）	初始摩擦角（°）	残余黏聚力（MPa）	残余摩擦角（°）	容重（kN/m^3）	单轴抗拉强度（MPa）
大理岩	10000	0.25	0.253	32	0.025	22	27.3	0.4
结晶灰岩	8000	0.25	0.243	31	0.024	21	27.5	0.2

表 2-9　库木吐喇千佛洞物理力学性质指标

岩层	块体密度（g/cm^3）	块体干密度（g/cm^3）	单轴抗压强度（垂直层理）（MPa）	抗拉强度（垂直层理）（MPa）	抗剪强度			
					内聚力（kPa）		内摩擦角（°）	
					垂直层理	平行层理	垂直层理	平行层理
砂岩	1.901	1.894	2.03	0.18	350.8	184	47.3	46.6
砾岩	2.034	2.032						
粉砂质泥岩	2.060	2.036	4.79	0.4	971		54.2	

表 2-10　龙游石窟群物理力学性质指标[7]

岩层	容重（kN/m^3）	弹性模量（GPa）	泊松比	抗压强度（MPa）	饱和抗压强度（MPa）
围岩	27.3	6.0	0.25	30	20

表 2-11　西北地区部分石窟岩体物理力学试验数据

石窟	岩性	容重（kN/m^3）	孔隙度（%）	吸水率（%）	天然含水量（%）	单轴抗压强度（MPa）
炳灵寺石窟	砾岩	24.3～25.4	6～10	2.6～5.8	0.2	14.1
	砂岩	22.4～25.2				11.7～22.8
庆阳北石窟	砂岩	19.0	27.5	9.57	1.01	5.1
麦积山石窟	砾岩	23.4	13.0	8.27	1.15	10.98
马蹄寺石窟	砂岩	20.8	18.4			5.6
天梯山石窟	砂岩	22.8	14.7			13.6
	砾岩	23.2	11.9			4.66
须弥山石窟	砂岩	23.4	13.0			2.5
克孜尔石窟	砂岩	21.0	23.5			1.39

2.4.2 石窟岩体的动力学特征

岩体弹性波测试已广泛应用于岩体质量评价与围岩类型划分，在生产、科研等领域越来越显示出其经济、快速的优点。然而由于我国石窟类型多，赋存的环境地质条件复杂，同时鉴于文物的特殊性和文物保护制度的严格性，不管是取岩样开展室内试验工作，还是进行现场测试工作，都存在巨大的困难。因此，在具体实施中以收集石窟的物理力学资料为主，同时开展了补充试验和现场测试工作。

从岩体中的传播特征可以了解岩体的动力特性。本次采用SWVR-2000型6道智能地震工程探测仪和RS—1614H工程振动仪对部分洞窟围岩及附加构筑物进行了测试。触发方式为锤击式触发，波的传递有洞间水平穿透、上下洞垂直穿透，测试有洞壁测试与挡墙穿透测试等。

地震法弹性波测试技术研究洞窟围岩的工程特性有其独到的优点。首先，该方法快速简便，有利于取得大量资料。其次，该方法是一种原位测试，通过在前后室、上下洞室、左右洞室布线，可了解不同工程部位岩体的天然工作状态。最重要的是，该方法是一种无损探测技术，可满足文物保护的特殊需要。

以莫高窟为例，敦煌研究院和兰州大学曾对莫高窟洞窟围岩波速特征和弹性波频率特征进行了研究（张明泉等，1995），结合本次波速测试情况，结果见表2-12～表2-14。可以看出，洞窟群围岩存在着明显的波速各向异性，即围岩在顺层方向与切层方向上力学性质存在着差异。各向异性的基本规律是，围岩波速越低，其各向异性越明显（各向异性系数大）。显然这与围岩所处应力状态有关，即应力越高，层面接触越紧密。同时，从表2-12的数据可以看出：（1）洞脚处波速高于洞壁波速；洞壁波速高于洞顶波速。此乃各部位岩体所受应力状态不同所致。洞顶为张应力，洞壁为压应力；位置越低，应力越高。（2）近坡围岩波速低于远坡围岩波速。这是由于近崖面部位岩体风化及卸荷程度加重所致。（3）自然状态下围岩波速高于石窟群围岩波速，表明洞窟的确使围岩应力发生松弛。（4）边坡裂隙内外两侧岩体波速差异明显，裂隙外侧岩体波速低于裂隙内侧岩体波速，说明裂隙之外的边坡岩体工程性质较差。

洞窟岩体与附属建筑物自振频率对于洞窟-附属建筑物结构体系的抗震性能的发挥极为重要。本次采用了脉动测试方法对莫高窟部分区段进行了测试，分析结果见表2-15。可以看出，洞窟内测点，其脉动周期稍高，原因很复杂，既有石窟岩体本身的影响，也有地形地貌、洞窟结构形式、附属建筑物的特点等方面的影响，我们在进行脉动测量时，曾将洞窟内和走廊上的脉动观测结果做了对比，发现其脉动幅值和频谱特性存在较大差异，这在一定程度上说明了附加建筑物与洞窟岩体并不是紧密相连的，这对洞窟稳定均为不利。当然，仅凭一种手段来评定附属建筑物与洞窟的接触程度是不全面的，还需做大量深入细致的工作。

表2-16、表2-17给出了洛阳龙门石窟岩体和佛像波速测试结果，可以看出，其结果明显高于莫高窟岩体，有利于石窟抗震稳定。

表2-12 莫高窟围岩弹性波波速测试成果表

测段		测距	走时	纵波速度	横波速度
发射点	接收点	（m）	（ms）	（m/s）	（m/s）
180窟围岩	180窟围岩	1.65	2.5	1500	670
201窟佛龛	202窟大厅岩体	5.4	2.8	1930	
96窟	96窟	1.6	1	1600	
九层楼外粉砂岩	九层楼外粉砂岩	1.5	1.2	1200	
九层楼外粉砂岩	九层楼外粉砂岩	1.1	1.5	730	
481窟	481窟	2.1	1.5	1800	850

续表 2-12

测段		测距(m)	走时(ms)	纵波速度(m/s)	横波速度(m/s)
发射点	接收点				
481窟	481窟下暗洞	4	1.75	2300	
444窟裂缝外侧	438窟裂缝外侧	2.8	1.5	1800	
444窟裂缝内侧	444窟裂缝内侧	5.6	2.5	2240	
288窟底	45窟	5.5	1.2	2200	
465窟外南侧	465窟外南侧	3	1.75	1700	
180窟通道	180窟甬道	4.6	3	1500	750
182窟佛台	180窟顶	3.5	3	1170	
196窟通道	196窟甫道	3.8	2.5	1520	
196窟佛台	196窟佛台	4.5	3	1500	
196窟内壁	202窟内壁	5	3.3	1520	
196窟外壁	202窟外壁	3	2.5	1200	
203窟前壁	202窟壁	3.7	2.5	1500	
225窟	201窟	2.4	2.1	1140	
225窟	223窟	2.6	1.6	1600	
225窟	223窟	2.8	1.5	1870	
九层楼岩体	九层楼岩体	1.6	1	1600	
481窟围岩	481窟围岩	1.9	1.75	1100	
481窟下暗窟	481窟下暗窟	2.52	1.1	2290	
481下暗窟壁	481下暗窟壁	3.1	1.5	2100	
290窟底	49窟	4	2	2000	
280窟底	45窟	5.5	2.5	2200	
465窟外南侧	465窟外南侧	8	3.5	2300	
465窟外南侧	465窟外南侧	8	3.25	2460	
465窟外南侧	465窟外南侧	6	2.25	2700	

表 2-13　莫高窟北 127 洞北壁声波测试结果

长度(m)	纵波速度(m/s)	横波速度(m/s)	弹性模量(MPa)	剪切模量(MPa)	泊松比
0.3	721	407	1009	398	0.27
0.6	781	465	1275	519	0.23
0.9	708	415	1025	413	0.24
1.2	698	406	986	396	0.24
1.5	909	505	1563	612	0.28
1.8	661	401	932	386	0.21
2.1	701	385	915	356	0.28
2.4	757	455	1213	497	0.22
2.7	794	473	1316	537	0.22
3.0	1293	710	3113	1210	0.28

表2-14　莫高窟北127洞顶壁声波测试结果

长度(m)	纵波速度(m/s)	横波速度(m/s)	弹性模量(MPa)	剪切模量(MPa)	泊松比
0.3	434	260	389	162	0.22
0.6	475	287	472	198	0.21
0.9	444	268	411	172	0.21
1.2	483	271	443	176	0.27
1.5	742	438	1119	460	0.23
1.8	630	381	829	348	0.21
2.1	585	329	649	260	0.27
2.4	503	304	528	222	0.21
2.7	630	359	766	309	0.26
3	577	322	623	249	0.27

表2-15　莫高窟岩体与附属建筑物脉动测试结果

测试地点	卓越频率(Hz)			卓越周期(s)		
	⊥	EW	SN	⊥	EW	SN
地下暗洞	9.26	9.26	8.20	0.108	0.108	0.122
314#洞室	4.26	5.00	4.20	0.235	0.200	0.238
314#洞室挡墙	7.81	8.20	7.84	0.128	0.122	0.128
320#洞室	3.95	3.95	3.95	0.253	0.253	0.253
320#洞室挡墙	4.76	4.93	4.93	0.210	0.203	0.203

表2-16　洛阳龙门石窟石灰岩弹性波测试结果

项目	容重(kN/m^3)	纵波速度(km/s)	横波速度(km/s)	弹性模量(GPa)	泊松比
范围	26.8～27.2	4.11～5.79	2.45～3.04	39.4～64.1	0.168～0.334
平均	27.0	4.84	2.79	52.7	0.247

表2-17　洛阳龙门石窟现场佛像声波测试成果

洞名	测量部位	岩性	声波穿透距离(cm)	波幅值(mm)	纵波速度(m/s)
潜溪寺北墙	天王左脚	细—极细晶白云岩	20.5	10	5678
	天王右脚		21	6	4666
	天佛底		15.5	6	3865
	菩萨底		16.2	2.6	3439
	天王下猴腿		14.5	4	4084
	菩萨手指		7	4	3684
玉祥洞	小佛头	鲕状灰岩	10.41	6	4301
	小佛脚		8.73	4	2400

2.5 石窟主要病害、成因机制和背景分析

2.5.1 石窟主要病害

石窟寺过去主要是佛教徒从事宗教活动的场所。由于各地地质条件和气候条件的差异，大体采用雕刻和塑造（兼绘画）两种制作方法。在漫长的历史岁月中，石窟寺经过千百年的风吹沙打、水泡雨淋、阳光曝晒、地震活动以及人类的破坏以后，产生了多种病害：①边坡岩体失稳，悬崖危石丛生，洞窟崖壁开裂，窟顶崩坍剥落，软弱夹层泥化等地质病害；②雨水、河水、地下水以及其他水源造成的石窟渗水病害；③窟龛岩体及石刻造像的风化病害；④彩塑或雕像崩塌倒毁、错位倾斜、断肢掉头、刻划磨损、佛面污损、苔藓遍布、木架腐朽不堪等病害；壁画大面积脱落、起甲、酥碱、烟熏、发霉、变色等病害；⑤木构窟檐或其他附属古建筑风化、开裂、腐朽、松动等病害；⑥风沙危害；⑦各种人文灾害，包括旅游公害、环境污染、工程振动以及人类其他社会经济活动所带来的次生灾害。

1. 地震灾害

石窟大都依天然陡峭岩石崖体开凿，大都是没有衬砌，而是利用地层岩体的强度来维持其自身的平衡。在一般的情况下，石窟的震害有以下几种类型：

（1）滑坡形式的破坏

由于地震使整个边坡丧失平衡，土体沿破裂面向前下方滑动。若滑动面贯穿土体，则窟体被切成两段，前段随滑动土体落下而塌毁，若滑坡体积很大，则处于滑坡体中的窟体随同滑下的土体同时被破坏（图2.13—A）。

（2）石窟前土体塌落

石窟前岩体坡度一般为70°～90°，前方是一个临空的自由面，抵御水平地震力很差，易在石窟前面部位发生土体塌落。这种破坏一般对窟内影响不大（图2.13—B）。

（3）石窟内前段土体坍塌

当地震力进一步加大时，不仅石窟前面的部分全面塌落，而且从洞口底部发生一道或一族向上延伸的裂隙。严重时，上方土体沿裂隙向前滑动塌落（图2.13—C）。

（4）窟顶岩体坍塌

当地震力作用时，窟顶土体丧失了原有的静力平衡状态参与震动，轻者产生裂缝，严重的顶部土体塌落（图2.13—D）。

（5）石窟壁土体塌落

这种破坏多发生在石窟采用高直窟体壁的石窟场合，壁体土体受地震力作用时，产生上下两束斜裂缝，当裂缝相交后，壁体呈月牙形状剥落（图2.13—E）。

2. 地质病害

（1）岩体裂隙

裂隙是洞窟最常见的一种病害形式，洞窟越密集，裂隙越严重。洞窟群岩体中的裂隙的发育程度、产状、组合形态及其与洞壁的关系对洞室稳定性影响极大。以莫高窟为例，边坡岩体中主要存在以下四组裂隙：

a. 平行崖面的近直立纵向裂隙。该组裂隙是对洞窟安全影响最大的一种，大都分布范围广，延伸长。如莫高窟，以096窟到015窟之间的地段裂隙最为严重，多切过洞身，甚至深切到底层洞窟洞顶。部分地段的裂缝仍在发展之中。

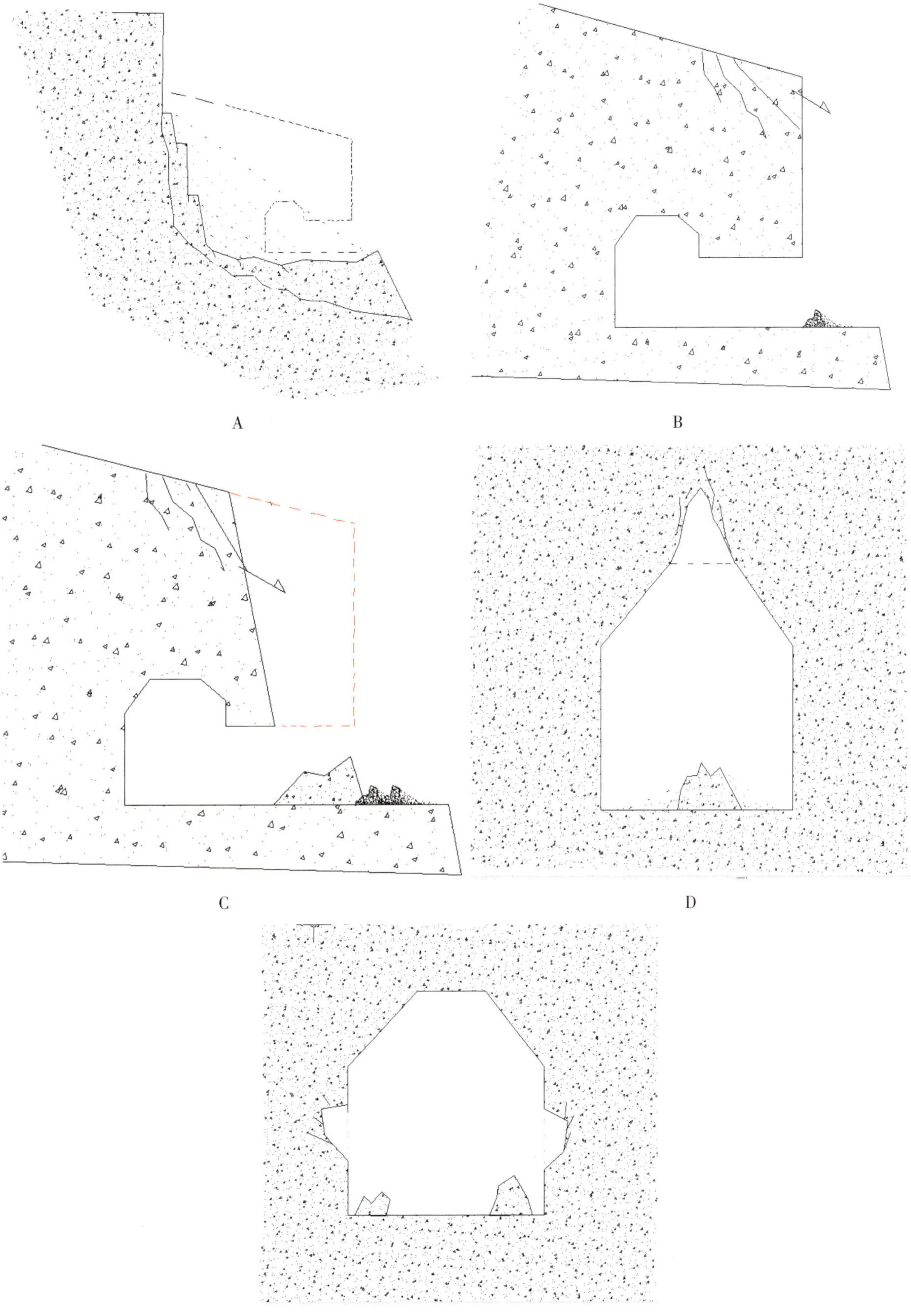

图2.13　石窟的震害类型

A—滑坡；B—石窟前部（窟脸）岩体塌落；C—窟身前段坍塌；D—窟顶塌方；E—石窟壁塌方

b.垂直崖面的横向裂隙。仅有一小部分裂隙断续出现于洞窟顶部或洞窟的一侧及其前后室的壁画上，一般细而短，下部张开1～5mm，大致呈波状顺崖面向上延伸2～5m即行消逝，裂面粗糙，其危害相对要小一些。

c.斜切崖面的陡倾构造裂隙。裂隙面平直、闭合、无充填，其产状与其南部三危山新构造运动所产生的逆断层的产状大致吻合。该组裂隙有切割岩体的作用，能助长崩塌的形成。

d.水平裂隙。沿酒泉组地层层面发育，主要分布于洞窟区的南段，在崖面上呈一水平线断续显示。该组裂隙在洞室拱顶附近出露时比较有害。

以上裂隙的种类在其他石窟也不同程度存在，以龟兹石窟群为例，其洞窟基本凿于第三系上新统砂岩夹砾岩、泥岩中，岩体胶结强度相对较好，干燥环境下有一定的强度。洞窟的破坏主要表现为裂隙及有裂隙引起的崩塌。由于洞窟所处崖壁高且陡，区内裂隙以卸荷裂隙为主，构造裂隙次之。其中，库木吐喇千佛洞规模较大的主要裂隙有39条：4条为构造裂隙，均分布在窟群区以外的岩壁上，其延伸延长较大，且较稳定，方向性明显，产状为倾向220°～225°，倾角65°～85°。裂面多数呈闭合状，局部地段裂开最宽达20mm，多数不贯通顶部，且宽度均一；35条为卸荷裂隙，是影响区内岩体和洞窟稳定性最主要的构造因素，裂隙多平行山体崖面分布，其水平延长与垂直延伸均较大（10～30m），往往切割数个洞窟。剖面上具上段反倾、中段直立、尾端正向弧型出崖面的特征。裂隙一般均呈张开状，具上宽下窄、裂隙内无充填物等特征，平面和剖面上多呈断续交错分布。

（2）崩塌、悬崖、危石

崖壁高陡、洞窟开挖过密、隔墙过薄等原因，削弱了崖脚对上部岩体的支撑能力，加之千余年来的风化作用、重力作用及地震影响，崩塌、悬崖、危石比比皆是，尤其是在加固之前，窟区全段都遭受过不同程度的崩塌，洞窟前室均已塌去大半。如第410～418窟窟前悬崖呈55°～65°之反坡，崖顶危石孤悬，至今不易清除。个别洞窟后室亦塌去1/3（如第417窟）。尽管20世纪60年代以来，已对有严重险情的7个区段进行了全面加固修缮，但崖壁和洞窟崩塌的危险并没有彻底解除。特别是尚未加固的区段，许多危石仅与母岩断续相连，倘遇地震或其他因素作用时，随时有崩塌的可能。

（3）洞顶坍塌剥落

酒泉砾石层水平层理较为发育，虽为钙质胶结但仍有不少砂、泥质胶结物，且岩层中常含细砂夹层及透镜体，由于抗风化能力的不同、温度的昼夜变化，沿层理面易形成剥离裂隙，后因纵横裂缝之发展以及重力和地震作用等，造成洞顶坍塌剥离现象，从而使大量壁画和部分彩塑遭到破坏。如第292、446、467等洞窟，曾发生过零星剥落现象。第460、477等洞窟，坍塌与剥落则伴随着裂缝的发展而情况更为严重。第196、211窟曾因地震促成坍顶现象，损失壁画面积达十余平方米。

（4）暗洞

对于莫高窟是否有埋藏洞窟的问题，专家的意见是肯定的。20世纪初发现的“藏经洞”即是例证。20世纪60年代在对洞窟进行全面勘测期间，曾在第053～467窟洞底发现约35m的大型暗洞。据专家推测，在窟区南北两端很可能有低于第一层洞窟而被风沙掩埋的洞窟，只是由于涉及洞窟安全的因素太多而尚未进行全面的勘探证实。暗洞对于边坡岩体的稳定性是一个潜在的隐患，同时对加固工程的设计也会产生制约。

（5）岩体风化和盐类风化灾害

风化是石窟病害中很普遍、很严重的问题。如莫高窟在历经千百年之后，洞窟岩体遭到了相当严重的风化，特别是砾石层表面，用手触摸即行散落。岩体的风化程度与石窟岩石的物理化学性质、岩体的结构和构造以及石窟所处的自然环境条件有很大的关系。例如，在崖壁上部岩体中，夹含砾石英砂岩薄层，尽管其强度较高，但由于交错层理发育，抗风化能力极差，风化后退后成凹槽状，直接控制上部岩体的稳定性。另一个典型例子是，由于砂砾岩岩体被严重的风化、风蚀，上层洞窟的窟顶逐渐变薄，个别洞窟（如第460窟）的窟顶已被穿透，变成了露天窟。轻者造成壁画大面积剥离脱落，重者造成壁画连同岩体大块坍塌并殃及佛龛内塑像。再如，龟兹石窟群和柏孜克里克石窟均已有1000～1700年的历史，好在位于干旱区，雨量稀少，但风暴和暴雨对千佛洞的外层仍有较大的破坏，库木吐喇和克孜尔千佛洞均有这种现象，因此部分洞窟门面出现剖蚀，并有部分向下流水冲蚀或风力切割的现象，少数被破坏的洞窟属自然风蚀垮塌。

盐类风化是由矿物结晶膨胀和矿物水化膨胀两种机制共同作用的风化过程。莫高窟岩体盐分组成主要是Na_2SO_4、NaCl、$MgSO_4$等，其风化机理是岩体中的易溶盐在水分参与下发生溶解、迁移和重结晶作用，使岩体颗粒之间黏结力减弱，导致岩体破裂或散落并产生壁画酥软、粉化等病害。据调查，大约20%的洞窟不同程度地遭受盐类风化破坏。再以新疆龟兹石窟为例，表面盐化作用是造成窟内壁面风化及地藏层脱落的重要作用，由于岩层中含有易溶盐（主要是NaCl），随着温湿度的变化，盐分随水的蒸发而结晶聚集在岩石的表面，暂时形成一层坚硬的外膜，膜下岩体表面已被胀裂风化，当其不断加厚形成外壳时就会翻卷、离鼓而与岩体脱离，造成表面破坏。

（6）干湿-冻融灾害

莫高窟地处沙漠腹地，气候干燥而寒冷。尤其是在秋末冬初，随着昼夜气温的剧烈变化，冻融循环频繁出现，形成冻胀现象，促成砂砾岩体的崩解破坏。另外，随着干湿循环，砂砾岩中所含有的黏粒成分将发生连续不断的胀缩变化，从而造成岩体结构松弛，形成膨胀破坏。

（7）冲沟和冲槽

安西（瓜州）榆林窟、敦煌西千佛洞以及新疆克孜尔石窟的顶部，雨水汇集成流而冲蚀形成宽窄不等的冲沟，在崖壁边沿下落水流把岩体冲蚀成垂直的沟槽，进而切割岩体，直接影响石窟的安全。

3.风沙危害

莫高窟自创建至今，由于自然和人为因素的影响，石窟、壁画和彩塑都不同程度地受到损坏，其中风沙危害最为严重。“佛像屡遭毁坏，龛亦为沙所埋”是古人对风沙灾害的生动描述。一方面，风沙流强烈风蚀或剥蚀，致使洞体遭受“薄顶”之灾，直接危及壁画的保存条件和环境，同时下泄的流沙对崖体产生强烈的磨蚀、掏蚀，使多处岩体形成危岩，甚至坍塌。另一方面，严重积沙不仅堵塞栈道、窟门，污染窟区环境，妨碍游人参观，而且又易导致窟顶岩体积水，进而积水下渗引起壁画酥碱。沙尘一旦进入洞窟，对壁画、塑像的磨蚀亦相当严重。因此，防治风沙危害已成为莫高窟环境整治中的一个主要问题。

4.壁画、彩塑及木构古建筑病害

洞窟里的壁画和彩塑，经过千百年的风吹沙打、水泡雨淋、阳光曝晒以及人类的破坏以后，产生了多种病害。自然损害方面有大面积脱落、粉层起甲、地仗酥碱、壁画变色和褪色、发霉、虫蛀等；人为损害方面有剥取、烟熏、重层、刻划、油渍、磨损、穿洞等。其中以大面积脱落、起甲、酥碱、烟熏、发霉、变色等六种为壁画主要病害。彩塑除地仗层酥碱、颜料层龟裂起甲、颜料粉化脱落、变色和褪色等病害和壁画病害相同外，还有木架腐朽不堪、佛像错位倾斜、断肢掉头、倒毁、刻划磨损等病害。据统计，莫高窟有各类病害的壁画总计4000多m^2，占壁画总面积的10%，有病害的彩塑共100多身，占彩塑总数的5%，上述病害受损洞窟总数超过250个，占洞窟总数的50%以上。40多年来，有些病害经过治理已得到控制，有些病害仍在发展之中。

莫高窟现存的五座唐末宋初石窟木构窟檐是我国不多见的早期木构建筑实物，具有很高的文物价值，在经过上千年的大自然和社会战乱等沧桑历程之后，木质构件已风化、开裂、腐朽、松动，自20世纪70年代末进行涂刷保护之后，病害已得到控制。

部分重点石窟文物的主要病害汇总于表2-18和图2.14～2.26。

表2-18 部分重点石窟文物的主要病害和面临的环境地质灾害

序号	石窟名称	地 址	石窟主要灾害
1	莫高窟	甘肃省敦煌市	地震灾害，岩体裂隙，崩塌，悬崖，危石，洞顶坍塌剥落，岩体风化，干湿-冻融灾害，风沙危害，壁画、彩塑及木构古建筑病害，挡墙工程开裂沉降
2	龙门石窟	河南省洛阳市	岩体裂隙、渗水、河水倒灌、雕像风化、围岩崩落、溶蚀病害、植被根系对岩体的破坏
3	云冈石窟	山西省大同市	岩体裂隙、石雕溶蚀、风化剥蚀、渗水积水、岩体崩塌
4	大足石刻	重庆市大足区	渗水病害、岩体风化、裂隙、酸沉降、石雕表面起壳和脱落、石刻表面微生物繁衍
5	麦积山石窟	甘肃省天水市	地震灾害、危岩、裂缝、崖面和山体稳定问题、雕像风化、风雨侵蚀
6	炳灵寺石窟	甘肃省永靖县	石窟崖壁渗水，崖体裂隙与危岩危石，底层窟龛潮湿、酥碱，窟前泥沙淤积
7	榆林窟	甘肃省瓜州县	地震灾害、岩体开裂、崖面风化、降雨入渗、冲沟发育、河水淘刷崖脚、壁画地仗层酥碱和开裂、颜料层起甲、壁画剥落
8	响堂山石窟	河北省邯郸市	石雕表面风化、危岩与裂隙、酸雨溶蚀
9	克孜尔千佛洞	新疆拜城县	地震灾害、裂隙发育、岩体坍塌、加固工程存在隐患、降雨入渗、冻融-热胀冷缩灾害、壁画脱落、佛像损坏、河水冲刷岩体坡脚、风沙危害
10	库木吐喇千佛洞	新疆库车县	岩体开裂，危石丛生，窟门破损，下层洞窟壁画大面积酥碱、起甲、发霉、脱落，佛像损坏，风沙危害
11	马蹄寺石窟群	甘肃省肃南县	地震灾害，围岩裂隙发育，窟顶岩块和窟檐坍塌，塑像移位、毁失，壁画起甲、脱落，群鸟栖息、鸟粪盈尺
12	须弥山石窟	宁夏固原市	地震灾害、风沙危害、裂隙与危石、石雕风化、龛像毁坏、雨水浸淋
13	北石窟寺	甘肃省庆阳市	岩石裂隙、风化落砂、雨水和灌溉用水入渗、地下水危害、窟门支护不当、造像破损、环境振动危害
14	大佛寺石窟	陕西省彬县	岩体和石胎表面风化严重、彩绘脱落、窟顶岩块塌落、裂隙、窟内隧道渗流灾害、洪水危害
15	灵泉寺石窟	河南省安阳县	立壁岩体失稳破坏、渗水溶蚀、风化病害
16	龙游石窟	浙江省龙游县	裂隙发育、岩体坍塌、岩面片状剥离、风化
17	柏孜克里克千佛洞	新疆吐鲁番市	风沙危害、土窟裂缝发育、土坯塌落、壁画残破
18	南石窟寺	甘肃省泾川县	裂隙、风化、佛像破损、窟顶渗水
19	鸿庆寺石窟	河南省义马市	洞窟坍塌、围岩裂隙、岩体风化、植被根系对岩体的破坏、窟顶渗水、雨水倒灌
20	千佛寺石窟	河南省浚县	造像岩体风化剥落、岩体裂隙、生物风化、水害

图2.14　敦煌莫高窟岩体病害

图2.15　榆林窟岩体裂隙病害

图2.16　炳灵寺石窟风化和裂隙病害

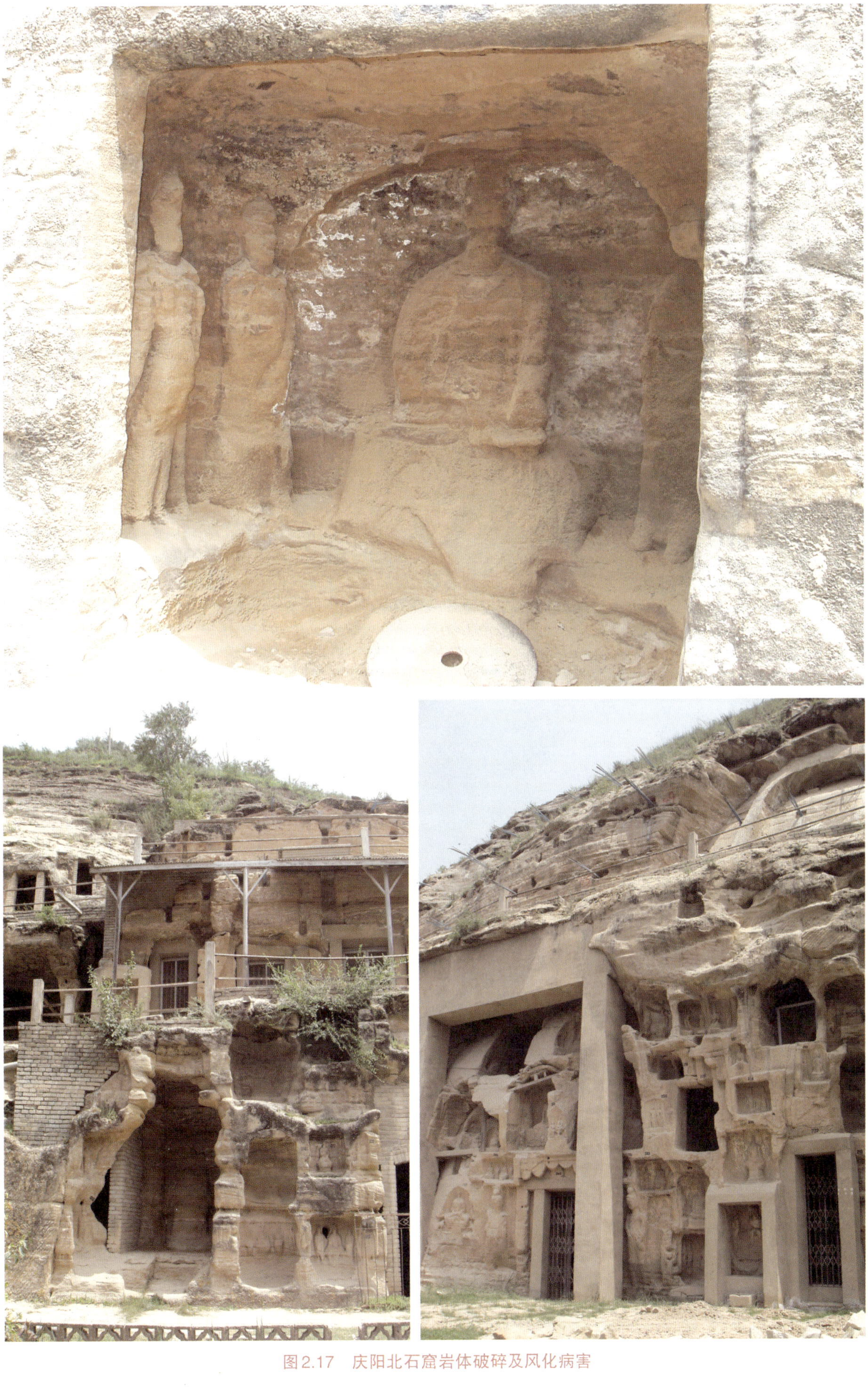

图2.17　庆阳北石窟岩体破碎及风化病害

图2.18　泾川南石窟滚石灾害

图2.19　洛阳龙门石窟渗水病害

图2.20 云冈石窟立柱长期强度逐渐降低

图2.21 麦积山石窟在历史上曾多次遭到地震破坏

图2.22　在2003年民乐6.1级地震中马蹄寺石窟遭到破坏

图2.23　新疆克孜尔尕哈石窟裂隙及危岩灾害

图2.24　新疆库木吐喇石窟

图2.25 新疆吐鲁番柏孜克里克千佛洞

图2.26 新疆库车克孜尔石窟裂隙病害和加固工程缺陷

2.5.2 病害成因机制和背景分析

1.地理气候、气象因素

石窟文物相对集中的西北地区和西南地区在自然地理气候条件上形成了鲜明的对比。西北地区的大量石窟地处荒漠戈壁腹地，具有气候极端干旱、降水量少、温差和湿差大、风沙活动频繁的特点，属典型的大陆性干旱气候。例如新疆拜城克孜尔千佛洞，全年平均降水量仅95.0mm左右，蒸发量却达1840mm，而敦煌莫高窟年平均降水量仅30mm左右，而年蒸发量却高达4200mm。这种特殊的气候是石窟文物长期得以保存的重要原因。但由于该地区日夜温差悬殊，同时，随着季节和太阳光强度的变化，洞内湿度升降幅度很大，这样就使壁画的地仗层和颜料层及彩塑遭受冷热、干湿交替变化，天长地久，即产生严重的起甲龟裂、变色褪色现象。另外，干燥而寒冷的气候条件，客观上促进了洞窟岩体干湿-冻融灾害的产生，从而造成岩体结构松弛，形成崩解破坏。

西北地区大部分石窟的地表普遍为沙丘所覆盖，沙源丰富。同时，该区又是多风地区，风力强，且具突发性，输沙力高，为风沙灾害的形成提供了外部条件。一方面，风沙流强烈风蚀或剥蚀，致使洞体遭受“薄顶”之灾，直接危及壁画的保存条件和环境；另一方面，严重积沙不仅堵塞栈道、窟门，污染窟区环境，妨碍游人参观，而且沙尘物质一旦进入洞窟，对壁画、塑像的磨蚀亦相当严重。敦煌莫高窟、宁夏石空寺石窟即为典型例证。

西南地区也是我国石窟、摩崖造像较为集中的地区，属温带至亚热带混合型气候，常年高湿度低蒸发，氧化作用、溶蚀作用、水解作用、水化作用以及生物化学作用等一系列风化过程，都极为活跃和强烈，四川大足石刻、皇泽寺摩崖造像等石窟寺，石雕、岩体的风化病害都很严重。同时，该区暑夏酷日暴晒，易使石质文物表面产生裂隙。四川等地特有的淫雨和雾气常浸润沉淀在岩体表面，对石雕、石刻有一定的腐蚀作用。

其他各地的石窟也分别受当地自然条件的影响。例如，地处海边的泉州、青岛等地区的石雕，常常受到带盐的海风的严重损害，等等。

2.地震活动

石窟寺的各种地质病害，包括岩体的大面积崩崩塌、裂隙密集发育、悬崖危石丛生等，除了洞窟开凿过多、过密和窟龛结构不合理等原因外，当地的区域地质和新构造运动是一个重要的因素。许多石窟寺处于地质构造复杂、地震活动较频繁的地区，历史上曾多次遭到地震袭击。如敦煌莫高窟、天水麦积山石窟、宁夏须弥山石窟等都曾遭到地震的破坏，史书中均有明确记载。

历史地震对新疆石窟群的影响较大，特别是龟兹石窟群位于地震活动频繁的库车拗陷区，地震对龟兹石窟的破坏仅次于人为破坏。天山是个年青的山脉，地震频繁，1000多年来天山中段出现过多次8级以上的地震，数十次6级以上的地震。龟兹石窟大部分垮塌的洞口均属地震所为，当然自然风化也起着助纣为虐的作用。库木吐喇千佛洞山岩出现裂缝，主要是地震的原因，但与为保护洞窟而过度抽水可能也有影响。2002年7月16日，由于发生有感地震，库木吐喇石窟群区10号窟上部的危岩块体产生坍塌，脱落。还有一些石窟，历史上曾多次发生较大规模的崩塌现象，可能与新构造活动有关。

3.水文特征因素

水文因素（主要指雨水、大气水、河流、地下水等）是导致石窟产生多种病害的一个重要原因，其危害性主要表现在：

（1）冲刷、剥蚀岩体及雕像，加速了岩石崩落的速度。

（2）地下水和地表水的渗流破坏作用，增加了窟内湿度，加速了石窟岩体、塑像或石雕的风化剥落、污损以及壁画酥软、粉化等病害。大足宝顶山石窟卧佛的渗水病害即为典型例证。

（3）河流水位上涨及其对陡崖临空面的不断侵蚀、下切作用，助长了岩体崩塌、开裂及沉陷等不良地质灾害的形成，削弱了崖脚对上部岩体的支撑能力，进而产生边坡失稳问题。水位上涨也可能引起洪水倒灌入窟，如陕西彬县大佛寺石窟，窟内洪水淤积层达2.0m，历史上曾多次发生洪水倒灌入窟现象。龟兹石窟大多临河，历史上受河流的破坏作用较大，特别是库木吐喇和克孜尔石窟中的低位洞窟，河流潜水一方面造成壁画的腐蚀破坏，另一方面威胁到洞窟的稳定性。其中，库木吐喇千佛洞是现存古代龟兹地区仅次于克孜尔的第二大石窟群，断续分布于渭干河中下游出山口东岸近5km^{2}的范围内，1966年开始，在沟口区附近的渭干河主干道上修建东方红电站，1969年蓄水发电后，加重了临河洞窟受水浸的破坏程度。

再比如，龙门石窟所处境内无地震和风雹灾害，其自然灾害主要为水灾，伊河由南向北穿龙门峡谷而过，在两山石窟间的流程为1km。夏季汛期，河水上涨偶然高出游览道路0.5m，个别洞窟略有进水。尤其1982年7月30日伊河暴涨，龙门峡谷水位高达154.50m，比平时水位高出6～7m，西山下部洞窟多有进水。为了减少雨季洞窟漏水和防止雨水冲刷石刻，在石窟上方覆盖了水泥钢板防渗层，修建了排水沟。同时，杂草树木根系的生长加速了岩体裂隙的发育和扩大，致使洞窟漏水愈益严重。

（4）对石刻雕品的缓慢溶蚀作用。例如云冈石窟许多砂岩石雕表面分布有粉状或絮状物，即水的溶滤作用所形成的盐类沉淀物。在龙门石窟也可看到窟龛、雕像上溶蚀的麻点，严重损害了石窟艺术的完整性。

4.环境工程地质因素

（1）岩性特征

岩性特征是石窟文物产生多种病害的物质基础，是内因。按岩石的性质，石窟可分为砂岩型、砾岩型、灰岩型、泥岩型、大理岩型、砂岩泥岩混合型等。由于其物质组成、组织结构等性质的不同，石窟产生病害的方式、性质和程度也就有所不同。如莫高窟地层是在干燥气候下形成的，Na_2SO_4、$NaCl$、$MgSO_4$等易溶盐含量高，一旦有水分参与，即产生盐类风化现象，使岩体颗粒之间黏结力减弱，导致岩体破裂或散落并产生壁画酥软、粉化等病害。再如，风化是石窟病害中很普遍、很严重的问题，其风化程度与岩石的物理化学性质、岩体的结构和构造以及石窟所处的自然环境有很大的关系。炳灵寺石窟、庆阳北石窟寺等均属白垩纪长石石英砂岩，胶结物以泥质为主，蒙脱石相对含量较高，易吸水膨胀，加之局部层为层理构造发育，故风化病害尤为严重。

（2）岩体结构

石窟岩体中不同成因类型的地质不连续面的发育程度、产状、组合形态及其与陡壁临空面的关系是导致石窟产生病害的一个重要因素。其危害性主要表现在：①破坏了岩体的完整性，降低了岩体的力学强度，导致岩壁破碎，产生悬崖、危石，助长了崩塌的形成和洞顶的坍塌剥落，直接影响边坡的稳定性；②为水分下渗和盐分迁移提供了通道，形成严重的渗水病害；③节理裂隙对岩体的交叉切割，为风化营力深入创造了条件，加速了岩体的风化破坏；④壁画地仗层因洞窟岩体产生裂隙而随之开裂、脱落。在敦煌莫高窟、邯郸南响堂寺等石窟中，裂隙的危害性都很严重。

（3）地形地貌特征

特殊的地形地貌条件不仅是石窟产生许多不良地质现象的一个重要原因，也会对未来石窟的地震稳定性带来负面影响。由于石窟大多开凿于山谷两岸的悬崖峭壁上，这样陡壁的高度、石窟所在山体的规模及其与周围环境的相对地形差异、石窟上部岩体山坡坡度大小以及坡顶微地貌特征等因素对石窟的安全保护就极为重要。例如，莫高窟崖壁高25～30m，并呈80°～90°之直立崖面，这种特殊的地形地貌条件，加之洞窟密集、隔墙与顶板过薄等原因，使岩体的整体性质遭到破坏。再如，榆林窟东西崖顶部由于常年受雨水的冲蚀，形成许多宽窄不等的冲沟、冲槽，将岩面切割得支离破碎，严重危害石窟安全。敦煌西千佛洞、新疆克孜尔石窟等也有类似的情况。

震害经验表明，地形高差对震害的影响是显著的，尤以条状突出的山嘴、高耸的山包和非岩质陡坡等地段最为严重。例如，麦积山石窟的惊险陡峻，在我国现存石窟中是罕见的，洞窟大都开凿在二三十米乃至七八十米高的悬崖峭壁上。在遭受未来地震袭击时，这种特殊的地形条件对上层洞窟的地震加速度有明显的放大作用，不利于石窟的抗震稳定性。

5. 石窟寺结构及窟内文物自身的特殊性

石窟寺作为一种地面上的大型文物和特殊类型的建筑物，大多以群体的形式存在，许多著名的石窟历经上千年的不断开凿，层层相叠，上下错落，状若蜂巢。洞窟的过度密集，使洞窟间隔墙及顶、底板岩层变得非常薄，严重削弱了岩体的强度，是导致边坡岩体内各种地质病害的一个重要原因。另外，由于受当时宗教信仰和审美情趣的要求，洞窟的开凿带有很大的主观性和随意性，不同地区、不同时代都有不同的建筑形式；加之当时科学技术水平的限制，不可能对洞窟或窟龛的几何形状、跨度、高度、洞窟立体组合关系、施工工艺等做出合理的设计，这必然给石窟留下许多潜在的安全隐患。

窟内文物制作方法上的一些特点，也是其产生病害的一个内在因素。石雕造像的崩塌、掉块、倒毁等病害，有些就是当时制作过程中受到扰动、后期破坏造成的。西南、华东等地的摩崖造像，尤其是浅龛，大部分无石檐遮挡，受雨水淋蚀多，且岩壁面凸凹不平，淫雨、酸雾的沉降物易于保存，其加速了岩体的风化破坏。西北地区的石窟，其壁画及彩塑病害的产生除与窟外大气候、窟内小气候变化以及其他环境因素有着直接的联系外，还与壁画当时的制作工艺、颜料成分、胶结材料老化、地仗层盐分组成特征等因素有关。

2.6 石窟围岩稳定与环境保护

我国的石窟寺在历史上是以宗教活动为主的场所，由于当时人口较少，交通不便，加之许多石窟隐蔽在深僻山林之中，故人为的环境污染相对较少，千百年来始终保持着大自然的原有风貌，为石窟文物的长期保存提供了有利条件。但是随着近些年旅游业的蓬勃发展和人类在从事各种社会经济活动中的短视行为、认识上的偏差及防灾意识的淡薄，在相当程度上改变了石窟寺原有的自然环境，加剧了石窟已有的病害，并可能诱发新的灾种。

2.6.1 旅游公害

旅游作为一种普遍性的社会、经济、文化现象，已成为人们现代生活的一个重要组成部分。旅游业的兴起，带动了经济建设的发展，但也带来了一些危害。参观人数的剧增，一方面使来往于石窟寺的各种机动车辆大大增加，汽车排出的废气污染了窟区环境；另一方面旅游业的兴起也带动了当地接待业、商业和饮食业的发展，窟区常住人口和流动人口逐年增加，污水、SO_2、烟尘等有害物质也呈上升趋势，严重影响了窟区的大气环境质量。

另外，游客对洞窟内小气候的影响也是显著的。游客呼出的CO_2、水汽及释放出来的热量使窟内温度、湿度以及CO_2浓度骤然上升，高出平时几倍，对窟内文物的保护产生不良影响。同时，游客的大量增加也使铺设在悬崖上的栈道和上下通道以及薄底洞窟底板处于“疲劳”状态，这对于石窟的长期保护和正常营运也是一个潜在的隐患。

少数游客缺乏起码的道德法制观念，翻越禁区进行登山游玩活动，洞内吸烟、拍照，随意涂写、刻划，机械性地损伤文物，破坏了石窟艺术形象的完整性。

2.6.2 环境污染

环境污染包括大气污染、水体污染以及酸雨污染等。除了前文提到的旅游业对环境质量会产生一定的影响外，窟区附近的厂矿企业是最重要的污染源。随着近几年社会经济的发展，窟区周围城镇大力兴办厂矿企业，其中大多数企业缺乏严格的科学规划和科学管理，“三废”不经处理任意排放，对石窟的环境质量产生了极大的危害。如邯郸响堂山石窟，被附近的水泥厂、化工厂及大煤矿包围，大气中超标的SO_2及其他有害物质腐蚀着石灰岩质的石雕佛像，大量的水泥粉尘附着于石雕表层，严重污损了佛面。洛阳龙门石窟也存在类似的情况。另外，窟区周围厂矿企业、居民燃煤和人口的大量聚集而使额外的热量进入大气中，也会改变窟区的小气候环境，不利于石窟的保护。

严重的大气污染必然导致酸雨的形成，在酸雨淋蚀岩石过程中，带入侵蚀性的CO_2和H_2SO_4等氧化剂，促使碳酸盐、硫酸盐水解，形成黏土矿物，降低了岩体的强度。四川大足石刻、河南巩县（巩义市）石窟、江苏孔望山汉代摩崖造像等受酸雨的影响都较为严重。

2.6.3 环境振动

爆破振动，机械振动，火车、汽车等交通工具以及其他各种人类活动所导致的环境振动，对石窟寺这类文物的安全，可能会产生严重的影响。许多石窟周围厂矿林立，一些大型的工程机械设施的振动量已超过极限，严重威胁着石窟的安全（如龙门石窟）。石窟附近矿井大面积的顶板冒落引起的振动也会对石窟产生不良影响。有些石窟寺（如大同云冈石窟、彬县大佛寺石窟等），在相当长的一段时间内，公路即从其前面通过，日车流量达几千辆，甚至上万辆，车辆引起的振动虽然对石窟不会产生明显的破坏作用，但这种经常而频繁的振动使石窟长期处于动力环境中，导致岩体裂隙结构面强度缓慢削弱，助长了危岩块体的形成和崩落。

位于甘肃西峰区的北石窟寺，始建于北魏年间，与甘肃泾川县境内的南石窟寺交相辉映，属我国少见的姊妹孪生窟。北石窟寺所处的地质结构属中生代白垩纪，多由质地松软、沉积多年的黄砂岩组成。由于年代久远，风化严重，且裂隙纵横交错，不宜震动。但村民们在距离北石窟寺不足1500m的地方就开始爆破取砂，剧烈的声波震动，使得北石窟寺经常发生落砂现象。1995年8月3日中午12时14分，4名游客在参观时165窟突然崩塌，分化层的落砂重达70kg。

2.6.4 工程灾害

工程灾害主要是指在石窟区及其毗邻地区人类所从事的工程活动可能带来的次生灾害。例如，炳灵寺石窟地处黄河深峡之中，刘家峡水库修建以后，原来的干旱气候环境变为干湿交替频繁的小气候环境，使得石雕内的蒙脱石发生胀缩变形，加速了石雕表面的强烈风化，原本光滑圆润的石雕变得粗糙模糊。再如，长江流域是我国摩崖造像较为集中的地区，三峡水库的修建必然影响到该地区的自然地理环境，对石刻文物可能会产生一定程度的影响。

石窟附近的煤矿和其他工农业大量取水用水会使该地区的地下水位明显降低，有可能引起地面下沉，导致石刻开裂。窟区不合理的绿化灌溉工程也会对洞窟产生渗透作用，使各种病害加剧，等等。

另外，人们为了局部利益，在石窟保护区滥砍山林，乱垦坡地，以及对防洪设施、排水系统和风沙防护林的人为破坏等活动，直接危及石窟寺的安全。

2.6.5 文物保护措施失当所带来的次生灾害

人们为了石窟保护和文物修复所进行的一系列工程活动和尝试，客观上会产生一些次生灾害或使病害加剧。如有些石窟寺为了保护石窟免于自然破坏而采取的加固修缮工程，改变了石窟原貌，损害了文物的艺术价值。

石窟岩体的补强、悬崖危石的加固、石刻造像的防风化处理以及排水防渗系统的整修等一系列工程活动，由于决策失误和缺乏全面的科学论证工作，不仅起不到应有的作用，相反会给以后的工程措施带来极大的困难。以莫高窟为例，大多数加固工程的附属建筑物（挡墙）建在岩基上（图2-27），并与石窟结合紧密，有利于抗震；但有的附属建筑物（挡墙）建在冲积、洪积的砂、砾土层等非岩层地基上（图2-28），挡墙会产生下沉现象，遭遇强震时，可能将咬住石窟岩体部位拉裂或失去支挡作用。

洞窟岩体及其附属建筑物的振动测试、石雕岩样以及壁画和彩塑颜料成分的分析取样、文物修复材料的现场试验过程等科学技术活动对窟内文物也会产生不良影响。

有着1500年历史的南京栖霞山千佛崖石窟依山而凿，窟内多为无头佛像，且肢体残缺不全。因长期香火烟熏，有的石窟内壁几成黑色，覆盖了明代的朱红色彩绘。由于缺乏必要的论证，在修复过程中用清洗剂清洗内壁，损害了窟内的彩塑，同时为了防水将PVC管嵌入石窟内壁裂隙，反而影响了石窟的稳定性，给石窟带来了安全隐患。

据报道，四川省资阳市安岳县峰门寺石窟造像被重新彩绘。从发布的对比图可以看出，该佛像在修复前已有色彩剥落，但除右掌断掉，其余部位没有明显损坏。而修复后的佛像全身覆盖鲜艳的红、蓝、黄、绿等颜料。广安市金凤山摩崖造像、安岳净慧岩造像，内江市资中市东岩造像等多处文保单位造像均遭到彩绘，存在“野蛮修复”文物的风气，严重破坏了文物原貌。

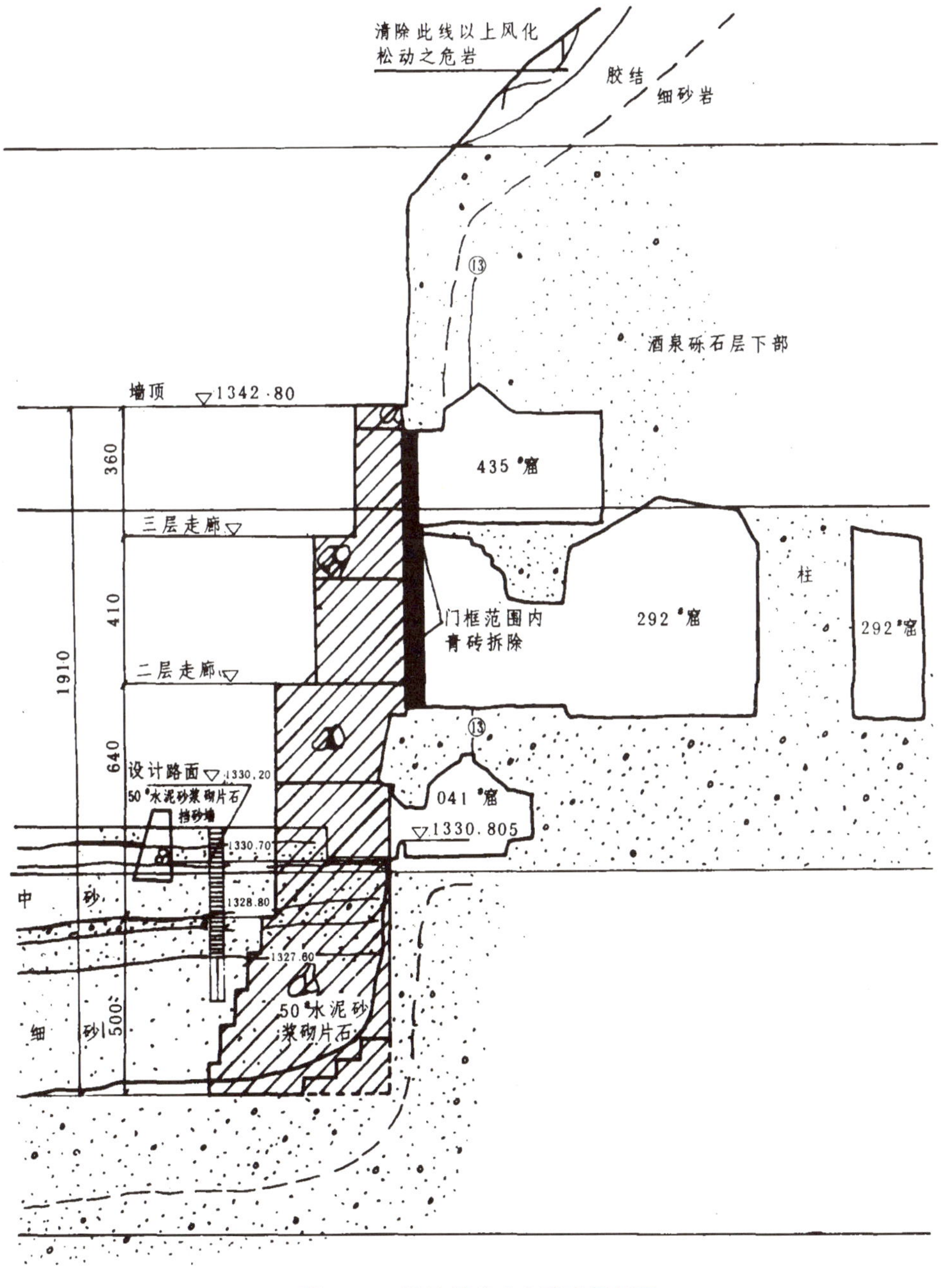

图2-27 挡墙基础建在砾岩层剖面

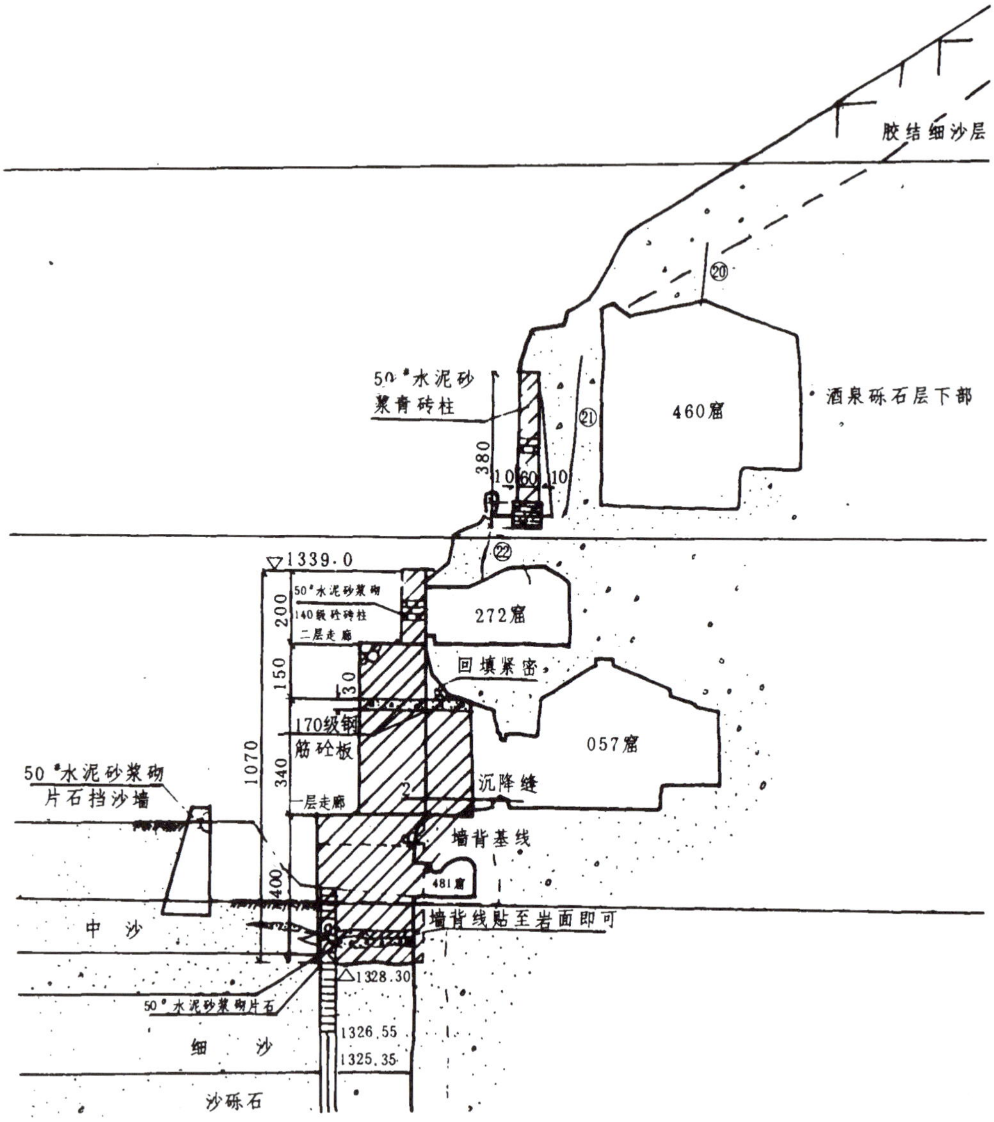

图2.28 挡墙基础建在软基（沙层、砂砾石）上的剖面

参考文献

［1］王洪章.对洛阳龙门石窟环境隐患因素的分析［J］.军工勘查，1994，4：44-47.

［2］张成渝.洛阳龙门石窟岩体振动疲劳效应初析［J］.北京人学学报：自然科学版，2002，38（6）：809-816.

［3］李最雄.丝绸之路石窟的岩石特征及加固［J］.敦煌研究，2002，4：73-83.

［4］吴绵拔，刘远惠.龙门石灰岩动力特性试验研究［J］.岩石力学与工程学报，1996，15（增刊）：422-427.

［5］丁梧秀，蔡丽朋，陈建平，等.洛阳龙门石窟围岩风化层结构特性研究［J］.洛阳大学学报，2003，18（4）：79-82.

［6］黄继忠.云冈石窟地质特征研究［J］.文物保护，2002，4：92-94.

［7］杨志法，王思敬，许兵，等.龙游石窟群工程地质条件分析及保护对策初步研究［J］.工程地质学报，2000，8（3）：291-295.

［8］曾正中，张虎元，张明泉，等.敦煌莫高窟围岩稳定性及环境保护［J］.中国地质灾害与防治学报，1996（2）：73-80.

第三章　石窟地震环境评价和未来地震危害性估计

3.1　石窟文物的地震构造环境及地质灾害特征

石窟文物的地震安全评估首先是评价窟区地震环境和活断层分布状况，在全国众多石窟文物中，甘肃、新疆西部以及山西大同地区的石窟所处的地震地质环境尤为复杂。甘肃省是全国石窟最多的省份，石窟分布广，艺术价值高，拥有全国重点文物保护单位13处，被誉为“石窟之乡”。甘肃省主体又地处青藏高原东北缘，构造环境复杂，是地震活动频发区，与其他石窟群落相比，石窟地震地质灾害尤为突出，几乎所有石窟都多次遭受过地震的冲击和破坏。本节通过现场考察和查阅历史地震资料，主要论述甘肃主要石窟寺的地震构造环境及地震地质灾害特征。同时，对于新疆石窟集中分布地区和山西云冈石窟的地震地质环境也进行必要的分析。

3.1.1　甘肃石窟的地震构造环境分析

1.甘肃石窟的特征

（1）始凿时间早，开凿的时间跨度长

由于甘肃是古丝绸之路的必经之地，是西域通向中原的走廊地带，佛教在甘肃的传播较其他省份早，故甘肃省的一些石窟较其他省份开凿得早。如敦煌莫高窟始凿于十六国时期前秦建元二年（366年），天水麦积山石窟始凿于十六国之后秦时期（384—417年），还有永靖炳灵寺等石窟都比我国四大名窟的洛阳龙门石窟（493年）、山西云冈石窟（453年）早几十年到一百余年。自十六国前秦、后秦、西秦、北凉起迹，历经北魏、西魏、北周、隋、唐、五代、宋、西夏、元、明、清各代，甘肃都有洞窟被开凿，前后历一千五六百年之久，连绵兴建而久盛不衰。

（2）石窟数量多，艺术种类齐全

甘肃石窟数量多，据甘肃考古队统计，甘肃省曾有大小不一的石窟100余座，全省现存的有一定价值石窟60余处。甘肃石窟艺术种类齐全，有开凿于成岩性不好的半胶结的砂砾石层中的壁画彩塑类石窟、开凿于红色砾岩中的石胎泥塑类石窟和开凿于细砂岩中的精雕细刻类石窟等，基本上涵盖了石窟艺术的所有种类。

（3）艺术价值高

甘肃现有全国重点保护文物13处，还有许多省级重点保护文物，也具有重要的艺术价值和文化价值，世界著名的我国四大石窟中，有两大石窟就在甘肃省。莫高窟是集彩塑、壁画、建筑于一体的立体艺术。尤以壁画著称，现存的壁画多达45000m^2，这些精美的壁画是莫高窟艺术的重要组成部分，亦是中国佛教艺术在壁画成就上的最高代表。天水麦积山石窟是雕塑、绘画、建筑三位一体的艺术宫殿，尤以瑰丽的泥塑艺术闻名于世。另外临夏炳灵寺石窟、庆阳北石窟等都具有重要的艺术价值。

2.甘肃石窟的群落分布

佛教石窟寺遍及整个甘肃地区，各地石窟寺的开创时代多为十六国或北魏时期，但西部比东部略早，西部石窟以窟为主，东部石窟以龛为主，大体可按由西向东的地理位置分为五个石窟群：敦煌石窟群、河西石窟群、陇中石窟群、陇南石窟群和陇东石窟群。

敦煌石窟群，即以莫高窟为主体的古敦煌郡境内的所有石窟。它包括今甘肃省敦煌市境内的莫高窟、西千佛洞，瓜州县境内的榆林窟、东千佛洞、水峡口，肃北蒙古族自治县境内的五个庙、一个庙等石窟。在古代，上述石窟都位于敦煌郡境内，其内容及艺术风格亦同属一脉，因此总称为敦煌石窟。

河西石窟群，指敦煌石窟群以东、永靖炳灵寺以西的所有石窟，主要指酒泉一带的昌马石窟和肃南文殊山石窟、张掖一带的马蹄寺石窟和金塔寺石窟、武威一带的天梯山石窟等。

陇中石窟群，即以今甘肃省中部永靖的炳灵寺石窟为主体，包括靖远的寺儿湾石窟和法泉寺石窟，以及景泰的五佛寺石窟等。

陇南石窟群，即以今甘肃省南部的天水麦积山石窟为主体，包括麦积山附近的仙人崖石窟、甘谷的大像山石窟和华盖寺石窟、武山的木梯寺石窟、水帘洞石窟和禅殿寺石窟、西和的法镜寺石窟等。其中水帘洞石窟包括水帘洞、拉梢寺、千佛洞、显圣池四处。

陇东石窟群，即以今甘肃省东部的庆阳北石窟寺、泾川南石窟寺为主体，包括泾川的王母宫石窟，合水的保全寺石窟、蓬花寺石窟，镇原的石空寺石窟，华亭的石拱寺石窟，庄浪的云崖寺石窟等。

3.1.2 甘肃石窟的地震构造环境及地震地质灾害特征

甘肃石窟一般开凿于胶结程度差、硬度相对低的砂砾岩中，风化强烈，石窟损坏十分严重，绝大多数存在坍塌破坏的潜在危险性。加之甘肃省主体位于青藏高原东北缘活动褶皱系内，新构造运动强烈，地震活动频繁，许多石窟位于地震活动带上，窟区地震烈度较高。与其他石窟群落相比，石窟地震地质灾害尤为突出，几乎所有石窟都多次遭受过地震的冲击和破坏。

由于上述五个石窟群落的大地构造位置、地震构造环境、窟区岩性及地貌特征不尽相同，其地震构造环境及地震地质灾害也各具特色。

1.敦煌石窟群的地震构造环境及地震地质灾害特征

敦煌石窟群，除闻名国内外的敦煌莫高窟外，尚有西千佛洞、东千佛洞、安西榆林窟、昌马石窟、文殊山石窟、五个庙石窟、张掖马蹄寺、金塔寺、武威天梯寺等。由于它们横跨两个大地构造单元，部分石窟位于河西走廊西端，地处塔里木地台；其他石窟位于河西走廊中部，地处祁连山褶皱系。

甘肃地区活动断裂分布情况和石窟群分布情况分别见图3.1、图3.2。

（1）地震构造环境

敦煌莫高窟（包括西千佛洞）、安西榆林窟（包括东千佛洞）、肃北五个庙石窟等分布于河西走廊最西端。窟体在大地构造位置位于塔里木地台南部台拗带东缘，窟区附近属于构造相对稳定的地区。据史料记载，本区曾多次发生地震，地震背景以中小地震为主，5级以上地震主要有365年5月敦煌5级地震、1933年7月11日安西5¼级等地震，对石窟影响不超过Ⅵ度。祁连山褶皱系的祁连山北缘断裂和昌马断裂是7级以上大地震的潜在震源区，距本区石窟距离较小。大地构造单元界线阿尔金断裂虽无历史地震记录，但新活动明显，古地震离逝时间长，地震危险性高，又在本区石窟体附近。它们是影响本区石窟的主要断裂。如1932年昌马7.6级地震对本地区影响较大（见图3.3），影响烈度为Ⅵ～Ⅶ度；1927年古浪8级地震对本地区影响也较大，影响烈度为Ⅴ度。本区石窟附近具有发生中强地震的条件，但不会发生6级以上地震，对窟体最大的地震威胁为来自邻区和大地构造单元界线断裂上的大地震，地震影响方式以中远震为主。本区各个石窟的主要地震构造参数见表3-1。

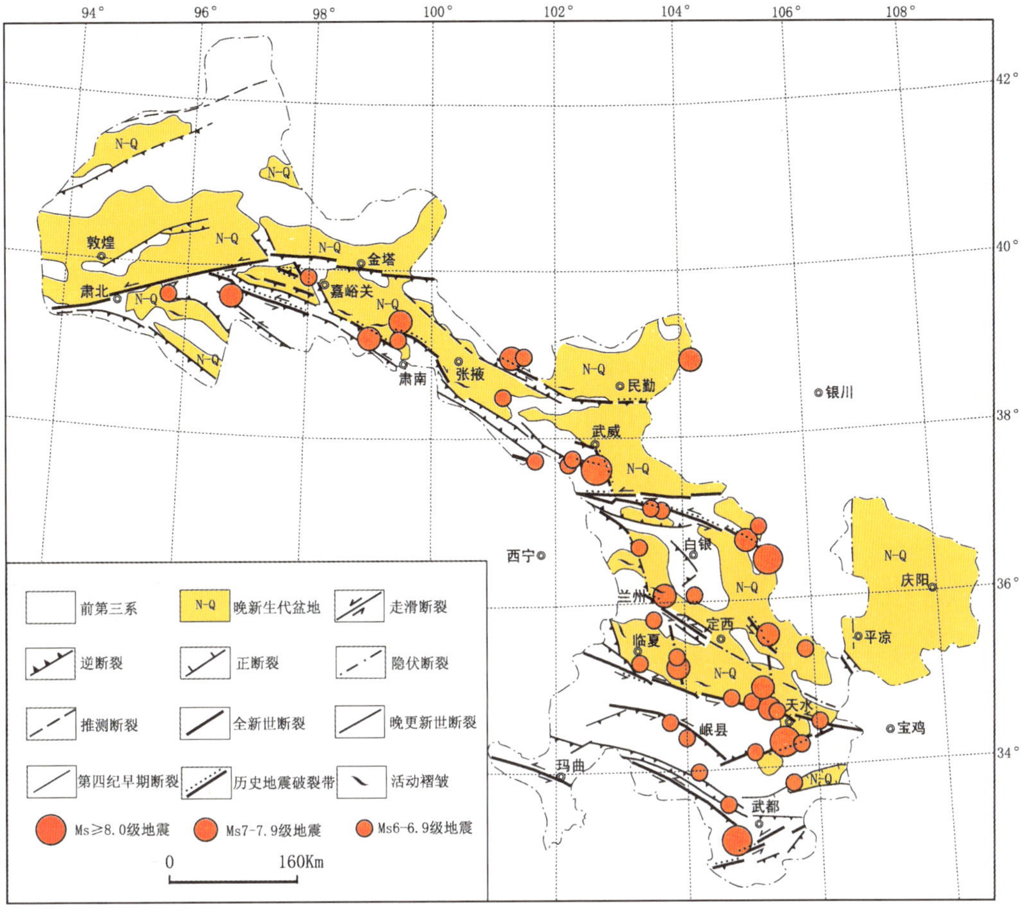

图 3.1　甘肃地区活断层分布图

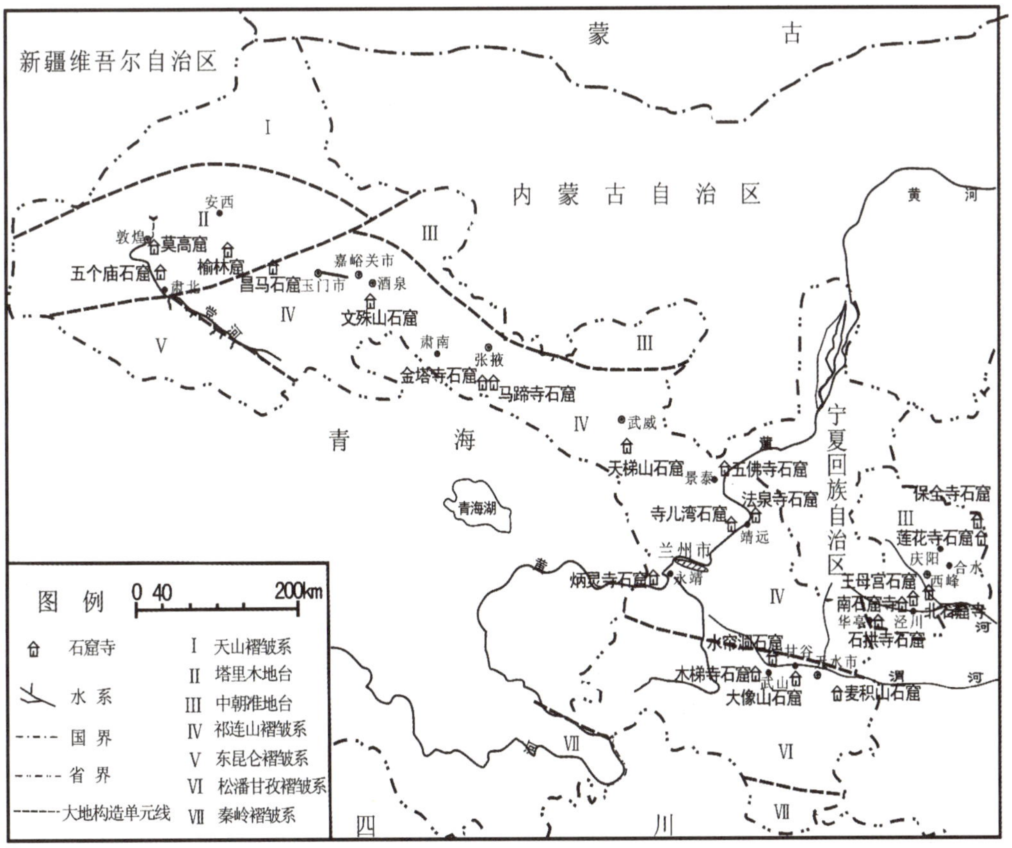

图 3.2　甘肃省主要石窟及其所处大地构造位置

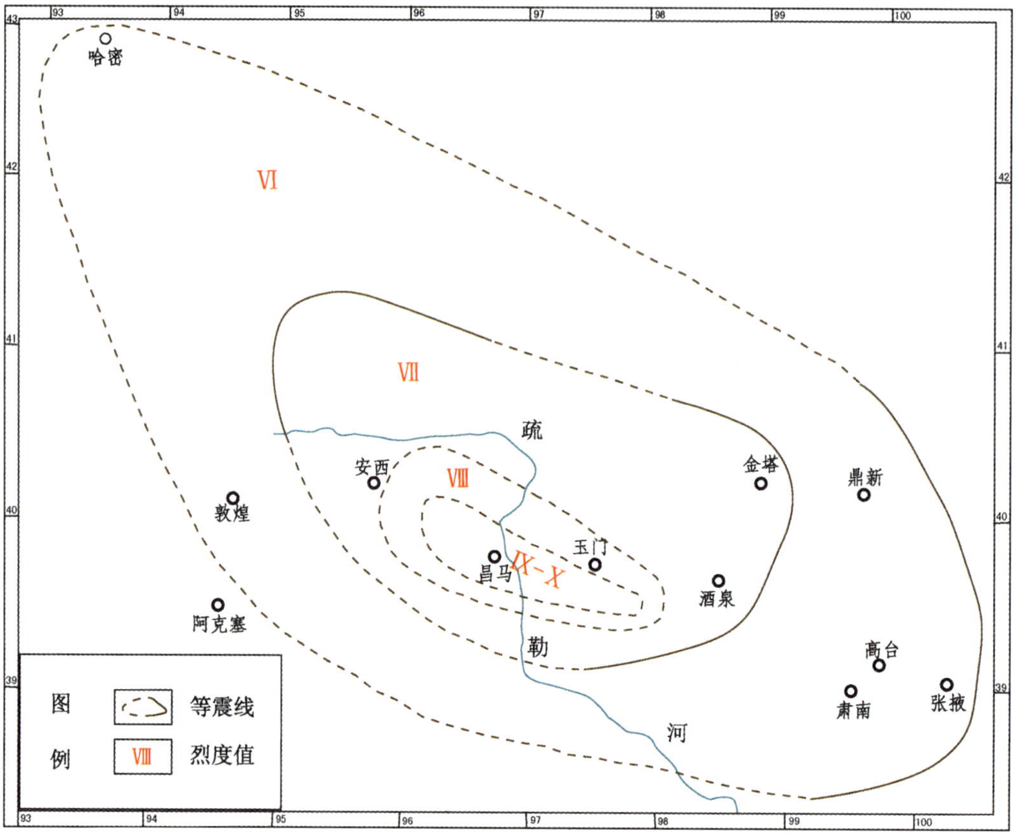

图3.3 1932年昌马7.6级地震等震线图

表3-1 敦煌石窟群主要石窟的地震构造参数

石窟名称	窟体岩性	附近主要发震断层（括号内为距石窟的距离,km）	地震主要影响方式	地震基本烈度	遭遇最大烈度	历史上遭遇的主要地震（括号内为影响烈度）
莫高窟*（包括西千佛洞）	砾岩（Q_{1-2}）	阿尔金断裂(42)和昌马断裂(150)	远震	Ⅶ	Ⅵ	昌马7.6级(Ⅵ)和古浪8.0级地震(Ⅴ)
榆林窟*（包括东千佛洞）	砾岩（Q_{1-2}）	昌马断裂(120)和阿尔金断裂(70)	远震	Ⅶ$^{+}$	Ⅶ	昌马7.6级(Ⅶ)和古浪8.0级地震(Ⅴ)
五个庙石窟	砾岩（Q_{1-2}）	阿尔金断裂(5)和昌马断裂(165)	近震	Ⅷ	Ⅵ	昌马7.6级(Ⅵ)

莫高窟附近的强震震中分布图见图3.4，莫高窟附近的弱震震中分布图见图3.5。

（2）窟体概况及主要地震地质灾害

窟体主要开凿于河谷地貌组成的早第四纪半胶结的砾岩中，砾岩产状近于水平，窟区地形高差不大。窟体以壁画彩塑和石胎泥塑等艺术形式为主。为极干旱沙漠气候，极干燥，多风，温差大。现场考察表明，窟体岩石内普遍存在多条垂直及平行岩层的裂缝，现主要存在的地质灾害为风沙危害、岩石物理风化、崖面及洞窟坍塌、壁画和泥塑脱落等。

敦煌莫高窟历史上曾多次发生中强震，其中在莫高窟附近地区主要以中小地震为主，而在区域上则受到大地震的波及。自417年以来，可查考的地震现象有15次，从1927年至1994年中，共发生过有感地震13次。其中1927年、1932年和1952年的地震较强烈，地震动衰减到敦煌地区的地震烈度为Ⅵ～Ⅶ度。1927年5月23日古浪地震，震级Ms=7.9级，震中烈度达Ⅺ度，相距750km的敦煌感到“悬物微动”，莫高窟第196窟洞顶顺岩层层理震落一块2.0m×1.5m×0.25m的晚唐壁画，并将佛龛上高约2.5m的塑像砸坏。1932年12月25日玉门南昌马堡地震，震级Ms=7.7级，震中烈度为Ⅹ度，相距

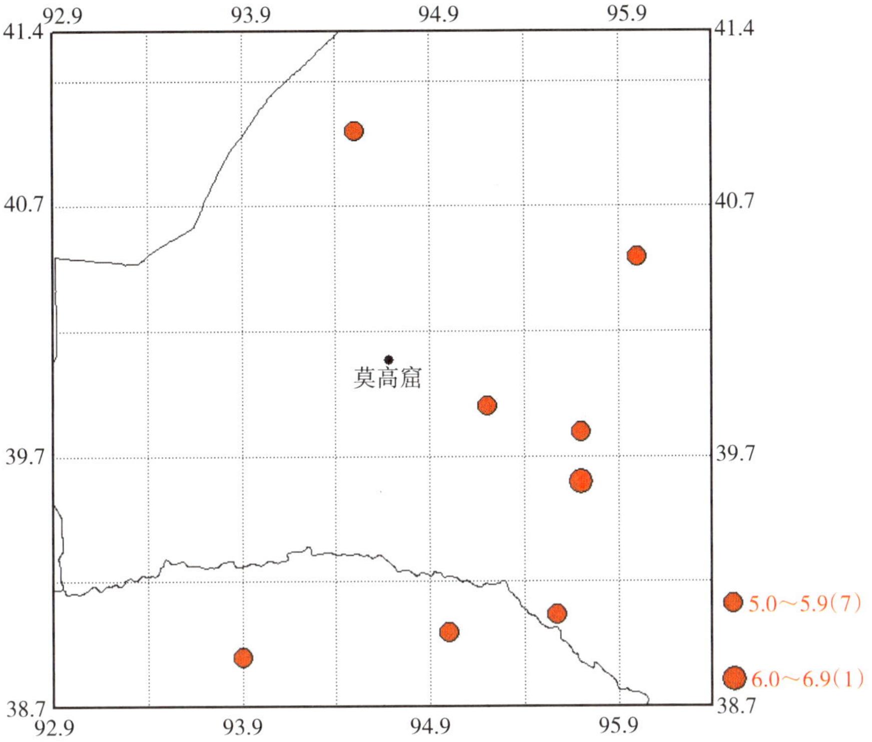

图3.4　莫高窟附近强震震中分布图

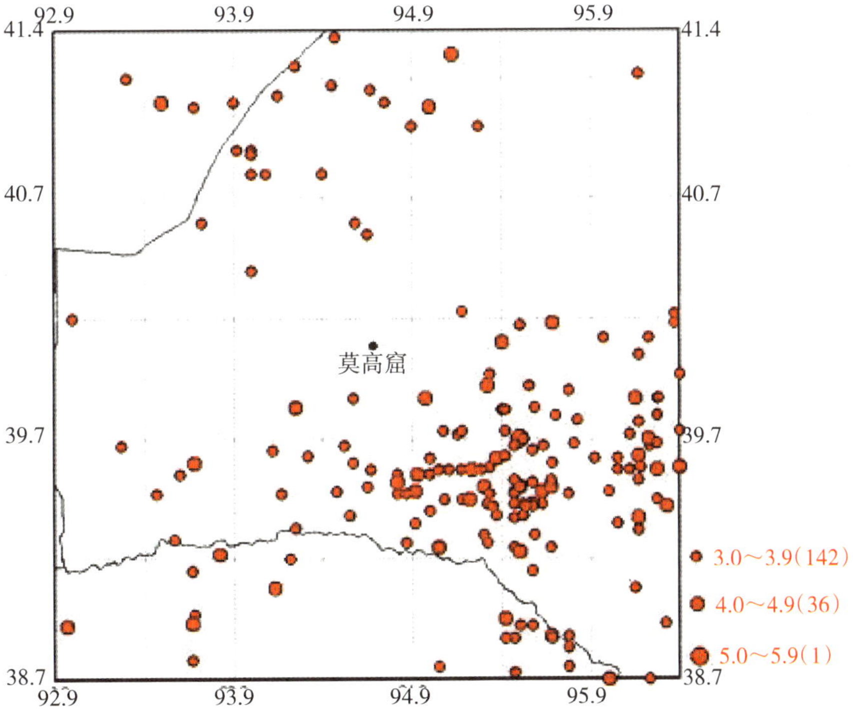

图3.5　莫高窟附近弱震震中分布图

350km的敦煌城“栋宇轧轧有声”，倒塌旧民房100多间。1952年1月23日地震，震中在三危山中，Ms=5.4级，距莫高窟仅40余km，震中烈度Ⅶ度，莫高窟第211窟洞顶又震落一块0.4m×0.25m×0.03m的初唐壁画。1962年12月12日在进行莫高窟加固工程之际，亦曾发现有地震现象。在20世纪70年代，敦煌地区先后发生3.0、3.2、3.7、3.4级四次地震。1988年、1989年莫高窟连续出现有感地震，但烈度均在Ⅵ度以下。此外，莫高窟毗邻地区地震活动亦较为活跃，例如，1951年12月27日和1952年2月6日在相隔不远的肃北地区曾分别发生过6.0级和5.3级地震。进入20世纪80年代以来，莫高窟周边地区曾多次发生过4.0级以上的地震。

还有一些石窟，历史上曾多次发生较大规模的崩坍现象，可能与地震活动有关。石窟开凿初期各洞窟原来都有前室。现存洞窟中，早期部分窟前室崩塌，主室多暴露在崖面上。例如，莫高窟从第428窟往南到第244窟，魏隋两代窟前崩塌，但其下唐代洞窟主室相当完整，说明隋末（约600年）曾有过一次剧烈的崩塌。另一次较大的崩塌在唐末（约900年），千佛洞受到极大的破坏，外观残破不堪。这两次规模较大崩塌的主要原因可能是由于开凿过密和洞窟结构不合理。至于崩塌与地震是否有直接关系，由于缺乏资料，不能臆断。但是，洞窟岩体的脆弱状况经受不起较大地震的冲击是肯定的。

未来地震作用可能诱发的主要地震地质灾害可能有窟区岩体裂缝加大、危石崩落、流沙及沙崩、崖面及洞窟坍塌、壁画和泥塑脱落等。

2.河西石窟群的地震构造环境及地震地质灾害特征

（1）地震构造环境

张掖马蹄寺、金塔寺、武威天梯寺、昌马石窟、文殊山石窟等分布于河西走廊中部。窟体在大地构造位置位于祁连山褶皱系内，窟区属于活动构造带，窟体附近存在全新世活动断裂，是甘肃省地震活动最频繁的地区之一，自1900年以来，该地区已发生震级≥7级大地震4次，5～7级破坏性地震数十次。据史料记载，建窟以来本区曾多次发生地震，其中6级以上地震主要有1609年高台红崖堡7¼级、1785年酒泉惠回堡6.5级、1927年古浪8级、1932年昌马7.6级、1954年山丹7¼级和1954年民勤7级、1986年门源、2003年民乐—山丹6.2级地震等，对石窟影响较大的地震主要为来自河西走廊南北两侧的深大断裂上的地震。其中1927年古浪8级地震是本区最大的一次地震，对本区石窟普遍产生影响（图3.6）；昌马石窟由于位于昌马断裂附近，该断裂发生过昌马7.6级地震，历史地震影响最大烈度达Ⅸ～Ⅹ度；其余石窟历史地震影响最大烈度为Ⅶ～Ⅷ。马蹄寺石窟和金塔寺石窟砂岩风化严重，又位于榆木山东缘活动断裂附近，该断裂活动性强，古地震离逝时间较长，地震危险性较高。

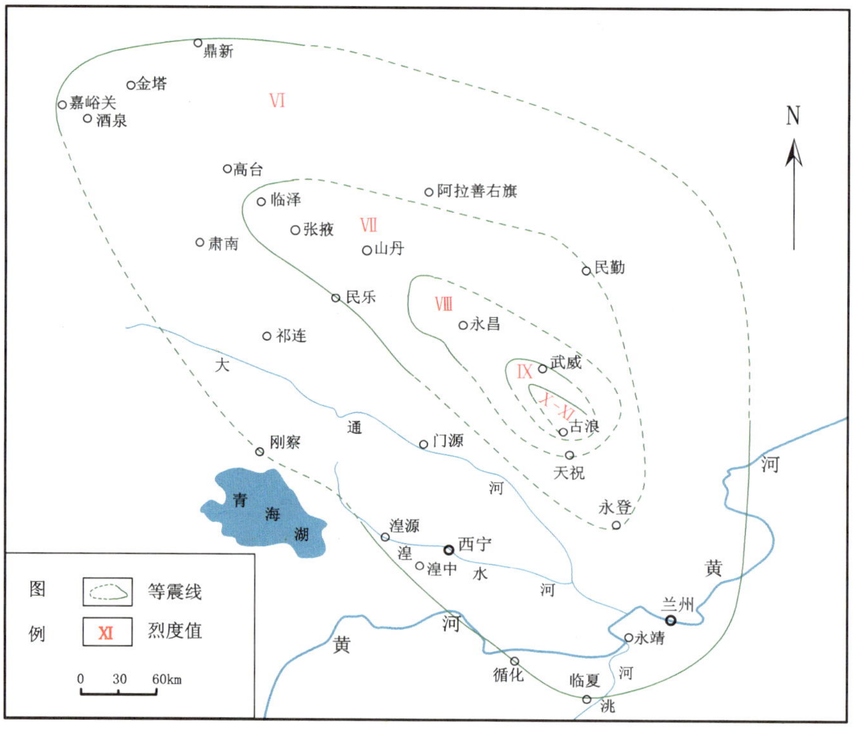

图3.6 1927年古浪8.0级地震等震线图

本区石窟位于活动构造带内，石窟附近均具备发生中强地震的条件，对石窟影响最大的大地震威胁主要来自河西走廊南北两侧的深大断裂上，本区域地震基本烈度较高，地震影响方式以中-近距离地震为主。各个石窟的主要地震构造参数见表3-2。

表3-2　河西走廊中部主要石窟的地震构造参数

石窟名称	窟体岩性	附近主要发震断层（括号内为距石窟的距离，km）	地震主要影响方式	地震基本烈度	遭遇最大烈度	历史上遭遇的主要地震（括号内为影响烈度）
马蹄寺石窟（包括金塔寺）	砂岩（N）	榆木山东缘断裂（3）和龙首山南缘断裂（42）	近震	Ⅷ	Ⅶ	古浪8.0级地震（Ⅶ）和红崖堡7¼级（Ⅵ）
文殊山石窟	砂岩（N）	祁连山北缘断裂（15）和昌马断裂（45）	中震	Ⅷ	Ⅶ	昌马7.6级（Ⅶ）和古浪8.0级地震（Ⅵ）
天梯山石窟	砂岩（N）	皇城-塔儿庄断裂（10）	近震	Ⅷ	Ⅹ～Ⅺ	古浪8.0级地震（Ⅸ）
昌马石窟	砂岩（K）	昌马断裂（22）和阿尔金断裂（11）	近震	Ⅷ	Ⅸ～Ⅹ	昌马7.6级（Ⅸ～Ⅹ）

（2）窟体概况及主要地震地质灾害

本区石窟体主要开凿于河谷地貌组成钙质胶结的砂岩等岩石中，岩石产状小角度倾斜-水平，窟区地貌较高险。窟体内主要有壁画彩塑、石胎泥塑和石雕等艺术形式。气候以干燥、多风、温差较大为特色。现场考察表明，窟体岩石物理风化严重，窟体普遍存在垂直及平行岩层的裂缝，石窟雕塑破坏较为严重。现主要存在的地质灾害有岩石物理风化、崖面及洞窟坍塌、壁画和泥塑脱落等。历史地震在该区域造成了严重的石窟地震灾害。调查表明，古浪地震使天梯山石窟多数发生坍塌破坏，昌马地震也是昌马石窟部分发生坍塌，2003年民乐-山丹5.8和6.1级地震已引起45km以外的马蹄寺石窟和金塔寺石窟出现窟区和崖面岩体裂缝加大、窟内危石崩落、壁画和泥塑脱落等地震地质灾害，可见本区石窟存在较大的地震潜在灾害。未来地震可能诱发窟区岩体裂缝加大、崖面及洞窟坍塌、危石崩落、雕像开裂、壁画和泥塑脱落等地震地质灾害。

3.陇中石窟群的地震构造环境及地震地质灾害特征

（1）地震构造环境

窟体在大地构造位置位于祁连山褶皱系内，石窟区虽然属于活动构造带，但窟体附近无大地震发生。据史料记载，建窟以来本区曾多次发生地震，地震背景以中等地震为主，6级以上地震主要有1125年兰州7级、1888年景泰6¼级和1921年靖远东北6级地震等。对本区石窟影响最大的地震分别是1920年宁夏海原8.5级、1125年兰州7级和1927年古浪8级；影响最大的活动断裂主要有海原8.5级地震发震断裂海原断裂和马衔山北缘断裂。最新研究表明，距炳灵寺仅40km的马衔山北缘断裂是兰州地区最活动的一条全新世断裂，也是1125年兰州7级地震的发震断裂。本区石窟附近具有发生强地震的条件，地震影响方式以近震为主。本区各个石窟的主要地震构造参数见表3-3。

表3-3　陇中石窟群主要石窟的地震构造参数

石窟名称	窟体岩性	附近主要发震断层（括号内为距石窟的距离，km）	地震主要影响方式	地震基本烈度	遭遇最大烈度	历史上遭遇的主要地震（括号内为影响烈度）
炳灵寺石窟	砂岩（K）	马衔山北缘断裂（40）	中震	Ⅷ	Ⅶ	兰州7级（Ⅶ）、古浪8级（Ⅵ）和海原8.5级地震（Ⅵ）
寺儿湾石窟	砂岩（K）	海原断裂（35）	近震	Ⅶ⁺	Ⅷ	海原8.5级地震（Ⅷ）
法泉寺石窟	砂岩（N）	海原断裂（30）	近震	Ⅶ⁺	Ⅸ	海原8.5级地震（Ⅸ）
五佛寺石窟	砂岩（C）	海原断裂（27）	近震	Ⅷ	Ⅸ	海原8.5级地震（Ⅸ）

（2）窟体概况及主要地震地质灾害

窟体主要开凿于丹霞地貌组成的新第三系钙质胶结的砂岩等岩石中，岩石产状小角度倾斜-水平，窟区地貌较高险。窟体以石雕、壁画彩塑和石胎泥塑等艺术形式为主。气候以干燥、温差大为特色，又受黄河局域小气候影响。现场考察表明，窟体岩石风化严重，普遍存在平行岩层的层面裂缝和垂直及斜切层面的节理裂缝，现主要存在的地质灾害为岩石物理风化、石窟崖壁渗水、崖面及洞窟裂缝及潜在坍塌，石雕、壁画和泥塑脱落等。海原地震曾造成法泉寺等石窟崖面少部分崩塌等地质灾害。本区石窟岩体完整性差，仍存在着较大地震地质灾害危险。未来地震可能引起的主要地震地质灾害可能有窟区岩体裂缝加大、崖面及洞窟坍塌、危石崩落、壁画和泥塑脱落等。

天梯山石窟就因当地频繁强烈的地震，当时认为无法保存，而于20世纪50年代进行了搬迁。

4. 陇南石窟群的地震构造环境及地震地质灾害特征

陇南石窟群主要有天水麦积山石窟、甘谷大象山石窟、武山木梯寺石窟、拉梢寺石窟等。

（1）地震构造环境

窟体大地构造位置主要位于秦岭褶皱北缘，窟区位于构造单元界限附近（见图3.7）。窟区地处活动构造带内，窟体附近存在全新世活动断裂，也是甘肃省地震活动最频繁的地区之一。据史料记载，建窟以来本地区曾多次发生地震，地震背景以中、大地震为主，6级以上地震主要有600年天水东6级、734年天水7级、1352年会宁东南7级、1573年岷县$6\frac{3}{4}$级、1654年天水南8级、1718年通渭南$7\frac{1}{2}$级、1765年甘谷—武山$6\frac{1}{2}$级、1837年岷县西6级、1879年武都8级、1881年礼县西南$6\frac{1}{2}$级和1936年天水南6级等地震，历史地震对本区石窟影响烈度达Ⅷ～Ⅹ度。其中，对本区石窟影响最大的是天水南8级地震（见图3.8）。对本区石窟影响最大的活动断裂是西秦岭北缘断裂和礼县-罗家堡断裂等，地震影响方式以近距离大地震为主。本区各个石窟的主要地震构造参数见表3-4。

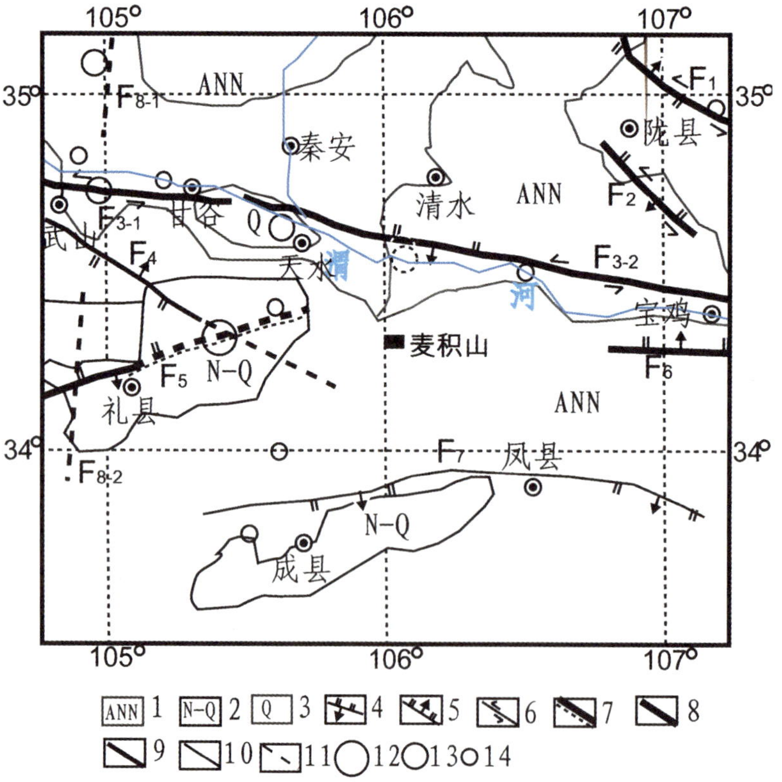

1. 前第三系；2. 第三纪—第四纪盆地；3. 第四纪盆地；4. 逆断裂；5. 正断裂；6. 走滑断裂；7. 地震断裂；8. 全新世断裂；9. 晚更新世断裂；10. 第四纪早期断裂；11. 隐伏及推测断裂；12. Ms≥8.0级地震；13. Ms7.0～7.9级地震；14. Ms6.0～6.9级地震

图3.7　麦积山石窟附近活动断裂分布图

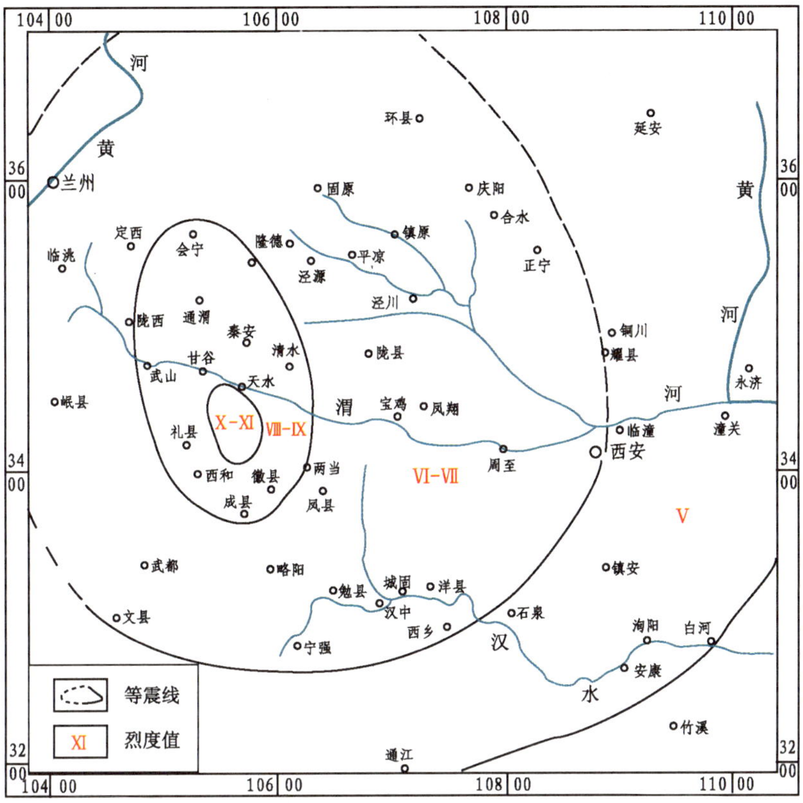

图3.8　1654年天水罗家堡8.0级地震等震线图

表3-4　陇南石窟群主要石窟的地震构造参数

石窟名称	窟体岩性	附近主要发震断层（括号内为距石窟的距离，km）	地震主要影响方式	地震基本烈度	遭遇最大烈度	历史上遭遇的主要地震（括号内为影响烈度）
麦积山石窟	砾岩（E）	西秦岭北缘断裂（27）和礼县-罗家堡断裂（35）	近震	Ⅷ$^+$	Ⅹ	天水南8级（Ⅹ）、天水7级（Ⅸ）和武都8级地震（Ⅷ）
大象山石窟	砾岩（E）	西秦岭北缘断裂（5）和礼县-罗家堡断裂（50）	近震	Ⅷ$^+$	Ⅷ～Ⅸ	天水南8级（Ⅷ～Ⅸ）、武山-甘谷$6\frac{1}{2}$级（Ⅷ～Ⅸ）、通渭南$7\frac{1}{2}$级（Ⅷ）和武都8级地震（Ⅷ）
木梯寺石窟	砾岩（E）	西秦岭北缘断裂（33）和礼县-罗家堡断裂（60）	近震	Ⅷ$^+$	Ⅷ～Ⅸ	天水南8级（Ⅷ～Ⅸ）、通渭南$7\frac{1}{2}$级（Ⅷ）和武都8级地震（Ⅷ）
拉梢寺石窟	砾岩（E）	西秦岭北缘断裂（15）和礼县-罗家堡断裂（82）	近震	Ⅷ$^+$	Ⅷ～Ⅸ	天水南8级（Ⅷ～Ⅸ）、武山-甘谷$6\frac{1}{2}$级（Ⅷ～Ⅸ）、通渭南$7\frac{1}{2}$级（Ⅷ）和武都8级地震（Ⅷ）

（2）窟体概况及主要地震地质灾害

本区窟体主要开凿于丹霞地貌组成的早第三纪钙质胶结紫红色厚层砂砾岩中，岩石较坚硬，完整性较强，产状为小角度倾斜。窟区地貌十分高险。窟体以壁画彩塑和石胎泥塑等艺术形式为主。气候一多雨、潮湿，四季分明为特点，属暖湿带半湿润季风气候。现场考察表明，窟体岩石表面分化较严重，岩体内存平行岩层的层面裂缝和垂直层面的节理裂缝，现主要存在的地质灾害有岩石物理风化、崖面及洞窟坍塌、壁画泥塑脱落和石窟渗水等。麦积山石窟历史上几次大面积崩塌都是自然地震引起的。从有记载的一千九百多年以来，地震在麦积山附近的天水相当频繁，有严重破坏性的达15次，公元602年（隋仁寿二年）的大地震，使开凿于公元566～568年（北周）的上七佛阁前廊柱和石雕龛檐及以下约1000m^{3}的崖壁震塌，唐开元廿年（734年）秦州大（7级）地震，使麦积山南崖坍塌，部分洞窟受损或被毁，整个崖面分成东、西两部分。未来地震可能引起的主要地震地质灾害可能有窟区岩体裂缝加大、崖面及洞窟坍塌、壁画和泥塑脱落等。

5. 陇东石窟群的地震构造环境及地震地质灾害特征

陇东石窟群主要有庆阳北石窟、泾川南石窟、王母宫石窟、合水保泉寺石窟、莲花寺石窟和华亭石拱寺石窟等。

（1）地震构造环境

石窟群在大地构造位置位于中朝准地台的鄂尔多斯台拗和台缘褶带上，窟区附近属于构造相对稳定的地区。本区很少发生地震，5级以上地震有1568年庆阳5.5级地震和1582年镇原5级地震，对石窟影响烈度不超过Ⅴ度。鄂尔多斯周缘的活动断裂是大-特大地震的潜在震源区，对本区石窟影响较大。如1920年宁夏海原8.5级和1556年陕西华县8级地震对本地区影响较大。本区石窟附近没有发生中强以上地震的构造条件，对窟体最大的地震威胁为来自邻区和大地构造单元界线断裂上的大地震，地震影响方式以远震为主。本区各个石窟的主要地震构造参数见表3-5。

表3-5 陇东石窟群主要石窟的地震构造参数

石窟名称	窟体岩性	附近主要发震断层（括号内为距石窟的距离，km）	地震主要影响方式	地震基本烈度	遭遇最大烈度	历史上遭遇的主要地震（括号内为影响烈度）
北石窟寺	砂岩（K）	六盘山-海原断裂（105）	远震	Ⅶ	Ⅶ	海原8.5级（Ⅶ）和华县8级地震（Ⅵ）
南石窟寺	砂岩（K）	六盘山-海原断裂（85）	远震	Ⅶ	Ⅶ	海原8.5级（Ⅶ）和华县8级地震（Ⅵ）
王母宫石窟	砂岩（K）	六盘山-海原断裂（80）	远震	Ⅶ	Ⅶ	海原8.5级（Ⅶ）和华县8级地震（Ⅵ）
保全寺石窟	砂岩（K）	华山山前断裂（210）和六盘山-海原断裂（220）	远震	Ⅵ	Ⅵ	华县8级（Ⅵ）和海原8.5级地震（Ⅵ）
莲花寺石窟	砂岩（K）	华山山前断裂（190）和六盘山-海原断裂（210）	远震	Ⅵ	Ⅵ	华县8级（Ⅵ）和海原8.5级地震（Ⅵ）
石拱寺石窟	砂岩（K）	六盘山-海原断裂（17）	近震	Ⅷ	Ⅶ	海原8.5级（Ⅶ）和华县8级地震（Ⅵ）

（2）窟体概况及主要地震地质灾害

窟体主要开凿于河谷地貌组成的白垩系砂岩中，岩石产状近于水平，其上覆有风成黄土，窟区地形高差较大。窟体以石雕和壁画彩塑和石胎泥塑等艺术形式为主。为极干旱沙漠气候，极干燥，多风，温差大。现场考察表明，窟体岩石内普遍存在多条垂直及平行岩层的裂缝，现主要存在的地质灾害为岩石物理风化，岩缝渗水，崖面、洞窟和雕塑风化脱落等。1920年宁夏海原大地震波及庆阳地区，诱发黄土滑坡，掩埋北石窟大部分窟体；未来地震可能引起的地震地质灾害可能有石窟顶黄土滑坡，窟区岩体裂缝加大，崖面、洞窟和雕塑风化脱落加剧等。

3.1.2 云冈石窟的地震构造环境分析

1. 窟区地震构造环境

位于山西省大同市西约13km的云冈石窟，背依武周山，面临十里河，东西绵延1km，现存主要洞窟45个，大小造像51000多尊。它开凿于1500年前的北魏时期，是我国规模最大的古代石窟群之一，以石雕造像气魄雄伟、内容丰富多彩著称于世，具有强大的艺术魅力。它与甘肃敦煌莫高窟、河南洛阳龙门石窟并称为我国三大石窟，也是闻名于世的世界文化遗产。

在区域构造位置上，石窟位于地震活动相对强烈的山西断陷带北部大同盆地的西缘，北东走向的泉口断裂、北东东走向的六棱山断裂、恒山北缘断裂是盆地内的3条主要活动断裂，它们控制着盆地的形成、发育以及新构造格局和地震活动。石窟附近活动断裂及地震震中分布见图3.9。

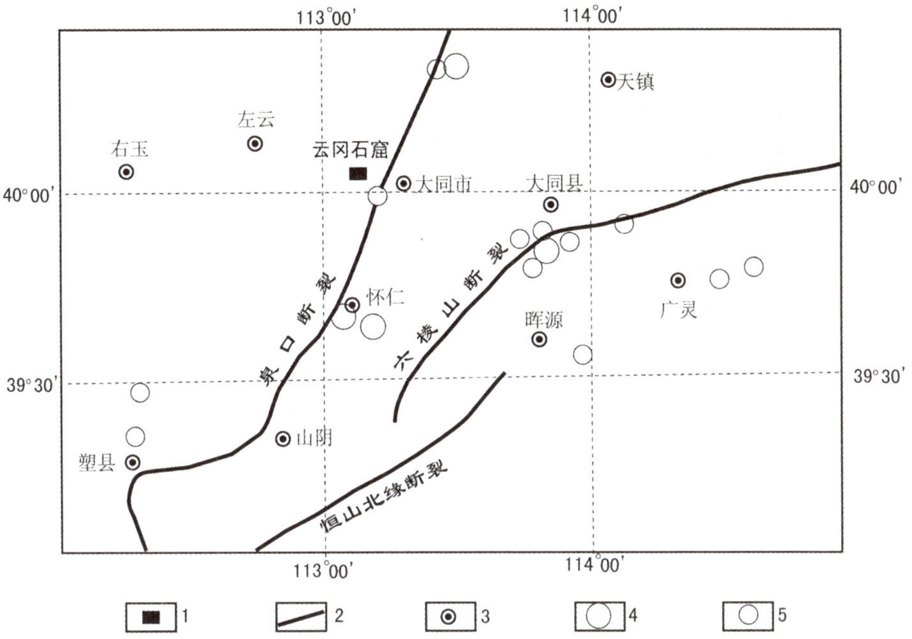

1. 石窟；2. 活动断层；3. 市县；4. 5.0～5.9级地震震中；5. 6.0～6.9级地震震中

图3.9　石窟附近活动断裂及地震震中分布图

泉口断裂是区内最主要的活动断裂和大同盆地的西侧边界断裂，也是距离云冈石窟距离最近的断裂。断裂全新世活动段长度约120km，在全新世时期曾有过多次活动，既存在正倾滑活动，也存在右旋走滑活动。该断裂距石窟最近距离约7km，对石窟安全性有重要影响。

六棱山北麓断裂又称大同-阳原盆地南缘断裂，是区内又一主要活动断裂，第四纪以来该断裂强烈活动。该断裂总体走向NEE，倾向NNW，全长约130km。该断裂具有明显的分段性。其最东段活动性最弱，为早更新世活动段；其他3段活动性较强，为晚更新世晚期—全新世活动段。该断裂距石窟最近距离约45km，可能是晋北张性区内发生大地震的危险地段之一，应引起足够的重视和注意，对石窟安全性有较大影响。

恒山北缘断裂是区内另一条重要断裂，它位于大同盆地南侧，NEE走向，是控制大同盆地南侧的主要边界断裂，长160km。该断裂显示了全新世活动的整体性，不存在不同期次的破裂分段，断裂距石窟最近距离约70km，对石窟安全性有一定影响。

2. 地震活动特征

历史地震资料显示，区内历史上没有发生过7级以上地震，地震活动以5.0～6.0级中强地震为主（图3.10）。1000年以来共记载4.7级以上中强地震17次，其中6.0～6.9级地震6次，4.7 ～5.9级地震11次，地震活动水平在山西断陷带各断陷盆地居中等水平。1989年大同-阳高6.1级地震及其随后发生的1991年5.8级、1998年的5.6级地震都是区内中强地震的延续，对石窟最大地震影响烈度为Ⅷ度。弱震资料表明，云冈石窟周边地震活动较为活跃。

3. 云冈石窟主要地质灾害

现场考察表明，云冈石窟主要工程地质灾害主要包括岩体裂隙、渗水和风化。

（1）石窟岩体裂隙

云冈石窟区内裂隙发育种类较多。由于受构造影响，故以构造裂隙为主，同时发育有风化裂隙、

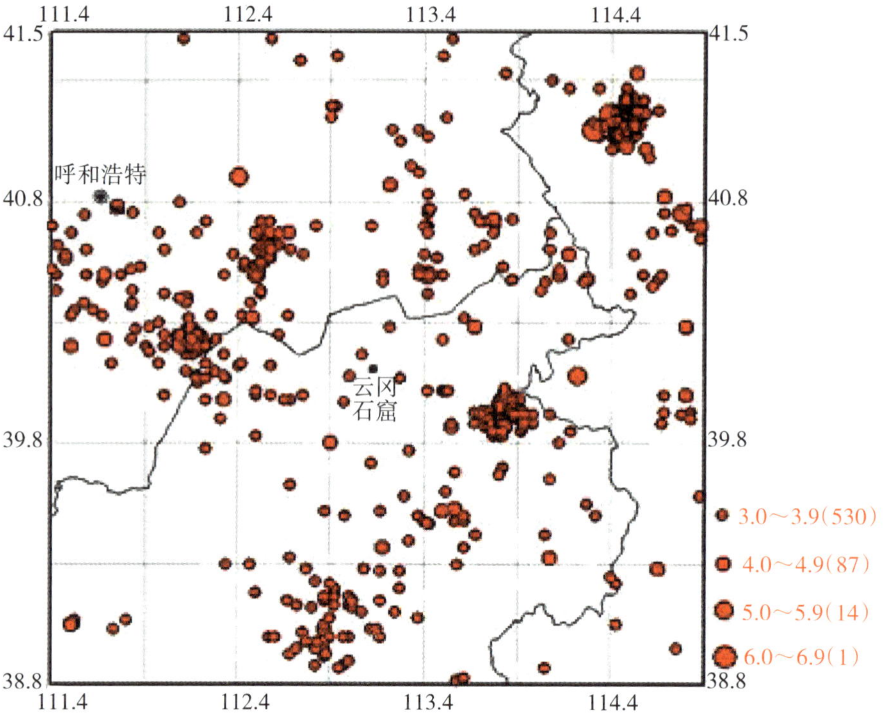

图3.10 云冈石窟附近弱震分布图

岸边裂隙和卸荷裂隙。它们在外表特征上有明显的差异，对石雕砂岩的破坏作用以及引起的工程地质问题都有所不同。一般构造裂隙宽0.1～2.0cm，且有泥沙充填，少数为闭合裂隙。而风化裂隙的发育很不规则，多呈不规则的网状或杂乱无形的状态，裂隙面不太平整。区内裂隙的另一个特征是，在坚硬或中等坚硬的砂岩中，裂隙相对发育，而在较弱的泥岩或砂质泥岩中，裂隙相对不发育。在整个出露的地层中，从表层往下，裂隙的开口由宽变窄，直至闭合。

各种裂隙的发育对岩石的整体性破坏都不同，而对石窟围岩及立壁面岩体的稳定性影响也不相同。裂隙的发育不仅降低了岩石的力学强度，同时为顶部渗水提供了良好通道，更进一步加速了石雕文物的风化。

（2）石窟顶部渗水

近几十年的研究资料表明，云冈石窟石雕风化的最主要原因之一是顶部渗水。窟区顶部大气降水一部分通过地表径流的方式排泄出本区，另一部分由于地形影响在低洼区形成积水，除少量直接蒸发之外，大部分向地下入渗，主要表现在两个方面：

入渗的部分水通过表层轻亚黏土以渗透系数3.50×10^{-5}～1.38×10^{-3}cm/s的速度向下部砂砾石渗透。而砂砾石渗透系数为8.68×10^{-2}～2.37×10^{-2}cm/s，故在砂砾石中以该速度渗透至基岩顶面。据钻探资料显示，基岩顶部并不平整，入渗下去的水向低洼区汇集，然后通过连通性好的裂隙或孔隙继续向下入渗，顺裂隙或水平层理面而排泄。一般情况下渗水量小而呈湿润现象，而在雨季时则以滴水或微弱流水的方式排泄。

入渗的另一部分水通过表层轻亚黏土和砂砾石向下部基岩入渗，遇砂岩中夹层泥岩、砂质页岩相对隔水层阻水形成上层滞水。由于贮水条件好而长期贮水，并通过连通性好的节理裂隙，以长期补给的方式排泄。此种现象主要出现在石窟西部砂岩夹泥岩的透镜体中。典型的有云冈石窟第14窟、第21窟及第23窟等。

（3）石雕的风化

云冈石窟自北魏开凿以来已有1500余年的历史，由于自然界各种营力的作用，风化现象十分严重。就砂岩而言，以岩性影响为主而导致的风化和以裂隙影响为主而导致的风化均非常严重，就粉砂岩和砂质页岩来讲，其风化主要受裂隙控制，并逐渐呈碎块状风化。

4. 未来地震可能引起的主要地质灾害

云冈石窟历史上曾多次遭到地震袭击，致使洞窟及雕像有不同程度的损毁。石窟附近地震地质条件研究表明，石窟附近具有发生中强地震的构造环境，对窟体最大的地震威胁为来自石窟附近断裂上的地震，地震影响方式以近远震为主。未来地震作用可能诱发的主要地震地质灾害可能有窟区岩体裂缝加大、危石崩落、石雕脱落甚至洞窟坍塌等。

3.1.3 新疆龟兹石窟群地震构造环境分析

新疆西部石窟群是丝绸之路上重要的历史文物，是古代西域龟兹国的佛教圣地，保存有大量艺术珍品，尤其是独具西域民族佛教文化艺术风格的壁画，距今已有一千六七百年的历史，是汉唐时期西域佛教文化中心之一。主要有渭干河流域库车千佛洞，包括新疆库车县境内的克孜尔千佛洞、库木吐拉千佛洞、森木塞姆以及克孜尔尕哈石窟等。地貌上位于天山南麓与塔里木盆地的北缘、库车前麓弧形冲断带附近，新构造运动非常强烈，地震频繁。历史上地震对库车千佛洞的破坏仅次于人为破坏。1000多年来天山中段出现过多次8级以上的地震，数十次6级以上的地震。库车千佛洞大部分垮塌的洞口均属地震所为，当然自然风化也起着助纣为虐的作用。

受近南北向构造应力场的影响，区域断裂构造以北东-东西向为主，石窟附近主要发育了天山南麓的库木格热木断裂、阿其切克断裂、喀桑托开断裂、克孜尔断裂和却勒塔格断裂等活动断裂，见新疆西石窟群附近活动断裂及地震震中分布图（图3.11）。

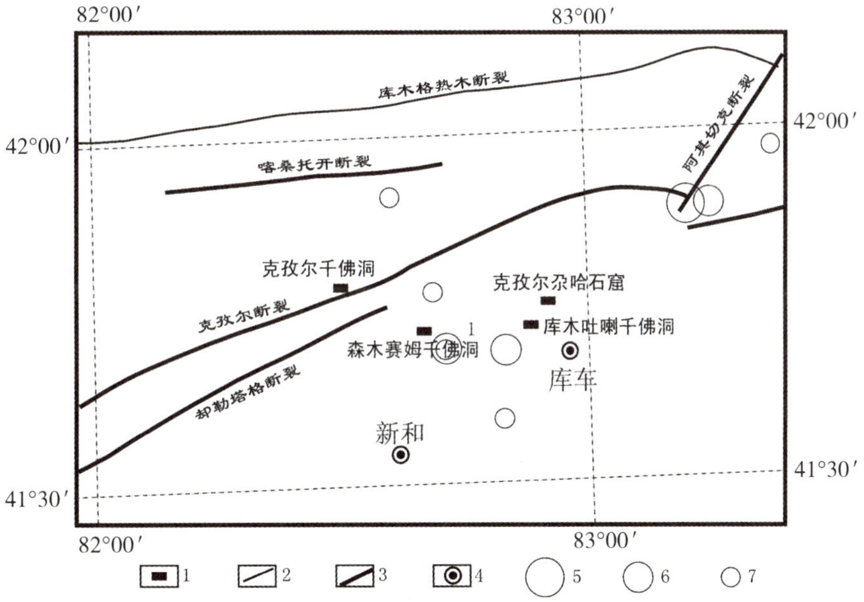

1. 石窟寺；2. 晚更新世断裂；3. 全新世断裂；4. 市县；
5. 7.0～7.9级地震震中；6. 6.0～6.9级地震震中；7. 5.0～5.9级地震震中

图3.11 新疆西石窟群附近活动断裂及地震震中分布图

1. 新疆石窟群附近断裂带

（1）库木格热木断裂

该断裂总体呈N80°E方向展布，长度约130km，倾向北，倾角50°～80°，具逆断层性质，地貌上表现为北高南低的陡坎地形。地质剖面揭示，该断裂断错上更新统，为一晚更新世活动断裂，断裂附近未有历史地震记载。该断裂距克孜尔千佛洞、森木赛姆千佛洞、库木吐喇千佛洞和克孜尔尕哈石窟最近距离分别为27、35、37和34km，对该石窟群有一定影响。

（2）阿其切克断裂

该断裂呈N35°E方向展布，长度约35km，倾向南东，倾角18°～80°，具左旋走滑运动特征。地质剖面揭示，该断裂断错全新统及河流二级阶地，为一全新世活动断裂，断裂附近中强历史地震较多，西南端与克孜尔断裂相交处曾发生1949年7级地震。该断裂距克孜尔千佛洞、森木赛姆千佛洞、库木吐喇千佛洞和克孜尔尕哈石窟最近距离分别为56、45、30和25km，对该石窟群有一定影响。

（3）喀桑托开断裂

该断裂总体呈N80°E方向展布，近平行展布于库木格热木断裂南侧约10km处，长度约43km，倾向北，倾角20°～40°，具逆断层性质，地貌上表现为北高南低的陡坎地形。地质剖面揭示，该断裂断错上更新统及河流低级阶地，为一全新世活动断裂，断裂附近有历史地震记载。该断裂距克孜尔千佛洞、森木赛姆千佛洞、库木吐喇千佛洞和克孜尔尕哈石窟最近距离分别为17、25、28.5和27.5km，对该石窟群有一定影响。

（4）克孜尔断裂

沿却勒塔格山北麓总体呈NEE方向展布，略呈正弦曲线，长度大于110km，在独库公路1038km桩处，由多条断层构成，倾向SE，倾角20°～62°，往下有变陡趋势，该断裂错断低阶地和全新世洪-坡积物。在克孜尔水库附近，断裂将渭干河河床错断，上新统推覆到河床底部的卵石层上。渭干河Ⅰ、Ⅱ、Ⅲ级阶地的断距分别为4.0、6.8和17.0m。水库左肩大方山是该断裂逆冲造成阶地抬升形成的断崖山，从大方山东壁剖面清晰地看出断层上盘逆冲到渭干河Ⅲ级阶地之上，水平错距至少23m，说明该断裂为一条全新世活断裂。断裂附近有历史地震记载。该断裂距克孜尔千佛洞、森木赛姆千佛洞、库木吐喇千佛洞和克孜尔尕哈石窟最近距离分别为2、10、16和14km，对该石窟群有较大影响。

（5）却勒塔格断裂

该断裂长约260km，由多条断裂组成，从阿克苏东北至克日西西北，沿却勒塔格山南麓呈向南突出的弧形，在渭干河东略呈向北突出弧形；总体走向NEE，总体北倾，倾角20°～50°，西段缓而东段陡。在盐水沟西断层面南倾15°～30°，南盘中新统向北逆冲于全新世洪积扇之上。在东盐水沟却勒塔格背斜南翼，断层将上新统泥岩垂直错动3.3m。断层下盘砂砾石层热释光样品地质年龄为48800±3800aBP，反映该处却勒塔格断裂在晚更新世以后活动。该断裂在穿过库车河时，断层下盘Ⅰ～Ⅵ级河谷阶地随却勒塔格背斜的隆起而拱起，使Ⅰ级阶地向上游反倾坡角为1.1%，反映背斜现今还在隆起变形。沿该断裂曾发生1893年6¾级地震、1947年6¼级地震，中强地震活动频繁，是一条具有发生强震可能性的全新世活断裂。该断裂距克孜尔千佛洞、森木赛姆千佛洞、库木吐喇千佛洞和克孜尔尕哈石窟最近距离分别为6、7、23和26km，对该石窟群有较大影响。

2.窟区地震活动性及其对文物的影响

由于石窟地处相对稳定的塔里木地台和相对活动的天山皱褶带的过渡带上，地震活动强烈及频繁是该地区的特性，从图3.12、图3.13可以看出，有史记载以来的破坏性地震达307次，弱震发生更为频繁。近年发生的烈度较大的地震有1998年7月30日拜城东部5.6级地震、1999年3月15日库车-拜城地区5.8级地震、2003年2月24日伽师-巴楚6.8级地震。1999年克孜尔千佛洞周边地区发生地震时，第126、第127、第128三个石窟大部分窟体倒塌，第007号洞口护墙处有一条竖直向下的贯通裂缝，宽0.5cm，千佛洞所依托的山体多处出现松动、滑落险情，对文物构成严重威胁。2006年10月，库车发生3.8级地震，使得龟兹石窟部分岩体坍塌，壁画脱落。

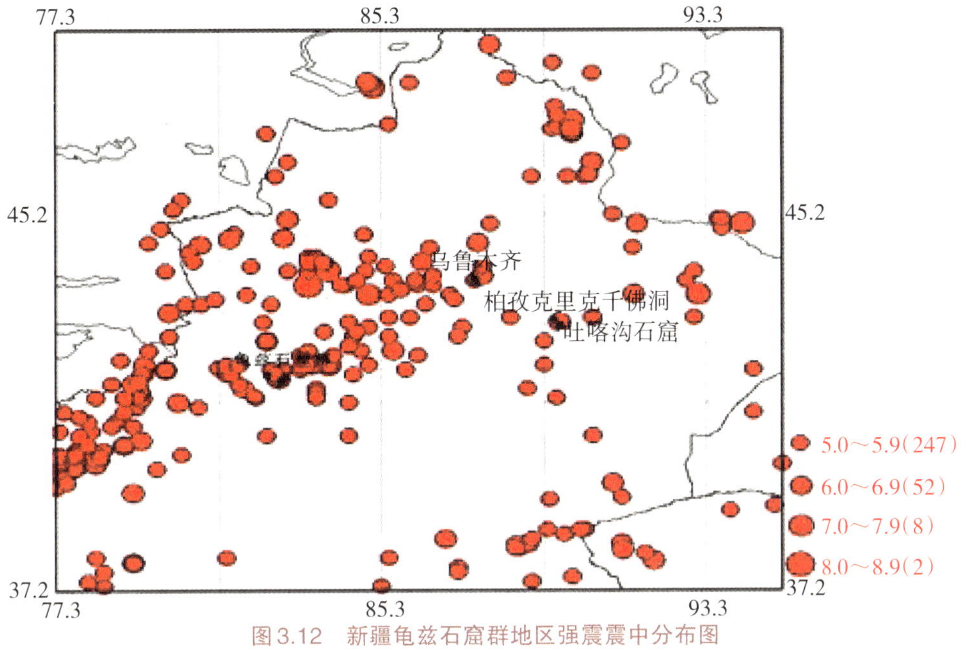

图3.12　新疆龟兹石窟群地区强震震中分布图

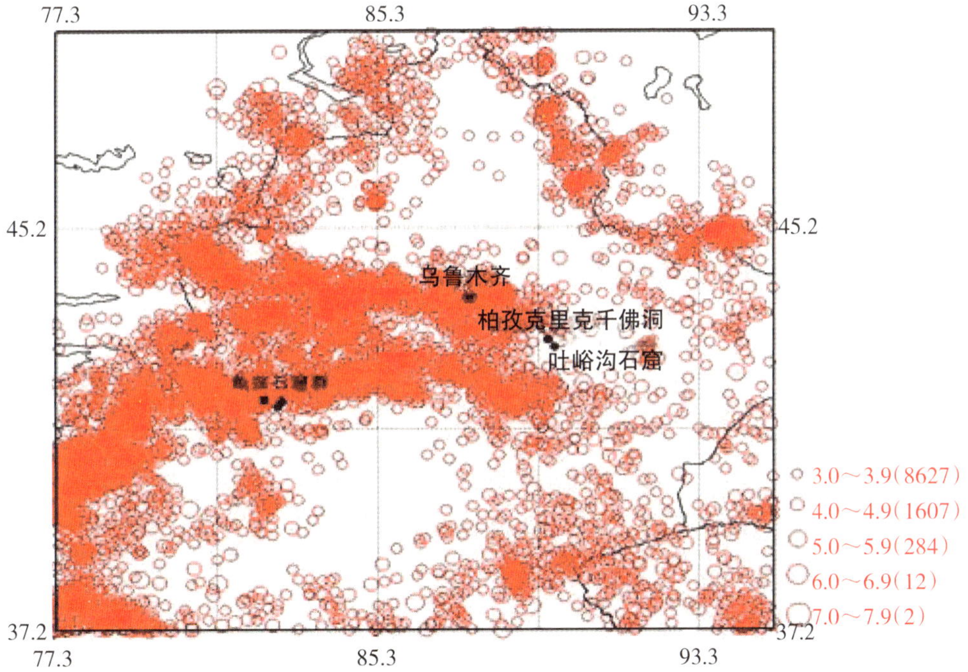

图3.13　新疆龟兹石窟群地区弱震震中分布图

3. 龟兹石窟群主要病害

龟兹地区的石窟岩体为第三纪的砂砾岩，岩体主要有砂岩和泥岩组成，其中砂岩约占70%，泥岩约占30%。砂岩中约有36.5%的碳酸盐组成和一些易容盐，属于钙质弱胶结性，胶结性差，遇水极易崩解。泥岩多为粉沙质泥岩，黏土矿物为锰脱石、伊利石和少量高岭石，属弱膨胀非水性泥质岩石，易出现风化剥落现象。因此，龟兹石窟岩体大面积坍塌与其岩体的岩体强度低、抗风化能力差、耐崩解性能低、对水的作用反应敏感有直接关系。龟兹石窟现存的主要病害有：

（1）岩体裂隙

由于岩体的载体大多为沙砾岩，自身强度低，加上洞窟的开凿改变了原有岩体的结构，所以洞窟出现了大量的裂隙，这也是洞窟出现坍塌的主要原因，仅在库木吐喇石窟，对洞窟的安全影响非常严重，影响崖壁岩体稳定的主要裂隙有39条，其中4条为构造裂隙，其余为卸荷裂隙。虽然对这些裂隙做过加固保护工作，但某些区域的裂隙乃处于活动状态，克孜尔第171洞窟的裂隙在2006年的地震后扩大，而且第47窟窟顶的裂隙处于非常活跃的状态，常有大块岩体脱落。而其他石窟由于很多都没有做过岩体加固，裂隙的破坏作用就会更大。

（2）雨水冲刷

影响龟兹石窟安全的另一个问题是雨水冲刷，首先此地的石窟所依附的山体含盐量极高，这样的岩体遇水极易崩解；其次龟兹石窟所在的山体大多植被无几，地表涵养水源能力差，一旦发生暴雨就会出现洪流冲刷，切割岩体，从而形成沟低狭窄、厢壁陡峭的冲沟，冲沟形成后它会随着暴雨的出现而不断地发育、扩大，在龟兹石窟的大小石窟中，这样的冲沟比比皆是，仅在克孜尔石窟群之中较大的冲沟就有30条，这些冲沟不仅严重影响到整个岩洞窟所依附的岩体的安全，而且在雨季来临时，地表径流除对窟顶岩体造成冲刷侵蚀破坏外，最终汇聚到沟谷中形成季节性洪水。洪水发生时，水体携带大量泥沙，砾石沿沟谷向外涌出，对沟谷两侧洞窟的根基具极强的侵蚀破坏作用。因为受风蚀、雨蚀和岩体裂隙、冲沟的切割作用，使得石窟岩体出现多处危崖体，这些危崖体具有垮塌、滑动、倾覆危险，危及石窟建筑以及游客的安全。

（3）壁画酥碱或空鼓

因为岩体与壁画地仗中含有可溶的盐在温度的变化下不断潮解结晶，破坏了壁画的原始结构，造成壁画松散、脱落，此类病害在壁画中现存的非常多，而且是壁画保护中不易根治的弊害之一。

酥碱的产生与岩体内的水分有很大关系，由于壁画地仗层因为某种原因脱离支撑体，但周围壁画与岩体相黏结。空鼓极易造成壁画出现裂隙、脱落。库木吐喇石窟沟口第21窟（新二窟）窟顶壁画堪称龟兹石窟的珍品，2001年新二窟顶岩体产生崩塌，脱落岩块直接砸在新二窟甬道顶前部及砖房屋顶，产生震动致使窟顶部分空鼓壁画脱落。壁画出现大面积空鼓，空鼓面积占现存壁画面积的35%。新二窟窟顶已经发生脱落，脱落部位长74cm，最宽处25cm，周围壁画脱离岩层3～8mm。

3.1.4 其他石窟所面临的地震危险性

相对于甘肃、新疆和其他北方地区的石窟而言，我国东部沿海地区和个别石窟地震活动稍微弱一些，如龙门石窟、大足石刻等，图3.14～3.17分别给出了该两石窟的区域强震和弱震震中分布图，从中可以看出，在石窟一定范围内强震相对较少，但仍有一定数量的弱震发生，鉴于石窟文物的脆弱性，应当加强对远场强震和近场弱震对文物可能带来的影响的研究。

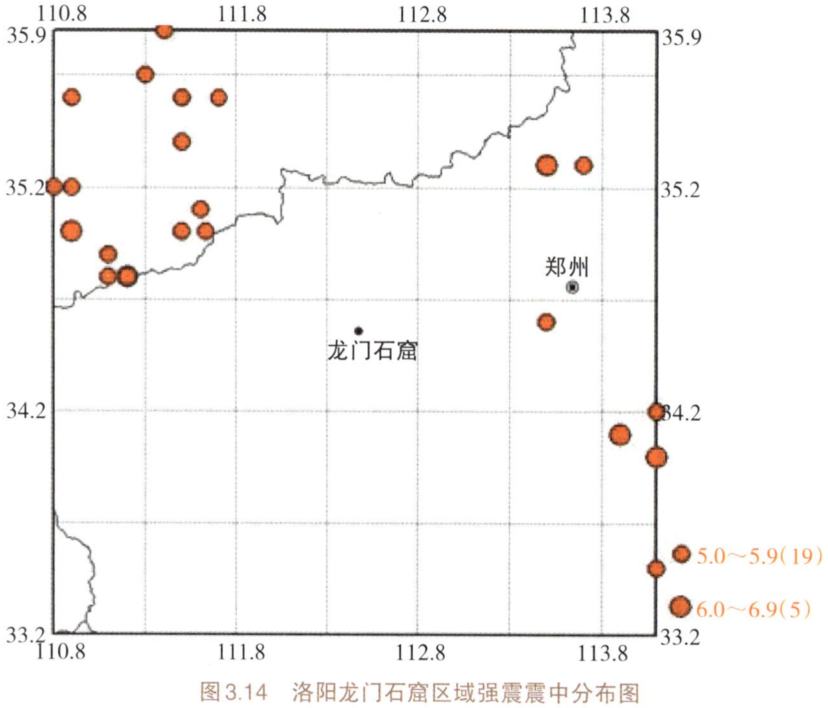

图3.14 洛阳龙门石窟区域强震震中分布图

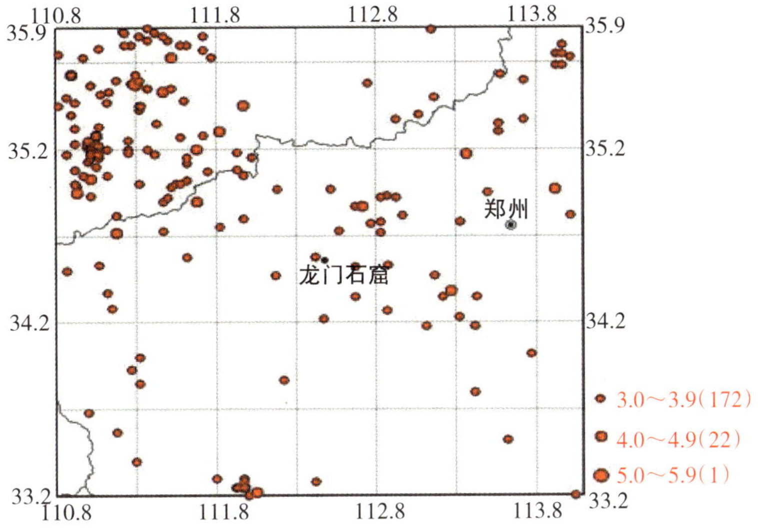

图3.15　洛阳龙门石窟区域弱震震中分布图

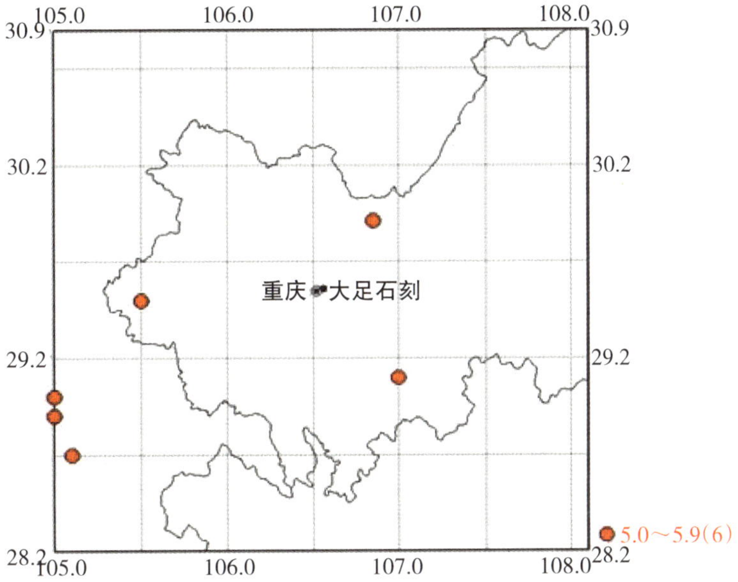

图3.16　大足石刻区域强震震中分布图

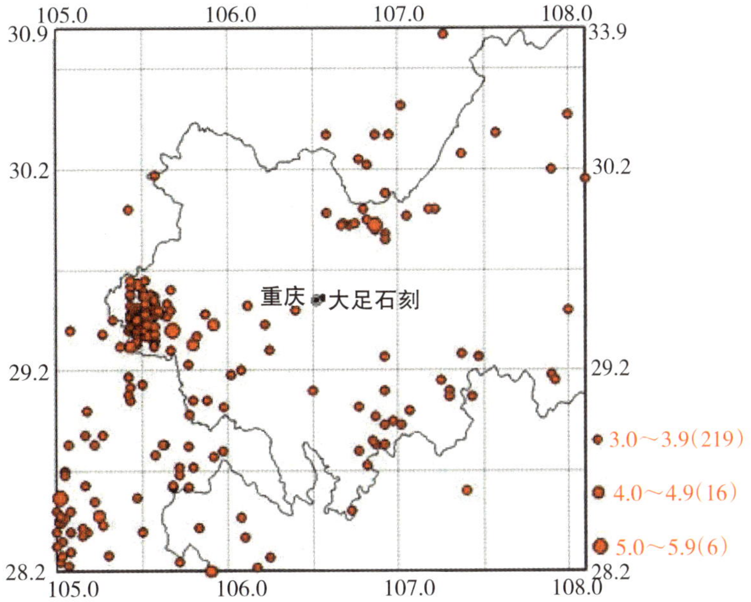

图3.17　大足石刻区域弱震震中分布图

3.2 强震区岩体地震动力破坏特征

岩体不仅发育各种级序和规模的结构面，且具有复杂的应力状态，是最为复杂的介质之一。因其组分、结构和赋存环境条件的不同，岩体跨越了均匀连续的散粒体、非连续和不均匀的弱面体和完整均匀的连续体这一复杂序列，其力学响应表现出高度的非线性（匀变和灾变的交替演化）和不确定性（随机性、模糊性和未确知性）。大量的试验资料表明，岩体的动力特性和静力特性有较大差异。在工程岩体爆破、地下核爆等方面已开展了岩体动力学方面的研究[1-2]，但有关强震区岩体动力破坏方面的研究却较少。山崩（亦称基岩崩塌）、滑坡和岩体倾倒变形等都是强震区常见的岩体破坏现象，是造成严重的直接灾害及震后次生灾害的重要原因，这在地震文献资料中有大量的描述[3-6]，特别是关于地震崩塌、滑坡等方面的研究最为丰富和深入，积累了较多的成果[7-13]。但是地震方面的资料中，缺乏有关强震区岩体动力破坏特征、分类、成因机制等方面的研究。而探讨地震动力作用下岩体的动力变形、破坏的形式、分类和特征，不仅具有较强的理论意义，并且对工程抗震设计、防灾减灾等也具有重要的现实意义。

3.2.1 岩体地震动力破坏缺乏研究的原因

岩体地震动力破坏问题缺乏研究的主要原因有：①地震具有典型的复杂性、不可预知性和不可抗拒性；岩体又是最为复杂的介质之一，岩体的地震动力破坏涉及地形地貌、岩土结构、地下水等多方面的因素，具多样性和随机性，因此对该问题的研究难度较大。②地震造成的岩体破坏范围大，与工程爆破和核爆相比，地质条件和水文条件的特征难以判断，岩体动力破坏范围和程度具有较大的不确定性。③岩体地震动力破坏多发生在基岩山区，人烟稀少，交通不便，震后考察难度大，理论意义重要但应用价值似乎不大。即便进行考察研究，也仅仅作为评定地震烈度的参考依据，鲜有关于岩体动力破坏的专题研究。④对地震动力破坏岩体的认识和防治尚缺乏经验，特别是由于岩体常常为表层第四纪沉积物覆盖，难以区分动力效应破坏和静力效应作用的结果，增加了判断和认识的难度。⑤客观上对地震动力造成岩体大范围破坏的测试方法还不多，缺乏必要的基础数据，导致对该问题的研究仅仅停留在定性认识的阶段，难以进行量化分析和评价。

3.2.2 岩体地震动力破坏的形式和分类

1. 岩体地震动力破坏的形式

通过查阅相关地震调研资料，结合对1556年陕西华县地震、1879年甘肃文县地震、1931年新疆富蕴地震等强震区岩体地震动力破坏的现场考察，将极震区岩体地震动力破坏分为如下6个主要形式：滑坡、崩塌、剥落[19]、塌陷、地裂缝和岩体松动，图3.18是1976年龙陵地震震害类型分布，其中的剥落和崩塌尤为典型。

岩体松动是指在地震动力作用下，岩体发生了应力释放、结构面张开、密度及其完整性的显著下降[14]，但未产生如其他破坏形式那样显著的宏观特征，是一种岩体隐性的、内在的损伤，是产生震后次生灾害的主要原因[5-6, 16-17]，如1974年5月11日云南昭通地震发生后2个月，即1974年7月8日，昭通震区西南距老寨堡南1km处，发生一次巨大的崩塌。崩塌前一天为阴雨天气，曾在老寨堡附近大槽村一带发生2.6级的一次小余震。震后5min即发生了崩塌。新、老崩塌体一起往下滑动，流入低洼沟谷。整个崩塌体呈长舌状，自东南向西北方向延伸，宽150～200m，长约1.5km。崩塌体自上而下可分为崩塌、滑坡和泥石流三段，其中尤以泥石流分布距离最长。崩塌堆积物主要为未经分选的杂乱块石，大小一般为1～125m^3，最大可达1000m^3[16]。

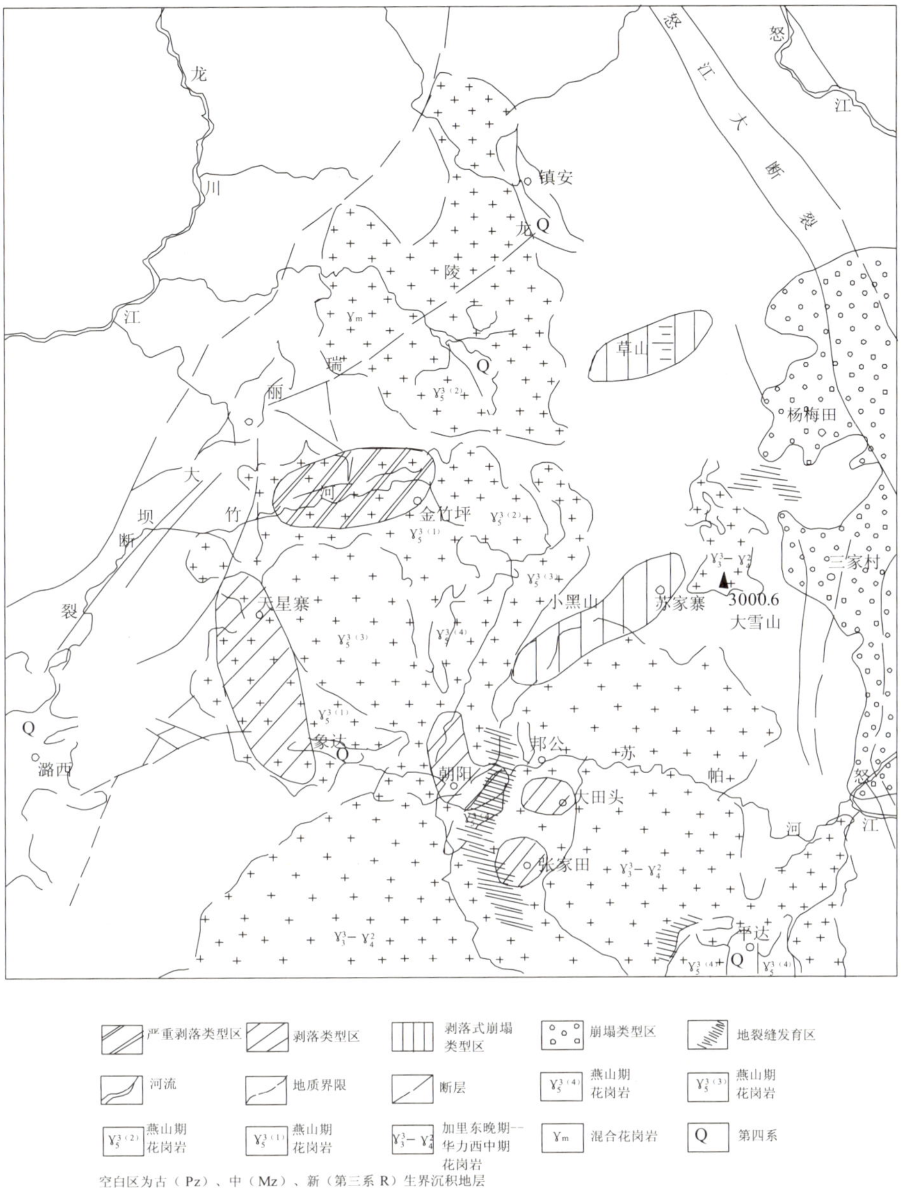

图3.18　1976年龙陵地震震害类型分布图（据文献［19］）

大量实际资料表明，地震发生时上述的形式可能都会出现，都表现为上述单指标破坏形式的组合或复合，产生的岩体破坏现象和形式较为复杂。地震滑坡是研究较多的岩体地震动力破坏形式之一，表3-6给出了关于地震滑坡和非地震滑坡的比较。

表3-6　地震滑坡与非地震滑坡的比较（据文献［15］，有修改）

类型	地震滑坡	非地震滑坡
前兆	不明显，历史上遭受地震滑坡的地区，下次容易再遭到破坏	明显，从土体内裂缝逐渐扩大，临滑坡前土体内部压力剧增，会发出声响，并能观察到土体蠕变现象
扰动方式	能量扰动为主（地震波），破坏能量来自“外部”动荷载和自重应力及构造应力的耦合作用	主要扰动方式为物质成分（降雨、加卸载等），改变破坏能量来自滑体自重应力的改变和强度的降低
动力来源与环境	地震波传播过程中产生的惯性力作用、沙土液化和强度降低原因等造成破坏	以岩土体自重为主，可能还有水渗入等触发因素；主要原因是强度降低
变形破坏发展过程	地震荷载的作用使得岩土体强度和稳定性在较短时间内迅速改变，变形和破坏发展的时间短，具突然性，属岩土体被动调整和平衡的过程	有一定的变化发展周期，属于岩土体自重应力的自动调整和平衡过程，最终因突破其强度极限而破坏

续表 3-6

类型	地震滑坡	非地震滑坡
地形原始坡度	地形地貌因素并非主要控制因素，可能是比较平缓的地形，甚至在小于5°地形坡度区也会产生滑移破坏	地形地貌因素较为关键，一般均在高陡边坡区发生，很少见有在低缓坡角处大面积发生滑坡现象
分布特点	往往面积大，同一时间内成群地出现，尤其在高烈度区。离震中区近，滑坡数量增多，离震中区远，滑坡数量相对减小；也有不均匀性特点	很少在同一瞬间出现大面积的滑坡群，滑坡体往往是单个地出现
岩土体破坏特点	两侧同时破坏的特点，破坏形式复杂多样。地震荷载从地下深部向地表传播，在平面和深度方向上的变化规律较复杂，破坏范围大、程度高	以单侧破坏为主，破坏形式相对单一。破坏自地表开始，向深部逐渐减弱，具一定的渐变性和规律性，破坏范围和程度有限
有关堰塞湖	成群堵塞河道，在大面积范围之内可形成串珠状湖泊群，湖与湖之间高差不一	大型滑坡体也能形成堰塞湖，但总的看来，规模小，形不成串珠状

2. 岩体地震动力破坏的分类

（1）按作用力分类

造成强震区岩体破坏的地震力是作用时间短、强度大的惯性力，表现出很强的随机性，即地震力作用于岩体的过程中，不但力的大小发生交替变化，而且力的方向亦非固定不变。按力源特征强震区岩体破坏可分成3大类：①地震力造成的岩体破坏（亦称构造破坏）；②地震力触发的已处于静力（重力）临界状态的岩体破坏；③地震力和静力联合作用造成的岩体破坏。地震动力造成的岩体破坏特征与静力造成的岩体破坏存在差异，力的作用过程不同是造成这种差异的根本原因，特别是加载频率、加载方向变化及震动持续时间等因素的影响。

（2）按破坏前的静力状态分类[18]

一般地，岩体从地表到深部具有不同的静应力状态和分布特征，依次分别是表层松动带、应力集中带和原岩应力带。以山体失稳破坏前的静态应力和变形状态划分，可将地震动力造成岩体破坏的类型划分为：①沿山坡松动带以下原岩中某些结构面滑动造成的破坏；②沿松动带界面发生的边坡破坏；③在山坡松动带内发生的坡面失稳破坏。

（3）按破坏机制的分类

已有的研究表明，不同的岩体介质类型对应着不同的变形、破坏机制，其中岩体的结构面对整个岩体的变形破坏起控制作用。若单从岩体地震动力破坏的荷载角度或失稳机理来看，则可以分为3大类：①由于过大的拉应力引起的散裂、崩塌和剥落，如1976年龙陵地震中大范围的地表剥落现象[19]；②由于累积的滑动变形引起大位移而导致斜坡破坏，大多数地震滑坡当属此类；③岩体中含水土层的液化及地下水动力作用引起的破坏[20]。

3.2.3 岩体地震动力破坏的特征

大量的震害资料表明，强震区内的岩体变形破坏是强烈地震动力作用的结果，强震区内的岩体地震动力破坏具有如下特点：

（1）不均匀性

强震区岩体动力破坏的程度、类型和分布范围与其地震震级大小大致正相关。一般地，震级越大，烈度越高，所产生的岩体破坏及地质灾害也越严重。统计资料表明，震级6级或烈度达Ⅶ度以上的地震就有岩体破坏发生。但是也有例外，如1982年3月陕西秦岭区曾发生过一次4.5级地震，使得近1000m长的范围出现了大量基岩崩塌、裂缝[21]。国外也有小地震引发大规模滑坡等灾害的例子[22]，许多震例中均有破坏严重地区出现破坏相对较轻的“烈度异常区”，这说明强震区内岩体的动力破坏具有不均匀性特点。这种不均匀性是岩体本身介质和力学属性的不均匀性、地震荷载的不均匀性及局部地形地貌的不均匀性等综合因素共同作用的结果。相比于静力荷载造成的破坏，地震动荷载的不均匀性尤为典型。

（2）重复性

地震是地壳岩层中的地应力超过岩体强度发生破裂而产生的，由于地层中的地应力始终处于“集中—释放—再集中—再释放……”这样一个永不停止的动态变化过程中，地震活动具有重复性发生的特点，一定区域内的岩体也将受到多次地震动力的重复破坏。如昌马断裂带附近的地震滑坡是该断裂带多次古地震和历史地震造成的[9]。又如1974年昭通地震时元亨、马家坪崩塌就覆盖于巨大的老崩塌体上，且老崩塌体的范围远大于该次地震产生的新崩塌体[16]。

（3）丛集性

大地震的强震区范围可达数百平方千米，而岩体的地震动力破坏具有丛集性特点是较为普遍的现象。如1920年海原地震[24]、1927年甘肃古浪地震、1931年新疆富蕴地震、1950年西藏墨脱地震[4]、1976年龙陵地震[19]、1999年台湾集集地震[23]等。较为典型的是1933年四川叠溪地震时，在沿岷江支流的松平沟内因基岩顺层崩塌，多处在峡谷地段堵塞河道，形成6个串珠状“地震海子”——地震堰塞湖，并形成大量的基岩崩塌体和倒石堆（图3.19）[25]。这说明，强震造成的岩体破坏具有明显的丛集性特点。岩体地震动力破坏产生的崩塌、滑坡、地裂缝等分布受极震区形状和范围的影响，其分布发育的密度和规模受断裂活动强度控制。从强震区向外随着烈度的降低，无论其规模、数量和发育密度都具有随之减小的特征，也说明强震区内的强烈地震动力作用是产生岩体破坏的主要荷载。

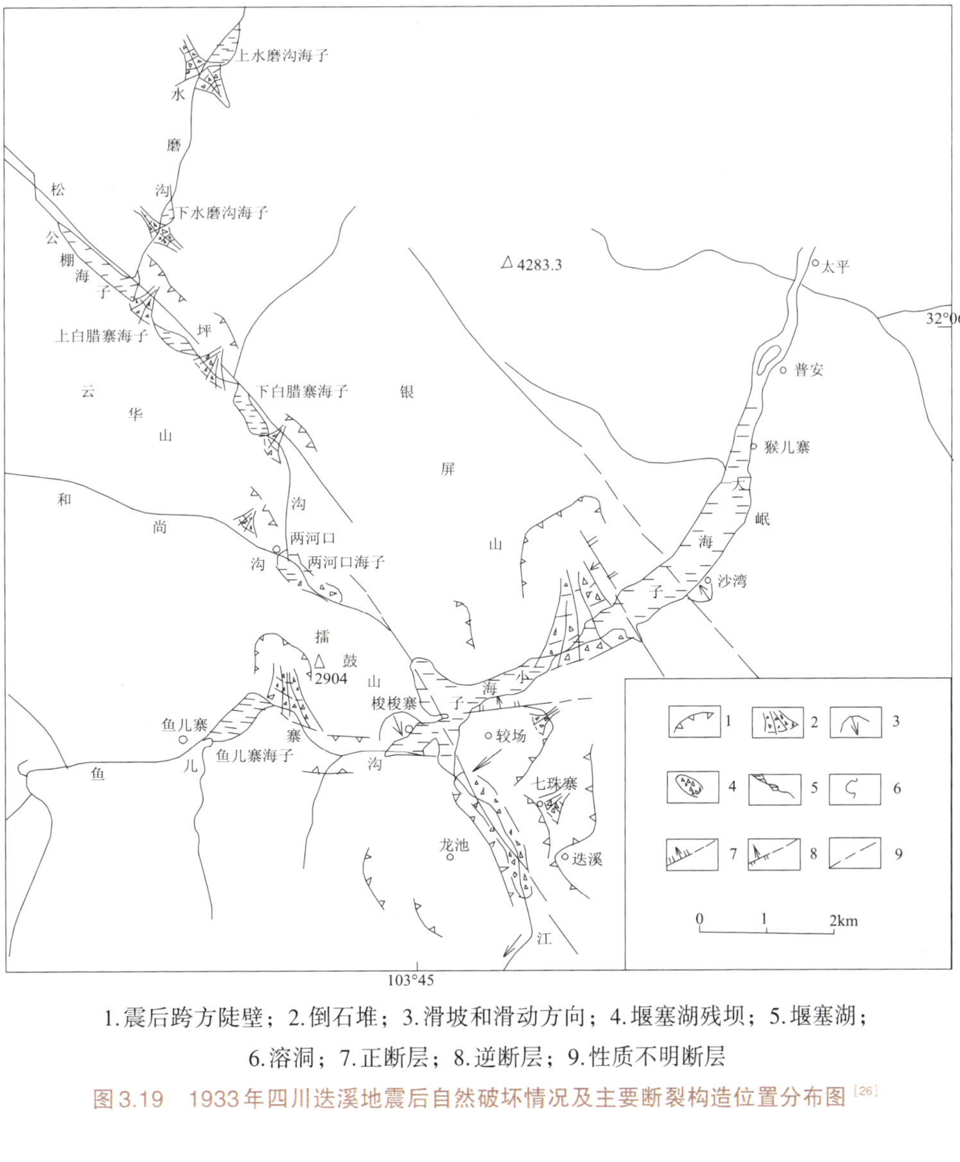

1.震后跨方陡壁；2.倒石堆；3.滑坡和滑动方向；4.堰塞湖残坝；5.堰塞湖；

6.溶洞；7.正断层；8.逆断层；9.性质不明断层

图3.19　1933年四川迭溪地震后自然破坏情况及主要断裂构造位置分布图[26]

（4）结构控制性

从岩体结构破坏的角度，还可将极震区岩体的动力破坏分为两类，即岩体结构的宏观显性破坏和微观隐性破坏。前者表现为具有显著破坏特征的大变形、大位移等破坏形式，如崩塌、滑坡、塌陷、剥落等，因控制性结构面的失稳引起，是岩体松动达到一定程度上的质变，具有突变性，如2008年汶川大地震时宝成铁路109隧道岩体崩塌（图3.20）；而后者则主要是岩体的松动，如结构面的增长、贯通和张裂，岩块的错动、旋转等，是非控制性结构面的发展，使岩体中的地应力释放，结构疏松，导致其连续性和完整性进一步破坏，强度降低，促进了岩体的风化作用，属于岩体的一种累加性破坏，具有渐进性，如1931年新疆富蕴地震极震区岩体松动（图3.21）。岩体结构对强震区岩体地震动力破坏在不同的结构层次上均具有控制性作用。因此，岩体地震动力破坏研究重点，一是查明其控制性结构面的分布特征并就其稳定性进行预测和评价；二是划分岩体松动的范围和程度。

图3.20 2008年四川汶川地震时宝成铁路109隧道岩体崩塌

图3.21 1931年新疆富蕴地震极震区岩体松动破坏

（5）广泛性

大量的历史震害记录和现代地震研究资料说明，地震作用造成岩体的破坏范围大，特别是如前所述的岩体松动，作为一种更为普遍的破坏形式和现象，是客观存在并成为许多地质灾害的主要原因之一[5-6, 17]，极易为崩塌、滑坡、泥石流等次生灾害提供丰富的物源和水源，使多种山地灾害复合叠加，形成了地震—崩塌—滑坡—泥石流灾害链、暴雨山洪—崩塌滑坡—泥石流灾害链、冰雪暴融—崩塌滑坡—冰川泥石流灾害链等。1950年西藏察隅8.5级大地震之后，藏东南山区进入山地灾害活跃期，大规模冰崩、雪崩、冰湖溃决、冰川泥石流、山崩、滑坡等灾害接踵而至；20世纪70年代云南龙陵、四川松潘-平武等大地震，加剧了当地的山地灾害，尤其是对滑坡的影响；云南小江流域近300年来之所以成为我国山地灾害的高发区，正是每100年发生一次的6级以上大地震及其对地表的破坏作用所致[6]。甘肃陇南地区频繁发育的滑坡、泥石流，距今仅120多年的1879年文县8级地震起了控制性的作用[17]。我国一些著名的强震带，大都是山地灾害的主要发育地带[6]。由此可见，地震作用对岩体的松动是极为普遍的破坏形式和现象，并且这种松动、损伤的广度和深度要大于一般静态营力（如风化、卸荷等）作用的结果。在我国实施西部大开发战略的过程中，在西部广大的高烈度地震区进行基础设施建设时必将面临地震动力破坏的松动岩体所带来的诸多问题。因此，广泛收集强震区的岩体破坏资料，采用多种技术方法和手段，分析、预测地震动力破坏岩体的工程性质，是工程建设顺利进行的保证。

3.2.4 结论

岩体地震动力破坏是理论和现实意义重大，但研究较少的课题，其主要原因在于研究的复杂性和现场调研的困难。在此初步探讨了岩体地震动力破坏的相关问题，取得了如下认识：

（1）岩体的地震动力破坏形式可以分为滑坡、崩塌、剥落、塌陷、地裂缝和岩体松动。地震时，上述形式可能都会出现，且大多是组合或复合破坏，形式较为复杂。

（2）地震动力造成岩体松动是一种普遍和广泛的破坏形式，特征不如其他形式的破坏显著，但提供了震后次生灾害的物质基础，是产生震后次生灾害的重要原因。

（3）依据破坏力、破坏前应力和位移状态以及破坏机理，岩体地震动力破坏可划分为不同的类型。类型划分有利于更好地理解岩体地震动力破坏的原因、特征和影响因素。

（4）岩体地震动力破坏具有不均匀性、丛集性、重复性、结构控制性和广泛性等特点。不同特征的结构面是控制岩体动力破坏的主要因素。查明控制性结构面特征和岩体松动范围及程度是岩体地震动力破坏研究的重点。

3.3 汶川地震中石窟文物震害分析

2008年5月12日汶川8.0级特大地震是中华人民共和国成立以来我国破坏性最大的一次地震，波及范围广，灾害损失大，历史罕见，举世震惊。该地震属于浅源地震，震源深度约为14km（图3.22）。国家文物局统计数据表明，在本次地震中，不可移动文物中包括154处全国文物保护单位，339处省级文物保护单位，1032处市（县）级文物保护单位受损；在甘肃、四川广泛分布的石窟文物也遭到了不同程度的破坏，现将破坏情况列入表3-7中。从中可以看出，石窟文物所在的山体非常脆弱，在遭受Ⅵ度地震情况下即有一定程度的破坏，同时附属建筑物抗震性能低，更是易于损坏。全国重点文物保护单位天水麦积山石窟，在唐开元年间（713—741年）经受过强烈地震的袭击，现再次经受了地震的考验，虽然佛像受损，但山体上的石窟建筑仍然基本保持完好状态。

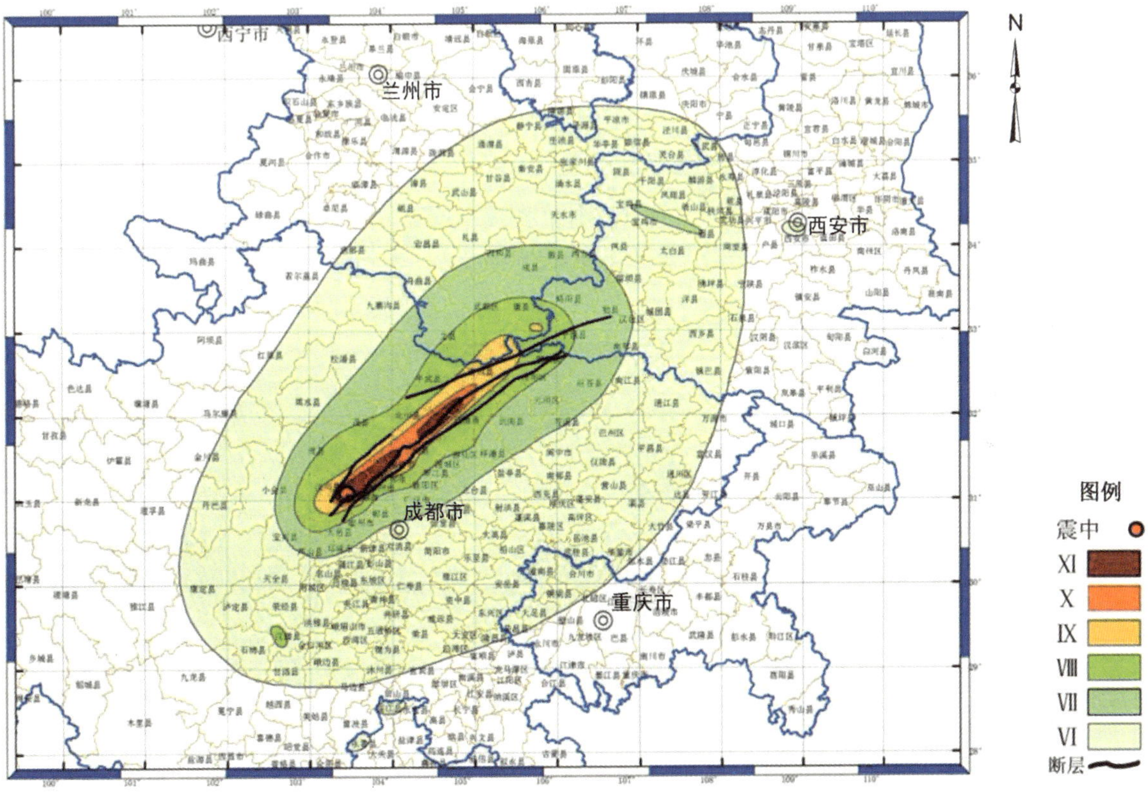

图3.22 汶川地震烈度分布图

表3-7 2008年5月12日汶川8.0级地震中石窟文物震害情况

省份	石窟名称	文物等级	震害情况	遭受的地震烈度
四川	安岳石窟	全国重点文物保护单位	毗卢洞千佛窟保护房柱、椽、檀严重错位和断裂，紫竹观音窟左右侧的泥塑造像被震裂；孔雀洞的经目塔尖被震掉摔碎，第三、四层的攒尖被倒塌的塔尖砸坏，并砸毁了侧旁的房屋屋面；茗山寺的所有木结构穿逗保护房椽、檀断裂、错位，文殊师利窟内的1尊摩崖造像头部被震落在地摔得粉碎；亭子多处出现裂隙和错位	Ⅵ
	通江千佛岩摩崖造像	全国重点文物保护单位	保护建筑严重倾斜；整个崖体滑坡，直接威胁文物本体	Ⅵ
	皇泽寺摩崖造像	全国重点文物保护单位	山体部分坍塌，严重威胁文物本体和人员安全；辅助性墙体开裂	Ⅷ
	南龛摩崖像	全国重点文物保护单位	地震时由于山体滑坡，摩崖造像墙体开裂2～5cm；墙面、门柱倾斜，地基塌陷	Ⅶ
	蒲江石窟	全国重点文物保护单位	出现倒塌、垮塌、墙体开裂、建筑倾斜、移位等严重险情	Ⅶ
	乐山大佛、大足石刻	世界文化遗产	无震害	Ⅵ
	玉蟾山摩崖造像	省级重点文物保护单位	崖体多处开裂，随时有坍塌危险	Ⅵ
甘肃	天水麦积山石窟	全国重点文物保护单位	第5窟中龛右壁菩萨左臂肘部局部破损及裂隙，右龛主佛右手扭曲移位。第133窟9号龛主佛右手腕部移位	Ⅶ
	天水仙人崖石窟	省级重点文物保护单位	多处殿宇立柱斗拱错位、内墙出现裂缝；玉皇顶燃灯殿、玉皇殿倾斜严重，殿内壁画受损；东崖罗汉堂两尊塑像严重倾斜；南崖千佛崖岩体接引佛与岩体结合部位有分离，造像已松动	Ⅶ
	甘谷大像山石窟	全国重点文物保护单位	辅助性的山门、僧房出现裂缝，地基塌陷，石窟未受损	Ⅵ
	武山木梯寺石窟	全国重点文物保护单位	出现山体滑坡、墙体开裂、建筑倒塌等严重险情	Ⅵ

在地震中受损的麦积山石窟、安岳石窟、通江千佛岩摩崖造像分别见图3.23、3.24和3.25。

图3.23 汶川地震中受损的麦积山石窟

图3.24 汶川地震中受损的安岳石窟

图3.25 通江千佛岩摩崖造像在汶川地震中受损

2010年4月14日青海玉树发生7.1级地震，全国重点文物保护单位贝大日如来佛石窟寺受到地震袭击。该石窟寺俗称文成公主庙，位于玉树藏族自治州玉树县巴塘乡贝达社境内，距州府结古镇20km。贝大日如来佛石窟寺是由文成公主选址，在大译师伊西央的支持下，唐蕃工匠于唐贞观十六年（642年）左右开凿，永徽四年（公元653年）竣工。

贝大日如来佛石窟寺位于本次地震的Ⅷ度影响范围内，受地震影响，贝大日如来佛石窟寺外围墙墙体开裂，基础有细小裂缝。供养殿墙体有裂缝，地基产生位移，地面隆起上翘。殿堂顶部金顶经幢倾斜跌落，贝大日如来佛石窟寺的主佛殿上方有松动岩石，对主佛殿构成威胁。在金顶金幢跌落的紧急状况下，已采取措施对贝大日如来佛石窟寺主佛殿的金顶墙体采用木柱支撑（图3.26）。

图3.26 在玉树地震中贝大日如来佛石窟寺受损

3.4 石窟文物保护中的地震危害性估计

甘肃是中华文明的重要发祥地之一。在这片广袤的土地上，由于我们祖先数千年的繁衍、生息和劳动，遗留下了无数丰富而优秀的文化遗产，其中尤以石窟寺最为突出。古代甘肃由于其地理位置的独特和重要，曾是著名的陆路丝绸之路的要冲，也是中西经济、文化交流中的总汇和集散之地。佛教从印度经中亚向内地传播，陇原是必经之地。在漫长的历史长河中，无数艺术匠师们以惊人的毅力、智慧和气魄，天才地创造了具有鲜明民族风格和浓郁的地方特色的佛像、壁画、石雕等艺术作品，其规模之大，数量之多，气度之恢宏，充分向世人展示了甘肃古代石窟艺术的高度成就，有“中国石窟艺术之乡”之美誉。

甘肃石窟寺，自十六国前秦、后秦、西秦、北凉起迹，历经北魏、西魏、北周、隋、唐、五代、宋、西夏、元、明各代，前后历一千五六百年之久，连绵兴建而久盛不衰。据不完全统计，现存者多达60余处，其中包括世界文化遗产莫高窟在内的全国重点保护文物10处，还有许多省级重点保护文物，也具有重要的艺术价值和文化价值。可以说，石窟建筑、雕塑艺术在陇原各地灿若群星，形成了甘肃独具特色的文化群落。

在漫长的历史岁月中，石窟寺经过千百年的风吹沙打、水泡雨淋、阳光曝晒、地震活动以及人类的破坏以后，产生了多种病害，这必然给石窟的抗震安全留下了许多潜在的隐患。目前甘肃省的许多石窟位于地震活动较强烈的地区，历史上曾多次遭到地震袭击。武威天梯山石窟、天水麦积山石窟和敦煌莫高窟都曾多次遭到地震袭击[26]，在2003年10月25日发生的民乐6.1级地震中，距离震中区较远的马蹄寺石窟群的金塔寺东窟、马蹄北寺3号窟、千佛洞1号窟的壁画、窟檐、窟体、造像等受到损坏或病害加重，暴露了甘肃省文物抗震防护中存在着许多隐患。目前，甘肃省许多石窟已开展或拟进行岩体的加固工作，科学分析和估计未来地震荷载大小，对于提高石窟文物保护质量和抗御未来地震的破坏都具有重要意义。甘肃省除莫高窟已进行地震安全性评价和石窟崖体与附属建筑物抗震稳定性研究外[27, 28]，大多数石窟在考虑地震因素方面存在明显不足。为此结合已有研究工作，对甘肃境内的主要石窟所面临的地震危害性进行初步分析，以期引起文物保护部门的重视。

3.4.1 甘肃石窟分布概况及地震背景

甘肃石窟分布如图3.27所示。

甘肃省是中国大陆地震灾害最严重的地区之一。从公元前193年至今的历史地震统计显示，破坏性地震强度位于全国各省区第二，其中发生7级以上大震15次，8级特大地震4次。1980年以来，甘肃地区及波及本区的5级以上破坏性地震22次，而1990年来，就发生了破坏性地震15次。全省14个市（州、地）均发生过6级以上地震或遭受过邻区地震的波及破坏。根据地震活动性异常、前兆异常及活断层的空间分布及其活动特征等，2000年国务院确定了8个全国6级以上地震重点监视防御区（即未来一段时间内地震活动水平较高的区域），其中直接与甘肃地区有关的就有3个，分别是祁连山中东段地震重点危险区、甘东南甘青川交界地震重点危险区和河西西段注意监视区，均具有发生6级左右地震的危险性，较长一段时间存在着7级以上甚至7.5级左右的地震活动的背景，除了陇东地区的石窟以外，大部分石窟位于地震重点危险区或附近地区，未来地震形势严峻。

根据国家颁布实施的《中国地震动参数区划图（2001）》，笔者统计了甘肃25处较重要的石窟寺的地震峰值加速度分布情况，其中15处分布在Ⅷ度地区，8处分布在Ⅶ度区，只有2处分布在Ⅵ度区（见表3-8），从这方面也可以看出，甘肃石窟寺分布地区的地震危险程度非常高。

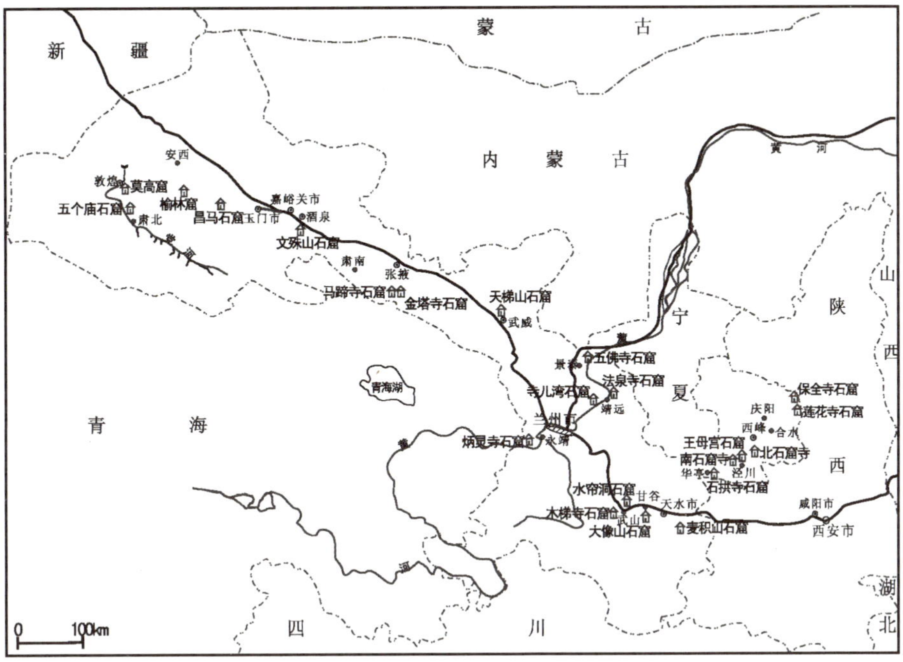

图3.27　甘肃主要石窟地理位置分布图

表3-8　甘肃省主要石窟文物所在地区基本烈度分布情况

地域分类	石窟名称	时　代	地　址	峰值加速度(g)	基本烈度
敦煌石窟群	莫高窟*(包括西千佛洞石窟)	北魏至元	敦煌	0.10	Ⅶ
	榆林窟*(包括东千佛洞石窟)	北魏至元	安西	0.15	Ⅶ$^{+}$
	五个庙石窟	北魏至宋	肃北	0.20	Ⅷ
河西石窟群	马蹄寺石窟群*(包括金塔寺石窟)	十六国至清	肃南	0.20	Ⅷ
	文殊山石窟*	北朝至西夏	肃南	0.20	Ⅷ
	天梯山石窟*	北朝至唐	武威	0.20	Ⅷ
	昌马石窟	北凉(推测)	玉门	0.20	Ⅷ
陇中石窟群	炳灵寺石窟*	北魏至明	永靖	0.20	Ⅷ
	寺儿湾石窟	北魏	靖远	0.15	Ⅶ$^{+}$
	法泉寺石窟	北魏至明	靖远	0.15	Ⅶ$^{+}$
	五佛寺石窟	北魏至清	景泰	0.20	Ⅷ
陇南石窟群	麦积山石窟*	北魏至明	天水	0.30	Ⅷ$^{+}$
	水帘洞—大象山石窟*	北朝至唐	武山、甘谷	0.20～0.30	Ⅷ$^{+}$
	华盖寺石窟	元至清	甘谷	0.30	Ⅷ$^{+}$
	仙人崖石窟	唐至清	天水	0.30	Ⅷ$^{+}$
	木梯寺石窟	北魏至清	武山	0.30	Ⅷ$^{+}$
	法镜寺石窟	北魏	西和	0.30	Ⅷ$^{+}$
陇东石窟群	北石窟寺*	北魏至宋	西峰	0.10	Ⅶ
	南石窟寺*	北魏至唐	泾川	0.10	Ⅶ
	王母宫石窟	北魏	泾川	0.10	Ⅶ
	保全寺石窟	北魏	合水	0.05	Ⅵ
	莲花寺石窟	唐至宋	合水	0.05	Ⅵ
	石空寺石窟	宋至清	镇原	0.10	Ⅶ
	石拱寺石窟	北魏至西魏	华亭	0.20	Ⅷ
	云崖寺石窟	北魏至清	庄浪	0.20	Ⅷ

注：* 为全国重点文物保护单位。Ⅶ$^{+}$、Ⅷ$^{+}$ 分别代表Ⅶ度强、Ⅷ度强。

3.4.2 影响石窟稳定性的主要活动断裂

甘肃省地处青藏块体东北缘，著名的南北地震带和河西走廊祁连山地震带基本贯通全省，是我国大陆地震活动最强烈的地区之一，地震活动分布广、频度高、强度大、震源浅、震害重等是甘肃省及边邻地区地震活动的主要特征。近十多年来，地震活动明显增强，平均每年有一次中强以上破坏性地震。甘肃省内的活动断裂总体上分为北西西、北北西、北东东和东西向四组活动断裂，尤以北西西向断裂最为发育，活动强烈，占主导位置。现对甘肃境内的全国重点石窟文物影响最大的全新世活动断裂（Q_4）的特征分述如下：

（1）阿尔金断裂东段：位于敦煌莫高窟和安西榆林窟以南，西起阿克塞西金雁山，从肃北经石包城、玉门镇大坝至赤金堡，沿N 75° E延伸近480km，是一条规模宏伟的左旋平移深大断裂。该断裂由10条不连续断层段组成，晚更新世以来活动强烈，从古地震离逝时间分析该断裂段未来一段时间内存在发生7～7.5级地震的较大危险性。

（2）昌马断裂：位于文殊山石窟以西，西起昌马南香毛山北麓，越红窑子隆起后，跨石油河，经月牙大板、雅儿河、大泉口，止于北大河西的臭水柳沟一带，总体走向290°，全长约120km，西段以逆冲为主，东段左旋走滑为主。曾发生1932年昌马7.6级地震。

（3）嘉峪关-文殊山断裂：该断裂分布在酒泉东部盆地西侧，距文殊山石窟很近，呈北北西向展布，自黑山东麓的尕拉子沟口，经黄草营、嘉峪关至文殊沟，走向320°，长约38km，断裂性质为右旋逆走滑，北段活动较强烈。

（4）佛洞庙-红崖子断裂：位于文殊山石窟以南，西起佛洞庙，向东经榆林坝、黄草坝，终止于红崖子。总体走向NWW，长90km，性质以逆断为主微具左旋。断裂中段发生了1609年红崖堡7¼级地震，地震形变带沿断裂带分布，中段还发现了古地震遗迹。

（5）肃南-祁连断裂：位于马蹄寺石窟以南，沿走廊南山主脊的北侧展布，走向290°～300°，长约300km，以逆断为主兼具左旋。在断裂Q_4活动明显，中段多处见到古地震崩塌、古滑坡以及断错山脊、水系等现象。

（6）榆木山东缘断裂：位于马蹄寺石窟西南，北起大、小磁窑口，向南经黑河口、西武当至马蹄寺以南，走向340°，全长110km，具有逆冲兼右旋走滑特征。断裂中段活动强烈，南北两端相对较弱。

（7）皇城-塔儿庄断裂：位于天梯山石窟以南，西起鸡冠山，向东经皇城、上寺、塔儿庄到双塔，全长140km，总体走向285°，晚更新世以来断裂西段表现为左旋走滑运动性质，东段为倾滑运动性质。1927年古浪8级地震就发生在断裂东段上，造成了多处地表破裂。

（8）武威-天祝断裂：该断裂多为隐伏断裂，距天梯山石窟很近，北自武威向南经磨嘴子、水峡口、西山堡等地至天祝，走向340°，断裂两侧高低悬殊，具挤压逆冲兼右旋走滑性质，全长约100 km。1927年古浪地震沿该断裂在磨咀子、中坝一带产生地表形变现象。

（9）马衔山-兴隆山断裂系：位于炳灵寺石窟东北，该断裂自兰州西果园一带起，沿马衔山、兴隆山延至定西通安驿以东，由四条近于平行的断裂组成，分别为兴隆山南、北缘和马衔山南、北缘断裂。全长约150 km，总体走向为N60°～70°W。其中的马衔山北缘断裂新活动显著，表现为左旋兼逆断特性，在断裂西段曾发生过1125年兰州7级地震。

（10）西秦岭北缘断裂带：位于麦积山石窟以南，东自宝鸡，西经天水、漳县，直达太子山以西同仁附近，长约440km，走向270°～290°，断裂早期以压性活动为主，中更新世以来为左旋走滑兼逆冲性质。自东向西分别为天水断裂、甘谷武山断裂、漳县断裂及锅麻滩断裂。在断裂带上6～7级地震频繁发生。

（11）礼县-罗家堡断裂：位于麦积山石窟以北，西起宕昌，向东经洮坪、礼县、罗家堡至街子口一带，长约155km，走向NEE，为一高角度顺倾滑兼左旋走滑断裂。断裂线性特征清晰，具明显的分段活动特征。曾发生1654年礼县-罗家堡8级地震。

（12）牛首山-罗山东麓断裂：位于庆阳北石窟、泾川南石窟以西，北沿牛首山-罗山-云雾山-小关山分布，走向N30°W，长约120km，断裂卫片影像清晰，左旋兼逆断性质，其上发现多次古地震事件，1561年沿断裂发生7½级地震。

（13）海原断裂：西起兴泉堡，东至南海子峡附近，走向由NWW向转为NNW向，延伸237km，由11条不连续断层段组成，第四纪以来曾有不同程度的活动。沿断层在不同时期内发生过多次古地震事件。1920年沿海原活断层发生了8.5级地震，目前中强地震频繁发生。

3.4.3　石窟未来地震危险性预测

对于重大工程而言，如何科学合理地估计未来地震荷载一直是设计部门非常关注的重大技术问题之一。目前表征抗震设防特点的主要参数是地震烈度和地震动参数（峰值加速度等）。目前地震动参数的确定方法大致分为两类：一类是基于地震危险性概率分析和场地地震反应分析方法确定地震动参数，它能综合考虑周围总体地震环境和场地条件（地形地貌等）影响；另一类是基于地震构造、断层状况及历史地震等确定发震断层可能的地震震级，进而确定活动断层对场址的地震影响。

1.地震危险性概率分析方法

采用编制全国第四代区划图时所使用的潜在震源区划分结果[29]，通过对各石窟寺150km半径范围内的地震活动环境和地震构造环境综合研究，划分不同震级上限的潜在震源区。在大量野外考察、资料收集和研究工作的基础上，采用考虑时间、空间非均匀性的概率分析方法[30]，计算获得石窟地震危险性分析结果，见表3-9。

根据分段泊松分布模型和全概率公式，地震统计区内部发生的地震，影响到场的地震动参数A超越给定值a的年超越概率（3.1）为：

$$P_k(A \geqslant a) = 1 - \exp\left\{-\frac{2v_0}{\beta}\cdot\sum_{j=1}^{N_m}\sum_{i=1}^{N_s}\iiint p(A \geqslant a|E)\cdot f(\theta)\cdot\frac{f_{i,mj}}{A(s_i)}\cdot f(m_j)\cdot \mathrm{sh}\left(\frac{1}{2}\beta\Delta m\right)\mathrm{d}x\mathrm{d}y\mathrm{d}\theta\right\} \tag{3.1}$$

$A(S_i)$为地震统计区内第i个潜在震源区的面积，$p(A \geqslant a|E)$为地震统计区内第i个潜在震源区内发生某一特定地震事件［震中(x, y)，震级$m_j \pm \frac{1}{2}\Delta m$，破裂方向确定］时场点地震动超越$a$的概率，$f(\theta)$为破裂方向的概率密度函数，$N_m$为震级分档数，$f(m_j)$为统计区内震级分布函数，$f_{i,m_j}$为震级档$m_j$的地震空间分布函数，sh（·）为双曲函数。

假定共有N_Z个地震统计区对场点有影响，则综合所有地震统计区的影响场点地震动参数A超越给定值a的年超越概率（3.2）为：

$$p(A \geqslant a) = 1 - \prod_{k=1}^{N_Z}\left[1 - P_k(A \geqslant a)\right] \tag{3.2}$$

2.地震构造法

关于如何评定活动断裂段的最大发震能力问题，目前基本上采用与沿断裂地震破裂和位错有关的经验关系对地震最大震级进行估计。其中，比较常用的经验关系为地震的地表破裂长度L和震级M的关系式（见表3-10）[31]，同时采用中国西部地震烈度衰减关系计算烈度（I）。综合各种计算方法，结合断裂活动段的长度，各石窟所遭遇的地震烈度见表3-9。

表 3-9 甘肃境内的全国重点石窟文物地震危害性分析结果

石窟名称	地址	窟区及毗邻地区（150km 范围）内地震活动情况	石窟开凿以来所遭遇的历史最大影响地震及影响烈度	对石窟有重大影响的活动断裂及距石窟寺最近距离	未来地震强度估计		
					概率分析方法		地震构造法（烈度）
					10%	2%	
莫高窟（包括西千佛洞石窟）	敦煌	5.0～5.9 级 7 次，6.0～6.9 级 1 次（历史地震记载有遗漏）	1932 年昌马 7.6 级地震（影响烈度：Ⅵ～Ⅶ度）	阿尔金断裂东段（42km）	0.103	0.228	8.3
榆林窟（包括东千佛洞石窟）	安西	5.0～5.9 级 11 次，6.0～6.9 级 2 次，7.0～7.9 级 1 次	1932 年昌马 7.6 级地震（影响烈度：Ⅶ度）	阿尔金断裂东段（70km）	0.115	0.219	7.9
马蹄寺石窟群（包括金塔寺石窟）	肃南	5.0～5.9 级 28 次，6.0～6.9 级 8 次，7.0～7.9 级 3 次，8 级 1 次	1548 年张掖 5 级地震、2003 年民乐 6.2、5.8 级地震（影响烈度：Ⅵ～Ⅶ度）	榆木山东缘断裂（3km）肃南-祁连断裂（18km）	0.172	0.350	8.2
文殊山石窟	肃南	5.0～5.9 级 12 次，6.0～6.9 级 4 次，7.0～7.9 级 2 次	1609 年红崖堡 $7\frac{1}{4}$ 级地震（影响烈度：Ⅷ度）	昌马断裂（45km）嘉峪关-文殊山断裂（1.5km）佛洞庙-红崖子断裂（6km）	0.155	0.286	7.7
天梯山石窟	武威	5.0～5.9 级 44 次，6.0～6.9 级 7 次，7.0～7.9 级 2 次，8 级 1 次	1927 年古浪 8 级地震（影响烈度：Ⅹ度）	武威-天祝断裂（2km）皇城-塔儿庄断裂（10km）	0.180	0.371	8.4
炳灵寺石窟	永靖	5.0～5.9 级 46 次，6.0～6.9 级 18 次，7.0～7.9 级 8 次，8 级以上 2 次	兰州 1125 年 7 级地震（影响烈度：Ⅷ度）	马衔山-兴隆山断裂系（40km）	0.141	0.280	6.9
麦积山石窟	天水	5.0～5.9 级 37 次，6.0～6.9 级 16 次，7.0～7.9 级 5 次，8 级以上 2 次	734 年天水 7 级地震、1654 年天水南 8.0 级地震（影响烈度：Ⅹ度）	西秦岭北缘断裂带（27km）礼县-罗家堡断裂（35km）	0.275	0.490	8.7
水帘洞-大象山石窟	武山甘谷	5.0～5.9 级 33 次，6.0～6.9 级 18 次，7.0～7.9 级 7 次，8 级 1 次	1654 年天水南 8.0 级地震（影响烈度：Ⅸ～Ⅹ度）	西秦岭北缘断裂带（5km）	0.220	0.405	9.2
北石窟寺	西峰	5.0～5.9 级 30 次，6.0～6.9 级 11 次，7.0～7.9 级 3 次，8 级 1 次	1920 年海原 8.5 级地震（影响烈度：Ⅶ度）	海原断裂（105km）牛首山-罗山东麓断裂（92km）	0.082	0.175	6.8
南石窟寺	泾川	5.0～5.9 级 35 次，6.0～6.9 级 12 次，7.0～7.9 级 3 次，8 级 1 次	1920 年海原 8.5 级地震（影响烈度：Ⅶ度）	海原断裂（85km）牛首山-罗山东麓断裂（81km）	0.095	0.190	7.0

表 3-10 活动断裂最大地震震级（M）的估算

公式适用地区	公 式	公式来源	备注
全球范围	$M=6.24+0.619\lg L$	Bonilla 等（1984）	
美国和中国	$M=4.94+1.296\lg L$	Bonilla 等（1984）	
青藏高原	$M=5.92+0.88\lg L$	邓起东等（1992）	比较适合于走滑断层类型
中国西部	$M=5.117+0.579\lg L$	闻学泽（1994）	
中国西部	$M=3.3+2.1\lg L$	郭增建（1965）[32]	

中国西部地震烈度衰减关系为：

长轴方向： $I_a = 5.653 + 1.538M - 2.109\ln(R+25)$，$\sigma$=0.64 （3.3）

短轴方向： $I_b = 2.941 + 1.363M - 1.494\ln(R+7)$，$\sigma$=0.61 （3.4）

地震危险性概率分析方法和地质构造法所得结果均显示出甘肃境内石窟寺未来地震危险程度非常高。其中，天水麦积山石窟未来可能遭遇的地震强度最大，庆阳北石窟和泾川南石窟由于距离活动断裂较远，未来可能遭遇的地震强度稍低，其他石窟未来遭遇的地震强度均较高。

3.石窟潜在地震荷载的确定

震害经验表明，地形高差对震害的影响是显著的，尤以条状突出的山嘴、高耸的山包和非岩质陡坡等地段最为严重。我国许多石窟开凿于二三十米乃至七八十米高的悬崖峭壁上，惊险陡峻。在遭受未来地震袭击时，这种特殊的地形条件对上层洞窟的地震加速度有明显的放大作用，不利于石窟的抗震稳定性。在估计未来地震荷载作用时，应充分考虑地形条件的影响[33]。

以敦煌莫高窟为例，洞窟岩体主要由酒泉组砾岩（Q_2）和戈壁砂砾石（Q_2）组成，表层为现代风沙（Q_4）所覆盖。为了更准确地反映窟区地形条件对地震地面运动的影响，采用二维动态有限元进行分析计算。计算结果表明（表3-11），影响幅度不仅取决于洞窟岩体的几何形态（坡度、地形高差等），而且与陡崖的介质有很大的关系，上层洞窟与底层洞窟相比，峰值加速度增幅较大。不同超越概率水准下的地震动参数可分别用于工程结构的强度和变形抗震验算，同时也是莫高窟岩体及其附属建筑物抗震稳定性评价的重要依据。

表3-11 莫高窟不同层位地震动峰值加速度

概 率	峰值加速度(g)			
	底层洞窟	中层洞窟	上层洞窟	坡 顶
63.2%	37.95	41.70	48.65	54.61
10%	105.33	114.86	134.00	147.04
2%	200.15	219.00	240.52	254.68

综上所述，开展石窟文物地震危险性预测研究，对于合理确定石窟抗震设防标准意义重大。本项研究给出的50年超越概率10%和2%的地震水准相对应的地震重复间隔分别为475年和2475年，石窟寺作为一类特殊的建筑物，其抗震加固设防标准问题有待于进一步研究。目前，对应于甲类建筑物，普遍采用基本烈度提高一度进行抗震设防。对于全国重点文物保护单位，采用50年超越概率2%的地震水准较为适宜，同时要适当考虑附近活动断层的影响。对于具有重大文物价值的石窟（尤其是世界文化遗产）的抗震加固，更要提高设防标准。

3.5 石窟文物抗震设防等级的概率预测

抗震设防地震是设防标准的重要组成部分，是抗震设计或加固的必要依据。在概率设计方法中，各类工程的抗震设防都允许冒一定的地震风险，只是不同重要性的工程所冒的风险水平不同而已。文物既不同于一般的工业与民用建筑，也不同于其他重要工程，它具有永久保存价值，一旦毁于地震，即使修复重建，其文物价值亦不复存在。对于石窟文物而言，根据现有的震害防治经验、研究成果和抗震防护设计经验，提出适当的抗震设防标准，是一项重要的研究任务。

3.5.1 确定原则

（1）科学合理性：既要反映当前科学技术的发展水平，也要兼顾同国际通用标准的衔接。目前，我国已相继颁布了基于极限概率控制法的各类规范，都已采用“多级设防”与极限概率控制的原则。因此，建立以概率意义为基础的抗震设防标准，是石窟文物抗震防护设计发展的需求。

（2）政策连续性：石窟文物的设防标准应尽可能同国家有关规范和标准中的抗震设防标准相协调，保持国家抗震设防政策的连续性。

（3）行业特殊性：突出石窟的文物特点。除了以地震危险性分析结果为其重要依据外，还要结合历史上石窟本身的抗震实践、文物保护等级来进行。

3.5.2 设防目标和超越概率

《建筑抗震设防分类标准》（GB 50223—95）从抗震角度对建筑物的重要性进行了分类，并提出了抗震设防类别。尽管该标准未涉及文物领域，但《防震减灾法》有明文规定，对于有重大文物价值和纪念意义的建筑物、构筑物，未采取抗震设防措施的，必须进行必要的抗震加固措施。作为世界级的文化遗产和特殊类型建筑物的石窟而言，应列入甲类建筑范畴。鉴于石窟文物的不可修复性，其抗震设防和加固首先要确保石窟寺在遭遇设计地震烈度时，不发生严重破坏，同时考虑到当前我国的具体国情以及地震学科的发展水平，要完全避免强震时某些局部损坏，在经济和技术上尚有一定困难。

目前国外用得较多的是，对一般工业与民用建筑物场地采用50年超越概率为10%的地面运动加速度值作为设计地震动参数，它相当于年超越概率为2.10×10^{-3}，即地震重复周期为475年。可见年危险性曲线一旦求得，按照所需使用期限T及允许的超越概率q，就可按下式确定风险水平即年超越概率p，即：

$$(1-p)^{T}=1-q\text{或}Rp=\frac{1}{1-(1-q)^{\frac{1}{T}}} \tag{3.5}$$

或用表3-12确定。

表3-13为西北地区一些典型石窟地震危险性分析结果，表中所列数据表明，无论是Ⅶ度还是Ⅷ度，都相应于一个较宽的超越概率范围。目前，对应于甲类建筑物，普遍采用基本烈度提高一度进行抗震设防，若石窟文物的抗震设防加固按甲类建筑物对待并采取提高一度的设计方法，则缺乏科学性。以莫高窟为例，50年超越概率10%（基本烈度）时的加速度为0.10g，若大震设防目标提高一度，按0.20g进行抗震加固，鉴于石窟文物的重要性，并不一定能保证石窟及其附属工程建筑物的地震安全。同时，由于设防大震时，加速度和烈度之间的对应性较差，仅仅从烈度的角度来盲目提高设防目标，并不一定会有好的效果。根据表3-13的地震危险性分析结果，具有重大文物价值的石窟的抗震加固设防大震的概率水平取100年超越概率2%～5%较为适宜。

由前面的论述可知，工程抗震设防标准不仅同工程的重要性级别有关，而且同工程的设计基准期、分级设防目标以及地震环境条件有关。工程场地的地震环境条件，决定了在设计基准期内工程遭遇不同地震作用的概率分布状况。地震学的统计分析结果表明，地震作用强度（如烈度、加速度峰值等）同相应重现期的长短成正比关系。即小地震作用的重现期短，大地震作用的重现期长。对于某一类工程来说，若采用分级设防的抗震设计原则，不同设防级别的设防目标不同，相应的抗震设防标准也就不同。因此，要对不同行业、不同类别工程的设防标准进行比较，首先是要择其设防目标相似或相近的设防标准；其次是按什么样的“量”来进行比较。表3-14列举了目前国内一些重要行业工程抗震设防地震的概率水平。可以看出，大部分工程按两级目标设防，即设防中等强度地震和设防大震。水工建筑物的抗震设防目标只有一级。即应能抗御设计烈度地震，如有轻微损坏，经一般处理后仍可正常运用。它相当于甲类电视塔的大震设防目标和核电站厂抗震设计中极限安全地震SL2的设防目标。

表3-12 以使用期限和超越概率表示的重复周期$R_p = \frac{1}{p}$年

超越概率q(%) \ 使用期限(T年)	10	20	30	40	50	100
2	495	990	1485	1980	2475	4950
3	328	657	985	1313	1642	3283
10	95	190	285	390	475	950
20	45	90	135	180	225	449
30	29	57	84	113	140	281
40	20	40	59	79	98	196
50	15	29	44	58	72	145
60	11	22	33	44	55	110
63.2	10	20	30	40	50	100
70	9	17	25	34	42	84
80	7	13	19	25	31	63
90	5	9	14	18	22	44
95	4	7	11	14	18	34
99	3	5	7	9	11	22
99.5	2	4	6	8	10	19

表3-13 西北地区典型石窟地震危险性分析结果

石窟名称 \ 超越概率	1年	2%	0.2%	0.1%	0.04%	0.02%
	50年	63.5%	10%	4.9%	2%	1%
	100年	86.7%	19%	9.5%	3.9%	2%
莫高窟	地震烈度(度)	5.4	6.9	7.2	7.5	7.8
	PGA(g)	38	103	194	228	273
麦积山石窟	地震烈度(度)	6.2	8.4	8.9	9.4	9.7
	PGA(g)	50	275	382	490	496
炳灵寺石窟	地震烈度(度)	6.0	7.5	7.8	8.1	8.6
	PGA(g)	32	141	200	342	371
榆林窟	地震烈度(度)	5.6	7.0	7.3	7.8	8.0
	PGA(g)	48	115	177	219	276

由于设防标准中包含了设计基准期和设防地震的概率水准两个主要因素，虽然设防目标相似或相近，还是难以直接比较。因为，当设防地震概率水平相同时，工程的设计基准期不同，设防标准的含义也不同，基准期短的工程设防标准要高于基准期长的设防标准。同理，当设计基准期相同时，设防地震概率水平低的工程要比设防地震概率水平高的工程的设防标准高。这种设防标准的“高”与“低”也是相对的，带有很强的“宏观”性。抗震设防标准的比较，在确定了相似或相近的设防目标的基础上，就需要建立一种“量”的比较关系。

谢礼立等人曾提出利用设防地震重现期（T_r）与工程设计基准期（T_e）之比值（N）来衡量其设防标准。如长江三峡大坝和核电厂的设防水准相同，但因基准期相差明显（核电厂设计基准期为30

~40年，三峡大坝设计基准期为100年），所以重现期与基准期的比值（N）差别也很明显，说明核电厂和长江三峡大坝虽均属甲类设防等级，但各自的重要性和社会允许的风险水平不同，他们之间的抗震设防标准的差异还是很显著的，在各自的基准期内，地震风险水平是不一样的。与此相类似，石窟文物抗震加固设计基准期取100年为宜（表3-14）。

表3-14 各行业工程抗震设防地震的概率水平

行业名称	工程设防类别	抗震设防地震的超越概率水平		
		正常使用极限	承载能力极限	形变极限
建、构筑物	甲类 乙类 丙类	$P_{50}0.63$	$P_{100}(0.05\sim0.02)$ $P_{50}(0.05)$ $P_{50}0.10$	$P_{100}(0.02\sim0.01)$ $P_{50}0.02$ $P_{50}0.02\sim0.03$
广播、电影、电视建筑	甲类 乙类 丙类	$P_{50}0.63$	$P_{100}0.05$ $P_{50}(0.05)$ $P_{50}0.10$	$P_{100}0.02$ $P_{50}0.02$ $P_{50}0.02\sim0.03$
核工程	一级 二级 三级		$P_{1}0.001(\mathrm{PGA}\geqslant0.15g)$ $P_{1}0.001(\mathrm{PGA}\geqslant0.10g)$ $P_{1}0.002(\mathrm{PGA}\geqslant0.10g)$	
公路工程	Ⅰ类 Ⅱ类 Ⅲ类		$P_{100}(0.02\sim0.04)$ $P_{75}(0.07)$ $P_{50}0.10$	
水工建筑	甲类 乙类 丙类		$P_{100}0.02$ $P_{50}0.05$ $P_{50}0.10$	
水运工程	特别重要或 次生灾害严重 重要和一般		$P_{50}(0.05)$ $P_{50}0.10$	
输油(气)管道	重要区段 一般区段		$P_{50}(0.05\sim0.03)$ $P_{50}0.10$	

3.5.3 石窟文物设防水准的确定

为达到上述预期的设防目标，应采用多大强度的地震作为防御的对象，这是一个设防水准问题。现行建筑抗震设计规范中，将过去直接针对设计烈度时结构进入塑性阶段可能损坏但仍可修的单一设防水准改为“小震不坏、中震可修、大震不倒”的“三水准、两阶段”设计，将抗震计算直接针对“小震不坏”的要求，而把“中震可修”的设防目标隐含其中。所谓“小震”相当于基本烈度的地面峰值加速度乘以原规范的平均结构系数0.34，至于“大震不倒”，除框架结构进行弹塑性层间变形验算外，主要依赖于抗震措施。可见，多阶段抗震计算水准仅是处理方式不同，并不改变针对设计烈度的设防目标。

石窟附属工程建筑物大都为混凝土结构，受力时基本处于弹性状态，但属脆性破坏，而岩体本身则具有明显的非线性特性，它们都难以区分出明显的弹塑性阶段和线弹性阶段，难以进行针对弹性强度的“小震”计算和针对弹塑性变形的“大震”验算。

就石窟岩体及其附属工程建筑物的抗震加固计算内容而言，也难以区别不同设防水准的计算内容和相应的地震动、阻尼比等计算参数及判别标准，如果采用两阶段的设防水准，而验算内容和方法相同，仅采用不同的安全标准，似无意义。

综合以上各方面的分析，受文物加固修缮原则、区域地震地质条件以及加固难度的限制，石窟的抗震设防标准应给出一个“比较宽”的超越概率范围。国家级重点文物抗震设防目标只设一级，不宜采用多级设防，分析结果表明，采用100年超越概率2%～5%较为适宜，相当于平均重现期为2000～5000年；省级重点石窟文物采用50年超越概率3%～5%较为适宜，相当于平均重现期为1000～1700年。

3.6 随机有限断层法模拟窟区近场地震动

3.6.1 强地震动研究方法与预测模型简介

自20世纪30年代美国开展固定台站的强震加速度观测以来，迄今全世界已有近万个台站，近万条有工程意义的记录，其中，大多都集中于美国西部，日本约占1/3，但不包括来自海上的远震，其他记录较多的国家有墨西哥、意大利、加拿大等。我国记录主要集中在台湾。就世界范围而言，大多数地震活跃的地区目前仍缺少地震动加速度过程的记录。获得强震观测资料的目的就在于通过强震记录，了解地震动与结构反应特性，确定引起结构物破坏的地震动参数，建立这些参数与震级、距离、场地条件的关系，最终为场地地震动预测和结构抗震设计提供依据。

国外在强震资料积累较多的情况下，对强地震动的研究早在20世纪五六十年代就开始了，早期研究的地震动参数以峰值加速度（PGA）为主。七八十年代地震动参数则已扩展到地震动峰值（PGA，PGV，PGD）和反应谱的衰减、场地条件对地震动参数的影响、衰减模型和分析方法研究、缺乏强震记录地区的地震动参数的估计等方面，并且一些基于地震学理论的分析方法也相继产生，如Brune点源模型（Point-source model）[34]，Hartzell等的粘块体模型（Asperity model）[35]，Papageorgiou等的障碍体模型（Barrier model）[36-37]，Joyner等的多子源破裂模型（Multiplier event model）[38]，以及应用小震记录合成大震时间过程的格林函数，这些形成了随机法和宽频带格林函数法的基础。我国对强震地面运动的理论模拟是近年来兴起的研究课题，其中姚振兴和郑天愉[39]用综合地震图的方法研究了近场地面运动；廖振鹏和魏颖[40]、金星等[41-42]、罗奇峰[43-44]、张冬丽和陶夏新[45]等对利用经验格林函数法合成强地面运动等问题进行了分析研究。高孟潭等[46]利用有限元离散波数方法[47]对近场地面运动进行数值模拟。

最近几十年，强地震动数据积累得很快，例如美国洛马普里塔地震（1989，M7.0）、英国北岭地震（1994，M7.1）、日本阪神地震（1995，M7.2）和中国台湾集集地震（1999，M7.6）等，几乎每一次地震中都积累了几百条强震记录。记录到了更大强度、更宽的谱，观测到了近断层处很大的长周期加速度脉冲、相当大的竖向分量以及某些有工程意义的时序特征等，一些学者对其反应谱特征进行了深入分析[48-53]。因此，强地震动预测中，应当表现出大地震近断裂的上盘效应、破裂方向性效应、中远场地壳波导效应、盆地边缘效应等新认识到的地震动的重要特征。

1.近场强地震动特征

（1）近场地震动峰值饱和效应

强震在近场时，即与震源体尺度相近的距离之内，地震动峰值加速度无明显变化的现象常称为地震动峰值加速度在震中区的饱和。这是因为当震级较高时，破裂断层面几何尺度较大，在整个断层面破裂的过程中，对断层面附近某一场点的地震动幅值有影响的只限于该场点附近破裂断层面的局部范围，并非整个破裂面。对于近断层面的点来说，其地震动幅值主要是由靠近该点的断层破裂面上释放的能量引起的高频震动造成的，地震动的加速度是由地震动高频分量决定的，而高频地震动在传播途中容易衰减，所以高频震动不能传播很远，距场点相对较远的破裂断层面由于几何扩散作用，断裂面上释放出来的高频能量会迅速衰减，使其对该场点处地震动幅值的影响比近场点处破裂断层面的影响要小，而且较远的破裂断层面释放的高频地震动在几秒钟以后才能到达该点，不能与靠近场点处破裂断层面的影响相叠加而形成地震动幅值的明显增加，故不足以加大该点高频震动的振幅，而只能延长该点振动的持时。因此，导致地震动幅值的大震近场饱和现象。

（2）上盘效应

上盘效应是倾斜断裂的近场效应。对于逆断层、倾滑断层，上盘的场地在总体上比下盘距断裂相同距离的场地更靠近断裂面，这就使位于上盘场地上的高频地震动比下盘相同距离处更大，称为上盘效应[48]。

1999年9月21日台湾集集7.6级地震是一个逆断层型地震，地震中观测到的地表地震动峰值等值线图，清楚地显示上盘效应对地震动分布的重要控制作用。图3.28（a）、（b）、（c）为台湾集集地震三分量的加速度峰值等值线图[49]，图中★表示震中位置，粗实线表示地表破裂。从图中可以看出，两水平方向的等值线图差别不大，水平方向与垂直方向等值线图相比差异较大，但无论是水平方向还是垂直方向的加速度峰值等值线，相对于地表断裂都呈现明显的不对称分布。断层的西部（下盘）加速度峰值较小，衰减较快；而东部（上盘）加速度峰值较大，衰减也较慢。上盘效应使逆断层和逆冲断层地震引起的上盘场地上的短周期地震动增加得更大，一般比走滑断层地震的大1.3～1.4倍。上盘效应在小于1s的周期段明显，在接近断裂距离8～18km处，周期范围0～0.6s这种效应达到最大[51]。

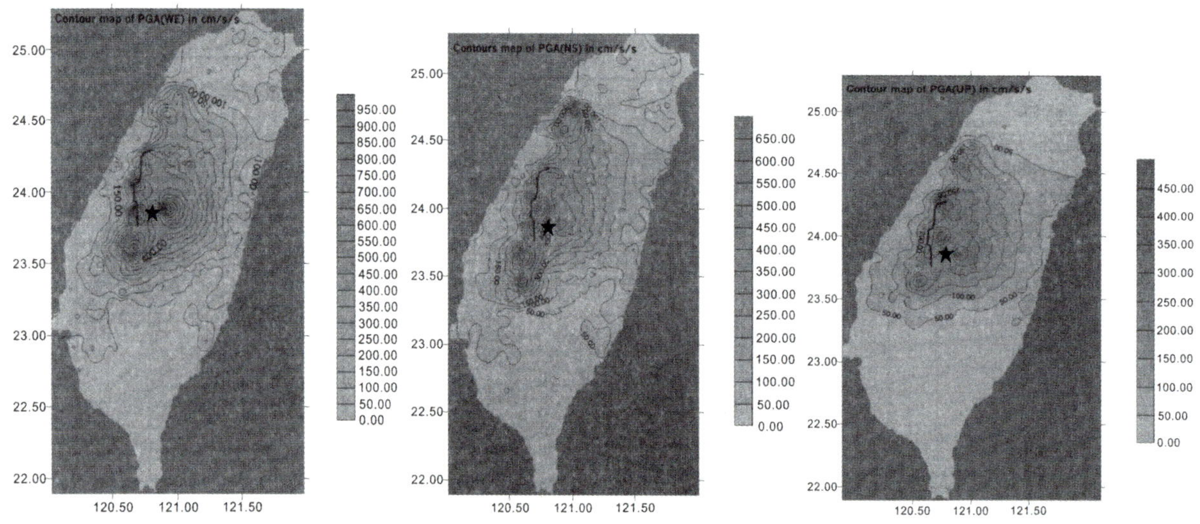

（a）　　　　（b）　　　　（c）

图3.28　台湾集集地震PGA等震线图[50]

（上述3个图分别为EW分量、NS分量、UD分量）

（3）破裂方向性效应

目前国际上关于地震动的方向性（directivity）问题讨论得较多[54-56]，即位于断层破裂方向的地震动较大。当破裂由断层的一端开始向另一端传播后，由破裂传播和辐射模式效应引起的，在破裂传播前方强地震动的持续时间短，振幅较大而卓越频率低，在大于1s的长周期段明显，而且集中在破裂顶部的边缘。破裂方向性效应和上盘效应在空间和周期范围上互补，增大了倾斜断裂近场区强地震动的空间变化。断层的破裂会引起断裂面上辐射出一系列包含主要地震能量的地震波，以接近剪切波的速度向一个场地传播，并在短时间内相继到达，最终会使地震动产生一个很大的长周期脉冲。也就是说，方向性主要体现在地震动的长周期分量上。在1994年北岭地震和1995年阪神地震中，记录到了大约175cm/s的峰值速度，记录到的近断裂脉冲的周期为1～2s，大体相当于桥梁和中高层建筑物的自振，许多这类结构在地震中遭到破坏强烈。

走滑断裂期向前的破裂方向性效应主要集中在离开震源的位置，而倾滑断裂在地表产生的破裂方向性效应主要集中在震源向上滑动的区域。向前破裂方向性效应使垂直于断裂走滑方向的地震动水平分量的反应谱在大于0.5s的周期段的幅值增加，使走滑正断层地震引起的地震动加速度反应谱的峰值移向长周期。近断裂效应不能用一个固定形状的反应谱的按比例放缩来充分地描述，随着反应谱的幅值增大，长周期成分会变得更加丰富。近断裂破裂方向性效应在小于50km的距离上、在周期大于1s时十分重要，效应的大小取决于地震的震级和场地相对于断裂的几何关系。

2.强地震动研究的现状

综观国内外的研究进展，对强震发震场地和强度的准确确定，有赖于地震监测能力的提高、活动构造探测和古地震调查的深入。对强地震动估计的改善主要依赖强震观测记录的不断积累和估计方法的改进。目前研究强地震动特征主要通过两种途径进行：一种是经验统计方法，对现有大量实际强震记录进行统计分析，找出规律；另一种是通过地震学的理论数理计算来反映震源破裂过程，再与实际地震记录相结合对比分析。强地震动预测中应用的方法主要可概括为图3.29。

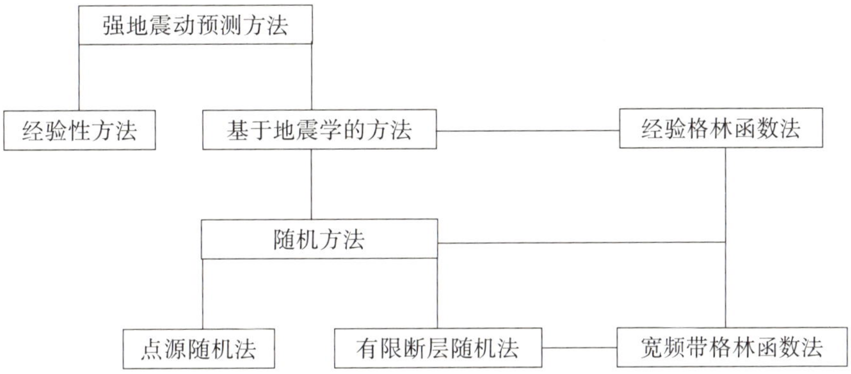

图3.29　强地震动预测方法

经验性方法是直接应用强震观测记录研究地震动三要素（振动强度、频率和持续时间）与震源、传播途径和场地条件间关系的一种途径；基于地震学的方法是将地震学、波动理论等相结合，从理论意义上研究预测强地震动的方法。严格地讲，预测地震动的经验性方法和理论方法并没有明确的界限，经验性方法首先要有理论依据，同时理论方法的发展要从积累的经验关系中分析确定模型物理参数。这两种方法应当相互结合，促进预测实际强地震动的发展，尤其在有强震记录的地区，经验法和理论法互相检验可以建立更符合实际的衰减规律模型，并应用于其他缺少强震记录的地区。另外，两种方法相结合也可对控制地震动参数做更深入的研究，使参数的确定更为合理。

王国新[57]对现有的三种强地震动预测方法（经验性方法、随机法、宽频带格林函数法）进行了归纳（表3-15）。

表3-15　强震动预测方法

方法	震源	传播途径	场地
经验法	震级（地震矩）	距离	场地分类
随机法	震源谱，例如单拐点谱（Brune）、双拐点谱（Atkinson）	衰减函数，例如 $1/R$ 或 $1/R^2$，或经验性的；持时随 R 变化；滞弹性Q；没有清晰的体波或面波	Kappa和f_{max}
宽频带格林函数法	断裂面上的剪切位错、滑动时间函数	格林函数，包括体波和面波；滞弹性Q	Kappa，经验性或理论的接受函数

经大量震害研究证明，地震的震源机制、地震的破裂过程、地震波传播路径的结构特征等是影响活断层近场强地面运动的主要因素。所以以上方法模拟强地面震动衰减规律都要从总体上反映地震震源、传播途径和场地条件等因素对地震动特征的影响，所需参数也包括这三方面。

缺乏强震记录地区一般借助其他间接的方法，如从修正麦加里烈度（MMI）等转换得到加速度。

就目前来看，基于地震学的理论方法在缺乏强震记录地区的应用值得进一步研究和推广。

在基于地震学方法中，合成强地震图的理论方法是常用的方法之一，但用此方法合成近场地震动，会涉及震源物理过程、传播途径、场地条件模拟等复杂问题，实际应用较为困难。1978年Hartzell[58]提出经验格林函数是基于以往计算地面下点源位错在真实地球介质中的响应即理论格林函数时，由于难以估计地球介质小尺度范围上的非均匀性，限制了理论格林函数的适用范围，因此，提出直接以小震记录近似作为理论格林函数，称为经验格林函数，用这样的经验格林函数合成大地震记录的方法称为经验格林函数法。许多地震学家对此问题做了深入细致的研究，如Irikura、金星[41-42]、罗奇峰[43-44]等，他们进一步考虑了大震和小震的位错时空函数的差别，逐步形成了一整套估计强地震动的半经验方法。这一方法建立了震源、经验格林函数和观测点地面运动三者的联系，在实际应用中也取得了较好的效果。然而，满足这种条件的小震记录数量是极其有限的，甚至难以找到这样的记录，因此，必须首先校正小震记录，使之能满足相应合成方法的要求。所以，近几十年来随机震源模型[36-37，59-60]的提出，才使人们预测实际强地震动由设想变为可能。

3.6.2 预测地震动的经验性方法

地震动是地震引起的地表面及地下的震动全过程。不同参数有不同的衰减规律，如峰值加速度、速度与反应谱的总趋势都是随震级加大而加大，随距离加大而减小的，所以称为衰减关系。经验性方法是最早也是长期以来用于分析地震动衰减最基本的方法。这一方法简单、直观，它以一定的理论模型为基础，结合强震观测记录，利用不同的统计方法评估地震动参数的衰减特征。经验性的地震动衰减关系适于有足够多的强地震动记录的地区。

地震动衰减关系描述了地震动参数（强度幅值、频谱、持续时间）在空间地域分布中的变化规律。通过这一关系，可以使震源发生的地震与所研究工程场地的地震动联系起来。研究地震动衰减中常用的地震动参数有：（1）地震动振动强度参数PGA、PGV、PGD及EPA、EPV、均方根加速度和谱强度等；（2）描述频谱特性常用傅立叶谱、反应谱和功率谱，其中反应谱更适合于计算结构的地震反应，地震工程界广泛采用反应谱来反映地面运动频谱特性；（3）持时参数常用的有地震动总持时和90%能量持时。

一般地震动衰减关系的形式函数可以写为：

$$Y=f\text{（震源因素；传播途径因素；局部场地条件）}$$

式中，Y为地震动参数，可以是地震动幅值、在具体周期处谱值以及持续时间等。震源影响普遍用震级，此外，还有地震矩、矩震级、应力降等；传播介质对地震动衰减的影响来自三个方面，即几何扩散、阻尼吸收与非弹性衰减，这三个因素与场点到震源的距离有关，常用距离有震中距、震源距、断层距等；场地参数通常指的是用以反映基岩上覆盖的近代沉积物或土层的空间分布和动力性能参数，大部分研究者在分析地震动衰减关系时，采用了基岩和土层两类场地划分，分别给出相应的统计结果。

上式中各因素事实上又是一些物理条件的复合结果，因此，全面考虑这些因素几乎是不可能的。在研究中，它一般采用一个简化的模型预测地震动参数，其中震源的影响用震级表示，地震波从震源到场地的传播效应用距离描写，场地的影响用场地分类显示，即

$$Y=f\text{（震级}M\text{，距离}R\text{，局部土质条件}S\text{）}$$

经验法通过对地震动参数进行统计分析给出经验公式或曲线来表征地震动衰减规律，再以拟合反应谱和持时来人工合成地面运动时程曲线 。

目前在工程地震工作中使用经验性方法确定地震动参数有两类方法：一是直接法；二是间接法。直接法是最可靠的方法，但仅对具有丰富强震记录的地区（如美国西部、日本等）适用，它是直接利用场址所在地区的强震记录资料经回归分析得到，因而最可靠。而对于缺乏强震记录的地区只能采用

间接方法：

（1）类比法：采用具有相似地震构造环境及地质条件的地区现有的衰减关系；

（2）转换法：利用场址所在地区（研究区）的地震烈度衰减关系，并选择既有丰富的强震记录又有烈度衰减关系的地区（如美国西部）作为参考区，转换得到研究区的地震动衰减关系。

对于利用间接法得到的衰减关系应进行适用性分析，即尽可能利用研究区及邻区已有的强震记录，来检验衰减关系的合理性。地震动衰减关系的一般形式为

$$\lg Y = C_1 + C_2 M + C_3 M^2 + C_4 \lg(R + C_5 e^{(C_6 M)}) \tag{3.6}$$

式中，Y为地震动参数；$C_1 \sim C_6$为回归常数，C_3和C_6根据具体情况可以为零；R为震中距，对椭圆衰减模型，R表示椭圆的长短轴半径[60]。

以下是几位研究者建立的地震动衰减模型，其中，M为面波震级，R为震源距。

①Compbell（全球，基岩，D为震中距），1981[61]：

$$\ln a = -1.1414 + 0.868M - 1.09\ln(D + R_0(M)),\ \sigma_{\ln a} = 0.37 \tag{3.7}$$

$$R_0(M) = 0.0606e^{0.7M}$$

②Boore和Joyner（美国西部，D为断层距），1981[62]：

$$\lg a_{max} = -1.02 + 0.249M - \lg(\sqrt{(D^2 + 7.3^2)}) - 0.0025\sqrt{D^2 + 7.3^2},\ \sigma = 0.26 \tag{3.8}$$

③王国新、陶夏新（美国西部，D为断层距），2001[63]：

$$\lg a_{max} = 4.053 - (2.797 - 0.251M)\lg(R + 8.84),\ \sigma = 0.257 \tag{3.9}$$

④石玉成（西北地区），2002[64]：

沿长轴方向：

$$\ln a = 9.7041 + 0.5403M - 2.1982\ln(R + 20),\ \sigma_{\ln} = 0.62 \tag{3.10}$$

沿短轴方向：

$$\ln a = 5.8320 + 0.5412M - 1.6038\ln(R + 5),\ \sigma_{\ln} = 0.71 \tag{3.11}$$

这些经验性衰减关系利用场址所在地区的强震记录资料经回归分析得到或间接转换得到，一般具有很强的区域依赖性，对于缺乏强震记录的地区适用的可靠程度难以确定。

3.6.3　预测地震动的地震学方法

近几年随着各种先进的仪器设备投入观测和使用，用理论方法预测强地面运动受到越来越广泛的重视。理论方法的突出特点是衰减模型及其参数具有明确的物理意义，能将复杂多变的物理过程以定量的方式予以表达，特别是能使结果在强震数据分布较少的区段内保持很好的稳定性。这一点正好弥补了经验性方法的缺陷：受模型及数据分布范围的限制，结果外推的正确性和准确性无法保证[65]。在构造稳定区中，由于强地震动记录较少，不能仅根据有限的记录数据统计出经验性的衰减关系，这就有必要用基于地震学的方法建立地震动衰减关系。

1.随机法

随机法是一种基于地震学、波动理论等相结合的预测地震动的方法。随机法预测近断层场地的地震地面运动首先要建立震源模型，然后在此基础上估计工程场地可能出现的地面运动。

目前，广泛应用的有两种随机震源模型：

（1）障碍体模型（Papageorgiou和Aki）[37-38]

该模型假定在矩形断层面内分布着许多等直径的圆形破裂面，这些破裂面被周围未破裂的障碍体分割，每个圆形破裂面的破裂过程是独立的和随机的，产生的地震动傅立叶谱具有随机相位，这也是障碍体模型划分为随机震源模型的原因。此模型需6个基本参数来描述，分别是断层长度、断层宽度、断层面最大错动量、破裂速度、障碍体间距离以及反应谱高频截止频率。

（2）ω^2模型（Hanks和McGuire）[58-59]

Hanks和McGuire的ω^2模型将地震加速度视为有限带宽（拐角频率和截止频率之间）、有限持时的

白噪声，震源谱采用了Brune的ω^2谱。该模型需要三个参数：地震距、应力降和高频截止频率。Hanks和McGuire用此模型，并借助随机振动理论，预测了4～7级震级范围内的水平峰值加速度和均方根加速度，预测结果与强震记录符合较好。Boore[62]根据Hanks和McGuire的ω^2模型，采用点源产生地震动的随机法（点源合成地震动时程和随机振动方法）预测了水平峰值加速度、水平峰值速度和反应谱，证明这种方法的结果与强震记录在较大的震级范围内基本保持一致。由于Hanks和McGuire的ω^2模型简单，所需模型参数较少，便于在未来实际工程预测中应用，所以，此方法一经提出，引起了广泛关注，并取得了较好的效果，为缺乏强震记录地区强地震动预测提出了较完善的理论方法。

但研究者在实际应用中，逐步认识到用Brune ω^2谱作为随机震源模型的震源谱预测场点处地震动傅立叶幅值谱时，对中等强度以上地震预测结果，在中低频（0.1～2Hz）处高于实际观测记录的谱值，出现实际谱的“下垂”现象，并且震级越高此差别越大。另一方面ω^2随机震源模型中无法直接反映有限断层作用对近场地震动的影响，造成近断层处地震动的预测值普遍偏高。

鉴于这些不足，针对Brune震源谱的改进又有很多研究工作，其中Atkinson[66]提出的基于经验关系确定的双拐点震源谱很好地改进了中低频的“下垂”现象；王国新[85]也提出了新的经验性的震源谱模型，模型中各项系数均根据强震记录来确定：$S(M_0, f)=\dfrac{M_0}{\left[1+(\frac{f}{f_0})^a\right]^b}$（其中：$a$=3.05～0.33M；$b$=2.0/a），然而Brune模型已被普遍认为能很好地描述中小地震时的震源谱，所以，我们在预测小震及中强地震远场时应当可以保留使用；而在预测近场的中等强度以上的地震时，用ω^2谱作为震源谱就必然要考虑更多的问题。本文在大地震近场地震动估计方面，应用Silva[67-68]提出的有限断层模型理论，并参考Beresenv和Atkinson[69-70]、王国新[57]等对子源尺度确定、加速度时程合成方法等方面的详细步骤来预测。

①随机震源模型

随机法基于地震学、波动理论等相结合的方法，其中最简单的基于地震学的方法是源于Hanks和McGuire（1971，1981）有限带宽白噪声随机振动理论方法。这一方法将地震动模拟为有限持时、有限带宽白噪声合成的一个时间序列。它的随机震源模型是根据远场地震波谱提出的，场点处点源地震动的傅氏谱FA（M_0，f，R）用震源谱和表示地震波传播效应的因子共同表达：

$$FA(M_0, f, R)=CS(M_0, f)G(R)D(R, f)A(f)P(f)I(f) \tag{3.12}$$

其中，C为比例系数（常数）：

$$C=\frac{R_{\theta\varphi}FV}{4\pi\rho\beta^3} \tag{3.13}$$

式中，$R_{\theta\varphi}$反映了震源辐射模式和台站方位效应，F为自由地表放大效应，V为地震能量的水平分量系数，ρ和β分别代表震源处介质的密度和剪切波速。

$S(M_0, f)$为震源谱，Hanks和McGuire采用的是有一个拐角频率的Brune谱，目前Atkinson建议的两个拐角频率的模型也得到普遍认可。

Brune谱：

$$S(M_0, f)=\frac{M_0}{1+(\frac{f}{f_0})^2} \tag{3.14}$$

M_0为地震矩，f为频率，f_0为拐点频率，在圆盘型破裂条件下，拐点频率为：

$$f_0=4.9\times10^6\beta(\frac{\Delta\sigma}{M_0})^{1/3} \tag{3.15}$$

$\Delta\sigma$为震源应力降。

Atkinson双拐角频率的模型：

$$S(M_0, f)=M_0\left\{\frac{1-\varepsilon}{1+(\frac{f}{f_a})^2}+\frac{\varepsilon}{1+(\frac{f}{f_b})^2}\right\} \tag{3.16}$$

拐角频率（f_a和f_b）及比例系数ε分别为：

$$\begin{aligned}\lg(f_a)&=2.41-0.533M\\ \lg(\varepsilon)&=2.52-0.637M\\ \lg(f_b)&=1.43-0.188M\end{aligned} \tag{3.17}$$

$G(R)$为几何扩散项，一般$G(R)=1/R$，反映了在不同距离R时，由于地震波的组成发生了变化，造成衰减速率的变化，它与区域地质构造有密切的关系。

$D(R, f)=\exp(-\frac{\pi fR}{Q\beta})$，用于描述非线性衰减，式中$Q$为品质因子，$Q$值是估计传播途径中地震波衰减的最重要的参数之一。大量研究表明，Q是区域性变量，不同地区的Q值各不相同。在地震工程感兴趣的频率范围内，Q值的频率依赖性一般表示为：$Q=Q_0f^n$，Q_0为f=1Hz时的品质因子，f为频率，n为因地而异的常数；$P(f)=\left[1+(\frac{f}{f_m})^8\right]^{-1/2}$或$P(f)=e^{-\pi fk}$，为传播介质的高频滤波函数，其中$f_m$为地震动高频截止频率，一般Kappa值$k$=0.05；$I(f)=(2\pi f)^z$，$z$=1、2和3时分别相应于位移、速度和加速度谱，是描述不同谱形的系数。

$A(f)$用以描述近地表软基岩的放大作用。

Hanks和McGuire利用有限持时、有限带宽白噪声合成地震动时程中，震源地震动持时T_s和震级有关，表示为拐角频率的倒数（$T_s=1/f_0$）。Atkison双拐点震源谱模型中T_s为低频拐点频率倒数的一半（$T_s=1/2f_a$）。

②随机法预测强地震动

a.随机振动理论预测地震动峰值方法

用随机振动理论方法研究强地震动是由Hanks、Hanks和McGuire最初提出的。Hanks和McGuire不考虑震源体的几何形状，假定震源波是由一系列相位随机分布的破裂产生的，基于Aki提出、经Brune证实的点源模型（即Brune的ω^2震源谱模型），用代表震级大小的有限持时、有限带宽白噪声与代表频谱特性的滤波窗口（式3.12）模拟震源发出的信号，建立了均方根加速度a_{rms}与震源应力降$\Delta\sigma$、拐角频率f_0、高频截止频率f_{max}、介质密度ρ和震源距离R间的关系：

$$a_{rms}=0.85\frac{(2\pi)^2\Delta\sigma}{106\rho R}\sqrt{\frac{f_{max}}{f_0}} \tag{3.18}$$

$$f_{max}=\frac{Q\beta}{\pi R} \tag{3.19}$$

式中，f为频率，Q为介质品质因子，β为剪切波速。

Hanks等认为，a_{rms}比地震动加速度峰值更稳定，并且它直接与震源及传播途径相关，便于在缺乏强震记录的地区应用。为了便于工程应用，Hanks将地震动过程看作有限持时、有限带宽的白噪声，用随机振动理论将地震动峰值加速度a_{max}和均方根加速度a_{rms}建立起直接的联系：

$$\frac{a_{max}}{a_{rms}}=\sqrt{2\ln(\frac{2f_{max}}{f_0})} \tag{3.20}$$

根据上两式便可得到峰值加速度a_{max}的衰减关系。

估计a_{max}和a_{rms}需确定三方面的参数：地震震源参数$\Delta\sigma$和f_0；介质参数ρ、β和Q；距离参数R。

Boore根据Brune的ω^2震源谱模型，在Hanks和McGuire工作基础上，采用随机合成地震动时程的方法，分析了地震动峰值加速度PGA、峰值速度PGV和反应谱的衰减规律，并与Hanks等用随机振动理论结果做了比较，验证了两种方法所得结果很近似。若不需要具体的加速度时程，Hanks方法不失为一种简单的分析地震动衰减关系的方法。由于这一方法所涉及的因素较多，在参数的确定等方面存在较大的不确定性，到目前为止，并未在缺乏强震记录地区普遍采用。

b.预测点源产生地震动的随机模型

Boore点源模型预测地震动，根据Brune的ω^2震源谱模型，将地震震源近似为一个“点”，以此点作为地震能量的释放中心，用随机震源辐射谱模型（式3.7）直接合成地震加速度时程，并对地震动峰值加速度PGA、峰值速度PGV和反应谱的衰减规律进行了研究。孙崇绍等[71]运用Boore[62]、Schneider-Langer[72]等提出并改进的点源模型，将地震动过程看作有限持时、有限带宽的白噪声，结合Brune的ω^2震源谱，估计了甘肃省文县和河西走廊祁连山中段的远场强地震动，理论模拟结果与实际记录吻合较好。

点源模型模拟远场地震动，采用Brune震源谱时，震源地震动持时为$T_s=1/f_0$（拐角频率f_0按式3.10确定）；采用Atkinson双拐角频率震源谱持时$T_s=1/2f_a$。实际应用中证明，只有当震级较低或者大震的远场模拟时，将震源视为理想点源效果较好。

c.有限断层产生地震动的随机模型

点源模型最初是针对远场地震波谱提出的，它不考虑震源体的几何形状，而实际上地震的发生与发震断层有密不可分的关系，断层的类型、产状、运动性质、上覆覆盖层的厚度等因素都对地震动的频谱组成有重要影响。尤其强震，发震断层破裂范围很广，强地震动预测受震源的尺度、破裂方向、断层面倾向等影响，会产生明显的破裂方向性效应及上盘效应等现象。Silva有限断层模型考虑了这些因素，通过子断层的坐标位置来体现断层的几何特征。另外，当场点逐渐接近震源体时，取得记录的台站只受整个错动面距台站较近处的局部、有限断层的影响，其他较远位置处的断层影响较小，造成近场地震动值较按点源模型时所得的地震动值降低。所以，近场时若不考虑有限断层的影响，就会高估地震动。

由此可见，对于5～5.5级及以上的强震，如果场址距震源较近时，震源尺度本身就很大，已不适合简化成点源，应考虑断层破裂过程并以整个断裂错动面来表达震源体，采用有限断层模型。这一模型将发震断层构造与随机震源辐射谱模型结合起来，假定地震能量是在一个破裂面上释放的，利用点源模型的震源谱可以合成任意破裂方式产生的地震动，只要假定断层的大小形状、破裂方式。破裂考虑单侧破裂、双侧破裂和中心破裂三种形式，单侧破裂假定破裂开始于断层的一端，然后按照一定速度传播到全断层，双侧破裂是中心向两边传，破裂速度一般假定为S波速度的0.8倍左右。中心破裂则假定破裂由一点开始，然后以同心圆形式向外扩展。合成地震动的方法是将此地震破裂面按照一定的规则划分成许多小断层，每个小断层都是一个子源。每个子源作为一个Brune点源计算对场点产生的影响，震源的复杂性通过子源内地震几何位置和上升时间的随机性来体现。每个子源内可以发生一次或多次子震，个别情况下也可以不发生子震，地震能量只在黏块处释放。然后用随机的方法合成场点处的地震动，考虑每个子源的破裂传播到达的延时，分别叠加各子源的加速度时程，这相当于将积分化为离散求和[73]。

2.经验格林函数法与宽频带格林函数法

Hartzell于1978年提出合成地震动的经验格林函数法，这一方法的基本思想是：将一次大震的震源离散化为一系列子源，选择适当的小震记录经修正作为大震中子源的贡献，即经验格林函数，将这些经验格林函数叠加，可得大震的地震动时程。由于小震记录本身已包含了震源破裂特征、传播路径和场地条件的影响，所以合成的大震记录自然也包含了这些复杂的影响因素。这一方法一经提出，在大震破裂模型的研究和强地面运动的模拟研究方面得到了广泛应用。Kanamori[74]、Irikura[75]、金星、罗奇峰等运用经验格林函数方法合成地震动，为地震动场的特征研究奠定了基础。合成地震动的经验格林函数法建立了震源、经验格林函数和观测点地面运动三者的联系，在实际应用中也取得了较好的效果。然而，满足这种条件的小震记录数量是极其有限的，甚至难以找到这样的记录，因此，必须首先校正小震记录，使之能满足相应合成方法的要求。

近几年在经验格林函数法和随机法的基础上逐渐形成了宽频带格林函数法。宽频带格林函数中不需要对震源谱形状进行任何假定，表达为在一个延伸的断裂面上的剪切位错，准确地表示出它的辐射模式和在小于0.5s的周期段降低、平缓的趋势。断裂面上滑动空间和时间变化用离散的方法表示。波的传播用格林函数表达。现已发展有离散的有限波数法、有限差分、有限元和基于FFT的数值计算方法等可以在实际中应用。由于所用的格林函数可以依已知的地壳结构模型计算得出，有利于这一方法在缺少或者没有记录数据的地区中使用。

对于峰值速度和周期大于1s的反应谱加速度，这种模拟方法预测中的误差会比经验性地震动模型的误差低，尤其是如果预测模型中包括了破裂方向性和盆地反应影响，而实际数据又受到了这两者影响时，效果会更好[57]。

应该说这种方法具有严密的理论和计算地震学基础，是一种比随机法更为严格的方法。

3.6.4 随机有限断层法合成地震动

在强地震动记录缺少的地区，需要用理论方法建立地震动衰减关系。

基于地震学的强地震动预测随机方法包括随机合成地震动时程和直接估计地震动峰值的随机振动方法。其中随机合成地震动时程方法可以进一步分为点源随机合成方法和有限断层产生地震动的随机合成方法。

1.预测点源产生地震动的随机模型

对于远场中小地震，震源可近似为一个点源，然而预测未来地震时，震源参数是难以准确预测的，此时可将整个震源看成理想的点源，用随机震源辐射模型直接合成地震的加速度时程。

随机法模拟地震动步骤如图3.30。

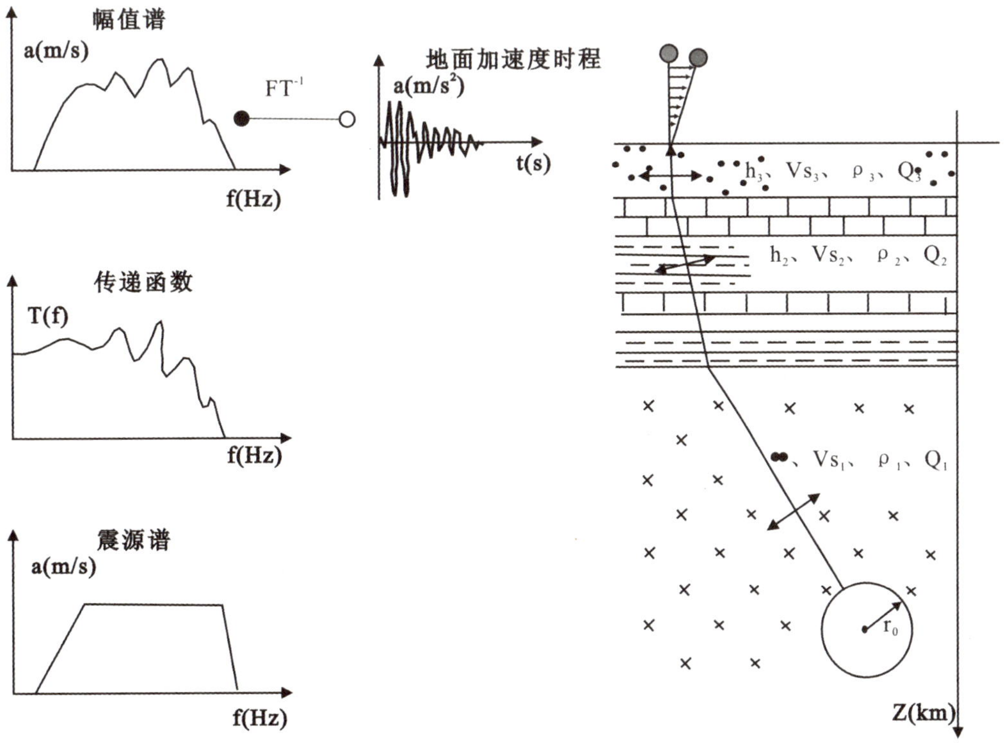

图3.30 随机法模拟地震动步骤略图

Kunze等[72]用Boore随机点源模型（Brune的ω^2震源谱）模拟了中欧地区水平成层介质的远场强地面震动，收到了较好的效果。用随机法模拟地面运动实质分为震源过程的模拟和传播介质的模拟两个步骤。震源破裂，辐射出地震波，然后地震波经过地层中各种介质几何扩散、阻尼吸收与非弹性衰减等作用，最后地震仪得到的记录已经包含了震源特性、地层介质因素以及场地类别等多种复杂信息。在研究中为了简化问题，首先不考虑震源体的几何形状，将震源假设为一个理想的点，地震波是一系列相位随机分布的破裂产生的，用代表震级大小的有限带宽、均值为零的限幅高斯白噪声（震源谱）与代表震源频谱特性的滤波窗（传递函数）一起来模拟震源发出的信号（式3.12），得到场点处的傅立叶谱幅值谱，然后再根据此谱进一步转化为具有随机相角的加速度时程。这就是点源模型的基本理论。

2.预测有限断层产生地震动的随机模型

（1）有限断层子源的划分

有限断层模型一般用于中强地震近场且断层面错动量已知的情况，即对已发生过地震的模拟，可以将发生地震的断层面划分为许多次断层，每个次断层都是一个子源，赋予子源相应的错动量；当预测某设定地震动时，可根据断层面的走向和倾向，用经验关系估计与所设定的震级相当的断层长度和面积等参数（式3.24、3.25），结合区域地球物理特征，估计应力降或与子源尺度相应的震级，得到子源的地震矩（式3.35）。由于划分子源的尺度很小，因此，可以直接将每个子源作为一个Brune点源对场点产生影响，震源的复杂性则通过子源间的各个子震的位置和上升时间等子源参数的随机性来体现。每个子源内可发生一次或多次子震，个别情况下也可能不发生子震，地震能量只在障碍体处得以释放。当子源数量（$n\times m$）确定后，在破裂面上错动量均匀分布的情况下，子源重复发生子震的数量用下式计算（取整数）：

$$n_r = \frac{M_0}{nmM_e} \tag{3.21}$$

共发生子震

$$N_t = nmn_r \tag{3.22}$$

式中M_0和M_e分别为总的破裂面上的地震矩和各子震的平均地震矩，n和m为沿矩形断层面长度和宽度划分的子源个数。当破裂面上错动量的分布不均匀时，各子源发生子震的数量可按错动量进行调整。

实际应用中，总的约束条件是使各子源的地震矩之和等于破裂面上总的地震矩。Beresenv等[69]根据子源合成地震动的经验，经反复试验和不断摸索，认为M4～M8级地震时，均有一特定的子源几何尺度可以使拟合结果最为理想，给出的子源长度ΔL与震级的关系为：

$$\lg(\Delta L) = 0.4M - 2 \tag{3.23}$$

按此合成大震震源谱应当注意的是，Brune震源谱模型在中小地震时与实际记录符合是较好的，合成时若认为子震仍符合点源模型，子源的子震震级（或子震地震矩）不应过高，也就是说，当根据此方法合成地震动的震级较大时，子震震级也会相应较大，所以要注意子源的几何尺度调整不应过大。另外，由于子源的几何尺度与子源的频谱拐角频率是相关的，因此，子源的长度ΔL不能太小，否则，子源的拐角频率将大于工程感兴趣的频率范围（1～25Hz），使高频地震动的合成受具体子源尺度的影响程度增加。所以，根据工程上感兴趣的频率范围的下限可以大致估计出子源平均尺度的ΔL下限。在此范围内确定子震震级和子源尺度，可充分反映出断层上不同子源对场点地震动的影响，使合成的地震动时程与实际记录更接近。

把发震断层看作一个竖直平面，它的长度（L）可根据Wells和Coppersmith[76]得：

$$\lg L = -2.44 + 0.59M \tag{3.24}$$

断层平面的宽度（W）是由断层面积（A）和断层长度（L）决定的（Wells和Coppersmith）[76]：

$$\lg A = -3.49 + 0.91M \tag{3.25}$$

估计在大震震级（M）和破裂长度（L）已知的情况下，与选定的子震震级（M_z）相应的子源平均破裂长度ΔL可以表示为：

$$\lg \Delta L = \lg(L) - 0.5(M - M_z) \tag{3.26}$$

因此，选择能使子源基本可以视为点源的子震震级，然后可根据式3.21确定子源几何尺度的大小。目前，一般均认为M_z的上限以5～5.5级为宜。子源划分总数是由各子源的地震矩之和等于破裂面上总的地震矩来约束的。

（2）场点地震动持时

首先我们知道地震波在传播到场点以前，在震源内部有一段上升时间过程。上升时间与震源尺度有直接关系。假设地震破裂在子源内的传播速度为V_0，前面确定子源的长度为ΔL。当破裂由震源中心传播到某子源中心时，该子源开始破裂，破裂传播到子源边界时结束，所传播的路径为$\Delta L/2$，破裂在子源内的传播时间就是子源破裂的上升时间。各子源就是这样随地震波传播到其中心时陆续开始破裂。则每一个子源内破裂的上升时间为：

$$T_0=\Delta L/2V_0 \tag{3.27}$$

一般破裂速度是剪切波速的λ倍，λ=0.8，即

$$V_0=0.8\beta \tag{3.28}$$

子震在场点处产生的地震动的持时可根据震源地震动持时T_0及距离相关项共同确定：

$$T = T_0 + 0.05R \tag{3.29}$$

式中震源地震动持时T_0根据式3.27确定。

（3）合成地震动加速度时程

每个子源都看成一个点源，并依据点源模型的计算步骤，先根据各自离场点的坐标位置推算出子源的傅氏谱，然后进一步转化成具有随机相角的加速度时程。每个子源都要按这个步骤，得到它们在场点处产生的地震加速度时程，然后累加得到整个断层对场点影响的合成加速度。图3.31为合成地震动加速度时程程序框图。

合成过程中的强度包线函数的形式如下：

$$f(t) = \begin{cases} (t/t_1)^2 & (0 \leqslant t < t_1) \\ 1 & (t_1 \leqslant t < t_2) \\ e^{-c(t-t_2)} & (t_2 \leqslant t) \end{cases} \tag{3.30}$$

式中，$t_1=aT$，$t_2=bT$，$c=\ln(0.05)/(T-t_2)$，T为场点处产生的地震动持时，a和b是与震级相关的系数。

计算得到每个子源的各次地震在场点处产生的地震动加速度时程后，用下式随机合成加速度时程：

$$a(t) = \sum_{i=1}^{NX}\sum_{j=1}^{j_r} a_{ij}(t - t_{ij}) \tag{3.31}$$

式中，$a(t)$为合成地震动时程；$a_{ij}(t)$为第i个子源的第j次地震加速度时程；$NX=nm$，为断层划分子源总个数；j_r为第i个子源的发震次数。合成中考虑了子震发震时间的滞后t_{ij}，其中既包括子源破裂传播引起的时间滞后和子震至场地间由于传播距离的不同而引起的时间滞后，也包括当一个子源发生多次子震时的位错时间引起的时间滞后。这种子震合成大地震的过程与小震合成大震的经验格林函数法类似，其不同之处就在于前者以随机震源模型产生的地震动取代了后者的经验格林函数。

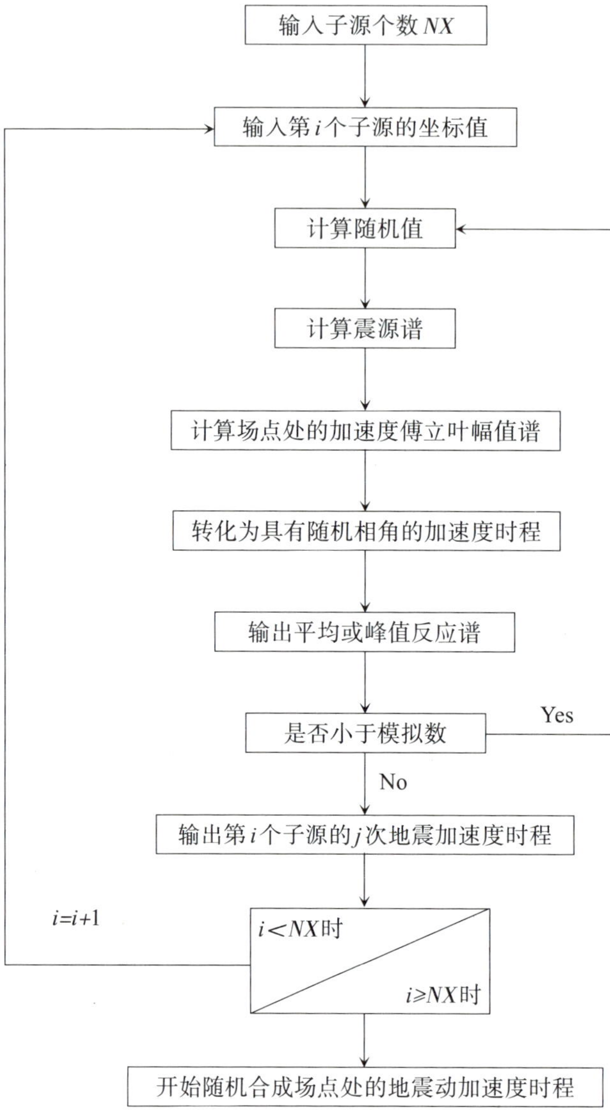

图3.31　合成地震动加速度时程程序框图

3.用随机法拟合1988年肃南地震地震动

选取1988年肃南地震为例，通过以上两种随机方法预测地震动并与实际记录相比较，以进一步说明这两种方法所得结果与实际记录的吻合程度。点源模型计算程序主体部分由德国斯图加特大学地球物理所引进。肃南强震台于1988年11月22日获得Ms=5.7肃南地震台阵记录和M=5.1、3.3等余震台阵记录，以及M=5.0临泽地震主震台震记录，共8个地震37条记录。Ms=5.7地震获得震中距为28km的近场台阵强震加速度记录，其中水平向A_{max}=69.9g，垂直向A_{max}=85.7g。

（1）点源模型合成地震动计算参数

点源模型采用Brune的平面波理论、Boore-Schneider的S波传递函数方法。用于模型计算的参数只有地震矩M_0和应力降$\Delta\sigma$；研究区地层视为水平成层介质，用于计算传播过程的参数为介质的几何形状（厚度）h；地层剪切波速V_s；地层密度ρ；地层介质品质因子Q值[71]。

①震级（M）：5.7级

②震源深度（H）：12km

③地震矩（M_0）

地震能量$E_0=\dfrac{\Delta\sigma}{2G}\times M_0$（$G$为剪切模量），Hanks和金森博雄（1970）根据Gutenberg和Richfer给出的地震能量和面波震级之间的关系：

$$\lg E_0 = 1.5M_s + 11.8 \tag{3.32}$$

求得地震矩和矩震级之间的关系：

$$\lg M_0 = 1.5M + 16 \tag{3.33}$$

Purcaru 和 Berckhemer（1978）推导出了地震矩和面波震级之间的关系式，这一关系式和震级有密切联系，即对 $5 \leqslant M_s \leqslant 7\frac{1}{2}$ 之间的地震：

$$\lg M_0 = 1.5M_s + 16.1 \pm 0.1 \tag{3.34}$$

或

$$\lg M_0 = 1.5M_s + 9.1 \tag{3.35}$$

地震矩均由式 3.30 确定。

④ 应力降（$\Delta\sigma$）

根据地震记录的波谱参数计算地震参数：

震源半径：$a = K_c V_c / 2\pi f_{0c}$

地震矩：$M_0 = 4\pi\rho V_c^3 R\Omega_{0c} / 0.85$

应力降：$\Delta\sigma = \dfrac{7}{16}\dfrac{M_0}{a^3}$

平均位错：$\bar{u} = \dfrac{M_0}{\pi\mu a^2}$

式中角标 C 表示 P 波或 S 波，K_c 为一常数，$K_S = 2.34$，$K_P = K_S \dfrac{V_S}{V_P}\dfrac{f_{0P}}{f_{0S}}$，$\mu$ 为刚性模量。

一个地区的地震应力降受多种因素影响，表 3-16 为不同地区震源参数对比结果。姚立珣[77]研究民乐盆地周围 12 次小震记录，震级范围 M_L=2.4～3.3，用 S 波测定的结果表明，张掖、民乐、临泽、肃南四县市地区平均应力降为 25.5×10^5～60.6×10^5Pa，具有中等偏低的应力降。并且孙崇绍等在甘肃河西走廊祁连山中段模拟中使用应力降 4.0×10^6Pa，因此本文引用 $\Delta\sigma=4.0\times10^6$Pa。

表 3-16 不同地区震源参数对比

地区	震级范围 M_L	地震矩 M_0/(N·m)	震源等效半径 a(m)	应力降 $\Delta\sigma$(kPa)	平均位错 $\bar{u}$(cm)
西安及周围地区	1.4～3.8	3×10^9～1×10^{14}	100～600	10～5 000	0.01～3.20
日本松代地区	1.6～3.9	4×10^{11}～8×10^{14}	300～700	3～1 600	
中国华北北部地区	1.7～3.8	2×10^{11}～2×10^{14}	20～330	1～8 000	0.01～4.50

根据西安地区的研究结果，虽然震级和应力降之间的关系比较分散，我们仍然可以粗略地拟合出它们之间的关系：

$$\lg \Delta\sigma = 0.47M_L - 0.65 \tag{3.36}$$

⑤地层参数

地层参数见表 3-17。目前通常用微震尾波 Q 值来研究地壳介质性质，地震尾波衰减率是一个稳定的参数，它反映了包含震源和台站区域的介质的平均性质，其中包括介质中裂隙及流体分布。荣代璐等曾选取中法数字台网靠近兰州市的朗索台的记录，共 170 次，得到 Q 值与频率的关系：$Q = Q_0 f^n$，其中 Q_0=52，n=1.09，相关系数 R=0.99。一般认为，构造活动地区波的衰减较快，Q 的频率依赖性强。

表 3-17 地层参数

层顶埋深(m)	层厚(m)	剪切波速 V_s(m/s)	密度 ρ(kg/m³)	Q
0	10	300	1900	30
10	100	1200	2300	165
110	2500	3470	2500	200
2610	8000	3530	2900	280
10610	8100	3590	3200	382

以上参数均引自孙崇绍等[71]在拟合甘肃河西走廊祁连山中段的远场强地震动时确定的肃南地层参数。

（2）有限断层模型合成地震动计算参数

金铭等[78]用P、S波振幅比方法反演了1988年11月22日肃南5.7级地震序列的震源机制，计算了对应的P轴、T轴，并由宏观考察及台站P波记录资料得出的这次地震的震源机制解中，节面A为发震断层，它与实际的木里-肃南NE向次级断裂相应。金铭等认为，NWW向祁连山北缘大断裂在肃南县附近与NE向的肃南次级断裂相交，在区域构造应力作用下，这里是应力集中比较大的地区，小震活动比较频繁，并有中强震发生，1988年11月22日发生的5.7级地震就是其中之一。据此拟定木里-肃南次级断裂为发震断层。图3.32为发震断层和台站位置分布图。

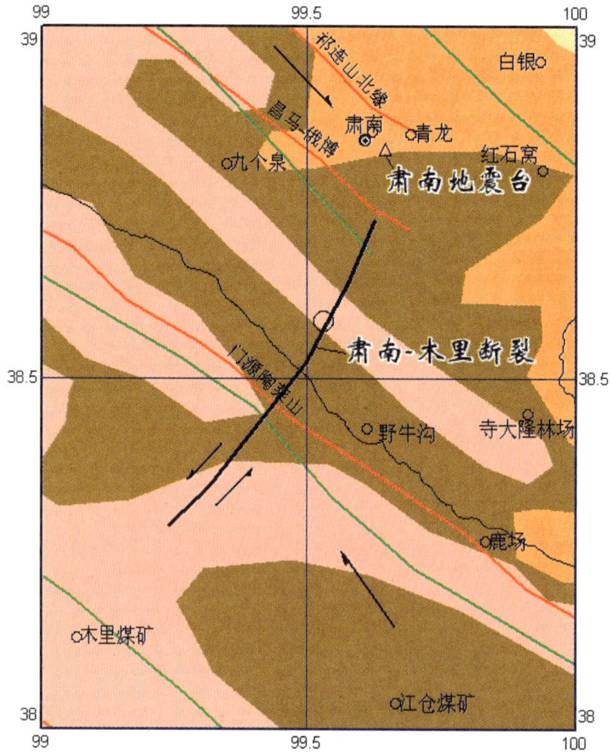

图3.32 木里-肃南断裂与肃南台站位置分布图

所以，对这次地震的发震断层木里-肃南断裂进行有限断层模型划分。首先根据公式3.24、3.25调整断层规模为8km×6km，将整个断层面划分为12个2km×2km的子源（图3.33）。

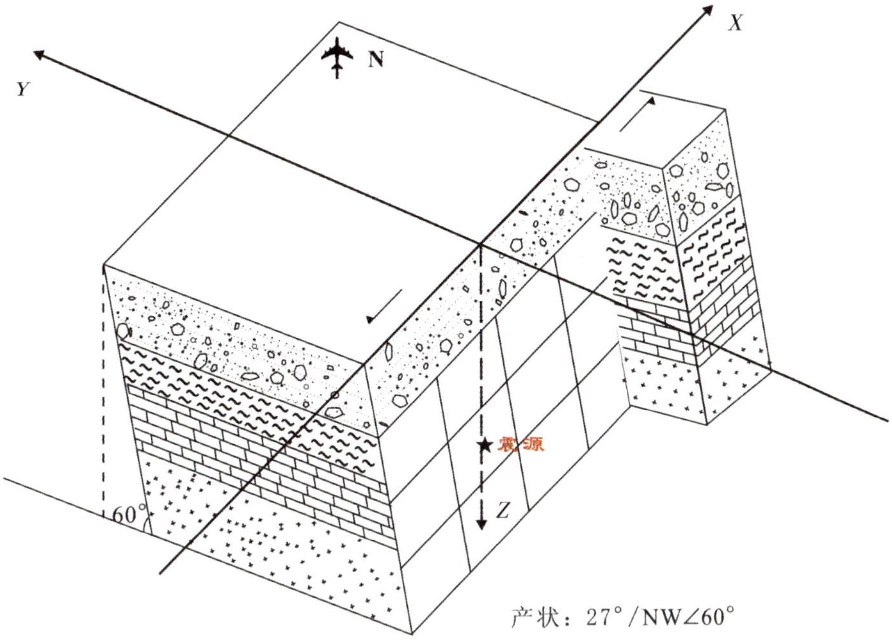

图3.33　肃南-木里断裂模型子源划分示意图

木里-肃南断裂震源参数见表3-18。

表3-18　震源参数

断层走向/倾向：27°/NW∠60°
断层尺度（长×宽）（m）：8000×6000
断层深度（m）：9000～15000
地震矩（N·m）：4.50×10^{17}
应力降（Pa）：4.0×10^{6}
剪切波速（m/s）：3460
破裂速度（m/s）：0.8×3460

确定子源的地震矩为：

$$Me=(\Delta\sigma)A(\Delta L)=(\Delta\sigma)(\Delta L)^3 \tag{3.37}$$
$$=4.0\times10^6\times(2\times10)^3$$
$$=3.2\times10^{16}$$

发生子震的个数：

$$N_t=\frac{M_0}{M_e}=\frac{4.50\times10^{17}}{3.20\times10^{16}}=14 \tag{3.38}$$

总共12个子源，发生子震的个数为14次，可以假定整个断层面错动量是不相等的，也就是破裂位错非均匀分布，因此设定震源就近的两个子源要发生两次子震，这两个子源所释放出的能量较其他子源高。个别子源发生多于一次地震的情况，体现了震源内介质的不均匀性。图3.34为断层面上各子源的发震数量分布。

1	1	1	1
1	2	2	1
1	1	1	1

图3.34　子源发震数量分布图

其他参数与前述点源模型中的相同。

（3）计算结果

分别通过以上两种随机模型模拟了肃南5.7级地震加速度时程和反应谱，并与实际强震记录做了对比。由于这次地震所得强震记录数量有限，仅同肃南台的两条记录相比较。

图3.33和图3.35中分别对两条记录加速度时程与两种模型的计算加速度时程进行了对比，图中(a)-(c)依次为观测加速度记录、点源模型所得加速度时程、有限断层模型所得加速度时程；图3.34和图3.36分别是图3.33(a)-(c)和图3.35(a)-(c)中加速度时程相应的反应谱（阻尼比5%）。

（4）分析与讨论

通过图3.35和图3.36实际记录与拟合加速度时程对比，可以看到，无论是点源模型还是有限断层模型得到的加速度时程的包线形状都与实际记录有相似之处。当然合成地震动时程随机性较大，通过多次变化参数，还得到一个结论：有限断层方法模拟得到的峰值加速度以及峰值加速度出现所对应的特征时刻更接近实际记录。说明在近场地震动合成中考虑了断层破裂的速度、方向、时间滞后等因素，总体上能较好地与实际记录相符合。实际上，由于地震动过程比我们模拟中想象的复杂得多，我们用来做比较的两条观测记录就是同一次地震在同一个台站由同一个简单台阵获得的，两者的时程特征也不尽相同，所以合成方法并不能保证得出与实际观测完全类似的时程。另外，模型假设介质为水平成层的地层，计算中只考虑SH波，并没有P波的影响，所以实际观测记录中S波到达以前的部分不能与模拟时程曲线对比；同时，实际观测记录中的尾波部分很长，模拟计算也不能反映。

图3.37和图3.38中拟合波的反应谱与肃南台强震记录反应谱对比，总体上在工程感兴趣的频段内（1～25Hz），有限断层方法拟合的结果基本能满足实际工作的需要。特别是在高频部分计算反应谱与实际记录反应谱符合程度较好。点源模型得到的计算反应谱在这两条观测记录的拟合中都表现出较低的谱值，这与通常认为的点源模型会高估强震近场地震动的观点相悖，模拟加速度时程随机性很大，仅仅就这两条记录模拟得到这样的结论是不可靠的，限于本研究的范围和强震记录资料，将在今后进一步研究证实。

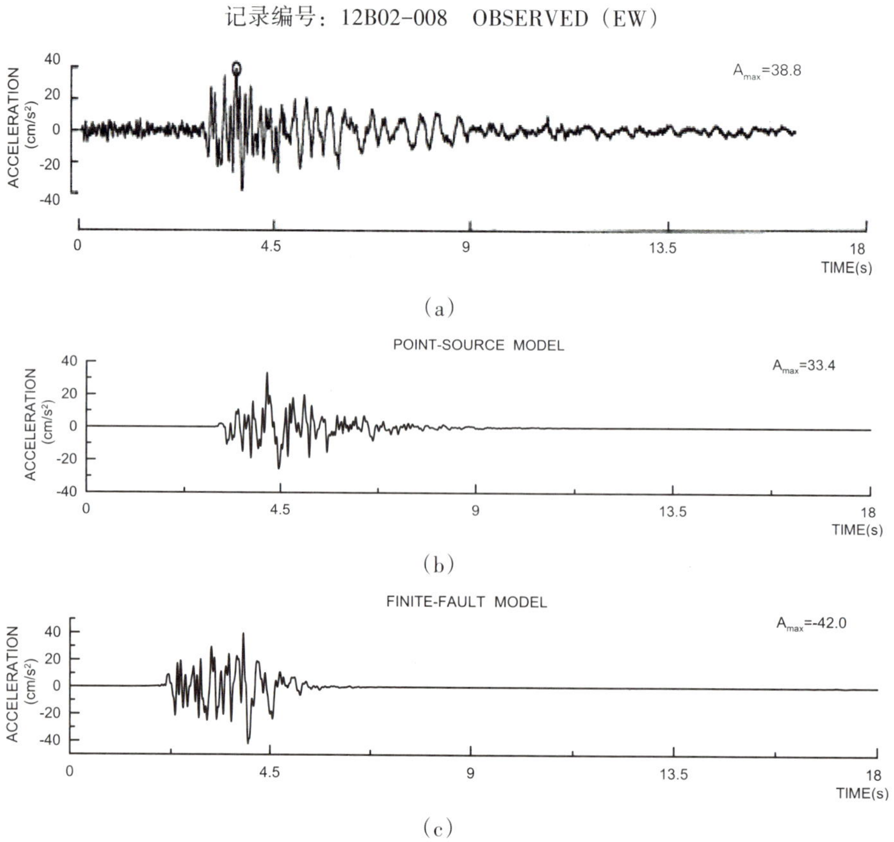

图3.35 肃南5.7级地震计算加速度时程与记录加速度时程比较（1）

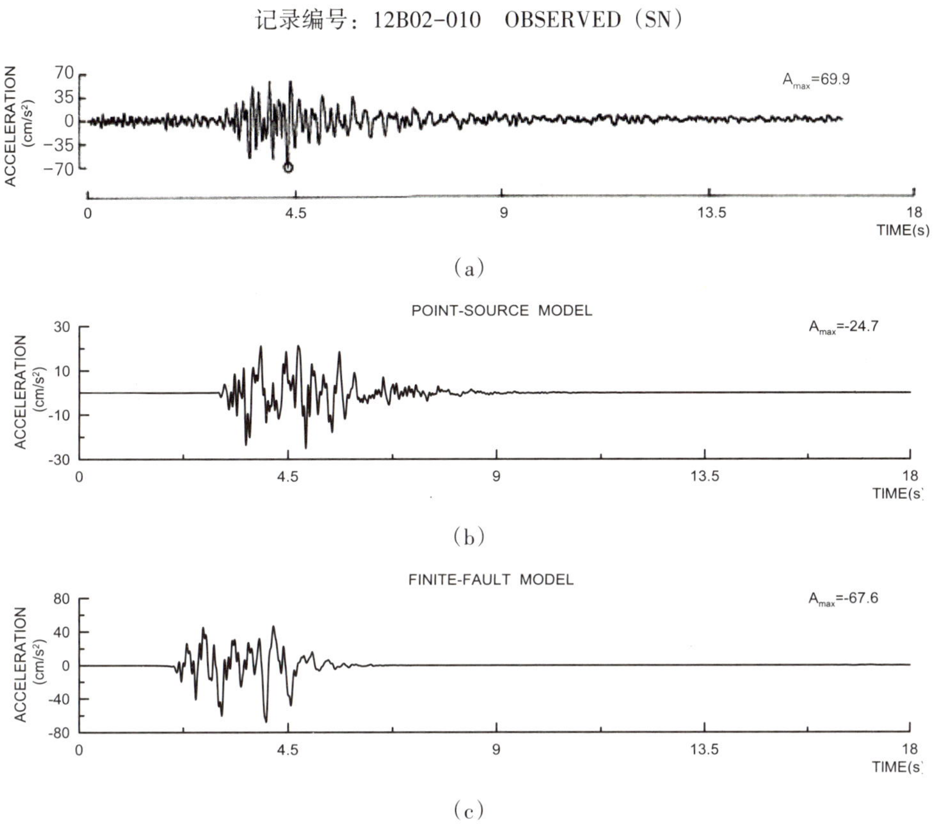

图3.36　肃南5.7级地震计算加速度时程与记录加速度时程比较（2）

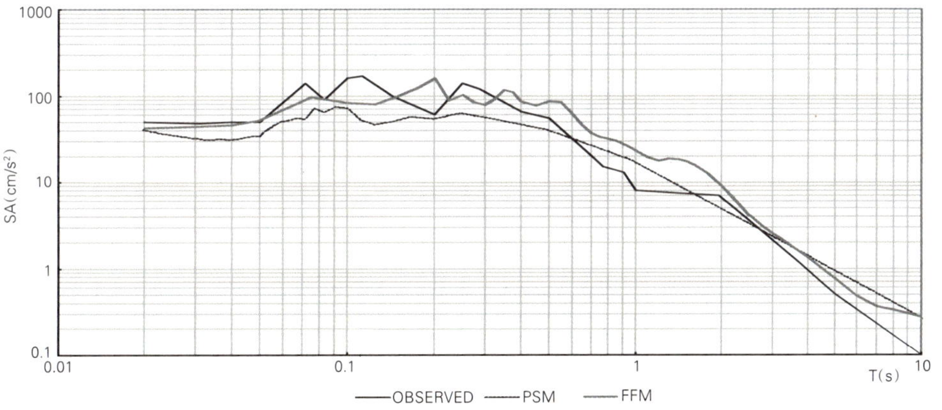

图3.37　肃南5.7级地震计算反应谱与记录反应谱比较（1）

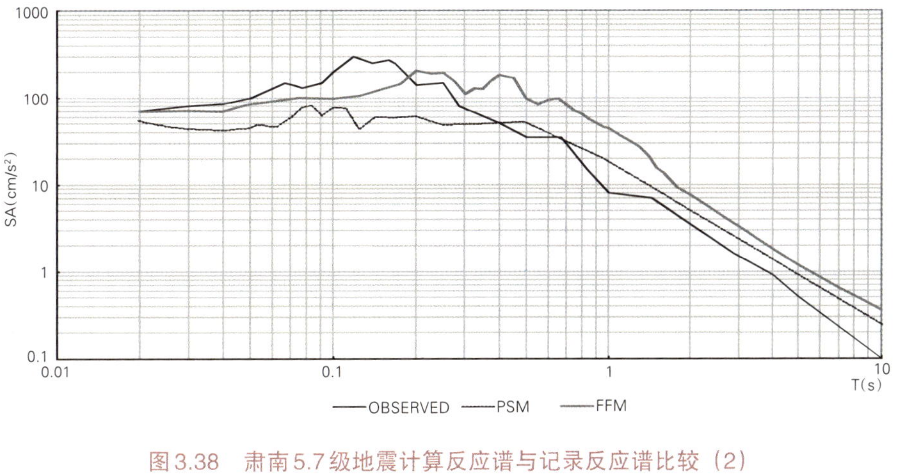

图3.38　肃南5.7级地震计算反应谱与记录反应谱比较（2）

（5）点源模型估计中小震地震动

通过以上对比认为，就1988年11月22日肃南5.7级近场（28km）加速度的模拟来看，有限断层方法结果更接近实际记录：包括加速度时程的包线形状、PGA值以及反应谱的形状等几方面；而使用点源方法模拟5.7级中等强度地震结果与实际记录有明显差距。在这种情况下，又用点源方法模拟了肃南1988年12月19日4.5级余震，震中距30km。图3.39和图3.40为计算所得加速度时程与实际记录比较；图3.41和图3.42为相应的计算时程的反应谱与记录反应谱比较（阻尼比5%）。

从图3.39、3.40中可以看出，点源模型运用Brune的ω^2谱为震源谱模拟肃南Ms=4.5级余震，时程包线形状相似，峰值加速度值比较接近；反应谱表示了地震动的频谱特征，图3.42中计算反应谱与记录反应谱的主要参数接近，靠近反应谱峰值部分的形状和高低值都相接近，计算反应谱在中低频部位（0.7～2Hz）模拟效果较为理想，这也证明了Brune的ω^2谱适于描述中小地震。

另外，比较肃南地震的主震与余震（Ms=5.7，Ms=4.5），它们传播途径、场地条件都相同，随着震级的增加，谱的卓越峰点向长周期方向移动，震级越大谱的峰值越高。点源模型很好地反映了反应谱的这一趋势。

记录编号：12B03-015　OBSERVED（SN）

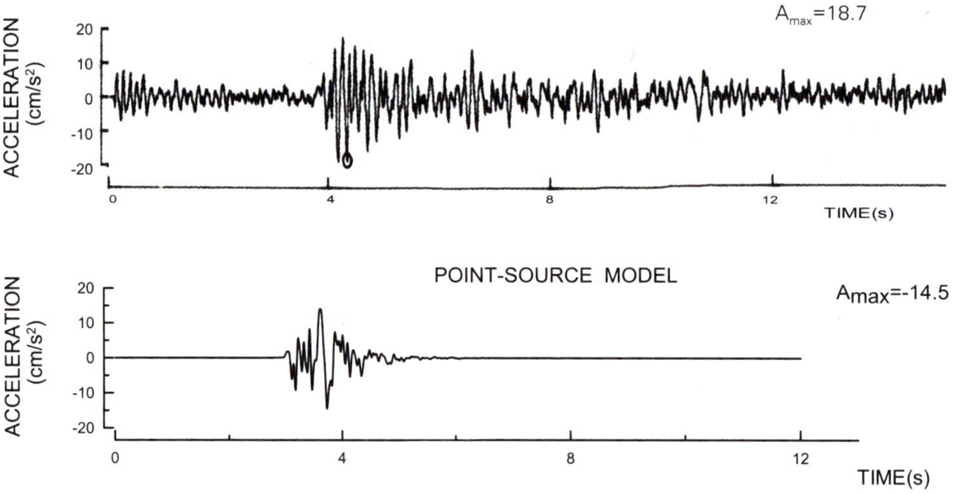

图3.39　计算加速度时程与记录加速度时程比较

记录编号：12B03-016　OBSERVED（EW）

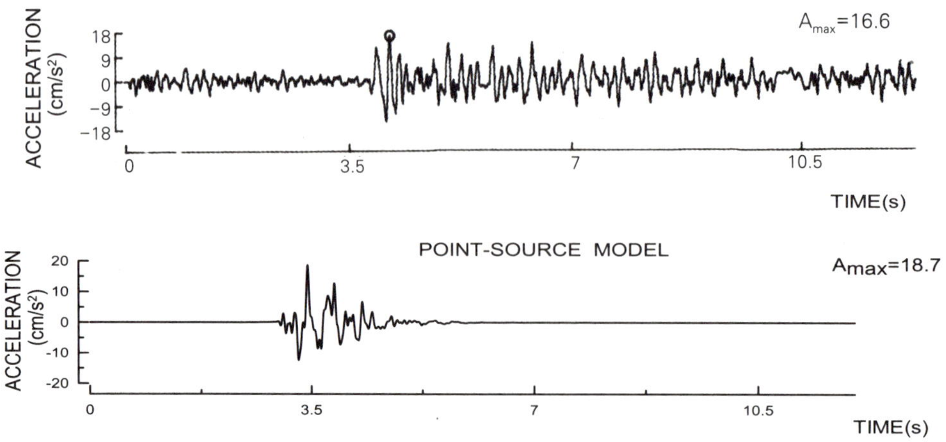

图3.40　计算加速度时程与记录加速度时程比较

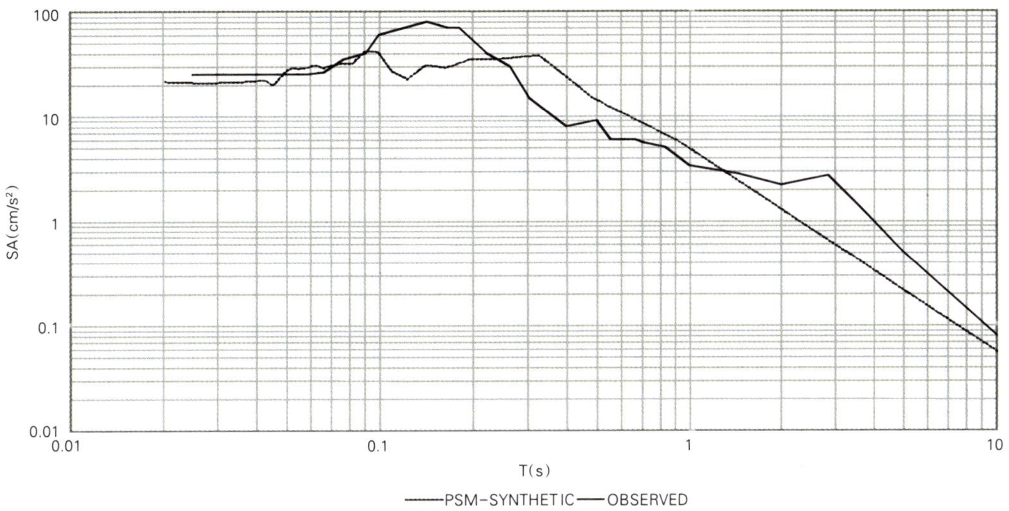

图3.41　计算反应谱与记录反应谱比较

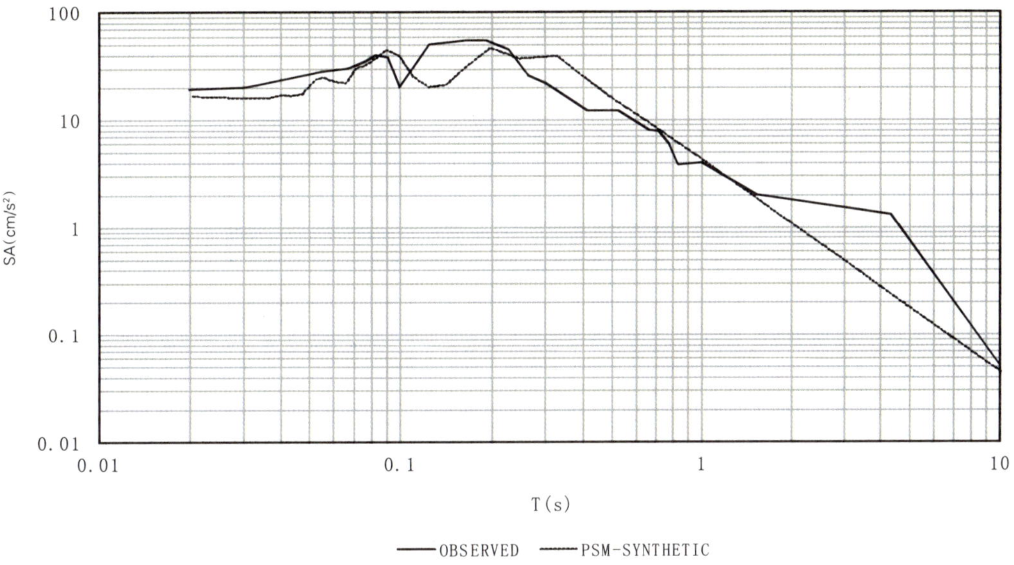

图3.42　计算反应谱与记录反应谱比较

3.6.5　敦煌莫高窟近场地震动模拟

近场强地震动的幅值、频谱成分和地表分布规律受到诸多因素的影响，例如，发震断层的产状、破裂机制、覆盖土层的性质和厚度、局部地形的影响等。在近场基岩地表，主要是破裂方向性效应、上盘效应的影响。为定量研究随机有限断层法模拟地震动的特征，采用设定敦煌三危山地震有限断层、考虑区域地壳波速结构的模型，选取的计算区域以断层上缘在地表的投影为对称轴。

1.三危山断层设定地震的震源模型及模拟结果

三危山断层位于敦煌市东南25km处，因多处危如累卵而得名。三危山断层因靠近著名的敦煌莫高窟而得到重视，研究程度相对较高。三危山地区地震地质图见图3.43。该断裂运动特征以黏滑为主兼有少量蠕滑，前第四纪以左旋平移运动为主，第四纪早、中期以倾滑逆冲运动为主，中更新世以中段逆冲活动最强烈，晚更新世以来断层基本停止了活动，主要表现为强烈间歇性区域抬升，山体各段所在地区的构造抬升速率总体上表现为西段强、东段次之、中段弱的趋势。现有资料表明，该断裂现代弱震活动水平不高，并且沿三危山断层及其附近没有强震发生，历史上最大地震记录为5¼级，但我们还不能排除未来该断裂不发生对莫高窟构成较大影响的近震[79-80]。

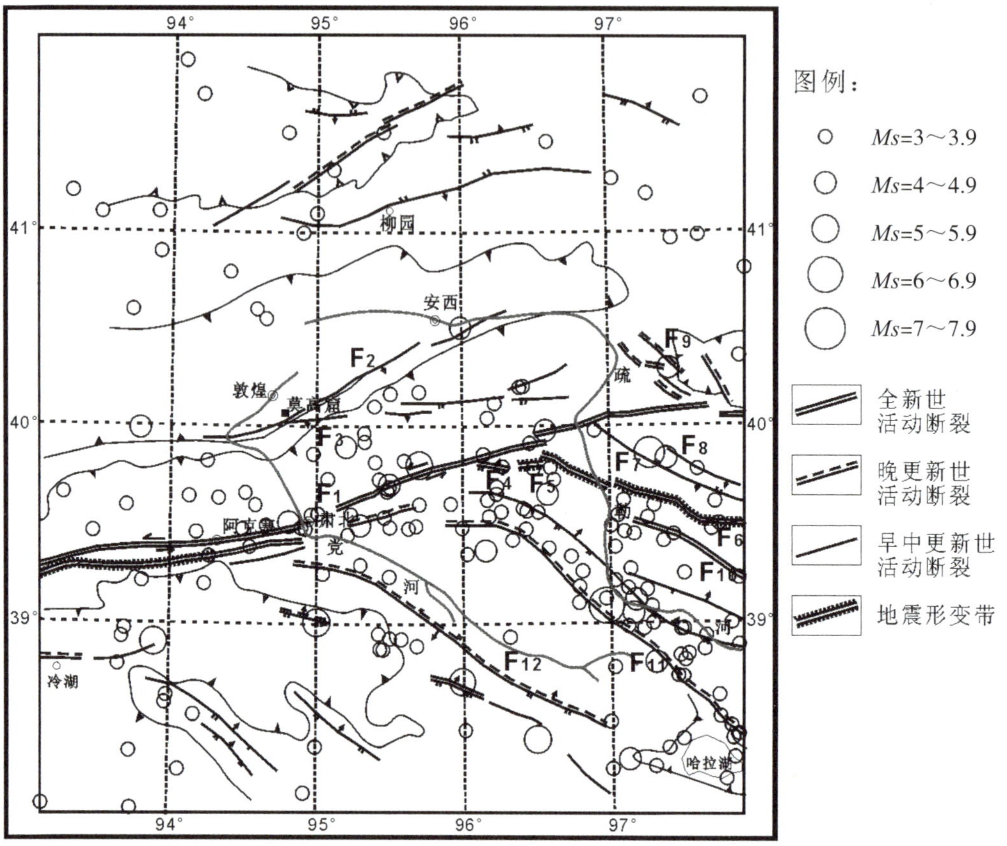

图3.43　敦煌三危山地区地震地质图

三危山断层全长150km，总体产状N50°～70°E/SE∠50°～70°，根据其地表展布形态可分为三段：西水沟断层段，长35km；芦草沟断层段，长55km；双塔断层段，长60km。相比之下，我们更关心地震发生在离莫高窟最近距离只有3km左右的西水沟断层段，引起地面震动对莫高窟的影响。本地区地震危险性分析表明，莫高窟位于三危山震级上限6.5级的潜在震源区之内，因此模拟三危山断裂发震所产生的地震动分布特征以西水沟断层段发生5.5级、6.0级、6.5级地震为例计算，活动方式以逆冲为主。

（1）介质地层模型参数

莫高窟地区以三危山断层为界划分为三危山隆起带和敦煌盆地两个构造单元，莫高窟位于隆起带与盆地的交界处。地层模型采用横向均匀成层介质，在纵深方向上分为3层，即第四纪沉积层、前寒武纪基岩层和上地壳结晶岩层。模型中不考虑局部盆地边缘效应，地层结构参数包括分层厚度h、剪切波速v_s、层密度ρ、Q值（表3-19）。

表3-19　地层模型及参数

介质类型	层厚(m)	剪切波速V_s(m/s)	密度ρ(kg/m^3)	Q
第四纪沉积岩	200～1000	500～1500	1700～2700	30～200
前寒武基岩	4627	3500～3800	2500～2900	200～300
结晶岩	5000	2300～3800	2500～2900	300～400

（2）发震断层模型参数

设定发震震级，可计算得到发震断层的规模和最理想的子源尺度，将断层平面划分为若干子断层，根据所有子源地震矩之和与总地震矩一致的原则，确定断层面上共要发生子震个数（图3.44）。发生5.5级、6.0级、6.5级地震时，三危山断层震源参数见表3-20。

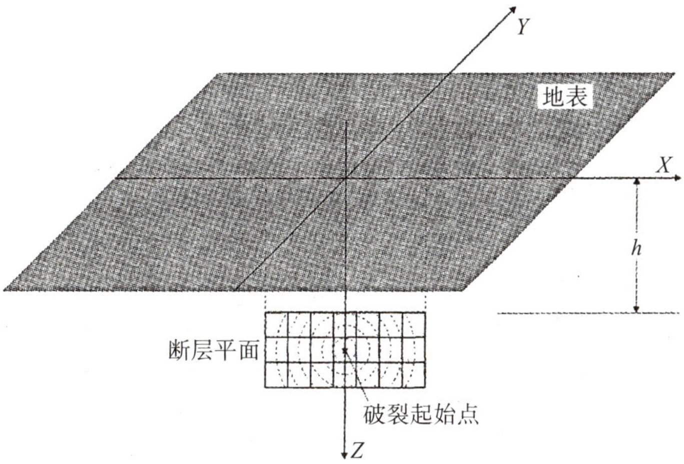

图3.44　断层近场地震动计算模型示意图

表3-20　地震震源参数

震源参数	5.5级	6.0级	6.5级
断层走向/倾向	N65°E/SE∠50°～70°		
断层尺度(长×宽)(m)	6400×4800	12500×7500	24000×12000
断层深度(m)	8000～12000	6500～13500	4500～15500
地震矩(N·m)	2.24×10^{17}	1.26×10^{18}	7.08×10^{18}
应力降(Pa)	4.0×10^{6}	5.0×10^{6}	5.0×10^{6}
子源尺度(m)	1600	2500	4000
剪切波速(m/s)	3460		
破裂速度(m/s)	0.8×3460		

模拟三危山断裂为一逆冲断层，倾向SE∠50°～70°，这种非垂直断层向外辐射地震波产生的地震动使自由表面的对称性遭到了破坏（图3.45）。由于这种断层几何形态的不对称性，地震产生的地震动分布形态呈现出明显的上下盘效应，莫高窟南北长约1.6km，距三危山断层2～3.5km，基本处于三危山断层下盘位置，计算得到当发生5.5级、6.0级、6.5级地震时，石窟区水平峰值加速度分别可达到200、280、550g左右，相应的地震动时程见图3.46。

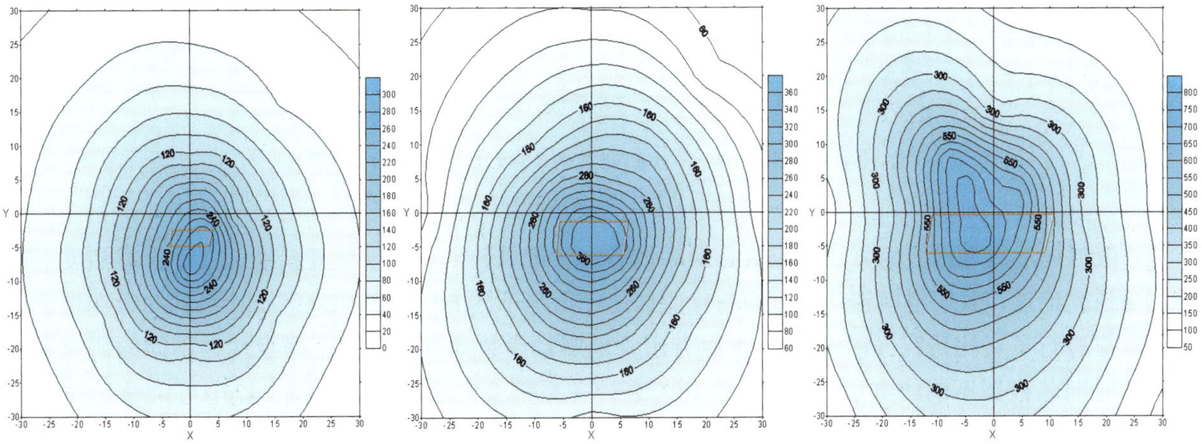

（a）5.5级　（b）6.0级　（c）6.5级

图3.45　敦煌莫高窟三危山断层近场水平峰值加速度分布图

（图中四边形为倾斜断层平面在地表的投影）

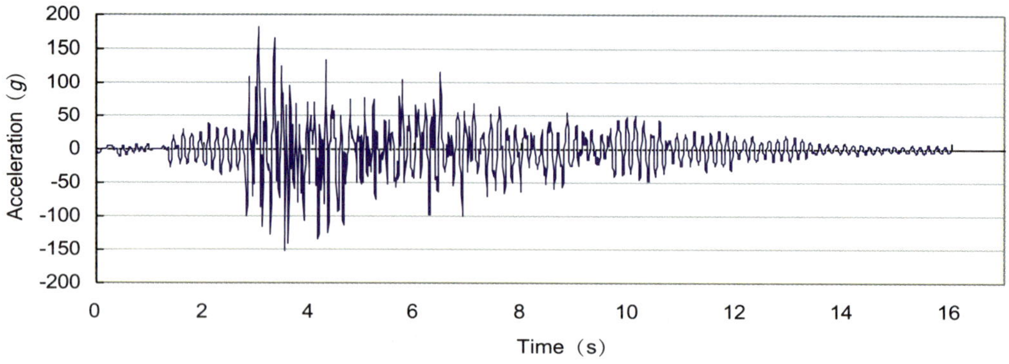

（a）距莫高窟3km的三危山断裂发生5.5级地震（PGA=180g）

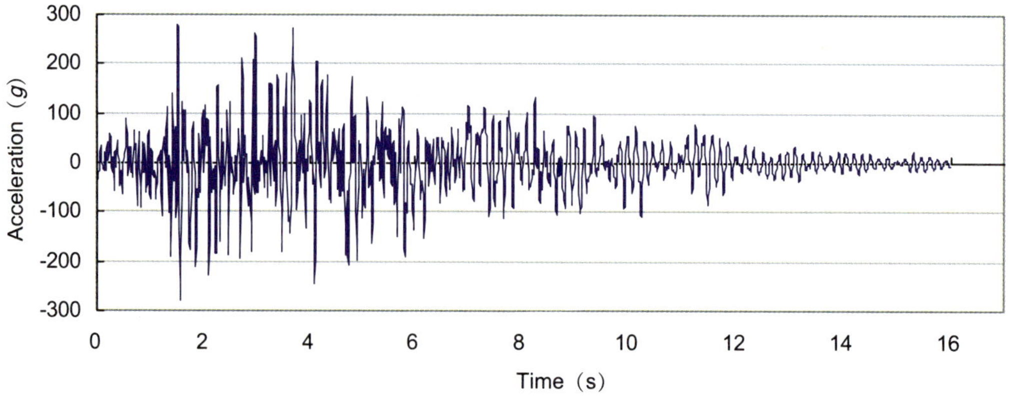

（b） 距莫高窟3km的三危山断裂发生6.0级地震时（PGA=280g）

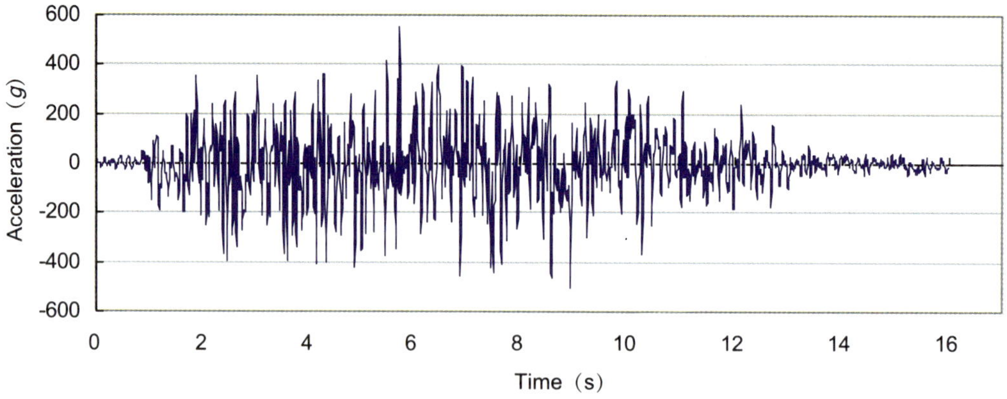

（c）距莫高窟3km的三危山断裂发生6.5级地震时（PGA=550g）

图3.46　随机有限断层法合成莫高窟地震动时程

一般近场地震动的研究方法和成效必须靠强震观测记录验证。敦煌莫高窟地区几乎没有烈度资料和近场强震记录，我们将模拟计算得到的峰值加速度值与不同方法或其他地区统计得到的近场地震动衰减规律进行了对比研究（图3.47），可以看出，地震动参数具有较大的不确定性，不同的研究者在不同的时期、根据不同的方法和数据，得到的衰减关系都会有所不同，从图3.47中可以看到5.5级、6.0级、6.5级地震的各点模拟值分布于其他衰减曲线之间，大体上与各衰减曲线的走向趋势一致。

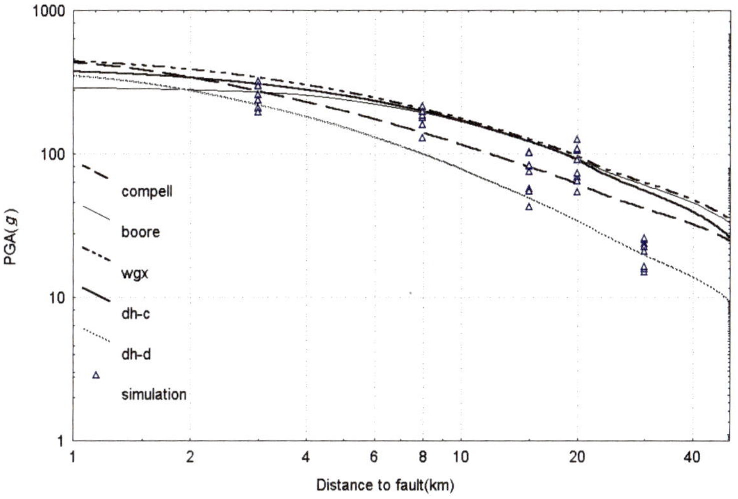

（a）5.5级

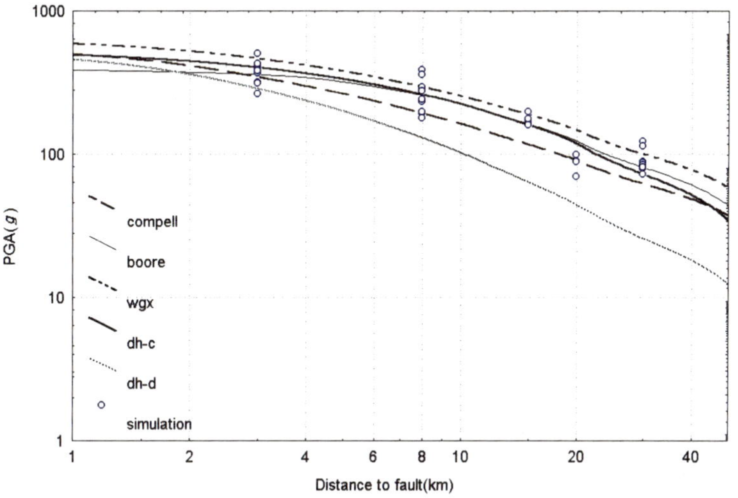

（b）6.0级

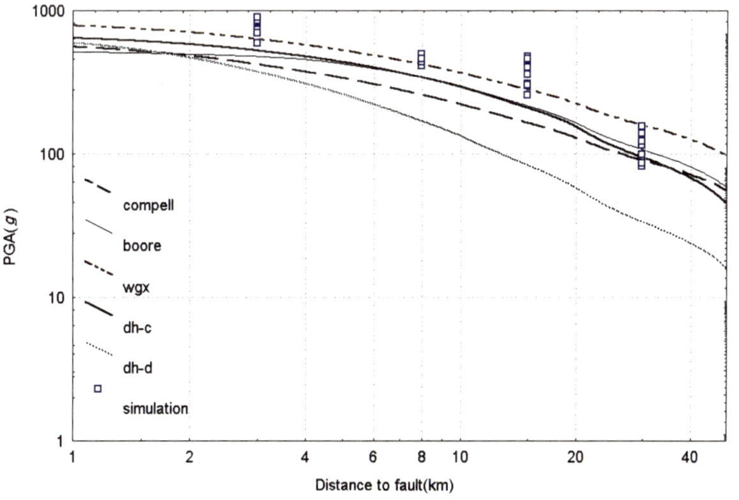

（c）6.5级

图3.47　近场地震动衰减曲线对比

（注：图中标注符号所代表的衰减曲线见图3.38）

2. 不同地震破裂模式的近场地震动分布

以上述有限断层模型数据为基础，模拟不同性质断层、不同破裂模式所产生的地震动分布特征。图3.48为垂直断层（走滑断层）不同地震破裂模式的近场地震动分布，图中黑线为断层走向的地表投影轴线（以下同），设定地震为6.5级。图3.49为倾斜断层不同地震破裂模式的近场地震动分布，设定地震为7级，断层倾角为75°。

为了研究断层倾斜角度对近场地震动分布特征的影响，设定地震为6.5级，断层破裂模式为中心破裂，计算结果见图3.50及图3.51。

为了研究倾斜断层不同震级条件下的近场地震动分布特征，分别考虑震级为5.5级、6级、6.5级、7.0级四种情况，计算结果见图3.52。

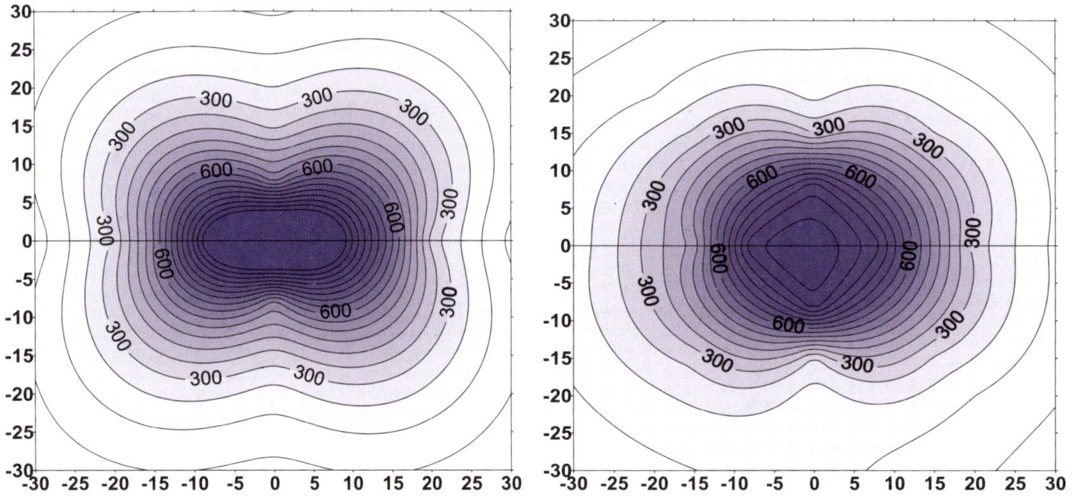

（a）单侧破裂模式　　（b）中心破裂模式

图3.48　垂直断层不同破裂模式所产生的地震动场

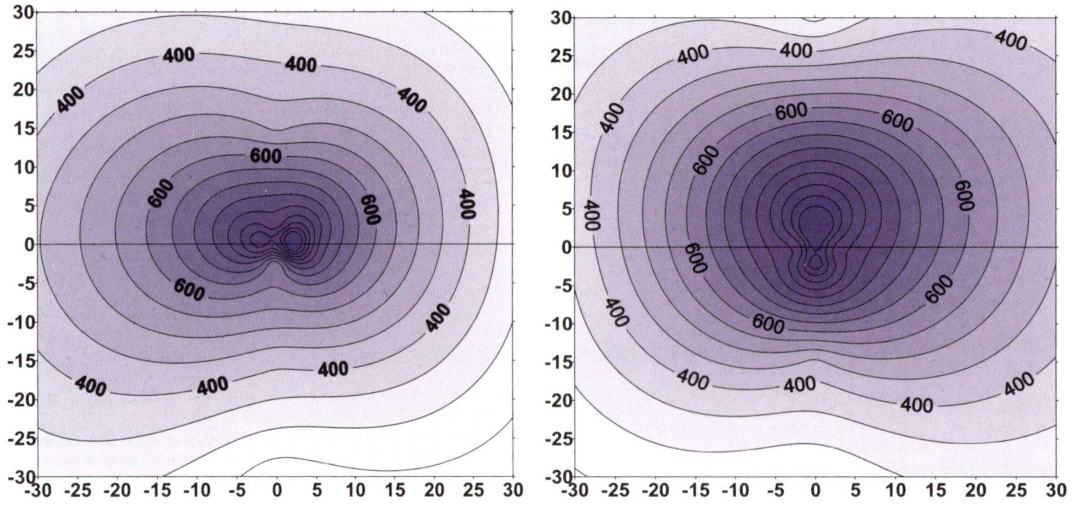

（a）单侧破裂模式　　（b）中心破裂模式

图3.49　倾斜断层不同破裂模式所产生的地震动场

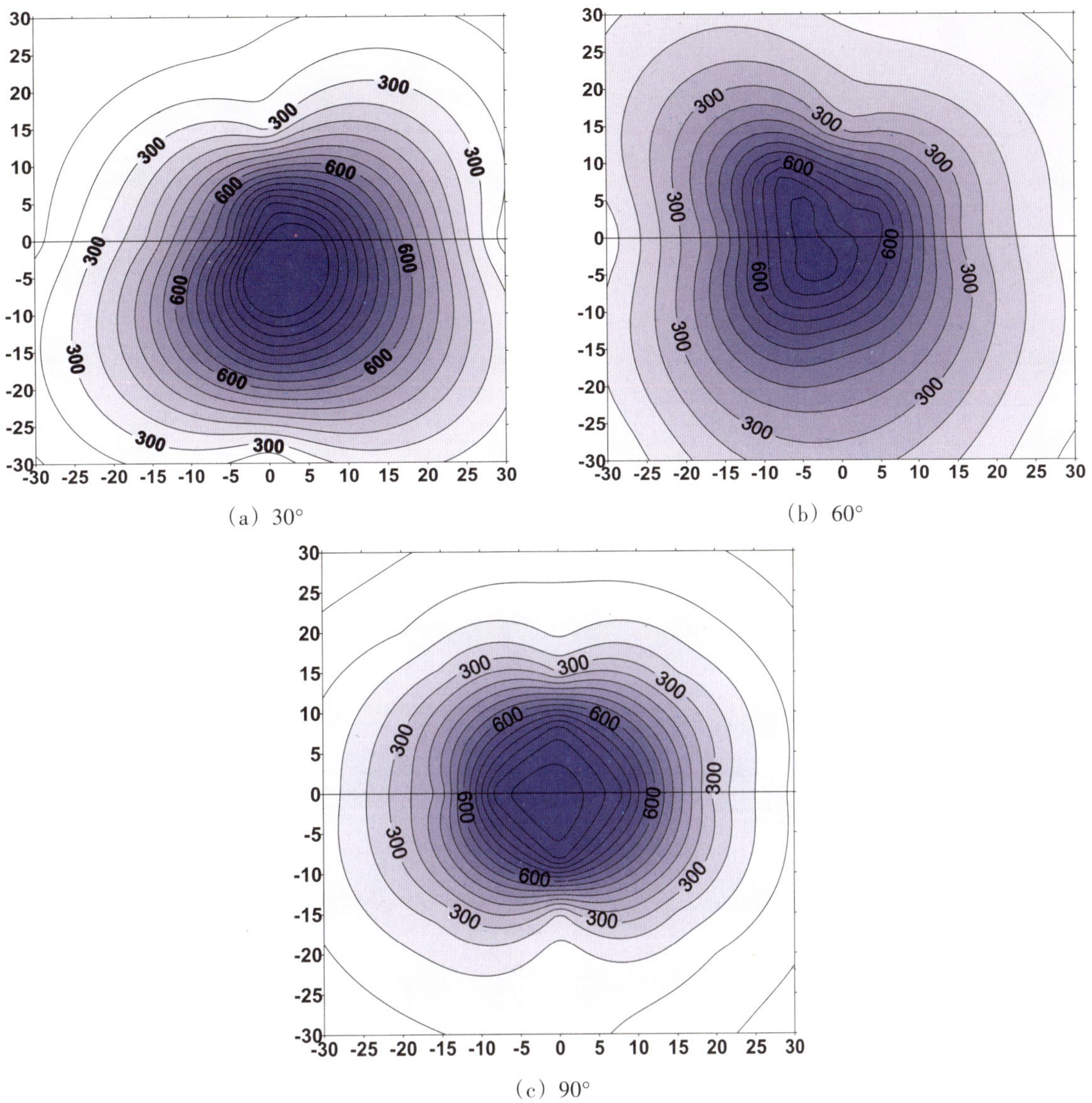

图3.50　不同倾角断层的近场地震动分布

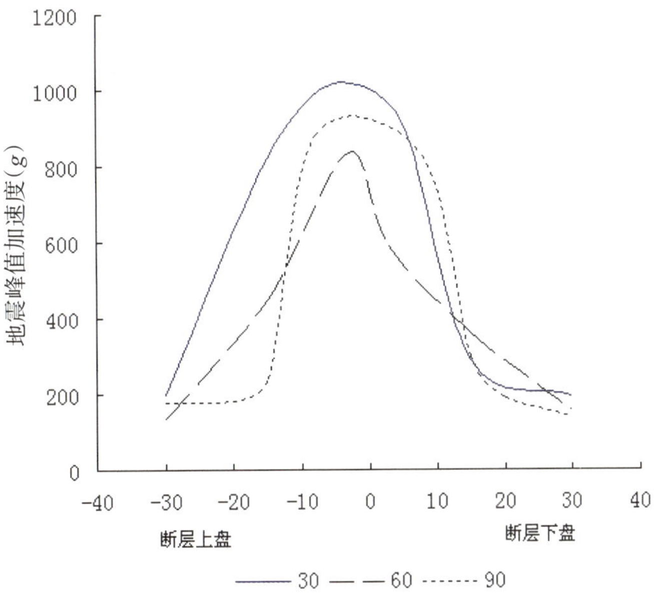

图3.51　倾角对倾斜断层PGA的影响

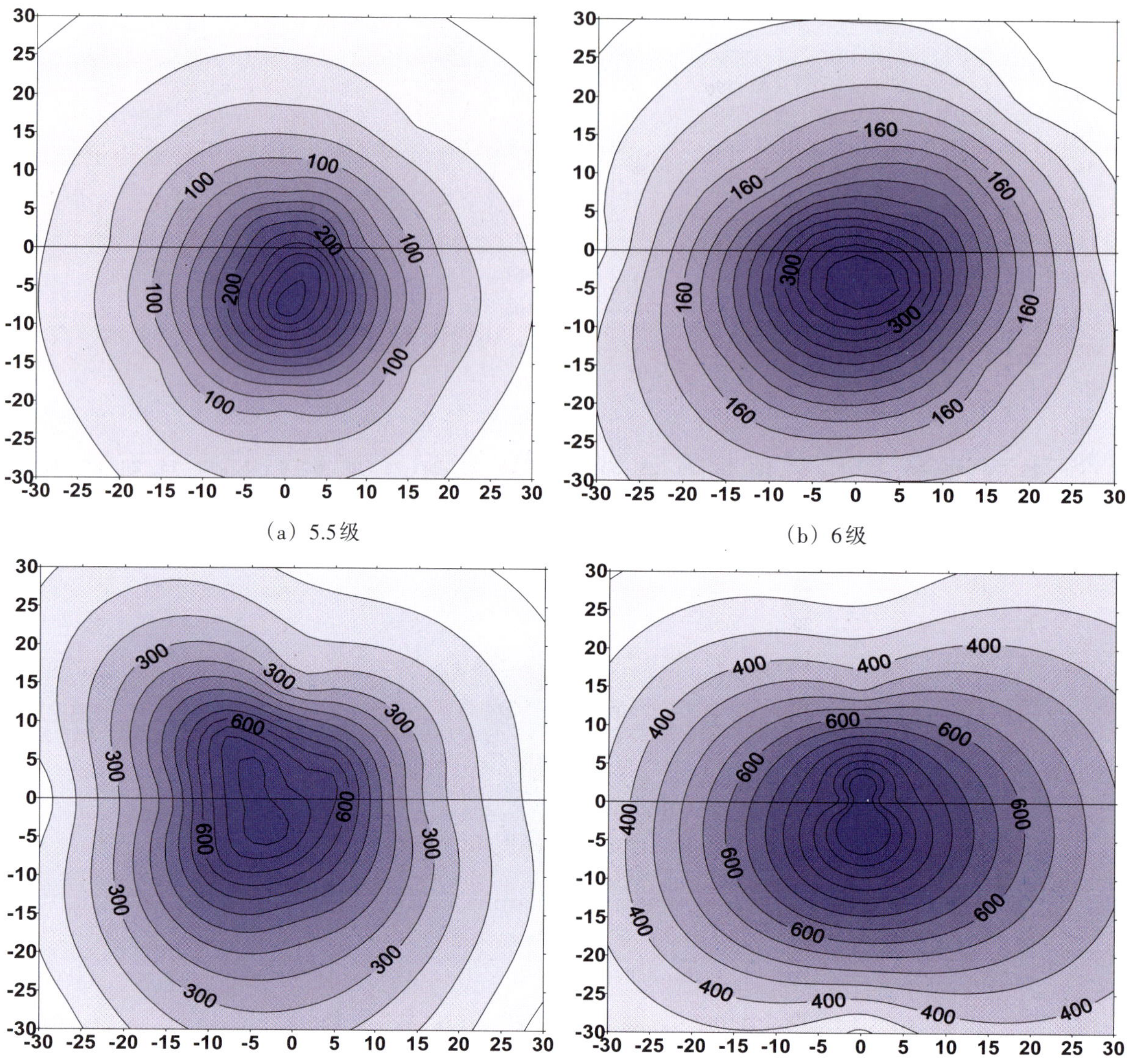

（a）5.5级　（b）6级

（c）6.5级　（d）7级

图3.52　倾斜断层不同震级地震的近场地震动分布特征

图3.53、图3.54反映了不同介质条件和不同断层距对场点反应谱的影响。介质条件大致分为硬、软、中硬三种情况，在计算中适当调整介质波速，只有相对意义，与场地分类中的硬土、软土、中硬土含义不同。

从以上模拟结果可见，近场地震动参数分布与震级大小、断层的破裂模式、断层的性质及产状密切相关。在不同震级条件下，地表断层线上不同方向上断层距相同的点的PGA值存在明显差异；断裂不同破裂模式导致近场地震动呈现明显的差异；断层倾角越大，近场地震动效应愈显著。

无论是垂直断层的单侧破裂和双侧破裂，还是倾斜断层，它们引起的地震动在地表的宏观分布，均呈现近场强地震动的条带状分布。强震观测资料及震害调查表明，近场地震动随断层距的增大衰减较快，致使近场的强地震动在地表呈现条带状分布，即以断层在地表的投影为中心，较大强度的破坏集中在一个狭窄的范围内。

随机法能有效模拟近场地震动频谱特性的变化，介质波速差异对高频部分谱值的影响比较显著，介质越软，地震动衰减越缓慢。断层距对反应谱影响非常显著，不论何种介质条件，随着断层距的增大，中长周期频谱成分增强。

我国目前采用的地震动衰减关系不考虑断层类型因子以及上下盘效应等因素，因而应用于近场有一定困难。大部分情况下，随着震级的增大呈现出近场地震动幅值逐渐高于其他统计规律的趋势。同时，随着强震记录的增加，人们发现张性地区与压性地区的地震动衰减特征有差异，逆冲断层型地震的近场加速度峰值一般较高，这与数值模拟结果相吻合。

近断层强地震动特性与震源机制有很大的关系，今后应加强对震源特征化参数和震源谱模型研究，同时，注意对近断层强震地面运动的观测，通过与实际记录的对比研究，进一步完善模型参数。

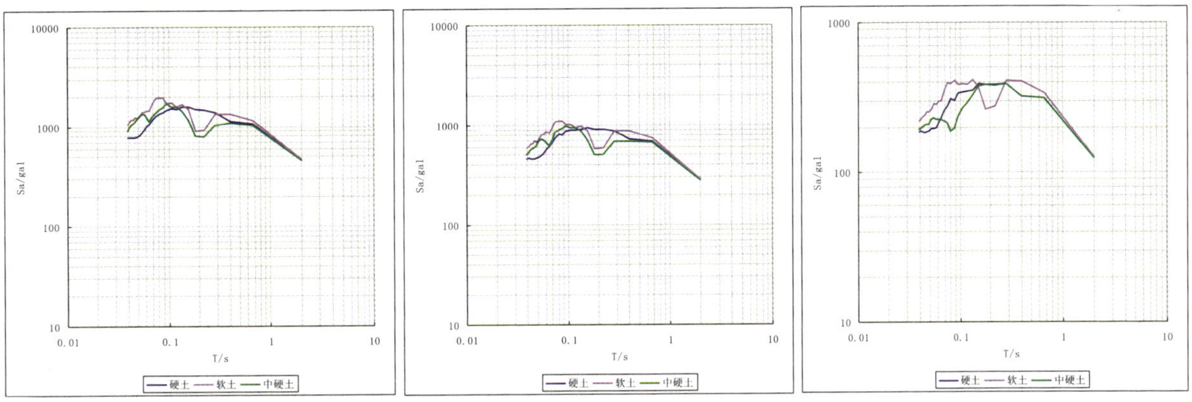

（a）5km　　（b）15km　　（c）30km

图3.53　不同介质条件在相同断层距时的反应谱比较

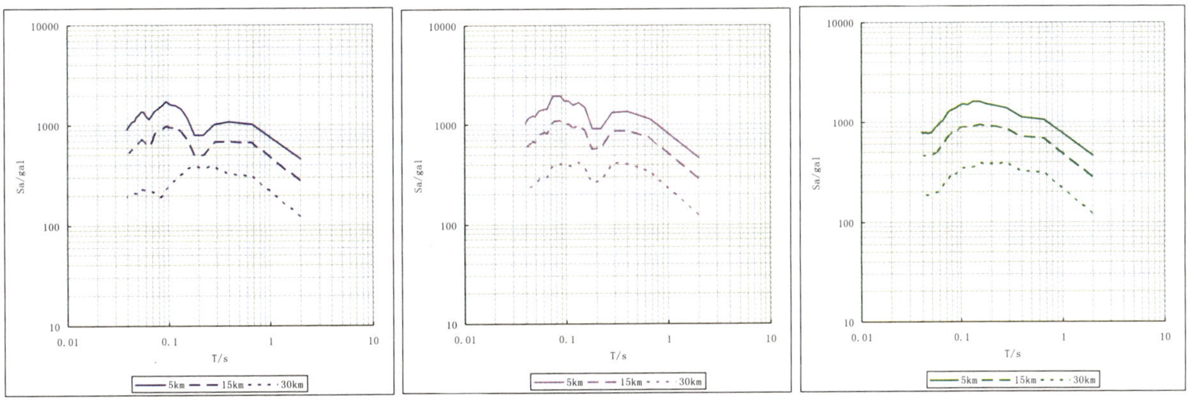

（a）硬介质场地反应谱衰减　　（b）软介质场地反应谱衰减　　（c）中硬介质场地反应谱衰减

图3.54　同一介质条件在不同断层距时的反应谱比较

3.6.6　近场地震动衰减关系

1. 甘肃地区地震动衰减关系

强震观测记录是地震工程学和近场地震学的重要基础数据，强震观测记录的不断积累对地震工程学科的发展起了很大的推动作用，反应谱理论的产生与应用、地震动随机理论的发展、强地面运动特性的研究、结构抗震设计方法等，无一不依赖于大量强震观测记录的获得。强震观测工作已成为当前国际地震学和地震工程学研究中最活跃的领域之一。美国、日本等世界上的主要地震国家都十分重视强震观测及其应用研究，并建立了数据库网站，在Internet上发布，为用户提供服务。我国自1961年开始筹划强震观测工作，经过40多年的努力，获取了大量有效的强震加速度记录。这些记录作为基础数据库在我国地震工程学研究、重大工程抗震设计、城市防灾规划以及各类工程结构抗震规范的编制中发挥了重要作用。目前，强震观测的应用领域正在向地震应急和救灾服务拓展，在重大文物抗震防护中也在逐渐应用。

甘肃省是我国强震发生的主体地区之一，近30年以来，兰州地震研究所通过固定台网及流动观测，获取了一定数量的强震记录，这些记录有些已公开发表，有些尚未发表，分别保存在不同部门或个人手里，非常凌乱，对记录数据的处理与分析方法也不尽一致，有些甚至"束之高阁"，致使这些宝贵记录的使用很不方便。为获得甘肃地区地震动衰减关系，同时对近场地震动的特性有所了解，对甘肃省内的强震观测资料进行了整理分析并进行数字化处理和振动幅值校正，对在非基岩场地上获得的强震记录进行了地震地面运动时程反演，获得基岩加速度时程，包括1976年8月松潘-平武系列地震的强震记录，以及1986年后甘肃省开始建立强震台网以来获得的1988年11—12月肃南地震、1992年1月嘉峪关地震、1995年7月永登地震、2002年12月玉门地震、2003年10月民乐—山丹地震等，收集了甘肃省文县、肃南、嘉峪关、山丹、武威、民乐、刘家峡等台站的台址场地条件。

目前研究地震动衰减规律大都是根据历史上得到的数据总结出来的经验关系，用回归分析法来确定一些待定的系数。对于地震动峰值Y，特别是加速度，一般采用下列衰减模型：

$$\ln Y = c_0 + c_1 M + c_2 M^2 + c_3 \ln(R + c_4 e^{c_5 M}) \tag{3.39}$$

等式右边第二项和第四项分别表示震级M和震中距R对地震动参数的影响，第四项中$R + c_4 e^{c_5 M}$是为了考虑在震中区附近（即与震源体尺度相近的距离内）地震动峰值加速度变化不大的现象，这一现象称为地震动峰值加速度在震中区的饱和。

那么，如果有一系列观测数据，且观测数据的个数大于需要确定的参数的数目，这就构成了多元回归分析的数学问题。即可用观测数据来确定c_0，c_1，c_2，c_3，c_4和c_5的最优值，使得计算得到的数值和实际记录数据的残差平方和为最小的最小二乘问题，并可在此基础上估计残方差。

根据所得的资料情况，通过回归分析得到甘肃省河西地区基岩水平向峰值加速度的衰减关系为：

$$\begin{aligned} &\ln Y = -8.515 + 4.936M - 0.317M^2 - 1.457\ln(R + 0.5e^{0.466M}) \\ &\sigma_{\ln y} = 0.63 \end{aligned} \tag{3.40}$$

残差分析见图3.55，回归分析计算变量的解释律为82.586%。实际强震记录和回归曲线见图3.56。

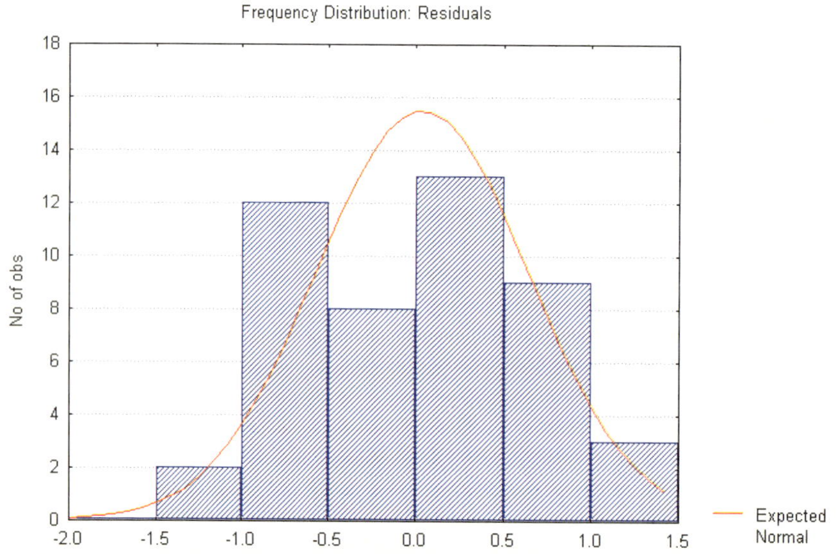

图3.55 残差分析

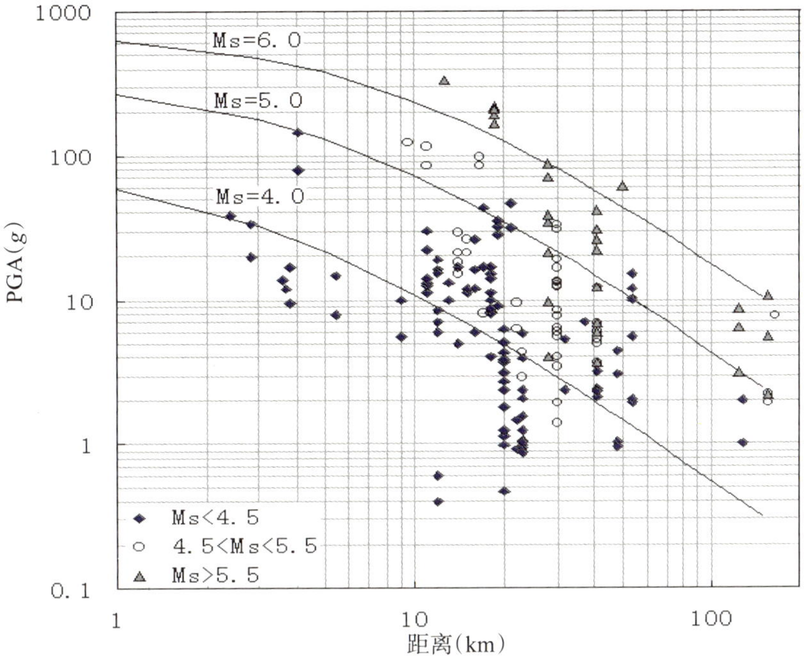

图3.56 河西地区水平向峰值加速度的衰减曲线

由于本地区未获得7级左右地震的强震记录，因此式3.12有一定的局限性。同时，由于强震记录相对较少，反应谱衰减规律的统计有一定困难。

2. 近场地震动衰减关系

通过大量的模拟计算，获得了近场内距断层不同距离处PGA值，分别沿断层走向和垂直于断层走向进行统计分析，得到近断层强地震动衰减公式，供重要工程选址或进行抗震设防时参考。

（1）断层走向方向地震动衰减公式：

$$\lg Y = 1.151079 + 1.112037M - 0.054597M^2 - 2.19216\log(R + 47.32864e^{-0.095405M}) \quad (3.41)$$

$$\sigma_{\log} = 0.5$$

$$r=0.959833002$$

其中，M为震级；R为断层距；Y为PGA。

残差分析见图3.57。

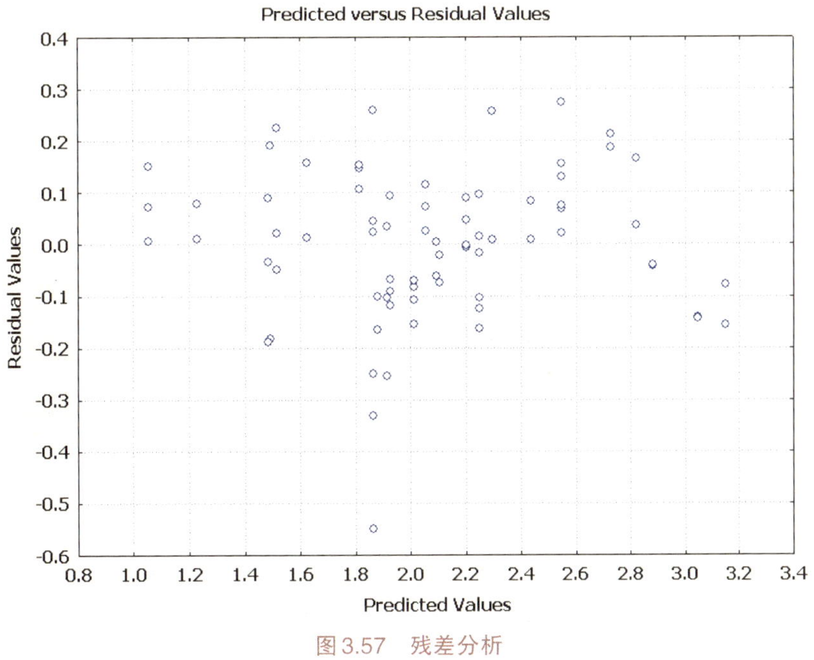

图3.57 残差分析

（2）垂直断层走向方向地震动衰减公式：

a.断层上盘：

$$\lg Y = -7.1016 + 2.8481M - 0.1947M^2 - 0.6401\log\left(R - \frac{1}{R\tan(\alpha)} - 2.0653e^{-34.9351M}\right) \tag{3.42}$$

$\sigma_{\log} = 0.3$

r=0.86184557

其中，M为震级；R为断层距；α为斜断层的倾角；Y为PGA。

残差分析见图3.58。

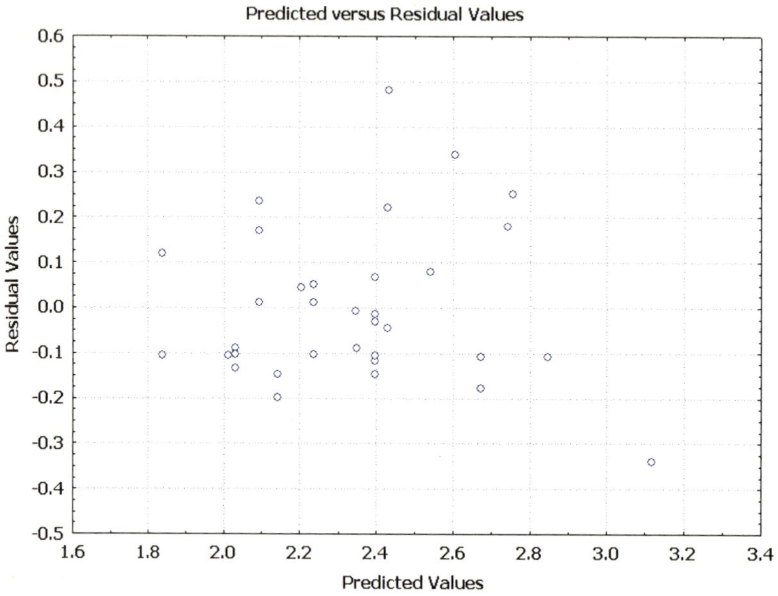

图3.58 残差分析

b.断层下盘：

$$\lg Y = 2.5599 - 0.7204M + 0.0566M^2 + 0.1028\log\left(R + \frac{1}{R\tan(\alpha)} + 15.6980e^{-18.9297M}\right) \tag{3.43}$$

$\sigma_{\log} = 0.04$

R=0.64959166

其中，M为震级；R为断层距；α为斜断层的倾角；Y为PGA。

残差分析见图3.59。

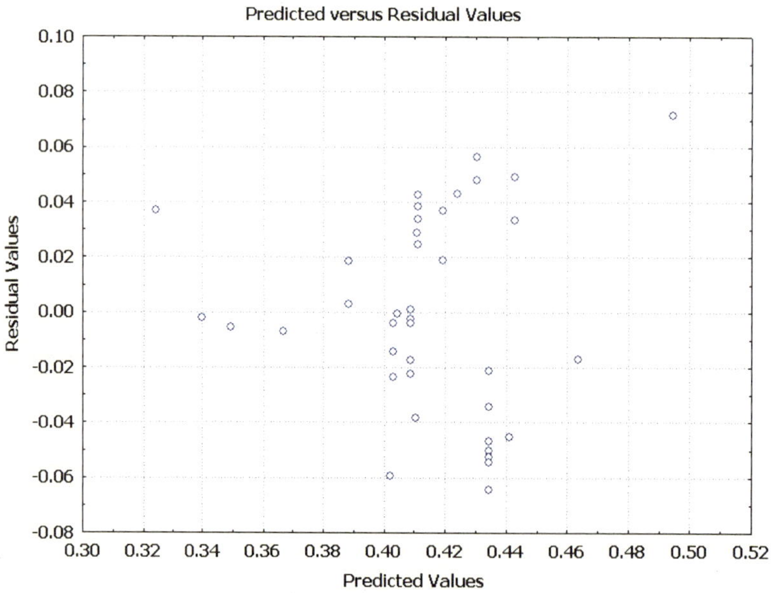

图3.59 残差分析

3.7 高陡岩石边坡在动荷载作用下的动力响应规律

边坡的动力问题历来是岩土工程和地震工程关心的重要问题之一[81]，最早的文献可以追溯到1936年[82]，边坡动力响应的研究是边坡动力问题研究的重要方面[83-85]。如何蕴龙提出了一个简便易行，又能在一定程度上合理体现岩石边坡地震动力响应特征的岩石边坡地震作用近似计算方法[86]；祁生文利用波动理论研究分析边坡在竖向地震荷载作用下的动力响应规律[87]；陈玲玲的时程分析和反应谱对比的方法研究岩质高边坡的动力稳定[88]；中国科学院地质研究所王存玉等在二滩拱坝动力模型试验中发现，岩石边坡对地震加速度不仅存在竖直向的放大作用，而且还存在水平向的放大作用[89]；1991年长江科学院采用有限元法研究了三峡船闸高边坡的地震稳定性[90]。国外的有1971年美国Davis等人在San Femando地震的余震测量中，发现山顶的地震加速度比山脚成倍增加[91]；卡格尔山山上和山脚两点的强余震速度观测记录，发现山顶上地震持续时间显著增长，放大效应显著，并且位移、速度、加速度三量的放大效应不同[92]；高野秀夫（1973）斜坡地震效应的观测结过表明：（1）斜坡上的地震烈度相对于谷底大约增加1°左右；（2）在角度超过15°的圆锥状山体上部点的位移幅值与下部点的位移幅值相比，其局部谱段值增加高达7倍；（3）黄土阶地的幅值比底部的约大4倍，比离开坡阶边缘25m的水平面处大2倍左右[82]。考虑边坡在地震荷载作用下的动力响应规律必须要考虑：（1）地震动荷载的输入方向的影响；（2）频率比（荷载频率与自振频率之比）的影响；（3）边坡岩性参数（边坡本身、边坡下覆岩层）的影响；（4）边坡的几何尺寸的影响。为此在前人的工作基础上，利用有限元软件ADINA的动力分析模块，进行了大量的数值计算，研究了高岩石边坡在水平动荷载下，边坡的几何尺寸、边坡的下覆岩层性质和动荷载的特征周期对边坡动力响应的位移、速度、加速度在边坡剖面上分布规律的影响，给出了三量在二维剖面上的规律性分布图。

3.7.1 有限元分析原理和方法

根据达朗贝尔原理或虚功原理建立平衡方程。在地震荷载作用下，有限元体系在$t+\Delta t$时刻的运动平衡方程为：

$$\underline{M}\underline{\ddot{u}}_{t+\Delta t}+\underline{C}\underline{u}_{t+\Delta t}+\underline{K}\underline{u}_{t+\Delta t}=\underline{M}\underline{I}(\ddot{u}_g)_{t+\Delta t} \tag{3.44}$$

式中，$\underline{M}$为体系的总质量矩阵；$\underline{C}$为体系总阻尼矩阵；$\underline{K}$为体系总刚度矩阵；$\underline{I}$为单位激振矢量；$\underline{\ddot{u}}_{t+\Delta t}$为体系的节点加速度向量；$\underline{u}_{t+\Delta t}$为体系的节点速度向量；$\underline{u}_{t+\Delta t}$为体系的节点位移向量；$(\ddot{u}_g)_{t+\Delta t}$为基岩面加速度。运动平衡方程的求解采用Newmark隐式时间积分法：

$$\alpha=2\left(\frac{\zeta i}{\omega i}-\frac{\zeta j}{\omega j}\right)/\left(\frac{1}{\omega i^2}-\frac{1}{\omega j^2}\right) \tag{3.45}$$

$$\beta=2(\zeta j\omega j-\zeta i\omega i)/(\omega j^2-\omega i^2) \tag{3.46}$$

采用Rayleigh阻尼，即$C=\alpha[M]+\beta[K]$，其中α阻尼也叫质量阻尼系数，β阻尼为刚度阻尼系数，根据振型分解方法由选定的两个振型阻尼比和相应的自振频率表示：

式中，ζi和ωi分别为第i振型的阻尼比和自振频率。计算中假定$\zeta=0.05$，根据振型分析结果，采用两种“贡献”较大的与振型相应的自振频率和阻尼比来计算α和β值。

3.7.2 岩体材料及输入地震动的确定

为了研究边坡动力响应的规律，假定研究边坡均由均质各向同性、弹性材料构成，而且不考虑其他因素的作用，边坡水平方向受一水平的加速度作用，其加速度时程为$a=0.5g\cos(2\pi t/T)$，周期T分别取0.2s和0.4s，考察边坡剖面质点的加速度、速度、位移的分布。假定边坡是较坚硬的大理岩或者砾岩，弹性模量为5×10^4MPa，泊松比为0.2，密度为2500kg/m^3（岩体参数来自于文献[93-94]）。

3.7.3 边坡动力模型的建立

岩石边坡地震动力研究是一个十分复杂的课题，边坡动力模型见图3.60所示。除了地震作用的复杂性之外，岩石的性质，岩体内层面断层、节理、裂隙、夹层等软弱结构面的物理力学特性及其在岩体内的分布和规模等因素，都将对岩石边坡的动力特性及地震响应产生影响。如果要全面、准确地考虑诸多因素的影响，将使问题变得异常烦琐以至难以求解。本文将岩石边坡简化为均质、连续的弹性模型进行研究，如图3.61所示（模型的水平方向为水平单向约束，基底为固定约束）。

岩石边坡地震动力系数是岩石边坡地震动力响应加速度与坡脚地面加速度的比值。我们在工程常见的范围内选取不同的坡高、边坡坡度、坡体下覆岩层的弹性模量，以探讨岩石边坡坡体内地震响应的分布规律，以及坡高、坡体下覆岩层的弹性模量、坡度等因素对岩石边坡地震响应的影响规律。坡高的研究范围400～800m，边坡岩体动弹模量的范围2.0×10^4～6.0×10^4MPa，边坡坡度的范围0°～30°。

为了能充分反应边坡倾斜仰角、边坡高度、边坡下覆盖层的岩土体特性、地震动的频谱特性对边坡动力响应规律的影响，通过计算8个有限元模型来反映这四个因素对边坡动力响应规律的影响。

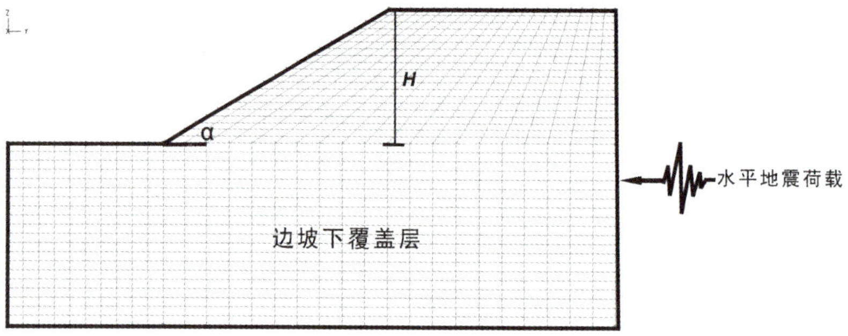

图3.60 边坡动力数值模型

为了便于表达，引入无量纲量加速度放大系数、速度放大系数及位移放大系数，分别用符号α、β、δ来表示，加速度放大系数、速度放大系数及位移放大系数分别定义为边坡地震动力响应加速度、速度、位移的动力响应峰值与坡脚底面加速度、速度、位移动力响应峰值的比值。假定坡体内任意一点A的动力响应的加速度峰值为A_A，坡脚C点的动力响应的位移峰值为A_C，则该点的加速度放大系数就可以表示为：

$$\alpha = A_A/A_C \tag{3.47}$$

速度放大系数和位移放大系数有类似的定义。这样加速度放大系数、速度放大系数以及位移放大系数的分布规律便可以代表加速度、速度、位移的分布变化规律。

为了研究整个边坡各个部分动力响应的规律性变化，在边坡各个部位设定了大量的检测点，提取整个计算时程中位移、速度、加速度3个量的峰值，绘制了边坡动力响应的加速度放大系数、速度放大系数以及位移放大系数的等值线图。

3.7.4 人工截断边界设置的远近对于边坡动力响应规律的影响

为了获得对于边坡动力响应规律的认识，必须尽可能地排除边界条件的影响。因此有必要研究人工截断边界设置的远近对边坡动力响应规律的影响。

为此取一高度为800m、坡度为30°的边坡，边界的条件采用两种情况：第一种情况取地基深度为300m，水平深度从坡肩算起取700m，从坡脚算起取500m；第二种情况取地基深度为500m、水平深度从坡肩算起取3000m，从坡脚算起取2000m。图3.61中的（a）（b）是两种情况下加速度放大系数α

的等值线分布对比图。为了清楚地进行对比，把第二种情况的范围用虚线框起来。从对比图可以清楚看出，第一种情形和第二种情形中虚线围起来的部分α的等值线分布规律在边坡部位几乎完全相同，并且数量上的差别也极小，两者的位移和速度放大系数等值线分布规律也几乎完全相同。因此选取基深为500m、水平深度从坡肩算起取800m的模型来分析边坡的动力响应问题是合理的。

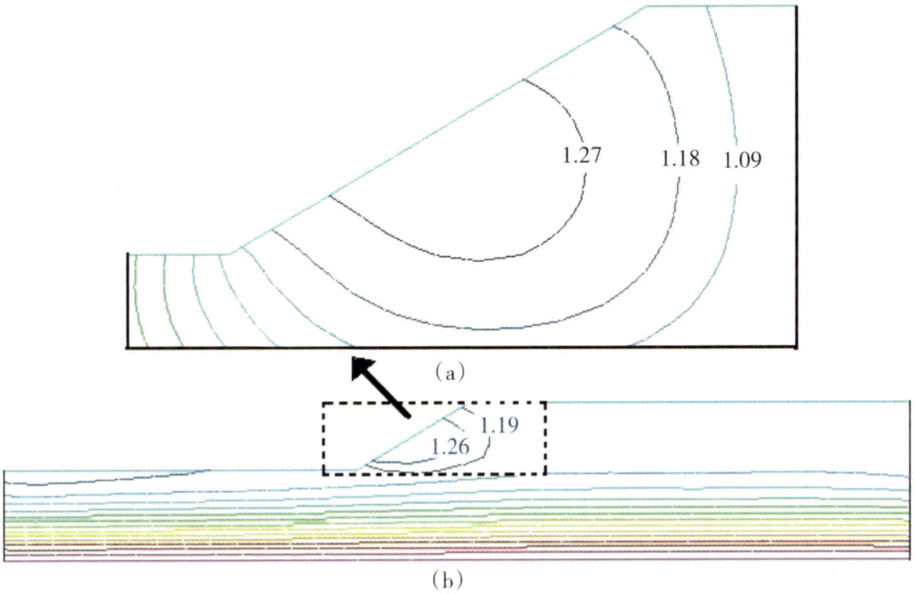

图3.61 边界的设置远近对边坡加速度响应的影响

3.7.5 振型的计算及分析

1. 振型频率的计算

对体系进行有限元划分后，采用子空间迭代法，求得体系的前10阶振型的频率见表3-21。

表3-21 不同边坡模型的前10阶振型频率（Hz）

振型	模型① α=30° H=400m E=500MPa	模型② α=45° H=400m E=500MPa	模型③ α=60° H=400m E=500MPa	模型④ α=60° H=600m E=500MPa	模型⑤ α=60° H=800m E=500MPa	模型⑥ α=30° H=400m E=100MPa	模型⑦ α=60° H=400m E=800MPa	模型⑧ α=90° H=400m E=500MPa
振型1	1.21	1.19	1.16	1.00	8.79	5.77	1.47	1.08
振型2	1.39	1.28	1.23	1.13	1.10	7.77	1.60	1.20
振型3	1.57	1.48	1.43	1.31	1.23	8.97	1.89	1.36
振型4	2.05	1.99	1.92	1.87	1.81	9.75	2.47	1.76
振型5	2.21	2.19	2.20	2.15	2.10	1.18	2.64	2.20
振型6	2.51	2.45	2.41	2.30	2.25	1.45	2.88	2.35
振型7	2.74	2.73	2.60	2.54	2.33	1.50	3.15	2.42
振型8	2.90	2.81	2.85	2.62	2.49	1.58	3.34	2.70
振型9	3.30	3.18	3.11	2.85	2.56	1.83	3.71	3.07
振型10	3.41	3.33	3.27	2.93	2.75	1.89	3.84	3.18

注：表中弹性模量（E）是指边坡的下覆岩层的岩体的弹模，边坡部位岩体的弹性模量（E）均为E=500MPa。

2. 坡高、坡度、坡体下覆岩层的弹性模量对岩石边坡振型频率的规律影响

（1）边坡坡度的影响。坡体角度的增大，岩石边坡的自振频率降低，自振周期延长。总体来说，

坡度变化对岩石边坡自振频率和自振周期的影响是十分微小的，但坡度变化岩石边坡的振型将发生较大改变，有限元动力分析成果表明，坡度变化对岩石边坡地震动力系数影响较大。

（2）坡高的影响。坡高增大，岩石边坡的自振频率降低，自振周期延长。对于在水平地震荷载作用下的高岩石边坡，高度的变化对岩石边坡地震动力系数的影响较大。

（3）坡体下覆岩层弹性模量的影响。坡体弹模增大，岩石边坡自振频率升高，自振周期缩短。岩石边坡地震动力系数随坡体弹模增大而减小。在工程常见的范围内坡体弹模对边坡动力系数的影响也是很小的[86]。

3.7.6 边坡动力响应的规律

边坡的形态在二维上可以用边坡的高度和角度来近似描述，首先研究了在固定边坡高度的情况下角度对边坡动力响应的影响。图3.62～3.64是边坡高为400m，角度为30°、45°、90°，下覆岩层的弹性模量E=500MPa，在加速度时程$a = 0.5g\cos(2\pi t/T)$（T=0.2s）的动力作用下的动力响应。为了突出所关心的范围，绘制等值线时只绘制了部分基底及边坡坡脚以上坡面附近的部分坡体。

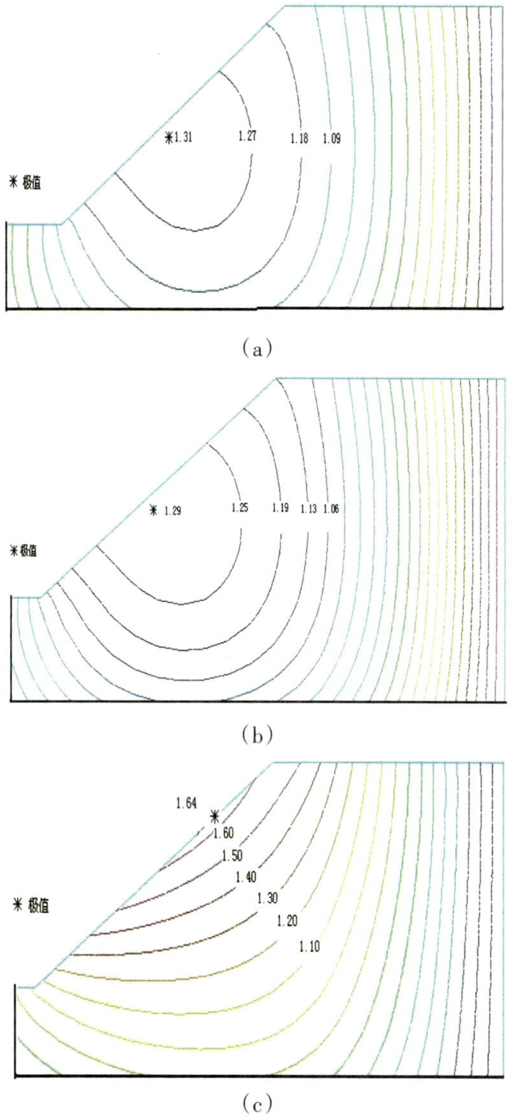

图3.62 高400m坡度为30° 下覆岩层弹性模量E=500MPa的边坡动力响应

（a）α等值线图；（b）β等值线图；（c）δ等值线图

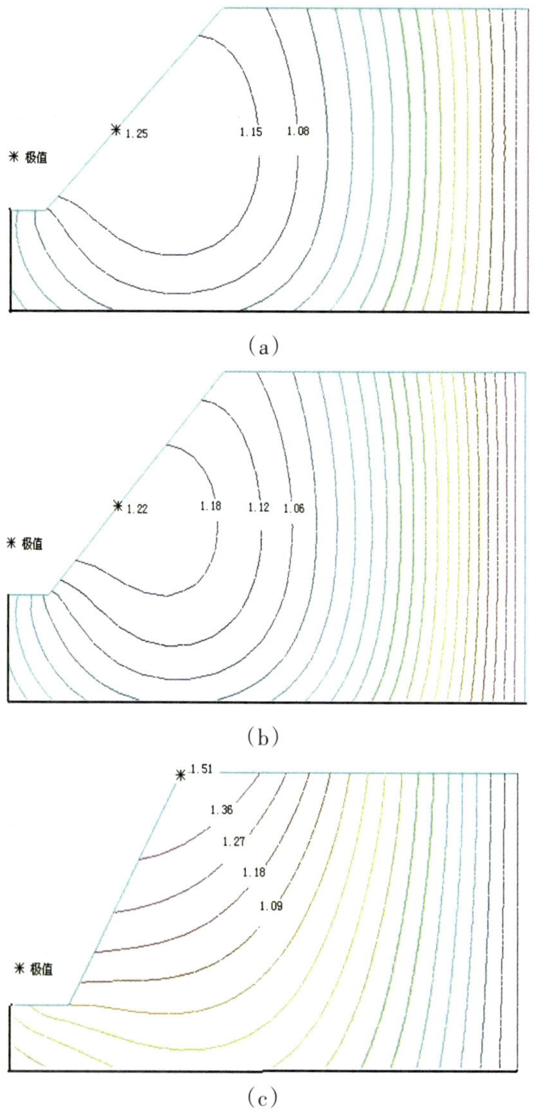

图3.63 高400m坡度为45° 下覆岩层弹性模量E=500MPa的边坡动力响应

（a）α等值线图；（b）β等值线图；（c）δ等值线图

从图3.62～3.64可见，在边坡角度为30°、45°、90°时，三者的加速度放大系数α、速度放大系数β以及位移放大系数δ等值线的分布形式基本相同，但是随着角度的增大，放大系数α、β和δ的极值是逐渐减小的。对于加速度放大系数α和速度放大系数β，它们的最大值出现在靠近边坡边缘的中间高度处（向坡肩和坡脚方向放大系数逐渐减小），并呈近似等间距分布；而对于位移的放大系数δ，它的最大值出现的部位随着角度的增加而逐渐上移，最后到达坡肩的位置，放大系数向坡脚方向逐渐减小，并且位移放大系数δ的等值线随着角度的增加逐渐稀疏，位移放大系数δ的等值线分布走向与边坡方向近于平行关系。

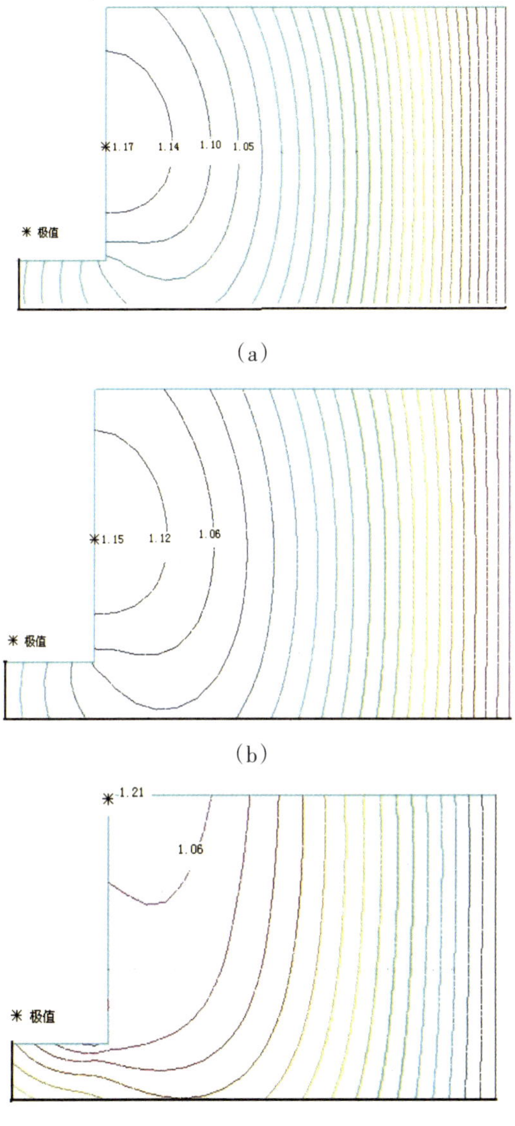

图3.64　高400m坡度为90°下覆岩层弹性模量E=500MPa的边坡动力响应

（a）α等值线图；（b）β等值线图；（c）δ等值线图

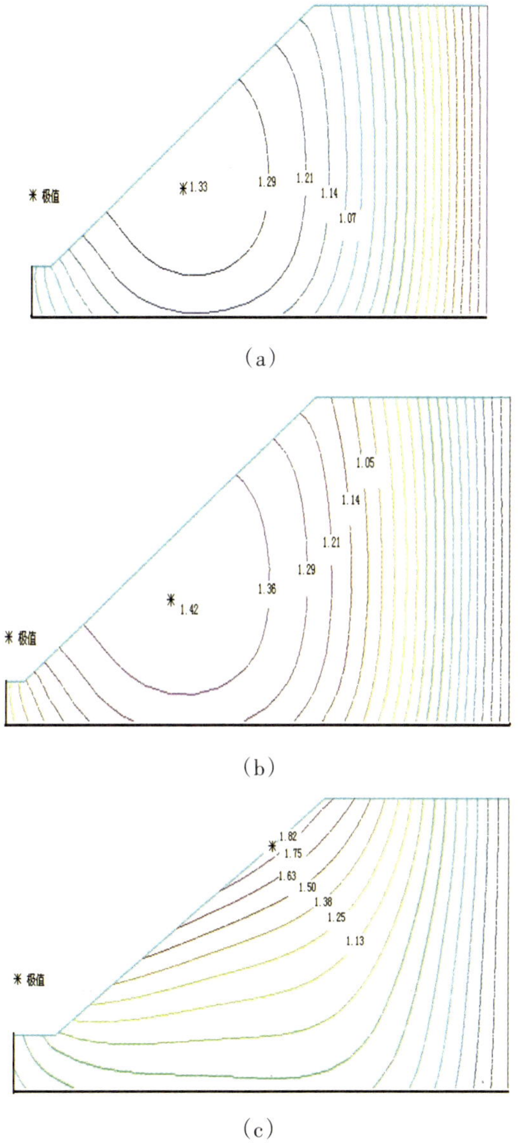

图3.65　高600m坡度为30°下覆岩层弹性模量E=500MPa的边坡动力响应

（a）α等值线图；（b）β等值线图；（c）δ等值线图

图3.62、3.65、3.66是边坡坡角为30°，高为400、600、800m，下覆岩层的弹性模量E=500MPa，在加速度时程$a=0.5g\cos(2\pi t/T)$（T=0.2s）的动力作用下的动力响应。从图3.62、3.65、3.66可见，在坡角等于30°时，边坡随着高度的增高三者的加速度放大系数α、速度放大系数β以及位移放大系数δ等值线的分布形式基本相同，并且边坡中的加速度、速度、位移随着高程的增大呈增加趋势。加速度、速度放大系数在边坡部位的分布随着高度的增高而逐渐稀疏，并且放大系数的最大值点随着高度

的增高逐渐向边坡内侧偏移（向坡肩和坡脚方向放大系数逐渐减小）；位移的放大系数δ极值点随着高度的增高而逐渐上移（放大系数向坡脚方向逐渐减小），并且位移放大系数δ的等值线分布与边坡边缘线近平行。

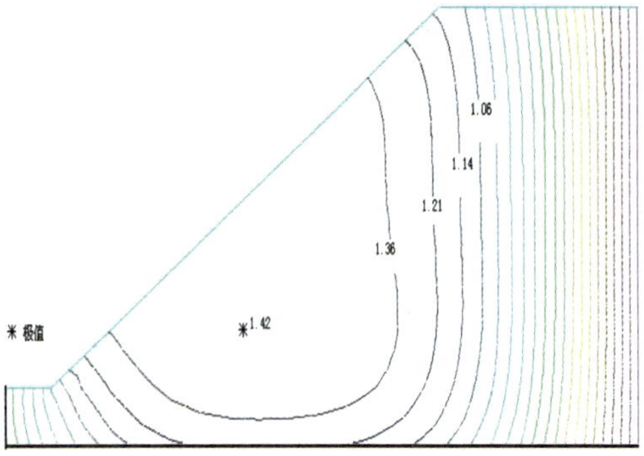

（a）

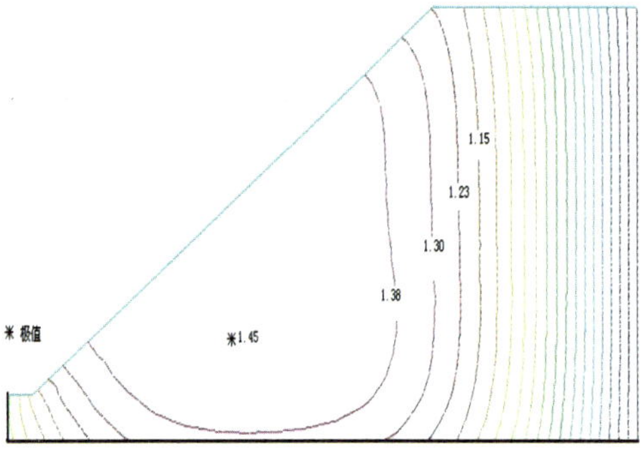

（b）

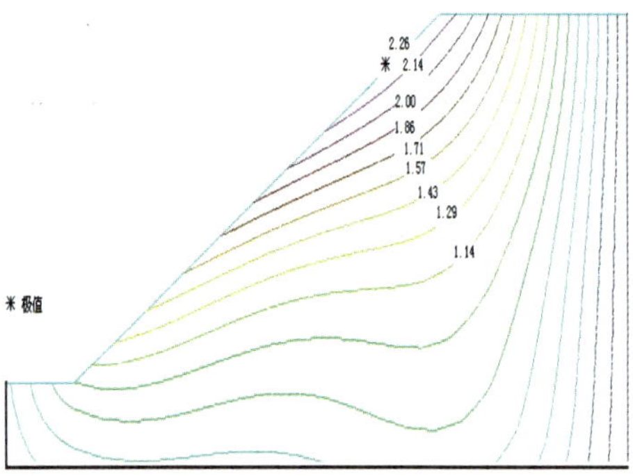

（c）

图3.66　高800m坡度为30°下覆岩层弹性模量E=500MPa的边坡动力响应

（a）α等值线图；（b）β等值线图；（c）δ等值线图

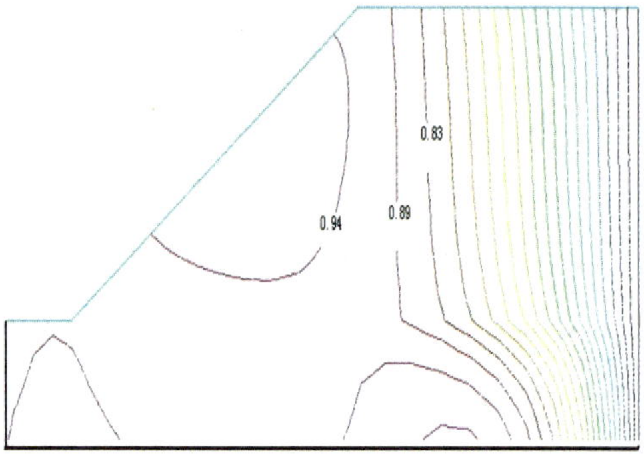

（a）

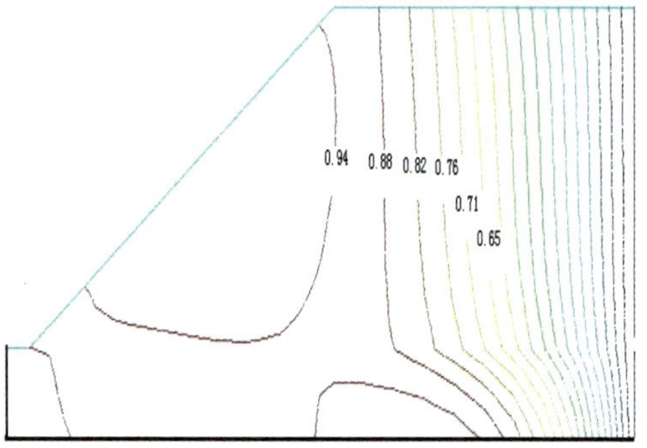

（b）

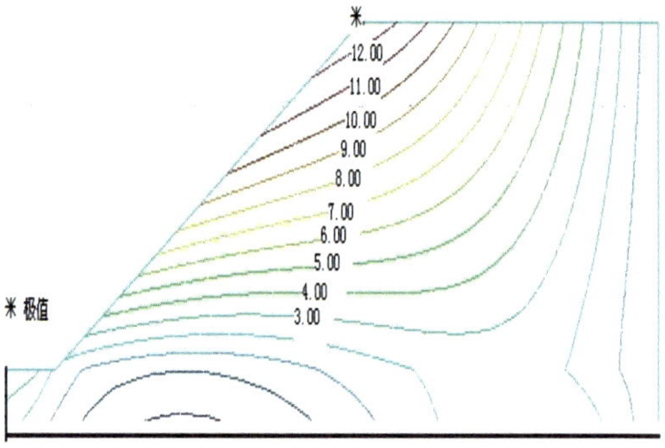

（c）

图3.67　高400m坡度为30°下覆岩层弹性模量E=200MPa的边坡动力响应

（a）α等值线图；（b）β等值线图；（c）δ等值线图

图3.67、3.62、3.68是边坡坡角为30°，坡高为400m，下覆岩层不同（弹性模量分别为E=200MPa、E=500MPa、E=600MPa），在加速度时程$a=0.5g\cos(2\pi t/T)$（T=0.2s）的动力作用下的动力响应。从图3.67、3.62、3.68可见，同一边坡在不同（较软、硬、坚硬）的基岩上的动力响应是不同的。同一边坡（下覆岩层不同），加速度放大系数α、速度放大系数β等值线在边坡部位的分布形式基本相同；但是从图3.67中知道，较软的下覆岩层边坡部位的加速度放大系数α、速度放大系数β比较坚硬的下覆岩层边坡部位的加速度放大系数α、速度放大系数β是减小的。较软的下覆岩层边坡部位的位移放大系数δ比较坚硬的下覆岩层边坡部位的位移放大系数δ是增大的，并且放大的倍数近6倍。

图 3.69 是边坡坡角为 30°，下覆岩层的弹性模量 E=500MPa，高为 400m，在加速度时程 $a=0.5g\cos(2\pi t/T)$（T=0.4s）的动力作用下的动力响应的等值线图。

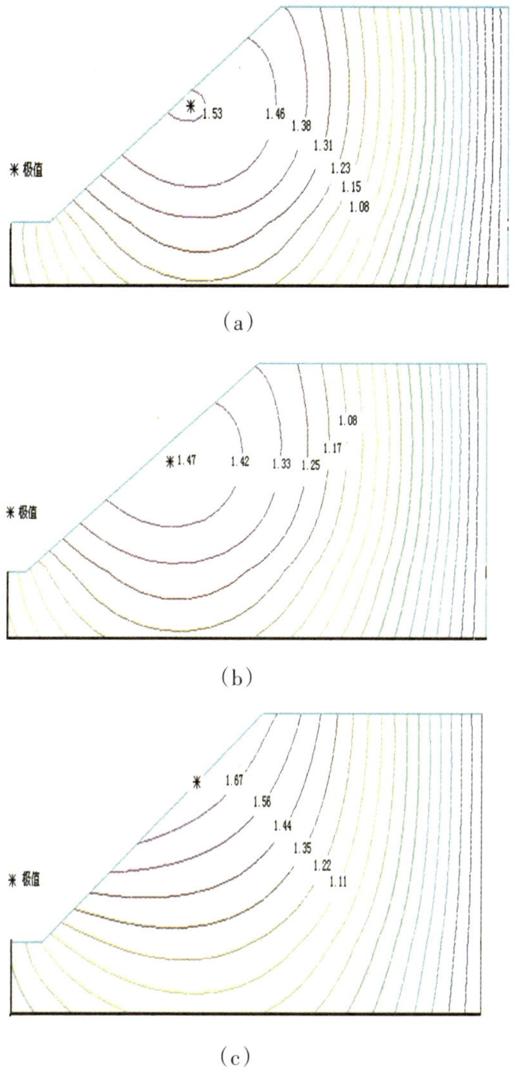

图 3.68　高 400m 坡度为 30°　下覆岩层弹性模量 E=600MPa 的边坡动力响应

（a）α 等值线图；（b）β 等值线图；（c）δ 等值线图

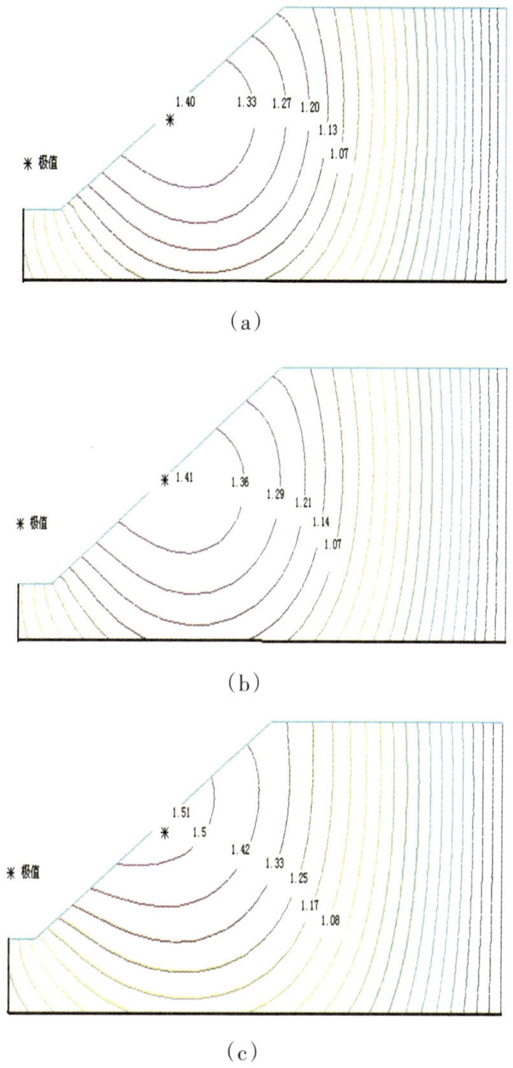

图 3.69　高 400m 坡度为 30°　下覆岩层弹性模量 E=500MPa 的边坡在荷载周期为 0.4s 下动力响应

（a）α 等值线图；（b）β 等值线图；（c）δ 等值线图

3.7.7　结论

高边坡在水平地震荷载作用下的动力响应规律是高边坡工程抗震防护的重要环节。通过不同的模型和大量的数值计算取得了如下认识：

（1）对于同一岩性材料，在一定的高程范围内，边坡边缘部位对振动的反应幅值较之内部存在放大现象，并且随着边坡角度的增加对于动力响应的放大有一定的削弱作用，这种水平的放大作用与边坡的坡度明显相关。

（2）对于同一种岩性材料，在一定的坡高的范围内，边坡中的位移、速度、加速度随着高度的增大呈增加趋势，三量等值线图分布呈近似等间距分布。这种水平的放大作用与高度明显相关，边坡的高度越大，水平的放大作用也越明显。

（3）对于边坡岩性与边坡下覆岩性材料不同的情况，边坡下覆岩性材料的弹性模量的大小直接影响边坡动力响应反应的幅值的大小。较软的下覆岩性材料对于加速度、速度的放大起到一定的削弱作用，对位移的放大起到了加强作用。较硬的下覆岩性材料对于加速度、速度的放大起到一定的削弱作用，对于位移的放大作用不是很明显。

（4）对于同一岩性材料，在不同特征周期荷载作用下，加速度、速度的放大作用受频率比的影响比较明显，即频率比越接近于1，则加速度度、速度的放大作用也就越明显；而位移放大作用受频率比的影响不是很明显。

3.8 主余震作用下石窟抗震防护问题

地震的发生一般都伴随着主震、余震或震群的地震序列。目前由于缺乏足够的研究基础，现有的结构地震反应分析以及抗震设防都还是考虑单次主震的情况，并没有考虑余震可能造成的使震害进一步加深的影响。由实际的地震经验可知，主震之后往往伴随着大量的余震发生，大量的震害实例表明，在地震灾害中由于余震发生致使震害加重的情况屡见不鲜，有时余震在工程的倒塌过程中起决定性的作用，包括唐山地震、墨西哥地震在内的多次强震，主余震作用的累积效应非常显著。

作为不可逆的重要文物，地震发生后，文物保护管理部门特别关注后续余震的情况及其产生的地震动效应，以便采取应急措施，对文物采取一定的工程防护措施。同时，对于文物保护者，在重大石窟文物抗震加固工程设计阶段，也应适当考虑余震可能的影响，以使在地震发生时可以在一定程度上降低震害损失。由于多次地震作用下岩土体的累积损伤效应，只考虑主震的抗震加固设计是不完善的，也是不安全的。从震后应急的角度出发，考虑余震可能加深震害的影响，能够使文物的应急保护工作更加充分。因此，研究主震后的余震特性，对于系统地研究重大石窟文物在主余震作用下的反应特性和破坏状态具有重要的现实意义。

强震发生后，余震连绵不断，但随着时间的进程，余震的强度和数量都不断减弱和减少。一些学者利用多种方法预测预报余震的发生时间、强度和地点。其方法包括能量计算、数理概率统计、周期活动估什、*b*值变化、波速比变化预测等。其预测集中在短期，即震后几十天内的余震，其统计以天为单位，稍长也只能以月为单位进行预测。本项研究系统收集整理我国西部地区有仪器地震记录以来的主余震资料，总结主余震关系特性，为预测未来强余震的强度、发生时间及地点提供了参考依据。

3.8.1 余震相关研究成果分析

1.地震序列的基本类型及特点

地震序列是指在一定的空间范围和时间段内连续发生的一系列大小地震，且其发震机制具有某种内在联系或有共同发震构造的一组地震总称。地震序列大体可分为如下三种类型[95]：

（1）主震型序列：此序列中主震所释放的能量占全序列地震能量的90%以上，它又可以分为前-主-余（震）型和主-余（震）型两种，视其有否前震而定。这类地震的能量和频度，均衰减较快。1962年新丰江6.1级地震和1975年海城7.3级地震就属于前-主-余型地震序列。

（2）震群型序列：主要的能量是通过多次震级相近的地震释放的，其最大地震能量占全序列的80%以下。它可分为双震型和群震型，前者由两个接连发生的大地震及其余震组成，后者由多个余震组成。这类地震一般衰减较慢。1966年3月邢台地震、1966年云南东川地震、1976年5月龙陵地震、2003年2月新疆巴楚6.8级地震都是典型的震群型序列。

（3）孤立型。其主震能量与序列总能量之比常大于99.9%，前震和余震均较少，且衰减很快。

据有关统计，主震型序列和震群型序列几乎占了全部6级以上地震序列的70%～85%，即一旦有地震发生，那么绝大多数情况下的结构将不止遭受一次地震的作用，而是承受多次地震作用。

2.强余震活动持续时间

一次大地震发生之后，其余震序列中的强余震活动将延续多长时间？如何去判断强余震是否结束的问题，对于地震区的防震工作有重要参考意义。一般说来，余震活动研究包括讨论其时间序列、空间分布特征和强度起伏等方面。就时间序列而言，早在1894年，日本地震学家大森房吉指出过，余震频度随时间按指数衰减的规律[96]。之后，宇津德治（T.Utsu）给出余震频度按双曲线方式衰减的修正公式[97]。里克特（C.F.Richter）教授在他的著作中注意到大震后几年内发生晚期强余震的现象[98]。之后，研究强余震发生的时间也成为地震预报研究中的一个课题，谷继成和王碧泉曾先后讨论过强余震发生的准周期性问题[99-100]，傅征祥研究过强余震活动的持续时间问题[101]，无疑这些工作是十分有意义的。至于强余震活动应该在什么时候结束？主震后的余震如何定义？不同的学者有不同的看法。

一般意义上的强余震活动持续时间是指从主震发生之日起到最后一个强余震活动发生为止的时间间隔。根据Bath（1973年）的统计证实，序列最大强余震一般发生在主震之后两三天之内[102]。宇津德治（1969年）统计的最大余震发生时间与主震震级关系公式如下[103]：

$$\lg T = 0.5M - 3.5 \tag{3.48}$$

按此式，6～8级强震的最大余震发生时间为0.3～3.2d。这与我国强震统计结果相类似。有些学者把符合这个分布期间的最大余震称为正常强余震，把距这个期间明显较远的强余震称为晚期强余震。从时间上看，晚期强余震发生时间很长，由主震后一百天到几千天。根据现有资料来看，100～1000d之间是发生晚期强余震的峰值时间，国内外一些著名地震晚期强余震资料表明，7～8级地震的晚期强余震发生时间多数在主震后的几百天内。但也有些比较少见的实例，如1920年海原8.5级地震，过了50年（1970年）尚有西吉5.5级地震；1936年四川马边6.8级地震，35年后（1971年）又发生5.8级强震，但人们在理解上有所不同，它们可能是超晚期余震，也可能是一次新的独立地震。综合各方面的研究成果，从工程抗震实用性角度出发，将主震发生后的4个半月确定为强余震可能发生的时间分布段。

3.强余震活动强度

最大余震震级与主震震级之差ΔM，遵从常用的巴特（M. Bath）定律：

$$\Delta M = 1.2 \pm 0.5 \tag{3.49}$$

对最大余震震级与主震震级之差ΔM，宇津、帕帕扎乔斯（B.C. PaPazachos）等人得到，对有的地震其主震与最大余震震级之差与巴特定律有显著不同，此差值与地震的类型有关。

早期强余震一般大于晚期强余震，对于依次发生的较大余震，也经常出现第二次强余震比第一次强余震大的情况，也常常看到早期最大余震与晚期最大余震震级接近的情况。用数理统计的方法获得强余震的震级比较直观、实用。

4.强余震活动空间分布

通过对我国大陆地区近些年发生的大地震的强余震序列的研究表明，强余震往往发生在主震附近或断层两端附近。对单侧破裂，强余震往往发生在主震断层的两端附近（主震在断层的一端），对双侧破裂的大震，除两端附近外，主震震中附近也是强余震发生的地方之一。里克特在研究南加利福尼亚的地震分布时，曾发现大地震的震中常位于断层的一端，最大强余震的震中常位于断层的另一端，其他的余震沿整个断层分布且偏在主震震中的一侧。近年来，日本学者和国内一些专家在研究余震分布时指出，主震发生后直接余震区、震中高烈度区和由主震破裂引起的震中隆起带，三者基本上重合。从晚期强余震发生的地点上看，一般距主震位置较远，往往发生在余震区的边缘，尤其是余震区的一端或两端。

同时，强余震的活动性往往表现为在余震带中从一端到另一端的迁移现象，空间迁移范围与主破裂的长度相当。

根据中国西部地区地震特点和发震断裂活动段的长度特征，确定主震震中61km半径范围为余震可能发生的区域。

3.8.2 资料处理方法及结果

1. 主震–余震的震级统计关系

为了统计主震–余震震级之间的数学关系式，根据对实际历史地震资料分类分析，从1912年至今发生在中国西部地区的强震目录中挑选主–余震组合140组，这些地震记录符合以下条件：

（1）所选记录中主震与余震发生地点最大纬度差为0.5°，最大经度差为0.5°，其中余震离主震最大距离为60.9km；

（2）所选记录中主震与余震最大时间间隔为135d；

（3）对多次余震的地震序列，选其中两次较大震级的地震，主震后顺次发生的两次最大余震分别称作第一大余震和第二大余震，资料中包含第二大余震的地震记录共69组。

需要指出的是，有关余震震中位置的问题非常复杂，涉及的因素很多。主、余震的震中位置可能相距很近，也可能偏离较远。为了使统计结果具有实用性，在考虑强余震的范围时，一方面考虑到主、余震震中位置偏差不宜太大，另一方面是参考历史地震资料的余震震中数据情况和西部地震地质构造特点而综合确定的，大部分强震的余震区活动区长轴集中在1°以内，因此选取0.5°的经纬度差基本上能够反映实际情况。

采用回归分析统计方法，可获得以下关系式：

140组主–余震组合统计分析得到主震震级M与第一次大余震M_{a1}的统计关系式：

$$M_{a1}=3.08+0.332M \quad (\sigma^2=0.196, \ R=0.518) \tag{3.50}$$

69组主–余震组合统计分析得到主震震级M与第二次大余震M_{a2}的统计关系式：

$$M_{a2}=1.896+0.529M \quad (\sigma^2=0.263, \ R=0.616) \tag{3.51}$$

140组主–余震组合统计分析得到主震震级M与最大余震M_a的统计关系式：

$$M_a=2.259+0.483M \quad (\sigma^2=0.226, \ R=0.634) \tag{3.52}$$

图3.70、图3.71、图3.72分别是M与M_{a1}、M与M_{a2}、M与M_a的相关关系图，图中虚线范围分别表示上述3种统计关系总体方差的95%置信区间。可以看出，主、余震震级之间基本上呈现正相关的关系。

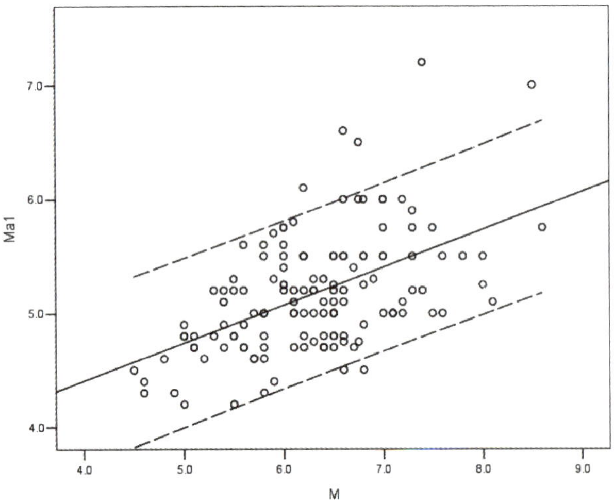

图3.70 主震震级M与第一次大余震M_{a1}的统计关系

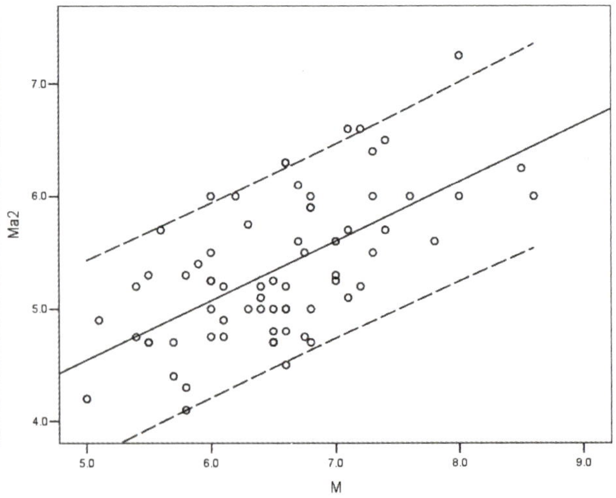

图3.71 主震震级M与第二次大余震M_{a2}的统计关系

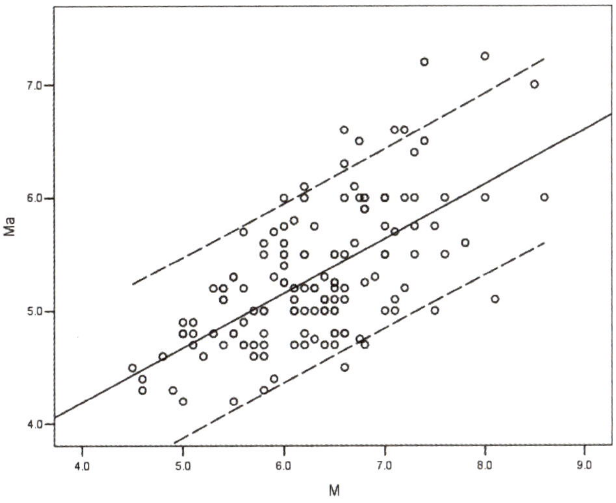

图3.72　主震震级M与最大余震M_a的统计关系

2.余震的空间分布特征

余震的空间分布特征与发震断裂的展布、发震机制、断层活动习性等密切相关。一般来说，余震开始时密集于主震附近，震级越大，余震展布范围越大。为了研究问题简便，我们对强余震与主震震中的相对距离进行了统计分析，结果分别见表3-22和图3.73。可以看出：

（1）第一次大余震主要分布于主震震中30km范围内，占86.4%；其中0～15km范围约占54.3%，15～30km范围占32.1%。

（2）第二次大余震主要分布于主震震中35km范围内，占92.8%；其中0～10km范围约占23.2%，10～20km范围占37.7%；20～35km范围占31.9%。

（3）最大余震主要分布于主震震中30km范围内，占84.3%；其中0～20km范围约占65.0%，20～30km范围占19.3%。

因此，分析研究工程在主、余震作用下的动力响应特性，可重点考虑来自主震震中30km范围强余震的影响，结合地震构造特点，确定余震的可能发震地点及其对工程的地震动影响效应。

表3-22　强余震与主震震中之间距离的统计结果

频数		距离(km)												
		0～5	5～10	10～15	15～20	20～25	25～30	30～35	35～40	40～45	45～50	50～55	55～60	60～65
第一次大余震	次数	23	23	30	16	15	14	3	3	4	2	4	2	1
第二次大余震	次数	8	8	15	11	6	6	10	1	1	1	2	0	0
最大余震	次数	20	22	30	19	14	13	6	3	4	2	5	2	0

3.余震的时间分布特征

主震发生后5d左右的时段内余震频度高，能量释放大，衰减很快，强余震也基本上集中在这个时段。表3-23～表3-25以及图3.74分别给出了第一次大余震、第二次大余震以及最大余震在主震后的发生时间。可以看出，140组主余震中第一次大余震发生在主震后5d内的共101次，约占72%；69组主余震中第二次大余震发生在主震后5d内的共39次，约占57%；140组主余震中最大余震发生在主震后5d内的共91次，约占65%。因此，强余震的峰值期间为5d。晚期最大余震分布时间范围较宽，但不像早期分布余震那样明显。考虑强余震的影响，可重点考虑10d尺度。

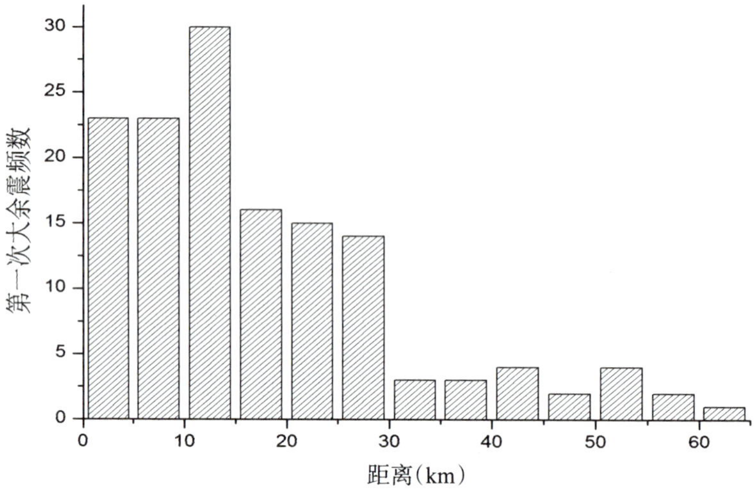

（a） 第一次大余震频数

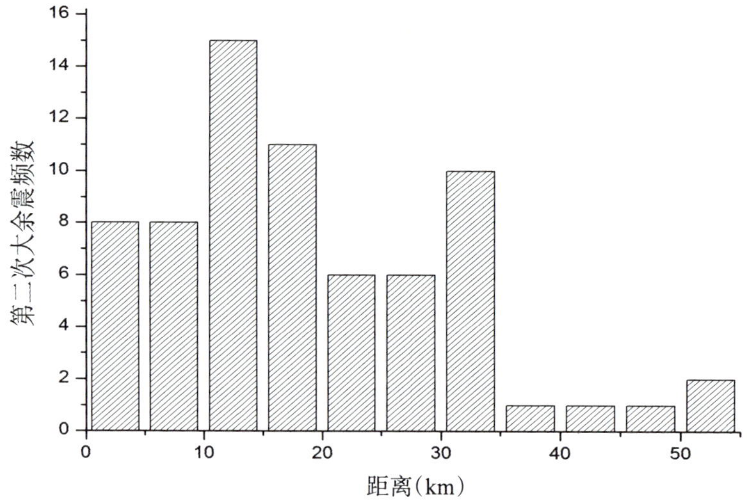

（b）第二次大余震频数

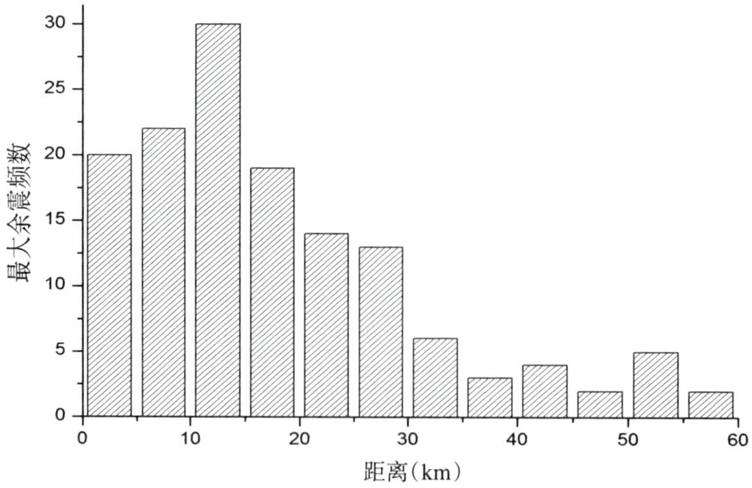

（c）最大余震频数

图3.73　强余震与主震震中之间距离的分布图

表3-23　第一次大余震发生时间的分布情况

天数	0～5	5～10	10～15	15～20	20～25	25～30	35～40	40～45
次数	101	14	4	3	3	2	1	2
天数	45～50	55～60	60～65	80～85	85～90	95～100	100～105	135～140
次数	1	1	1	1	3	1	1	1

表3-24　第二次大余震发生时间的分布情况

天数	0～5	5～10	10～15	15～20	20～25	25～30	30～35	35～40	40～45	50～55	80～85
次数	39	8	4	2	3	2	1	3	1	4	1

表3-25　最大余震发生时间的分布情况

天数	0～5	5～10	10～15	15～20	20～25	25～30	35～40	40～45
次数	91	16	4	3	5	3	1	3
天数	45～50	55～60	60～65	80～85	85～90	95～100	100～105	135～140
次数	2	1	1	1	3	1	1	1

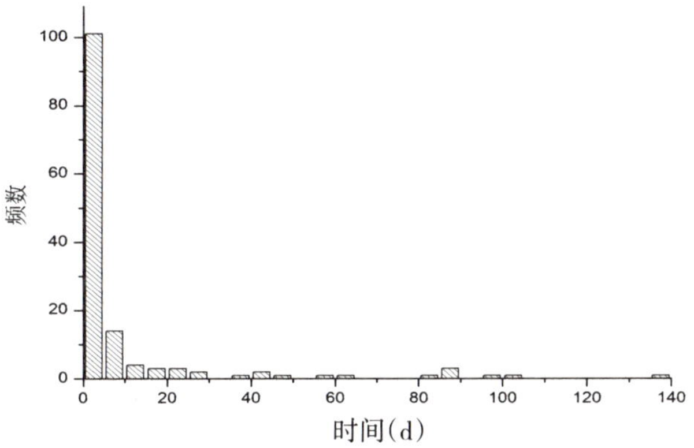

(a) 第一次大余震的时间分布

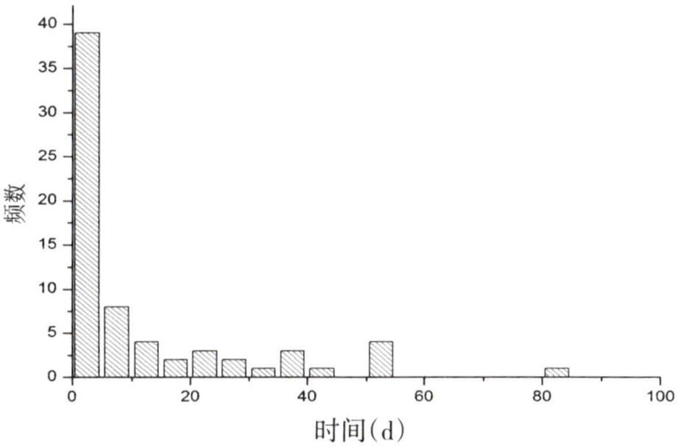

(b) 第二次大余震的时间分布

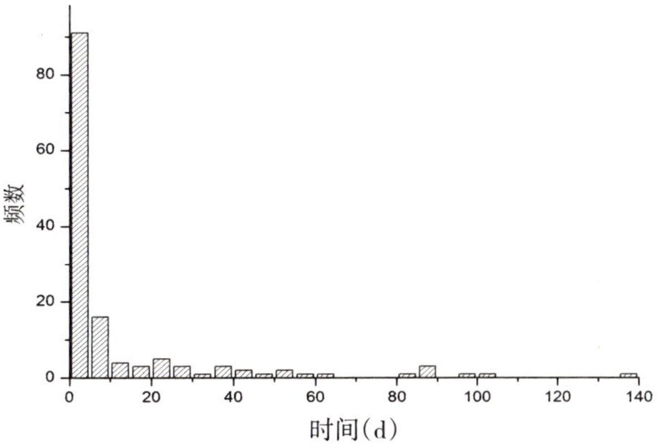

(c) 最大余震的时间分布

图3.74　主震后强余震的时间分布

3.8.3 考虑主余震作用的地震动输入问题

根据上节主震和余震的统计关系，可求得第一次大余震 M_{a1} 和第二次大余震 M_{a2}，采用合适的地震动衰减规律，对石窟所遭受的主震和余震的峰值加速度可进行预测。主余震作用下地震动输入可采取一次主震与两次余震组合的方式。主余震组合可通过主余震地震动时程首尾连接的方式模拟主余震作用。

强震资料表明，主震和余震地震动频谱特性有一定的相似性，尤其是较坚硬的场地。现以2003年甘肃民乐-山丹地震为例进行说明。

2003年10月25日20点41分和48分在甘肃省民乐县和山丹县交界地区相继发生了6.1级地震和5.8级余震。宏观震中位于民乐县永固镇和山丹县霍城镇交界一带，震中区烈度为Ⅷ度。本次地震是近20年来发生在甘肃省的震级较大的一次地震，也是中华人民共和国成立以来甘肃省发生的破坏最严重的地震之一，直接经济损失逾5亿元。同近些年发生于西北地区的其他地震相比，本次地震呈现出更清晰的地震破坏现象，这些地震现象和特点给地震研究者和地震工程研究者带来的启发和问题，值得深思。本次地震造成村镇民用房屋和水利、交通、通信等公共设施严重破坏，在地震发生的5d内，共记录到2级以上余震128次，其中 M_L4.0～4.9级9次，3.0～3.9级18次，2.0～2.9级101次。

本次地震基本参数见表3-26。在不同震中距处记录了珍贵的三分向记录。图3.75、图3.76分别为同一台点（震中距为12km）主震、余震的地震动加速度记录以及通过积分求得的速度、位移曲线。图3.77、图3.78分别为同一台点（震中距为41km）主震、余震的地震动加速度记录以及通过积分求得的速度、位移曲线。图3.79～3.84分别为主余震的地震动加速度反应谱以及FFT谱的对比。可以看出，同一距离处相同方向的主震、余震的频谱特性极为相似。因此，对于重大石窟文物而言，在考虑余震作用时，可以主震反应谱为目标谱，根据余震峰值加速度进行地震影响系数的调整，进而人工拟合地震波。对于选用的主震强震记录，针对余震大小在时域内进行幅值调整，形成余震记录，与主震记录首尾相连，即可以形成主余震作用下的地震动输入，为石窟文物抗震计算提供依据。

表3-26 民乐-山丹6.1、5.8级地震基本参数一览表

发震时刻	震中位置	震级	震源深度	主余震记录（最大加速度）	宏观震中
2003年10月25日20时41分	N38.4°, E101.2°	*Ms*6.1	18km	震中距为12km 东西向:295*g* 北南向:331*g* 垂直向:202*g*	民乐县永固镇和山丹县霍城镇交界一带极震区烈度:Ⅷ度
2003年10月25日20时48分	N38.4°, E101.1°	*Ms*5.8	18km	震中距为12.6km 东西向:225*g* 北南向:206*g* 垂直向:165*g*	

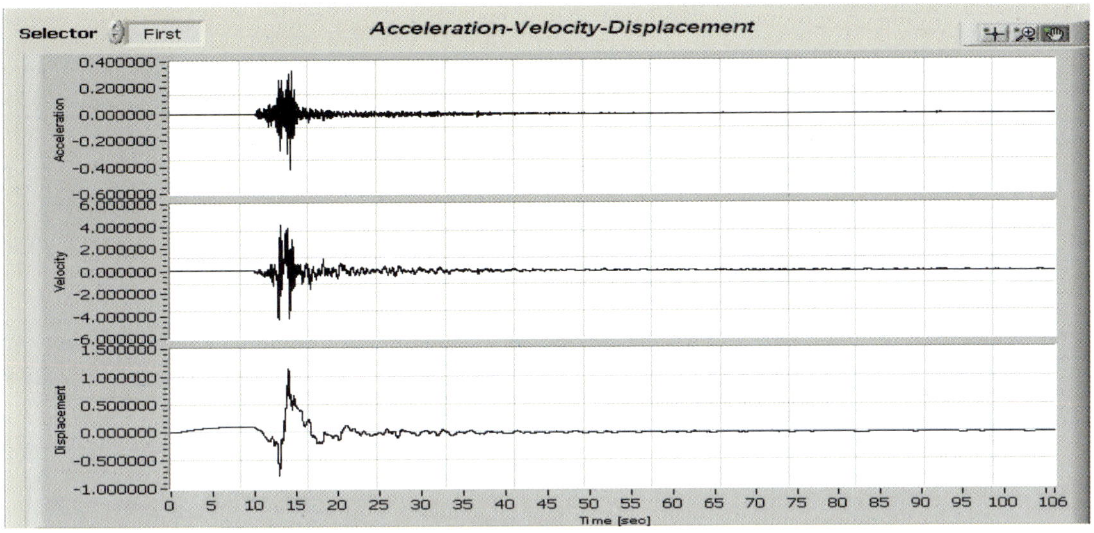

（a）主震（6.1级）EW向加速度记录及其积分得出的速度、位移曲线

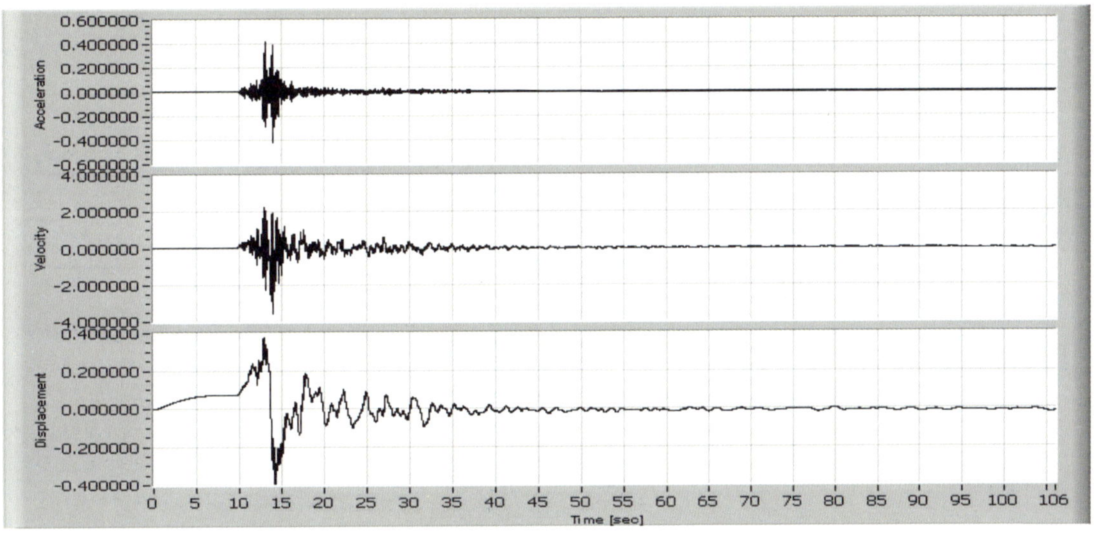

（b） 主震 （6.1级） SN向加速度记录及其积分得出的速度、位移曲线

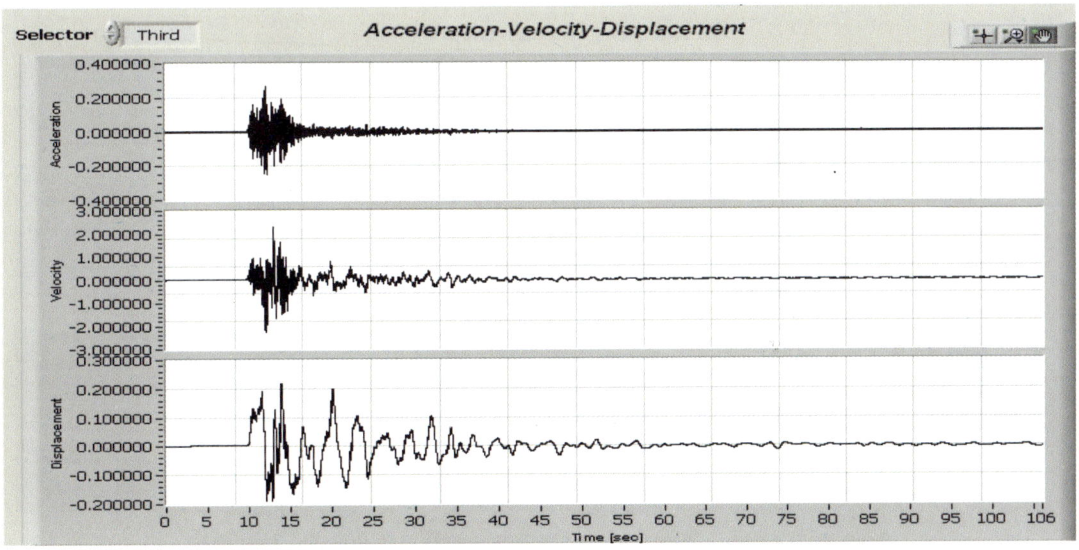

（c） 主震 （6.1级） 垂直向加速度记录及其积分得出的速度、位移曲线

图3.75 2003年民乐-山丹地震主震（6.1级）EW向加速度记录（震中距为12km）

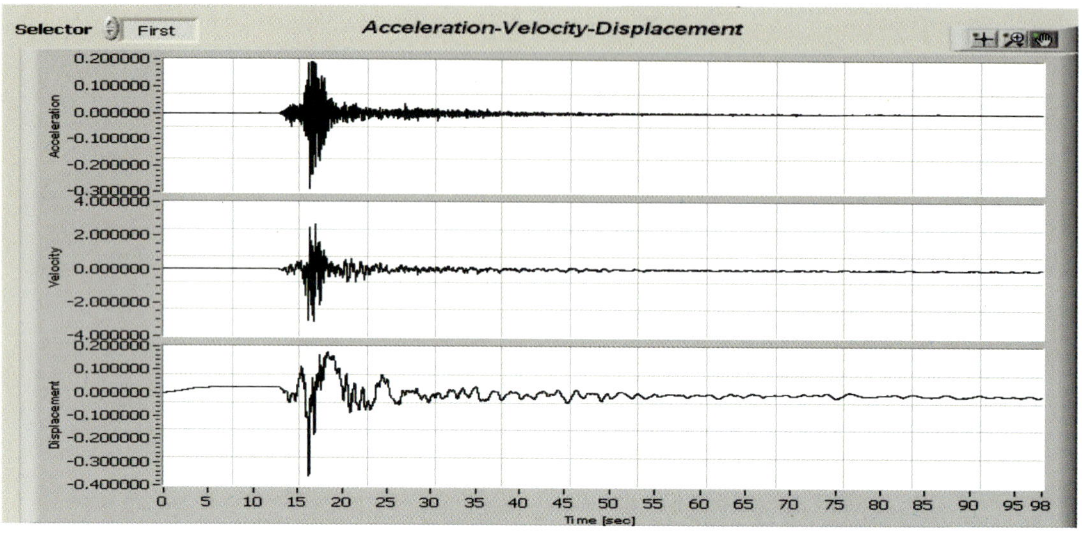

（a）余震（5.8级）EW向加速度记录及其积分得出的速度、位移曲线

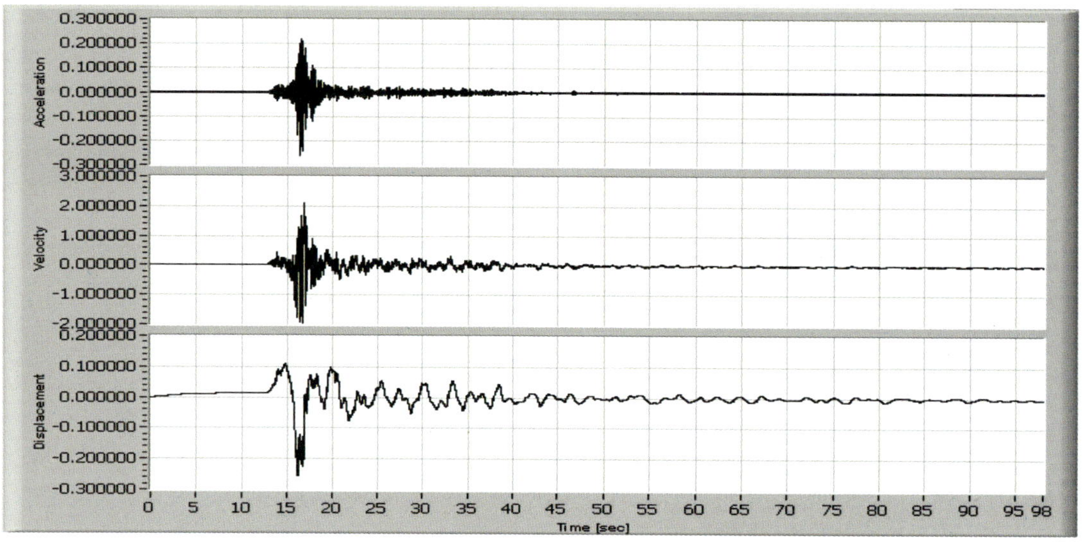

（b）余震（5.8级）SN向加速度记录及其积分得出的速度、位移曲线

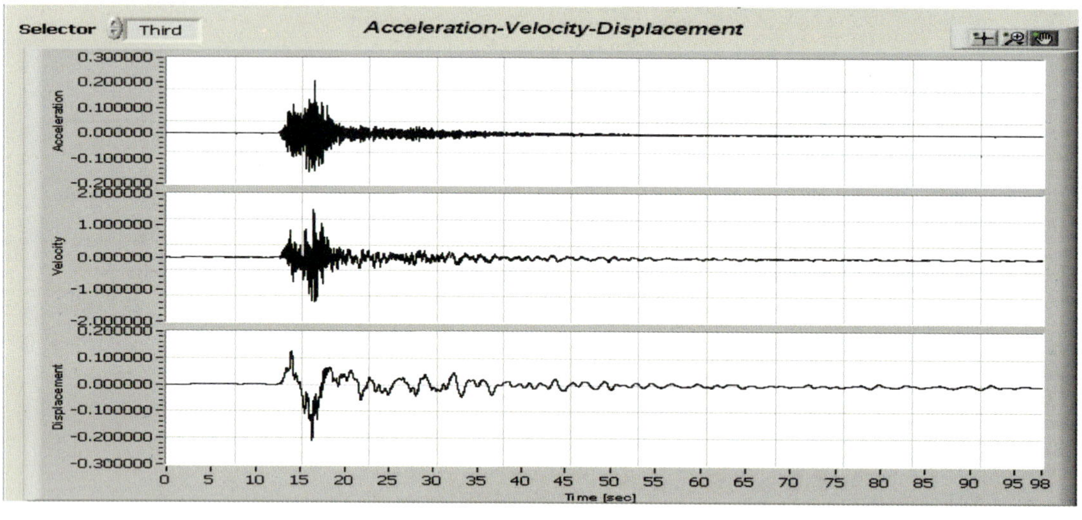

（c）余震（5.8级）垂直向加速度记录及其积分得出的速度、位移曲线

图3.76　2003年民乐-山丹地震余震（5.8级）EW向加速度记录（震中距为12km）

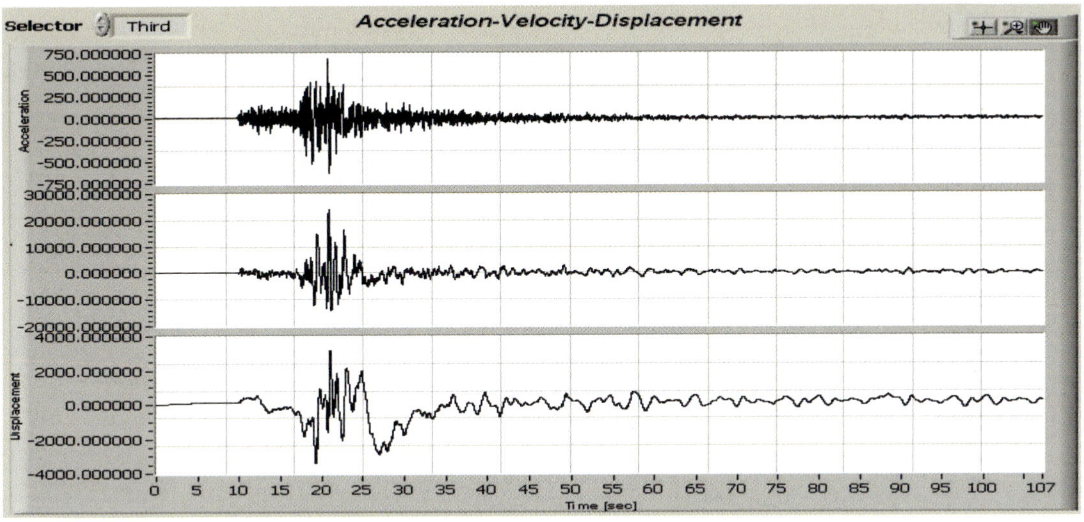

（a）主震（6.1级）EW向加速度记录及其积分得出的速度、位移曲线

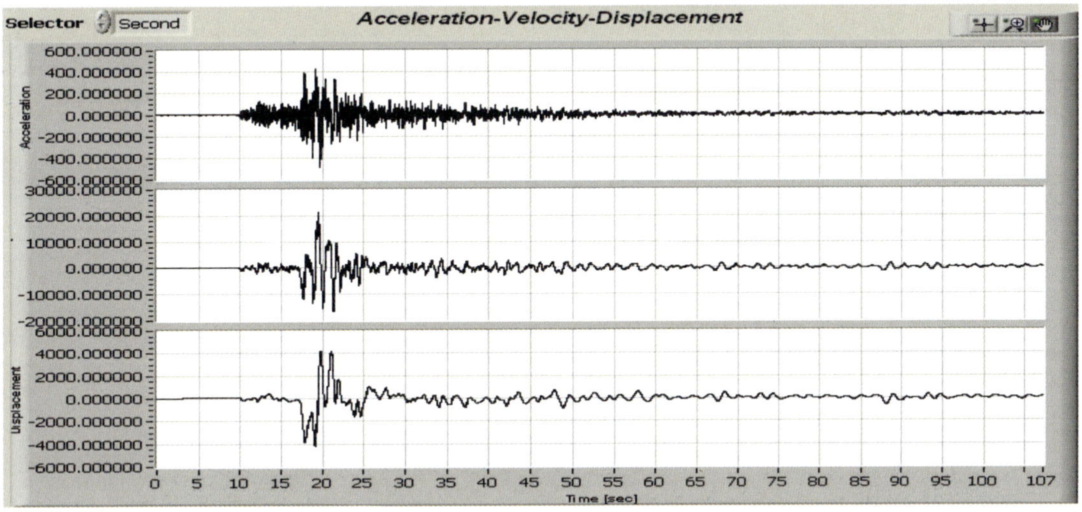

（b）主震（6.1级）SN向加速度记录及其积分得出的速度、位移曲线

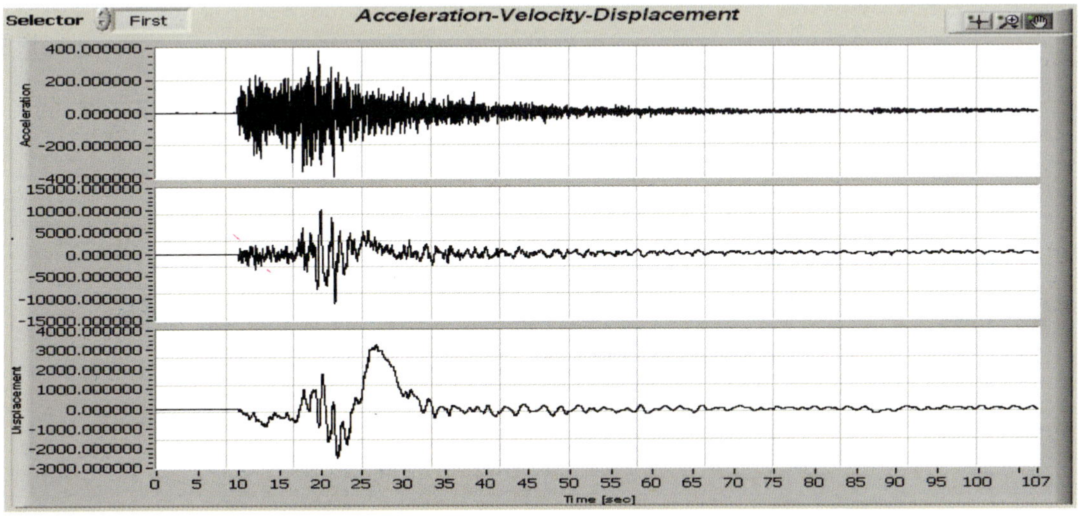

（c）主震（6.1级）垂直向加速度记录及其积分得出的速度、位移曲线

图3.77　2003年民乐–山丹地震主震（6.1级）EW向加速度记录（震中距为41km）

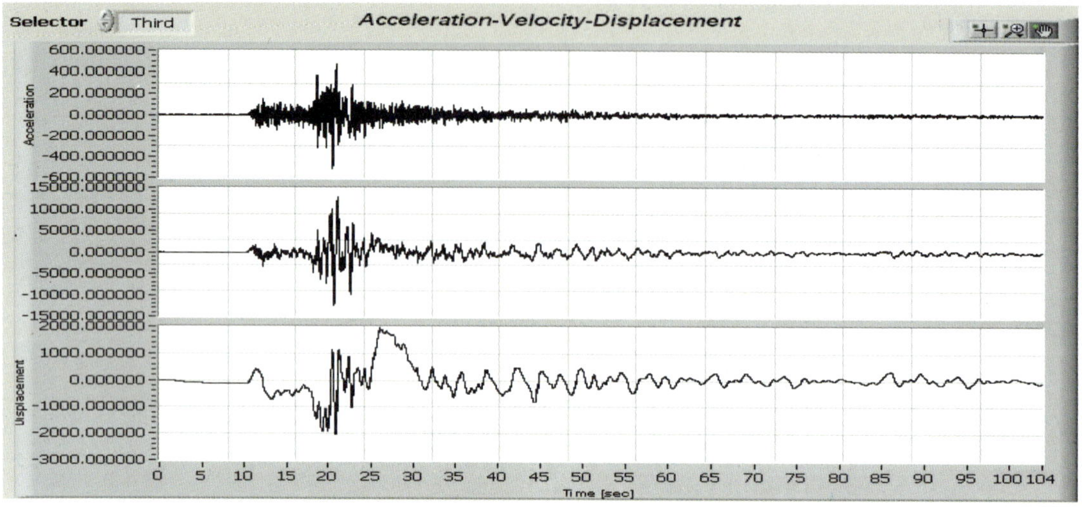

（a）余震（5.8级）EW向加速度记录及其积分得出的速度、位移曲线

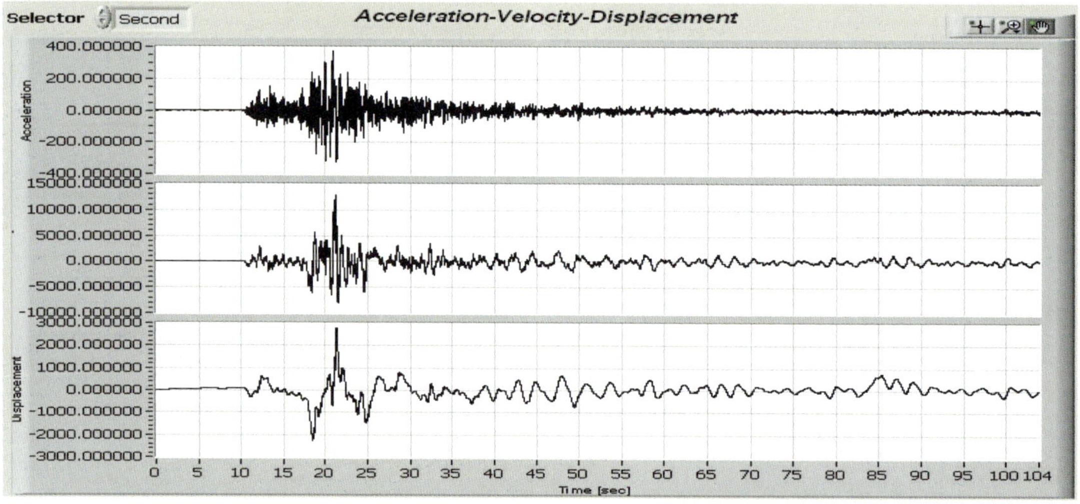

（b）余震（5.8级）SN向加速度记录及其积分得出的速度、位移曲线

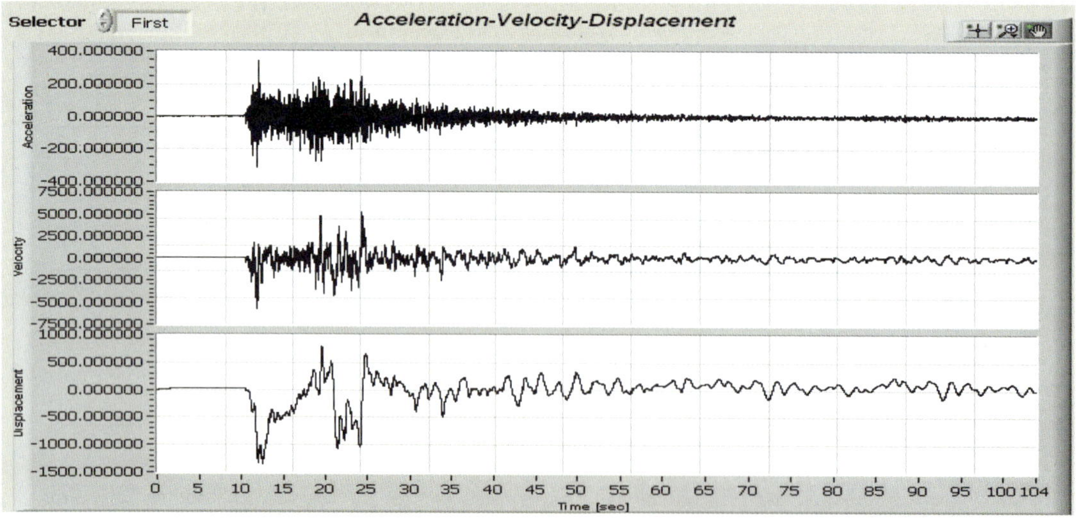

（c）余震（5.8级）垂直向加速度记录及其积分得出的速度、位移曲线

图3.78　2003年民乐-山丹地震余震（5.8级）EW向加速度记录（震中距为41km）

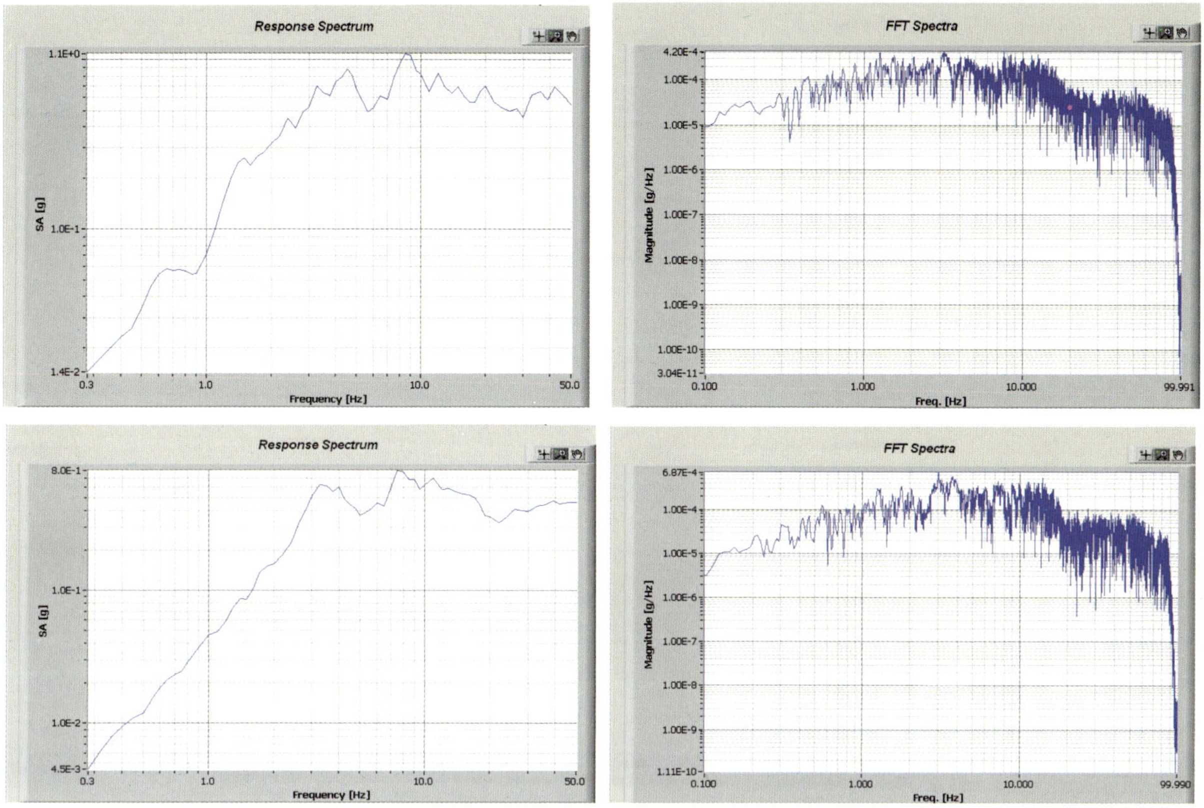

图3.79　2003年民乐-山丹地震主震（6.1级）和余震（5.8级）EW向加速度反应谱及富氏谱比较

（上方两个图为主震反应谱和FFT谱，震中距为12km）

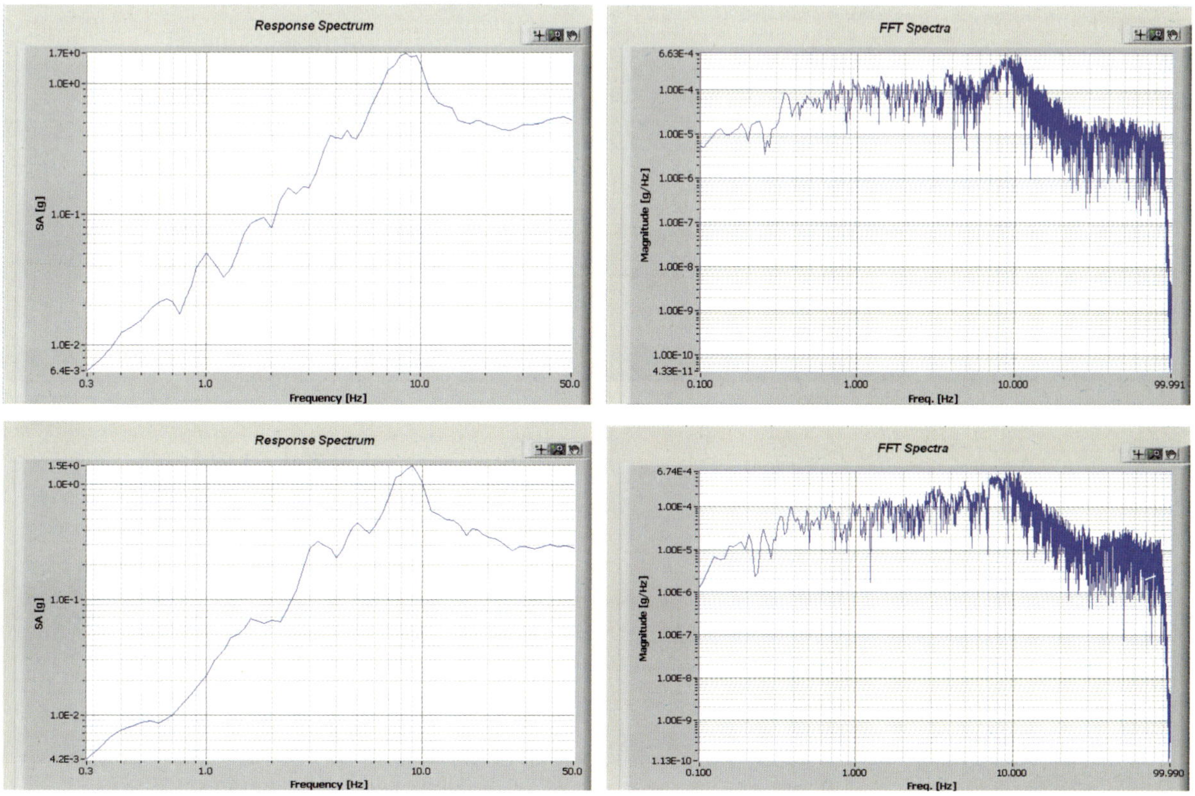

图3.80　2003年民乐-山丹地震主震（6.1级）和余震（5.8级）SN向加速度反应谱和富氏谱比较

（震中距为12km）

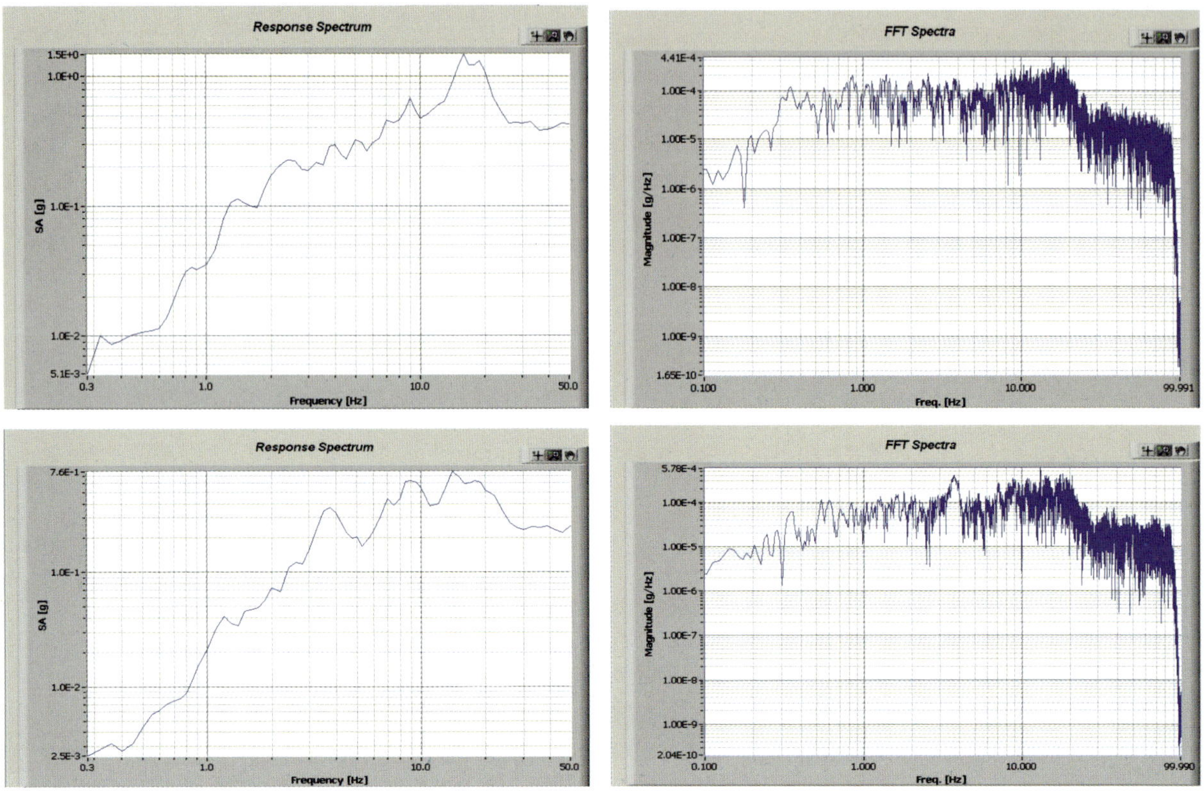

图3.81　2003年民乐-山丹地震主震（6.1级）和余震（5.8级）垂直向加速度反应谱和富氏谱比较（震中距为12km）

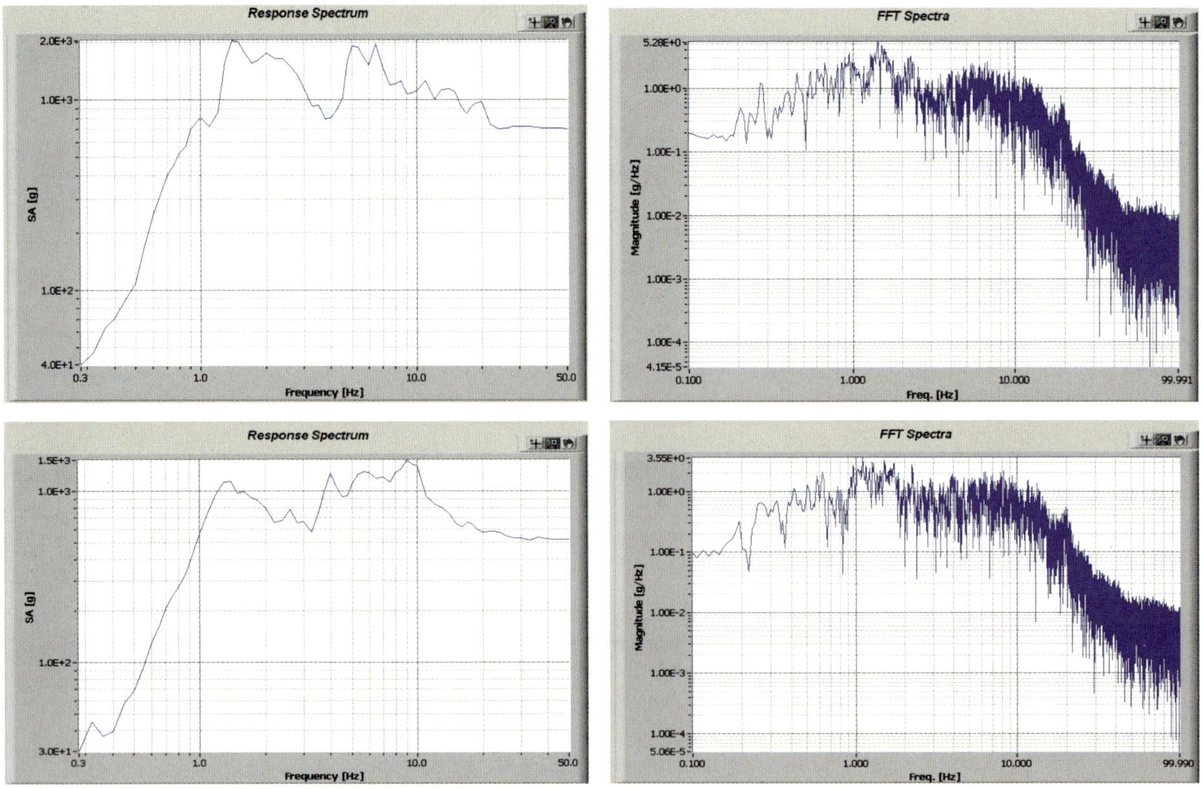

图3.82　2003年民乐-山丹地震主震（6.1级）和余震（5.8级）SW向加速度反应谱和富氏谱比较（震中距为41km）

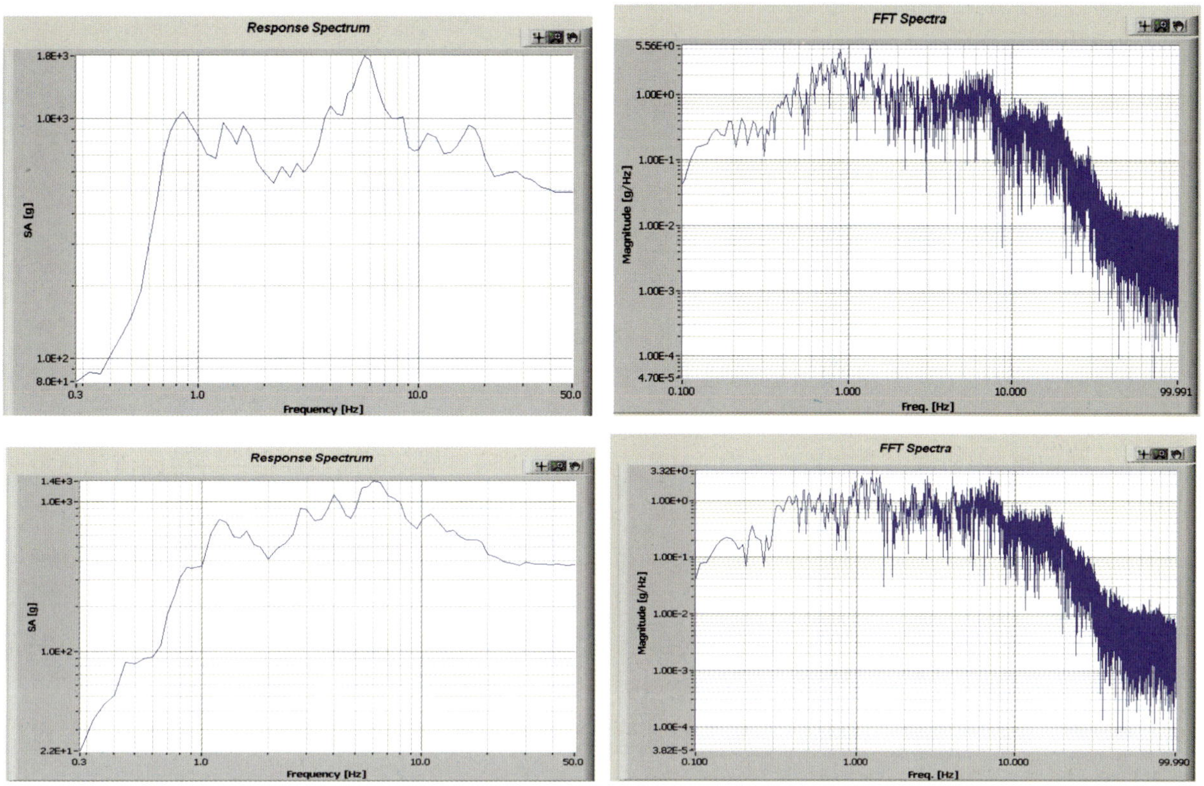

图3.83　2003年民乐-山丹地震主震（6.1级）和余震（5.8级）SN向加速度反应谱和富氏谱比较
（震中距为41km）

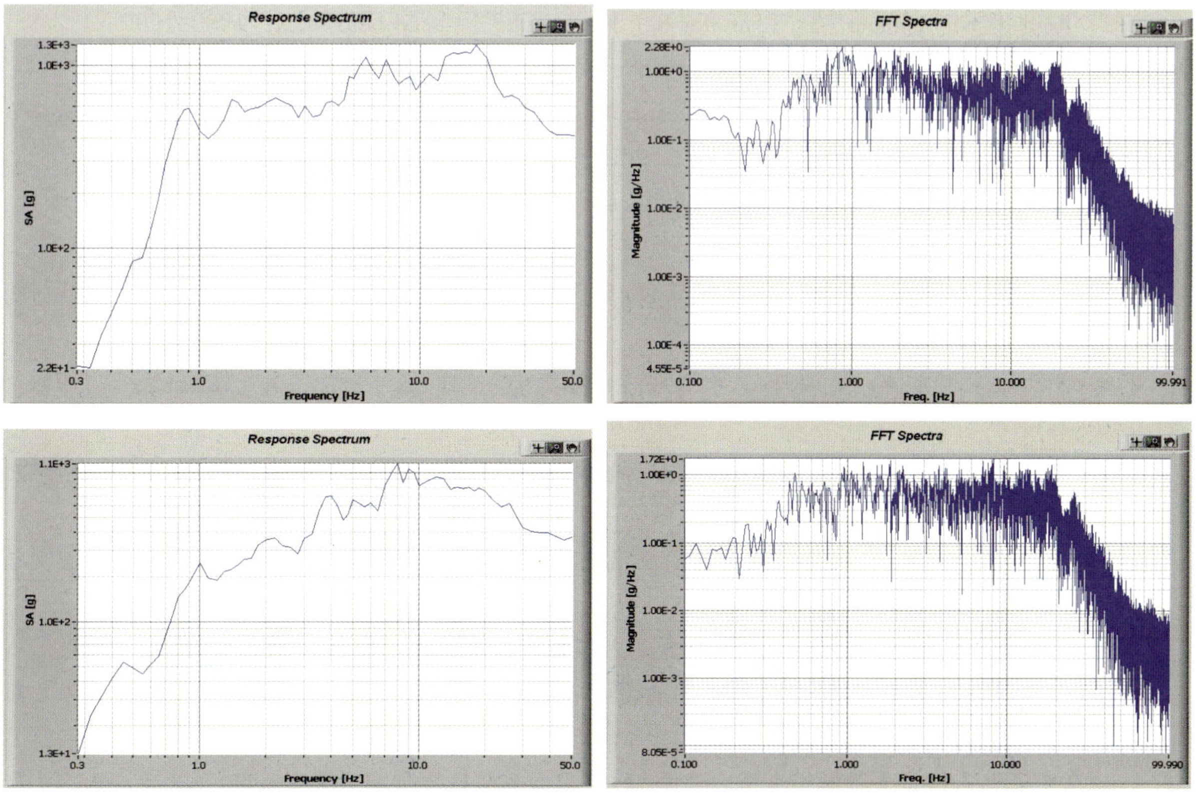

图3.84　2003年民乐-山丹地震主震（6.1级）和余震（5.8级）垂直向加速度反应谱和富氏谱比较
（震中距为41km）

参考文献

［1］黄理兴，陈奕柏.我国岩石动力学研究状况与发展［J］.岩石力学与工程学报，2003，22（11）：1881-1886.

［2］陈剑杰，钱七虎.与地下核爆炸有关的若干岩石力学问题［C］//中国岩石力学与工程学会第六次学术大会论文集.北京：中国科学技术出版社，2000：48-51.

［3］郭增建，马宗晋.中国特大地震研究（一）［M］.北京：地震出版社，1988.

［4］楼宝棠.中国古今地震灾情总汇［M］.北京：地震出版社，1996.

［5］陈永明，刘洪春.古浪大震的地质灾害及破坏特征［J］.西北地震学报，1999，21（3）：315-320.

［6］杜榕桓.山地灾害发展趋势预测［M］//丁一汇.中国西部环境演变评估——中国西部环境变化的预测（第二卷）.北京：科学出版社，2002：140-165.

［7］乔建平，蒲晓红.川滇地震滑坡分布规律探讨［J］.地震研究，1992，10，15（4）：411-417.

［8］Zhou G，Zhang Y M.Some characteristics of earthquake induced landslide in southwestern China［J］.Northwestern Seismological Journal，1994，16（1）：95-103.

［9］康来迅，邹谨敞，蒋荣发.昌马断裂带地震滑坡的基本特征［J］.华南地震，1995，15（1）：49-54.

［10］孙崇绍，蔡红卫.我国历史地震时滑坡崩塌的发育及其分布特征［J］.自然灾害学报，1997，6（1）：25-30.

［11］孙崇绍.特大地震的震害特征［J］.西北地震学报，1993，15（2）：64-70.

［12］Rodr C E，Bommer J J，Chandler R J. Earthquake-induced landslides：1980-1997［J］. Soil Dynamics and Earthquake Engineering，1999（18）：325-346.

［13］David K K. Investigating landslides caused by earthquakes - A historical review［J］. Surveys in Geophysics，2002，23：473-510.

［14］韩文峰.黄河黑山峡大柳树松动岩体工程地质研究［M］.兰州：甘肃科学技术出版社，1993.

［15］《中国岩石圈动力学地图集》编委会.中国岩石圈动力学概论［M］.北京：地震出版社，1991.

［16］朱海之，王克鲁，赵其强.从昭通地震破坏看山区地面破坏特点［J］.地质科学，1975，8（3）：230-241.

［17］唐永仪.新构造运动在陇南滑坡泥石流形成中的作用［J］.兰州大学学报：自然科学版，1992，23（4）：152-160.

［18］马惠民，郑静.岩体结构特征与岩石高边坡的稳定性［M］//滑坡文集编委会，滑坡文集（十二）.北京：中国铁道出版社，1997：125-132.

［19］陈立德，赵维城，阚荣举，等.一九七六年龙陵地震［M］.北京：地震出版社，1979.

［20］中国科学技术情报研究所.地基的地震效应和砂土液化译文集［M］.北京：科学技术文献出版社，1977：68-76.

［21］《中国地震科技文献题录大全》编纂组.中国地震科技文献题录大全［M］.北京：地震出版社，1988.

［22］Ayonghe S N，Mafany G T，Ntasin E，et al. Seismically activated swarm of landslides，tension cracks，and a rockfall after heavy rainfall in Bafaka，Cameroon［J］. Natural Hazards，1999，19：13-27.

［23］ Wu J H，Wang W N，Chang C S. Effects of strength properties of discontinuities on the unstable lower slope in the Chiu-fen-erh-shan landslide，Taiwan ［J］. Engineering Geology，2005 （78）：173-186.

［24］ 卢育霞.宁夏西吉县境地震滑坡的地貌特征及其减灾开发对策探讨［J］.西北地震学报，2007，29（1）：79-83.

［25］ 国家地震局西南烈度队.川滇强震区地质调查汇编［M］.北京：地震出版社，1979.

［26］ 黄克忠.岩土文物建筑的保护［M］.北京：中国建筑工业出版社，1998.

［27］ 樊锦诗.敦煌莫高窟的保护与管理［J］.敦煌研究，2000（1）：2-4.

［28］ 李最雄.敦煌石窟保护工作六十年［J］.敦煌研究，2004（3）：10-26.

［29］ 胡聿贤. GB18306-2001《中国地震动参数区划图》宣贯教材.北京：中国标准出版社，2001.

［30］ 石玉成，徐晖平，王旭东.敦煌莫高窟地震安全性评价［J］.敦煌研究，2000（1）：49-55.

［31］ 闻学泽.活动断裂地震潜势的定量评估［M］.北京：地震出版社，1995.

［32］ 郭增建，秦保燕，李革平.未来灾害学［M］.北京：地震出版社，1992.

［33］ 石玉成，徐晖平，王旭东.敦煌莫高窟地震安全性评价［J］.敦煌研究，2000（1）：49-55.

［34］ Brune J N. Tectonic stress and the spectra of seismic shear waves from earthquakes ［J］. Journal Geophysical Research，1970，75（26）：4997-5009.

［35］ Hartzell S J B. The Horse Canyon earthquake of August 2，1975—Two-stage stress-release process in a strike-slip earthquake ［J］. BSSA，1979，69：1161-1173.

［36］ Papageorgiou A S，Aki K. A specific barrier model for the quantitative description inhomogeneous faulting and the prediction of strong ground motion ，Part I：Description of the model ［J］. BSSA，1983，73（3）：693-722.

［37］ Papageorgiou A S，Aki K. A specific barrier model for the quantitative description inhomogeneous faulting and the prediction of strong ground motion ，Part II：Application of the mode ［J］. BSSA，1983，73（4）：953-978.

［38］ Joyner W B，Boore D M. On simulating large earthquakes by Green's function addition of smaller earthquakes ，in proceedings of the Fifth Maurice Ewing Symposium on earthquake source mechanics ［J］. AGU，1986：269-274.

［39］ 姚振兴，郑天愉.近场强地面运动研究［J］.中国地震，1986，2（3）：22-30.

［40］ 廖振鹏，魏颖.设计地震加速度合成［J］.地震工程与工程振动，1988，8（1）：12-30.

［41］ 金星，廖振鹏.经验格林函数法中所存在的问题［C］//地震工程研究文集.北京：地震出版社，1992：411-424.

［42］ 金星，刘启方.断层附近强地震动半经验合成方法的研究［J］.地震工程与工程振动，2002，22（4）：22-27.

［43］ 罗奇峰，胡聿贤.改进的经验格林函数法和卢龙近场加速度合成［J］.地震工程与工程振动，1990，10（3）：1-12.

［44］ 罗奇峰，胡聿贤，壇一男.估计近场地震动的统计-经验格林函数法［J］.自然灾害学报，1994，3（3）：1-10.

［45］ 张冬丽，陶夏新，周正华.近场强地震动数值模拟的简化计算方法［J］.地震地质，2006，28（4）：612-620.

［46］ 高孟潭，姜慧，俞言祥，等.震源机制和断层面的介质刚度对强地面运动的影响［J］.岩石力学与工程学报，2005，24（17）：3101-3106.

［47］ Olson A H，Orcutt J A，Frazier G A. The discrete wavenumber/finite element method for synthetic seismograms ［J］. Geophys.J.R. Astr. Soc.，1984，77：421-460.

［48］ 周锡元，王国权，徐国栋，等.台湾921集集地震近场地面运动的研究 ［M］ //新世纪地震工程与防震减灾——庆祝胡聿贤院士八十寿辰.北京：地震出版社，2002：81-104.

［49］ 周锡元，徐平，王国权，等.1999年台湾集集地震近断层竖向与水平反应谱比值的研究 ［J］.地震地质，2006，28（3）：325-335.

［50］ 周锡元，王国权，徐国栋.1999年土耳其地震和中国台湾地震近场强地面运动的特征 ［M］ //现代地震工程进展.南京：东南大学出版社，2002：48-56.

［51］ 王国权，周锡元，马宗晋，等. 921台湾地震近断层强地面运动的周期和幅值特性 ［J］.工程抗震，2001（1）：30-36.

［52］ 邱宏智.集集地震之近震源强地动 ［J］. 自然科学简讯，1999，11（4）：129-135.

［53］ 谢礼立，陶夏新，王国新.强地震动估计和地震危险性评定 ［J］.东北地震研究，2001，17（1）：1-8.

［54］ Somerville P P，Emerging A. Earthquake ground motion，Geotechnical Earthquake Eingineering and Soil Dynamics Ⅲ ［J］. ASCE Geotechnical Special Publication，1998，1（75）：1-38.

［55］ Somervill P G. Representation of near-fault rupture directivity effects in design ground motions，and application to Caltrans bridges ［M］. Proc. Of the National Seis.Conf.on Bridges and highways San Diego，1995.

［56］ Miyake H，Iwata T，Irikura K.从震源振幅谱随方位角和距离的变化估计破裂传播方向和强运动发生区 ［J］.世界地震译丛，2002，（6）：1-5.

［57］ 王国新.强地震动衰减研究 ［D］.北京：中国地震局工程力学研究所，2001.

［58］ Hartzell S H. Earthquake aftershocks as Green's function ［J］. Geo.Res. Letters，1978，5（1）：1-4.

［59］ Hanks T C，McGuire R K. The character of high-frequency strong ground motion ［J］. BSSA，1981，71（6）：2071-2095.

［60］ Hanks T C. b values and ωr seismic source models：implications for tectonic stress variation along active crustal fault zones and the estimation of high-frequency strong ground motion ［J］. J. of geophysical research.，1979，84（85）：2235-2242.

［61］ 胡聿贤.地震安全性评价技术教程 ［M］.北京：地震出版社，1999.

［62］ Boore D M. Stochastic simulation of high-frequency ground motions based on seismological models of the radiated spectra ［J］. BSSA，1983，73（6）：1865-1983.

［63］ 王国新，陶夏新.地震动衰减关系拟合的新两步法 ［J］.地震工程与工程振动，2001，20（1）：24-28.

［64］ 中国地震局兰州地震研究所.兰州市小西湖黄河大桥地震安全性评价报告，2002.

［65］ Kawashima K. Attenuation of peak ground acceleration，velocity and displacement based on multiple regression analysis of Japanese strong motion records ［J］.EESD，1986，14：199-215.

［66］ Atkinson G. Earthquake source spectra in the Eastern North America ［J］. BSSA，1993，83（6）：1778-1798.

［67］ 徐国栋，周锡元，董娣，等.强震地面运动的超随机特性研究 ［J］.地震工程与工程振动，2005（2）：1-9.

［68］ 乔伊纳，顾平.强地面运动地震学 ［J］.国际地震动态，1988（5）：26-33.

［69］ Beresnev I A，Atkinson G. Modeling finite-fault radiation from the ωn spectrum ［J］.BSSA，

1997，87（1）：67-84.

［70］Beresenv I A，Atkinson G. Generic finite-fault model for ground motion prediction in Eastern North America［J］. BSSA，1999，89（3）：608-625.

［71］孙崇绍，周民都，王彦宾.强震地面运动的理论模拟方法在甘肃省的应用［J］.西北地震学报，1997，19：14-22.

［72］Kunze T，Langer H，Scherbaum F，et al. Schneider G. Site dependent strong motion simulation［M］. Berlin: Seminar，1986.

［73］刘启方，袁一凡，金星.断层附近地面地震动空间分布［J］.地震学报，2004，26（2）：183-192.

［74］Kanamori H. A semi-empirical approach to predietion of long-period motions from great earthquake［J］. Bull，Seism，Soc.Am.，1979，69（6）：1654-1670.

［75］Irikura K. Prediction of strong ground motions using observed seismogram［M］. San Franasdo: Proc. of 8th WCEE，1984: 456-472.

［76］Wells D L，Coppersmith K J. New empirical relationships among magnitude，rupture length，rupture width，rupture area，and surface displacement［J］. BSSA，1994，84（4）：974-1002.

［77］姚立珣，温增平，虞雪君，等.民乐盆地及其周围地区小震震源参数的研究［J］.西北地震学报，1992，6（3）：27-33.

［78］金铭，李亚荣，荣代潞，等.肃南5.7级地震序列震源机制研究及其前兆意义［J］.高原地震，2000，12（2）：26-31.

［79］袁道阳，石玉成，王旭东.敦煌莫高窟地区断裂新活动特征及其对石窟的影响［J］.敦煌研究，2000，63（1）：56-64.

［80］石玉成，徐晖平，王旭东.敦煌莫高窟地震安全性评价［J］.敦煌研究，2000，63（1）：49-55.

［81］王思敬.岩石边坡动态稳定性的初步探讨［J］.地质科学，1977（4）：372-376.

［82］Gazetas G. Seismic response of earth dams［J］. Soil Dyn. Earthq. Engrg.，1987，6（1）：3-47.

［83］刘汉龙，费康，高玉峰.边坡地震稳定性时程分析方法［J］.岩土力学，2003，24（4）：553-560.

［84］李海波，蒋会军，赵坚，等.动荷载作用下岩体工程安全的几个问题［J］.岩石力学与工程学报，2003，22（1）：1887-1891.

［85］韶龙潭，唐洪洋.随机地震作用下土石坝边坡的稳定性分析［J］.水利学报，1999（11）：66-71.

［86］何蕴龙，陈述远.岩石边坡地震作用近似计算方法［J］.岩土工程学报，1998，20（2）：66-68

［87］祁生文，伍法权，孙进忠.边坡动力响应规律研究［J］.中国科学，2003，46：28-40.

［88］陈玲玲，陈敏中，钱胜国.岩质陡高边坡地震动力稳定分析［J］.长江科学院院报，2004，1（21）：33－35.

［89］王存玉，王思敬.地震条件下二滩水库岸坡稳定性研究［M］//岩体工程地质力学问题（七）.北京：科学出版社，1987：65-74.

［90］钱胜国，陆秋蓉.长江三峡船闸高边坡地震稳定性分析［J］.武汉：长江科学院科研报告［R］，1991.

［91］李国豪.工程结构抗震动力学［M］.上海：上海科技出版社，1987.

［92］张倬元，王士天，王兰生，等.工程地质分析原理［M］.北京：地质出版社，1993：

223–227.

［93］林宗元.岩土工程勘查设计手册［M］.沈阳：辽宁科学技术出版社，1996：176–182.

［94］蒋溥，戴丽思.工程地震学概论［M］.北京：地震出版社，1993：226–230.

［95］张国民，傅征祥.地震预报引论［M］.北京：科学出版社，2001.

［96］Omori F. On aftershocks of earthquakes［J］. J. Coll Sci. Imp. Univ Tokyo，1894，7：11–20.

［97］Utsu T. A Statistical study on the occurrence of aftershocks［J］. Geophysical Magazine，1961，30（4）：521–605.

［98］Richter C F. Elementary Seismology［M］. San Francisco and London：W.H.Freeman Company，1958.

［99］谷继成，谢小碧，赵莉. 强余震的时空分布规律及其理论解释［J］. 地震学报，1982，4（4）：380–388.

［100］王碧泉，王春珍.余震序列的时空特征［J］. 地震学报，1983，5（4）：383–396.

［101］傅征祥. 强余震活动的持续时间［J］. 地震学报，1982，4（4）：389–394.

［102］Bath M. Introduction to Seismology［M］. Basel：Birkhauser Verlay，1973：183–192.

［103］赵根模. 晚期强余震的特征和预报［J］. 地震研究，1982，5（1）：1–13.

第四章　石窟潜在地震变形及其与活动断裂的安全距离研究

自然界中概率很低的极端事件和重大灾害是客观存在的，很难说像唐山地震那样的事件不再发生，因此预测和防护是必须考虑的。地震的发生一方面向周围介质辐射地震波，引起介质的振动，另一方面使地震断层两盘发生相对位移，在断层周围产生一个位移场分布。这种位移场分布在空间的不均匀性（应变）就会使介质质点之间产生永久性的相对位移，即地震变形。地震波可以传播到很远的地方，对建筑物造成破坏，但地震变形衰减很快，只对地震断层附近的物体造成剧烈影响。当建筑设施靠近发震断层时，在抗震设防中就必须考虑这两方面的影响。

引起石窟破坏的主要环境地质问题涉及范围很广，类型很多，成因也很复杂。地震由于地震波的振动及一定范围内的永久地震变形，是石窟破坏的重要因素之一。我国是地震多发区之一，活动断层发育，许多石窟就位于发震的活动断层附近。活动断层对石窟的潜在地震破坏除与断层发震能力、活动方式及石窟与活动断层的距离有关外，还与石窟本身的围岩性质有关。为保证石窟保护与修复过程中，正确评价周边活动断层对石窟的影响，在不同潜在地震震级、不同断层活动方式地震断层两侧永久变形分布规律研究的基础上，本章研究不同围岩类型石窟与发震断层的安全距离，作为石窟保护与维修中判定活动断层对石窟影响程度的指标之一。

4.1　地震变形计算方法研究进展

4.1.1　地震断层学说及弹性位错理论

地震的断层学说始于20世纪初，由美国学者瑞德基于圣安德烈斯断层的大地测量结果而提出，后被广泛接受。根据该学说，地震的发生是由于断层的突然错动引起，地震断层破裂错动可以看成是弹性介质内的一种突然位移突变。该学说假定：（1）地壳是弹性岩层组成；（2）地壳运动是某些地方发生了弹性剪切变形；（3）当变形达到一定程度时，岩石发生断裂错动，受形变的岩石又重新回到原来为变形的状态，但断层两边岩体的位置移动了；（4）上述岩石发生断裂错动的时刻就是大地震发生的时刻。

后来布瑞斯和拜里对该学说提出了黏滑修正，根据两人的理论，断层每错动一次只释放了岩石中所储总应力的一小部分，剩下的部分为断层面上很高的动摩擦力所平衡，这样一来，在断层错动后，断层两盘仍有摩擦力把它们联结着，因而还可再积累应力而发生地震。

4.1.2　弹性位错理论求解位移场的物理思路

最初的地震变形计算基于断层弹性位错理论。在弹性位错理论中，断层突然错动是一种完全弹性行为，在求解位移场时，把介质视作完全弹性体，这样就可以在求解中应用“叠加原理”，即不管地震发生时是否完全释放了震源地方和附近地壳内所储存的应力，震源地方因断层错动已释放了的那部分可单独地用位移场表示，而不受未释放的那部分应力的干扰。

因此，在计算中，对震源断层面的错动做以下考虑：在震前，尽管震源区已有变形，但这是在地震孕育的长时间内进行的，如果在临震前观察震源区，则可视为“基准状态”，即认为任何质点都处于不动状态，大地震发生时震源地方发生了错动，这种错动在周围介质中引起的位移场和形变场是在上述基准状态上形成的。

4.1.3 弹性位错理论求解位移场的研究进展及特征

利用弹性位错理论计算位移场，都利用弹性力学中的形变核理论，如1957年日本学者笠原庆一计算了平推断层在地表引起的位移场，这个平推断层的断层面是铅直的。1959年他又计算了断层倾斜的平推断层在地面上应起的位移场。还应指出，1958年美国学者诺波夫也曾计算过平推断层在地表引起的位移场问题。1958年加拿大学者斯梯柯蒂从理论上讨论了半无限介质内部的断层错动在地表引起的位移场问题。但未进行实用性的计算。1961年，钦尼莱利用斯梯柯蒂的理论对矩形断层面的平推断层在地表引起的位移场进行了计算，这个断层的断层面位于铅直面内，可以露出地面，也可以在地面下一定深度。1964年日本学者丸山卓男发展了斯梯柯蒂的理论并对倾滑断层在地表引起的位移场进行了计算。1965年美国学者普雷斯曾计算了平推断层和倾滑断层在稍远处的位移场量板。1968年钦尼莱鉴于以往的计算在断层端部有奇点出现，即应力为无限大和位移为不定的点出现，这显然不合理，所以他和彼特拉克提出了断层面上位移幅度向断层面端部和断层深部衰减的模式，并计算了该模式在地表引起的位移场。1972年堪尼特兹和陶考肖兹计算了任意倾角和任意错动方向的断层在地表引起的位移场。1975年陈运泰等、1982年黄立人等、1985年Okada等分别从理论和实际计算上对不同活动方式下断层均匀滑动在地表引起的位移场进行了研究，并给出了拉梅常数不相等情形的半无限弹性介质中任意倾角的矩形滑动断层引起的地震位移场解析表示式，并计算了相接的几个断层面错动在地表引起的复合位移场。这些断层面的走向、倾角和错动方向是不同的。应当指出，进行这个复合位移场的计算时，实际上是假定各断层面错动互不影响，即单独计算位移场然后进行叠加[1-8]。

以上利用形变核理论的计算[9-19]存在以下几点不足：(1) 将断层面简化为双力偶形变核分布的薄板，且薄板对形变场的贡献分解为许多小段的贡献叠加，缺乏连续性；(2) 通常将断层面简化为矩形断层面，没有考虑断层位错面的位移分布规律；(3) 只对地表位移进行计算；(4) 将整个地壳作为均质弹性体，忽略了岩性及地层的差异。

1987年Harris和Segall提出垂直走滑断层的非均匀滑动位错模型[20]；刘洁（1991）综合了Okada及Harris和Segall的研究结果，给出了走滑、倾滑、拉张三个分量同时存在的非均匀滑动断层模型[21]。尽管上述位错模型不同，但它们都是以沃尔特拉位错理论为基础，由已知地表位移观测资料反演断层运动学参数，而得不到由位错引起的有效范围内断层的动力学参数。

随着计算机的发展应用及有限元方法的推广，宋惠珍等（1993）以位错概念为基础，导出了位错模型的有限单元公式，讨论了位错反演与有限单元正演相结合的方法，计算位错面内外任一点处断层的运动学和动力学参数[22]。这是有限元方法首次引入地震变形计算。国外学者Paul Segall等也用这类模型进行了一系列的研究[23-24]。随后，曾海容、宋惠珍（1999）以三维节理单元为基础，讨论了利用三维双节点节理单元模型反演地形变资料的理论基础及方法的应用，推导了具体应用的有限元公式及反演的数学公式，编制了相应的计算程序，并用包括EDM、GPS、VLBI、Leveling等在内的震时地形变资料，反演了1989年Loma Prieta地震的震源机制[25-26]。

以上地震变形计算方法中，早期的经典位错理论局限于均一介质、断层均匀滑动，而后期的断层非均匀滑动模型及有限元模型虽然摆脱了断层均匀滑动的限制，但主要用于反演断层动力学参数，需要用实际地表形变资料进行反复对比。特别是曾海容等的有限元反演方法采用了复杂的节理单元，并需要大量的地表形变观测资料作为边界条件，限制了单元的划分精度，计算复杂，同时，该方法只能对已知地震变形进行拟合外推，对于未来地震地表形变预测尚没有提出解决方案。

4.2 地震变形三维数值模拟计算分析

随着计算机的发展应用及三维有限元理论的完善，上述基于地震断层弹性位错理论下的地震形变及位移场计算完全可用三维有限元数值计算方法实现，其结果更可靠，更完整。

4.2.1 计算本构方程的确立

在地震的断层弹性位错理论中，断层突然错动是一种完全弹性行为，在求解位移场时，把介质视作完全弹性体，这样就可以在求解中应用“叠加原理”，即不管地震发生时是否完全释放了震源地方和附近地壳内所储存的应力，震源地方因断层错动已释放了的那部分可单独地用位移场表示，而不受未释放的那部分应力的干扰。

因此，在计算中，对震源断层面的错动做以下考虑：在震前，尽管震源区已有变形，但这是在地震孕育的长时间内进行的，如果在临震前观察震源区，则可视为“基准状态”，即认为任何质点都处于不动状态，大地震发生时震源地方发生了错动，这种错动在周围介质中引起的位移场和形变场是在上述基准状态上形成的。

静力弹性理论中，弹性材料的变形是可恢复的，弹性介质对外部作用的反应与变形或应力的历史无关，也不随时间延长而变化，其本构关系为：

$$\sigma = D\varepsilon \text{或} \varepsilon = C\sigma，C=D^{-1} \tag{4.1}$$

其中D叫作弹性矩阵。对各向同性的弹性介质，D矩阵的具体形式为

$$D = \frac{E}{1+v}\begin{bmatrix} \frac{1-v}{1-2v} & \frac{v}{1-2v} & \frac{v}{1-2v} & 0 & 0 & 0 \\ \frac{v}{1-2v} & \frac{1-v}{1-2v} & \frac{v}{1-2v} & 0 & 0 & 0 \\ \frac{v}{1-2v} & \frac{v}{1-2v} & \frac{1-v}{1-2v} & 0 & 0 & 0 \\ 0 & 0 & 0 & \frac{1}{2} & 0 & 0 \\ 0 & 0 & 0 & 0 & \frac{1}{2} & 0 \\ 0 & 0 & 0 & 0 & 0 & \frac{1}{2} \end{bmatrix} \tag{4.2}$$

其中，E为杨氏模量，ν为泊松比。

应用虚功原理，可得到如下有限元方程：

$$Ka = P + Q + R_{\sigma} + R_{\varepsilon} \tag{4.3}$$

其中

$$K = \sum^{M} c_e^t K_e c_e，P = \sum^{M} c_e^t P_e，Q = \sum^{M} c_e^t Q_e，R_{\sigma} = \sum^{M} c_e^t R_{\sigma,e}，R_{\varepsilon} = \sum^{M} c_e^t R_{\varepsilon,e}$$

a为总位移矢量，K称为系统的刚度矩阵，P和Q分别为体力和面力载荷的系统的等效节点载荷矢量；R_{σ}和R_{ε}分别为初应力场和初应变场的等效节点载荷矢量；C_e为单元选择矩阵，下标e表示该矢量是属于单元的量，C_e^t为C_e的转置。

地震在地壳中产生的位移场是在震前“基准状态”下叠加的，在计算中只要输入地震在断层面上

产生的位移分布，即可求出断层以外区域的位移及形变。

4.2.2 地震变形计算模型设计

由于断层发震错动所产生的形变影响范围有限，可以假定与断层一定距离之外的变形为零。同时也由于断层面错动产生了不连续点（面），有限元模拟计算往往根据计算场地的位置而计算断层某一盘的变形。因此，在模型设计中，可取断层面作为模型的一侧边界面，取一定的长度、宽度及深度作为模型的其他边界面，在这些边界面上，可近视认为其位移为零，作为计算的部分边界条件。地表为自由面，其地形可根据需要按实际情况设计，地下介质也可根据模拟区域的深部地球物理资料进行分层和参数的确定。可见，应用三维有限元计算地震形变，其模型的设计可以尽可能地接近实际，而且其计算精度也可以根据需要进行调整，这只需要将计算的网格进行加密即可。

这里所遇到的关键问题和以往计算一样，就是地震断错面的大小、形状及其上的位移分布。前面也提到，以往的计算中往往将地震断错面假设为矩形面，其上位移分布为一恒定值。但实际情况并非如此，根据大量强震地表破裂带上地震位移的分布资料，一般是震中区位移大，向两端以某种规律逐渐衰减。这种位移分布的不均一性及断错面的形状分布不规则性在以往的叠加计算方式中是很难实现的，而在有限元模拟中，则变得很容易。因此在模拟计算中，我们可以应用震源物理研究的最新成果，确定断错面上最接近实际的位移分布及断错面形状、大小来进行计算。

目前断错面参数的确定主要根据前人研究得到的一些关系式：

① 地震地表破裂带长度L与震级关系[27]：

$$M=3.3+2.1\lg L \tag{4.4}$$

② 地表最大错动幅度U_d与震级关系[27]：

$$\lg U_d=0.52M-1.25 \tag{4.5}$$

地震矩M_0与震级关系[28]：

$$M=0.79\lg M_0-13.84 \tag{4.6}$$

由于地表破裂带和地表最大错动幅度是地表可见的，因此，关系式4.4、式4.5可用来根据将要计算的震级确定地震地表破裂带长度及地表最大错动幅度。

虽然现在关于震源的理论有很多，但关于地下地震破裂范围及分布的确切证据仍不足。因此，现阶段的模拟仍采用矩形断错面，这对于计算某一场地的最大潜在地震变形影响不大。但可对断错面上的地震位移分布做一定改进和简化。这里，我们在水平方向上忽略位移分布的不对称性，采用位移分布的抛物线模型，即以震中为中心点，取水平方向为X轴，则有$U_x=px^2+U_d$，当$x=L/2$时，$U_x=0$，因此

$$p=-\frac{4U_d}{L^2} \tag{4.7}$$

而纵深方向上取一定断错面宽度，位移值简化为在纵深方向上不变。

断错面宽度的确定，理论上可根据上式及地震矩计算公式共同确定，即

$$M_0=E\iint U_{x,y}\mathrm{d}x\mathrm{d}y \tag{4.8}$$

但可能由于公式间的不协调，计算得出的断错面宽度往往不切实际。由于只有浅源地震才容易在地表产生破裂带，才会在地表一定范围产生大的地震变形，对设施造成破坏，计算中断错面的宽度可依据区域浅源地震震源深度来确定。纵深方向上的地震位移分布理论上至少到震源处[29]，因此，计算模型中断层位错面的宽度均以估计的震源深度计算。这种确定断错面宽度的方法对于地表地震变形的影响并不明显[17]。

4.2.3 地震活动断层潜在地震变形模拟预测

从地震的断层机制出发，地震是在断层面上的一个突然的位移错动。这种突然的错动一方面向周围介质辐射地震波，引起介质的振动，另一方面这种错动使断层两盘发生相对位移，因而在断层周围产生一个位移场分布。根据波动理论，在弹性介质中，波传播时介质的质点只在平衡位置附近振动，质点之间产生的相对位移不会太大。但是后一种断层错动在周围介质中产生的位移场分布以及这种位移场分布在空间的不均匀性（应变）却会使介质质点之间产生永久性的相对位移。这就是本工作中所说的地震变形的含义。这种变形通常是地震断层周围产生一定规模的裂缝的原因，也是地震断层附近地表破坏强烈的主要原因之一。

第三章在对近断层强地震动进行模拟预测时，曾以敦煌地区的三危山断层作为典型实例进行了详细研究。该地区位于青藏高原的北部边缘，紧邻新构造活动强烈的阿尔金山和祁连山区。区内断裂、褶皱均较发育，尤其是第四纪以来断裂活动显著，地震活动频繁，是我国的主要地震区之一。由于该断层靠近莫高窟，因而受到重视且研究程度高。从历史地震活动来看，在三危山及其邻近地区主要以中小地震为主，而在区域上则受到大地震的波及，地震的发生对石窟造成了不同程度的破坏和影响。因此，本章仍以三危山断层为实例，基于地震的断层回弹理论，用三维有限元的方法分析计算地震活动断层的潜在地震变形。

1. 三危山地区地震地质条件及潜在地震危险性

三危山地区在大地构造上位于塔里木古老地块的东南边缘带，前震旦变质岩构成了统一的结晶基底，以三危山断层为界，把区内划分为两个小的构造单元——三危山隆起带和敦煌盆地，同时也形成了明显的地貌分区。三危山断层以西的莫高窟恰处于隆起带与盆地的交界处。

该区地层出露简单，主要为前震旦系基岩上覆第四系沉积岩。前震旦系分布于三危山地区，地层近东西向展布，岩性为一套深变质杂岩，主要岩性有片麻岩、斜长角闪岩、石英片岩、大理岩和黑云母石英片岩等，地层总厚度4627m。由于经历了多次构造变动，岩石破碎。

沿三危山断层，第四纪主要分布在断层北侧的三危山北麓山前地带，已有少量分布在山体内部的沟谷中。沿三危山断层，第四纪地层发育比较完整，其中上更新统沿断层广泛发育，而下更新统出露局限，仅分布在该断层西南端的溪水沟口地区；中更新统分布也不广泛，主要出露在该断层西南段的西水沟至三危山口子一带，有少量出露于该断层的中段。

中更新统主要出露于三危山前，西水沟至榆树沟之间，呈宽3km余，长13km的条带。岩性为单一砂砾石，砾石青灰白色，泥钙质半胶结，微有层理，结构较致密，局部稍松。地貌上属于老洪积台地顶部，沟谷两岸属于河流侵蚀阶地，出露厚度约45m。

沿三危山断层，第四纪的划分见表4-1。

作为世界文化遗产的敦煌莫高窟，研究三危山断层对它的影响意义重大。地震断层产生的变形大小是与距发震断层的距离的平方成反比的，虽然莫高窟地区地震活动主要位于祁连山区和阿尔金山区，但对于莫高窟来说已属于远震，距离较远，所以其地震变形影响是可以忽略的。距离莫高窟较近的为三危山断层（F_2），距离约3000m，

表4-1　三危山断层附近第四纪分布岩层简表

地层时代	成因类型	主要岩性	可见厚度(m)	分布地貌位置
全新统	风积	松散状中细砂、粉砂	3～50	沙山、沙丘
	冲洪积	含砾粗砂、砂砾石	<5	现代沟谷1、2级阶地及沟谷外侧早期洪积扇上
上更新统	洪积	砂砾碎石、亚砂土、含砾砂	<40	早期洪积扇上
中更新统	洪积	砂砾石、含砾碎石	10～50	山前洪积台地
下更新统	洪积	砂砾石、夹砂岩透镜体	2～20	三危山山前高台地、山前基岩顶部

其他断裂与莫高窟的距离均在50km以上。因此，可能给莫高窟地区带来较大地震变形的主要是三危山断层发震。虽然历史地震资料及相关研究表明，三危山断层活动性不强，但该断裂东段1933年曾发生过5¹/₄级中强地震，未来不能排除该断层发生中强地震的可能。又如旱峡-大黄沟断层（F_7），性质与三危山断层相似，2002年12月14日发生了玉门5.9级地震。因此，莫高窟地区的最大潜在地震变形主要产生于三危山断层发震。

2. 三危山地区地震形变模拟模型及参数选择

三危山断层是一条晚更新世以来没有地表活动的断层，根据构造类比分析，其震级上限为6.0级。作为计算探讨及对比分析，我们以三危山断层发生5.5级、6.0级及6.5级地震作为莫高窟地区产生地震变形。三危山断层总体产状N65°E/SE∠50°～70°，活动方式以逆冲为主，由三条活动程度不同的不连续断层段组成。考虑到青藏高原北缘阿尔金断裂及祁连山北缘断裂的强左旋走滑活动方式对三危山断层的影响，虽然该区断层活动以水平剪切为主，在模拟时仍分水平剪切和逆冲两种情况，以做对比并增加安全系数。计算中忽略主动盘与被动盘的差异。

由于能产生地表破裂带的最低地震震级在各处是不一样的，如美国有3.6级地震产生地表破裂，我国有许多4³/₄级地震产生地裂的历史纪录[30]。因此计算中假定各种情况下都产生地表破裂。

（1）断层断错面及断错面上位移分布的确定

通过一些关系式，如式4.4、式4.5计算发震断层的基本参数。

断层断错面宽度及断错面上的位移表达按式4.7、式4.8计算。

由于只有浅源地震才容易在地表产生破裂带，三危山地区的浅源地震震源深度分布以2～10km为主（图4.1），且三危山断层直接出露地表，因此，计算模型中断层位移的分布宽度均以震源深度10km计算。由此得到断层参数如表4-2所示。

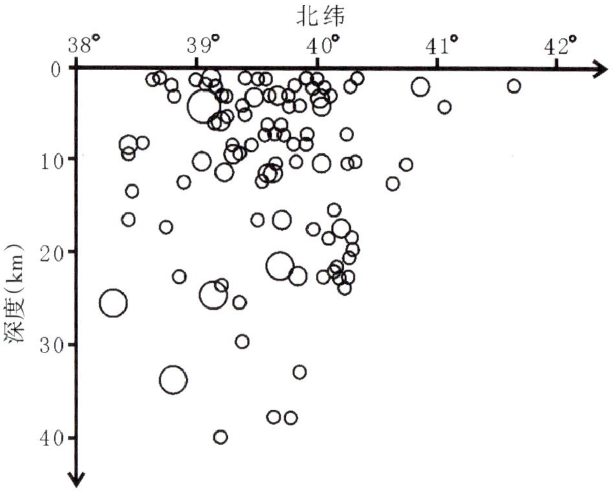

图4.1 三危山地区震源深度分布图

表4-2 断层参数与震级的关系

设定地震震级	地表破裂带长度L(km)	地表最大错动幅度U_d(m)	p
5.5	11.16	0.41	-13.17E-3
6.0	19.31	0.74	-7.94E-3
6.5	33.4	1.35	-4.8E-3

在计算中，由于只计算单盘，断面位移值均减半。

（2）模型范围及介质参数、边界条件

根据断层面的大小，确定计算区域以断层为一侧边界，长40km，宽20km，深20km。模型在纵深方向上分为3层（图4.2），即第四纪沉积层（0.2～1km）、基岩层（5km）和上地壳，其岩性介质参数见表4-3。采用20节点8面体单元将模型划分为24万多个节点，16万多个单元。由于断层错动产生的位移场只影响断层面及断层周边一定范围，计算中限制模型底面、侧面无位移，地表为自由面。

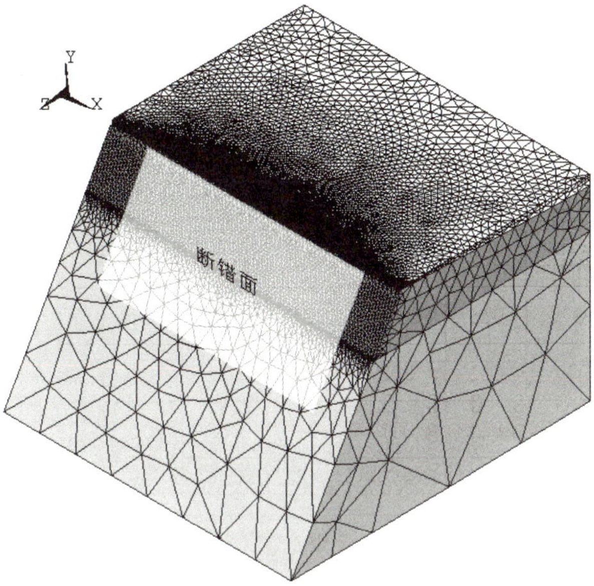

图4.2　计算采用的有限元模型

表4-3　岩性介质参数

介质类型	弹性模量E(Pa)	泊松比μ
第四纪沉积岩	3.5E10	0.24
前寒武基岩	5E10	0.22
上地壳	7E10	0.24

3. 潜在地震形变模拟结果

图4.3、图4.4分别为三危山断层发生5.5级地震时断层逆冲和水平走滑两种方式下莫高窟地区地表位移及应变分布图。从图中可以看出，由于断层错动面假定的是对称位移分布，不管断层以何种方式运动，位移场和应变场量值在断层一侧均表现为以垂直震源中心线（Z轴）对称分布。

在断层逆冲活动方式下，X方向的位移分布在断错面端点附近形成两个高值中心，向周围逐渐衰减，但Z轴两侧位移方向刚好相反，Z轴为零值线；Y、Z方向的位移和总位移分布均以地表破裂面为中心，向外非线性衰减。正应变均以Z轴对称分布，随着与断层的距离增大而非线性衰减；XZ方向的剪应变分布规律在量值上也如此，但Z轴两侧方向刚好相反，Z轴为零值线；XY和YZ方向的剪应变分布规律不明显。

在断层水平走滑活动方式下，X方向的位移和总位移分布以地表破裂面为中心，向外非线性衰减；而Y、Z方向的位移分布在断层端点附近形成两个中心，向周围逐渐衰减，并且Z轴两侧位移方向刚好相反，Z轴为零值线。正应变仍以Z轴对称分布，但断层两侧各形成应变中心，向外逐渐衰减，Z轴为零值线；XZ方向的剪应变以地表破裂面为中心，随着与断层的距离增大而非线性衰减；XY和YZ方向的剪应变分布规律不明显。

三危山断层发震震级在6.0及6.5级时，莫高窟地区的地表位移与应变分布规律与5.5级地震基本一致，只是量值和范围不同。

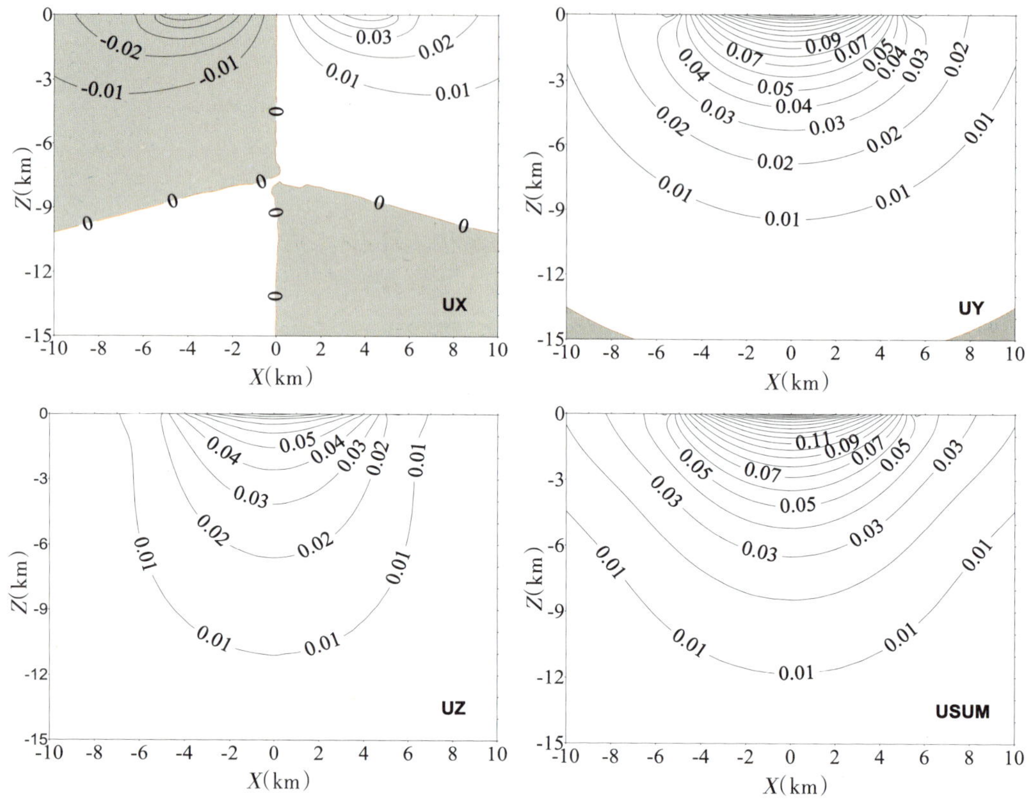

a. 断层逆冲活动

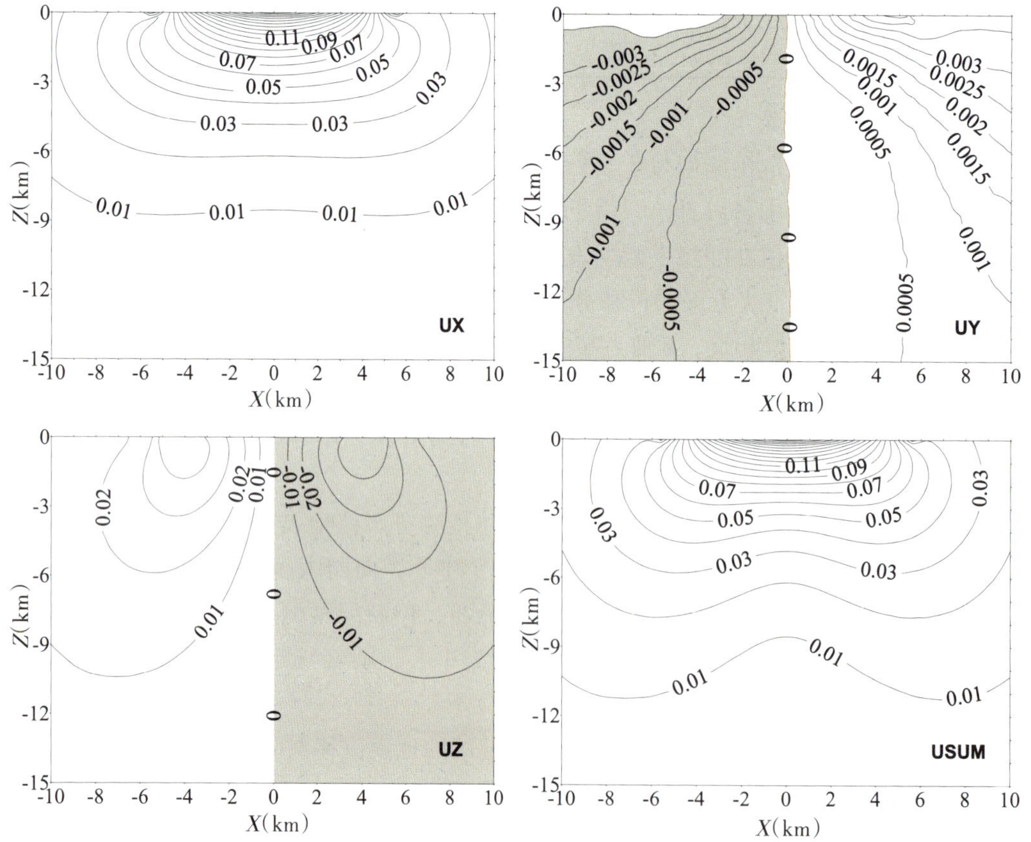

b. 断层水平走滑活动

图4.3 震级5.5断层下断层一侧地表位移分布（位移单位：m）

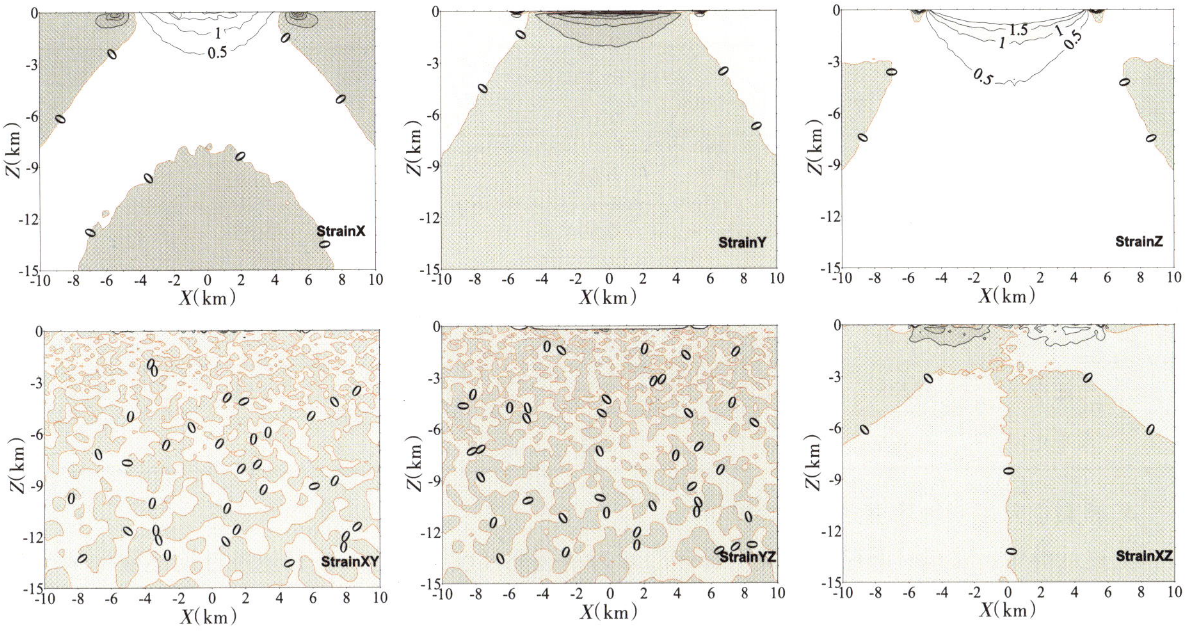

a. 断层逆冲活动

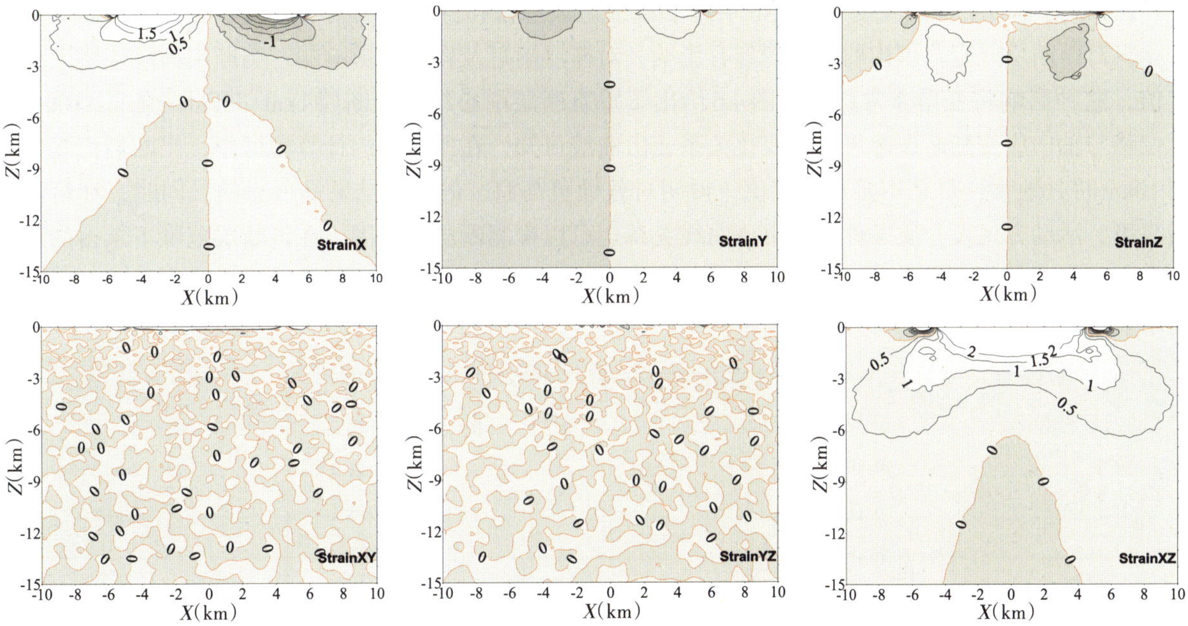

b. 断层水平走滑活动

图4.4 震级5.5情况下断层一侧地表应变分布（应变单位：10^{-5}）

莫高窟南北长约1600m，距三危山断层2000～3500m，表4-4给出了三危山断层发生不同震级地震、不同活动方式下莫高窟区的总位移与正应变、剪应变值区间。最大值对应距三危山最近点，最小值对应距三危山最远点。可以看出，随三危山断层发生地震的震级增大，莫高窟区的地震位移和正应变、剪应变均增大。

在相同震级下，当震级较小时（5.5级），断层逆冲活动所产生的地震位移大于断层水平走滑所产生的地震位移，随震级增大（≥6.0级），断层逆冲活动所产生的地震位移将小于断层水平走滑所产生的地震位移，其差别随震级的增大而增加；在相同震级下，断层逆冲活动所产生的正应变大于断层水平走滑所产生的正应变，随震级增大，差别减小；在相同震级下，断层逆冲活动所产生的剪应变远远小于断层水平走滑所产生的剪应变，随震级增大，差别越大。在相同震级下，断层逆冲活动时，应变以正应变为主，断层水平走滑时，应变以剪应变占优。

表4–4 不同震级断层不同活动方式下莫高窟区的位移与形变值

震级	断层活动方式	最小位移(m)	最大位移(m)	最小正应变($\times10^{-5}$)	最大正应变($\times10^{-5}$)	最小剪应变($\times10^{-5}$)	最大剪应变($\times10^{-5}$)
5.5	逆冲	0.060	0.090	0.625	1.00	0.140	0.282
	水平走滑	0.051	0.073	0.594	0.81	1.05	1.5
6.0	逆冲	0.110	0.151	1.25	1.75	0.315	0.46
	水平走滑	0.120	0.182	1.05	1.73	2.05	3.98
6.5	逆冲	0.275	0.375	1.85	3.12	0.56	1.0
	水平走滑	0.306	0.413	2.00	3.00	5	7.2

4. 断裂面尺度对地表变形的影响探讨

上述计算中，影响计算结果的最不确定因素为断裂面尺度，因此，在其他条件均不变的情况下，对断裂面深3km、5km、7km、10km、15km、20km不同情况下断层逆冲震级5.5进行了计算，以对比地表形变及位移的变化，研究断裂面尺度对计算结果的影响。

图4.5为不同断裂面尺度下垂直断层中心线上地表总位移分布，从图中可以看出，断裂面尺度的变化只对距断层一定范围内的地表变形有影响，对断层附近及较远处影响弱；当断裂面尺度增大到一定值，这种影响将变得非常微弱。图4.6给出了垂直断层中心线上距断层1km、3km、5km、10km处总位移与轴向应变随断裂面尺度的变化关系，由曲线可知，在所给定的计算模型中，当断裂面深度达到10km时，地表变形基本接近稳定值，说明对敦煌莫高窟区的模拟结果是可靠的。同时，在给定发震震级、活动方式及介质条件下，由该曲线关系也可以推测断层的范围，在该断层范围下求得的地表地震变形是可靠的。因此在地震地表形变预测计算中，应先根据介质条件及发震震级、活动方式等确定断裂面尺度范围，以求得可信的结果。

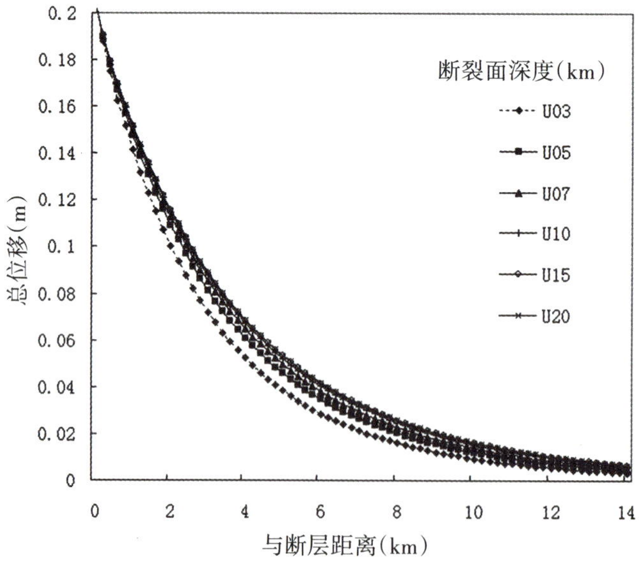

图4.5 不同断裂面尺度下垂直断层中心线地表总位移分布

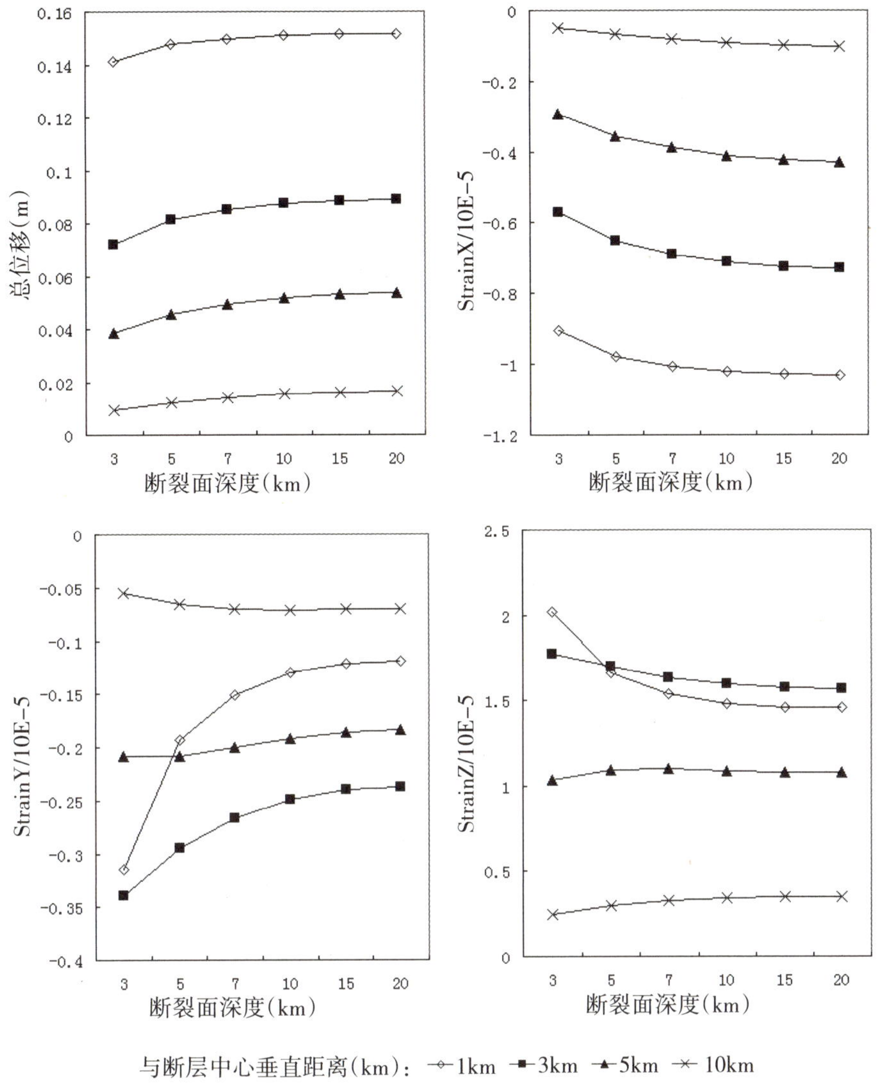

图4.6　地表不同点的总位移及形变与断裂面尺度的关系

从以上计算结果可以看出，莫高窟区的潜在地震变形主要产生于其东南侧的三危山断层发震，该断裂未来不能排除发生中强地震的可能。在未来，该断裂发生5.5级、6.0级和6.5级地震时在莫高窟区产生的最大位移分别为0.090m、0.182m和0.413m，最大正应变分别为1.00×10^{-5}、1.75×10^{-5}和3.12×10^{-5}，最大剪应变分别为1.5×10^{-5}、3.98×10^{-5}和7.2×10^{-5}。断层水平走滑运动方式发震比逆冲运动方式发震对莫高窟产生的地震变形要强。

由于对中强地震缺乏震后断层两侧完整的变形监测资料，以上理论计算的结果还缺乏实际资料的检验，但对比1966年邢台6.2～7.2级地震群的较完整的形变观测资料[33]，地震在距断层10km左右的地表上产生约20cm的水平变形及几十毫米的垂直变形，应变在断层附近为10^{-5}的量级，说明计算得到的结果基本是可信的。当然，地震变形的计算，中间还存在很多不确定因素，特别是岩石介质参数及本构关系对计算的真实性起决定作用，以上理论计算的结果，仅供抗震设防参考。

4.3　断裂活动方式与地震地表变形分布特征研究

地震发生后地表永久地震变形的分布规律与断裂活动方式有很强的关联性，地质构造条件、地层物理力学性质则为局地影响因素。受区域构造应力场及断层性质的影响，断裂活动方式有逆冲、走滑和正断。不同的活动方式在地表所产生的地震变形分布将有所不同。研究区域活动断层发震方式及其所产生地震地表永久变形的分布规律和影响因素，对于预测不同区域的地震地表变形分布及抗震设计将有所裨益。

4.3.1 模型设计

1.断层参数的确定

通过前述关系式计算发震断层的基本参数如表4-5。在计算中，由于只计算单盘，断错面位移值均减半。

表4-5 断层参数与震级的关系

震级	地表破裂带长度L(km)	地表最大错动幅度U_d(m)	p
6.0	19.31	0.74	-7.94E-3
6.5	33.4	1.35	-4.8E-3
7.0	57.8	2.455	-2.939E-3
7.5	100	4.467	-1.787E-3
8.0	173	8.128	-1.086E-3

2.模型范围及介质参数、边界条件

根据断层面的大小，确定计算区域以断层为一侧边界，长200km，宽50km，深50km。模型在纵深上分为2层，即沉积盖层（厚度以5km计）和上地壳，其岩性介质参数见表4-6。采用20节点8面体单元将模型划分为24万多个节点，16万多个单元。由于断层错动产生的位移场只影响断层面及断层周边一定范围，计算中限制模型底面、侧面无位移，地表为自由面。典型有限元计算模型见图4.2。

表4-6 岩性介质参数

介质类型	弹性模量E(Pa)	泊松比μ
沉积盖层	5E10	0.22
上地壳	7E10	0.24

采用单一断层发震模型及工况，在工作中分别模拟计算了活动断裂发震震级为5.5、6.0、6.5、7.0、7.5、8.0级不同情况下，断层倾角75°与60°，以及断层倾滑逆冲、水平走滑和倾滑正断三种情况下的断层上下盘的地震位移和地震形变场。这里同样假设断层出露地表，不考虑覆盖层影响。

断层参数及模型范围、介质参数、边界条件均与上节相同。作为分布规律探讨，在计算中忽略断面处上下盘的变形差异，断面处上下盘的绝对位移均取总相对位移的一半作为输入条件。

4.3.2 地震地表变形分布特征分析

图4.7至图4.24为计算得到的断层倾角60°时各种工况下地震地表应变及位移分布图。每张图为上下对称，上半部为断层上盘，下半部为断层下盘，折中线为断层。断层本应为位移及应变值的突变线，但由于软件等值线绘图计算方法原因，断层线均显示为突变带。

应变强度与等效应变作为地表变形多组分的一个综合判定指标，可用来判定材料的破坏程度。图中应变强度ε_{int}为三个主应变的差值的绝对值之最大值，即

$$\varepsilon_{int}=\max(|\varepsilon_1-\varepsilon_2|,\ |\varepsilon_2-\varepsilon_3|,\ |\varepsilon_1-\varepsilon_3|)$$

等效应变ε_{eqv}按下列公式进行计算：

$$\varepsilon_{eqv}=\frac{1}{1+\upsilon}\left(\frac{1}{2}\left[(\varepsilon_1-\varepsilon_2)^2+(\varepsilon_2-\varepsilon_3)^2+(\varepsilon_1-\varepsilon_3)^2\right]\right)^{\frac{1}{2}}$$

或

$$\varepsilon_{\text{eqv}}=\frac{1}{1+\upsilon}\left(\frac{1}{2}\left[\left(\varepsilon_x-\varepsilon_y\right)^2+\left(\varepsilon_y-\varepsilon_z\right)^2+\left(\varepsilon_z-\varepsilon_x\right)^2+6\left(\varepsilon_{xy}^2+\varepsilon_{yz}^2+\varepsilon_{xz}^2\right)\right]\right)^{\frac{1}{2}}$$

其中υ为泊松比。

图中距离单位与位移单位均为m。平行断层方向为x方向，地面垂直断层方向为y方向，垂直地面方向为z方向。

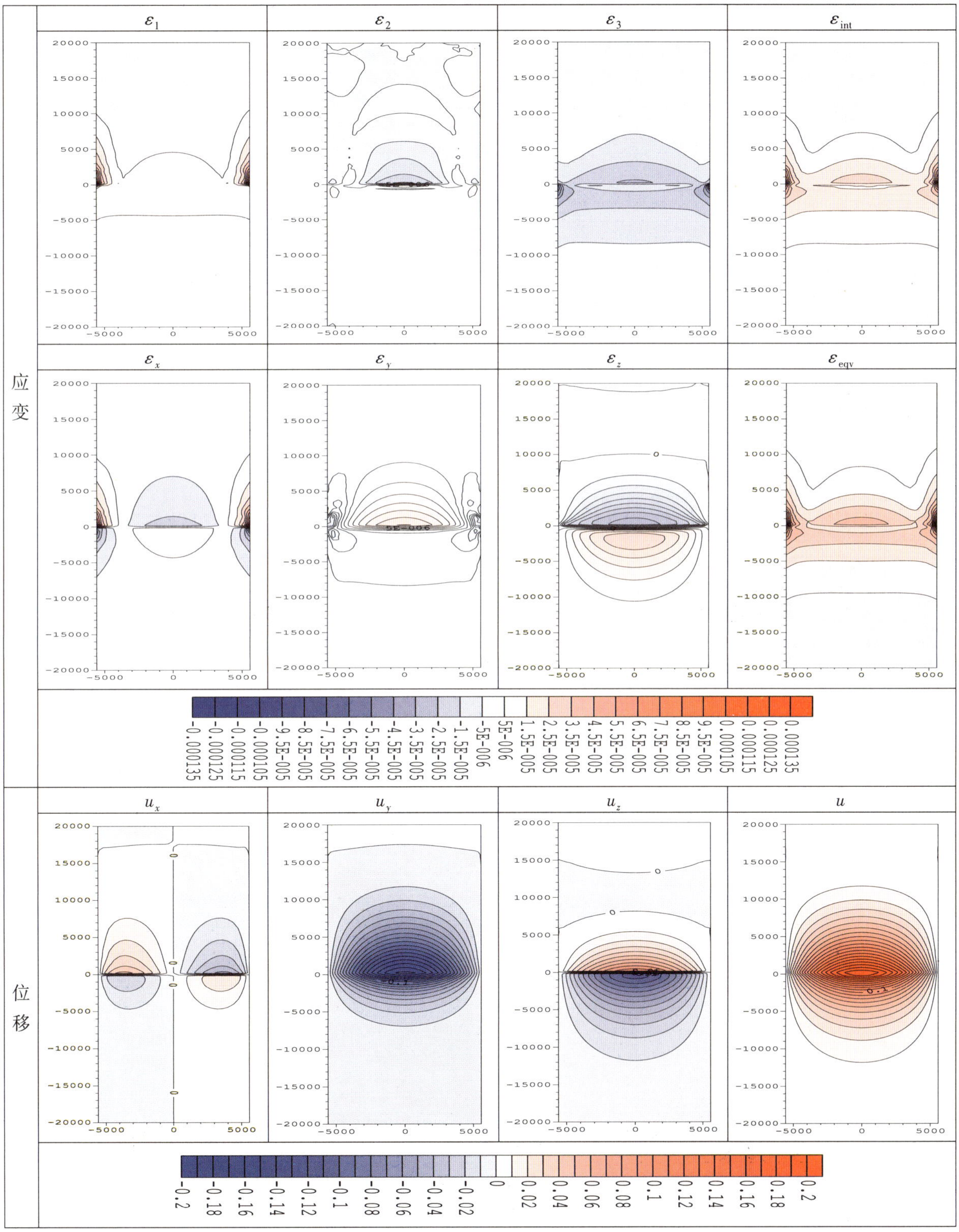

图4.7　震级5.5断层倾角60°断层倾滑逆冲发震地震地表变形分布图

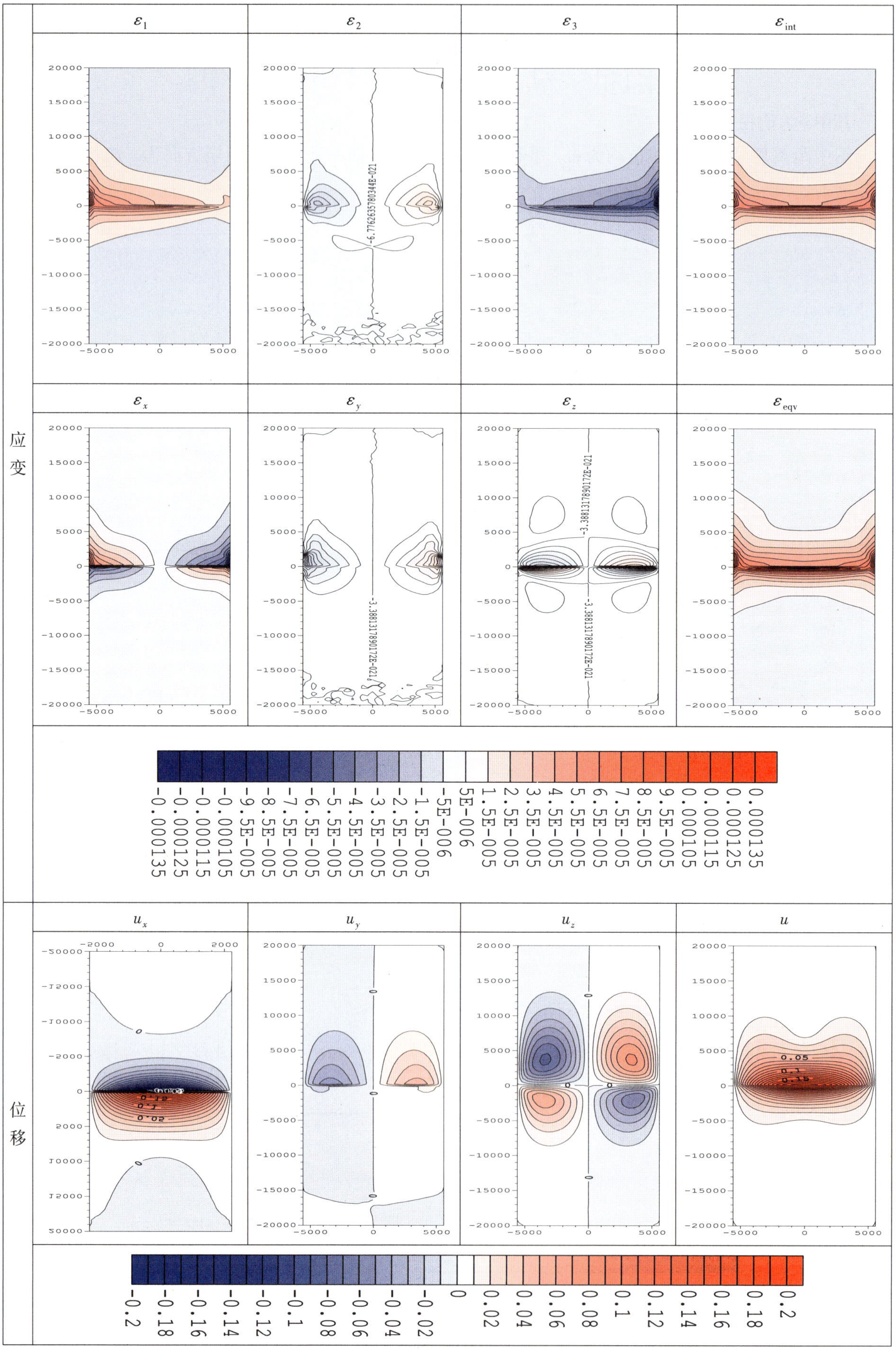

图4.8 震级5.5断层倾角60°断层走滑剪切发震地震地表变形分布图

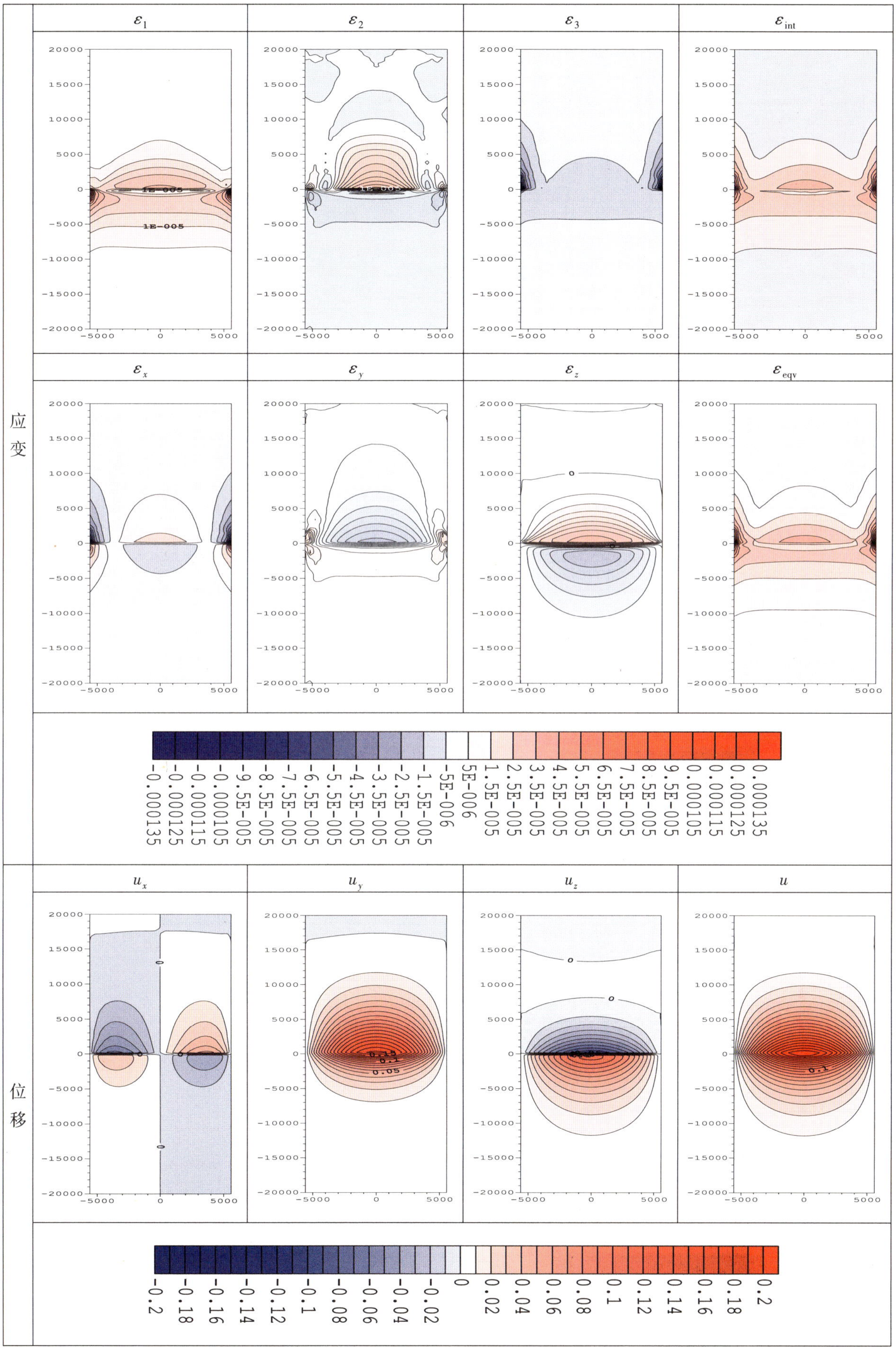

图4.9　震级5.5断层倾角60°断层倾滑正断发震地震地表变形分布图

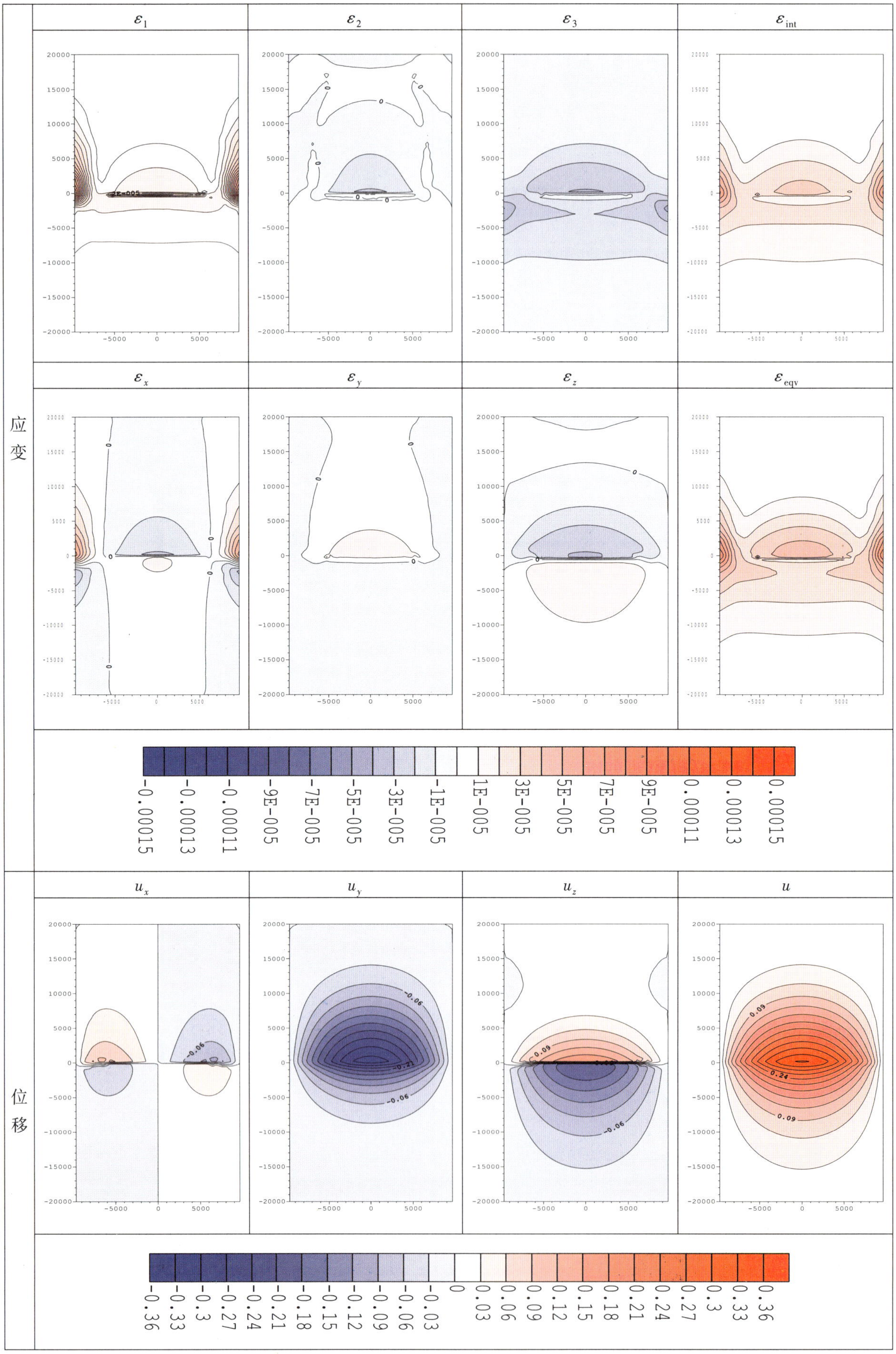

图4.10 震级6.0断层倾角60°断层倾滑逆冲发震地震地表变形分布图

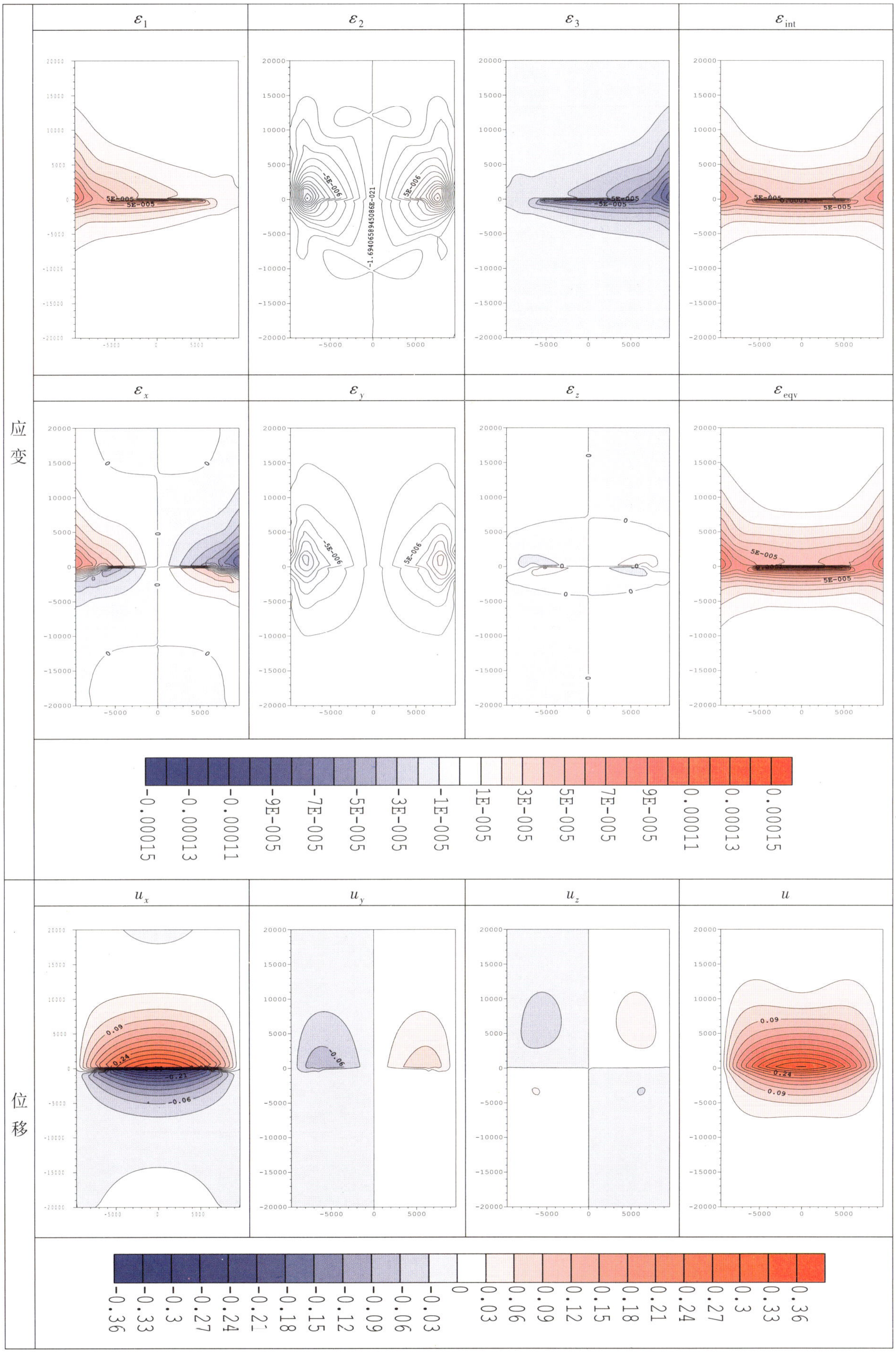

图4.11　震级6.0断层倾角60°断层走滑剪切发震地震地表变形分布图

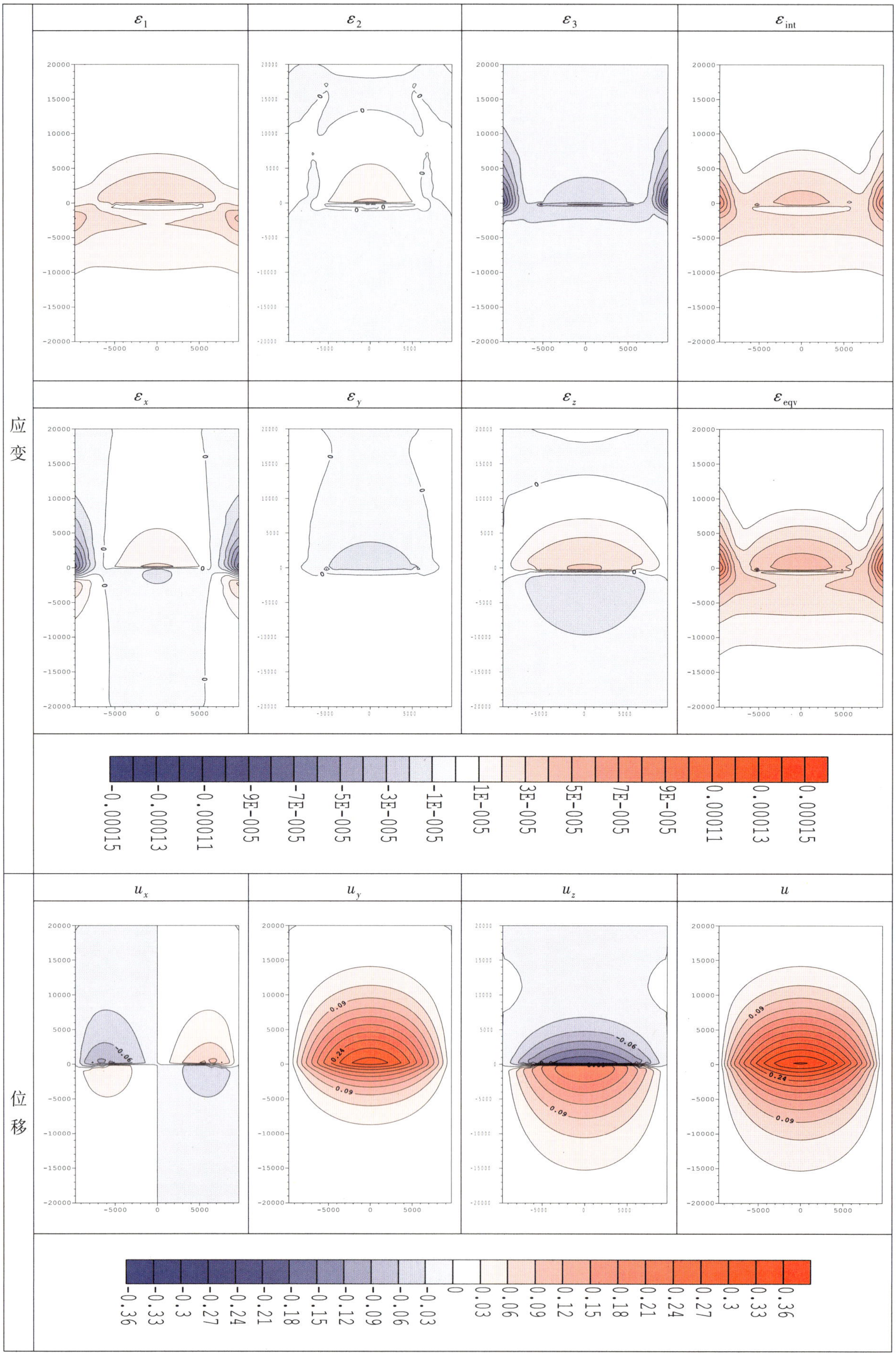

图4.12 震级6.0断层倾角60°断层倾滑正断发震地震地表变形分布图

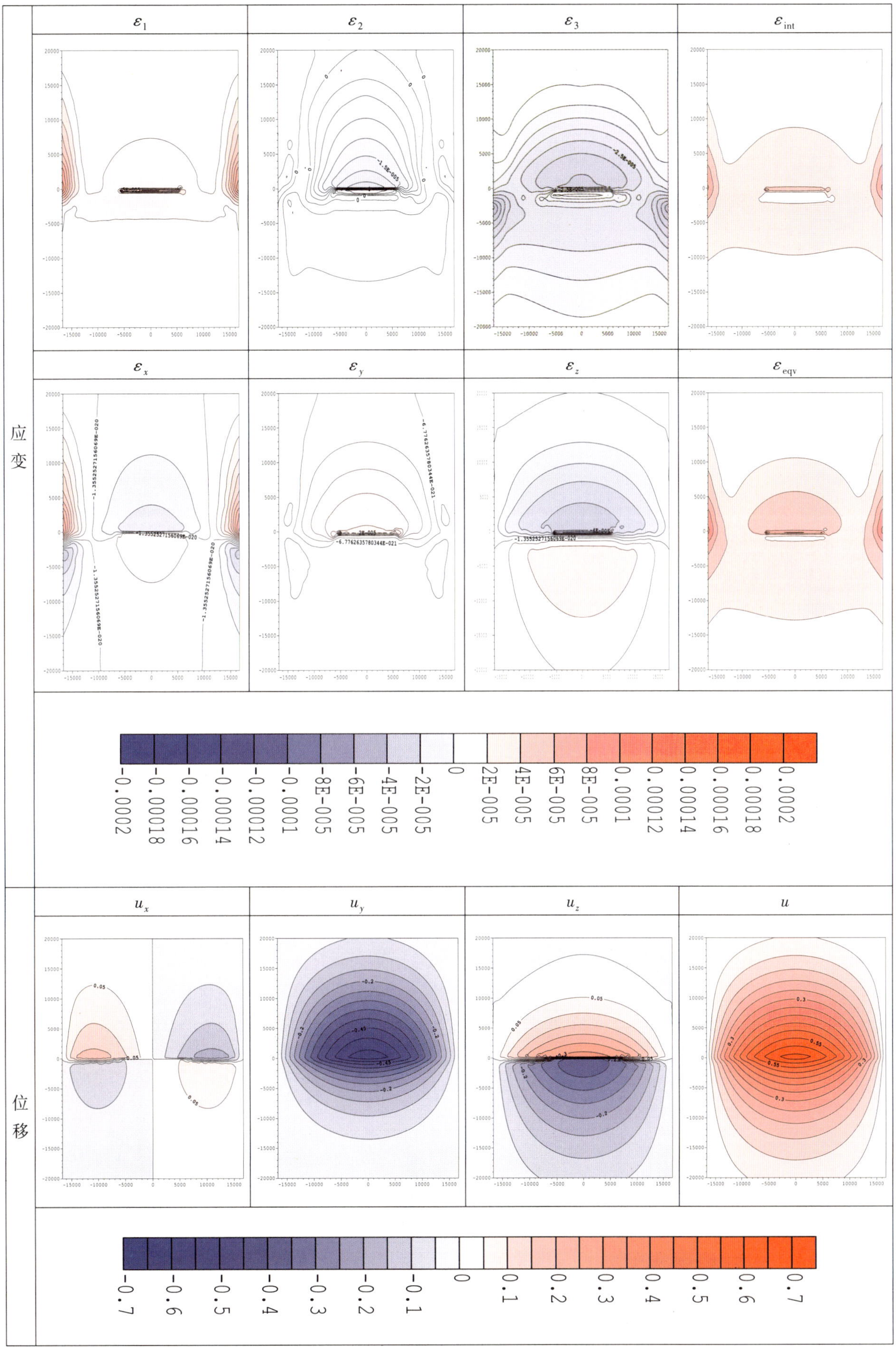

图4.13　震级6.5断层倾角60°断层倾滑逆冲发震地震地表变形分布图

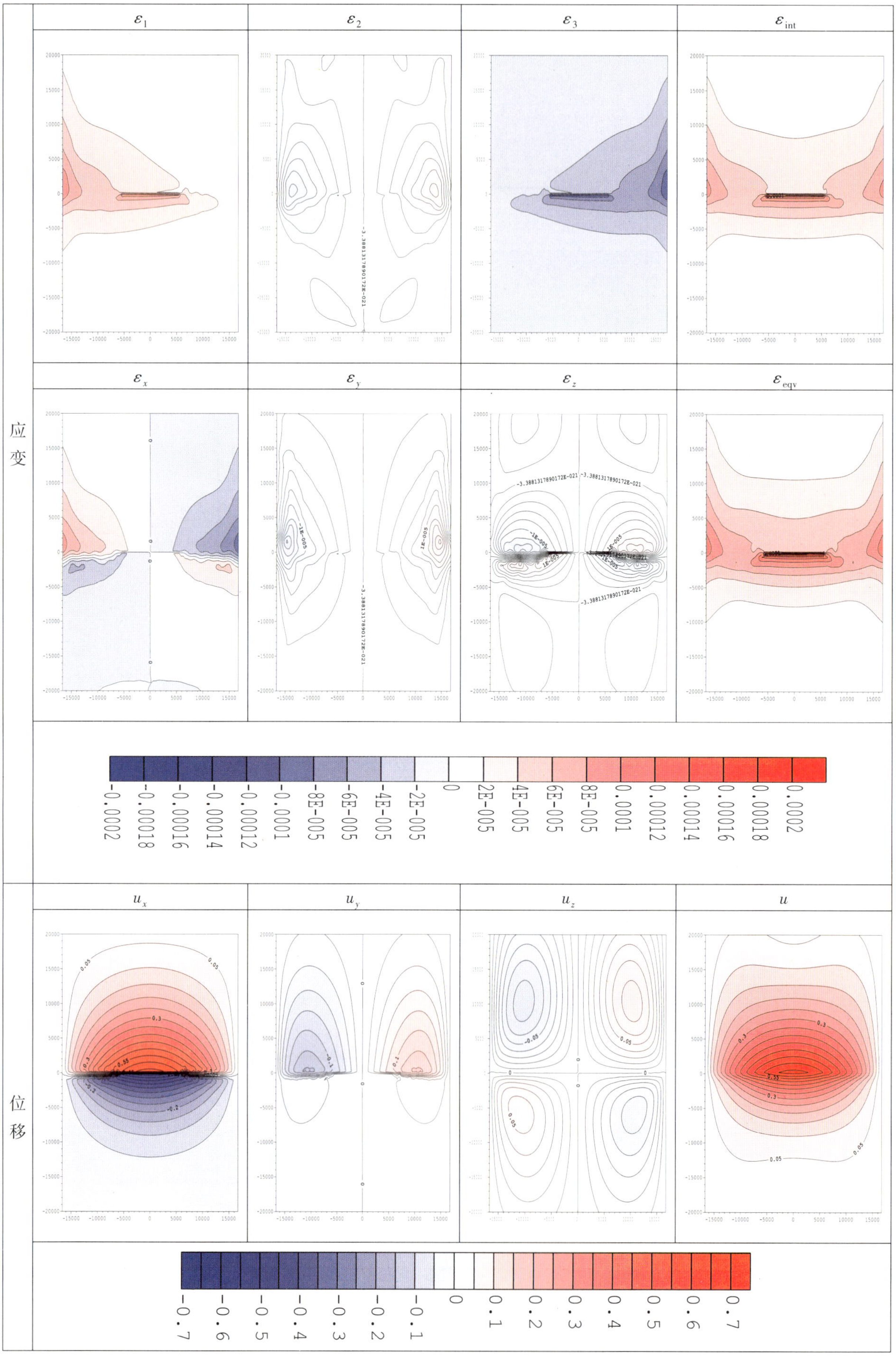

图4.14　震级6.5断层倾角60°断层走滑剪切发震地震地表变形分布图

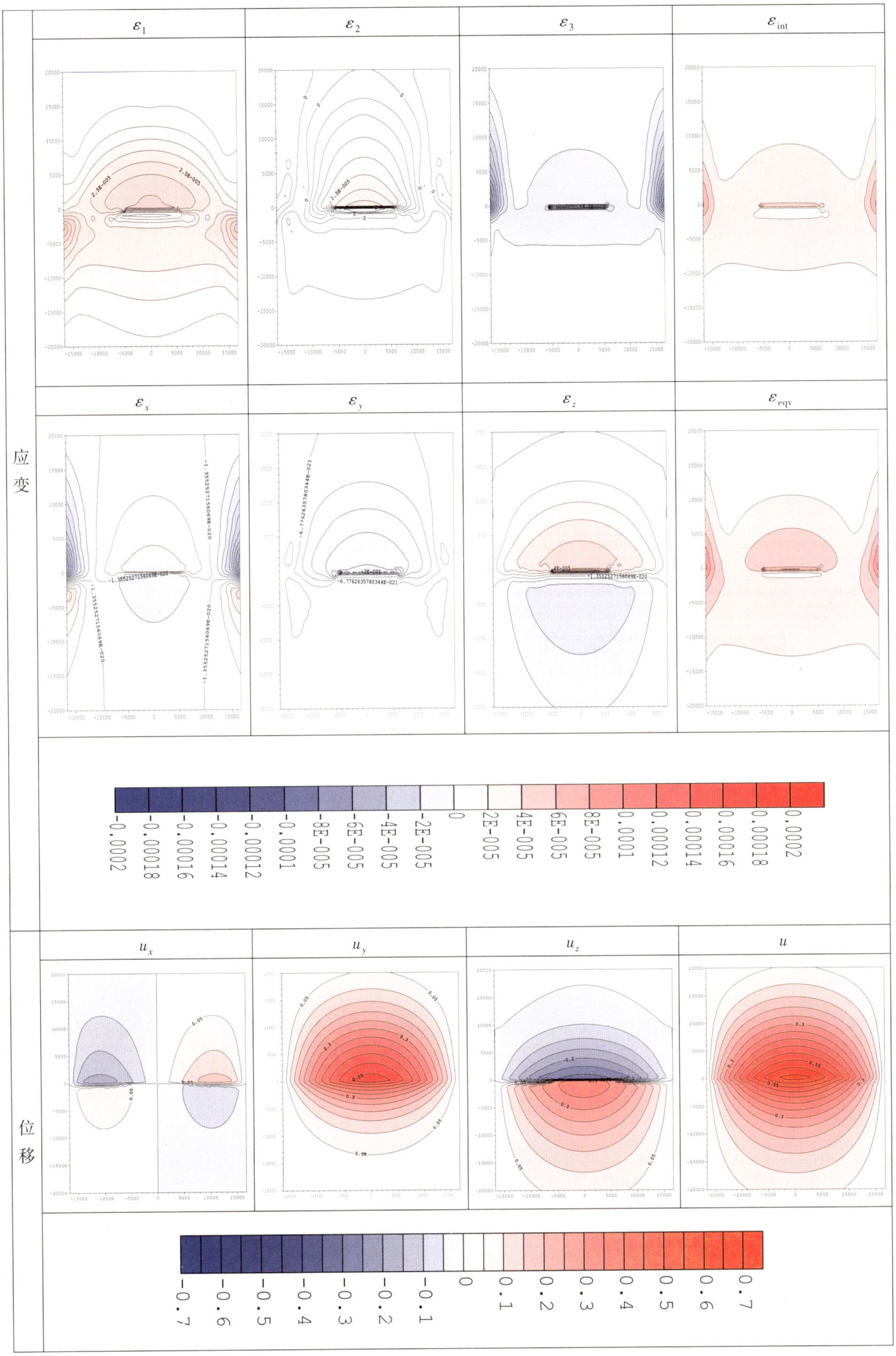

图4.15　震级6.5断层倾角60°断层倾滑正断发震地震地表变形分布图

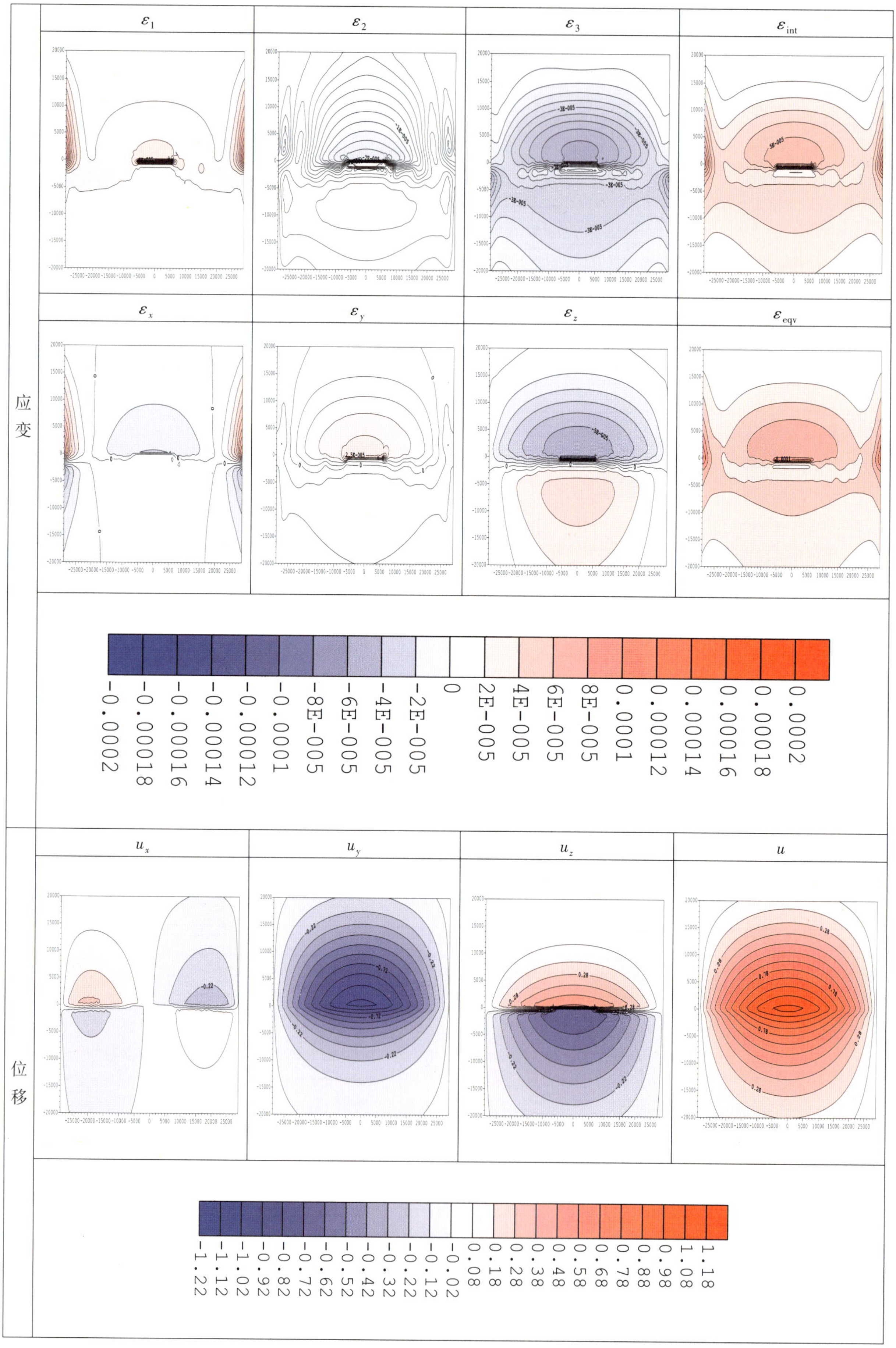

图4.16 震级7.0断层倾角60°断层倾滑逆断发震地震地表变形分布图

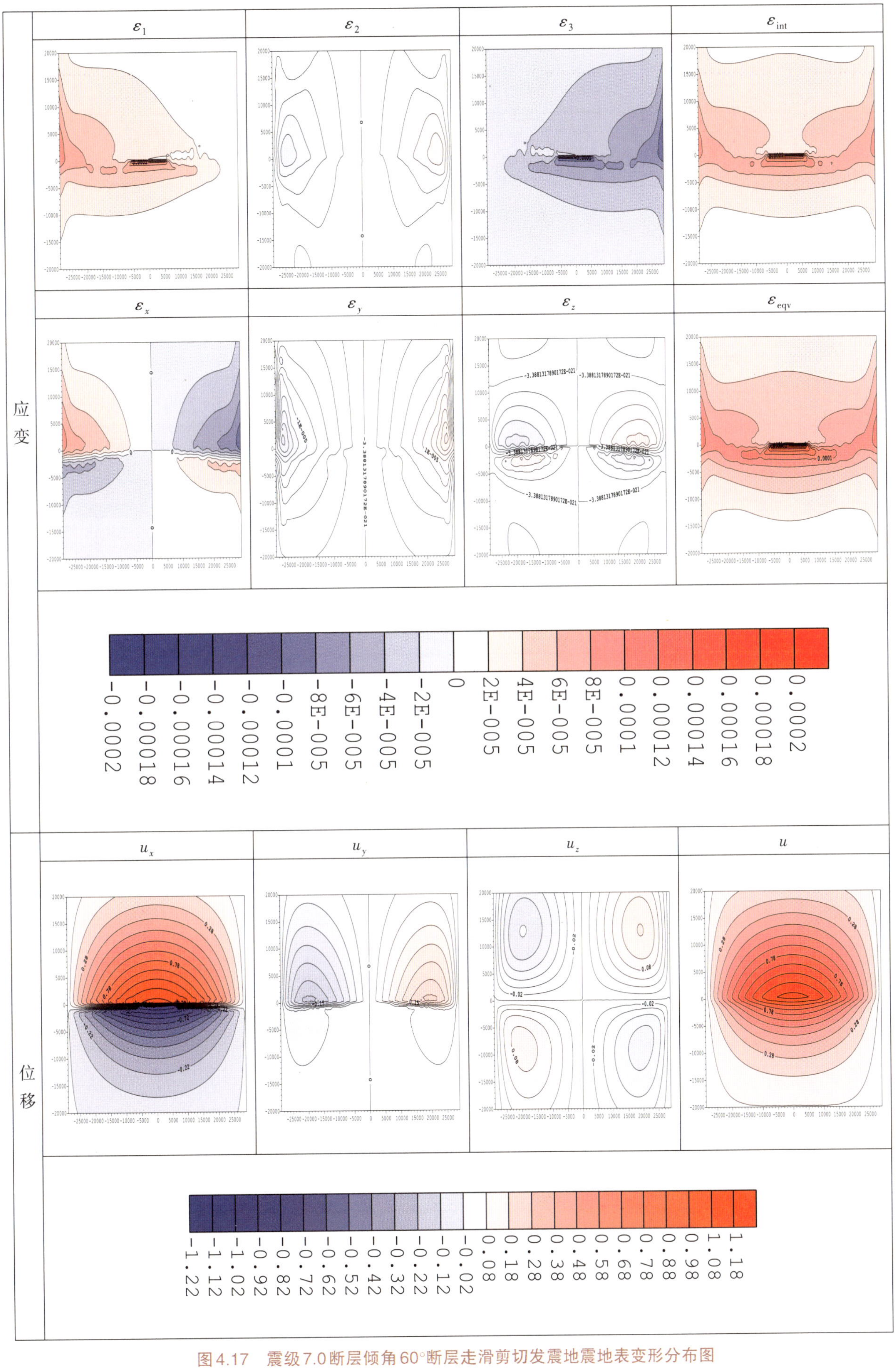

图4.17　震级7.0断层倾角60°断层走滑剪切发震地震地表变形分布图

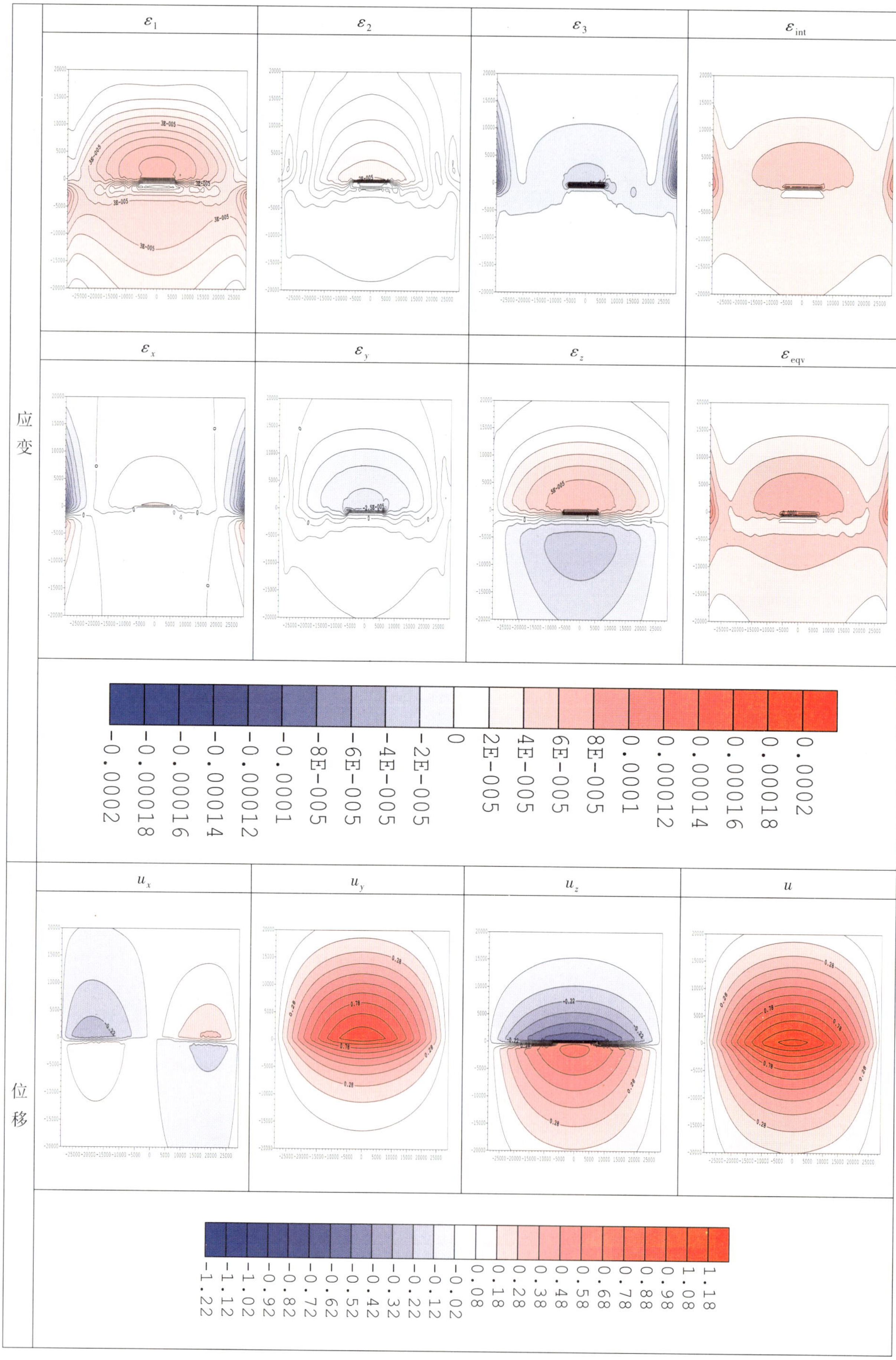

图4.18 震级7.0断层倾角60°断层倾滑正断发震地震地表变形分布图

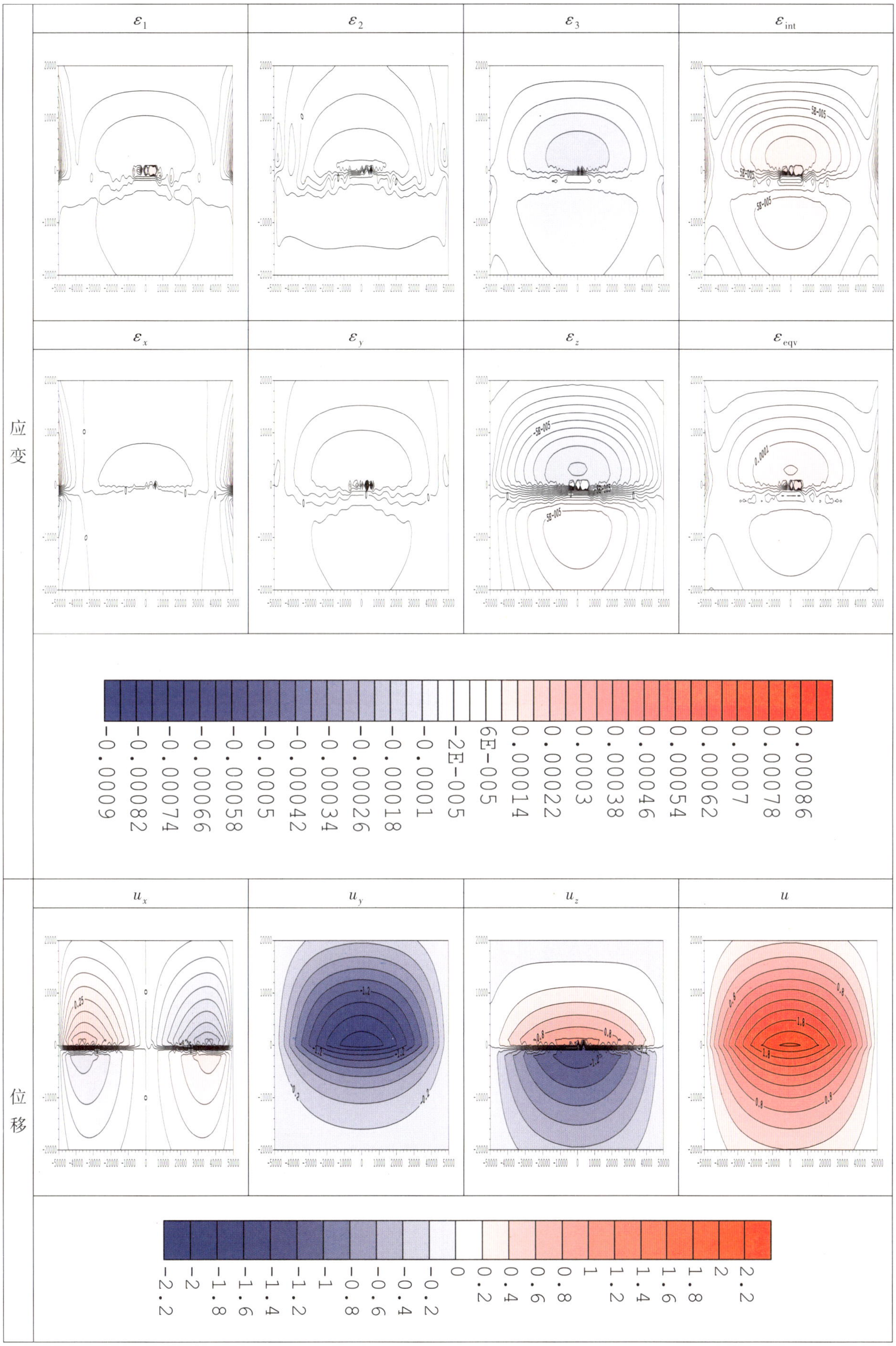

图4.19 震级7.5断层倾角60°断层倾滑逆断发震地震地表变形分布图

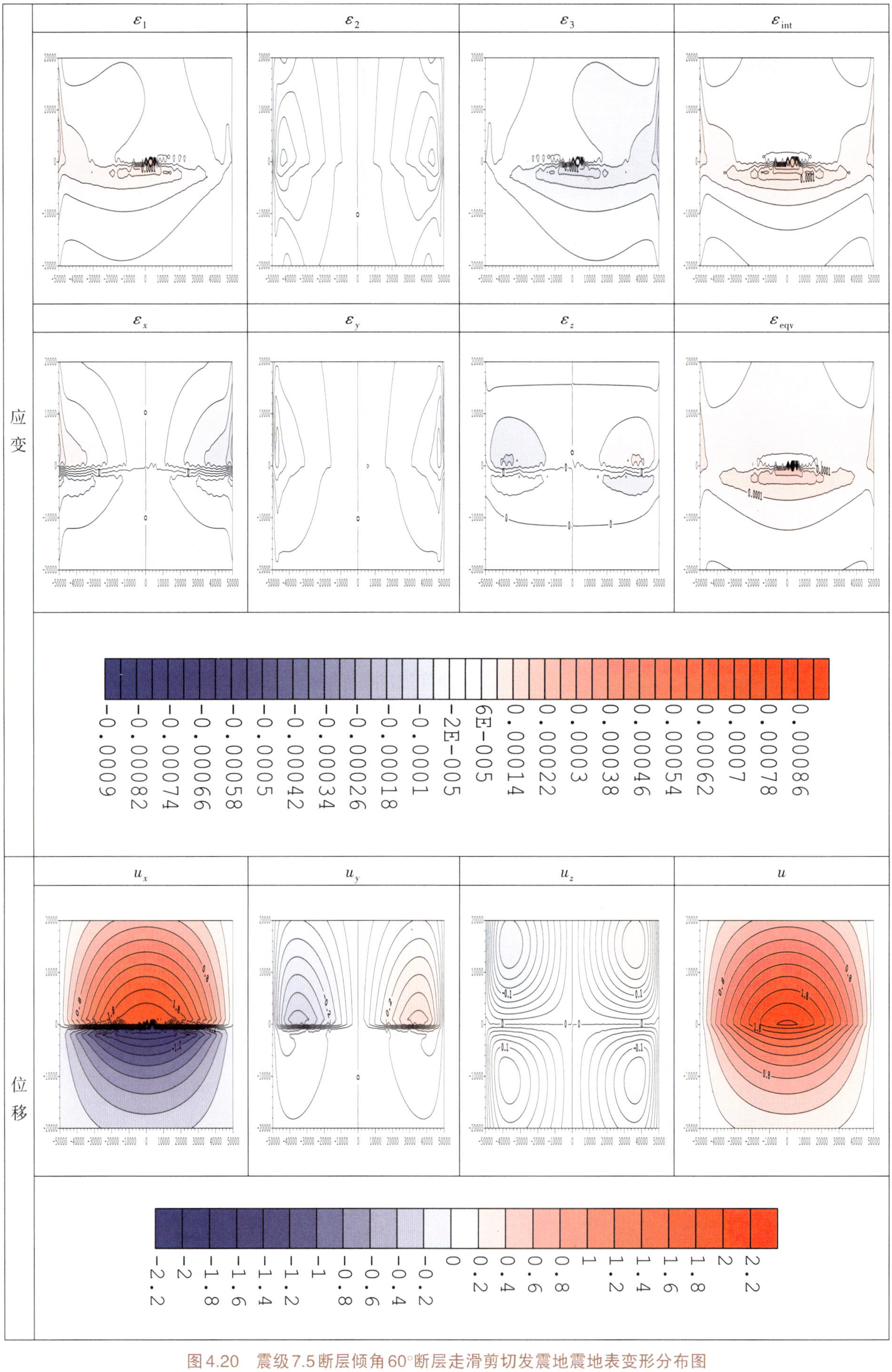

图4.20 震级7.5断层倾角60°断层走滑剪切发震地震地表变形分布图

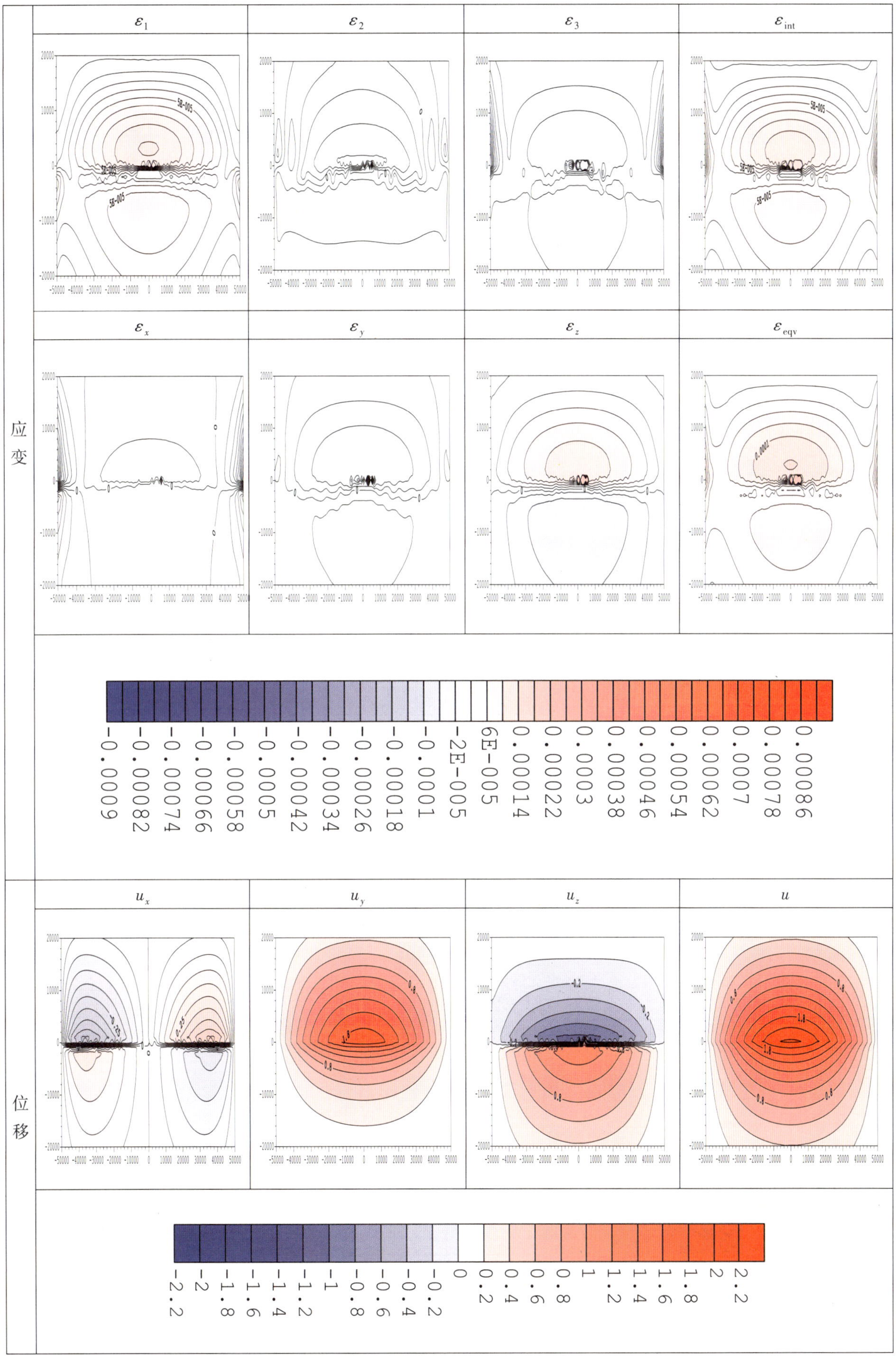

图4.21　震级7.5断层倾角60°断层倾滑正断发震地震地表变形分布图

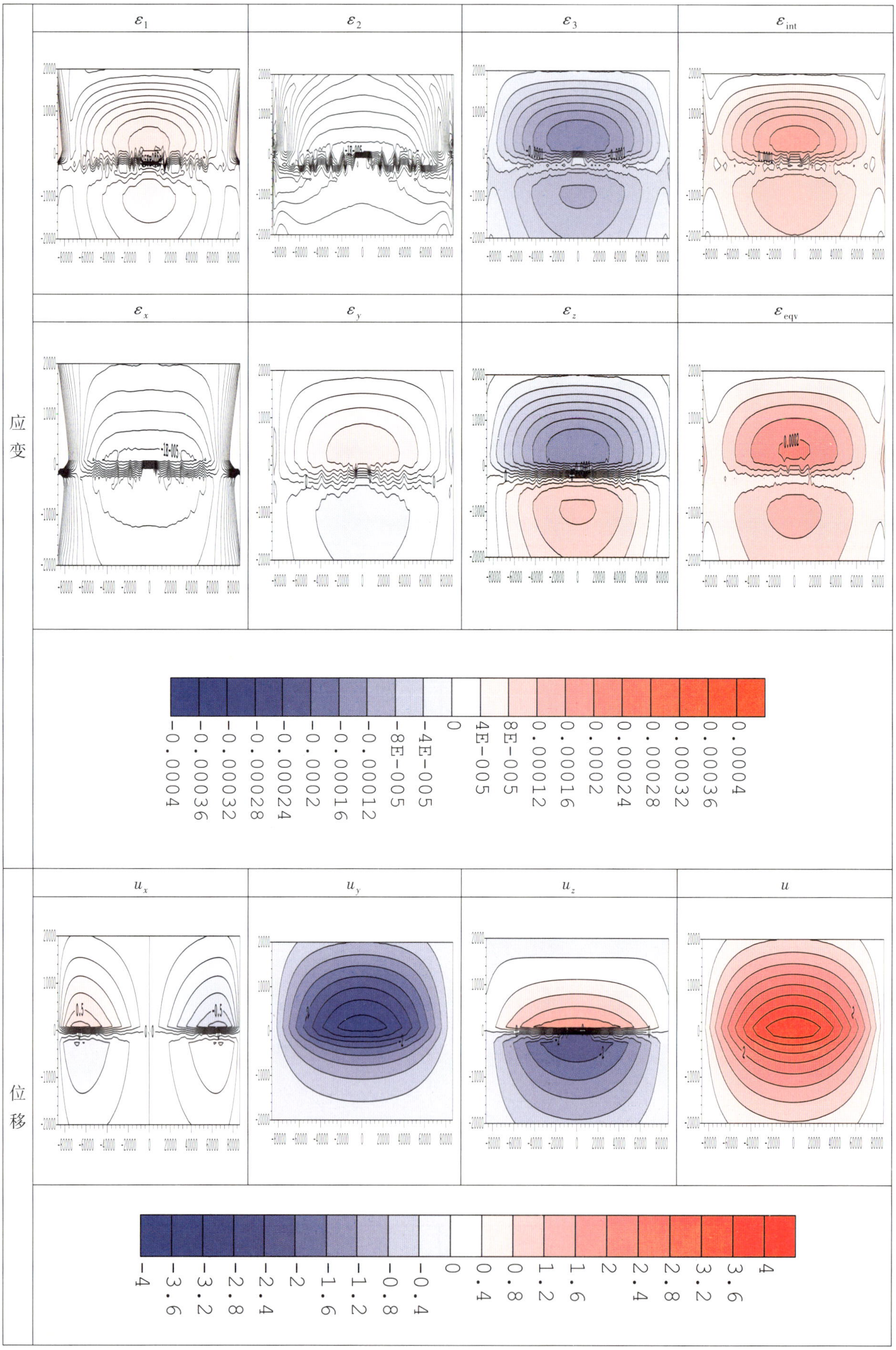

图4.22 震级8.0断层倾角60°断层倾滑逆断发震地震地表变形分布图

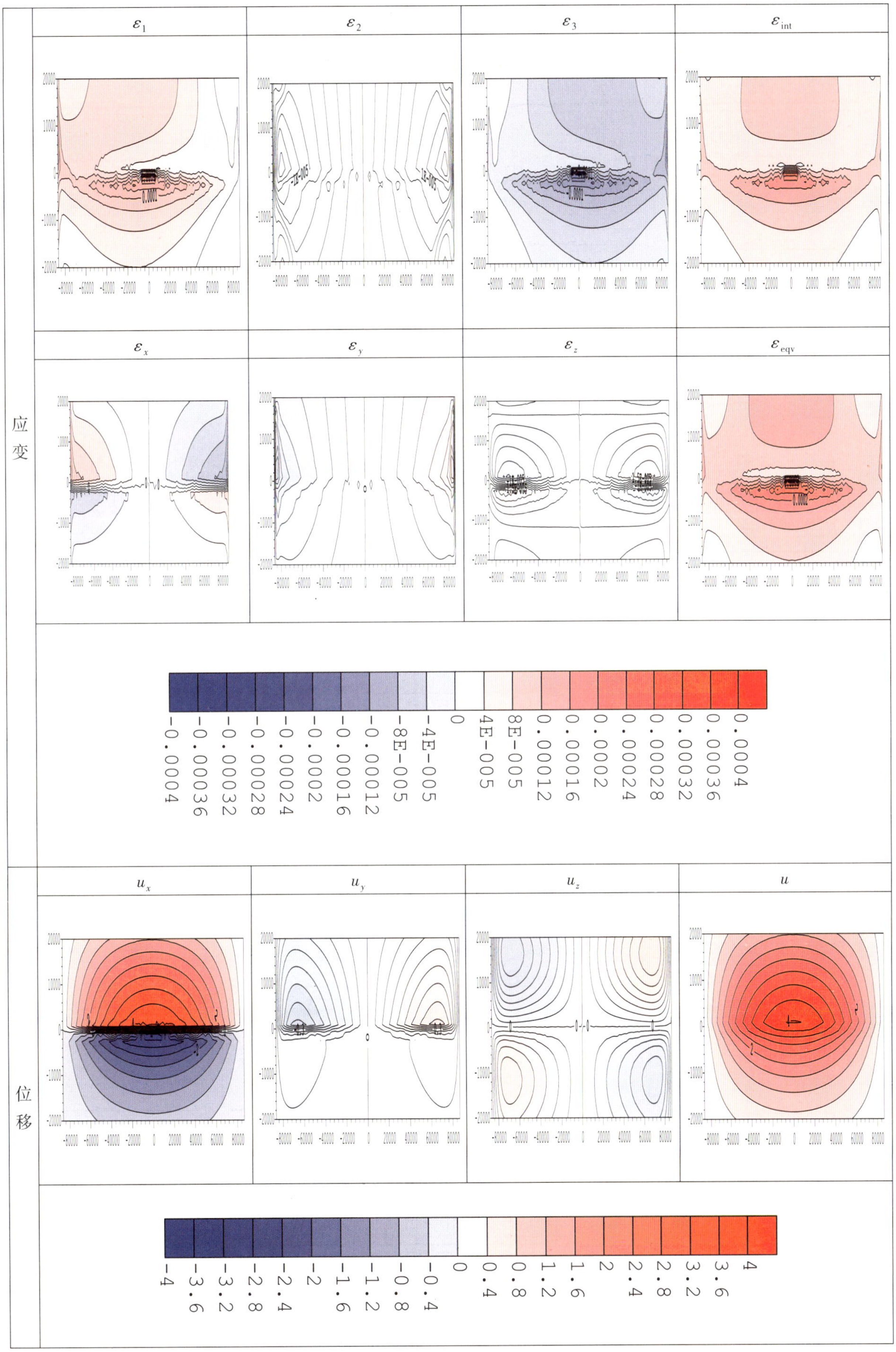

图4.23　震级8.0断层倾角60°断层走滑剪切发震地震地表变形分布图

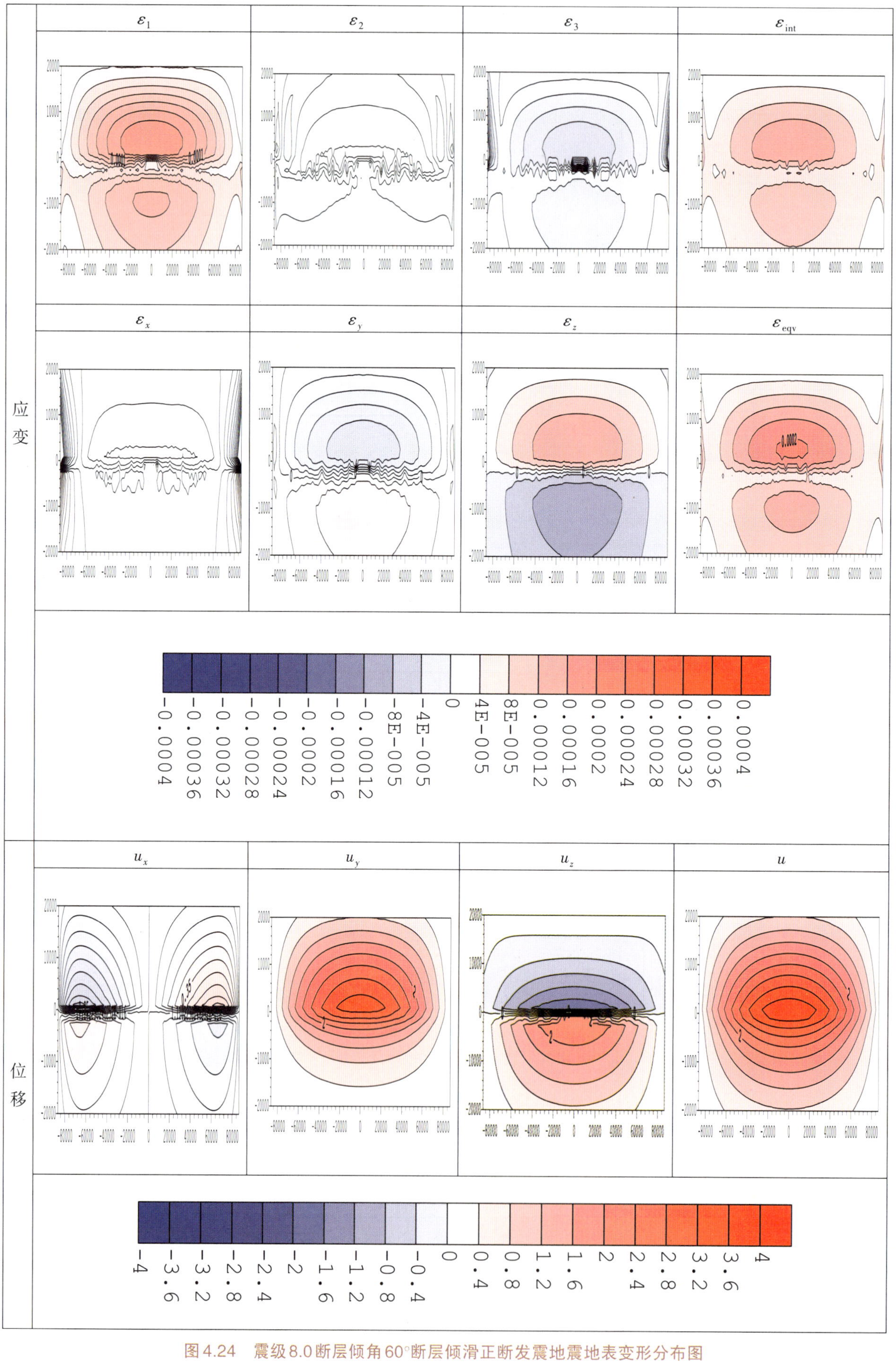

图4.24 震级8.0断层倾角60°断层倾滑正断发震地震地表变形分布图

通过上述不同性质、不同发震模式、不同断层产状和不同震级发震断裂的潜在地震变形的数值模拟分析计算，其地震地表变形分布特征如下：

1. 断层倾滑逆冲发震时的地震地表变形分布特征

断层逆冲活动时，第一主压应变分布以断裂破碎带两端较大，向断层破碎带中段逐渐变小，到破碎带中间又有增大趋势，高值区位于断层破裂带两端一定宽度范围；第二主压应变分布以靠近断层中段相对较大，垂直断层方向逐渐衰减，靠近断层两侧，则表现为突然的衰减，高值区位于断层破裂带上盘中段一定宽度范围；第三主压应变高值区位于断层两侧，上盘靠近断层中段一定宽度范围，下盘则以断裂破裂带两端相对较大。

x方向应变则分为六个区，上盘断层中段为张应变，两侧为压应变，下盘则刚好相反，应变值以断层两侧相对较大。y方向和z方向的应变基本以断层中心向两侧及远离断层方向衰减。三个方向中以z方向的应变量值最大。

等效应变与应变强度两综合指标分布规律基本一致，高值区位于断层两端，其次为断层中段。

x方向位移分布以断层中心为对称，断层两端及两侧相对位移方向相反，高值区位于断层两侧中段，上盘比下盘绝对值相对偏大；y方向与z方向位移分布均以断层中心为高值点，向两侧及两盘衰减，y方向上盘位移值大，z方向则是下盘位移值相对较大。总位移仍以断层中心为最高值点，向两侧及两盘方向衰减，上盘位移值相对较大。

2. 断层走滑剪切发震时的地震地表变形分布特征

断层走滑剪切活动时，第一主压应变分布以断裂破碎带一端较大，向断层破碎带另一端逐渐变小，高值区位于断层破裂带一端一定宽度范围；第二主压应变分布以断层及断层中线分为四区，呈镜像对称，上盘强度大，高值区位于断层破裂带两侧一定宽度范围；第三主压应变与第一主压应变成对称，但表现为张应变，高值区位于断层另一端一定宽度范围。

x、y、z方向应变则均分为四个区，断层两侧表现为张压镜像对称，断层两盘则表现为强度不等对称态。x方向应变高值区位于断层两端；y、z方向应变值以断层两侧相对较大，但分布形态长轴方向分别垂直断层与平行断层方向延伸。

等效应变与应变强度两综合指标分布规律基本一致，高值区位于断层中间，其次为断层两端一定宽度范围。

x方向位移分布以断层中心为对称，断层两端及两侧衰减，高值区位于断层中心，上下盘方向相反。y方向位移以断层及断层中线分为四个区，断层中线两侧方向相反，断层上下盘唯一之差别较大，上盘明显高于下盘，高值位于断层两侧；z方向位移也以断层及断层中线分为四个区，基本呈镜像对称，高值区位于各区中部。总位移仍以断层中心为最高值点，向两侧及两盘方向衰减，上盘位移值相对较大。

3. 断层倾滑正断发震时的地震地表变形分布特征

断层倾滑正断活动时，地震地表变形分布规律与断层逆断相似，但张应变变为压应变，压应变成为张应变；分布形态上，第一主压应变与第三主压应变互换。位移总体形态一致，只是方向相反。

图4.25为断层倾角60°震级6.5情况下断层不同活动方式时沿断层中线上等效应变与总位移变化曲线。可以看出，断层逆冲活动与正断情况下的等效应变与总位移曲线重合，两者基本一致。断层剪切走滑情况下，位移随断层距的增加，衰减速度比倾滑情况下快，相应的，近断层处剪切走滑情况下等效应变出现高值，而后很快衰减至低于断层倾滑时的等效应变值。

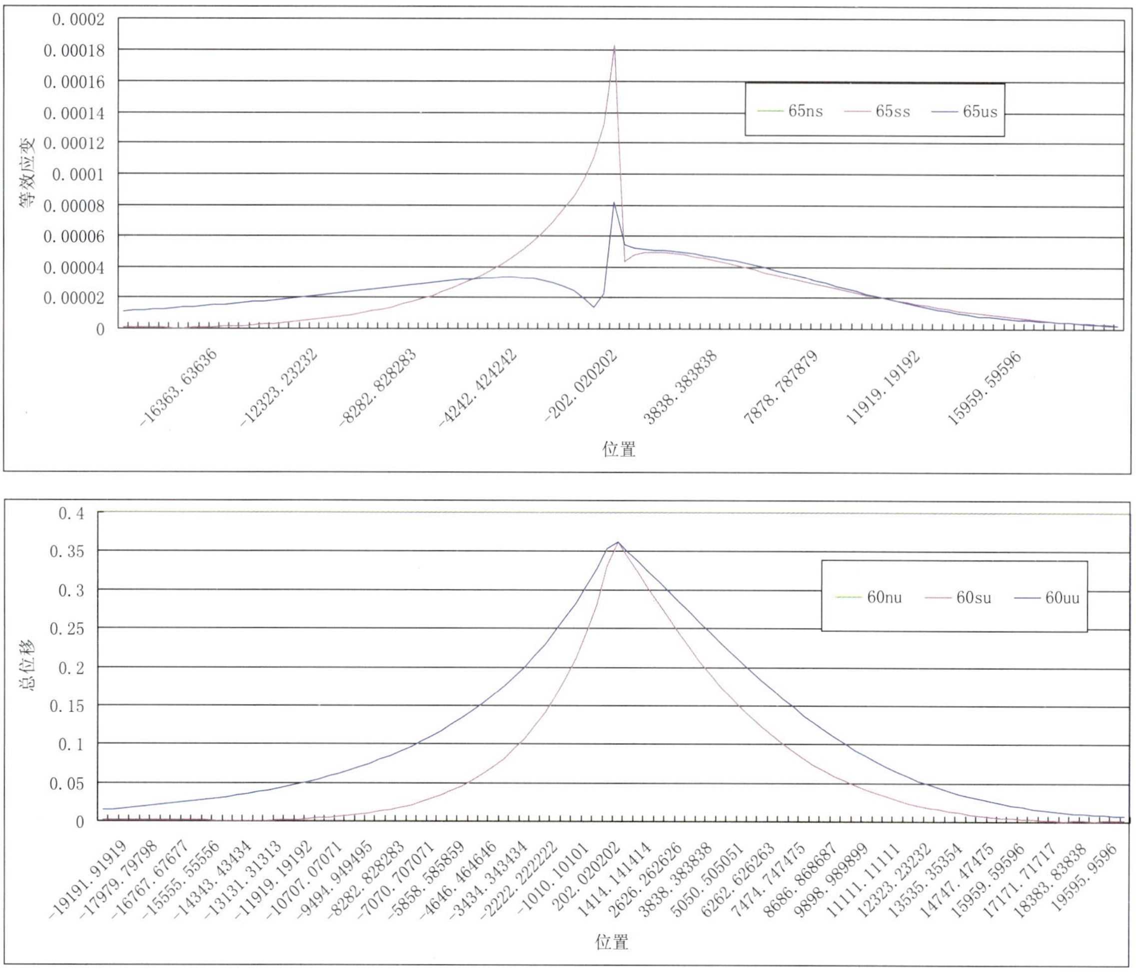

图4.25　震级6.5断层倾角60°断层不同活动方式下沿断层中线上等效应变与总位移变化曲线

4.断层上下盘的差异

从图4.7～4.24可以看出，不论断层活动方式、断层产状及震级如何，地震地表变形分布规律在断层上下盘均存在明显的差异。作为方向与张压性的对称变换，对于工程应用意义不大，关键在于量值上的差异。总体来说，上盘位移总体强度大，衰减慢，下盘靠近断层位移立即衰减，而后趋于平缓。

从图4.25也可以看出，断层倾滑活动时，近断层上盘的等效应变值明显高于下盘，而断层走滑活动时，下盘近断层等效应变则有一高值，而后迅速衰减，很快小于上盘的等效应变值。

5.地震强度的影响

地震的强度增大，伴随着破裂带宽度和影响范围增大，地表地震变形分布规律基本保持一致，只是应变和位移值的大小及波及范围的大小存在差异，总的来说，震级越大，应变和位移值越大，同等强度变形的范围也相对增大。

6.断层倾角的影响

断层倾角的影响对于地震地表变形表现为对断层两侧差异及畸值区大小和强度的影响。图4.26为震级6.5断层倾角60°与75°断层不同活动方式下沿断层中线上等效应变与总位移变化曲线对比。从图中可以看出，总体来看，断层倾角越大，断层上下盘差异越小，靠近断层区地表变形过渡平缓。断层倾角越缓，断层上下盘变形差异越大，变形畸值区越明显。但对于倾滑活动方式，近断层则有相反的趋势，倾角越大，上下盘在短距离范围内形成更明显的差异。

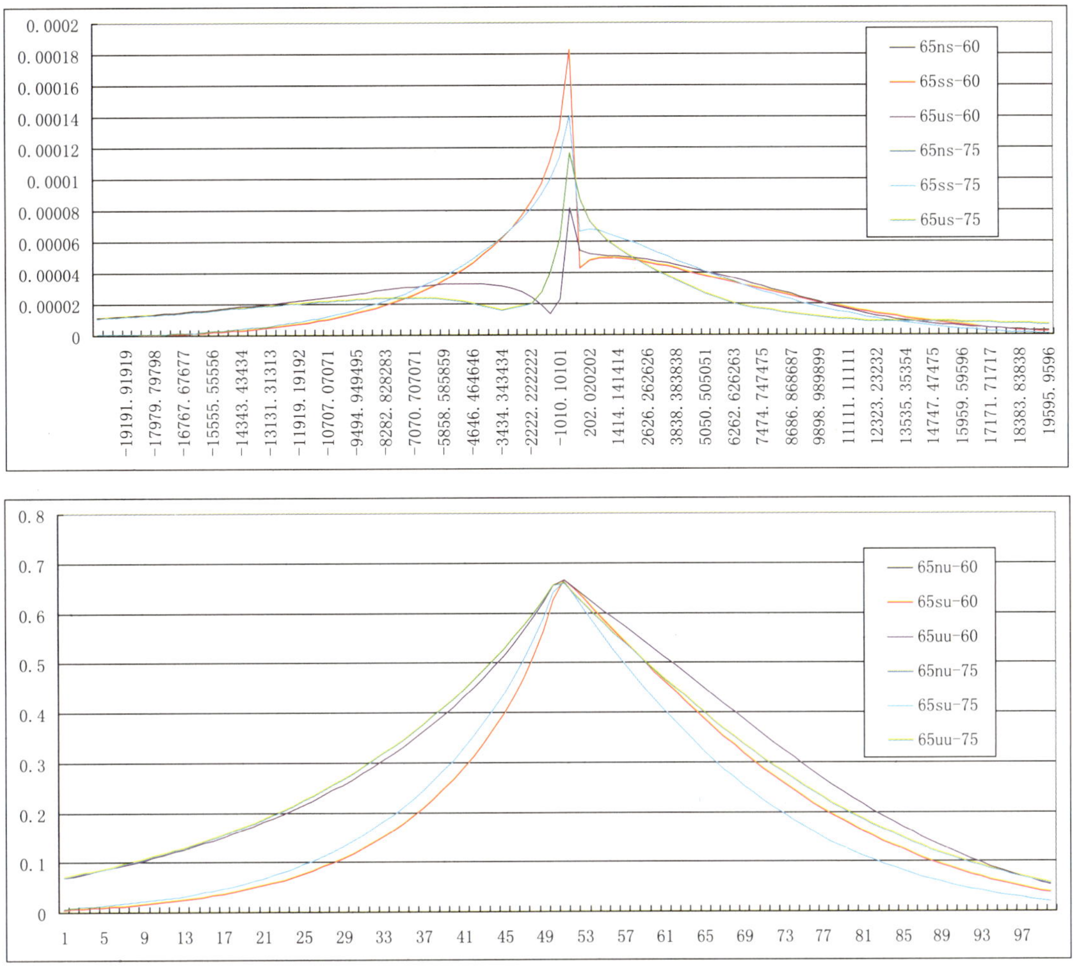

图4.26　震级6.5断层倾角60°与75°断层不同活动方式下沿断层中线上等效应变与总位移变化曲线对比

图4.27为震级7.0断层倾角60°与75°断层不同活动方式下沿断层中线上应变强度与总位移变化曲线，也可看出，断层倾滑活动时，近断层上盘的应变强度值明显高于下盘，而断层走滑活动时，下盘近断层应变强度则有一高值，而后迅速衰减，很快小于上盘的应变强度值。

以上模拟计算结果显示，地震地表变形影响因素很多，如地质构造条件、岩性介质特征、断层活动强度、断层产状和区域构造应力场等，但分布形态最终决定于断层活动方式，断层活动强度则决定变形大小，其他为局地因素，只影响分布形态的局部扭曲。

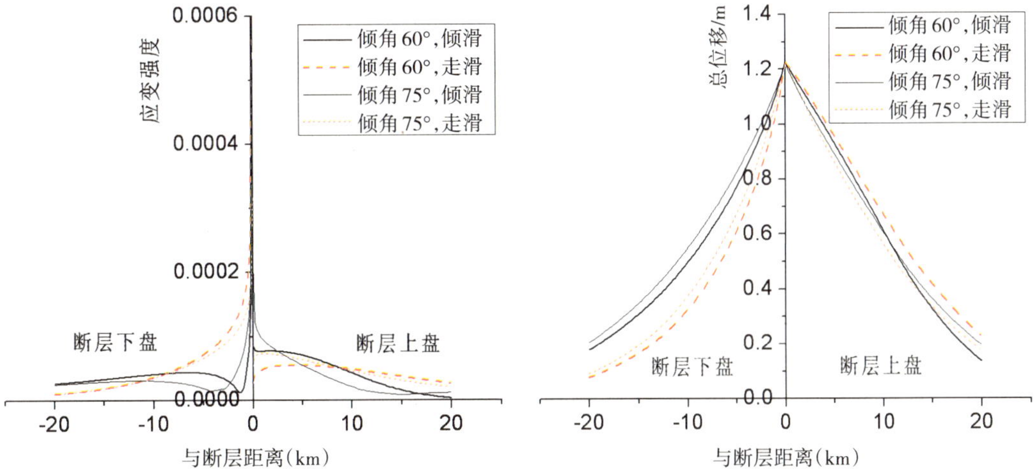

图4.27　震级7.0断层倾角60°与75°断层不同活动方式下沿断层中线上应变强度与总位移变化曲线对比

4.4 石窟文物活动断裂安全距离研究

4.4.1 重大工程与断裂的安全距离研究现状

历次的震害经验表明，认真研究及科学合理地确定活动断裂的安全距离，具有十分重要的意义。国内外一些大型工程设施震害表明，有些震害是地震动直接引起的结构破坏，有些是地震首先引起场地变形破坏，从而加剧建筑物的破坏。对于重大石窟文物工程，如果充分了解了石窟文物可能产生地震变形的活断层安全距离，在抗震防护中可重点考虑地震动的影响，使文物防震减灾工作更加有的放矢。

我国是世界上地震活动强烈的国家之一，地震灾害居世界之首，除了地震直接引起的山崩地裂，房倒屋塌，砂土液化，喷砂、冒水外，还会引起滑坡、泥石流、火灾、爆炸、毒气蔓延、水灾、瘟疫等次生灾害与衍生灾害，形成灾害链；从而造成社会秩序混乱，生产停滞，家庭破坏和人民心理的损害及严重的经济损失。地震灾害主要是由建筑场地之下的活断层突然快速错动所导致的直下型地震引起的，或建筑工程场地附近活断层发生的地震，诱发了场地断层的活动，加重了断层线上建筑物的破坏和岩土地震灾害的程度。

大量野外地震地质考察证实，$6^3/_4$级以上地震通常都能在地表形成醒目的地震破裂带，产生数米至十几米的错动。目前采用的工程抗震措施还不能阻止自然界的这种错动对地面工程设施的直接毁坏，为了减轻地震所造成的直接灾害和因地震引发的次生灾害，对一些重大工程只能采用避开活断层的对策，来达到抗断的目的。

Bonilla（1967）和Wiegel（1970）为研究核电站场址避开活断层多远合适时，曾研究过北美的震例，结果认为："次级非走滑型断层的地面破裂带宽可达12.8～13.6km，特殊的震例可以达到16km，甚至34km。"再如，1999年9月21日中国台湾集集地震后，根据营建署规划，车笼铺断层经过的105km之内，左右各15km，可能为限建、禁建建筑物。1995年日本阪神地震后，制定了《活断层法》。此法有在离断层线一定距离的范围内不许建设或建设时必须采取一定对策的规定。但这项规定，是否包括个人住宅还有争议。而对于原子能发电站、大水库等公共性建筑物，易被破坏的危险性建筑物，必须依法给以必要的规定和限制。

《建筑抗震设计规范》(GB 50011—2001)[1] 按照建筑抗震设计类别和不同的烈度区进行了规定：场地内存在发震断裂时，应对断裂的工程影响进行评价，并应符合下列要求：

1. 对符合下列规定之一情况，可忽略发震断裂错动对地面建筑的影响：

（1）抗震设防烈度小于8度；

（2）非全新世活动断裂；

（3）抗震设防烈度为8度和9度时，前第四纪基岩隐伏断裂的土层覆盖厚度分别大于60m和90m。

2. 对不符合本条1款规定的情况，应避开主断裂带。并规定了设防烈度为8度时乙类和丙类建筑物对发震断裂最小避让距离分别为300m及200m，设防烈度为9度时分别为500～300m。对甲类建筑和特大型工程设施需进行专门研究。

国家标准《岩土工程勘察规范》(GB 50021—94)[2] 在条文中列出了重大工程与断裂的安全距离及处理措施供使用时参考：强烈全新世活动断裂当抗震设防烈度为9度时宜避开断裂带约3000m，当抗震设防烈度为8度时宜避开断裂带1000～2000m；对于中等全新世活动断裂宜避开断裂带500～1000m；对于微弱全新世活动断裂宜避开断裂带进行建设，不使建筑物横跨断裂带。由于影响重大工程场地活动断裂避让距离的因素很多，2002年颁布实施的《岩土工程勘察规范》(GB 50021—

2001）[3] 则规定“大型工业建设场地，在可行性研究勘察时，应建议避让全新活动断裂和发震断裂。避让距离应根据断裂的等级、规模、性质、覆盖层厚度、地震烈度等因素，按有关标准综合确定”，没有给出具体的参考值。

《水利水电工程地质勘察规范》（GB 50287—99）[4] 规定坝址不宜选在震级为6.5级及以上的震中区或地震基本烈度为9度以上的强震区，大坝等主体工程不宜建在已知的活断层及与之有构造活动联系的分支断层上，但在许多情况下不便于在工作中参照使用。

《水工建筑物抗震设计规范》（SL 203—97）[5] 中将枢纽区内有长度大于10km的活动断层定义为危险地段，并规定未经充分论证不得在危险地段进行建设，但关于如何评价论证尚未做出规定。

虽然现行规范及有关著作中曾提出了一些参考数值[2, 8, 23, 24]，但在实际工作中，有时由于客观情况复杂多变，很难确定活动断裂安全距离，从而影响工程设计的进行，特别是对于重大工程场地，规范并未规定安全距离的参考值，其安全距离的确定更需要进行仔细的研究工作。影响活动断裂安全距离的因素主要有地震方面的因素、地质方面的因素和工程方面的因素，但归根结底，安全距离最终都取决于地震地表形变及工程的设防要求。因此，本项研究针对活动断裂发震震级、断裂性质、活动方式、场地位置等多方面的因素，利用三维有限元数值模拟方法，对活动断裂潜在地震变形进行模拟，用以研究活动断裂安全距离，以期为工程建设提供参考。

4.4.2　石窟围岩容许应变的确定

我国现存的主要石窟群均为魏唐之间或宋前期作品，由于石窟开凿工艺主要靠人工，往往选择岩性均一、分布稳定且易于开凿的厚层砂岩、砂砾岩及灰岩。根据全国300多处石窟资料分析，石窟围岩主要分为灰岩、砂岩、砾岩及砂砾岩（表4-7），另有个别的石窟开凿在花岗岩、泥岩及安山岩中，如内蒙古后昭庙石窟寺、福建泉州老君岩造像开凿于花岗岩中，辽宁万佛堂石窟开凿于粗面安山岩中，甘肃昌马石窟开凿于泥岩中。

表4-7　我国石窟主要围岩类型

围岩类型	围岩时代	围岩胶结类型	代表性石窟
灰岩	古生代(∈)		龙门石窟、响堂山石窟、云龙山石窟、玉皇洞石窟等
砂岩	中生代(J,K)	泥质胶结	云冈石窟、大足石窟、炳灵寺石窟、南石窟寺、北石窟寺、王母宫石窟、龙游石窟及陕北石窟群等
砾岩	老第三纪(E)	钙泥质胶结	天水麦积山石窟、甘谷大象山石窟、云南剑川石窟等
砂砾岩夹砂岩	新第三纪至第四纪早期($N-Q_2$)	钙泥质胶结，胶结强度弱	敦煌莫高窟、榆林窟、新疆石窟群等

围岩类型与地层时代具有密切的内在统一性，开凿石窟的灰岩主要为古生代地层，砂岩主要为中生代侏罗纪和白垩纪地层，砾岩和砂砾岩主要为新生代第三纪和第四纪早期地层。时代越老的地层，由于胶结时间长，胶结强度大，石窟往往选择泥质胶结岩层，易于开凿；时代新的地层，由于胶结时间短，为保证石窟的稳定性，往往选择具有一定胶结强度的钙质或钙泥质胶结岩层。

为探讨石窟围岩类型与活动断层安全距离的关系，我们忽略石窟的个体特征，对石窟围岩类型按照表4-7的分类进行研究，研究结果作为相应围岩类型石窟的参考。根据岩石力学相关岩类的力学特征，考虑作为石窟围岩的岩石结构、胶结强度等特征，并参考龙门石窟、云冈石窟、新疆石窟群及莫高窟等石窟的工程地质研究结果，对石窟围岩的力学特征参数取值见表4-8。

表4-8 不同类型石窟围岩的力学特征参数

围岩类型	弹性模量(MPa)	泊松比	抗压强度(MPa)	抗拉强度(MPa)	抗剪强度(MPa)	容许应变ε
古生代灰岩	8.00E+04	0.22	70	7	14	3.20E-04
中生代砂岩	5.00E+04	0.19	40	4	8	2.86E-04
老第三纪砾岩	1.50E+04	0.27	16.6	1.5	0.65	0.83E-04
新生代砂砾岩夹砂岩	3000	0.35	5	0.5	0.2	1.35E-04

每一种围岩由于其自身强度不同，抗地震形变的能力也不一样。根据前面章节分析，岩石能够保持自身完整而不发生微破裂的容许应变ε可用破损应变临界值ε_{cr}乘以地震疲劳强度修正系数ξ（$0<\xi<1$）来表示：

$$\varepsilon=\xi\varepsilon_{cr}=\xi\frac{\sigma_{\tau}}{G}=\xi\frac{2\sigma_{\tau}(1+\mu)}{E}$$

其中地震疲劳强度修正系数ξ按保守情况取值0.74。按照该式计算得到的各类围岩容许应变值见表4-8。

4.4.3 单一断层地震地表变形计算

按照前述章节计算模型和方法，基于断层面断距抛物线分布模型，采用三维有限元方法分别模拟计算了活动断裂发震震级为6.0、6.5、7.0、7.5、8.0级不同情况下，断层倾角75°与60°，以及断层倾滑和水平走滑两种情况下的地震位移和地震形变场。计算中不考虑覆盖层影响，计算模型中断层直接出露地表，并忽略了主动盘与被动盘的差异，上下盘断面的位移值均以断层地表位移的一半计算。

由计算结果可知，总位移场和最大形变场的分布在对应断层不同部位是不一致的，由于涉及活动断层安全距离的探讨，计算结果分析中无论位移场还是形变场，均以距断层一定垂直距离上的最大值来分析，而不考虑该最大值点对应断层哪一部位及位移与应变的方向。

图4.28典型地给出了断层设定发震震级为6.0、7.0及8.0三种情况下计算得到的断层两盘最大总位移与距断层垂直距离的关系曲线。从图中可以看出，位移场的分布明显受发震震级、断层倾角与活动方式控制，上下盘也有明显差异。总体来看，断层两侧位移均随震级的增大而明显增大，并随与断层垂直距离的增加而非线性衰减；在相同发震条件下，距断层一定距离范围内，上盘位移较相同距离的下盘位移值要大，而且随倾角越小，这种上下盘差异越大；在相同发震震级与活动方式下，断层倾角越大，上盘位移相对变小，而下盘位移值相对较大。

断层活动方式对上下盘位移的影响在不同震级不同断层产状下表现不一，发震震级为6.0时，水平走滑作用产生的位移要小于倾滑所产生的位移；发震震级为7.0时，在断层倾角75°情况下，水平走滑产生的位移小于倾滑，且上盘差别小，下盘差别大，而在断层倾角60°情况下，上盘水平走滑产生的位移大于倾滑，下盘水平走滑产生的位移小于倾滑；发震震级8.0时，在断层倾角75°情况下，水平走滑产生的位移大于倾滑，而下盘相反，但是已非常接近，在断层倾角60°情况下，上盘水平走滑产生的位移大于倾滑，而下盘水平走滑产生的位移小于倾滑。可以看出，在两种活动方式下，随震级及断层倾角的增大，水平走滑产生的位移增长大于倾滑产生的位移增长，下盘水平走滑产生的位移始终小于倾滑活动，且随震级及断层倾角的增大，差别变小；而上盘最初也是水平走滑产生的位移小于倾滑活动，在高震级及高倾角下，水平走滑产生的位移变为大于倾滑活动产生的位移。

图4.29典型地给出了发震震级为6.0、7.0及8.0三种情况下的计算得到的断层两盘最大应变与距断层垂直距离的关系曲线。从图中可以看出，形变场的分布也明显受发震震级、断层倾角与活动方式控制，上下盘也有明显差异。总体来说，断层两侧最大应变值均随震级的增大而明显增大，并随与断层垂直距离的增加非线性衰减，且下盘衰减快，在近断层处形成较高峰值，上盘衰减慢，峰值距断层

有一定距离，峰值相对较平缓；断层倾角对上下盘的应变值影响较大，倾角大时，上下盘应变值差别不大，随倾角变小，上下盘的应变值形成明显差异。在断层上盘，近断层处水平走滑产生的地震形变值小于倾滑活动产生的地震形变值，稍远离断层，很快变为水平走滑产生的地震形变值大于倾滑活动产生的地震形变值，断层倾角越大，这种差异越大；在断层下盘，与上盘情况刚好相反。在断层倾滑活动方式下，断层下盘距断层一定距离形成应变相对低值区，断层倾角越小，低值区越宽。而在断层水平走滑活动方式下，断层上盘距断层一定距离形成应变相对高值区，随震级增大，这种高值区离断层越远，范围越宽。可见，在断层倾滑活动方式下，断层下盘相对较安全，而在断层水平走滑活动方式下，断层上盘危险度相对较高，危险区相对较宽。

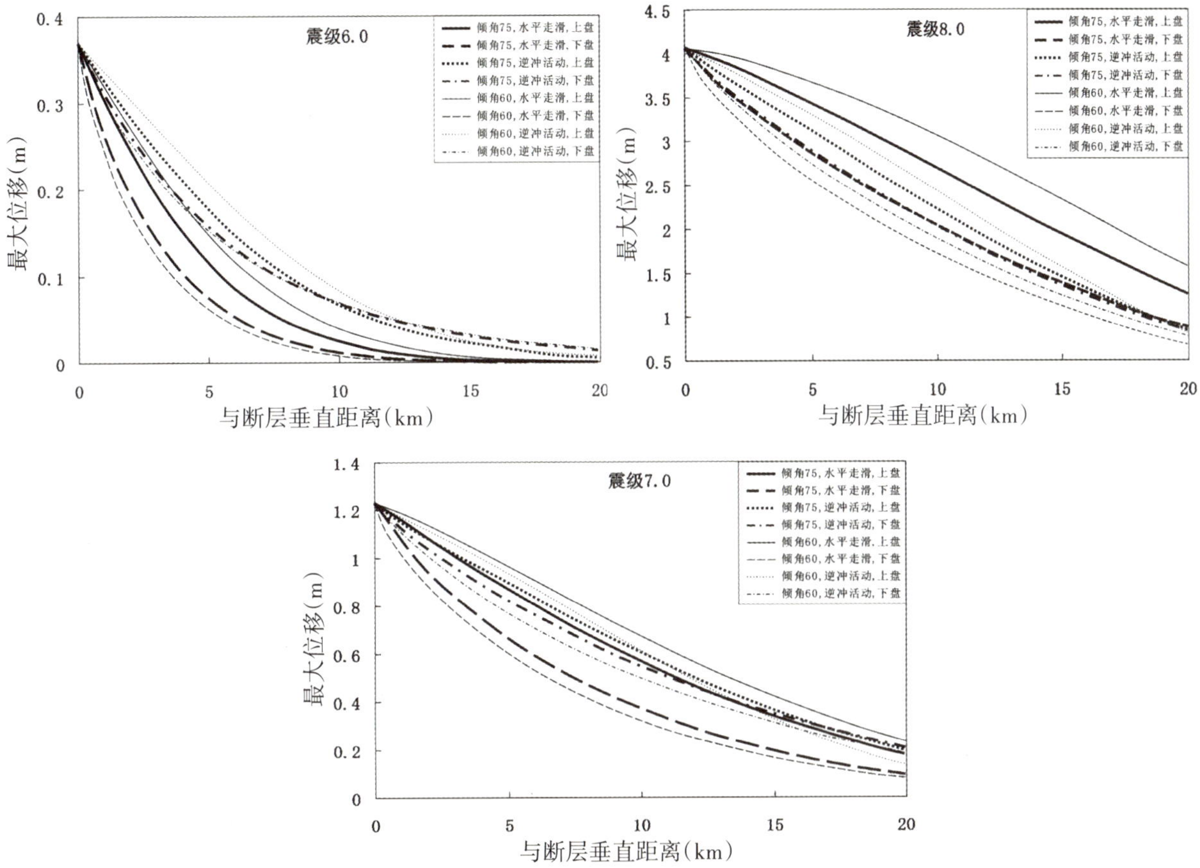

图4.28　最大地震位移与距断层垂直距离的关系

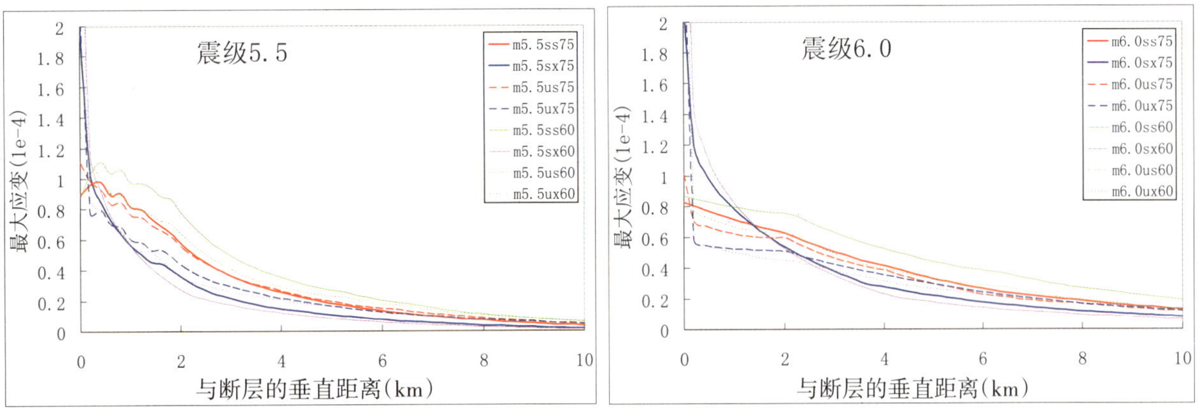

图4.29　最大地震应变与距断层垂直距离的关系（1）

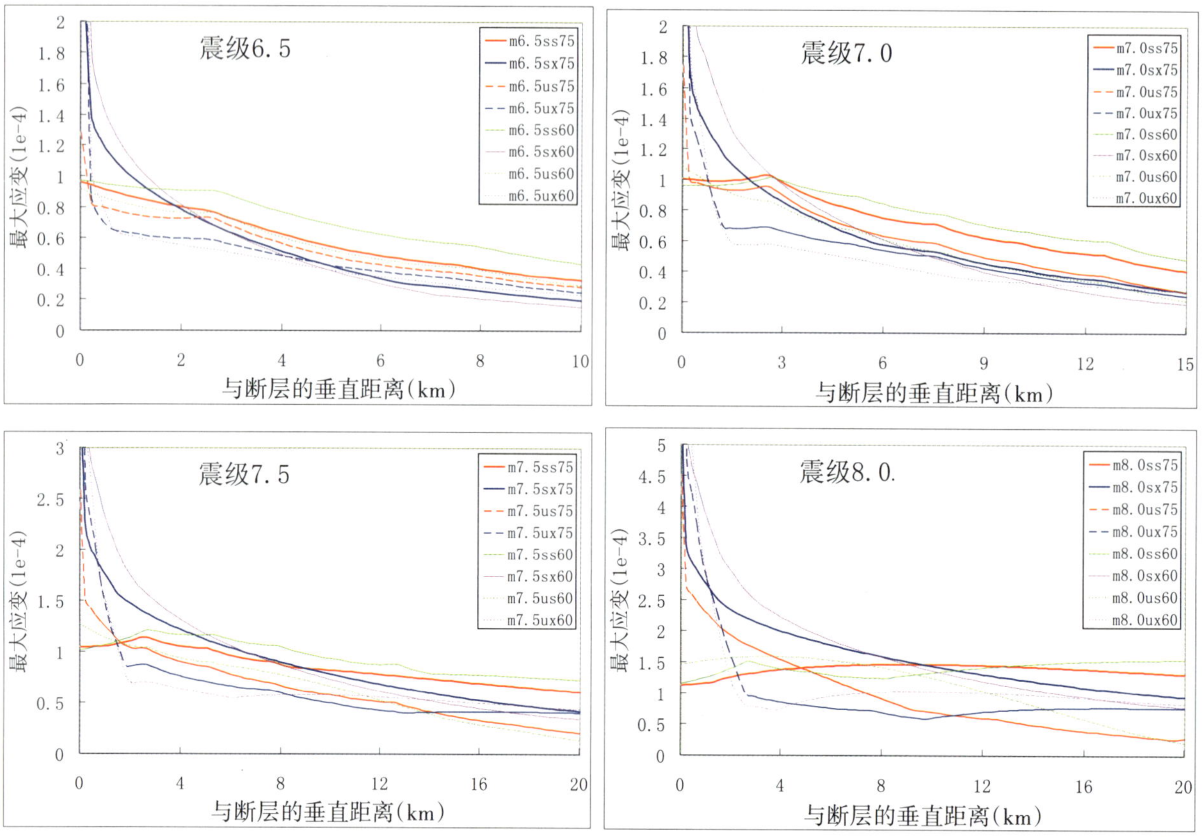

续图4.29 最大地震应变与距断层垂直距离的关系（2）

4.4.4 不同围岩类型石窟的活动断层安全距离

确定不同围岩类型石窟的活动断层安全距离时，只需根据前面理论计算的地震永久变形分布与石窟的容许应变ε的大小关系判定。由于有限元计算中忽略了主动盘与被动盘的差异，上下盘断面的位移值均以断层地表位移的一半计算，而实际情况往往上盘为主动盘，下盘为被动盘，为保守起见，在避让距离确定中，下盘形变值分布以模拟计算结果为准，上盘形变值分布则以模拟计算结果乘以2为判定值。

由于计算模型选择的是完全弹性模型，对于区域应变分布规律的研究，其结果与实际基本吻合，但对于完全量化研究，还存在一定的偏差。特别是近断层两侧非常短的距离内，地震变形往往是不可逆的破坏性变形，弹性模型已不适用，因此对近断层应变没有达到破坏阈值的工况，根据经验和相关规范进行综合判断和调整，给出参考的安全距离。

表4-9为根据前述地震永久变形计算结果、不同围岩容许应变及经验判定综合给出的不同围岩类型石窟的安全距离参考数值。从表中可以看出，随断层发震震级增大，安全距离呈非线性增大，且上盘安全距离要明显比下盘的大得多。断层倾角越小，断层倾滑活动方式将明显增大上盘的安全距离，但对下盘安全距离的减小不明显，断层走滑活动方式将同时增大断层上下盘的安全距离。

对比四类围岩石窟，以老第三系砾岩中的石窟安全距离最大，断层地震活动产生的永久变形破坏影响最强烈；新第三纪以来的松散砂砾岩夹砂岩层中的石窟受断层活动影响居其次，安全距离相对小一点；比较坚硬的中生代砂岩和古生代灰岩能承受的变形相对要大得多，因此，其安全距离较小，受断层地震活动永久变形破坏的影响相对也小得多。

表4-9　设定条件下不同断层发震情况下的石窟安全距离（m）

潜在发震震级		围岩	6.0		6.5		7.0		7.5		8.0	
断层倾角	活动方式	类型	上盘	下盘	上盘	下盘	上盘	下盘	上盘	下盘	上盘	下盘
60°	倾滑	1	400	20	800	40	1500	60	2500	100	5000	250
		2	600	30	1200	60	2000	90	3500	150	6500	300
		3	2000	100	3000	150	7700	250	13500	550	17500	900
		4	1000	50	2000	100	4000	150	9700	350	15000	700
	走滑	1	100	30	150	50	300	100	600	250	2500	1350
		2	150	50	250	80	500	150	1000	300	4500	2000
		3	2200	950	4200	1900	10500	3600	16000	7500	22000	12000
		4	500	250	1200	600	2500	1350	7000	3750	16000	8200
75°	倾滑	1	50	20	150	30	200	50	1700	150	3600	400
		2	80	40	200	50	400	100	2500	180	4650	500
		3	450	150	1500	250	4500	500	8500	1250	11500	2300
		4	200	100	300	150	1200	220	5700	420	9500	1450
	走滑	1	100	40	150	60	300	100	450	150	700	300
		2	150	60	250	100	550	200	800	300	1300	600
		3	2700	850	5200	1700	11000	3200	17000	7000	24000	11000
		4	550	200	900	310	3600	700	6500	2800	18000	9000

注：围岩类型1为古生代灰岩，2为中生代砂岩，3为老第三纪砾岩，4为新生代松散砂砾岩。

4.4.5　关于活动断层避让距离模拟结果的几点说明

以上研究及模拟计算表明，影响活断层安全距离的确定因素很多，但可通过形变计算进行确定。活断层发震所产生的地震地表变形以及安全距离受断层产状、断层活动方式、活动强度、断裂上下盘、工程性质以及工程的具体设防要求等多种因素控制，在分析活断层安全距离确定中，应综合考虑这些因素。

对于本模拟研究，由于条件限制，有以下几点还须说明：

（1）仅从地震变形的角度进行考虑，可能存在与实际情况的差异。

（2）地壳介质是复杂多变的，由于地形、岩性、构造等的存在，介质在不同区域可能表现为弹性、黏弹性、弹塑性等特征。模型采用的是完全弹性介质，理论上降低了近断层的应变值及应变的衰减，从而使得判定的结果对低震级情况偏小，而对高震级情况偏大。因此，有条件的情况下，应尽可能采用弹塑性体进行模拟，以使得结果更接近实际情况。

（3）关于断层发震时的主被动盘问题，目前还没有具体的研究。本工作中采用了保守的做法，研究上盘时假设上盘承担了全部相对位移错动，而研究下盘时假设下盘承担了总相对位移的一半。因此，研究结果都偏于保守。

（4）本研究中以材料剪应变允许值作为建筑体破坏的判定标准，而材料可能拉裂或剪裂破坏，实际建筑可能有薄弱环节或构件的先行破坏，因此，关于破坏标准的选择还有待进一步研究。

参考文献

[1] 建筑抗震设计规范（GB 50011—2001）[S].北京：中国建筑工业出版社，2001.

[2] 岩土工程勘察规范（GB 50021—94）[S].北京：中国建筑工业出版社，1995.

[3] 岩土工程勘察规范（GB 50021—2001）[S].北京：中国建筑工业出版社，2002.

[4] 水利水电工程地质勘察规范（GB 50287—99）[S].北京：中国水利水电出版社，1999.

[5] 水工建筑物抗震设计规范（SL 203—97）[S].北京：中国水利水电出版社，1997.

[6] 汪素云，俞言祥，高阿甲，等.中国分区地震动衰减关系的确定[J].中国地震，2000，16（2）：99-106.

[7] 路新景，孙文怀，李金都.南水北调西线工程几个特殊的工程地质和岩石力学问题[J].岩石力学与工程学报，2003，22（5）：829-833.

[8] 汤森鑫.活动断裂安全距离的研究[J].工程抗震，1999，21（1）：44-48.

[9] Kasahara K. The nature of seismic origins as inferred from seismological and geodetic observations（Ⅰ）[J]. BERI, 1957, 35(3): 473-532.

[10] Kasahara K. Physical conditions of earthquake faults（Ⅱ）A model of strike-slip faults with various dip angles[J]. BERI. 1959, 37(1): 39-52.

[11] Knopoff L. Energy release in earthquakes[J]. Geophys, J.R.A.S., 1958, 1(1): 44-52.

[12] Chinnery M A. The deformation of the ground around surface faults[J]. BSSA, 1961, 51(3): 355-372.

[13] Marayama T. Statical elastic dislocation in an infinite and semi-infinite medium. Bull[J]. Earthq. Res. Inst., Tokyo Univ., 1964, 42(2): 355-372.

[14] Press F. Displacements, strains and tilts at teleseismic distances[J]. J.G.R., 1965, 70(10): 2395-2412.

[15] Chinnery M A, Petrals J A. The dislocation fault model with a variable discontinuity[J]. Tectonophysics, 1968, 5(6): 513-529.

[16] Canitez N, Tokosoz M N. Static and dynamic study of earthquake source mechanism: San Fernando earthquake[J]. J.G.R., 1972, 77(14): 2583-2594.

[17] 陈运泰，林邦慧，林中洋，等.根据地面形变的观测研究1966年邢台地震的震源过程[J].地球物理学报，1975，18（3）：164-182.

[18] Okada Y. Surface deformation due to shear and tensile fault in a half space, Bull[J]. Seismol. Soc. Am., 1985, 75(4): 1135-1145.

[19] 黄立人，顾国华.静力位错理论[M].北京：地震出版社，1982.

[20] Segall P，Harris R. Earthquake deformation cycle on the San Andress fault near Parkfield, California[J]. J. Geophys, Res., 1987，92（10）：10511-10525.

[21] 刘洁，宋惠珍，巫映祥，等.倾斜断层深部不均匀滑动的反演计算[J].地震地质，1995，17（1）：25-31.

[22] 宋惠珍，刘洁，兰印刚.位错模型的有限单元公式[J].西北地震学报，1993，15（2）：6-12.

[23] Segall P，Lisowski M. Surface displacements in the 1906 San Francisco and 1989 Loma Prieta earthquakes[J]. Science，1990，250(9)：1241-1244.

[24] Thora A, Segall P. The 1989 Loma Prieta earthquake imaged from inversion of geodetic data[J]. J. Geophys Res., 1994, 99(11)：21835-21855.

[25] 曾海容，宋惠珍. 三维有限单元反演的数学方法 [J]. 地质力学学报，1999，5 (1)：45-49.

[26] 曾海容，宋惠珍. 利用三维有限单元格林函数反演1989年Loma Prieta地震的震源机制 [J]. 地震学报，1999，21 (3)：225-232.

[27] 郭增建，秦保燕. 震源物理 [M]. 北京：地震出版社，1979.

[28] 李善邦. 中国地震 [M]. 北京：地震出版社，1981.

[29] 郭增建，秦保燕. 地震成因和预报 [M]. 北京：地震出版社，1991.

[30] 李愿军. 核安全导则中的地震震级划分意义 [J]. 工程地质学报，1993，1 (2)：62-65.

[31] 国家地震局地震测量队. 1966年邢台地震的地形变 [J]. 地球物理学报，1975，18 (3)：153-163.

第五章 基于动接触的石窟围岩及其附属建筑物地震稳定性分析

石窟是一种大型文物，也是珍贵的文华旅游资源。作为一种特殊类型的结构物，石窟大多以群体的形式存在，成群成组的集中在一个区域，洞窟间距离小，经过多年的风化以及人类的破坏，产生了较多的病害，尤其是在地震活动较强烈的地区，因此，研究石窟的抗震安全性工作，减轻地震灾害，具有重要的现实意义和历史意义。根据结构动力学原理，以成熟的大型软件为平台，研究了岩体有限元动力分析中的动接触问题、预应力锚杆、锚索加固岩体的机理以及相应的算例，为进行石窟的抗震分析提供了依据。

5.1 地震稳定性评价中需考虑的若干重要因素

地震作用下石窟围岩的失稳机理、稳定性评价是一个很复杂的问题，主要取决于自身环境工程地质条件和外部环境因素[1-2]。

5.1.1 环境工程地质条件

加强对石窟环境工程地质条件的研究尤为重要。主要从以下5个方面来分析：

（1）岩性特征：由于其物质组成、组织结构以及岩体力学性质指标（抗拉、抗剪强度等）等的不同，石窟产生震害的方式、性质和程度也就有所不同。

（2）岩体结构：石窟岩体中不同成因类型的地质不连续面的发育程度、产状、组合形态及其与陡壁临空面的关系对石窟稳定性影响很大。

（3）地形地貌特征：特殊的地形地貌条件不仅是石窟产生许多不良地质现象的一个重要原因，也会对未来石窟的地震稳定性带来负面影响。由于石窟大多开凿于山谷两岸的悬崖峭壁上，研究陡壁的高度、石窟所在山体的规模及其与周围环境的相对地形差异、石窟上部岩体山坡坡度大小以及坡顶微地貌特征等因素，对石窟的安全保护就极为重要。另外，特殊的地形条件对地震加速度有明显的放大作用，不利于石窟的抗震稳定性。

（4）水文地质条件、气象环境：地下水、地表水、降雨、温差、风沙活动等因素的影响。

（5）洞窟几何形状及窟群组合特征：石窟作为一种特殊的建筑物，由于受当时宗教信仰和审美情趣的要求，洞窟的开凿带有很大的主观性和随意性，不同地区、不同时代都有不同的建筑形式。因此，应对洞窟的方位、埋深、规模（高度、跨度及长度）、几何形状、洞窟立体组合关系及间距、窟内中心柱特征、围岩暴露时间等加以考虑。

这些因素的不同组合，将使不同区段崖体在地震条件下发生破坏的程度不同。

5.1.2 外部影响因素

（1）地震因素：包括地震动强度、地震作用特点、地震动持续时间等；

（2）加固工程构筑物对石窟崖体的加固效果，其中，支撑地基条件、挡墙持力状况、锚杆（锚索）加固情况、裂隙灌浆效果等尤为重要。

（3）环境振动：爆破振动、车辆、工程施工以及其他各种人类活动所导致的环境振动，对石窟这类文物的安全会产生严重的影响。

（4）气象因素：暴雨、风沙等灾害对洞窟稳定性有较大影响。

5.1.3　石窟岩体稳定性系统分析的结构层次

石窟岩体的稳定性与其所在山体密切相关，所以首先应进行山体稳定性分析。石窟所在山体大都经历了多次构造作用，形成许多构造裂面，通过对组成坡体的岩体中这些构造形迹的形态、性质、发育程度、延伸程度以及彼此切割关系的调查分析，确定各构造面在各坡段的发育程度、坡体的构造格局及坡体结构，进行块体稳定性分析。对于切割坡面的小裂面，它影响坡体中坡面的稳定，应注意对坡面的稳定性进行分析。同时也应加强对山体稳定、石窟岩体稳定和坡面稳定三者之间关系的研究。

5.2　动力有限元法

5.2.1　动态非线性有限元方程

用虚功原理可以导出运动物体在某时刻的动平衡方程，这些方程与材料性质无关，即

$$\int_{\Omega}\{\delta\varepsilon\}_n^T\sigma_n\mathrm{d}\Omega-\{\delta u\}_n^T\left(b_n-\rho_n\ddot{u}_n-c_n\dot{u}_n\right)\mathrm{d}\Omega-\int_{\Gamma_t}\{\delta u\}_n^T t_n\mathrm{d}\Gamma-\int_{\Gamma_c}\{\delta u\}_n^T t_n\mathrm{d}\Gamma \tag{5.1}$$

式中下标n表示$n\Delta t$时刻的量，δu_n为虚位移矢量，$\delta\varepsilon_n$为相应的虚应变矢量，b_n为体力矢量，t_n为面力矢量，σ_n为应力矢量，ρ_n为质量密度，c_n为阻尼参数，符号“$\cdot$”表示时间的导数。区域Ω有两种边界，Γ_u为位移已知的边界，Γ_t为面力已知的边界。将Ω域进行有限元离散，用节点位移与节点力来表达方程中的有关量，即

$$u_n=\sum_{i=1}^{m}N_i\left\{d_i\right\}_n\quad \delta u_n=\sum_{i=1}^{m}N_i\left\{\delta d_i\right\}_n\quad \varepsilon_n=\sum_{i=1}^{m}B_i\left\{d_i\right\}_n\quad \delta\varepsilon_n=\sum_{i=1}^{m}B_i\left\{\delta d_i\right\}_n \tag{5.2}$$

上式中下标i代表节点号，$\left\{d_i\right\}_n$为节点位移矢量，$\left\{\delta d_i\right\}_n$为节点虚位移矢量，$N_i$为总体形函数，$B_i$为总体应变-位移矩阵，$m$为节点总数。将（5.2）代入（5.1）中得到相对于每个节点的方程

$$\left\{p_i\right\}_n-\left\{f_{B_i}\right\}_n+\left\{f_{I_i}\right\}_n+\left\{f_{D_i}\right\}_n-\left\{f_{T_i}\right\}_n-\left\{f_c\right\}_n=0 \tag{5.3}$$

其中$\left\{p_i\right\}_n$为内阻力矢量

$$\left\{p_i\right\}_n=\int_{\Omega}\left[B_i\right]^T\sigma_n\mathrm{d}\Omega \tag{5.4}$$

作用的一致体力$\left\{f_{B_i}\right\}_n$为

$$\left\{f_{B_i}\right\}_n=\int_{\Omega}\left[N_i\right]^T b_n\mathrm{d}\Omega \tag{5.5}$$

惯性力$\left\{f_{I_i}\right\}_n$为

$$\left\{f_{I_i}\right\}_n=\int_{\Omega}\left[N_i\right]^T\rho_n\left[N_1,N_2,\cdots,N_m\right]\mathrm{d}\Omega\begin{Bmatrix}\left\{\ddot{d}_1\right\}_n\\\left\{\ddot{d}_2\right\}_n\\\vdots\\\left\{\ddot{d}_m\right\}_n\end{Bmatrix}=\sum_{j=1}^{m}\left[M_{i\quad j}\right]_n\left\{\ddot{d}_j\right\}_n \tag{5.6}$$

式中M_{ij}为质量子矩阵，阻力$\left\{f_{D_i}\right\}_n$为

$$\left\{f_{D_i}\right\}_n=\int_{\Omega}\left[N_i\right]^T C_n\left[N_1,N_2,\cdots,N_m\right]\mathrm{d}\Omega\begin{Bmatrix}\left\{\dot{d}_1\right\}_n\\\left\{\dot{d}_2\right\}_n\\\vdots\\\left\{\dot{d}_m\right\}_n\end{Bmatrix}=\sum_{j=1}^{m}\left[C_{i\quad j}\right]_n\left\{\dot{d}_j\right\}_n \tag{5.7}$$

式中C_{ij}为阻尼阵C_n的子矩阵，边界面力的一致节点力$\left\{f_{T_i}\right\}_n$为

$$\left\{f_{T_i}\right\}_n=\int_{\Gamma}\left[N_i\right]^T t_n\mathrm{d}\Gamma \tag{5.8}$$

将方程（5.4）～（5.8）代入（5.3）并用矩阵表示为

$$[M]\left\{\ddot{d}\right\}_n+[C]\left\{\dot{d}\right\}_n+\{p\}_n=\{f\}_n+\{f_c\}_n \tag{5.9}$$

式中$[M]$为总质量阵，$[C]$为阻尼矩阵，$\{p\}_n$为内阻力矢量，$\{f\}_n$是由体力（5.5）和面力（5.8）组合在一起而形成的一致节点力矢量，$\{f_c\}_n$为界面接触力矢量，$\left\{\ddot{d}\right\}_n$是质点加速度矢量，$\left\{\dot{d}\right\}_n$为节点速度矢量。

将内阻尼矢量$\{p\}_n$对位移求导，即可得到切线刚度矩阵

$$\frac{\partial\quad p_n}{\partial\quad d_n}=\left[K_T\right]=\int_{\Omega}[B]_n^T[D]_n[B]_n\mathrm{d}\Omega+\int_{\Omega}[G]_n^T[S]_n[G]_n\mathrm{d}\Omega \tag{5.10}$$

5.2.2 非线性动力分析理论

在通常情况下，结构物发生的动力反应均为小变形的弹性反应，且假设具有理想阻尼力，在这种情况下，求解多自由度体系在任意动力荷载作用下的反应变得非常简单，且有多种解决办法，如正则坐标法、频域反应法等，这些方法都十分成熟，且可找到专用程序[4-6]。但是在更多的情况下，结构的物理特性在动载作用下并不能保证不变，刚度、质量、阻尼均可随结构物的变形而改变，这就变成非线性动力反应问题。因为此时叠加原理不再适用，不能借助于线弹性动力反应的一套理论解决这类问题，唯一普遍有效的方法为逐步积分法。在此不涉及接触力，即假定为连续模型，此时$\{f_c\}=0$。

1.逐步积分法

用有限元分析结构动力反应时，n及$n+1$时步总的平衡方程为

$$[M]\left\{\ddot{d}_n\right\}+[C]\left\{\dot{d}_n\right\}+\left\{p_n\right\}=\left\{f_n\right\}-\left\{R_s\right\}_n \tag{5.11}$$

$$[M]\left\{\ddot{d}_{n+1}\right\}+[C]\left\{\dot{d}_{n+1}\right\}+\left\{p_{n+1}\right\}=\left\{f_{n+1}\right\}-\left\{R_s\right\}_{n+1} \tag{5.12}$$

逐步积分法的基本原理为：

A.将反应时程划分为短的通常为相等的几个时段Δt；

B.假设n时刻之前的$\{d\}$，$\{\dot{d}\}$，$\{\ddot{d}\}$均已知；

C.假设$n-1$时段内结构反应为线性；

D.假设可计算出d_{n+1}，$\dot{d}_{n+1}$，$\ddot{d}_{n+1}$；

E.将d_{n+1}，$\dot{d}_{n+1}$，$\ddot{d}_{n+1}$代入（5.12）逐步修正，使失衡力达到足够小；

F.返回B计算下一时段。

目前有许多逐步积分法可用于求解方程（5.12），常用的有中心差分法、Houblt法、Wilson-θ法和Newmark方法。中心差分法是以n时刻运动方程为基础建立的，称为显式积分法，其余三种是以$n+l$或$n+\theta$时刻的运动方程为基础建立的，称为隐式积分法。在数值计算中，存在舍入误差和截断误差，这两种误差是和Δt有关的，有时参数选择不当，造成误差积累，使计算难以维持下去，称为不稳定。中心差分法是有条件稳定的，只有取$\Delta t < \Delta t_{cr}$时为收敛的；Houblt法是无条件稳定的；当$\theta \geq 1.37$时，Wilson-θ法为无条件稳定；当$\delta \geq 0.5$，$\alpha \geq 0.25(0.5+\delta)^2$，则Newmark法也是无条件稳定的。以上几种积分法与线性加速度法、平均加速度法是有密切联系的；如取$\delta = 0.5$，$\alpha = 0$时，Newmark法转化为中心差分法；$\alpha = 1/6$和$\alpha = 1/9$时，则又分别对应线性加速度法和平均加速度法。

由于应力应变与变形历史有关，故要用增量格式来进行动力有限元分析，与全量格式的有限元方程相对应，位移增量形式的有限元方程可写为

$$[M]\{\ddot{d}\}_{n+1} + [C]\{\dot{d}\}_{n+1} + [k_t]_n\{\Delta d\}_n = \{f\}_{n+1} - \{R_s\}_{n+1} \tag{5.13}$$

其中$[k_t]_n$为n时刻的切线刚度阵，$\{\Delta d\}_n$为位移增量，表达式为

$$\{\Delta d\}_n = \{d\}_{n+1} - \{d\}_n \tag{5.14}$$

2.Wilson－θ法

加速度和速度预估值为

$$\ddot{d}_{n+\theta} = \frac{6}{\theta^2 \quad \Delta t^2}\Delta d_n - \frac{6}{\theta \quad \Delta t}\dot{d}_n - 2\ddot{d}_n \tag{5.15}$$

$$\dot{d}_{n+\theta} = \frac{3}{\theta \quad \Delta t}\Delta d_n - 2\dot{d}_n - \frac{\theta \quad \Delta t}{2}\ddot{d}_n \tag{5.16}$$

代入$t+\theta\Delta t$时刻的运动微分方程

$$[M]\{\ddot{d}\}_{n+\theta} + [C]\{\dot{d}\}_{n+\theta} + [k_t]_n\{\Delta d\}_n = \{f\}_{n+\theta} - \{R_s\}_n \tag{5.17}$$

中得

$$\left(\frac{6}{\theta^2\Delta t^2}[M] + \frac{3}{\theta\Delta t}[C] + [k_t]\right)\theta\{\Delta d\}_n = \{f\}_{n+\theta} - \{R_s\}_n + [M]\left(\frac{6}{\theta\Delta t}\{\dot{d}\}_n - 2\{\ddot{d}\}_n\right) + [C]\left(2\{\dot{d}\}_n - \frac{\theta \quad \Delta t}{2}\{\ddot{d}\}_n\right) \tag{5.18}$$

由于（5.15）和（5.16）只是运动微分方程的近似形式，其中$[M]$、$[C]$、$[k_t]$、$\{R_s\}_n$均取n时刻的值，因此需引入失衡修正技术，使位移增量满足运动微分方程的准确形式

$$[M]\{\ddot{d}\}_{t+\theta} + [C]\{\dot{d}\}_{t+\theta} + [k_t]_{t+\theta}\{\Delta d\} = \{f\}_{n+\theta} - \{R_s\}_{n+\theta} \tag{5.19}$$

3.Newmark法

此时取

$$\left\{\ddot{d}\right\}_{n+1}=\frac{1}{\alpha\Delta t^2}\{\Delta d\}_n-\frac{1}{\alpha\Delta t}\left\{\dot{d}\right\}_n-\left(\frac{1}{2\alpha}-1\right)\left\{\ddot{d}\right\}_n \tag{5.20}$$

$$\left\{\dot{d}\right\}_{n+1}=\{d\}_n+\Delta t(1-\delta)\left\{\ddot{d}\right\}_n+\delta\left\{\ddot{d}\right\}_{n+1} \tag{5.21}$$

代入运动方程可得

$$\left(\frac{1}{\alpha\Delta t^2}[M]+\frac{\delta}{\alpha\Delta t}[C]+[k]\right)\{\Delta d\}_n=\{f\}_{n+1}-\{R_s\}_n+[M]\left[\frac{1}{\alpha\Delta t}\left\{\dot{d}\right\}_n-\left(\frac{1}{2\alpha}-1\right)\left\{\ddot{d}\right\}_n\right]$$
$$+[C]\left[\left(\frac{\delta}{\alpha}-1\right)\left\{\dot{d}\right\}_n+\frac{\Delta t}{2}\left(\frac{\delta}{\alpha}-2\right)\left\{\ddot{d}\right\}_n\right] \tag{5.22}$$

与Wilson-θ法类似，Newmark法也需用失衡力修正技术逐步修正位移增量。

4.逐步积分算法步骤（Newmark法与Wilson-θ法）

（1）计算初始时刻的质量、阻尼、切线刚度矩阵$[M]$、$[C]$、$[k_t]$。

（2）初始化d_0、$\dot{d}_0$、$\ddot{d}_0$。

（3）计算系数（tol≤0.01，niter≥3）

Wilson-θ法

$$\theta\geqslant 1.37,\ \tau=\Delta t\theta$$

$$a_0=\frac{6}{\tau^2},\ a_1=\frac{3}{\tau},\ a_2=2a_1,\ a_3=2,\ a_4=2,\ a_5=\frac{\tau}{2},\ a_6=\frac{a_0}{\theta},\ a_7=\frac{-a_2}{\theta},\ a_8=1-\frac{3}{\theta},\ a_9=\frac{\Delta t}{2},\ a_{10}=\frac{\Delta t^2}{6}$$

Newmark法

$$\theta=1.0,\ \delta\geqslant 0.50,\ \alpha\geqslant 0.25(0.5+\delta)^2,\ \tau=\Delta t$$

$$a_0=\frac{1}{(\alpha\Delta t)^2},\ a_1=\frac{\delta}{\alpha\Delta t},\ a_2=\frac{1}{\alpha\Delta t},\ a_3=\frac{1}{2\alpha}-1,\ a_4=\frac{\delta}{\alpha}-1,\ a_5=0.5\Delta t\left(\frac{\delta}{\alpha}-2\right),$$

$$a_6=a_0,\ a_7=-a_2,\ a_8=-a_2,\ a_9=\Delta t(1-\delta),\ a_{10}=\delta\Delta t$$

（4）每一时步

A：①形成等效刚度阵

$$[k^*]=[k_t]+a_0[M]+a_1[C]$$

②将$[k^*]$进行LDL^T分解

③形成等效荷载向量

$$\{R^*\}=\{f\}_n-[R_s]_n+\theta\left(\{f\}_{n+1}-\{f\}_n\right)+[M]\left(a_2\left\{\dot{d}\right\}_n+a_3\left\{\ddot{d}\right\}_n\right)+[C]\left(a_4\left\{\dot{d}\right\}_n+a_5\left\{\ddot{d}\right\}_n\right)$$

此时有限元方程变为

$$[k^*]\{\Delta d\}=\{R^*\}_{n+\theta} \tag{5.23}$$

④求解位移增量$LDL^T\{\Delta d\}=\{R^*\}_{n+\theta}$

⑤若要求平衡迭代则

$$\Delta d^0=\Delta d;\ i=0$$

a）$i=i+1$

b）计算$i-1$次的加速度、速度和位移近似值

$$\left\{\ddot{d}\right\}_{n+\theta}^{(i-1)}=a_0\{\Delta d\}^{(i-1)}-a_2\left\{\dot{d}\right\}_n-a_3\left\{\ddot{d}\right\}_n$$

$$\left\{\dot{d}\right\}_{n+\theta}^{(i-1)}=a_1\{\Delta d\}^{(i-1)}-a_4\left\{\dot{d}\right\}_n-a_5\left\{\ddot{d}\right\}_n$$

$$\{d\}_{n+\theta}^{(i-1)}=\{\Delta d\}^{(i-1)}+\{d\}_n$$

c）计算$i-1$次等效不平衡荷载向量

$$\{\Delta R^*\}_{n+\theta}^{(i-1)}=\{f\}_n+\theta\left(\{f\}_{n+1}-\{f\}_n\right)-[M]_{n+\theta}\left\{\ddot{d}\right\}_{n+\theta}^{(i-1)}+[C]_{n+\theta}\{d\}_{n+\theta}^{(i-1)}-\{R_s\}_{n+\theta}^{(i-1)}$$

d）求解位移增量的第i次修正$\Delta\{\Delta d\}^i$

$$LDL^T\Delta\{\Delta d\}^i=\{\Delta R^*\}_{n+\theta}^{(i-1)}$$

e）计算新的位移增量值

$$\{\Delta d\}^i=\Delta\{\Delta d\}^{(i-1)}+\left\{\Delta\{\Delta d\}\right\}^i$$

f）若$\dfrac{\left\|\left\{\Delta\{\Delta d\}\right\}^i\right\|_2}{\left\|\{\Delta d\}^i+\{d\}_n\right\|_2}\leqslant \text{tol}$，则转入B

否则$i\leqslant$ niter返回A。

$i\geqslant$ niter重新使用新的方案形成刚度阵或更小的时间步。

B：计算新的加速度、速度和位移

Wilson-θ法

$$\left\{\ddot{d}\right\}_{n+1}=a_0\{\Delta d\}-a_7\left\{\dot{d}\right\}_n-a_8\left\{\ddot{d}\right\}_n$$

$$\left\{\dot{d}\right\}_{n+1}=\left\{\dot{d}\right\}_n+a_9\left(\left\{\ddot{d}\right\}_{n+1}+\left\{\ddot{d}\right\}_n\right)$$

$$\{d\}_{n+1}=\{d\}_n+\Delta t\left\{\dot{d}\right\}_n+a_{10}\left(\left\{\ddot{d}\right\}_{n+1}+2\left\{\ddot{d}\right\}_n\right)$$

Newmark法

$$\left\{\ddot{d}\right\}_{n+1}=a_0\{\Delta d\}-a_7\left\{\dot{d}\right\}_n-a_8\left\{\ddot{d}\right\}_n$$

$$\left\{\dot{d}\right\}_{n+1}=\left\{\dot{d}\right\}_n+a_9\left\{\ddot{d}\right\}_n+a_{10}\left\{\ddot{d}\right\}_{n+1}$$

$$\{d\}_{n+1}=\{d\}_n+\{\Delta d\}$$

5.3　动接触问题的有限元解法

5.3.1　引言

在实际工程结构中往往将系统分成几个非永久性连在一起的部分，这些部分之间的力是靠它们之间接触、挤压甚至冲击来传递的，在力学中称之为接触问题。在工程中人们所关心的接触效应，如结构与四周介质相互作用问题，就属于这个范畴。

接触问题是一类非线性问题，它既非材料非线性，也非几何非线性，而是属于边界条件非线性问题。在接触问题中边界条件不是在计算开始前就给出，而是在计算过程中由接触面的面积、随外载变化的压力分布及接触体的刚性、接触面间的光滑度等因素决定的，属于运动边界问题，这些正是接触问题的特点，也是它的难点。

求解接触问题，必须解决以下四个问题：

（1）物理模型：描述两接触体之间力的传递以及在不同载荷下接触状态的变化。

（2）几何运动规律：在接触面上物体位移必须满足的条件。

（3）本构定律：在接触面上力（压力与切向力）与位移的关系。

（4）建立方程并求解：用数学方程描述以上各种规律并使系统处于平衡以及方程的求解方法。

物理模型

对此问题的研究用有限元法或边界元法等数值方法求解已是当前的主流，这些方法的基本特点是结构的离散化，仅以节点上的物理参数为求解对象。在计算中，把两接触体人为地分为主动体与被动体，认为主动体上网格中的一个节点与被动体表面上任一点相接触（不一定是网格点），称为面接触模型。它的优点是两个物体可以根据自身情况划分网格，经处理后，即使考虑摩擦滑移情况，最后的控制方程也为对称的。

几何运动规律与本构定律

几何运动规律主要取决于物理模型，不同的物理模型有各自的变形关系。本构定律主要研究接触时的摩擦定律，由于接触体的摩擦系数不仅取决于接触体本身材料，而且与接触面的光滑度、表面压力等多种因素有关。即使同一接触条件随荷载大小滑移情况不同，其摩擦系数也会变化。即接触面的本构关系是非线性的，摩擦学是一门专门的学问，将它应用于接触分析时由于摩擦系数的规律很难掌握，因而增加了许多计算工作量。现在大多数文献仍采用库仑摩擦，即摩擦系数在求解过程中保持不变，但有静摩擦与动摩擦之分，分别记为μ_d、μ_s，文中采用库仑摩擦。

建立方程与求解

目前建立方程是将边界条件用拉格朗日乘子相乘并与总势能一起构成修正的势能，再以求驻值所得最后的控制方程，可以称之为拉格朗日法。

5.3.2 接触的边界条件

如图5.1所示，在一个连续介质Ω中存在一裂隙s，可以把它看作由上、下两表面组成，分别记作s^+和s^-。其法向为$\bar{n}$，如果裂隙表面光滑，则任一点处的外法线矢量唯一。对s^+来说，其法线方向指的是内法向；而对s^-来说，法线方向是指外法向矢量。在动力或波动荷载下，s^+和s^-面不断地分离、接触，在两个表面上的力大小相等，方向相反。假设使两个接触面相互分开的力为正接触力，反之为负。由于接触表面不是理想光滑的，所以接触面上同时存在剪力，在讨论接触问题时，必须做一些假设：（1）接触表面为连续的；（2）摩擦力服从库仑摩擦定律（或干摩擦）；（3）像有限元法一样，也将接触表面离散化，并使两接触面的节点为节点对（如图5.1中的节点对a、b），然后假设接触力是通过节点对来传递的，需要指出的是，节点对a、b为相邻节点编号。

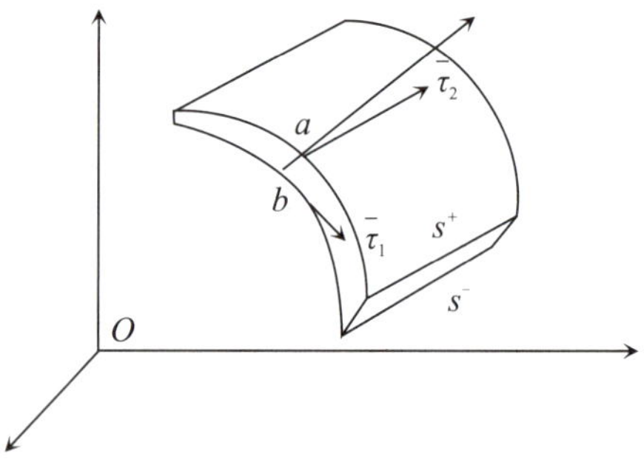

图5.1 裂隙面间的接触点对及局部与总体坐标示意图

首先把界面上的力和位移转换为在局部坐标下的量值，为此在有限元方程中引入转换矩阵$\left[T_0\right]$。

$$\left[T_0\right]=\begin{bmatrix}[I] & [0] & [0]\\ [0] & [Tr_0] & [0]\\ [0] & [0] & [I]\end{bmatrix}\quad \left[Tr_0\right]=\begin{bmatrix}\left[Tr_0'\right] & 0\\ 0 & \left[Tr_0'\right]\end{bmatrix}\quad \left[Tr_0'\right]=\begin{bmatrix}l_1 & l_2 & l_3\\ m_1 & m_2 & m_3\\ n_1 & n_2 & n_3\end{bmatrix} \tag{5.24}$$

方程（5.23）变成为

$$\left[K_0^*\right]\left\{\Delta d^0\right\}=\left\{f^0\right\}+\left\{p^0\right\} \tag{5.25}$$

其中$\left[K_0^*\right]=\left[T_0\right]\left[K^*\right]\left[T_0\right]^T$；$\left\{\Delta d^*\right\}=\left[T_0\right]^T\left\{\Delta d^0\right\}$；$\left\{f^0\right\}=\left[T_0\right]\left\{f^*\right\}$；$\left\{p^0\right\}=\left[T_0\right]\left\{p^*\right\}$。$l$、$m$、$n$为矢量$\vec{n}$、$\vec{\tau}_1$、$\vec{\tau}_2$的方向余弦，$\left[Tr_0\right]$中的两个子矩阵$\left[Tr_0'\right]$分别代表子节点$a$和$b$的整体局部坐标变换，且两节点在同一坐标系中，向量$\left\{\Delta d^0\right\}$、$\left\{f^0\right\}$、$\left\{p^0\right\}$为在接触点对处代表局部坐标中的分量，而在其他点处代表总体坐标中的值，$\left\{p^0\right\}$为接触节点力向量。可见一个节点对有6个基本未知数（每个节点三个方向的位移），所以每种接触边界条件必须有6个方程才行。现在我们可以以一个点对为例来讨论接触的边界条件。

1.脱开模式（分离模式）

节点对之间的力分量为零，但存在有限的相对位移，相对位移可能为正、负或零。接触方程为

$$\begin{cases} p_{ai}=0 \\ p_{bi}=0 \end{cases} \quad i=1,\ 2,\ 3 \tag{5.26}$$

其中p代表接触力，下标i为节点对在局部坐标中的分量，即i=1，2，3分别代表接触面的法向和两个切向，下标a、b代表节点对中的两个接触节点分属于s^+和s^-，如图5.1中所示。

2.接触模式

在接触模式中，可分为黏结模式、库仑摩擦模式和混合滑移模式，这三种模式的共同点为节点对，总的垂直力总和等于零，垂直相对位移为零。以下分别讨论：

（1）黏结模式

黏结模式也就是连续模型，两个切线方向的切向相对位移增量为零。

即

$$\begin{cases} p_{ai}+p_{bi}=0 & i=1,2,3 \\ \Delta d_{aj}-\Delta d_{bj}=0 & j=2,3 \\ \Delta d_{ak}-\Delta d_{bk}+d_{ak}-d_{bk}=0 & k=1 \end{cases} \tag{5.27}$$

式中Δd代表节点对a和b的相对位移增量，d与Δd相似，只是它代表的是前一接触状态下的节点a和b的绝对位移。其他符号同前。

（2）滑移模式（库仑摩擦模式）

在滑移模式中，节点对间的两个切向力限制在正向力大小乘以此点的动摩擦系数μ_{dj}的范围内。相对切向位移不为零，节点对可以自由地沿切向相互滑动。用方程可以表示为

$$\begin{cases} p_{ai}+p_{bi}=0 & i=1,2,3 \\ p_{aj}\pm\mu_{dj}p_{ak}=0 & j=2,3 \\ \Delta d_{ak}-\Delta d_{bk}+d_{ak}-d_{ak}=0 & k=1 \end{cases} \tag{5.28}$$

式中μ_{dj}表示在两个切线方向动摩擦系数，一般均假设$\mu_{dj}=\mu_d$，即两个切向的摩擦系数相同。

（3）混合滑移模式

在混合模式中，滑移仅在一个剪切方向上发生，而在另一个切线方向上为黏结模式，即

$$\begin{cases} p_{ai}+p_{bi}=0 & i=1,2,3 \\ p_{aj}\pm\mu_{dj}p_{ak}=0 & j=2\text{或}3 \\ \Delta d_{aj'}-\Delta d_{bj'}=0 & j'=2\text{或}3 \\ \Delta d_{ak}-\Delta d_{bk}+d_{ak}-d_{bk}=0 & k=1 \end{cases} \tag{5.29}$$

5.3.3 引入接触边界条件

像方程（5.24）中那样，可根据在不同模式下的边界性质构造不同的变换矩阵$\left[T_\alpha\right]$，使增量形式

的有限元方程变为

$$[K_\alpha]\{\Delta d^\alpha\}=\{f^\alpha\}+\{p^\alpha\} \tag{5.30}$$

其中

$$[K_\alpha]=[T_\alpha][K_0][T_\alpha]^T \tag{5.31}$$

$$\{\Delta d^0\}=[T_\alpha]^T\{\Delta d^\alpha\} \tag{5.32}$$

$$\{f^\alpha\}=[T_\alpha]\{f^0\} \tag{5.33}$$

$$\{p^\alpha\}=[T_\alpha]\{p^0\} \tag{5.34}$$

α代表四种不同的接触模式，分别取$\alpha=1$，2，3，4，$[T_\alpha]$与$[T_0]$的结构相同，只是$[T_{r\alpha}]$与$[T_{r0}]$不同，$\{\Delta d^\alpha\}$和$\{p^\alpha\}$分别与$\{\Delta d^0\}$和$\{p^0\}$的结构相同。$\{f^\alpha\}$与$\{p^\alpha\}$相似，代表等效节点力向量，但不包含接触面上的接触力。$\{\Delta d^\alpha\}$与$\{p^\alpha\}$为变换后的未知量，包含接触条件，所以随α不同，其分量有不同的物理意义。

由上面分析可知，为了能够直接引入接触力的边值条件，用变换矩阵$[T_\alpha]$，使变换后的向量$\{p^\alpha\}$分量包含力边值条件，以便能够直接引入力边值条件；为了保证系统矩阵的对称性，构造新的未知量$\{\Delta d^\alpha\}$，使它满足关系式，在新的未知量$\{\Delta d^\alpha\}$中引入位移边值条件，然后迭代求解。

1. 分离模式

这种模式为力边界条件，可以直接求解，变换矩阵$[T_{r1}]=[I]$，位移增量节点力向量分别为

$$\begin{cases}\Delta d_{ai}^1=\Delta d_{ai}^0\\ \Delta d_{bi}^1=\Delta d_{bi}^0\\ p_{ai}^1=pd_{ai}^0\\ p_{bi}^1=p_{bi}^0\end{cases}\quad i=1,2,3 \tag{5.35}$$

式中Δd_{ai}^0、Δd_{bi}^0分别为节点a、b处在i方向的位移增量，i为局部坐标分量，即n、τ_1、τ_2。p_{ai}^0和p_{bi}^0分别为a、b节点处的等效接触节点力在i方向上的分量，以下的分析相同，不再加以说明。从（5.35）中可以看出，对于分离模式（$\alpha=1$），Δd_{ai}^1、Δd_{bi}^1的物理意义为节点a、b处的位移增量在i方向上的分量，引入边界条件（5.26）后，方程（5.35）变为

$$\begin{cases}\Delta d_{ai}^1=\Delta d_{ai}^0\\ \Delta d_{bi}^1=\Delta d_{bi}^0\\ p_{ai}^1=0\\ p_{bi}^1=0\end{cases}\quad i=1,2,3 \tag{5.36}$$

式（5.36）中Δd_{ai}^1和Δd_{bi}^1六个为未知量，p_{ai}^1和p_{bi}^1为六个已知量，直接求解（5.30）可以得到Δd_{ai}^1和Δd_{bi}^1，求出Δd_{ai}^1和Δd_{bi}^1后，即可知节点a、b的位移增量，也就是所求的$\{\Delta d^0\}$和$\{p^0\}$为已知，至此未知量均已求得，可进行下一步计算。

2. 黏结接触模式

在此模式下，矩阵$[T_{r2}]$变为

$$[T_{r2}]=\begin{bmatrix}1&0&0&1&0&0\\0&1&0&0&1&0\\0&0&1&0&0&1\\0&0&0&1&0&0\\0&0&0&0&1&0\\0&0&0&0&0&1\end{bmatrix} \tag{5.37}$$

此时有

$$\begin{cases}\Delta d_{ai}^2=\Delta d_{ai}^0\\ \Delta d_{bi}^2=\Delta d_{bi}^0-\Delta d_{ai}^0\\ p_{ai}^2=p_{ai}^0+p_{bi}^0\\ p_{bi}^2=p_{bi}^0\end{cases}\quad i=1,2,3 \tag{5.38}$$

从（5.38）可以看出，Δd_{ai}^2为节点a在i方向的位移增量，Δd_{bi}^2为节点b的相对位移增量在i方向的分量，p_{ai}^2为节点a、b的等效节点力之和在i向的分量，即i方向的总的节点力，p_{bi}^2为节点b的等效节点力在i方向的分量。

引入边界条件（5.27）后，方程（5.38）变为

$$\begin{cases}\Delta d_{ai}^2=\Delta d_{ai}^0\\ \Delta d_{bj}^2=0\\ \Delta d_{bk}^2=d_{ak}^0-d_{bk}^0\\ p_{ai}^2=0\\ p_{bi}^2=p_{bi}^0\end{cases}\quad \begin{matrix}i=1,2,3\\ j=2,3\\ k=1\end{matrix} \tag{5.39}$$

式中由于d_{ak}^0和d_{bk}^0为已知量，加上p_{ai}^2和Δd_{bj}^2共六个已知量，直接引入力和位移边值条件，即可得到p_{bi}^2和Δd_{ai}^2的值，然后利用（5.32）和（5.34）求出$\{\Delta d^0\}$和$\{p^0\}$。

3.摩擦滑移模式

在此模式下，变换矩阵$[T_{r3}]$、位移增量向量$\{\Delta d^3\}$和接触节点力向量$\{p^3\}$分别为

$$[T_{r3}]=\begin{bmatrix}1&0&0&1&0&0\\0&1&0&0&1&0\\0&0&1&0&0&1\\0&0&0&1&0&0\\0&0&0&\pm\mu_d&1&0\\0&0&0&\pm\mu_d&0&1\end{bmatrix} \tag{5.40}$$

$$\begin{cases}\Delta d_{ai}^3=\Delta d_{ai}^0\\ \Delta d_{bj}^3=\Delta d_{bj}^0-\Delta d_{aj}^0\\ \Delta d_{bk}^3=\Delta d_{bk}^0-\Delta d_{ak}^0\pm\sum_j\mu_d\left(\Delta d_{bj}^0-\Delta d_{aj}^0\right)\\ p_{ai}^3=p_{ai}^0+p_{bi}^0\\ p_{bj}^3=p_{bj}^0\pm\mu_d p_{bk}^0\\ p_{bk}^3=p_{bk}^0\end{cases}\quad \begin{matrix}i=1,2,3\\ j=2,3\\ k=1\end{matrix} \tag{5.41}$$

在（5.41）中Δd_{ai}^3为节点a在i方向的位移增量。Δd_{bj}^3为节点b与a在切线j方向的相对位移增量，Δd_{bk}^3为节点b与a在法向相对位移增量与切向相对位移增量乘以动摩擦系数之和，为一等效的位移增量表达式。p_{ai}^3为节点a、b接触节点力的合力在i方向上的分量，p_{bj}^3为节点b在切向j上的力分量与摩擦力之和，即j方向总的切向力，p_{bk}^3为节点b在k方向即法向接触力。

引入边界条件（5.28）后，（5.41）变为

$$\begin{cases}\Delta d_{ai}^3=\Delta d_{ai}^0\\ \Delta d_{bj}^3=\Delta d_{bj}^0-\Delta d_{aj}^0\\ \Delta d_{bk}^3=d_{bk}^0-d_{ak}^0\pm\sum_j\mu_d\left(\Delta d_{bj}^0-\Delta d_{aj}^0\right)\\ p_{ai}^3=0\\ p_{bj}^3=0\\ p_{bk}^3=p_{bk}^0\end{cases}\quad \begin{matrix}i=1,2,3\\ j=2,3\\ k=1\end{matrix} \tag{5.42}$$

上式中$p_{ai}^3=0$和$p_{bj}^3=0$为5个独立方程，可以直接引入。另一个方程则为耦联形式，由于（$d_{ak}^0-d_{bk}^0$）为已知值，从（5.42）可以看出第二个方程和第三个方程有共同的未知量（$\Delta d_{bj}^0-\Delta d_{aj}^0$），在求解过程中先把$\Delta d_{bk}^3$看作已知量，即先取$\Delta d_{bk}^3=d_{ak}^0-d_{bk}^0$进行求解，求出$\Delta d_{bk}^3$后代入（5.42）第三式，再求出修正的$\Delta d_{bk}^3$重新求解，直到满足精度要求为止。这属于一般的矩阵迭代求解，下面将介绍向量

迭代法。具有（5.42）未知量的方程可表示为

$$[A_1\ A_2\ A_3]\begin{Bmatrix}\Delta d_{ai}^3\\ \Delta d_{bj}^3\\ \Delta d_{bk}^3\end{Bmatrix}=\{f^3\} \tag{5.43}$$

或

$$[A_1\ A_2]\begin{Bmatrix}\Delta d_{ai}^3\\ \Delta d_{bj}^3\end{Bmatrix}=\{f^3\}-[A_3]\{\Delta d_{bk}^3\} \tag{5.44}$$

式中 A_1、A_2、A_3 分别为刚度阵中的未知量 Δd_{ai}^3、Δd_{bj}^3、Δd_{bk}^3 所对应的列，考虑到 Δd_{bk}^3 的表达式（5.42）中的第三式有

$$\begin{Bmatrix}\Delta d_{ai}^3\\ \Delta d_{bj}^3\end{Bmatrix}=\{f^{*3}\}-[A_3^*]\sum\nolimits_j \mu_d\{\Delta d_{bj}^3\} \tag{5.45}$$

式中 $\{f^{*3}\}=[A_1\ A_2]^{-1}\{f^3\}$，$[A_3^*]=[A_1\ A_2]^{-1}[A_3]$ 为常量，均在迭代开始第一步即可求得，先令上式右端 $\Delta d_{bj}^3=0$，可由（5.45）得到一个初值，求得 Δd_{bj}^3 然后将求得的 Δd_{bj}^3 值代入（5.45）右端，又可得到修正的 Δd_{bj}^3，如此循环，直到满足精度要求为止。一般地，方程（5.30）在此模式下可变成如下的形式

$$[A]\{X\}=\{B\}\pm\sum_{c=1}^{ntact}\sum\nolimits_j \mu_d \chi_{cj}\{A_{ck}\} \quad k=1, j=2,3 \tag{5.46}$$

其中 $\sum_j$ 代表对下标 j 的求和（$j=2,3$），$ntact$ 代表接触节点对，$[A]$ 代表等效刚度阵，只是节点 c 的第 k 个自由度所对应的刚度阵中的行与列（主元除外）元素变为零，其值存入向量 $\{A_{ck}\}$。$\{B\}$ 为已知向量包含力向量 $\{f^3\}$ 和 $(d_{ak}^0-d_{bk}^0)$ 对力向量的贡献。$\{A_{ck}\}$ 为矩阵 $[A]$ 的行或列，c 代表接触节点，从 1 变化到总的接触节点对数。k 代表节点 c 的一个法向自由度。（此处 c 点只代表位于面 s^+ 上的接触节点）$\{X\}$ 代表式（5.42）中的未知量，x_{cj} 为 $\{X\}$ 的元素，具体代表节点 c 的第 j 个自由度，首先我们先求以下方程的解。

$$[A]\{X^0\}=\{B\} \tag{5.47}$$

$$[A]\{X_c\}=\{A_{ck}\} \tag{5.48}$$

从（5.47）和（5.48）可以得到 $\{X^0\}$ 和 $\{X_c\}$ 的值，其中 c=1，2，3，…，$ntact$，将（5.47）和（5.48）代入（5.46）经化简有

$$\{X^1\}=\{X^0\}+\{\Delta X^1\} \tag{5.49}$$

其中 $\{\Delta X^1\}$ 为

$$\{\Delta X^1\}=\pm\sum_{c=1}^{\mathrm{ntact}}\sum\nolimits_j \mu_d \chi_{cj}^0\{X_c\} \tag{5.50}$$

一般地，可得如下递推公式

$$\{X^\beta\}=\{X^0\}+\sum_{it=1}^{\beta}\{\Delta X^{it}\} \tag{5.51}$$

其中 $\{\Delta X^{it}\}$ 为

$$\{\Delta X^{it}\}=\pm\sum_{c=1}^{\mathrm{ntact}}\sum\nolimits_j \mu_d \chi_{cj}^{it-1}\{X_c\} \tag{5.52}$$

由此可以看出方程（5.42）的解可由向量方程（5.51）的叠加而求得，这样不但减少了由于矩阵运算而造成的误差积累，并可节约大量的计算时间，而且使接触问题系统的矩阵与一般有限元法的求解一样成为对称求解。克服了非对称求解带来的困难。在（5.52）中 β 为任意整数，根据精度要求选取，我们可以定义一个收敛准则为

$$\left\|\Delta X^{\beta}\right\| \leqslant \gamma\left\|X^{\beta}\right\| \tag{5.53}$$

其中γ为容许误差，一般取γ为0.1%～2%，$\|\cdot\|$代表向量的某种范围，$\{X_c\}$在每次迭代开始时形成，以后的迭代中不变。

同样求得Δd_{ai}^{3}、Δd_{bj}^{3}、p_{bk}^{3}后，利用（5.42）的第三式可求得，其他为已知，利用（5.32）和（5.34）即可求得位移增量$\{\Delta d^0\}$和接触力向量$\{p^0\}$。

4. 混合模式

在混合模型中，一个接触节点的两个切向，只在一个切线方向上发生滑移，而在另一切线方向上则为黏结状态。此时变换矩阵为

$$[Tr_4]=\begin{bmatrix}1&0&0&1&0&0\\0&1&0&0&1&0\\0&0&1&0&0&1\\0&0&0&1&0&0\\0&0&0&\pm\mu_d&1&0\\0&0&0&0&0&1\end{bmatrix} \text{或} [Tr_4]=\begin{bmatrix}1&0&0&1&0&0\\0&1&0&0&1&0\\0&0&1&0&0&1\\0&0&0&1&0&0\\0&0&0&0&1&0\\0&0&0&\pm\mu_d&0&1\end{bmatrix} \tag{5.53}$$

相应的自变量为

$$\begin{cases}\Delta d_{ai}^{4}=\Delta d_{ai}^{0}\\ \Delta d_{bj}^{4}=\Delta d_{bj}^{0}-\Delta d_{aj}^{0}\\ \Delta d_{bj'}^{4}=\Delta d_{bj'}^{0}-\Delta d_{aj'}^{0}\\ \Delta d_{bk}^{4}=\Delta d_{bk}^{0}-\Delta d_{ak}^{0}\pm\mu_d\left(\Delta d_{bj}^{0}-\Delta d_{aj}^{0}\right)\\ p_{ai}^{4}=p_{ai}^{0}+p_{bi}^{0}\\ p_{bj}^{4}=p_{bj}^{0}\pm\mu_d p_{bk}^{0}\\ p_{bj'}^{4}=p_{bj'}^{0}\\ p_{bk}^{4}=p_{bk}^{0}\end{cases}\quad \begin{matrix}i=1,2,3\\ j=2\text{或}3\\ j'=3\text{或}2\\ k=1\end{matrix} \tag{5.54}$$

其中Δd_{ai}^{4}为节点a在i方向的位移增量，Δd_{bj}^{4}为节点b、a在切向j方向上的相对位移增量，Δd_{bk}^{4}为节点b与a在法向的相对位移增量与切向j方向相对位移增量乘以动摩擦系数μ_d之和，为一等效位移增量，p_{ai}^{4}为节点a、b在i方向上的等效节点力之和，p_{bj}^{4}和$p_{bj'}^{4}$分别为节点b在法向j和j'上的切向力与摩擦力之和，p_{bk}^{4}为节点b在法向k上的接触节点力。

引入边界条件（5.28）后，式（5.54）变为

$$\begin{cases}\Delta d_{ai}^{4}=\Delta d_{ai}^{0}\\ \Delta d_{bj}^{4}=\Delta d_{bj}^{0}-\Delta d_{aj}^{0}\\ \Delta d_{bj'}^{4}=0\\ \Delta d_{bk}^{4}=d_{bk}^{0}-d_{ak}^{0}\pm\mu_d\left(\Delta d_{bj}^{0}-\Delta d_{aj}^{0}\right)\\ p_{ai}^{4}=0\\ p_{bj}^{4}=0\\ p_{bj'}^{4}=p_{bj'}^{0}\\ p_{bk}^{4}=p_{bk}^{0}\end{cases}\quad \begin{matrix}i=1,2,3\\ j=2\text{或}3\\ j'=3\text{或}2\\ k=1\end{matrix} \tag{5.55}$$

同上述方法一样，只是j取2或3，很容易求解。求得$\{\Delta d^4\}$和$\{p^4\}$后，用（5.32）和（5.34）同样可求出$\{\Delta d^0\}$和$\{p^0\}$值。

5.3.4 接触条件的确定

确定接触条件时是一个节点对一个节点对地进行的。

1. 接触条件消失（即从接触到分离）

原先为接触状态，由于接触面的变化或外载等因素的影响，节点对间产生分离，此时的判定准则为

$$d_{ak}+\Delta d_{ak}-d_{bk}-\Delta d_{bk}<0 \quad k=1 \tag{5.56}$$

2. 新的接触状态的形成（即从分离状态变换到接触状态）

只有满足下列条件时，节点对中的两个节点才可能从分离状态变为接触状态

$$d_{ak}+\Delta d_{ak}-d_{bk}-\Delta d_{bk}\geqslant 0 \quad k=1 \tag{5.57}$$

此时必须用接触问题的强制条件来满足以下关系式，即

$$d_{ak}+\Delta d_{ak}-d_{bk}-\Delta d_{bk}=0 \quad k=1 \tag{5.58}$$

3. 产生滑移（从黏结状态到滑移状态）只有当切向力满足下列条件时才能发生滑移

$$p_{bj}>\mu_s p_{ak} \tag{5.59}$$

其中

$$\begin{aligned} p_{bj}&=M\left(\Delta d_{aj}-\Delta d_{bj}\right) \quad j=2\text{或}3 \\ p_{ak}&=M\left(\Delta d_{ak}-\Delta d_{bk}\right) \quad k=1 \end{aligned} \tag{5.60}$$

5.4 锚杆单元理论及计算模型

锚杆作为一种支承结构广泛应用于隧道支护、路基加固和边坡稳定等岩土工程中。随着计算机的出现和有限元技术的发展，有限元法已被用于锚杆的分析和设计中。锚杆可简化为梁单元或桁架元，根据需要还可引入接触单元。

锚杆在空间的形式可看作一轴对称结构，锚芯处于轴心位置。四节点三维锚杆单元如图5.2所示。其中结点1、2为外半径上的两角点，结点3、4为锚芯两端点。在生成有限元网格时，结点1、2与代表岩体的实体单元相连。由于锚杆的直径相对于所分析问题的尺寸小得多，因此可认为结点3、4的坐标与结点1、2的坐标相同，以减少数据输入工作量。但在形成单元刚度矩阵时仍用锚杆的实际尺寸。

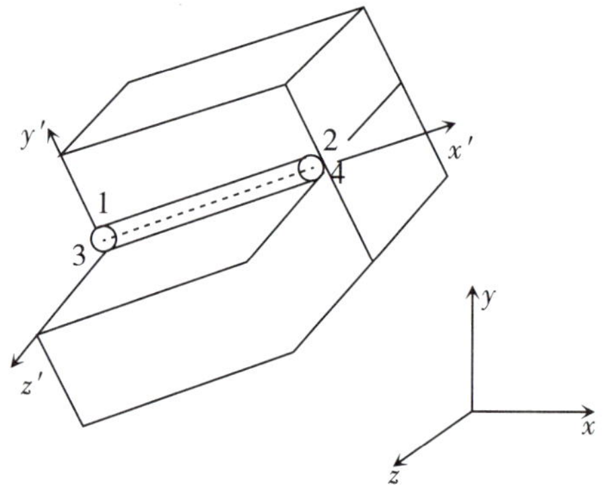

图5.2 四节点三维锚杆单元

考虑到锚杆具有轴向性质的特点，锚杆单元的讨论将在局部坐标系 x'、y'、z' 中（局部坐标系中的量用加表示），通过适当的坐标变换，即可建立整体坐标系中的有限元方程。定义锚杆单元在整体坐标系中的结点位移矢量 $\{a\}^e$ 和结点力矢量 $\{F\}^e$ 分别为

$$\{a\}^e=\{u_1\ v_1\ w_1\ u_2\ v_2\ w_2\ u_3\ v_3\ w_3\ u_4\ v_4\ w_4\}^T$$

$$\{F\}^e=\{x_1\ y_1\ z_1\ x_2\ y_2\ z_2\ x_3\ y_3\ z_3\ x_4\ y_4\ z_4\}^T$$

5.4.1 基本假设

在锚杆单元中，采用以下基本假定：①锚芯的轴向位移沿锚杆方向成线性分布，沿径线方向位移为常数；②岩体的轴向位移沿锚杆方向成线性分布，沿径线方向则取空间轴对称问题的解析解；③轴向应力主要由锚芯承担；④不考虑径向的法向应力；⑤切向剪应力主要与锚芯和岩体间的轴向相对位

移有关；⑥横向剪应力主要与锚杆的侧向位移有关。

沿轴线方向，引入插值函数

$$N_1 = 1 - \xi \quad N_2 = \xi \tag{5.61}$$

其中，$0 \leqslant \xi = x/l \leqslant 1$，$\xi$为单元的长度。

单元中任一点的位移分量可通过插值函数用结点位移向量表示成

$$\{f'\}^e = [N]\{a'\}^e \tag{5.62}$$

其中，$\{f'\}^e = \{u'\ v'\ w'\}^T$

对锚芯

$$[N] = \begin{bmatrix} N_1 & 0 & 0 & N_2 & 0 & 0 & 0 & 0 & 0 & 0 & 0 & 0 \\ 0 & N_1 & 0 & 0 & N_2 & 0 & 0 & 0 & 0 & 0 & 0 & 0 \\ 0 & 0 & N_1 & 0 & 0 & N_2 & 0 & 0 & 0 & 0 & 0 & 0 \end{bmatrix} \tag{5.63}$$

对岩体

$$[N] = \begin{bmatrix} 0 & 0 & 0 & 0 & 0 & 0 & N_1 & 0 & 0 & N_2 & 0 & 0 \\ 0 & 0 & 0 & 0 & 0 & 0 & 0 & N_1 & 0 & 0 & N_2 & 0 \\ 0 & 0 & 0 & 0 & 0 & 0 & 0 & 0 & N_1 & 0 & 0 & N_2 \end{bmatrix} \tag{5.64}$$

5.4.2　岩体轴向位移的解析表达式

根据基本假设⑤，岩体主要传递由相对轴向位移引起的切向剪应力，这一假设也被岩体拉拔试验所证实。岩体轴向位移沿径线方向的分布也可假设为线性分布，但利用空间轴对称问题的基本方程可以得到更精确的解析解。由基本假设③知，锚芯中只考虑轴向正应力，岩体中只考虑切向剪应力。我们在岩体中截取一微小的环段，考察其沿轴线方向的平衡，即

$$\sum x'_{\text{grout}} = 0 \tag{5.65}$$

可得

$$2\pi(\tau'_{rx} + \Delta\tau'_{rx})(r + \Delta r)\Delta x' - 2\pi\tau'_{rx} r \Delta x' = 0 \tag{5.66}$$

其中，τ'_{rx}为局部坐标系中的切向剪应力，r为径向坐标，x'为轴向坐标。上式两端同除以$2\pi r \Delta r \Delta x'$，并忽略不计高阶小量，则有

$$\frac{\Delta\tau'_{rx}}{\Delta r} + \frac{\tau'_{rx}}{r} = 0 \tag{5.67}$$

当$\Delta r \to 0$时，立即得到

$$\frac{\mathrm{d}\tau'_{rx}}{\mathrm{d}r} + \frac{\tau'_{rx}}{r} = 0 \tag{5.68}$$

利用切线方向的本构关系，切向剪应力可表示为

$$\tau'_{rx} = \tau'_s = G\gamma'_z = G_g \frac{\mathrm{d}u'}{\mathrm{d}r} \tag{5.69}$$

将上式代入（5.68）中，得到下列微分方程

$$\frac{\mathrm{d}^2 u'}{\mathrm{d}r^2} + \frac{1}{r}\frac{\mathrm{d}u'}{\mathrm{d}r} = 0 \tag{5.70}$$

上述微分方程的通解为

$$u' = c_1 \ln r + c_2 \tag{5.71}$$

利用边界条件

$$u'\big|_{r=r_h} = u'_h$$

$$u'\big|_{r=r_b} = u'_b$$

可得到轴向位移的解析表达式为

$$u' = \frac{1}{\ln\left(r_h/r_b\right)}\left[u_h^{'}\ln r - u_b^{'}\ln r + u_h^{'}\ln r_b\right] \tag{5.72}$$

5.4.3 应变与应力

根据基本假设，锚杆单元中只有四个主要应变分量，它们分别是锚芯中由轴向位移引起的轴向应变$\varepsilon_b^{'}$，岩体中由相对切向位移引起的切向剪应变$\gamma_g^{'}$，以及由侧向位移引起的沿局部坐标$y^{'}$、$z^{'}$的横向剪应变$\gamma_{y^{'}}^{'}$和$\gamma_{z^{'}}^{'}$，用矢量的形式可将单元应变表示为

$$\{\varepsilon'\}^e = \begin{Bmatrix}\varepsilon_b^{'} \\ \gamma_s \\ \gamma_{y^{'}}^{'} \\ \gamma_{z^{'}}^{'}\end{Bmatrix} = \begin{Bmatrix}\dfrac{\partial u'}{\partial x'} \\ \dfrac{\partial u'}{\partial r} \\ \dfrac{\partial v'}{\partial x'} \\ \dfrac{\partial w'}{\partial x'}\end{Bmatrix} \tag{5.73}$$

现分别计算如下

利用（5.62），可得到$\varepsilon_b^{'}$

$$\varepsilon_b^{'} = \frac{\partial u'}{\partial x'} = \frac{1}{l}\left(-u_3^{'} + u_4^{'}\right) \tag{5.74}$$

其中l为锚杆单元的长度，利用（5.72），可得$\gamma_g^{'}$为

$$\gamma_g^{'} = \frac{\partial u^{'}}{\partial r} = R\left(u_h^{'} - u_b^{'}\right) \tag{5.75}$$

其中$R = {}^{1}\!\Big/_{r\ln\left(r_h/r_b\right)}$

同样利用（5.62），可得$\gamma_{y^{'}}^{'}$、$\gamma_{z^{'}}^{'}$为

$$\gamma_{y^{'}}^{'} = \frac{\partial v^{'}}{\partial x^{'}} = \frac{1}{l}\left(-v_1^{'} + v_2^{'}\right) \tag{5.76}$$

$$\gamma_{g^{'}}^{'} = \frac{\partial w^{'}}{\partial x^{'}} = \frac{1}{l}\left(-w_1^{'} + w_2^{'}\right) \tag{5.77}$$

将（5.74）～（5.77）各式代入（5.73）中，得到单元应变矢量为

$$\left\{\varepsilon^{'}\right\}^e = [B]\left\{a^{'}\right\}^e \tag{5.78}$$

其中

$$[B] = \begin{bmatrix} 0 & 0 & 0 & 0 & 0 & 0 & -1/l & 0 & 0 & 1/l & 0 & 0 \\ RN_1 & 0 & 0 & RN_2 & 0 & 0 & -RN_1 & 0 & 0 & -RN_2 & 0 & 0 \\ 0 & -1/l & 0 & 0 & 1/l & 0 & 0 & 0 & 0 & 0 & 0 & 0 \\ 0 & 0 & -1/l & 0 & 0 & 1/l & 0 & 0 & 0 & 0 & 0 & 0 \end{bmatrix} \tag{5.79}$$

应力分量可由锚杆的本构方程直接得到

$$\left\{\sigma^{'}\right\}^e = [D]\left\{\varepsilon^{'}\right\}^e \tag{5.80}$$

其中

$$\left\{\sigma^{'}\right\}^e = \left\{\sigma_b^{'}\ \tau_g^{'}\ \tau_{y^{'}}^{'}\ \tau_{z^{'}}^{'}\right\}^T \tag{5.81}$$

$$[D]=\begin{bmatrix} E_b & 0 & 0 & 0 \\ 0 & G_g & 0 & 0 \\ 0 & 0 & G_b & 0 \\ 0 & 0 & 0 & G_b \end{bmatrix} \tag{5.82}$$

σ_b'为锚芯中的轴向正应力，τ_g'为岩体中的切向剪应力，$\tau_{y'}'$、τ_{g}'为锚杆中分别沿局部坐标y'和z'方向的横向剪应力，E_b为锚芯的弹性模量，G_g为岩体的剪切模量，G_b为锚芯的横向剪切模量。

5.4.4 单元刚度矩阵

由虚功方程或变分原理容易得到有限元刚度矩阵的一般形式为

$$[k]^e=\int_\Omega [B]^T[D][B]\mathrm{d}\Omega \tag{5.83}$$

在锚杆单元中，局部坐标系下单元刚度矩阵为

$$[k]^e=\int_\Omega [B]^T[D][B]r\mathrm{d}r\mathrm{d}\theta\mathrm{d}x'=2\pi l\int_0^1\int_0^{r_h}[B]^T[D][B]r\mathrm{d}r\mathrm{d}\xi \tag{5.84}$$

将（5.79）和（5.82）两式代入上式，可得到锚杆单元以显式形式表示的刚度矩阵，在这样得到的单元刚度矩阵中，有四行四列元素全为零，这将造成总刚度矩阵奇异。其原因是我们在计算横向剪应力时只考虑了岩体的侧向位移，而没有计及锚芯侧向位移的影响。如果我们假设锚芯的侧向位移近似等于岩体的侧向位移，即$v_1'=v_3'$，$w_1'=w_3'$，$v_2'=v_4'$，$w_2'=w_4'$，通过引入一人工刚度k_d，即可得到锚杆单元的刚度矩阵为

$$[k^l]^e=\begin{bmatrix}
2K_g & 0 & 0 & K_g & 0 & 0 & -2K_g & 0 & 0 & -K_g & 0 & 0 \\
0 & K_g+K_d & 0 & 0 & -K_g & 0 & 0 & -K_d & 0 & 0 & 0 & 0 \\
0 & 0 & K_g+K_d & 0 & 0 & -K_g & 0 & 0 & -K_d & 0 & 0 & 0 \\
K_g & 0 & 0 & 2K_g & 0 & 0 & -K_g & 0 & 0 & -2K_g & 0 & 0 \\
0 & -K_g & 0 & 0 & K_g+K_d & 0 & 0 & 0 & 0 & 0 & -K_d & 0 \\
0 & 0 & -K_g & 0 & 0 & K_g+K_d & 0 & 0 & 0 & 0 & 0 & -K_d \\
-2K_g & 0 & 0 & -K_g & 0 & 0 & K_b+2K_g & 0 & 0 & K_g-K_b & 0 & 0 \\
0 & -K_d & 0 & 0 & 0 & 0 & 0 & K_d & 0 & 0 & 0 & 0 \\
0 & 0 & -K_d & 0 & 0 & 0 & 0 & 0 & K_d & 0 & 0 & 0 \\
-K_g & 0 & 0 & -2K_g & 0 & 0 & K_g-K_b & 0 & 0 & K_b+2K_g & 0 & 0 \\
0 & 0 & 0 & 0 & -K_d & 0 & 0 & 0 & 0 & 0 & K_d & 0 \\
0 & 0 & 0 & 0 & 0 & -K_d & 0 & 0 & 0 & 0 & 0 & K_d
\end{bmatrix} \tag{5.85}$$

上述单元刚度矩阵是在局部坐标系中建立的，在形成有限元方程之前，还必须将其转换到整体坐标系中，这个转换关系为

$$[k]^e=[a]^T[k^l]^e[a] \tag{5.86}$$

其中$[k]^e$为整体坐标系中的单元刚度矩阵，$[a]$为坐标转换矩阵。整体坐标系中的荷载向量也可通过转换矩阵由局部坐标系中的荷载向量求得

$$\{F\}^e=\{a\}^T\{F^l\}^e \tag{5.87}$$

一旦获得了单元刚度矩阵和荷载向量，就可用标准的有限元集成方法将其迭加到有限元方程的总刚度矩阵和总荷载向量中。通过解有限元方程，可直接得到结点位移。局部坐标系中的单元应力可由下式求得

$$\{\sigma^l\}^e=[D]\{\varepsilon^l\}^e=[D][B][a][a^l]^e \tag{5.88}$$

5.4.5 锚杆的切向剪切性质

锚杆中锚芯与岩体的交界面上存在着切向相对位移，由此而引起岩体中与锚杆平行方向上的剪应力。随着切向相对位移的增大，锚杆将逐渐接近破坏状态。由切向剪应力引起的锚杆破坏可发生在锚芯中、岩体中、岩体与锚芯的交界面的接触面上。锚杆的切向剪切强度与黏性系数、磨

擦角及嵌入程度有关。随着切向位移的增加，黏性系数和嵌入影响逐新减小，摩擦作用成为主要因素。

峰值剪切强度的值为

$$\tau_p = \pi(D+2t)\tau_1 Q \tag{5.89}$$

其中，τ_1为岩体的剪切强度，Q为岩体黏结质量系数，Q=1对应完全黏结状态。当锚芯与岩体交界面上的剪切强度超过了剪切峰值强度时，轴向滑动即发生。在数值计算时，滑动破坏可通过计算锚杆的残余力来实现，即

$$\left\{f_r^l\right\}^e = -\int_{\Omega}[B]\left\{\sigma^l\right\}^e \mathrm{d}\Omega$$

其中

$$\left\{\sigma^l\right\}^e = \left\{0 \quad \left(N_1\tau_1 + N_2\tau_2\right)r_b/r \quad 0 \quad 0\right\} \tag{5.90}$$

$$\tau_1 = <\left|\tau_{g3}^{'}\right| - \tau > \mathrm{sgn}\left(\tau_{g3}^{'}\right)$$

$$\tau = \begin{cases}\tau_p & \gamma_g^{'} < \gamma_p \\ \tau_r & \gamma_g^{'} \geqslant \gamma_p\end{cases}$$

上式中$<x>$为任意函数，其定义为

$$\langle x\rangle = \begin{cases}x & x>0 \\ 0 & x\leqslant 0\end{cases} \tag{5.91}$$

锚杆单元的残余力可显式表示为

$$\left\{f_r^l\right\}^e = \frac{1}{3}\pi r_b L\left\{-(2\tau_1+\tau_2) \quad 0 \quad 0 \quad -(\tau_1+2\tau_2) \quad 0 \quad 0 \quad 2\tau_1+\tau_2 \quad 0 \quad 0 \quad \tau_1+2\tau_2 \quad 0 \quad 0\right\} \tag{5.92}$$

整体坐标系中的残余力可由（5.87）式求得。

数值计算时，用Newton-Raphson算法。通过施加不平衡残余力，可得到逐渐收敛的解。

5.4.6 预应力锚杆（锚索）的工作原理

1.预应力锚杆（锚索）对边坡的加固机理

预应力锚杆（锚索）对边坡和滑坡的加固，主要通过预应力产生的两个分力的作用来实现，如图5.3。一是产生滑面法向压应力w_2，从而增加滑面摩擦力，达到抗滑作用；二是在滑体中锚杆（锚索）产生与下滑方向相反的力（拉力）w_1，达到抗滑作用。

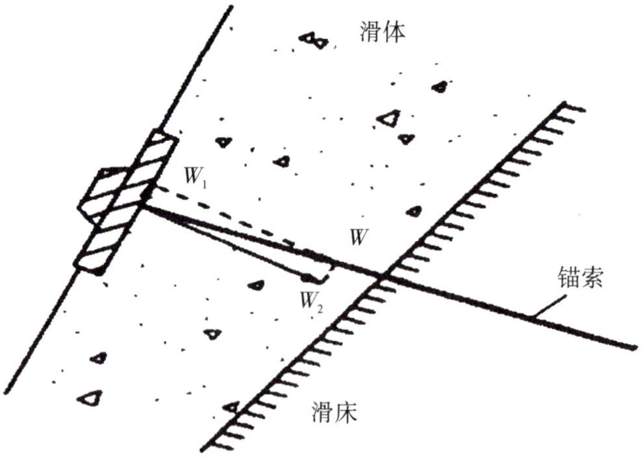

图5.3 锚索应力分界图

2.预应力锚杆（锚索）的工作原理

预应力锚杆（锚索）的结构分为三大部分（图5.4）：

锚固段：指提供抗拔力的部分，即锚索与稳定围岩锚固连接的部分（L_1）；

自由段：指锚固构件与锚固段之间的锚杆（锚索）连接部分（L_2），即锚索能自由伸张部分。

锚固构件：指用于施加预应力的刚性支座构件，如锚索抗滑桩的桩体、锚锭板或锚固框格梁、锚墩等。通过预应力张拉，由锚索提供回弹拉力（预应力），使锚固构件产生拉压作用，实现对边坡和滑坡的加固。

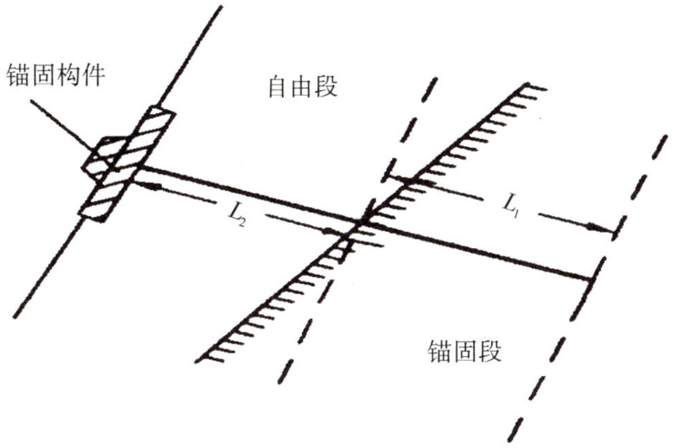

图5.4　锚索结构示意图

3.锚杆、预应力锚索联合支护的作用机理

预应力锚索支护技术主要是将一定长度的低松弛高强度钢绞线配以专用锚具，通过液压千斤顶在其尾部施加预应力，达到锚固支护的作用。锚索除具有普通锚杆的悬吊作用、组合梁作用、组合拱作用、楔固作用外，与普通锚杆不同的是对围岩进行深部锚固而产生强力悬吊作用，并且形成连续强支撑点，以大预紧力减缓下沉。对于围岩松动圈大、节理发育、破碎的结构，通过锚杆对松动圈内的围岩进行组合梁加固支护，再将锚索锚固到围岩深部，利用锚索的高承载力对结构进行锚固支护，使锚杆支护下形成的组合梁的作用得到加强，同时锚索将容易离层塌落的围岩稳稳地悬吊在稳固的岩体上。预应力锚索和普通锚杆这样相互补充，极大地改善了边坡的支护效果。

5.5　结构体系抗震安全性评价指标

5.5.1　安全系数法

将材料的允许强度与地震动力分析得到的结构的最大反应的比值定义为结构体系的抗震安全性。根据材料的抗拉和抗压强度，可分别得到相应的安全系数。

5.5.2　极限状态法

采用作用和抗力的分项系数和结构系数表达的承载能力极限状态设计式：

$$\gamma_0 \psi S(*) \leqslant R(f_k/\gamma_m, a_k)/\gamma_d \tag{5.93}$$

式中，γ_0为结构的重要性系数，一般可取1.1；ψ为设计状况系数，地震时取0.85；$S(*)$为作用效应函数；$R(*)$为结构抗力系数；f_k为材料性能的标准值；γ_m为材料性能的分项系数，地震时取1.5；a_k为几何参数的标准值；γ_d为承载能力极限状态结构系数，抗压、抗拉强度分别取1.30和0.70。

5.6 二维洞窟地震反应分析

5.6.1 输入加速度时程曲线和材料属性

在进行动力分析中，需要输入地震加速度，在此选择1985年9月12日新疆乌恰6.8级地震的强震记录（SN向），最大峰值加速度105.34*g*（相当于基本烈度7度），加速度时程曲线如图5.5所示。

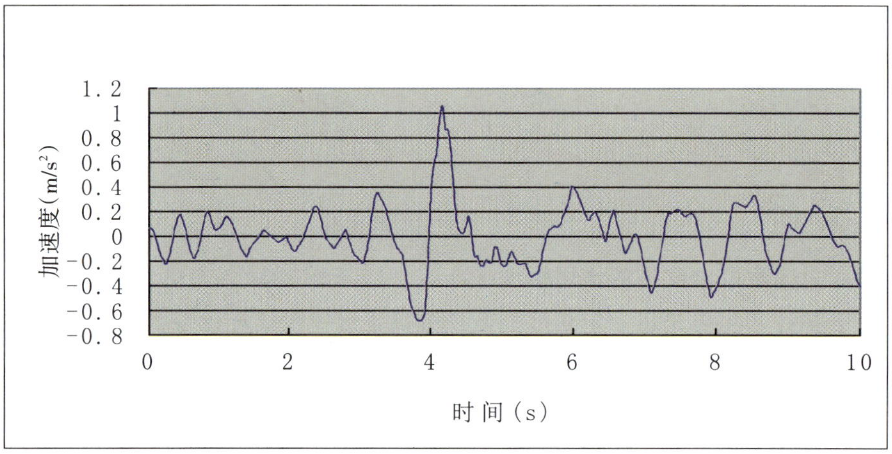

图5.5 1985年新疆乌恰6.8级地震SN向地震动加速度记录

由于土体的材料不同，所以土体需要分为很多层，为了计算简便，在土体上分为五层并且挡墙属于另一种材料，其材料特性按自上而下顺序如表5-1所示：

表5-1 材料参数

工程地质岩组	弹性模量（MPa）	泊松比	密度（g/cm^3）	抗压强度（MPa）	抗拉强度（MPa）	内聚力（MPa）	内摩擦角(°)
Q_3	100	0.3	2.3	—	0.20	0.10	50
A	200	0.28	2.3	9.5	0.36	0.20	65
B	87	0.30	2.20	12.6	0.54	0.10	50
C	300	0.27	2.35	8.6	0.47	0.25	67
D	500	0.26	2.40	15.80	0.67	0.30	70
挡墙	1000	0.25	2.40	—	1.50	0.45	75

5.6.2 动接触问题

该计算模型如图5.6所示。在该图中红色部分模拟土体，紫色部分则表示挡墙，两者接触的地方有部分软弱层，在其上设有动接触和不设有动接触两种情况，然后任取一节点，进行位移的比较，如图5.7所示，从图中可以看出，有无动接触的影响是不容忽视的。此外，又找一个单元2391和其上的节点2491作为研究对象，其中单元2391的主拉应力和主压应力的两种情况的极值，以及节点2491的两种情况的水平位移的极值，列于表5-2中。为了更清楚地说明问题，还列出了节点2491两种情况的水平位移的时程曲线（如图5.8所示）和单元2391两种情况的主拉应力和主压应力的时程曲线（如图5.9所示）。从图中可以看出，有无动接触的影响是较为明显的。

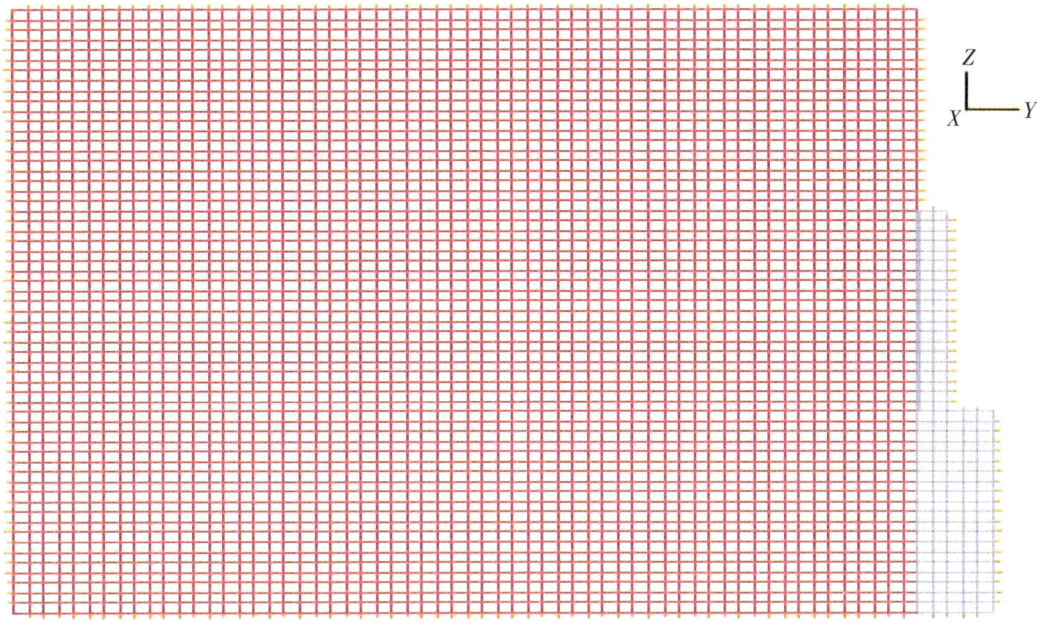

图5.6　动接触计算模型

表5-2　节点2491的水平位移极值和单元2391主拉应力和主压应力的极值

动力响应量	无动接触的情况	有动接触的情况
节点水平位移极值(m)	0.167444	0.167092
单元主拉应力极值(kPa)	220.588	221.387
单元主压应力极值(kPa)	275.176	272.498

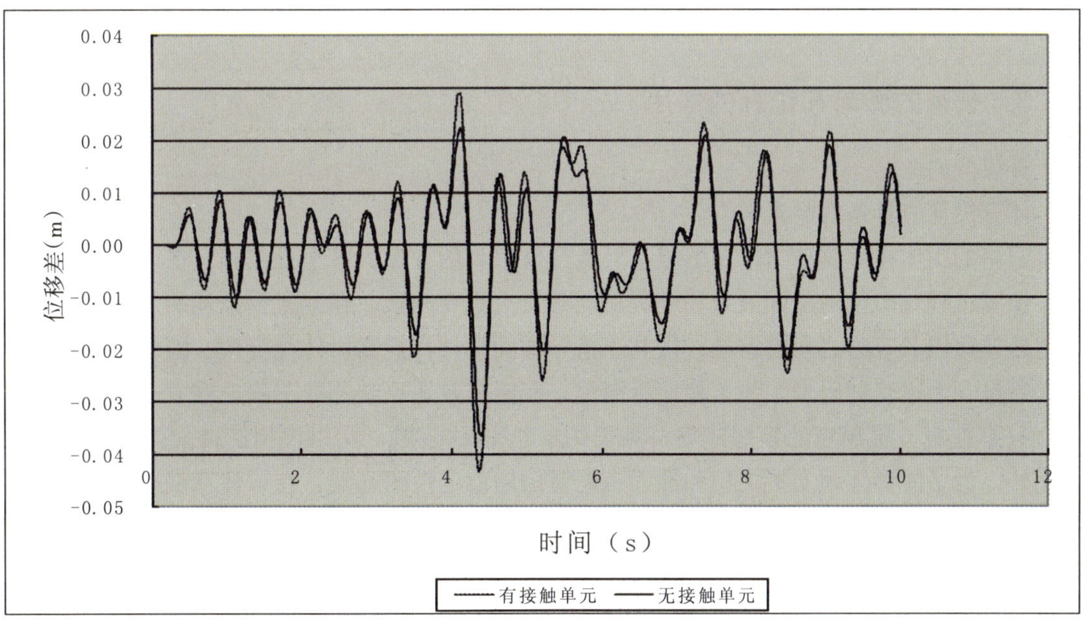

图5.7　某单元在有无动接触的情况下的位移比较

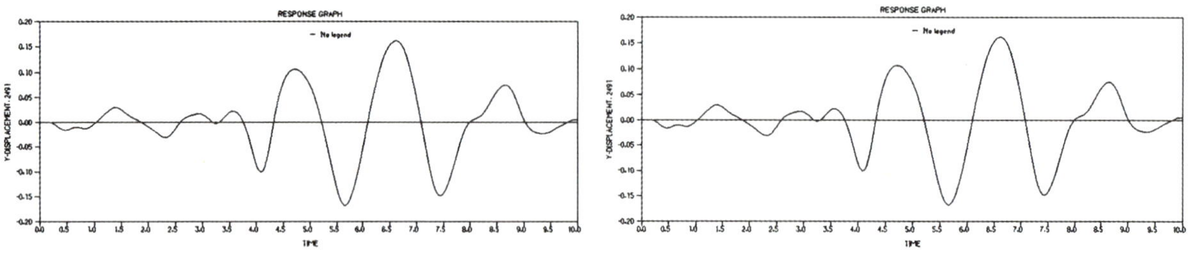

（a）节点2491在无动接触的情况下的位移时程曲线　（b）节点2491在有动接触的情况下的位移时程曲线

图5.8　位移时程曲线

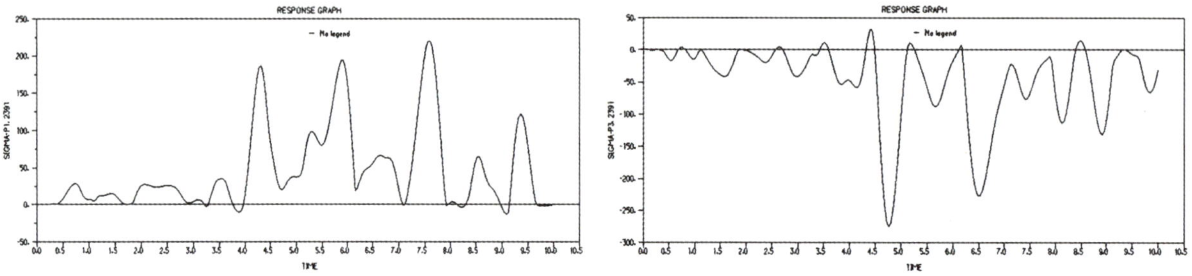

（a） 单元2391在无动接触的情况下的主拉应力时程曲线　（b） 单元2391在无动接触的情况下的主压应力时程曲线

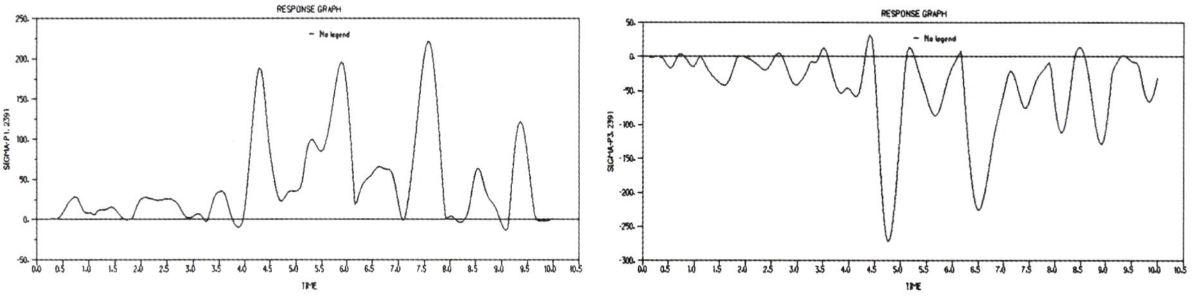

（c） 单元2391在有动接触的情况下的主拉应力时程曲线　（d） 单元2391在有动接触的情况下的主压应力时程曲线

图5.9　应力时程曲线

5.6.3　裂隙的影响和锚杆的作用

1.计算模型的建立

（1）计算模型应具备的因素

含有洞窟的山体在地震动力作用下很有可能会发生大的变形，甚至是破坏。在该过程中，工程地质条件、加固工程对山体的加固效果和地震荷载是三大重要因素。在此主要论述的是在不同因素影响下该山体的位移以及应力之间的差异，以利于指导加固设计和提高山体稳定性。因此，在计算模型的建立中必须包含上述三种因素。为了使计算简化，在能有效地反映不良工程地质对山体稳定性影响的前提下，只是在最上层洞窟的顶层建立一条长约8.422m的裂隙，用以模拟卸荷裂隙这种常见的不良地质。此外，为了能够体现支护工程和加固工程对山体稳定性的影响，在该计算模型中，也需要根据工程实际建立起挡墙以及锚杆（或有预应力锚杆），用以模拟支护工程和加固工程。

（2）计算模型的特点

实体模型宽100m，高70m。其左侧与山体相连，右侧取地表至地下深度40m处。上部有四层洞窟，每个洞窟的形状都是具有代表性的典型洞窟形状，并且每个洞窟的间距都很小。挡墙密贴洞窟表面，对其起支护作用（洞窟表面与挡墙之间设有动接触）。

主要建立四种模型：第一种模型属于无裂隙无锚杆的情况，如图5.10所示；第二种模型属于有裂隙无锚杆的情况，如图5.11所示；第三种模型属于有裂隙有锚杆的情况，锚杆是纵穿裂隙的，并且它们的长度是5m左右，如图5.12所示；第四种模型属于有裂隙和有预应力锚杆的情况，该图同图5.10所示，所不同的是在锚杆中加有预应力（本软件是以输入初始应变的方式增加预应力的）。

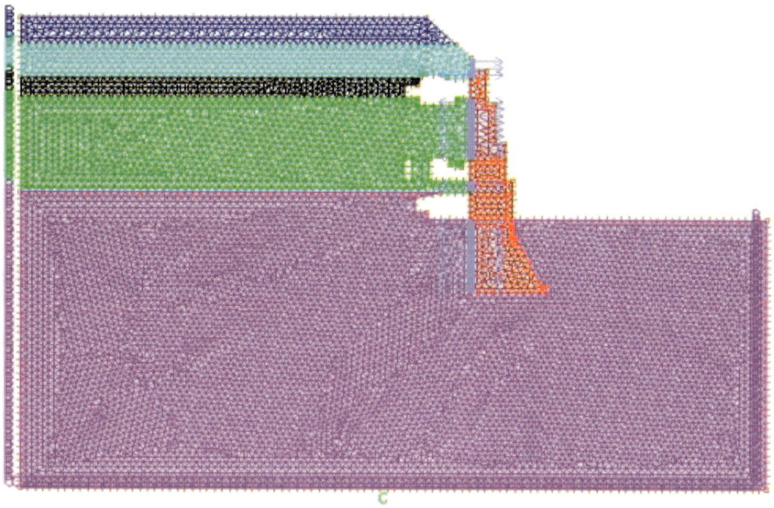

图5.10　无裂隙无锚杆的计算模型

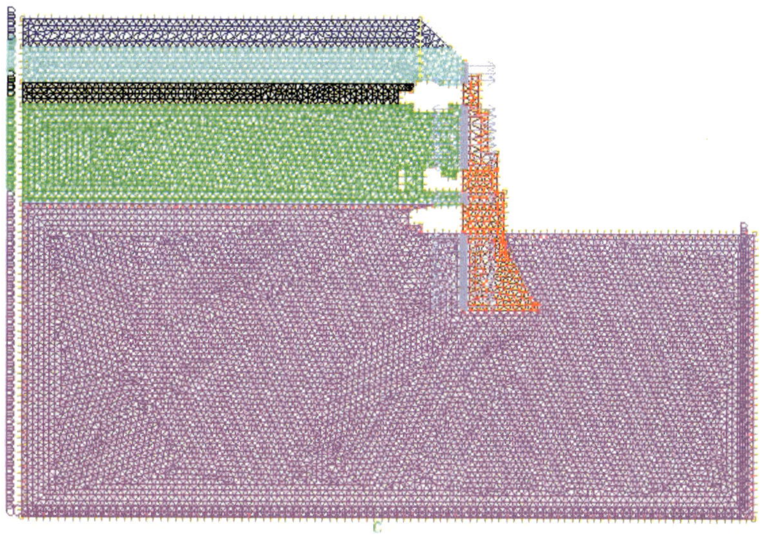

图5.11　有裂隙无锚杆的计算模型

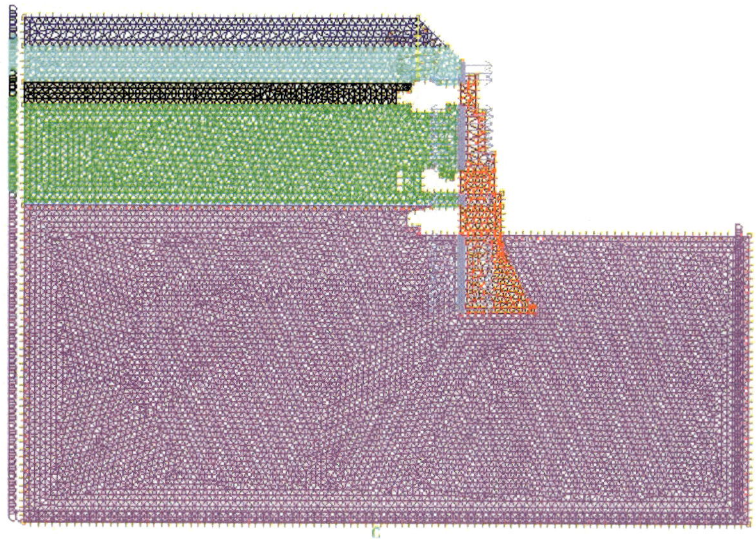

图5.12　有裂隙有锚杆的计算模型

上述有限元计算模型均是采用四节点的三角形网格，并且在该模型的左右两侧施加了水平方向的约束限制，在底边施加全部约束的限制，山体是洞窟的表面（即与挡墙相接触的边界），荷载是以地震加速度时程方式输入。

2.洞窟在地震荷载作用下的计算结果分析

分别计算了上述四种模型，主要是考察有无裂隙的影响以及有无锚杆（或预应力锚杆）的影响。为了能够达到这一目的，在裂隙最上面的两侧分别取两点进行研究，即点8757和点9013。在无裂隙无锚杆的情况下，点8757的水平方向的位移时程曲线（如图5.13所示）和点9013的水平方向的位移时程曲线（如图5.14所示）几乎是完全相同的，也就是说，几乎没有多大的相对位移，这一点是显而易见的。但是在有裂隙无锚杆的情况下，点8757的水平方向的位移时程曲线（如图5.15所示）和点9013的水平方向的位移时程曲线（如图5.16所示）之间的变化是明显的，不容置疑，这两点在某几时刻的相对位移也是明显的，因此从中可以看出，裂隙的破坏作用是不可忽视的。在有裂隙有锚杆的情况下，由于多了锚杆单元，所以裂隙两侧的点号就发生了变化，即变为点9641和点9640。此时点9641（与点8757是同一位置）的水平方向的位移时程曲线（如图5.17所示）和点9640（与点9013是同一位置）的水平方向的位移时程曲线（如图5.18所示）重新变得相似起来，可见锚杆的支护作用是明显的，它有效地控制了由于裂隙而引起的破坏作用，使得两点的位移变化又像无裂隙无锚杆时的位移变化一样，几乎是相似的。对于有裂隙有预应力锚杆的情况下，从点9641（与点8757是同一位置）的水平方向的位移时程曲线（如图5.19所示）和点9640（与点9013是同一位置）的水平方向的位移时程曲线（如图5.20所示）可以看出，两个曲线的形状相似，只不过是它的位移变化幅度要比无预应力时的位移变化幅度要小一点。可见有预应力锚杆能够明显地起到加固土体的目的，甚至比无裂隙无锚杆的情况还要好。

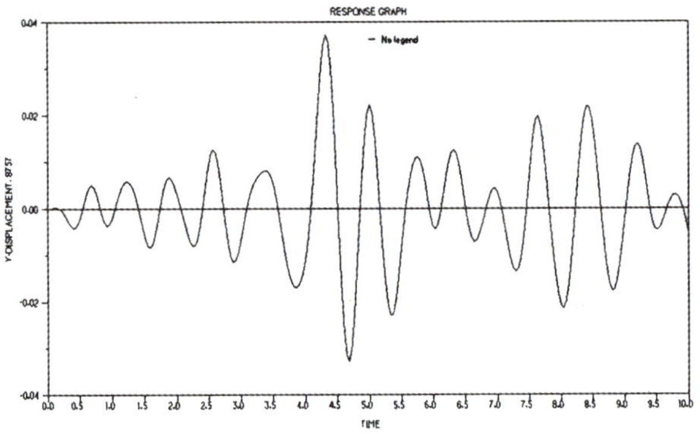

图5.13 节点8757的水平方向的位移时程曲线
（无裂隙无锚杆的情况）

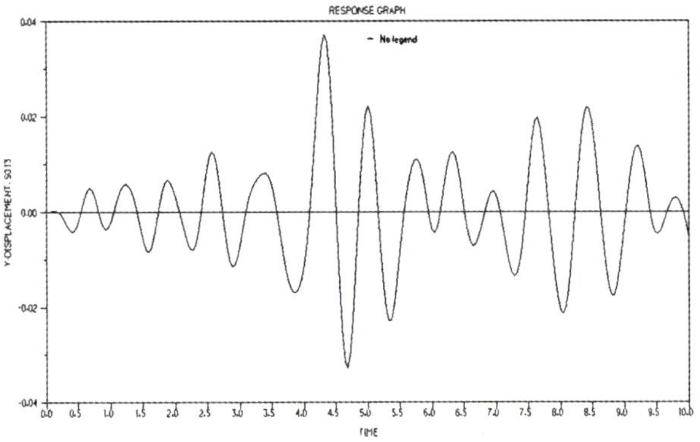

图5.14 节点9013的水平方向的位移时程曲线
（无裂隙无锚杆的情况）

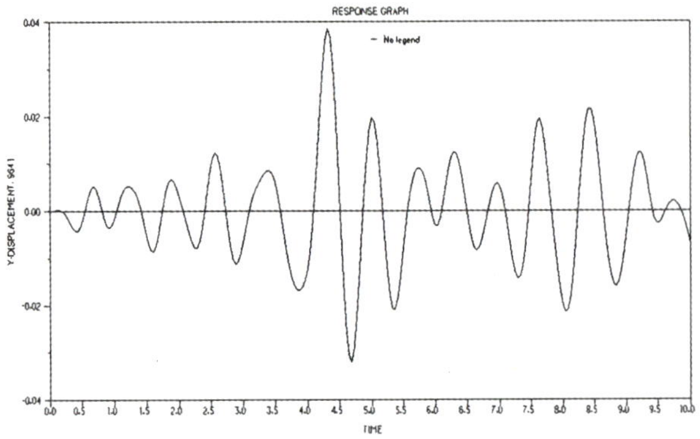

图5.15 节点8757的水平方向的位移时程曲线
（有裂隙无锚杆的情况）

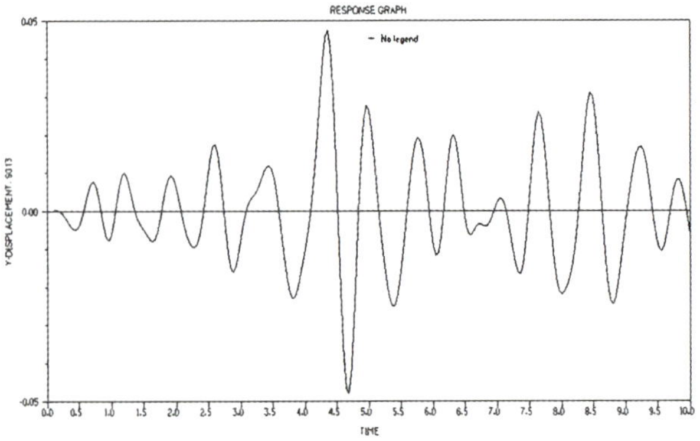

图5.16 节点9013的水平方向的位移时程曲线
（有裂隙无锚杆的情况）

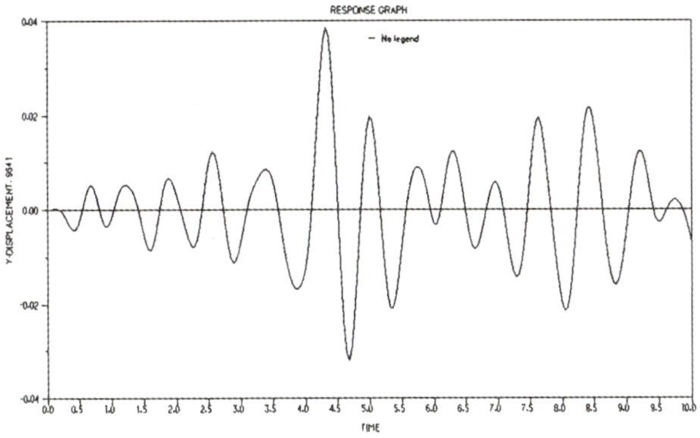

图5.17　节点9641（与点8757是同一位置）的水平方向的位移时程曲线（有裂隙有锚杆的情况）

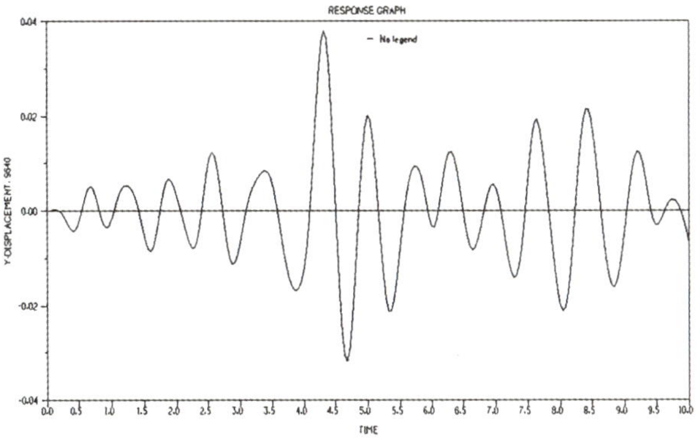

图5.18　节点9640（与点9013是同一位置）的水平方向的位移时程曲线（有裂隙有锚杆的情况）

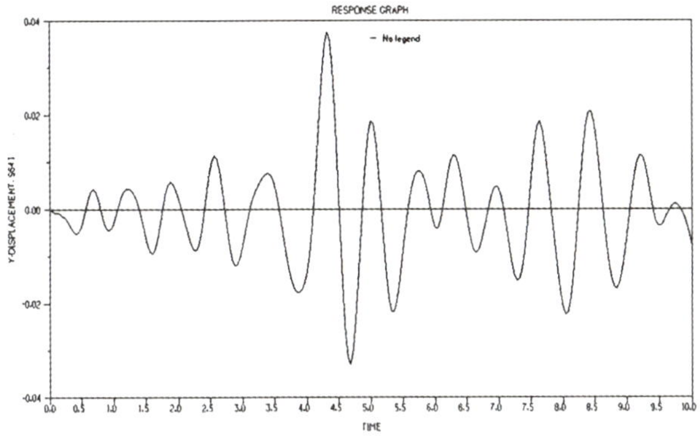

图5.19　节点9641（与点8757位置相同）的水平方向的位移时程曲线（有裂隙有预应力锚杆的情况）

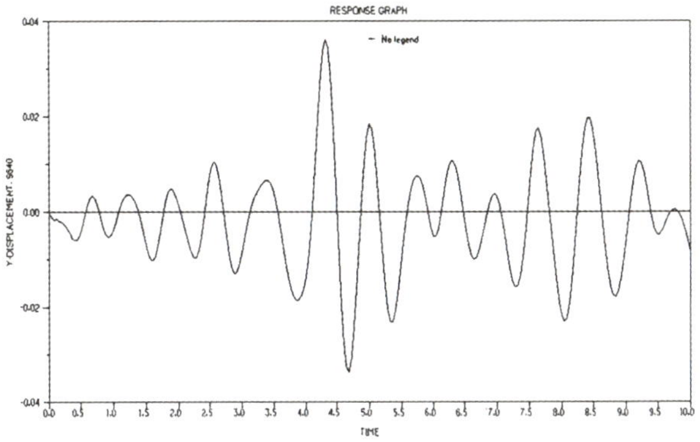

图5.20　节点9640（与点9013是同一位置）水平方向的位移时程曲线（有裂隙有预应力锚杆的情况）

此外，危险部位往往集中在洞窟附近，所以为了使研究具有代表性，还在第二层的洞窟附近找节点1084和1384来研究（如图5.21所示）。该两点四种情况的水平方向的位移时程曲线如图5.22所示，其四种情况的水平方向的位移极值列于表5-3和表5-4中。与裂隙最上面的两侧的两点进行比较，从中可以看出，洞窟附近两点1084和1384相对较为安全，所以这两点是在安全范围的。

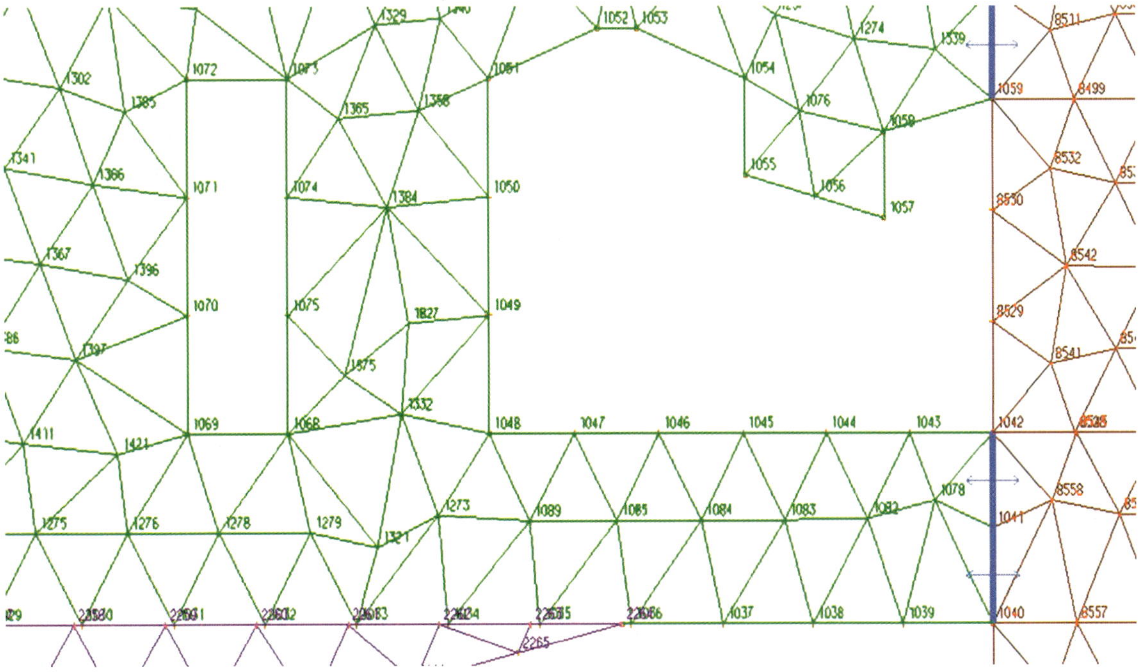

图5.21　节点1084和1384位置图

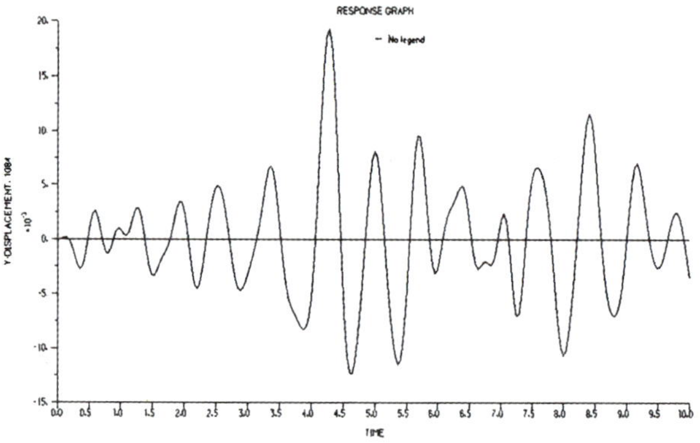

（a） 节点1084的水平方向的位移时程曲线
（无裂隙无锚杆的情况）

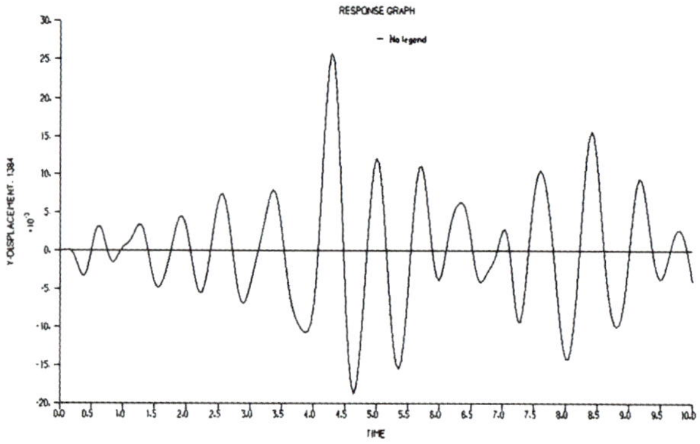

（b） 节点1384的水平方向的位移时程曲线
（无裂隙无锚杆的情况）

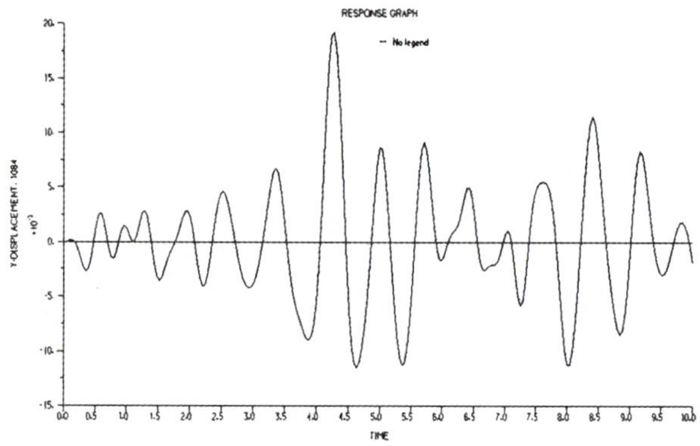

（c） 节点1084的水平方向的位移时程曲线
（有裂隙无锚杆的情况）

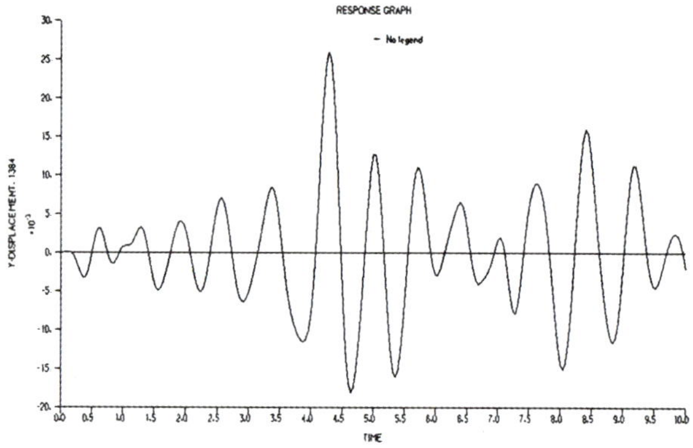

（d） 节点1384的水平方向的位移时程曲线
（有裂隙无锚杆的情况）

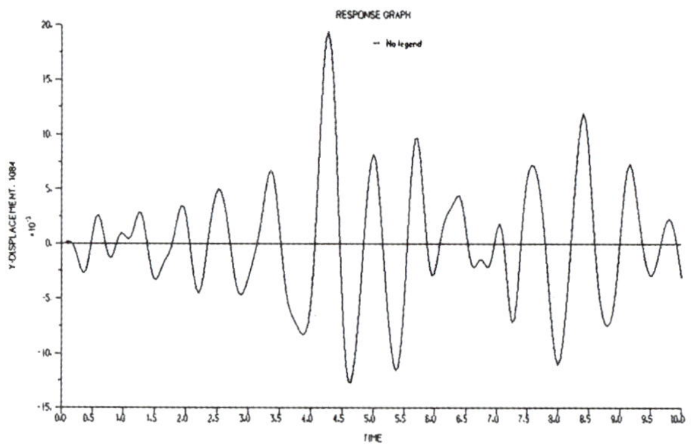

（e） 节点1084的水平方向的位移时程曲线
（有裂隙有锚杆的情况）

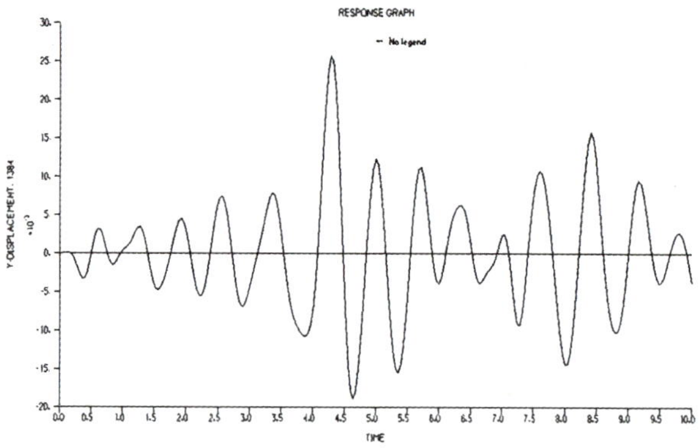

（f） 节点1384的水平方向的位移时程曲线
（有裂隙有锚杆的情况）

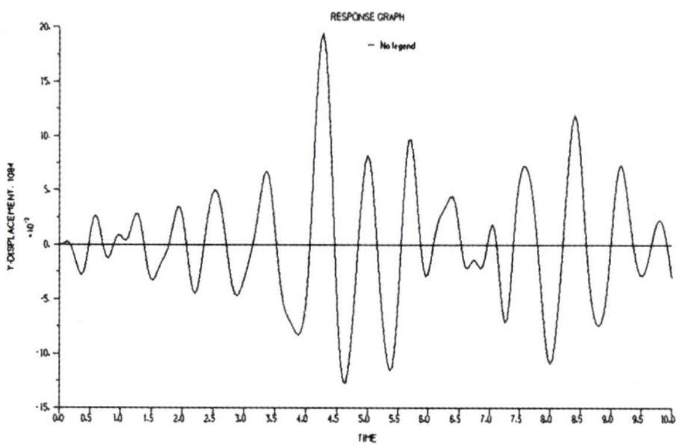

（g） 节点1084的水平方向的位移时程曲线
（有裂隙有预应力锚杆的情况）

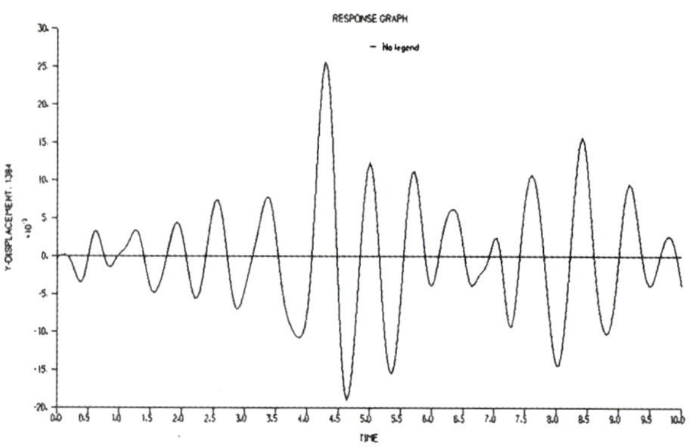

（h） 节点1384的水平方向的位移时程曲线
（有裂隙有预应力锚杆的情况）

图5.22 位移时程曲线

5.6.4 洞窟地震反应的应力场分析

在选择单元时，为使分析具有代表性，必须选择一个具有较大危险性的单元。由于山体是由不同材料构成的，所以首先要选择工程地质条件较差的地层来分析，在此计算模型中，最上层洞窟所在的地层是工程地质条件较差的地层（抗拉强度只有100kPa，抗压强度为540kPa）。此外，一个洞窟周边又有很多单元，选择哪个单元又是一个问题。从四种模型最大主拉应力场图（如图5.23所示）和四种模型最大压应力场图（如图5.24所示）中可以看出，危险单元往往密集在洞窟附近，所以取最上层洞窟顶层的一个单元以及在第二层的洞窟附近找了两个单元39和1588（位置如图5.25所示）作为研究对象。研究对象选定后，可以容易地获得最上层洞窟顶层的单元在四种模型中的主拉应力和主压应力的时程曲线（如图5.26所示）和第二层的洞窟附近两个单元在四种模型中的主拉应力和主压应力的时程曲线（如图5.27所示）。此外，又把第二层的洞窟附近两个单元的主拉应力和主压应力的极值列于表5-3和表5-4中。从中可以看出，在四种模型中，其最大主拉应力均小于该地层的抗拉强度470kPa，最大主压应力同样均小于该地层的抗压强度8600kPa，所以说明洞窟是安全的。

表5-3 节点1084的位移极值和单元39主拉应力和主压应力的极值

动力响应量	无裂隙无锚杆的情况	有裂隙无锚杆的情况	有裂隙有锚杆的情况	有裂隙有预应力锚杆的情况
节点位移极值(m)	0.0192679	0.0192382	0.0194224	0.0194412
单元主拉应力极值(kPa)	323.577	329.362	321.034	323.258
单元主压应力极值(kPa)	383.504	392.508	371.346	369.071

表5-4 节点1384的位移极值和单元1588主拉应力和主压应力的极值

动力响应量	无裂隙无锚杆的情况	有裂隙无锚杆的情况	有裂隙有锚杆的情况	有裂隙有预应力锚杆的情况
节点位移极值(m)	0.0257636	0.0260265	0.0256883	0.0256466
单元主拉应力极值(kPa)	86.0819	85.9662	84.0134	84.1237
单元主压应力极值(kPa)	110.911	107.614	112.817	113.747

（a）无裂隙无锚杆

图5.23 四种模型最大主拉应力场图（1）

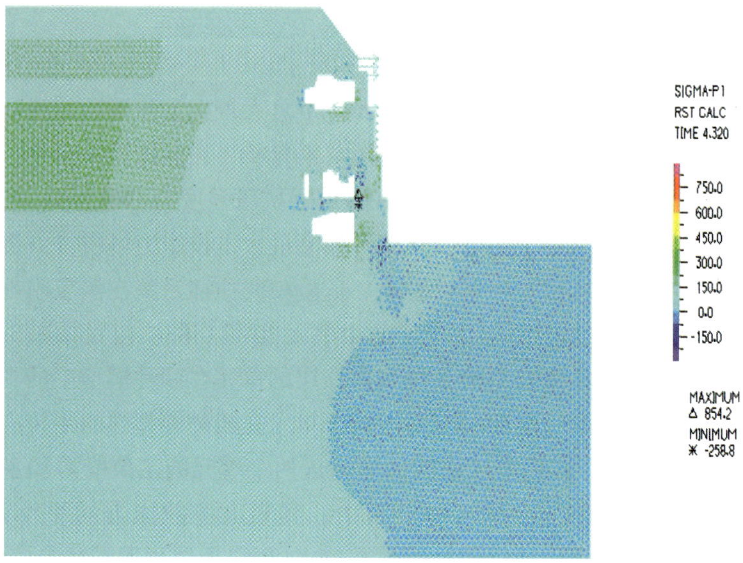

（b）有裂隙无锚杆

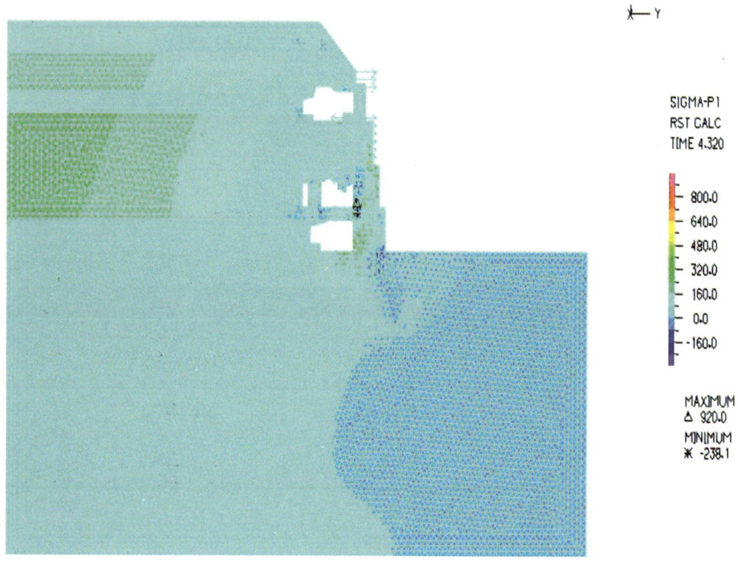

（c）有裂隙有锚杆

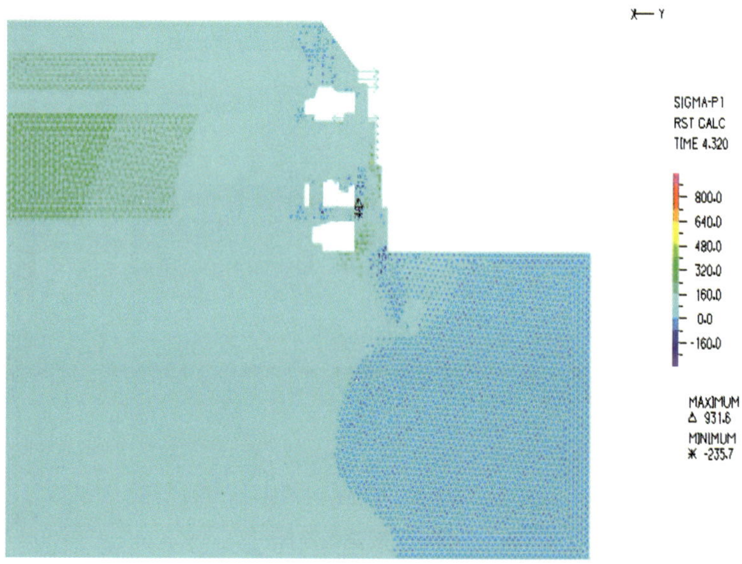

（d）有裂隙有锚杆有预应力

续图5.23　四种模型最大主拉应力场图（2）

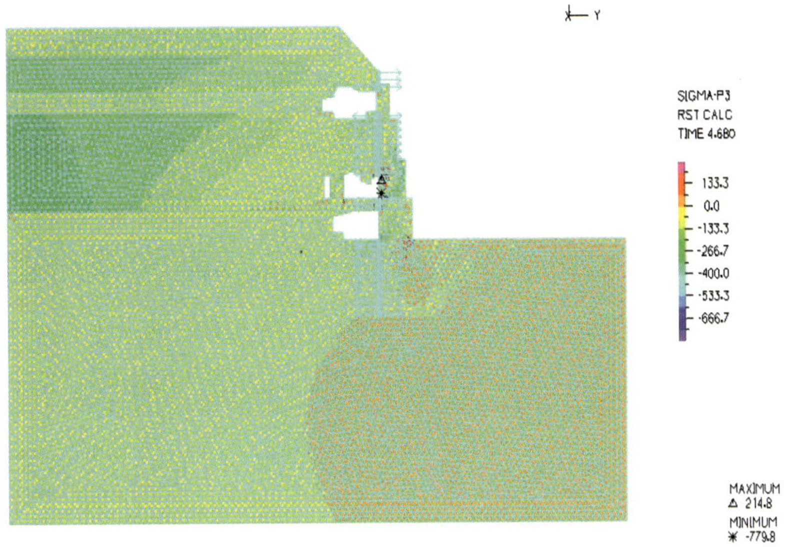

(a) 无裂隙无锚杆

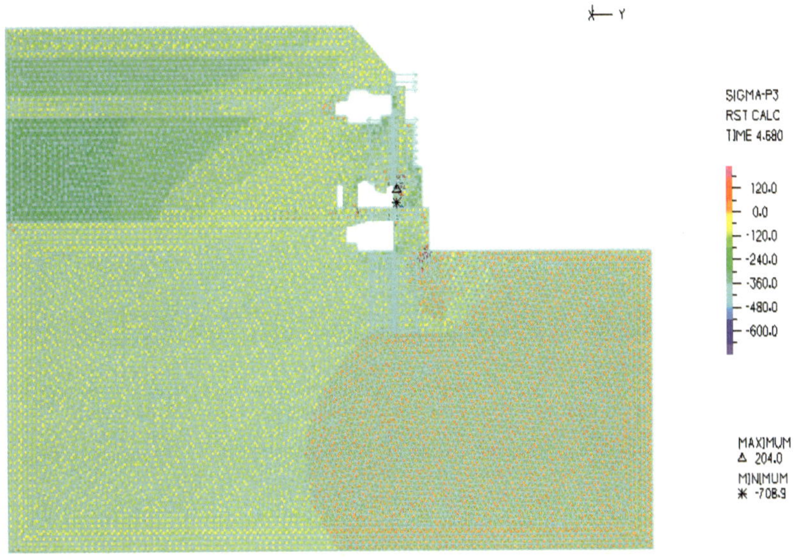

(b) 有裂隙无锚杆

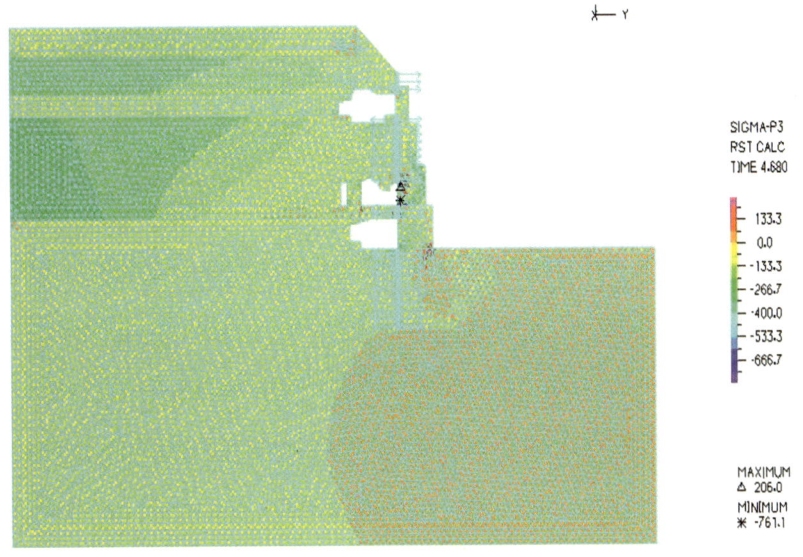

(c) 有裂隙有锚杆

图5.24　四种模型最大压应力场图（1）

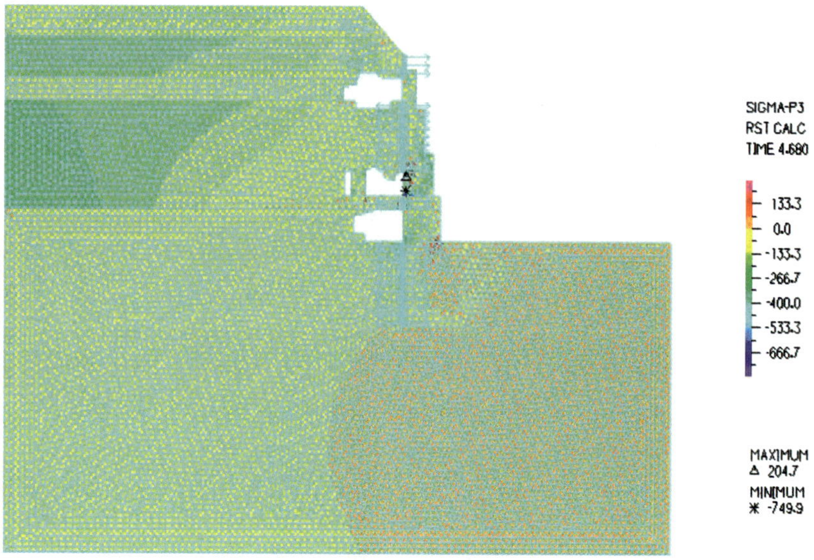

（d）有裂隙有锚杆有预应力

续图5.24　四种模型最大压应力场图（2）

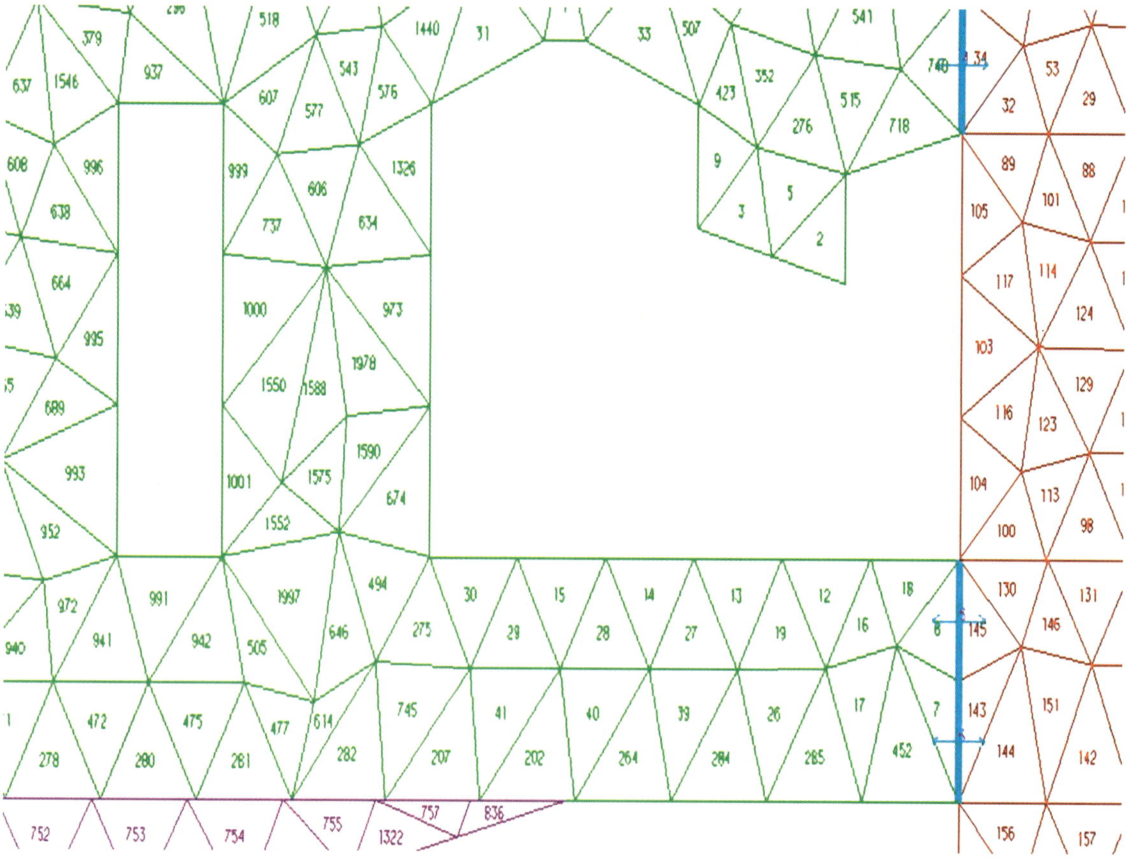

图5.25　单元39和1588的位置

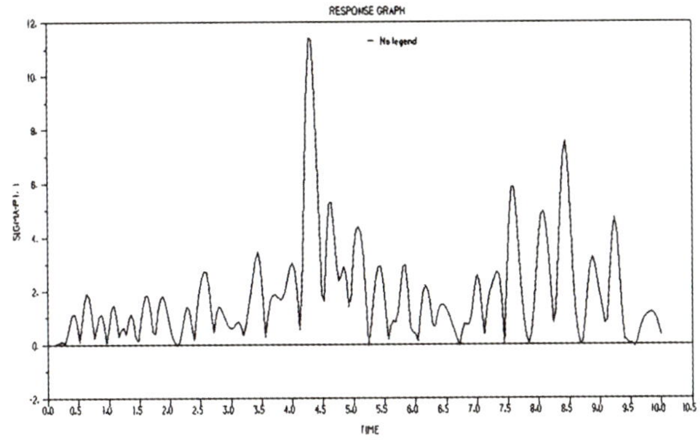

（a）主拉应力时程（无裂隙无锚杆）

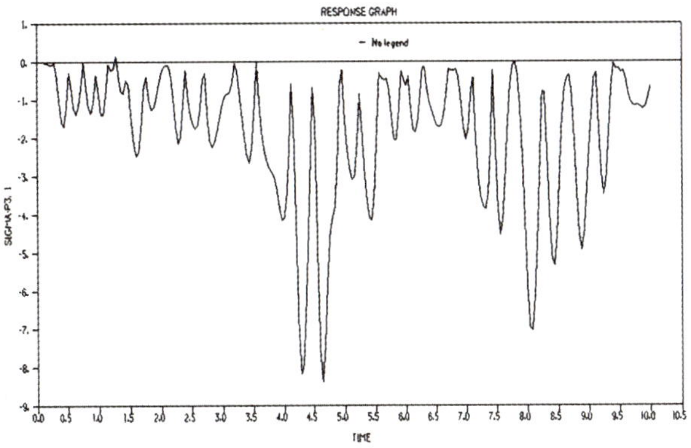

（b）主压应力时程（无裂隙无锚杆）

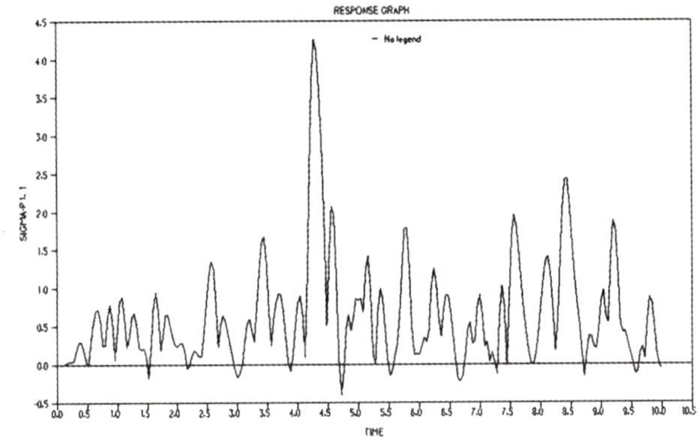

（c）主压应力时程（有裂隙无锚杆）

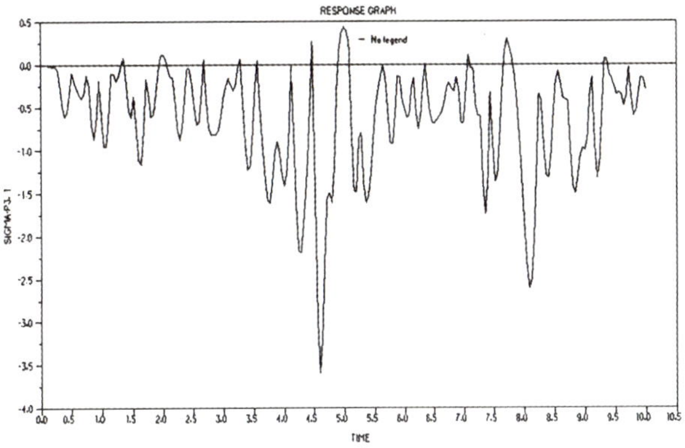

（d）主压应力时程（有裂隙无锚杆）

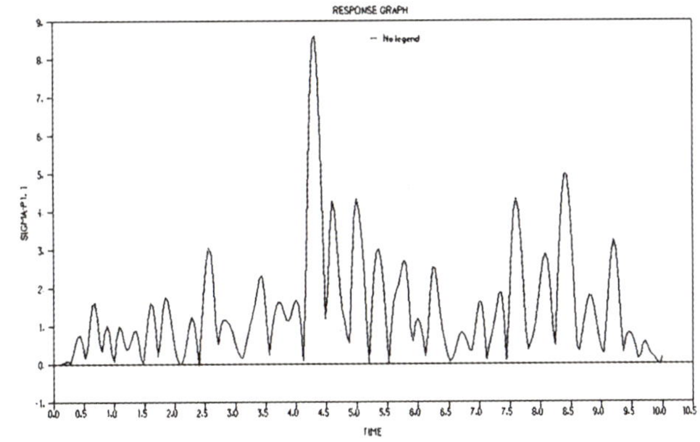

（e）主拉应力时程（有裂隙有锚杆）

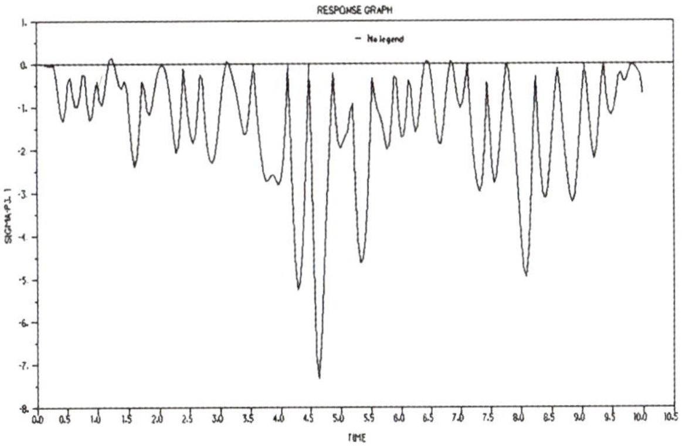

（f）主压应力时程（有裂隙有锚杆）

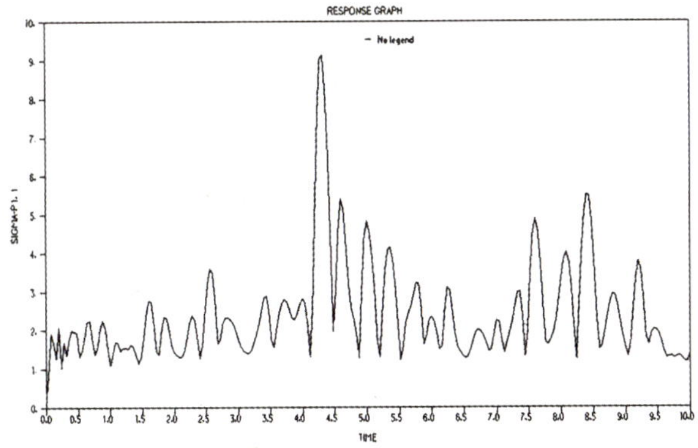

（h）主拉应力时程（有裂隙有预应力锚杆）

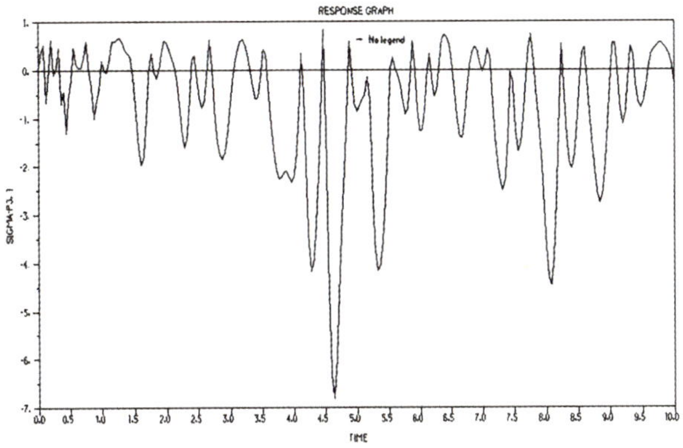

（h）主压应力时程（有裂隙有预应力锚杆）

图5.26　四种模型中的主拉应力和主压应力的时程曲线

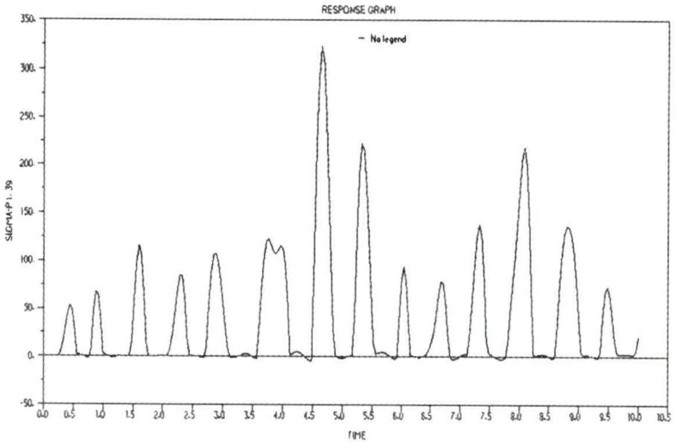

（a）单元39主拉应力时程（无裂隙无锚杆）

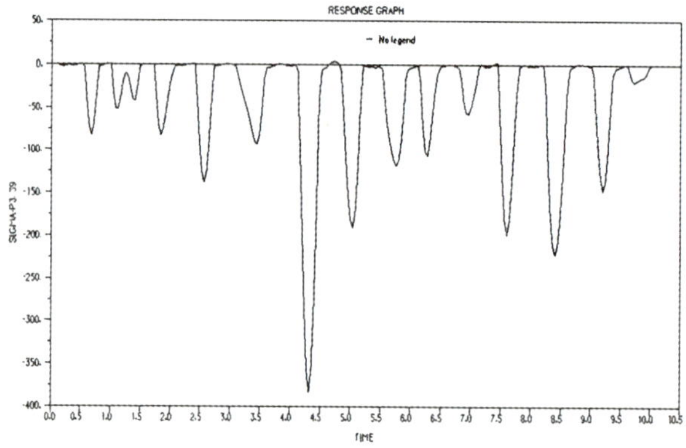

（b）单元39主压应力时程（无裂隙无锚杆）

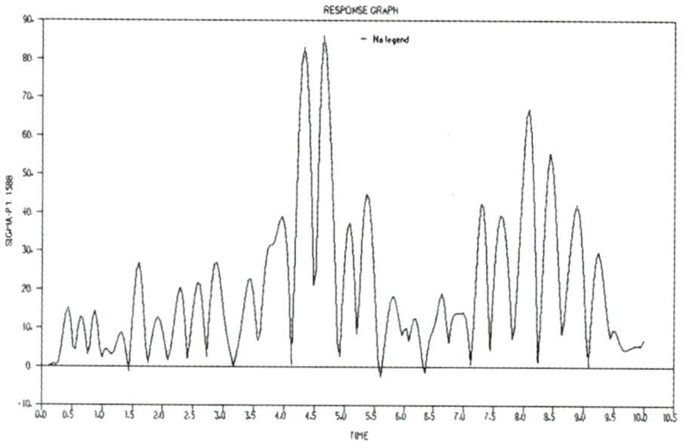

（c） 单元1588主拉应力时程（无裂隙无锚杆）

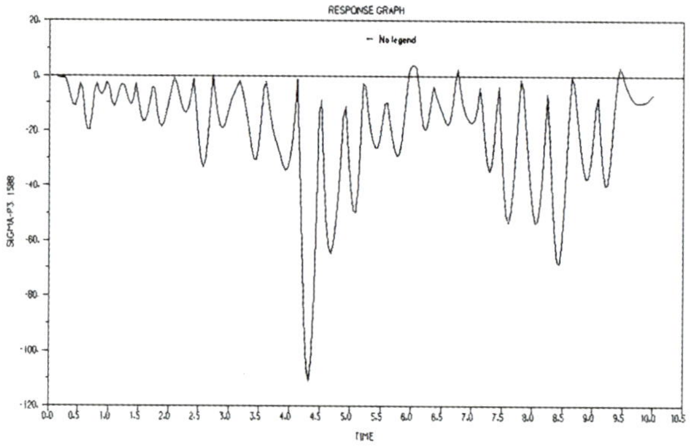

（d）单元1588主压应力时程（无裂隙无锚杆）

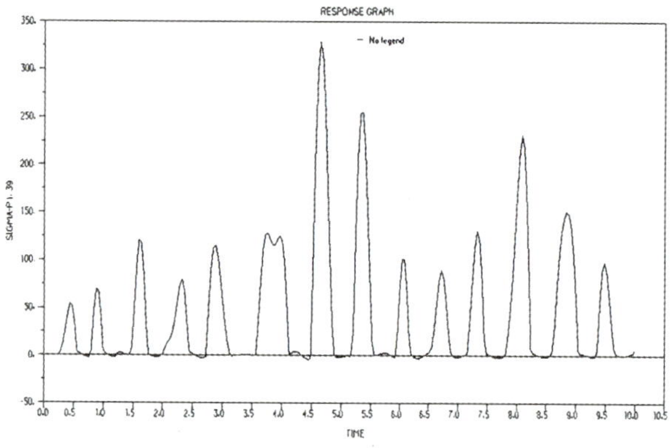

（e）单元39主拉应力时程（有裂隙无锚杆）

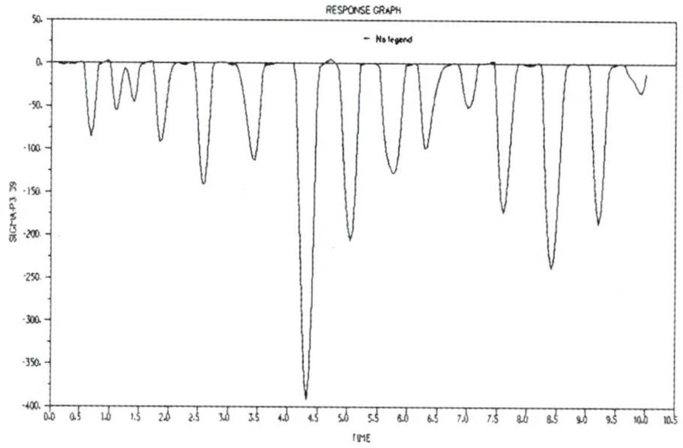

（f）单元39主压应力时程（有裂隙无锚杆）

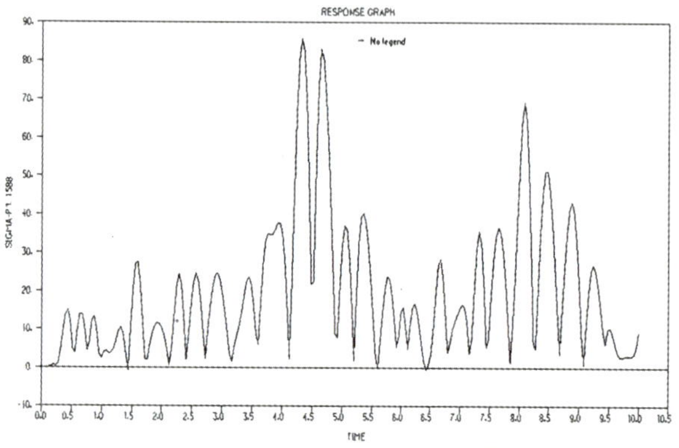

（g）单元1588主拉应力时程（有裂隙无锚杆）

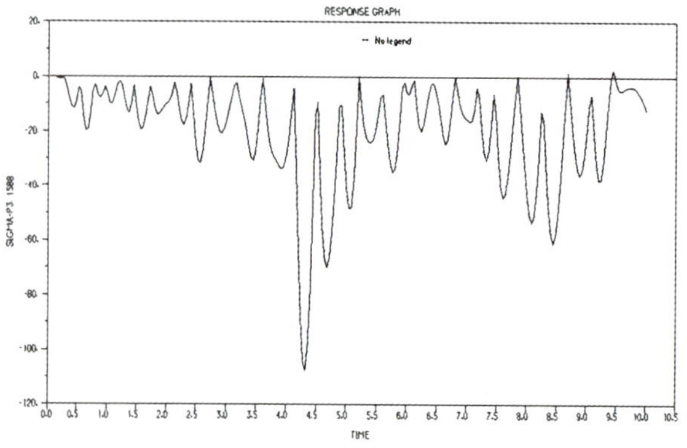

（h）单元1588主压应力时程（有裂隙无锚杆）

图5.27　四种模型中单元39和单元1588的主拉应力和主压应力的时程曲线（1）

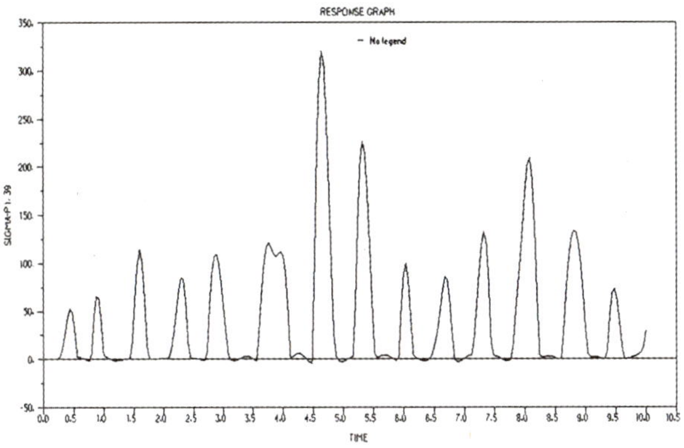

(i) 单元39主拉应力时程（有裂隙有锚杆）

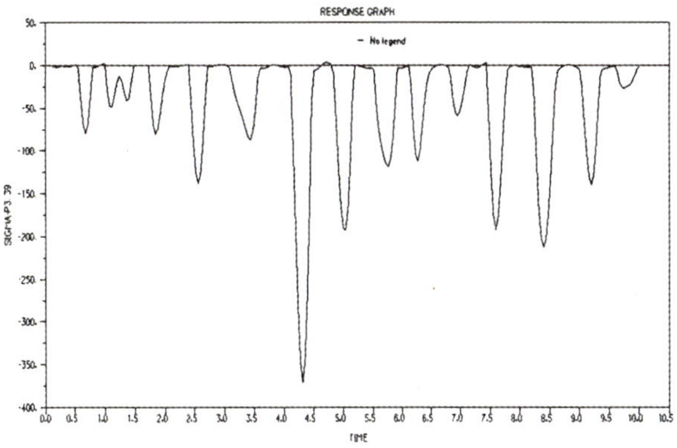

(j) 单元39主压应力时程（有裂隙有锚杆）

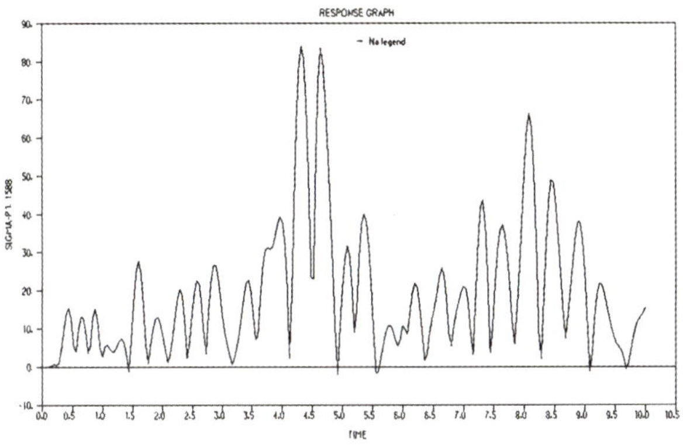

(k) 单元1588主拉应力时程（有裂隙有锚杆）

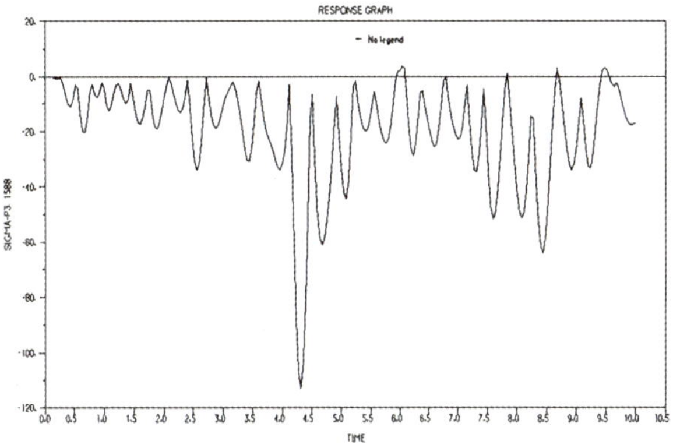

(l) 单元1588主压应力时程（有裂隙有锚杆）

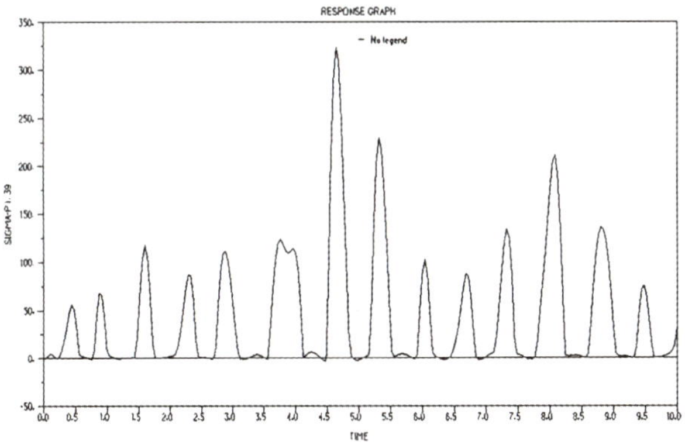

(m) 单元39主拉应力时程（有裂隙有预应力锚杆）

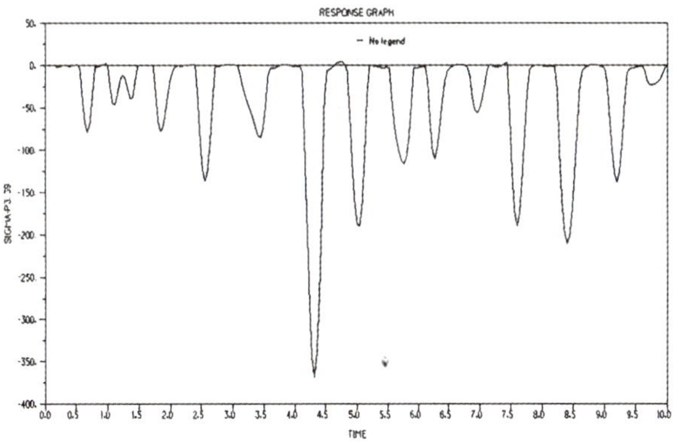

(n) 单元39主压应力时程（有裂隙有预应力锚杆）

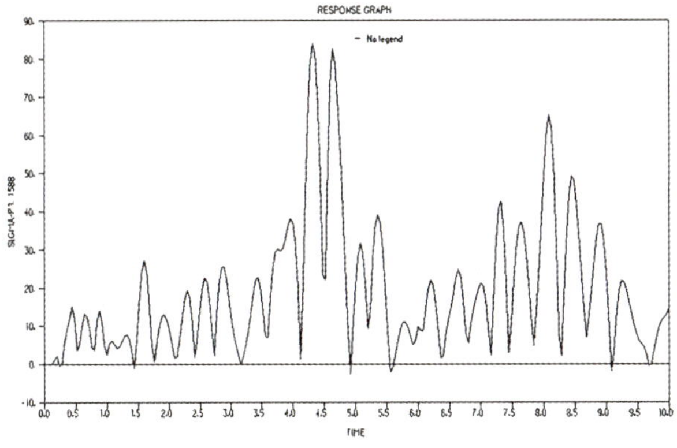

(o) 单元1588主拉应力时程（有裂隙有预应力锚杆）

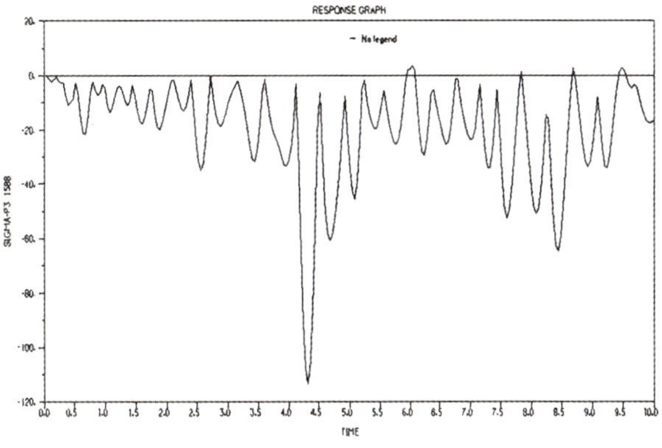

(p) 单元1588主压应力时程（有裂隙有预应力锚杆）

续图5.27　四种模型中单元39和单元1588的主拉应力和主压应力的时程曲线（2）

5.6.5 地震波的影响分析

为了很好地说明裂隙的影响和锚杆的作用，还在同一模型上（即3节中的模型）施加另一地震波（三危山断裂发生5.5级地震时在莫高窟窟区所产生的近场模拟地震动时程，PGA做适当调整，具体见第三章），如图5.28所示，用以比较和观察在不同地震波下裂隙的影响和锚杆的作用。因为四种情况均类似，为了简明说明问题，只是取有裂隙和有预应力锚杆的情况与上述地震波对应的结果比较。为具有可比性，还是取在第二层的洞窟附近找节点1084和1384来研究（如图5.21所示）。即取该两点有裂隙和有预应力锚杆的情况的水平方向的位移时程曲线（如图5.29所示），来比较和分析其位移应力场。此外，从有裂隙和有预应力锚杆的情况的最大主拉应力场云图（如图5.30所示）和最大主压应力云图（如图5.31所示）可以看出，洞窟附近的单元是较危险的单元，所以仍在第二层的洞窟附近取两个单元39和1588（位置如图5.25所示）作为研究对象。即取两个单元在有裂隙和有预应力锚杆的情况下的主拉应力和主压应力的时程曲线（如图5.32所示），来比较和分析其应力场。容易看出，上述数据均在安全范围内，即单元39和单元1588主最大拉应力均小于该地层的抗拉强度470kPa，它们最大主压应力同样均小于该地层的抗压强度8600kPa。

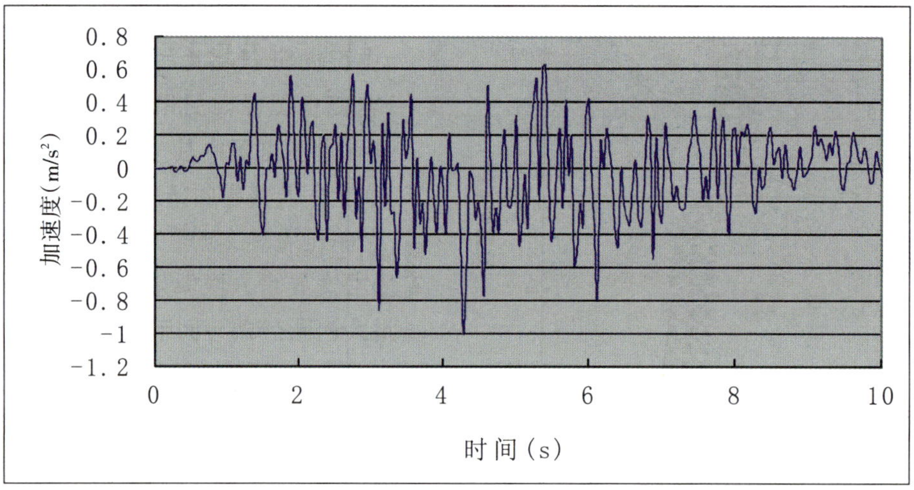

图5.28 随机有限断层法合成的地震加速度时程

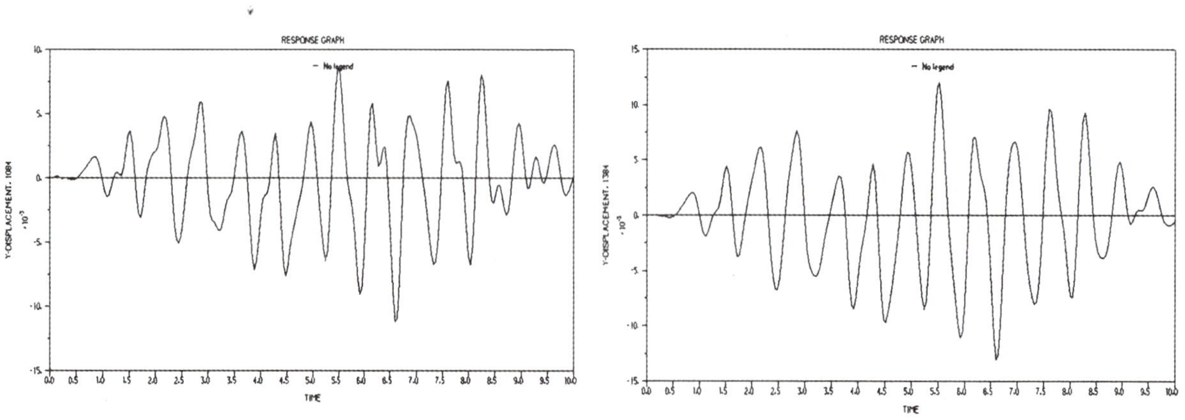

（a）节点1084位移时程曲线（有裂隙和有预应力锚杆） （b）节点1384位移时程曲线（有裂隙和有预应力锚杆）

图5.29 节点1084和节点1384位移时程曲线（有裂隙和有预应力锚杆）

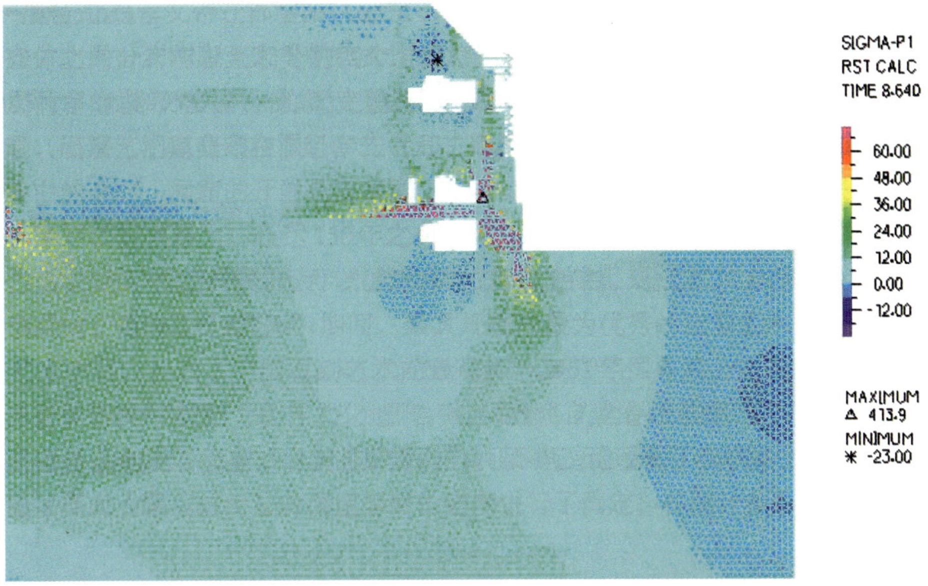

图5.30　最大主拉应力云图（有裂隙有预应力锚杆）

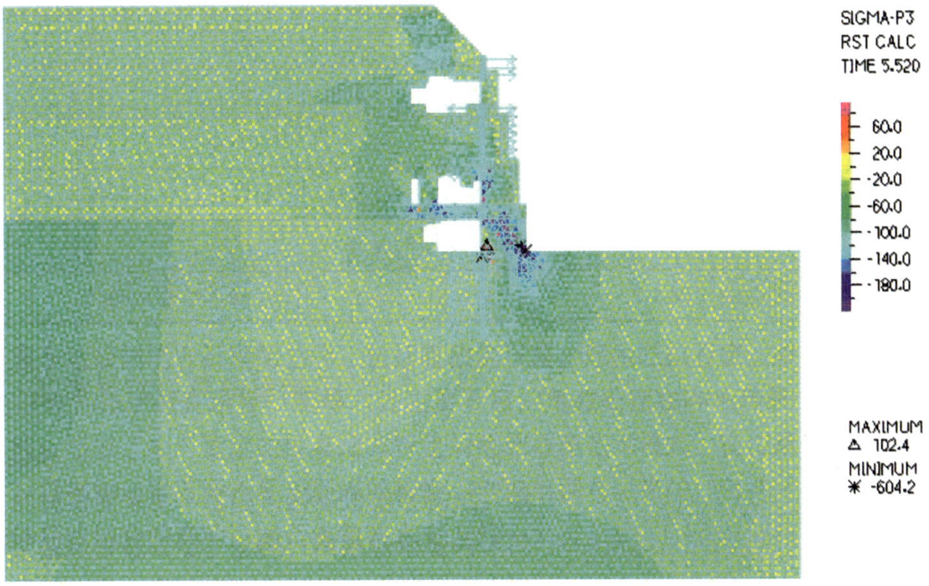

图5.31　最大主压应力云图（有裂隙有预应力锚杆）

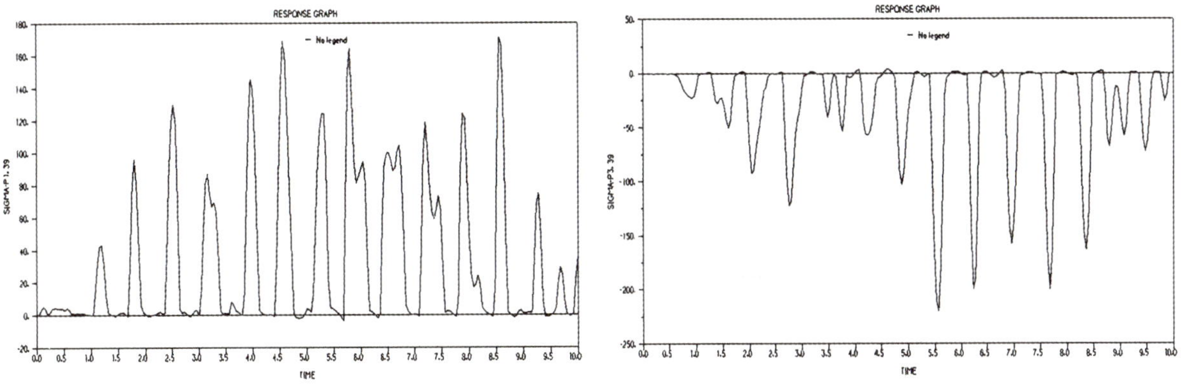

（a）单元39主拉应力（有裂隙和有预应力锚杆）　（b）单元39主压应力（有裂隙和有预应力锚杆）

图5.32　单元39和单元1588主拉应力和主压应力时程曲线（有裂隙和有预应力锚杆）（1）

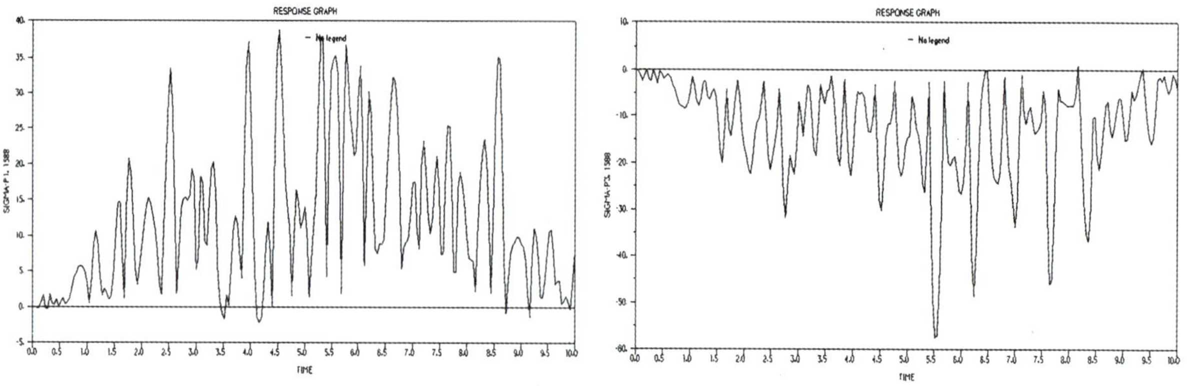

（c）单元1588主拉应力（有裂隙和有预应力锚杆）　　（d）单元1588主压应力（有裂隙和有预应力锚杆）

续图5.32　单元39和单元1588主拉应力和主压应力时程曲线（有裂隙和有预应力锚杆）(2)

5.6.6　典型危险洞窟的地震反应分析

1. 典型危险洞窟的计算模型

为了使动力计算模型能够在危险性分析方面具有代表性，根据实际危险洞窟的分布情况，建立了一个有两个洞窟相邻很近的计算模型，将土体分为两种材料（其数值如表5-5所示），分别用两种颜色表示其材料属性（如图5.33所示），他们之间的隔墙宽度只有0.5m，显然其上的单元是危险的。

表5-5　材料参数

工程地质岩组	弹性模量（MPa）	泊松比	密度（g/cm³）	抗压强度（MPa）	抗拉强度（MPa）	内聚力（MPa）	内摩擦角（°）
上层土	200	0.28	2.3	9.5	0.36	0.20	65
下层土	300	0.27	2.35	8.6	0.47	0.25	67

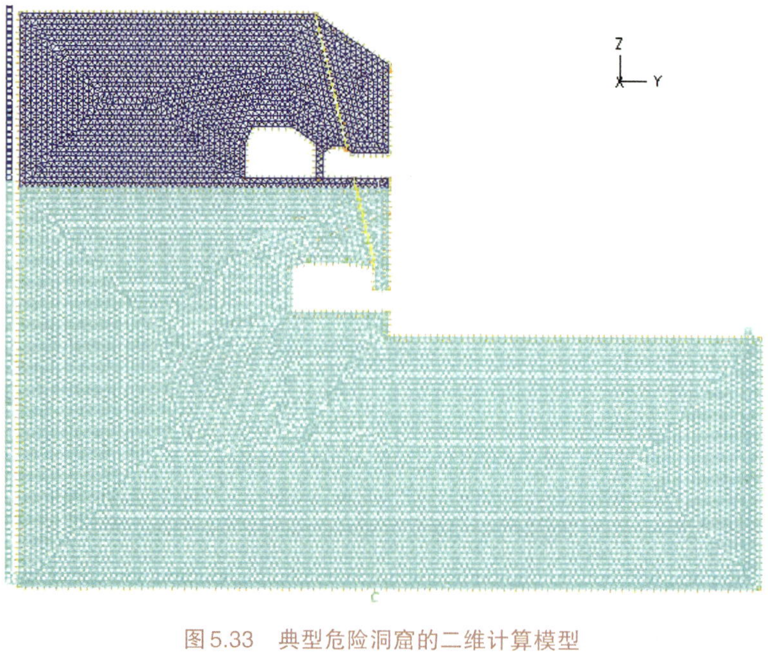

图5.33　典型危险洞窟的二维计算模型

2. 典型危险洞窟的位移场和应力场的地震反应分析

为了很好地说明问题，将上述两条地震波分别输入该模型（为了说明方便，把这两条波按在文中的前后顺序分为第一条波和第二条波），用以较全面地观察危险位置处在地震反应作用下的位移场和应力场。

从两条地震波作用下的最大主拉应力场和最大主压应力云图（如图5.34所示）可以看出，危险的位置很可能发生在两洞窟相邻的位置上，在本模型中，由于上层两洞窟之间的隔墙很薄（只有0.5m），因此其上的单元是很危险的。此外，位于上侧节理外侧的土体也是相当危险的，而且容易看出最下方的单元尤其危险，并且下侧节理与锚杆接触的地方出现了应力集中现象，所以该处的单元也是相当危险的。所以为了研究方便，取其隔墙上的一个节点65（其位置如图5.35所示）、上侧节理外侧土体最下端的一个节点8717（其位置如图5.36所示）、下侧节理与锚杆接触处附近的一个节点8773（其位置如图5.37所示）和隔墙上的一个单元101（其位置如图5.38所示）、节理外侧土体最下端的一个单元13274（其位置如图5.39所示）、下侧节理与锚杆接触处附近的一个单元13336（其位置如图5.40所示）为研究对象。显然容易得到在两条地震波作用下三节点的水平位移时程曲线（如图5.41所示）以及三单元的主拉应力和主压应力时程曲线（如图5.42所示）。从中可以观察其上位移场和应力场在地震波作用下的变化情况，以及土体安全性问题。

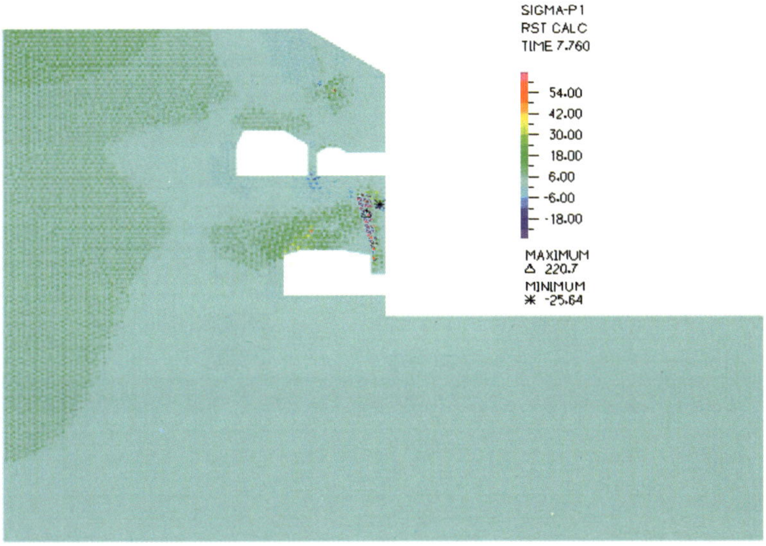

（a）第一波作用下的最大主拉应力云图

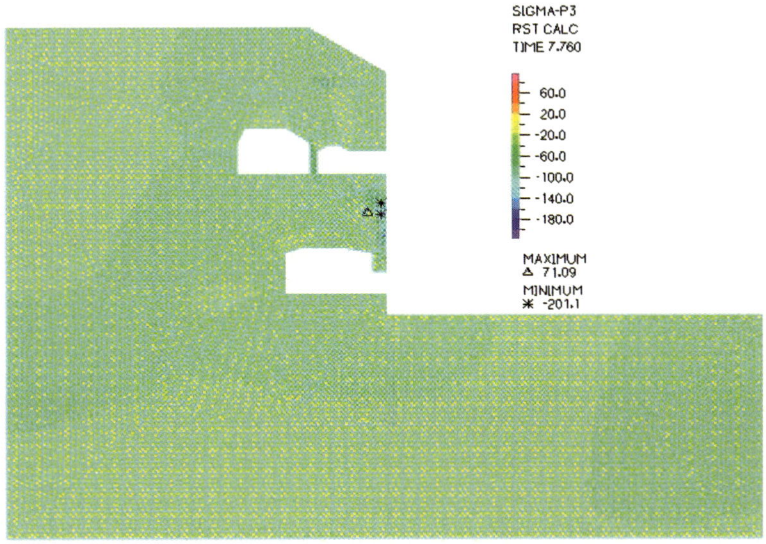

（b）第一波作用下的最大主压应力云图

图5.34　两条地震波作用下的最大主拉应力场和最大主压应力云图（1）

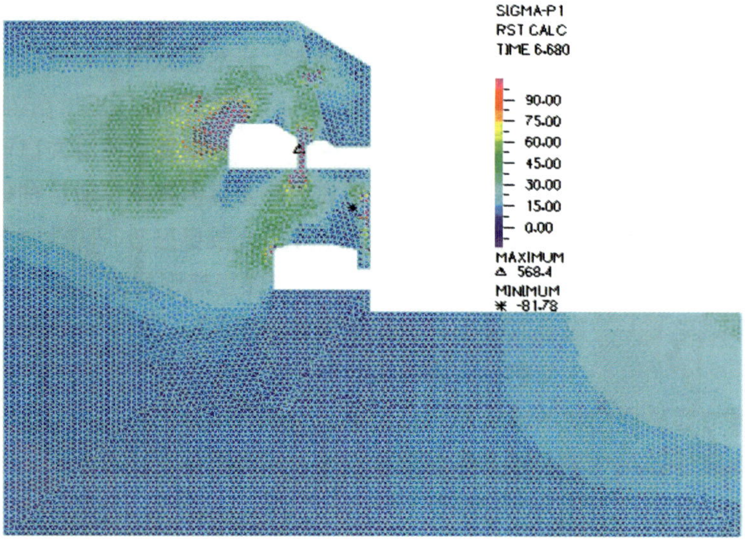

（c）第二波作用下的最大主拉应力云图

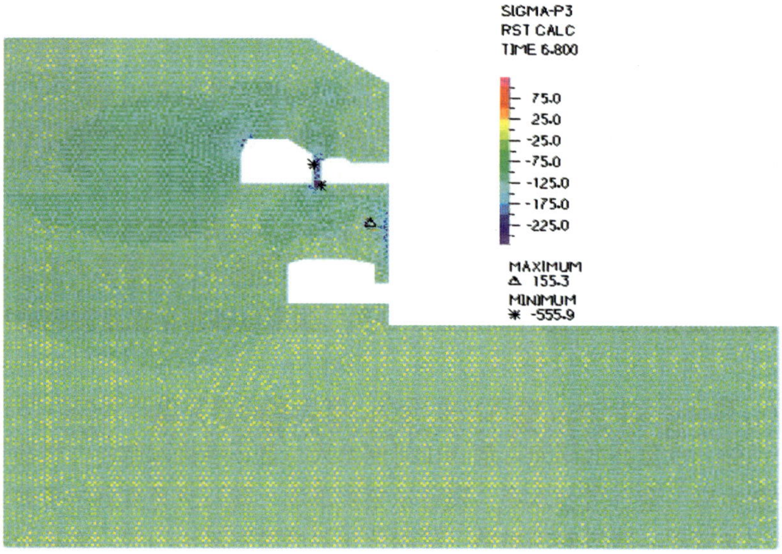

（d）第二波作用下的最大主压应力云图

续图5.34　两条地震波作用下的最大主拉应力场和最大主压应力云图（2）

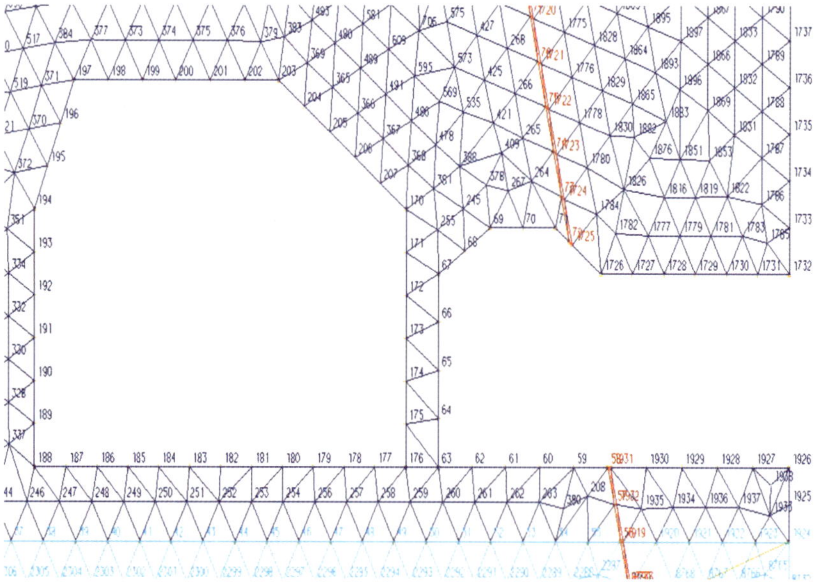

图5.35　节点65的位置

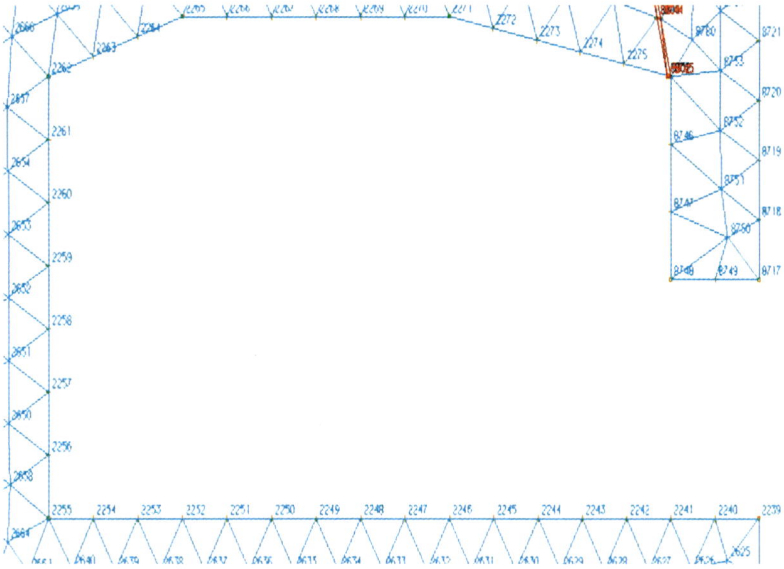

图5.36　节点8717的位置

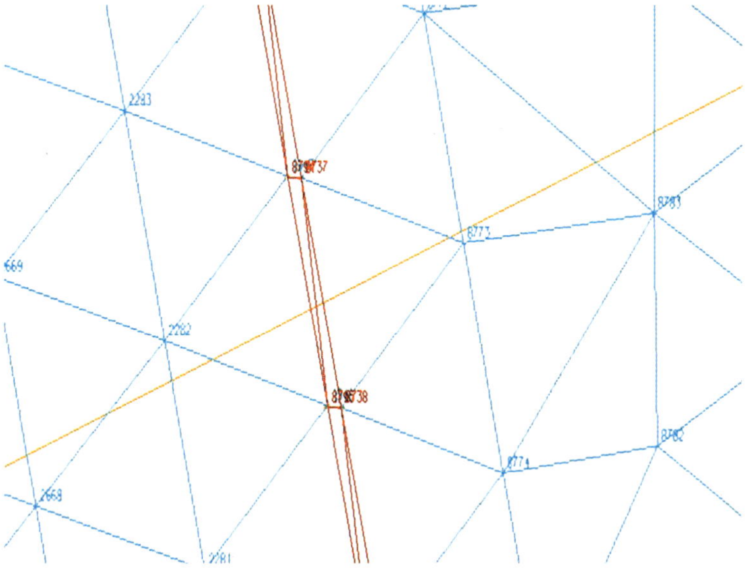

图5.37　节点8773的位置

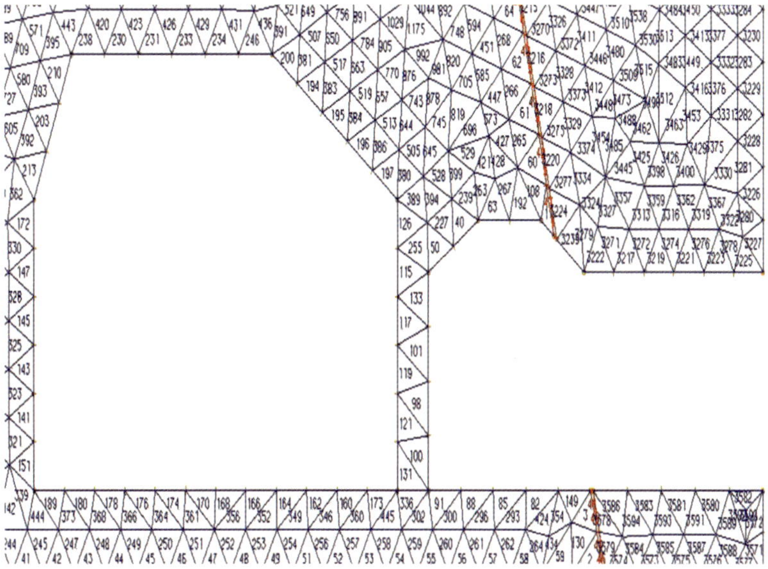

图5.38　单元101的位置

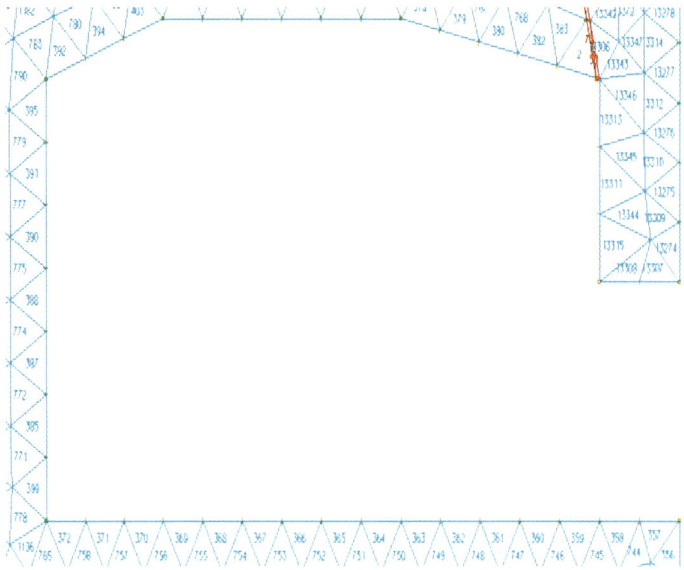

图 5.39 单元 13274 的位置

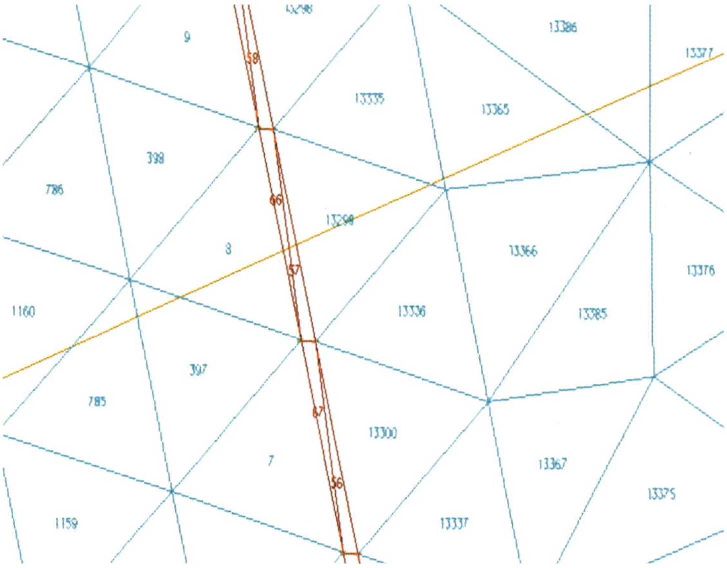

图 5.40 单元 13336 的位置

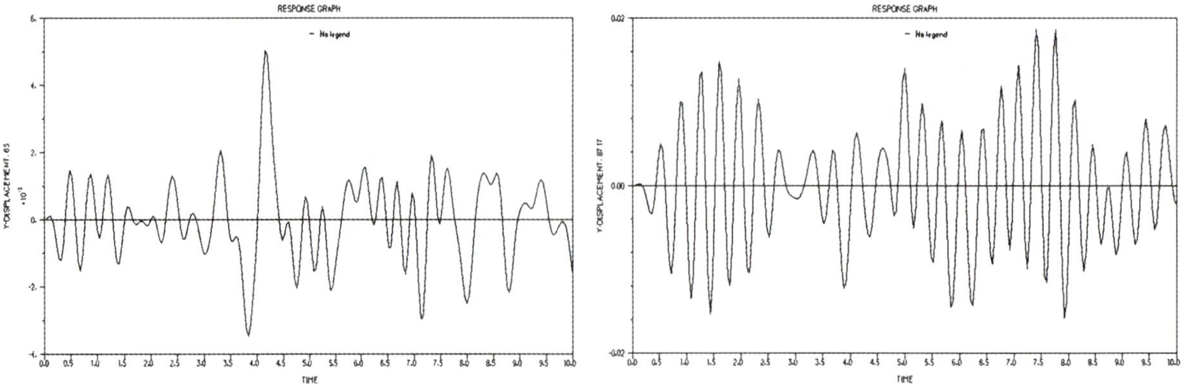

（a）第一波作用下节点 65 水平位移时程曲线　　（b）第一波作用下节点 8717 水平位移时程曲线

图 5.41 两条地震波作用下三节点的水平位移时程曲线（1）

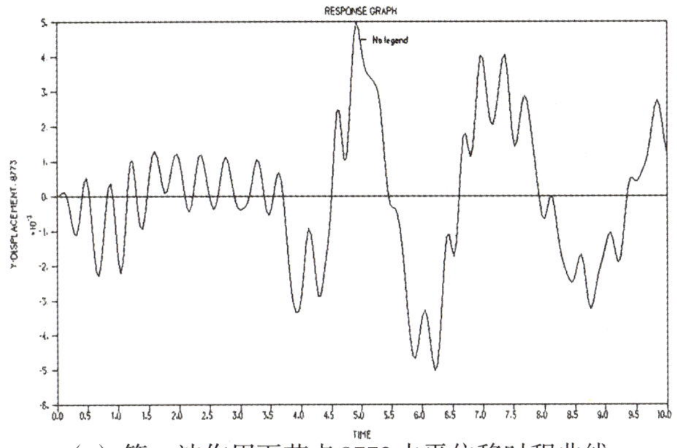

（c）第一波作用下节点8773水平位移时程曲线

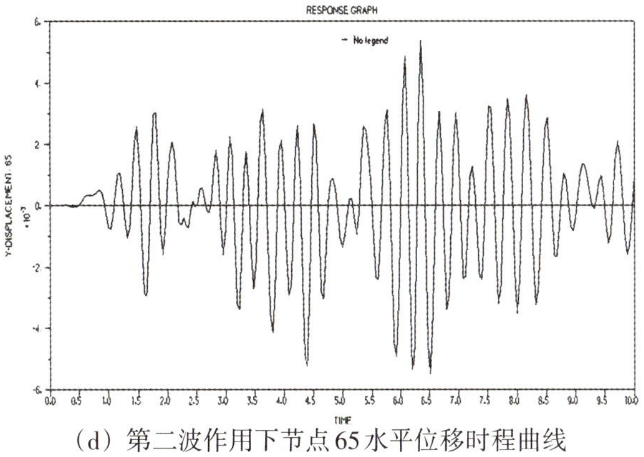

（d）第二波作用下节点65水平位移时程曲线

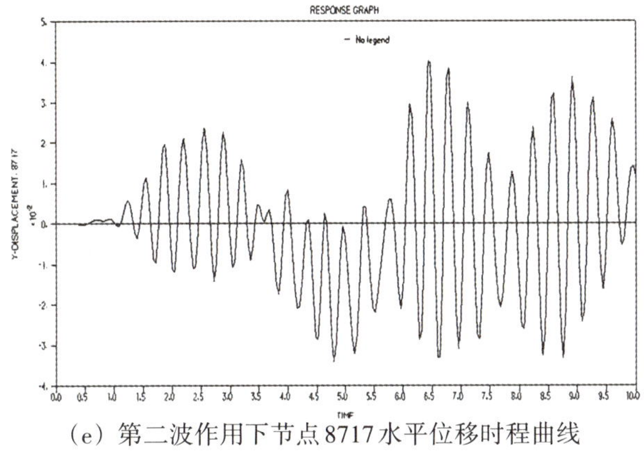

（e）第二波作用下节点8717水平位移时程曲线

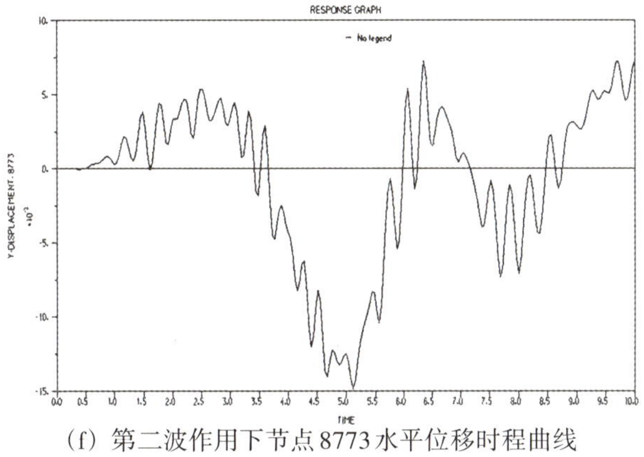

（f）第二波作用下节点8773水平位移时程曲线

续图5.41　两条地震波作用下三节点的水平位移时程曲线（2）

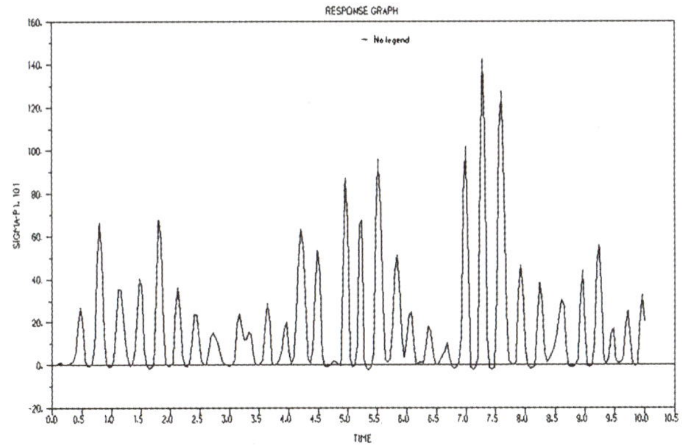

（a）第一波作用下单元101主拉应力时程曲线

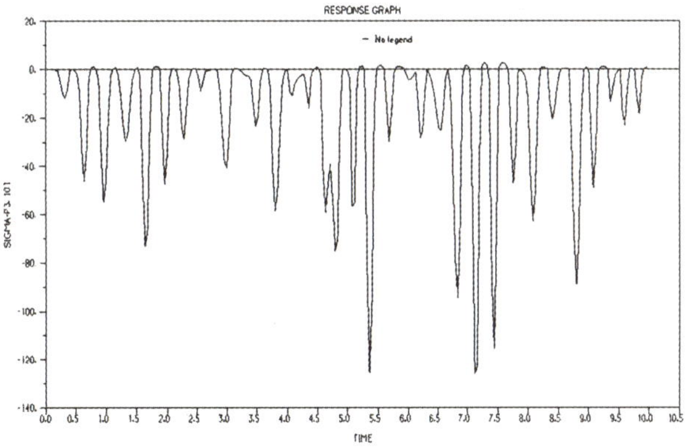

（b）第一波作用下单元101主压应力时程曲线

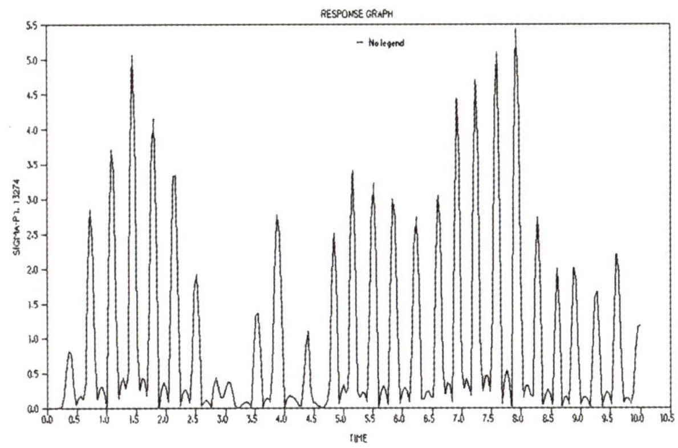

（c）第一波作用下单元13274主拉应力时程曲线

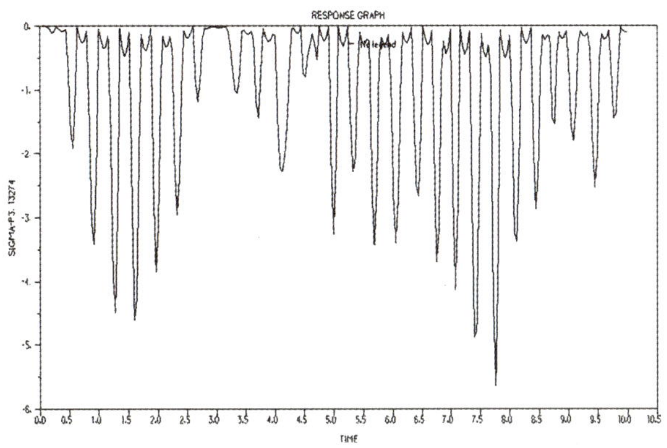

（d）第一波作用下单元13274主压应力时程曲线

图5.42　两条地震波作用下三单元的主拉应力和主压应力时程曲线（1）

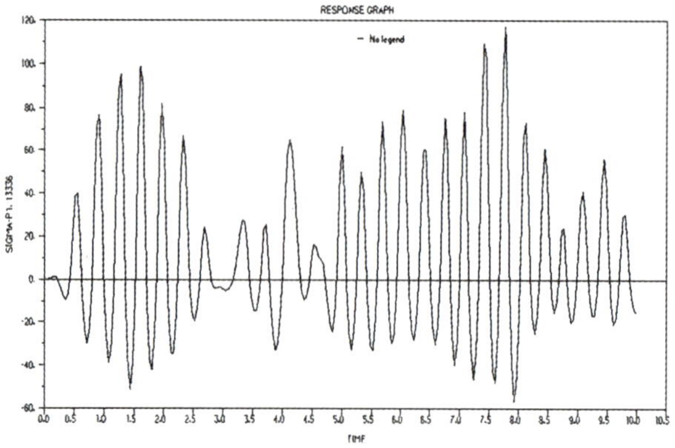

（e）第一波作用下单元13336主拉应力时程曲线

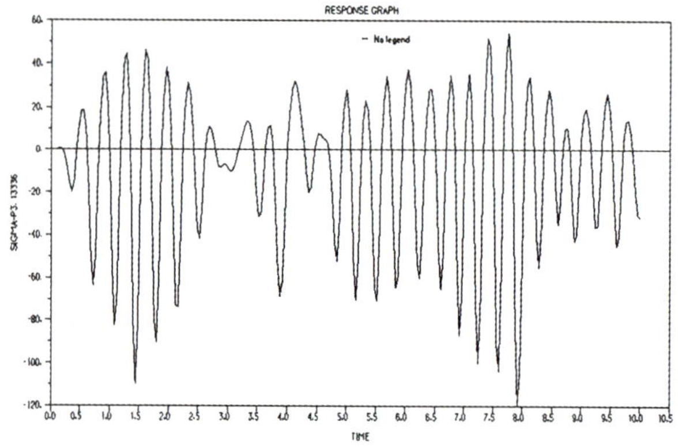

（f）第一波作用下单元13336主压应力时程曲线

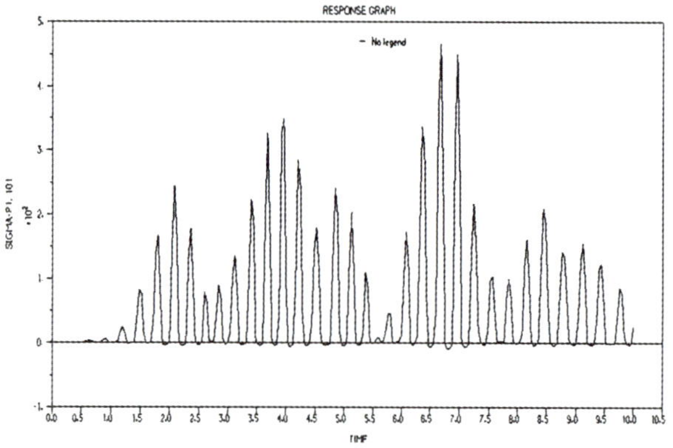

（g）第二波作用下单元101主拉应力时程曲线

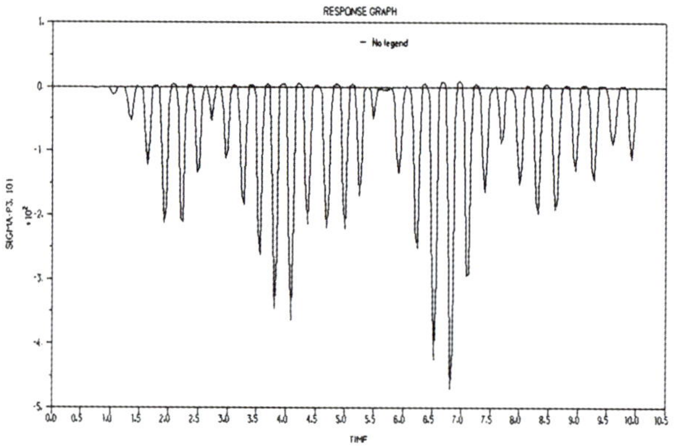

（h）第二波作用下单元101主压应力时程曲线

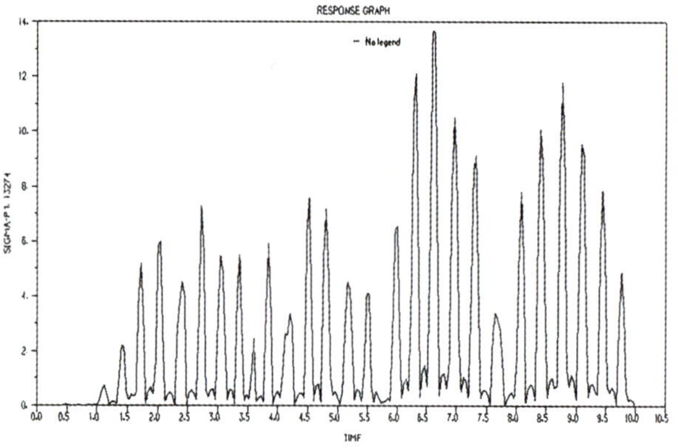

（i）第二波作用下单元13274主拉应力时程曲线

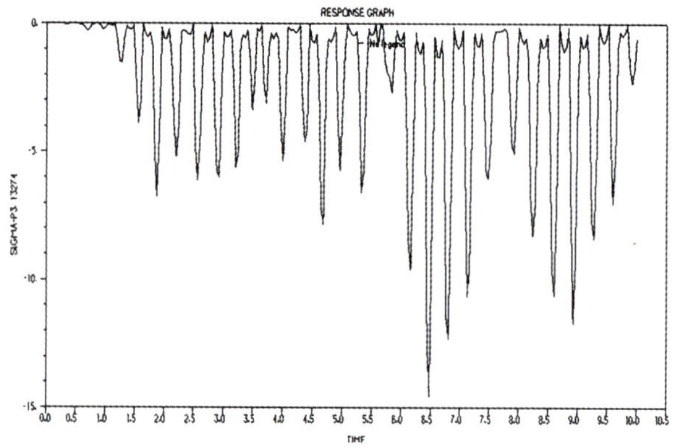

（j）第二波作用下单元13274主压应力时程曲线

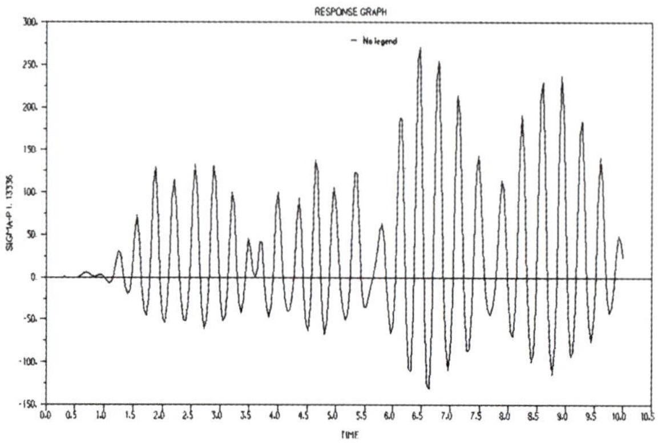

（k）第二波作用下单元13336主拉应力时程曲线

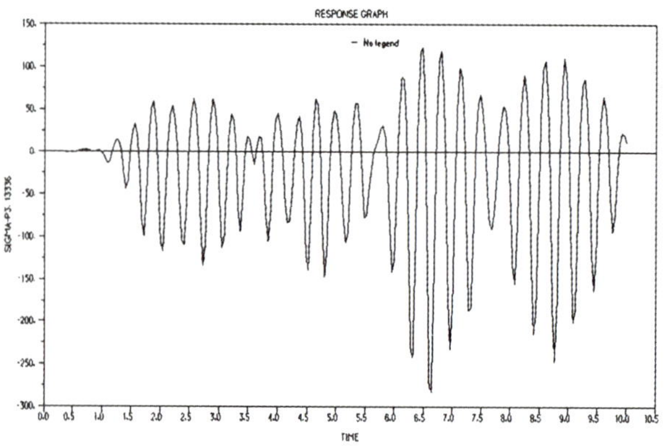

（l）第二波作用下单元13336主压应力时程曲线

续图5.42　两条地震波作用下三单元的主拉应力和主压应力时程曲线（2）

在第一条波的作用下该模型上的单元的主应力均处在容许范围内，从应力时程曲线上可以看出，上层土体的一个单元101的最大主拉应力小于容许主拉应力360kPa，并且其最大主压应力小于容许主压应力9500kPa；下层土体的应力值较大的一个单元13336的最大主拉应力小于容许主拉应力470kPa，并且其最大主压应力小于容许主压应力8600kPa，所以未发生破坏。

但是在第二条波作用下的模型在隔墙处却发生了破坏。从第二条地震波作用下主拉应力和主压应力时程曲线中可以看出，上层土体的单元101的最大主拉应力值为465.9kPa（大于360kPa）且最大主压应力值为470.0kPa，下层土体应力值较大的一个单元13336的最大主拉应力值为270.9kPa且最大主压应力值为282.7kPa，说明隔墙处被拉坏。

5.7　三维洞窟地震反应分析

5.7.1　三维实体模型

该模型是实体模型，由土体和挡墙两部分构成，它们之间设有动接触。土体中有洞窟，这些洞窟都是具有代表性的，是一些常见洞窟。挡墙上在对应洞窟的位置也开有方孔，其方孔略大于洞窟门。该计算模型的有限元模型采用节点控制单元大小的分网方法，对该实体进行分网，从而使得洞窟附近的单元更密一些，远离洞窟位置的单元则要大一些，以便减少单元，使计算简化。此外，该模型底面被全部约束，前后两侧和左右两侧受到法向方向的约束，其余为自由平面。该计算模型如图5.43所示。

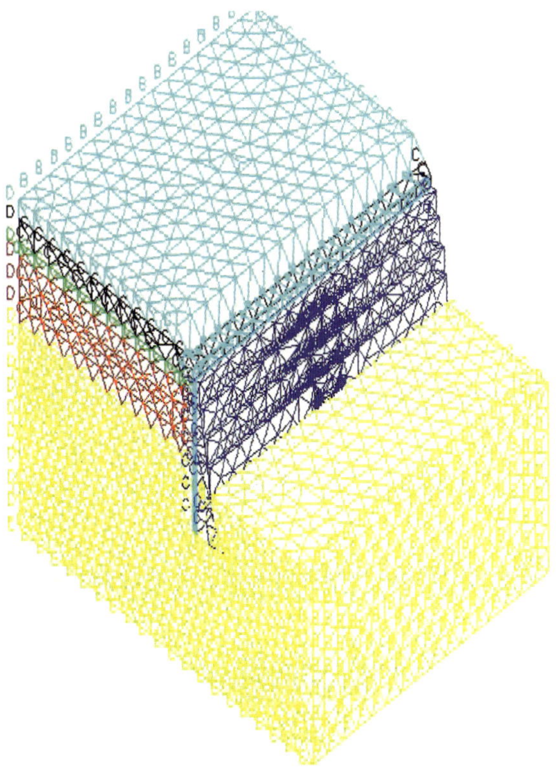

（a）

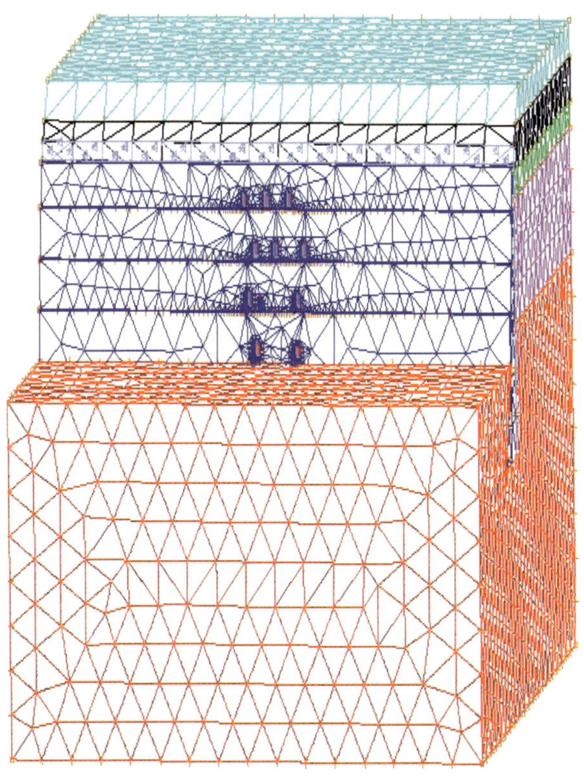

（b）

图5.43　三维实体有限元计算模型

5.7.2 应力场分析

首先，可以看到某时刻的整体应力场，如图5.44所示。可见外部土体是安全的，但是挡墙上较为危险。

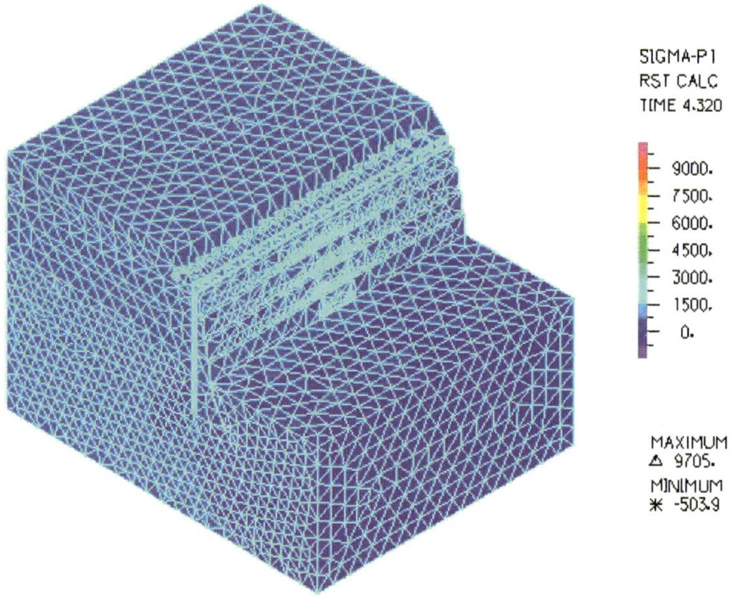

（a）主拉应力

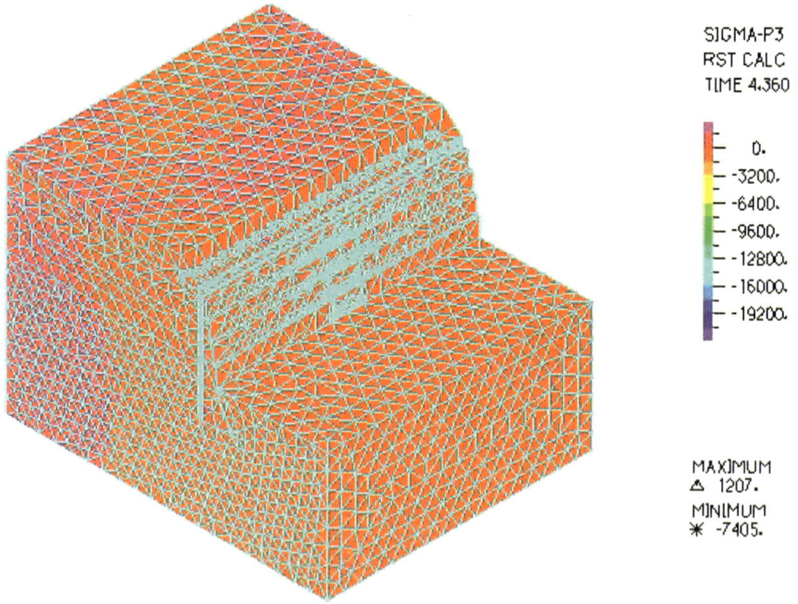

（b）主压应力

图5.44 应力场

但是为了能看到土体中的应力情况，利用该软件在土体中找到一些切平面，从而可以使其显示该平面上的应力情况，在沿着X轴的方向切出两个切平面，其两个切面的位置如图5.45和图5.46所示，其最大主应力（主拉应力和主压应力）如图5.47～5.50所示。

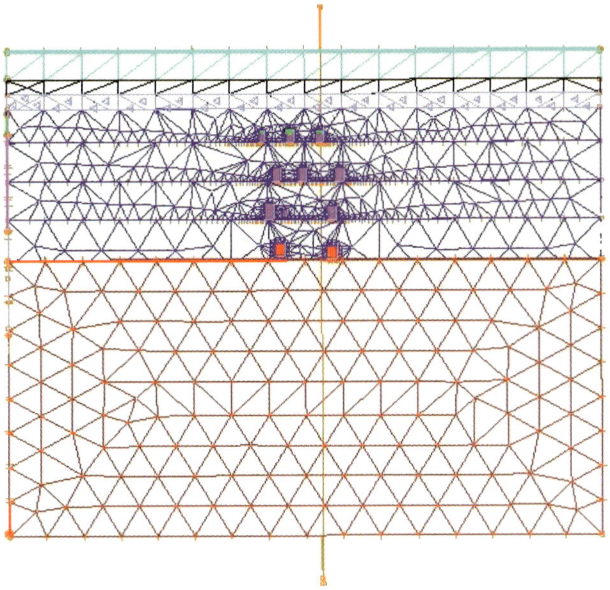

图5.45　第一切面位置图

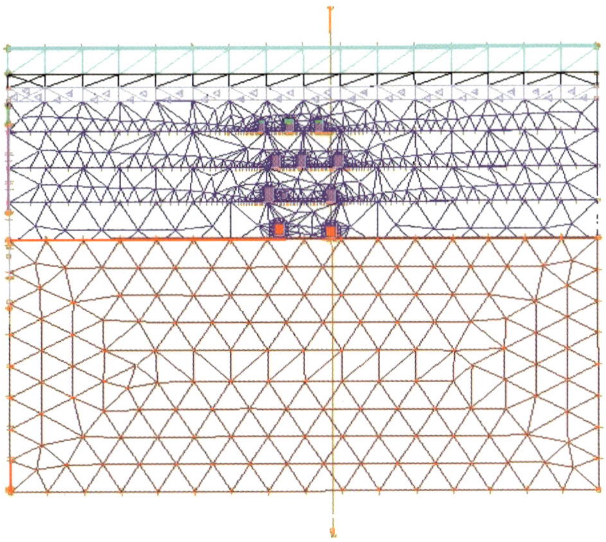

图5.46　第二切面位置图

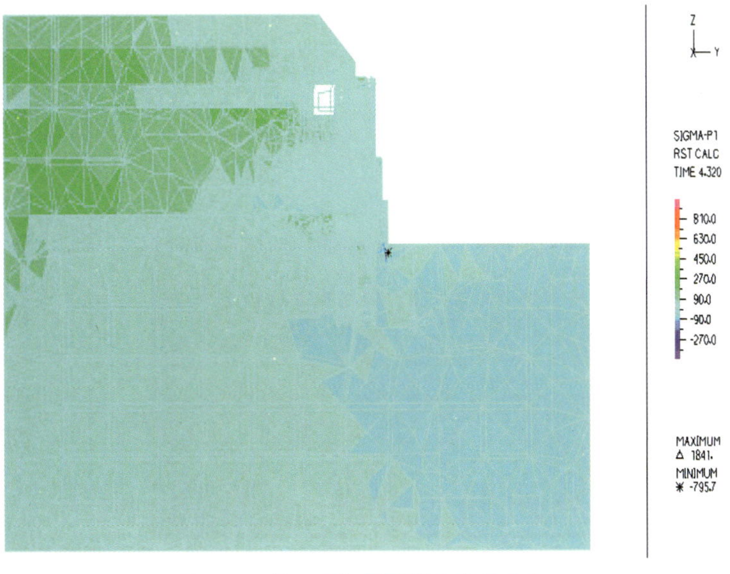

图5.47　第一个切平面最大主拉应力

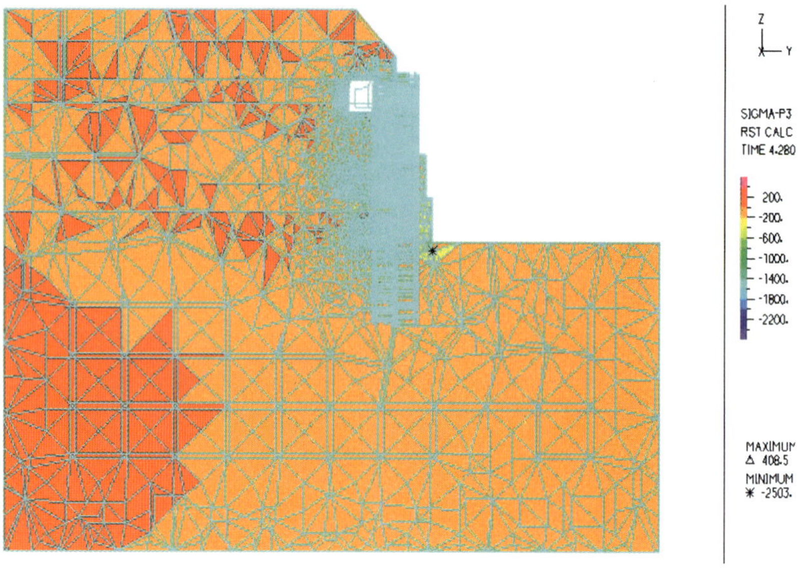

图5.48　第一个切平面最大主压应力

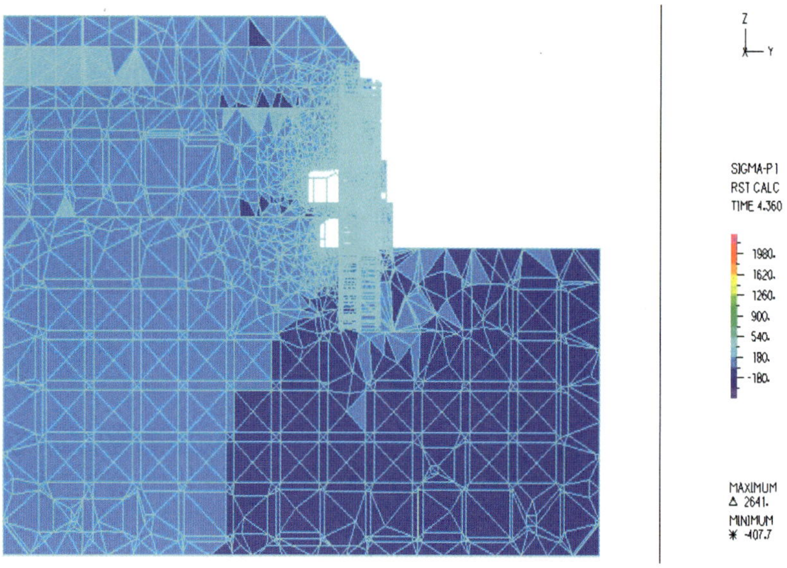

图5.49　第二个切平面最大主拉应力

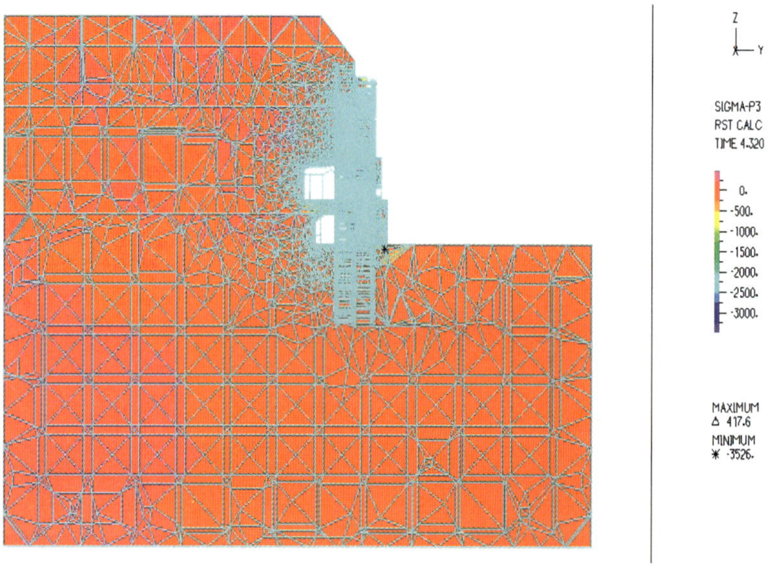

图5.50　第二个切平面最大主压应力

此外，在沿着Y轴也切出一个切平面，其切面的位置如图5.51，其最大主应力（主拉应力和主压应力）如图5.52、图5.53所示。

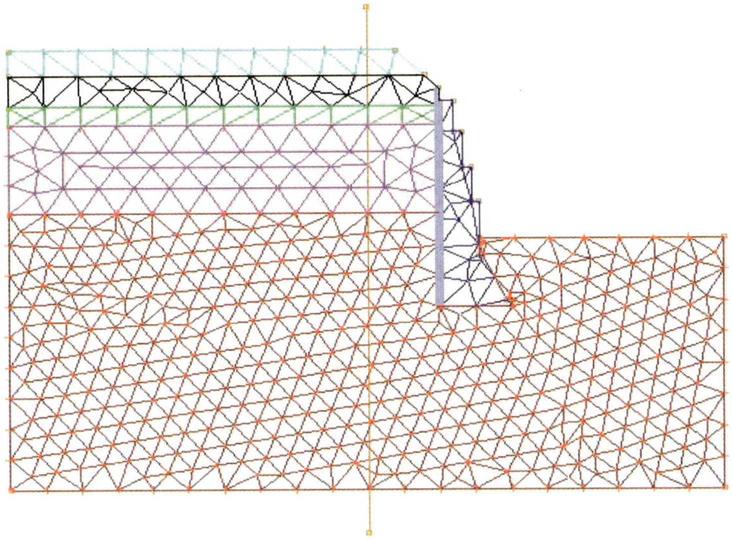

图5.51　切面的位置图

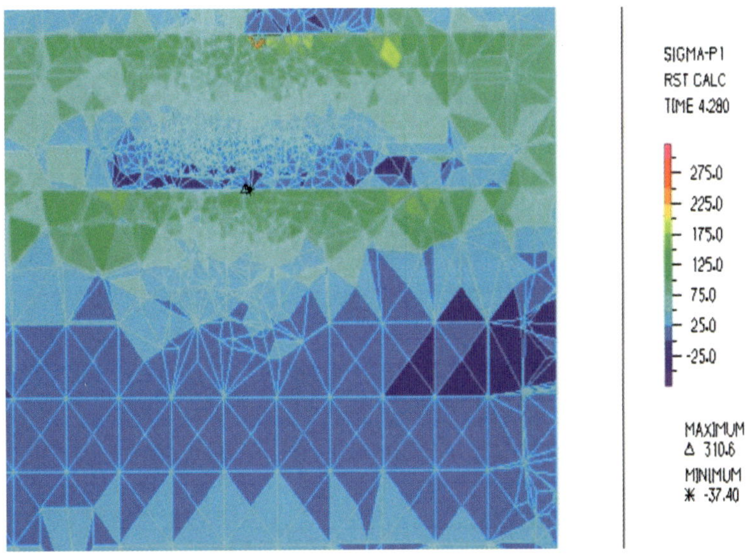

图5.52　切平面最大主拉应力

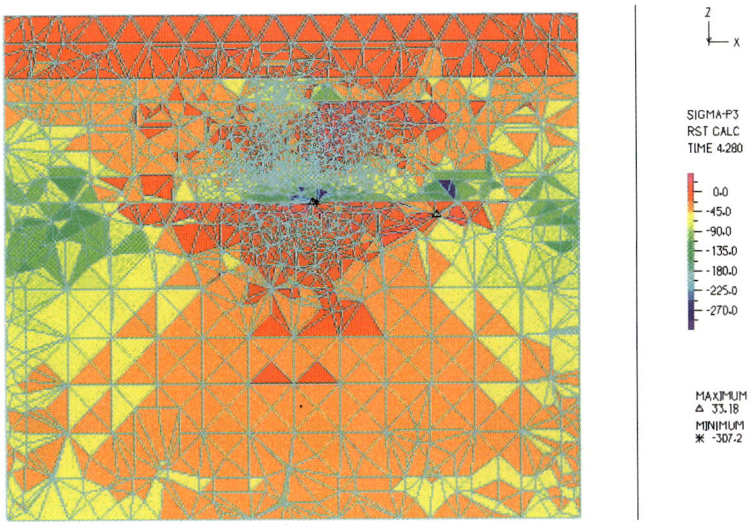

图5.53　切平面最大主压应力

从图中可以看到，最大值多数都发生在挡墙上，而土体多数都在允许值范围内，所以可以知道，动接触起作用了，它已把应力传递到挡墙上，使得土体受到保护。因此，有了挡墙的作用，使得含有洞窟的土体具有一定的稳定性，从而根据此实例，可以指导挡墙的设计，使其发挥保护作用。

参考文献

［1］石玉成．石窟围岩及其附属构筑物地震稳定性评价方法研究［J］．西北地震学报，2002，22（1）：83-89.

［2］付长华．地震作用下石窟围岩动态损伤特性研究［D］．兰州：中国地震局兰州地震研究所，2004.

［3］王旭东．中国西北干旱环境下石窟与土建筑遗址保护加固研究［D］．兰州：兰州大学，2002.

［4］Owen D R J, Hinton E. Finite Elements in Plasticity［M］. Theory and Practice: Pineridge Pross Limited, 1980.

［5］沈聚敏，周锡元，高小旺，等．抗震工程学［M］．北京：中国建筑工业出版社，2000：12.

［6］潘昌实．隧道力学数值方法［M］．北京：中国铁道出版社，1995.

第六章　挡墙加固型石窟动态损伤特性研究
——以莫高窟为例

敦煌位于我国西北甘肃省河西走廊最西端，地理坐标为东经92°13′～95°30′，北纬39°40′～41°40′之间，东邻瓜州县，西部和北部接新疆维吾尔自治区，南连肃北蒙古族自治县和阿克塞哈萨克族自治县，自古以来就是中西交通的咽喉之地，历史和地理上均有其特殊的地位。

举世闻名的莫高窟正是这丝路重镇上一颗璀璨的明珠。它位于敦煌盆地南缘，地理坐标为东经94°48′，北纬40°02′，距敦煌市约25km。石窟开凿于大泉河出山口西岸砂砾岩崖体上，崖体走向近南北，方位350°～355°。据唐代圣历元年（689年）的碑文记载，莫高窟自前秦建元二年（366年）开凿，至镌碑时已有窟龛一千余个，此后历代续建，亦有塌毁。至今在长1680m的山崖上，遗存4～14世纪10个时代的洞窟750余个。其中492个洞窟内共存壁画45000余m^2，彩塑2000多身。规模宏大的莫高窟不仅蕴藏着丰富的艺术珍品，而且包涵了中国乃至西域的中世纪传统文化的丰富内容。

莫高窟崖体是一个由天然崖体和人工加固工程构筑物组合而成的复杂体系。一方面它是一个近似直立的斜坡；另一方面，崖面上分布有大量密集的洞窟，在洞窟外又修筑重力加固挡墙。因此，它既涉及斜坡岩体稳定问题，又涉及洞群和加固挡墙相互作用下的围岩稳定性问题。过度密集的洞窟形成了许多隐患，彼此之间出现了薄顶、薄底和薄壁，削弱了岩体的强度；洞窟大小相差很大，且洞型各不相同。从严格意义上说，洞窟围岩稳定性问题已远远超出了传统岩体力学中洞窟围岩稳定性问题的范畴，必须认真考虑洞群复杂的组合关系以及洞室边角处复杂的应力集中问题。

概括起来讲，其抗震稳定性评价思路可归纳为如下几个方面[1, 2]。

（1）通过地质条件勘查分析、历史震害调查、现场振动特性测试，查明洞窟地层的工程地质特性，给出岩体的工程力学参数。

（2）对崖体结构面特征以及重力挡墙的变形特征进行调查和分析，筛选出窟区崖体最危险的拟评价区段。

（3）通过理论分析和室内资料整理提取所需参数，建立有限元计算模型，选取合理的围岩弹塑性本构关系，选择合理的地震动参数，输入不同加速度时程进行对比计算，分析评价所选区段的抗震稳定性。

（4）将上述计算的危险区段与其他区段进行类比，进而评价其他区段的抗震稳定性。

6.1　莫高窟洞窟围岩的环境工程地质条件

敦煌莫高窟开凿在大泉河出山口西岸砾岩崖体上，崖体走向近南北向。洞窟所在的崖体延伸长约1680m，崖体高一般 在10～45m之间，崖体按垂向坡度变化可分为下、中、上三个部分。下部崖体基本直立，坡度80°～90°，高18～23m。中部崖体因抗风化能力较差而后退2.0～3.0m，仍为近直立陡壁，高10m左右，由此在下部崖体和中部崖体衔接部位形成一个堆满坡积物的台阶。崖体上部因岩层胶结性能差而成为45°左右的斜坡，高8.0～10.0m。莫高窟的洞窟基本上分布在高18.0～23.0m的下部直立崖体上。

莫高窟所在的崖体顶部平台为大泉河Ⅲ级阶地台面，窟前平地为Ⅰ级阶地，这里的Ⅱ级阶地已被侵蚀，因此才形成了高度达45m的陡崖。莫高窟所在地带为大泉河出山口形成的冲洪积扇的上缘部位，因此，崖体高度随地形高度沿着河流方向由南向北逐渐降低，最终尖灭于北部平坦的戈壁滩[4]。

6.1.1 洞窟围岩工程地质岩组划分[4-5]

根据河西走廊第四纪地质研究和敦煌盆地已有的调查研究成果，可将莫高窟所在崖体及其下伏地层划分为下更新统玉门组（Q_1）、中更新统酒泉组（Q_2）和上更新统戈壁组（Q_3）。洞窟均分布于中更新统酒泉组砾岩中（图6.1）。莫高窟崖体地层分为四个工程地质岩组，由上往下依次编号为A、B、C和D（图6.2）。

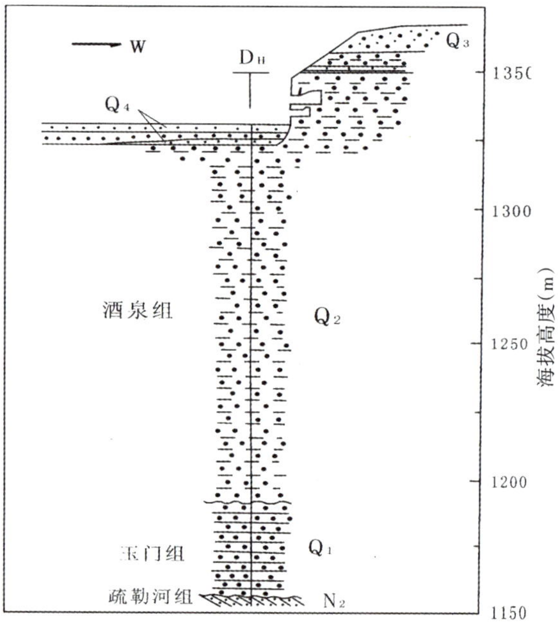

图6.1 莫高窟前地层剖面图

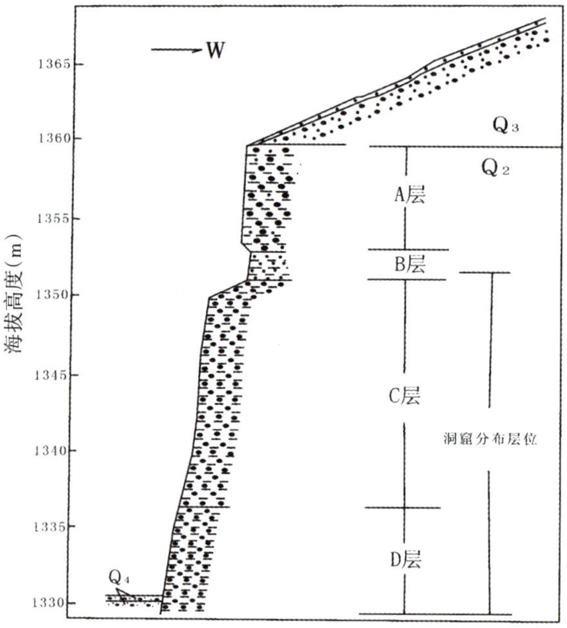

图6.2 莫高窟实测地层剖面图

A组：厚层状砾岩夹薄层细砾岩，最大厚度6.8m。砾石含量约占81%，砂含量约占16%，粉砂及黏粒约占3%，中值粒径15.7m。该岩组颗粒偏粗，级配良好，分选性一般。该组砾岩为泥质、钙质胶结，胶结类型为孔隙-接触式。

B组：薄层状含砾石英砂岩，最大厚度2.0m。砾石含量16%，砂约占79%，且以细砂为主，粉砂及黏土5%，中值粒径0.166mm，级配良好，有一定的分选性。该岩组在莫高窟崖体中心以大型透镜体产出，南部崖体上出露位置较高，厚度较大，向北出露高度缓缓降低，厚度也逐渐变小甚至尖灭。交错层理比较发育，单层厚度仅1～10mm。由于该层砂岩抗风化能力差，故在崖体形貌上形成凹槽或台阶。

C组：厚层状细砂岩与薄层砾岩互层，偶尔可见砂岩微型透镜体和漂砾，最大厚度14.5m。砾石含量占74%～79%，砂约占22%，粉砂及黏土约占2%，中值粒径5.2～12.2mm。颗粒中等，级配不良，磨圆度次圆，略有分选。钙泥质胶结，胶结类型为孔隙式和接触式。

D组：厚层状细砾岩与中粗砾岩互层，可见最大厚度6.0m。砾石含量50%～60%，砂占35%～45%，粉砂及黏土约5%，中值粒径2.0～3.8mm。颗粒偏细，级配良好，砾石磨圆度次棱，略有分选性，颗粒有较明显的定向排列。钙质胶结和硅质胶结，胶结物已发育成晶形完好的方解石微晶。胶结类型为孔隙-接触式。

洞窟在崖体上的分布与以上划分的四个岩组存在着直接的关系。A岩组中无洞窟分布；B岩组中除有个别高层洞窟的顶部伸入外，亦无完整洞窟分布；C组和D组是洞窟的分布层位。崖体上的四层洞窟中，一层（底层）洞窟分布在D组，二、三、四层洞窟基本上分布在C岩组层位中。

6.1.2 各工程岩组力学性质[4, 7]

利用弹性波在岩体中的传播特征可以了解岩体的动力特性。通过对洞窟围岩及附属工程构筑物进行了波速原位测试，再借助经验公式：

$$E = 1.71874 \times 10^{-10} \times V_p^{\ 3.80114} \tag{6.1}$$

可计算出岩体静弹性模量（式中，E为围岩弹性模量；V_p为纵波波速）。

由于洞窟砾岩呈半胶结状态，难以制成规则的块状样，因此采用点荷载法对大量不规则状岩块进行了强度试验。同时，采用蜡封法对洞窟砾岩的密度进行了测定，各统计参数见表6-1。

表6-1 各岩组力学参数

工程地质岩组	弹性模量(E)(MPa)	泊松比(γ)	密度(ρ)(g/cm^3)	抗压强度(MPa)	抗拉强度(MPa)	内聚力(C)(MPa)	内摩擦角(Φ)(°)
Q_3	100	0.30	2.30	-	0.20	0.10	50
A	200	0.28	2.30	9.50	0.36	0.20	65
B	87	0.30	2.20	12.6	0.54	0.10	50
C	300	0.27	2.35	8.60	0.47	0.25	67
D	500	0.26	2.40	15.8	0.67	0.30	70
挡墙	1000	0.25	2.40	-	1.50	0.45	75

6.1.3 石窟岩体主要病害特征[4-6, 8]

1. 岩体裂隙

莫高窟的洞窟围岩由一套酒泉组砾岩地层构成，崖顶缓坡段为戈壁组砂砾石层。这样，酒泉组地层岩体的物质成分、组织结构、胶结程度和风化程度等特性直接影响着洞窟的稳定性。与典型砾岩相比，洞窟砾岩胶结程度不高，强度低，手工可以开挖，呈现出"坚而不硬，松而不散"的特性。局部层位以大型透镜体状产出，交错层理发育，抗风化能力极差。洞窟顶拱的片落、掉块以及崖面上缘部位的崩塌等病害与岩体的这种工程地质性质有着很大的关系。

图6.3 崖面卸荷裂隙

洞窟群岩体中的地质不连续面的发育程度、产状、组合形态及其与洞壁的关系对洞室稳定性影响极大，边坡岩体中主要存在以下四组裂隙：

（1）平行崖面的近直立纵向裂隙。该组裂隙又称卸荷裂隙（图6.3），系崖壁形成后崖边岩体在重力长期作用下向临空方向卸荷回弹而形成，是对洞窟安全影响最大的一种，分布范围广，延伸长，以096窟到015窟之间的地段最为严重，多切过洞身，甚至深切到底层洞窟洞顶。部分地段的裂缝仍在发展之中。

（2）垂直崖面的横向裂隙。仅有一小部分断续出现于洞窟顶部或洞窟的一侧及其前后室的壁画上，一般细而短，下部张开1～5mm，大致呈波状顺崖面向上延伸2～5m即行消逝，裂面粗糙，其危害相对要小一些。

（3）斜切崖面的陡倾构造裂隙。裂隙面平直、闭合、无充填，其产状与其南部三危山新构造运动所产生的逆断层的产状大致吻合。该组裂隙有切割岩体的作用，能助长崩塌的形成。

（4）水平裂隙。沿酒泉组地层层面发育，主要分布于洞窟区的南段，在崖面上呈一水平线断续显示。该组裂隙在洞室拱顶附近出露时比较有害。

2. 崩塌、悬崖、危石

由于崖壁高陡、洞窟开挖过密、隔墙过薄等原因，削弱了崖脚对上部岩体的支撑能力，加之千余年来的风化作用、重力作用及地震影响，崩塌、悬崖、危石比比皆是，尤其是在加固之前，窟区全段都遭受过不同程度的崩塌，洞窟前室均已塌去大半。如410～418窟窟前悬崖呈55°～65°之反坡，崖顶危石孤悬，至今不易清除。个别洞窟后室亦塌去1/3（如417窟）。尽管20世纪60年代以来，已对有严重险情的7个区段进行了全面加固修缮，但崖壁和洞窟崩塌的危险并没有彻底解除。特别是尚未加固的区段，许多危石仅与母岩断续相连，倘遇地震或其他因素作用时，随时有崩塌的可能。

3. 洞顶坍塌剥落

酒泉砾石层水平层理较为发育，虽为钙质胶结但仍有不少砂、泥质胶结物，且岩层中常含细砂夹层及透镜体，由于抗风化能力的不同、温度的昼夜变化，沿层理面易形成剥离裂隙，后因纵横裂缝的发展以及重力和地震作用等，造成洞顶坍塌剥离现象，从而使大量壁画和部分彩塑遭到破坏。如292、446、467等洞窟，曾发生过零星剥落现象。460、477等洞窟，坍塌与剥落则伴随着裂缝的发展而情况严重。196、211窟曾因地震促成塌顶现象，损失壁画达十数平方米。

4. 岩体风化和盐类风化灾害

风化是石窟病害中很普遍、很严重的问题。莫高窟在历经千百年之后，洞窟岩体遭到了相当严重的风化，特别是砾石层表面，用手触摸即行散落。岩体的风化程度与石窟岩石的物理化学性质、岩体的结构和构造以及石窟所处的自然环境条件有很大的关系。例如，在崖壁上部岩体中，夹含砾石英砂岩薄层，尽管其强度较高，但由于交错层理发育，抗风化能力极差，风化后退后成凹槽状，直接控制上部岩体的稳定性。另一个典型例子是，由于砂砾岩岩体被严重的风化、风蚀，上层洞窟的窟顶在逐渐变薄，个别洞窟（如460窟）的窟顶已被穿透，变成了露天窟。轻者造成壁画大面积剥离脱落，重者造成壁画连同岩体大块坍塌并殃及佛龛内塑像。

盐类风化是由矿物结晶膨胀和矿物水化膨胀两种机制共同作用的风化过程。莫高窟岩体盐分组成主要是Na_2SO_4、NaCl、$MgSO_4$等，其风化机理是岩体中的易溶盐在水分参与下发生溶解、迁移和重结晶作用，使岩体颗粒间黏结力减弱，导致岩体破裂或散落并产生壁画酥软、粉化等病害。据调查，大约20%的洞窟不同程度地遭受盐风化破坏。

需要特别指出的是，石窟岩体的病害与石窟寺本身的特点有直接关系。由于千余年的不断开凿，莫高窟布满洞窟的崖面已“状若蜂巢”，过度密集的洞窟形成许多隐患。部分洞室间隔墙及顶、底板岩层仅厚0.1～0.3m，严重削弱了岩体的强度，在428窟及303窟南北一带早期洞窟较为集中的地段尤为明显。同时，由于开窟没有统一布局及当时技术水平的限制，不可能对洞窟的几何形状、跨度、高度、洞窟立体组合关系、施工工艺等做出合理的设计。如290、289窟下层的44窟的前室很深很宽，290、289窟之间的墙壁成为44窟8m跨度前室顶板中部的集中荷载，这是造成290、289窟前部塌毁的直接原因，类似的情况还有很多。总之，莫高窟这种开挖在半胶结弱质砾岩直立边坡上的薄顶、薄底、薄墙、无衬砌密集洞群，与边坡岩体的各种地质病害有着内在的联系。

6.1.4　水文特征

敦煌莫高窟地处戈壁沙漠腹地，平均年降水量仅30mm左右，但蒸发量却高达4200mm。唯一的地表水——大泉沟河流量很小，仅对底层洞窟有轻微入渗作用，同时由于地下水埋藏很深，因而在分析与计算中不考虑水的影响[4, 10]。

6.2　莫高窟洞窟结构及加固工程特点

6.2.1　莫高窟洞窟结构形式

莫高窟属砾岩型石窟，洞窟群位于半胶结砂砾岩直立边坡上，洞窟分前室和后室（主室），前后室以甬道贯通。后室为方底、直墙，拱顶是覆斗形或人字形，部分有中心岩柱，洞室围岩无任何支撑和衬砌措施。洞室长一般4～10m，少数达15～20m，宽高3～8m，部分小洞仅1～1.5m见方。洞窟群系不同时代开挖，基本成层状排列。洞室间隔墙及顶、底板岩层较薄，其厚度仅为0.5～1.5m，部分洞室仅0.1～0.3m[1]。

6.2.2　莫高窟加固工程特点

1. 砌体结构特点

鉴于莫高窟洞窟过于密集、洞窟无衬砌、岩体强度较低等特点，采用了支挡体系加固崖壁[1, 11]。根据当时的认识水平和技术条件，针对石窟存在的各种地质病害，莫高窟整个加固工程主要采取了三种技术措施：（1）采用梁柱结构用以支顶悬空的石窟（图6.4）。当支顶范围较小，如只支顶某一洞窟前室顶部，而下部又有岩石地基时，就采用这种结构形式。柱基础直接砌在岩石地基上，若柱高超过一层洞窟高度，则将柱砌在挡墙的上部。两个柱顶上面架设支顶梁，梁上再砌片石紧贴上部悬空的岩体。（2）建造浆砌块石或混凝土重力挡墙以抵抗岩体的侧压力，防止崖体向外滑移和倾倒（图6.4）。挡墙墙体厚重，且由下向上墙身断面逐层减小，故在每层洞窟地板高程设计向内收进的错台，并将其设计成人行走廊。挡墙在窟口留出窟门，在顶部成斜面收进，与山体自然相接。墙的内侧与岩体紧贴，当上部有外悬前室或危岩时，为不使下层洞窟受压，则从砌体内伸出悬臂梁，在悬臂梁上砌片石柱予以支承。（3）对外悬过多的岩体或没有必要支顶的零星危石，采用削方的办法予以清除（图6.5）。

2. 基础处理与沉降缝的设置

支顶结构物基础一般都坐落在基岩上，部分地段采用柱墩式深基础，用连续地基梁承托上部的挡墙砌体。当砌体较厚，基础位于基岩及可压缩性土上时，则在砌体中设计纵向沉降缝（图6.5）。沉降缝内侧的砌体位于基岩上，沉降缝外侧的砌体全部位于同一种土上，并采用延期封顶达到紧托悬崖的目的。当地基土变化较大时，每隔20～30m设计横向变形缝作为伸缩及沉降缝。

对于支顶和挡墙结构，为了充分发挥其作用，支顶结构及挡墙与被支、挡物紧密接触，采用若干技术措施，如：（1）砌体延期封顶，待砌体自然下沉稳定后再予封顶；（2）墩式基础深入地层，直达基岩；（3）各种变形缝的安排使砌体落在基本相同的基础上。

3. 挡墙的力学性质

挡墙采用50#水泥砂浆砌片石，为满足抗滑抗倾的需要，墙体厚重，且由下向上墙身厚度逐层减小，在每层洞窟地板高程设计向内收进的错台，并将其设计成人行走廊。挡墙在窟口留出窟门，在顶部成斜面收进，与山体自然相接。墙的内侧与岩体紧贴，当上部有外悬前室或危岩时，为不使下层洞

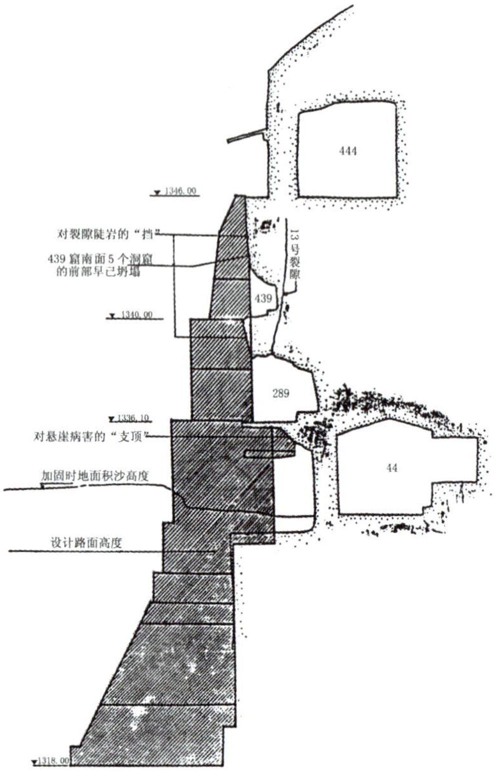

图6.4 重力挡墙支、挡加固石窟

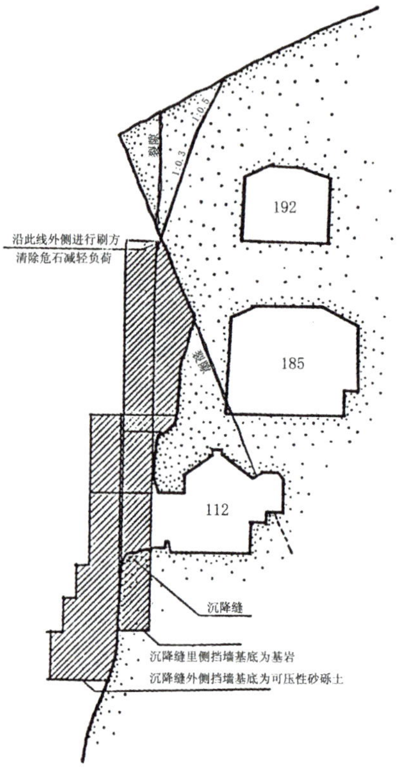

图6.5 挡墙沉降缝处理及刷方危岩

窟受压，则从砌体内伸出悬臂梁，在悬臂梁上砌片石柱予以支承。采用与洞窟围岩力学性质相同的测定方法，参数结果见表6-1。

6.3 输入地震波的选取与计算模型的建立

6.3.1 窟区地震荷载的确定

通过对莫高窟150km半径范围内的地震活动环境和地震构造环境综合研究的基础上，采用考虑时间、空间非均匀性的概率分析方法，给出了莫高窟地震危险性分析结果，见表6-2。其中50年超越概率分别为63.5%、10%及2%风险水平下的地震烈度，分别代表第一水准烈度（众值烈度）、第二水准烈度（基本烈度）和第三水准烈度（罕遇烈度）。

表6-2 敦煌莫高窟地震危险性分析结果

超越概率(50年基准期)	63.2%	10%	2%
烈　度(度)	5.4	6.9	7.5
基岩峰值加速度(g)	0.038	0.103	0.194

基于窟区地震危险性分析结果，在石窟围岩动态损伤计算过程中，输入峰值加速度稍做调整，分别设定为0.1g和0.2g代入计算，以进行对比分析。

在采用时程分析法进行石窟地震反应计算时，需要输入地震地面运动加速度时程曲线。研究表明，结构的地震反应对输入的地震运动特性十分敏感。因此，正确选择输入地震波是采用时程分析法进行结构地震稳定性计算设计的关键。

6.3.2　人工拟合输入地震动的基本原理和方法

采用拟合目标谱法，即以设计谱为目标，采用三角级数法，多次迭代拟合，完成满足给定精度要求的人造时程。其基本思路是用一组三角级数之和构造一个近似的平稳高斯过程，然后乘以强度包络线，以得到非平稳的地面运动加速度时程。用三角级数法拟合时程见框图6.6。

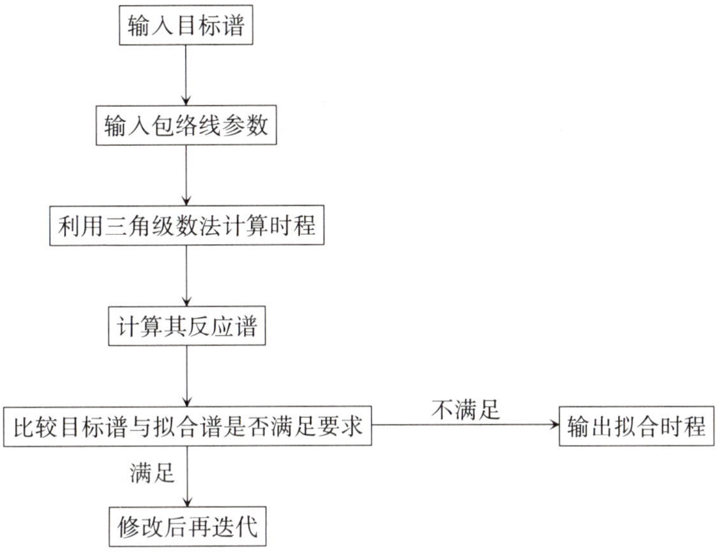

图6.6　三角级数法拟合加速度时程框图

采用的模型是：

$$\ddot{X}(t)=f(t)\sum_{k=0}^{n}C_k\cos(\omega_k t+\phi_k) \tag{6.2}$$

式中，ϕ_k为（0.2π）区间内均匀分布的随机相角，$f(t)$为强度包线，令$a(t)$为：

$$a(t)=\sum_{k=0}^{n}c_k\cos(\omega_k t+\phi_k) \tag{6.3}$$

$$\Delta\omega=2\pi/T \tag{6.4}$$

$$\omega_k=2\pi k/T \tag{6.5}$$

式中，T为总的持时，由反应谱与功率谱的转换关系：

$$s(\omega)=\frac{\xi}{\pi\omega}\left[S_a^T(\omega)\right]^2\frac{1}{\ln\left[\frac{-\pi}{\omega T}\cdot\ln(1-p)\right]} \tag{6.6}$$

首先构造一个平稳的高斯过程$a(t)$，式中c_k由给定的功率谱密度函数求得：

$$c_k=[4s(\omega_k)\cdot\Delta\omega]^{\frac{1}{2}} \tag{6.7}$$

式中，$S_a^T(\omega)$为给定的目标加速度反应谱，§为阻尼比，p为反应超越概率。在数值计算中，通常用快速傅氏变换（FFT）技术进行三角级数求和。

强度包线可选取下面常用的形式：

$$f(t)=\begin{cases}(t/t_1)^2 & 0\leqslant t<t_1\\ 1 & t_1\leqslant t<t_2\\ e^{-c(t_1-t_2)} & t_2\leqslant t\end{cases} \tag{6.8}$$

由（6.3）与（6.8）的乘积，即可得到模拟地震动时程。

为了提高拟合的精度，还需要进行迭代调整。通用的方法是按下式调整式（6.2）中的傅氏幅谱：

$$S^{i+1}(\omega_k)=\frac{S_a^T(\omega_k)}{S_a(\omega_k)}\cdot S^i(\omega_k) \tag{6.9}$$

对上述幅值谱进行多次迭代修正，使计算反应谱$S_a(\omega_k)$向目标反应谱$S_a^T(\omega_k)$逼近，从而满足对地震动的模拟，式（6.9）中$S^i(\omega_k)$为第i次迭代结果，$S^{i+1}(\omega_k)$为第i+1次迭代的结果。在迭代调整过程中，相位谱ϕ_k始终保持不变。

根据《建筑抗震设计手册》（1994）在我国强震资料基础上所做的统计，式（6.8）中T_1、T_2应分别满足T_1=0.15T和T_2=0.5T。T分别为20.48s和40.96s。

6.3.3 地震动合成结果

为了满足研究需要，在计算中选用了4条具有不同工程意义的地震动时程（图6.8～图6.11），分别根据图3.2所示的标准反应谱曲线拟合而得，特征周期分别考虑0.25s、0.4s、0.55s三种情况，总的持续时间为16s或28s，以充分反映未来可能的地震动特点。

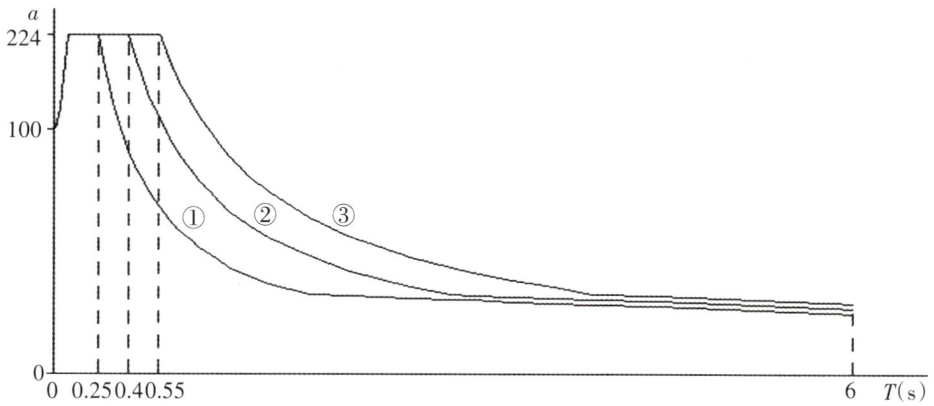

图6.7 不同特征周期的标准反应谱曲线

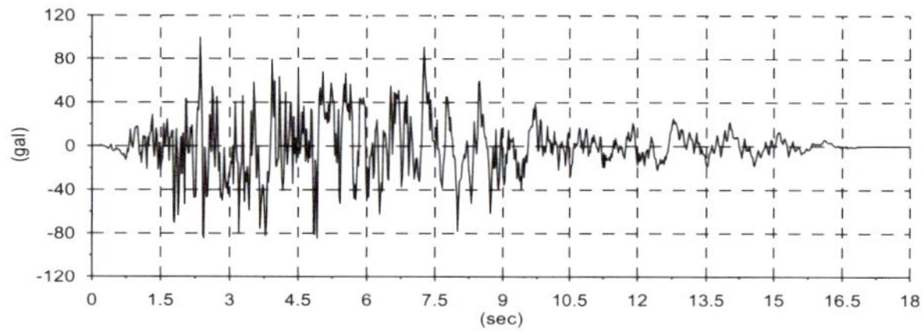

图6.8 Tg=0.4s，持时为16s，地震动加速度时程曲线

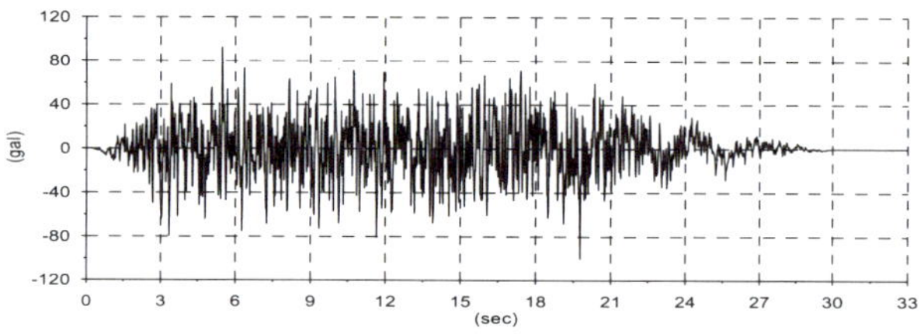

图6.9 Tg=0.25s，持时为28s，地震动加速度时程曲线

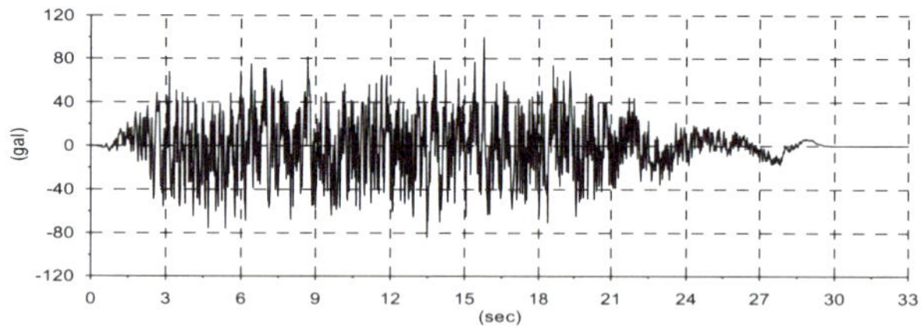

图6.10 Tg=0.4s，持时为28s，地震动加速度时程曲线

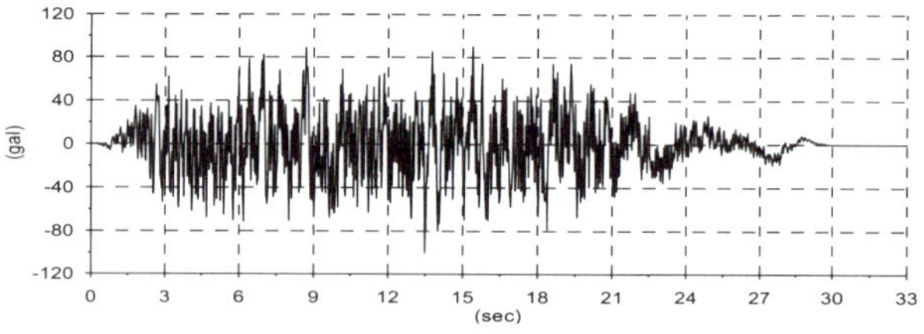

图6.11 Tg=0.55s，持时为28s，地震动加速度时程曲线

6.4 莫高窟地震破坏危险性分区

6.4.1 危险性分区原则

莫高窟所在崖体范围很长，对全部的崖体断面进行地震稳定性计算与评价既不现实，也没有必要，所以首先应该对莫高窟崖体进行地震破坏危险性分区，而后选取危险程度较高的区段进行验算，最后根据计算结果将各区段进行类比，得出科学的评定结论。

事实上，莫高窟所在崖体的稳定性既与包括洞窟布局在内的地形地貌特征、支挡构筑物（重力挡墙）对崖体的加固效果密切相关，更取决于岩体的工程地质条件，即岩体的力学性质、岩体破碎程度及其中裂隙发育的完善程度。显而易见，若忽略挡墙的作用，则卸荷裂隙延伸长、切深大的区段，洞窟分布密集、洞层多的区段，崖体高度大、崖体走向转折造成崖面外凸外悬的区段，都是潜在的高震害地段。

重力挡墙对崖体的加固效果，集中反映在支挡墙及柱的地基条件上。墙和柱的基础埋深大，且直接坐落在洞窟所在的酒泉砾岩上，则加固效果好；反之，若墙和柱坐落在窟前冲洪积物上，且因为地基沉降使墙和柱与支顶岩体相脱离，或墙和柱发生一定程度的外倾变形，则起不到应有的加固效果。再者，因为土层的自振周期比岩体的自振周期长，造成坐落在冲洪积物上的墙与柱的振动与崖体的振动不相协调，这可能恶化墙和柱原有的设计加固效果。

同时也应注意到，并不是所有的附加构筑物对洞窟岩体都有加固效果。部分附加构筑物所在位置崖体中并无卸荷裂隙发育，主要是将其他加固区段连接起来，起到的只是打通人行道，或封闭窟门，或保持崖面外观协调一致的作用。这些地段的附加构筑物只存在自身的抗震稳定性问题，而且其自身的抗震稳定性对所在部位岩体抗震稳定性并无多大影响。

莫高窟南区立面图见图6.12。

6.4.2 危险性分区结果

综合考虑上述因素，结合莫高窟抗震现状，将莫高窟所在崖体划分为三种不同程度的地震破坏危险区。

1.高危险区

（1）49～40、282～292、442～435、448～443窟所在岩体

本区段特征是洞窟分布最密集，多达四层洞窟，其中第四层洞窟顶拱已深入粉砂岩层之中。崖体中发育的卸荷裂隙（J_{13}）是整个莫高窟区发育长度最大、切深最大的裂隙，已切过三层洞窟。第四层洞窟高程，J_{13}自448窟北壁，经446及446与445间交通洞，在445窟北壁与东壁交界处出露崖面，长约15m。第三层洞窟高程，J_{13}自449窟北壁经442、440窟西壁，438、437、436、435左右壁，在433窟止于斜交崖面的构造裂隙，长约34m。第二层洞窟高程，J_{13}自288窟北壁经289、290、291窟，在292窟与崖面相交，长约14m。

此段挡墙采用墩式基础和砼地梁，墩基直接坐落在下部岩体上。调查证实，此段挡墙工作状态正常，未有沉降变形迹象，挡墙与岩体接触紧密，加固效果很好。

（2）276～281、467～51窟所在岩体

该区段涉及两层共11个洞窟。裂隙J_{17}切穿该区岩体，从477窟南壁，经276、277、278、279、280、282窟，止于283与284窟间的交通洞，全长约20m。

此区段挡墙埋深大，未见变形迹象。

（3）244～247、84～79窟所在岩体

此区间崖面微有外凸，卸荷裂隙将外凸部分与母岩切割分离。此区间挡墙设计有纵向沉降，沉降缝内侧挡墙位于岩石地基上，沉降缝外侧挡墙位于砂砾石地基上。因砂砾石地基压缩变形，外侧挡墙外倾变形，在二层洞窟位置外倾拉裂3～13mm，在一层洞窟位置外倾拉裂3～5mm不等。

需要特别注意的是，245窟窟口原有的土坯墙在20世纪60年代加固时并未拆除，而是包在浆砌块石挡墙之内，此位置土坯墙已从浆砌块石挡墙所留的245窟洞门处向外挤胀变形。这说明在加固工程之后，卸荷裂隙切割的危岩发生了下座变形，此危岩的稳定性主要依赖于支挡墙的加固。可以说，若没有加固，此区间危岩可能已经发生崩塌破坏。

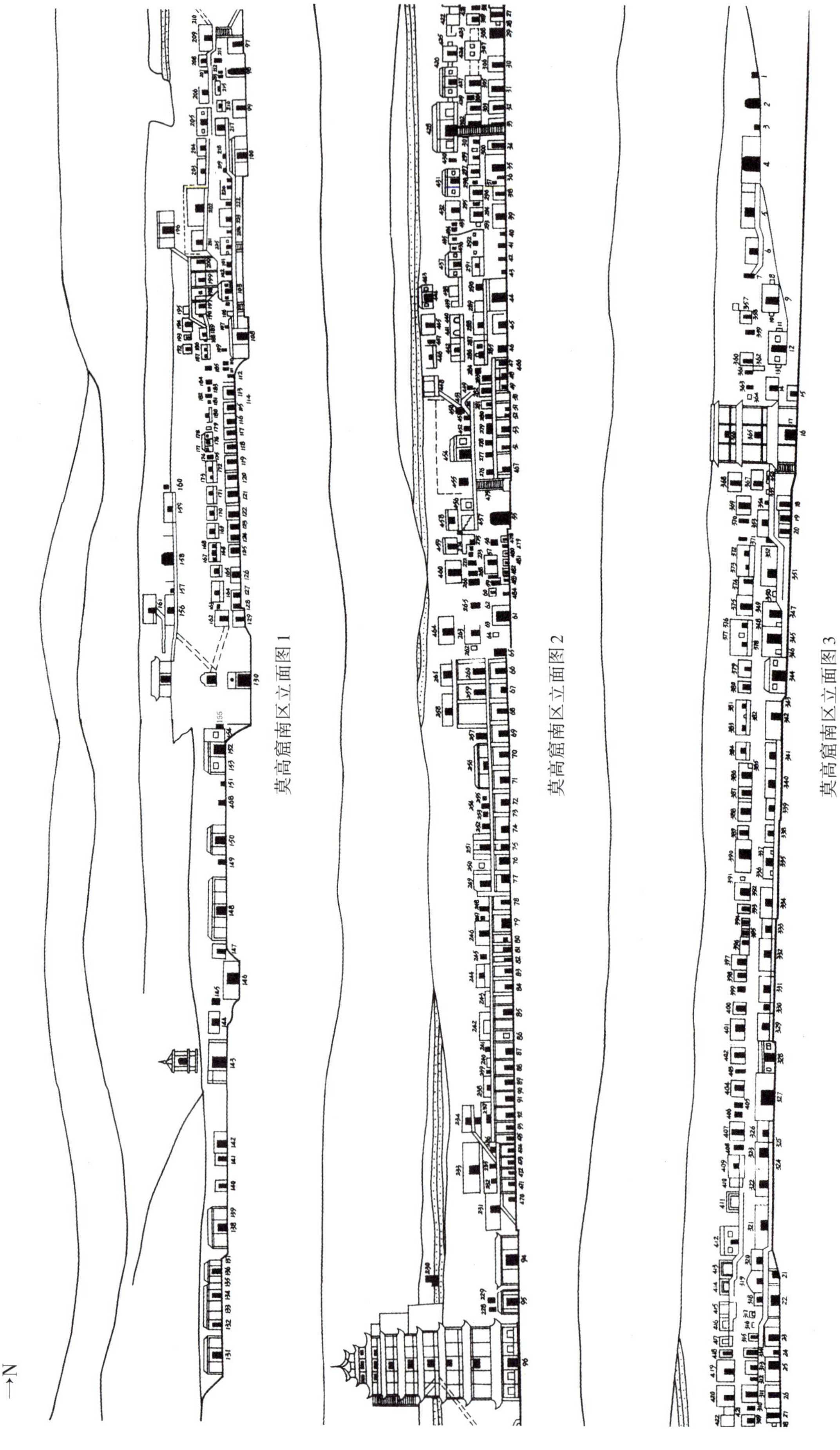

图6.12 莫高窟南区立面图

（4）196窟附近岩体

196窟向南，崖面走向由近南北方向迅速转向南西方向，形成一个三面临空的山包，这个山包所在的岩体风化程度较其他部位要严重得多。从剖面上看，196窟所在部位岩体严重外悬。该窟前室保存有莫高窟最早的晚唐木结构窟檐，为保持这些木构窟檐高悬临空的气势，20世纪60年代加固工程设计时，支挡墙紧靠崖面，造成该窟前室部分岩体仍外悬在支挡墙之外。该窟前室可见一卸荷裂隙，向下切入201及202窟。

200～203窟之间的挡墙基础坐落在基岩上，墙体厚重，经201和202窟支承196窟前室，该挡墙未发现沉降变形迹象。196窟附近岩体中结构面延伸较短，竖向切深不大，加固工程挡墙工作状态良好，但考虑到崖面在平面上转折外凸，在剖面上部外悬，且纵向上洞窟分布密集，加之南侧岩体风化严重，故将此区段岩体定为高危区。

各高危区段石窟剖面和平切图可分别见图6.13和图6.14～6.19。

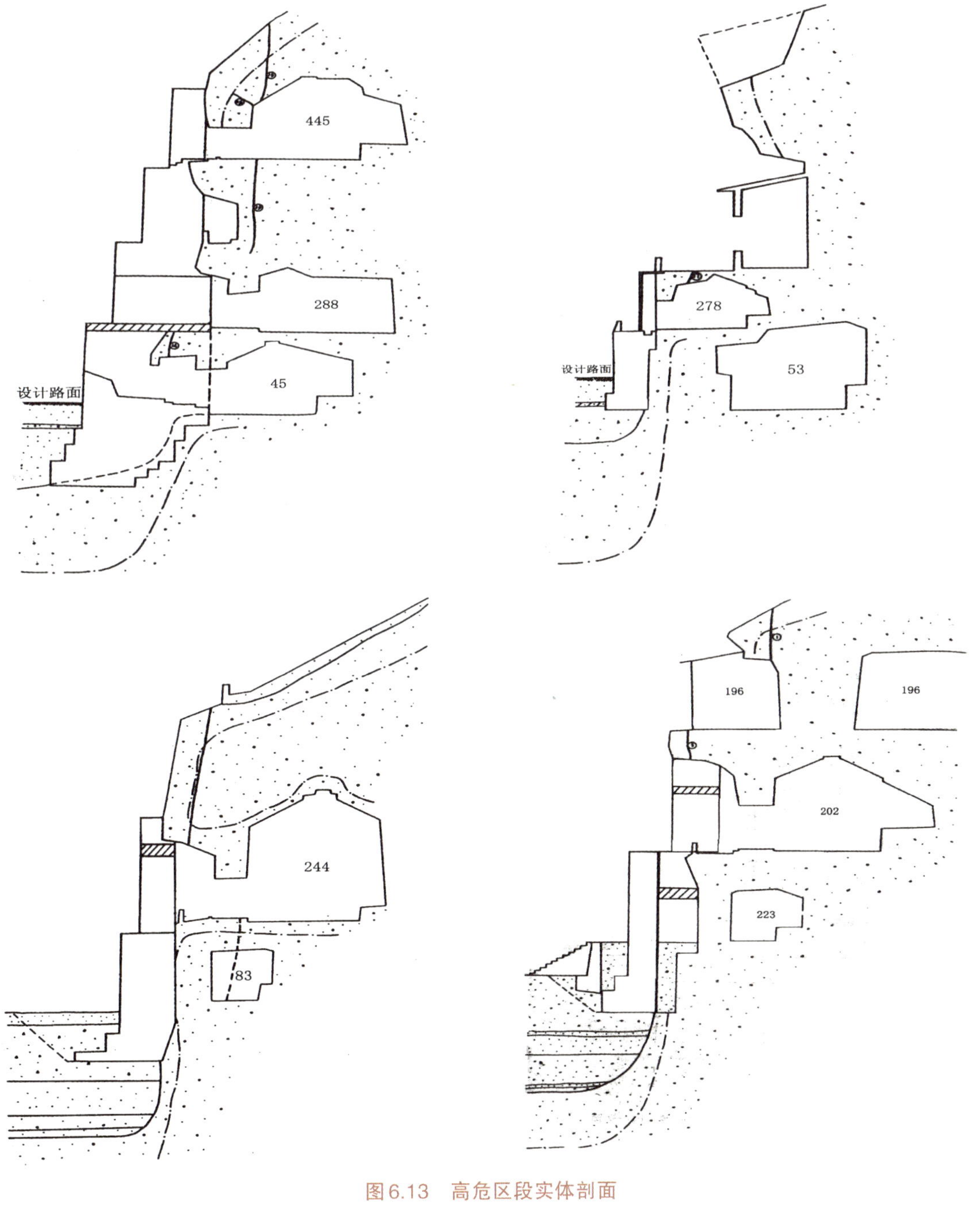

图6.13　高危区段实体剖面

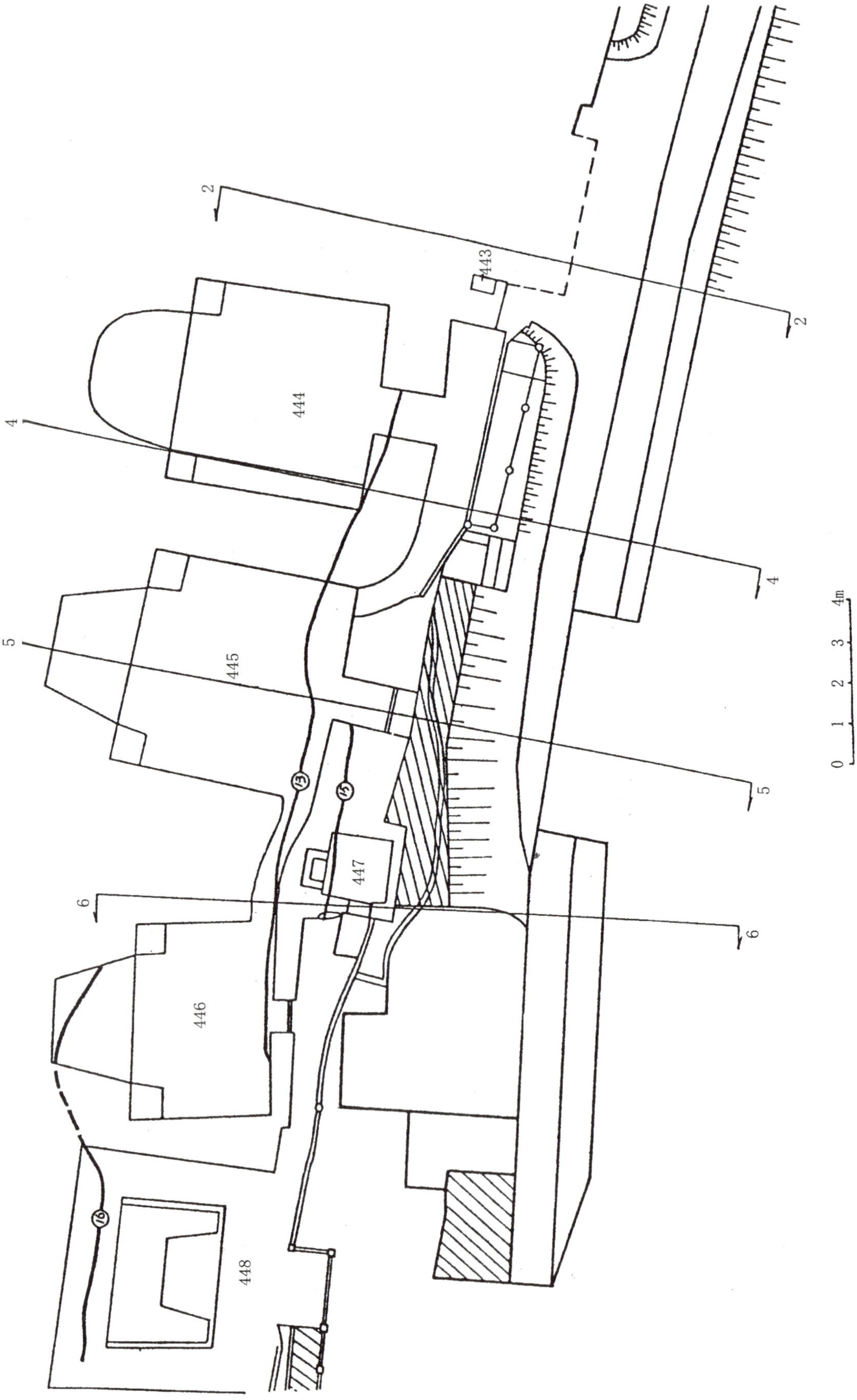

图6.14 高危区448~443洞窟（一层）平切图

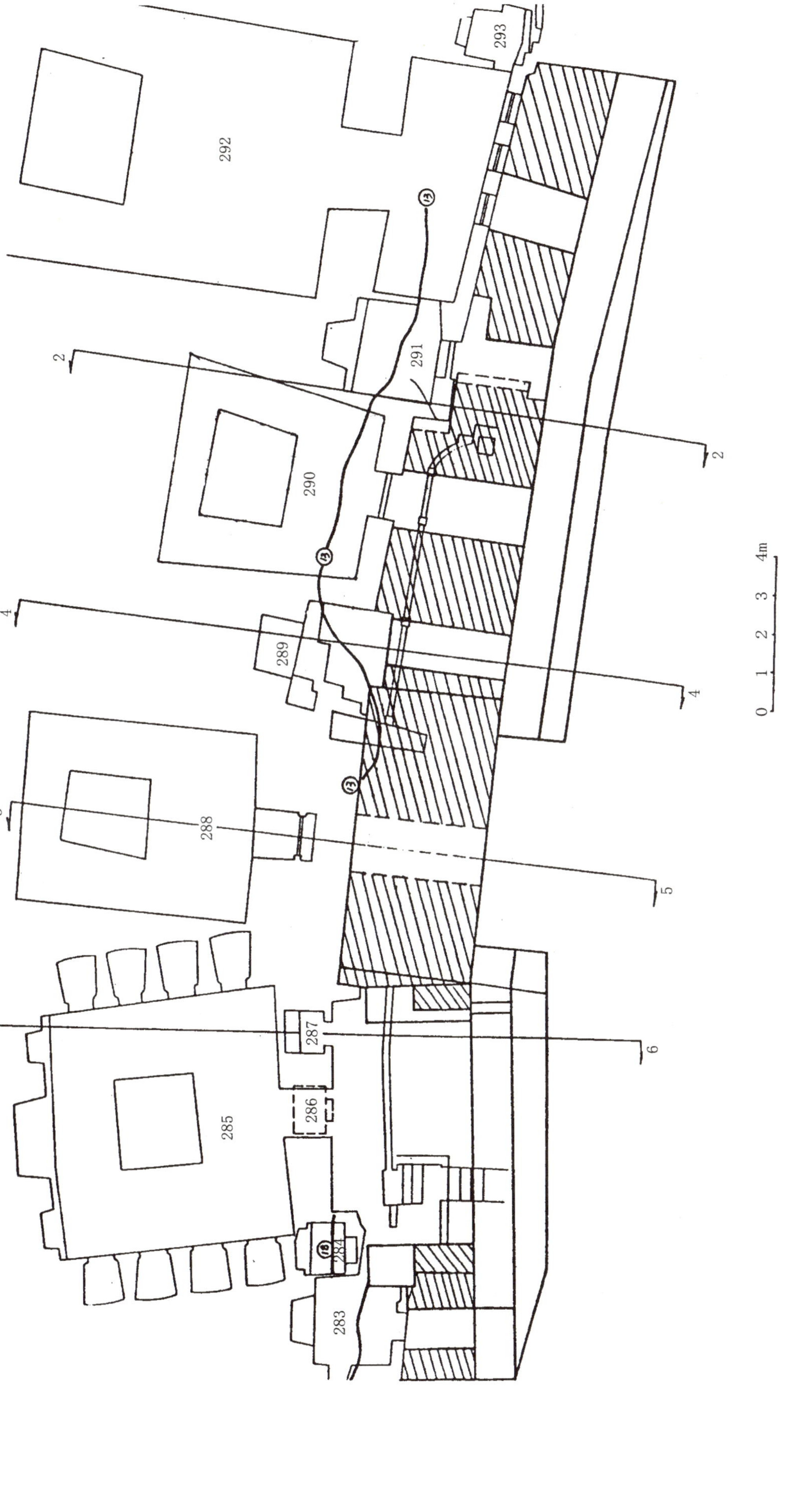

图 6.15　高危区 283～292 洞窟（二层）平切图

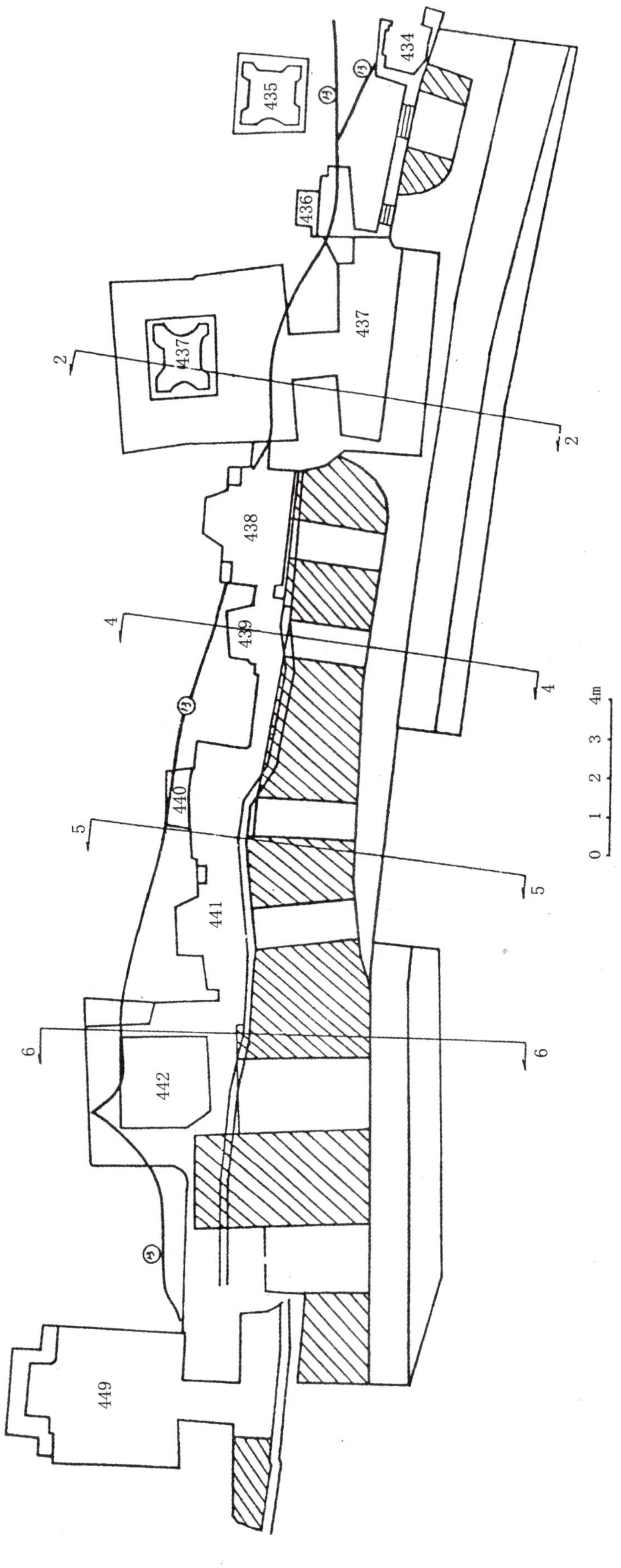

图6.16 高危区449~434洞窟（三层）平切图

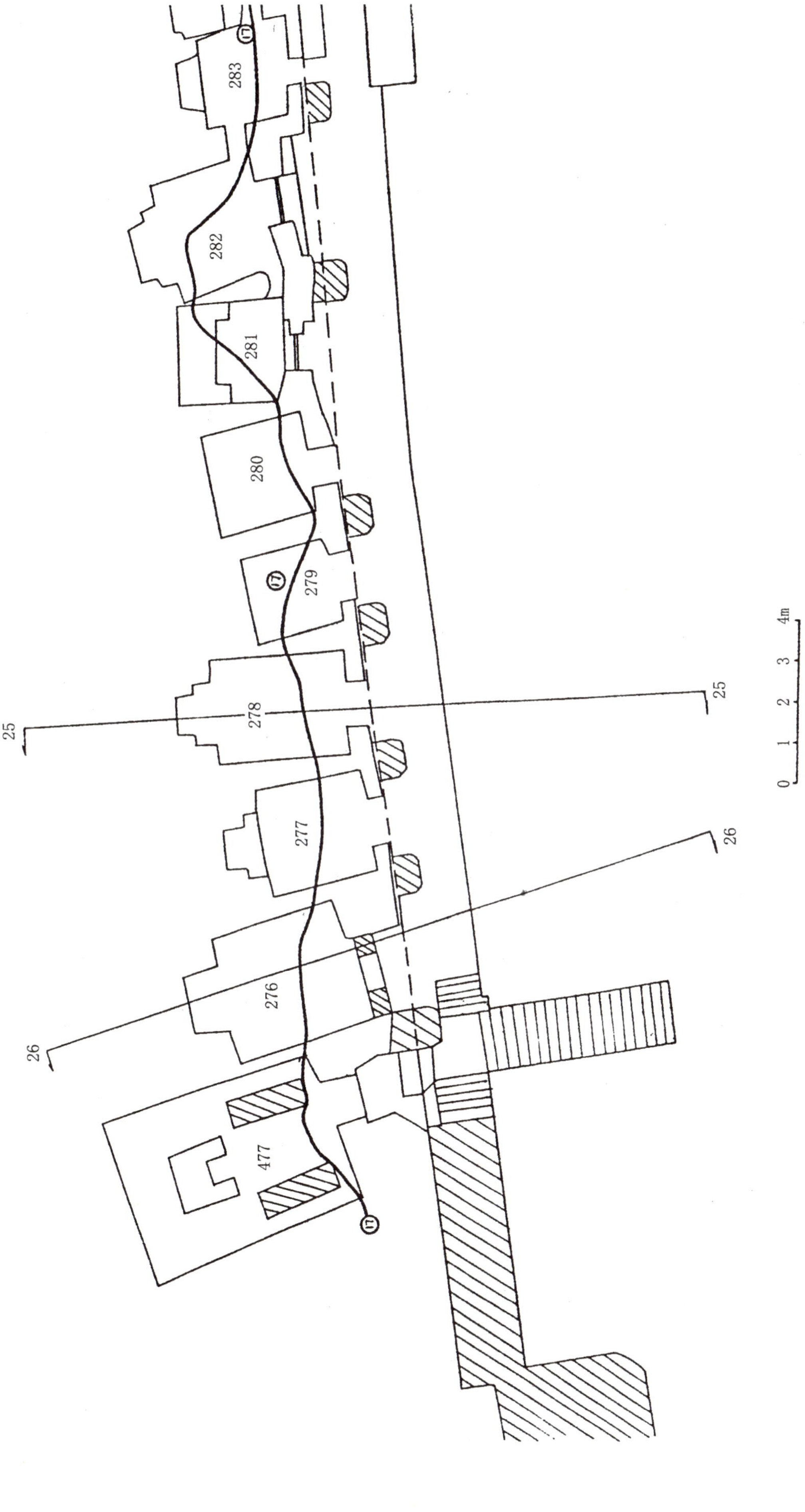

图6.17　高危区276～283洞窟平切图

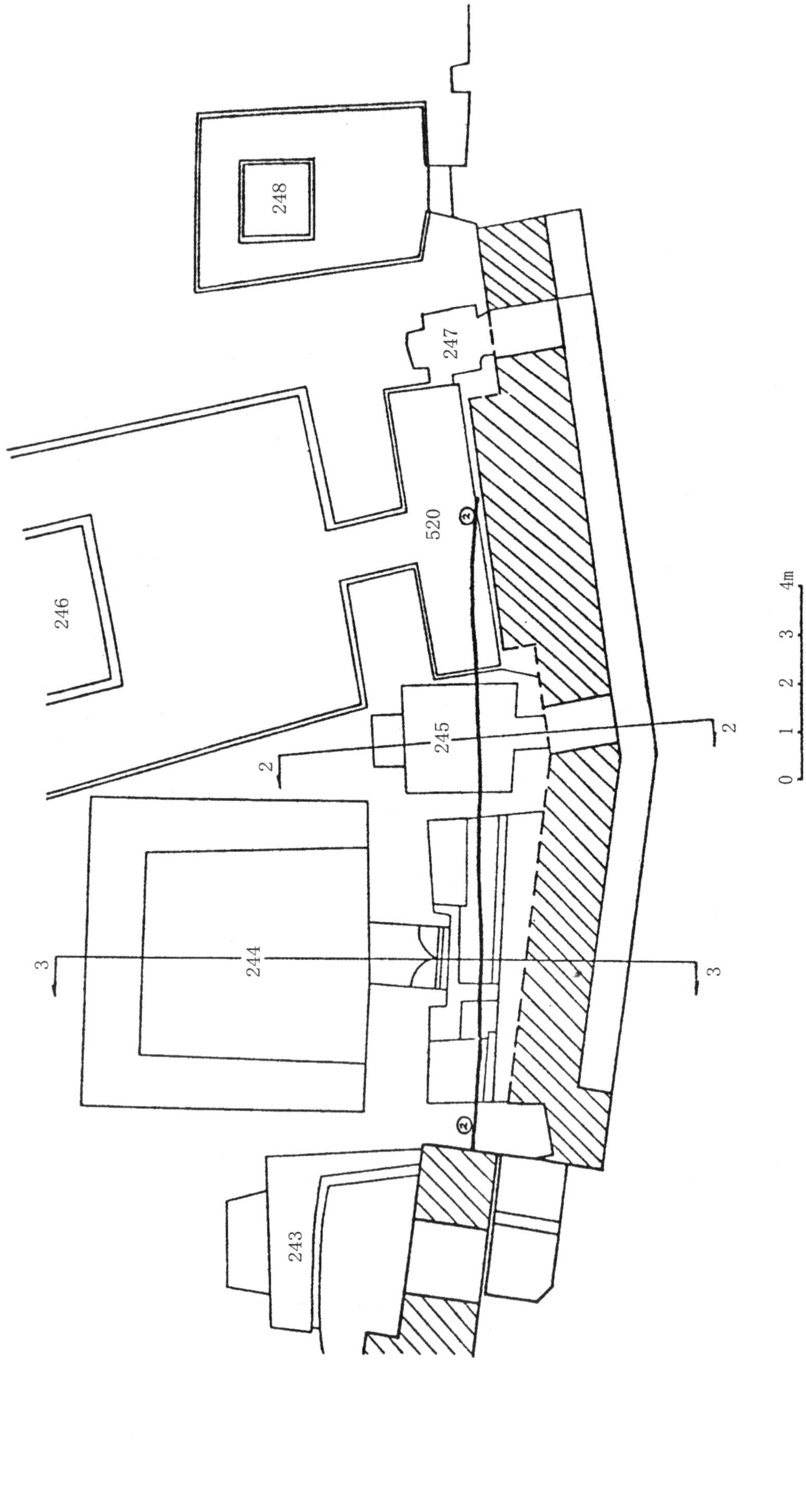

图6.18 高危区243～248洞窟平切图

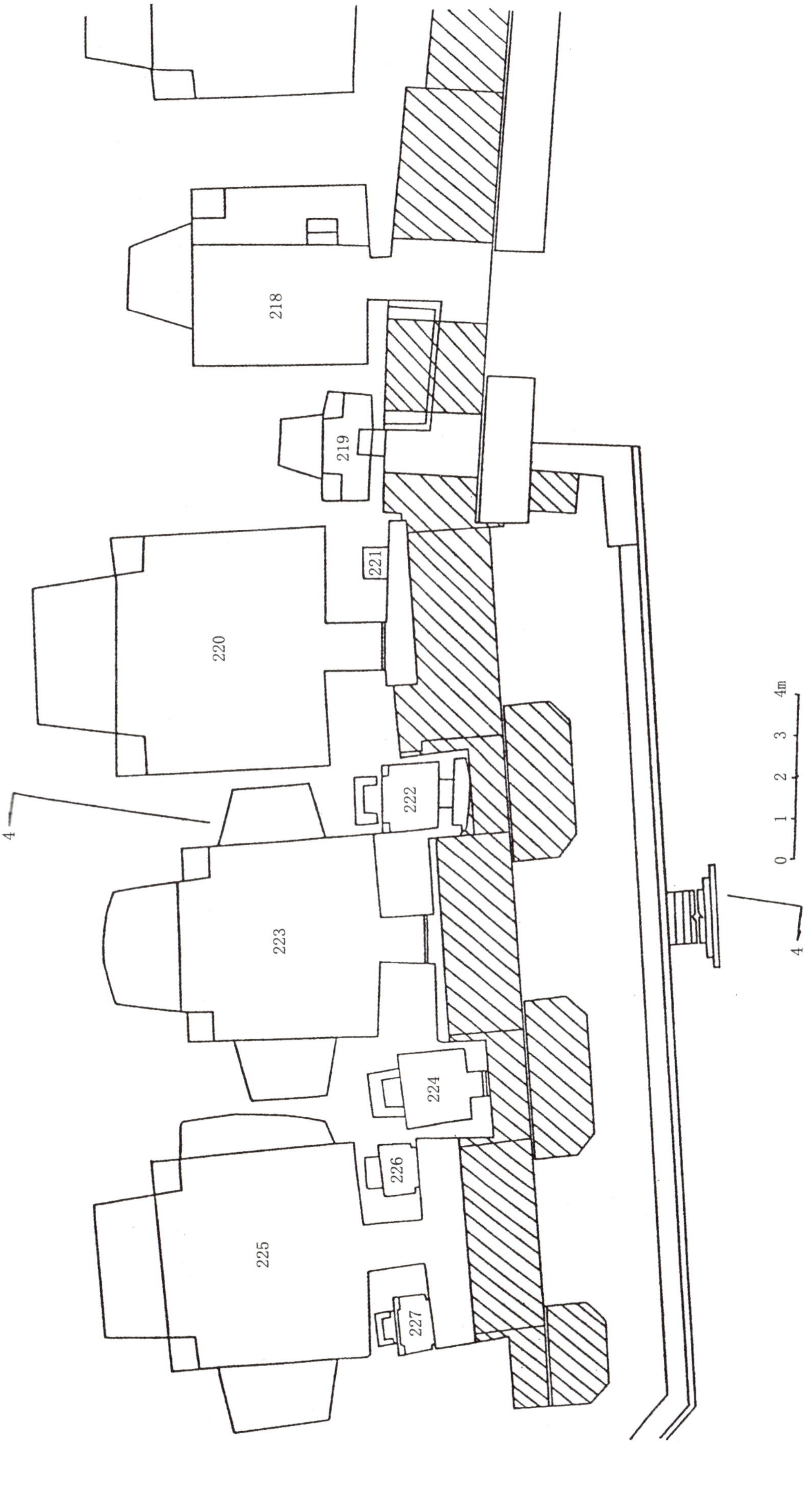

图6.19　高危区227～218洞窟平切图

2. 中等危险区

（1）265～275窟岩体

275窟以北崖面向山体方向内凹3～3.5m，自275窟北侧崖面走向变化处向南发育一卸荷裂隙，此裂隙切275窟前室，272、268、267主室，终止于266窟，长约13m，所切危岩厚2～3m。此裂隙向上延伸，在460窟残留前室出露崖面，向下未切入二层洞窟。因此，265～275窟间危岩涉及265～275和184～478窟之间约16个洞窟。形成该危岩的卸荷裂隙向上在第四层洞窟底板高程上（即460窟窟口）出露崖面，向北在275和457窟之间崖面弯折处出露崖面，向南在266窟处尖灭，向下在第三层洞窟底板与第二层洞窟顶板之间的岩体处尖灭。

该区间危岩南北长13m，高约11m，裂隙切深约5m，所切危岩厚度从266窟处的2m向北至275窟处增厚到3m。考虑到裂隙向南具有尖灭的特征，即危岩向南不具备侧向切割边界；竖向下切深度小于危岩体高度的1/2；且支顶危岩的浆砌块石墙从481窟下方暗洞的基岩上砌起，调查中也无发现变形迹象，因此，认为该区段岩体具有中等地震破坏危险程度。

（2）384～379窟岩体

383～381窟之间崖面发生转折，自383窟口崖面向北有一卸荷裂隙穿过381、382窟后方岩体，经380窟主室及379窟南壁后尖灭。此裂隙从383窟口崖面向北延伸，逐渐向崖体中内插在380窟距崖面2.6m，在379窟距崖面3.6m。这一裂隙仅在二层洞窟出露，一层洞窟无显示。鉴于裂隙切深未超过岩体厚度1/2，向南延伸逐渐尖灭，且此区间加固构筑物未见变形迹象，故认为此区间危岩抗震性能中等。

（3）420～417窟岩体

该区间危岩受斜交崖面卸荷裂隙切割，裂隙自416窟窟口崖面，切过417、418、419窟，在420窟与420窟内另一条卸荷裂隙斜交。该裂隙延伸长约18m，经420窟南壁后逐渐尖灭，向下在第二层洞窟的314、313、311、310窟出露，并在309窟见到南侧尖灭端。第一层洞窟未见裂隙显示。

该危岩块体平面特征为，自北向南逐渐增厚，418窟处厚3m，419窟处厚4m，420窟处厚5m，且南端无侧向切割边界。该区间支挡墙基础全部位于基岩上，调查中未发现挡墙有变形迹象。该危岩边界条件与前述384～379窟危岩相仿，同为平面楔形展布，且厚度加大的一侧皆无结构面切割，支挡构筑物工作正常，故抗震稳定性较好。

3. 低危险区

（1）101～222窟挡墙外立柱

101～222窟前有三根浆砌块石柱，支承二层洞窟交通平台，它们位于支挡墙外侧，基础放置于砂砾石层上。因地基沉降，此三根立柱外倾变形，沿沉降缝与挡墙拉开2～6mm，但岩体中无卸荷裂隙发育。

（2）260～265窟挡墙外立柱

260～265窟前三根立柱支承二层洞窟交通平台，立柱位于挡墙外侧，基础坐落于砂砾岩层之上，地基沉降造成立柱与挡墙之间外倾拉开2～6mm。这三根立柱所在崖体中无卸荷裂隙发育，不承受岩体可能的地震力，与前述101～222窟前立柱受力情况相同，故视其具有低地震破坏危险程度。

（3）162～165窟挡墙

162～165窟所在崖体中无卸荷裂隙发育，挡墙只是提供二层洞窟交通平台，墙基位于砂砾石层上。因地基沉降，挡墙外倾变形，二层洞窟处外倾离开崖面10mm，一层洞窟处离开崖面4～6mm。

（4）180～182挡墙

所在部位崖体中有一斜切崖面的裂隙存在，此裂隙向崖内反倾，故岩体稳定性较好，此段挡墙对崖体加固意义不大。调查发现，此段挡墙微有外倾，与崖面拉开1～2mm，崖顶落下的风沙沿其灌入窟内。

6.5　不同地震荷载作用下石窟围岩动态损伤分析

莫高窟是开凿于断崖之上的大型石窟群，洞窟紧密相连，鳞次栉比；洞室大小有别，形态各异，结构复杂。为了充分论证在地震动荷载下，因结构不同而造成石窟围岩损伤破坏程度和坡体稳定性的差异，经实地调查选取具有代表意义的石窟剖面进行计算，剖面局部经过调整以满足计算要求。通过计算与分析，来探讨地震动作用下莫高窟围岩及其附属构筑物的动态损伤特性和震害规律。

6.5.1　计算模型的建立

1.计算模型建立的依据

地震动作用下洞窟所在崖体的动态变形及破坏主要取决于工程地质条件、加固工程构筑物对崖体的加固效果和地震荷载三方面的因素，这些因素的不同组合，将使不同区段崖体在地震条件下发生破坏的可能性不同，即具有不同的振动破坏危险性。工程地质条件是影响崖体抗震稳定性的关键，其中岩体结构面发育程度、岩体的工程特性及包括洞窟布局在内的地形地貌特征将造成不同区段崖体的震害差异。显而易见，卸荷裂隙延伸长、切深大的区段，洞窟分布密集、洞层多的区段，崖体高度大、崖体走向转折而造成崖面外凸外悬的地段，都是潜在的高震害地段。

根据前面石窟围岩地震危险性分区的结果，在参考各个实体剖面（图6.3和图6.13）的基础上，建立了五个有限元计算模型。所有计算模型均选自高危险区段，这对整个石窟围岩的地震稳定性及加固设计具有明确的现实意义和指导意义。

2.计算模型的特点

实际计算中，视实际工程结构为平面问题加以分析，从而建立二维有限元计算模型（如图6.20～6.24所示）。各个模型的特征简述如下：

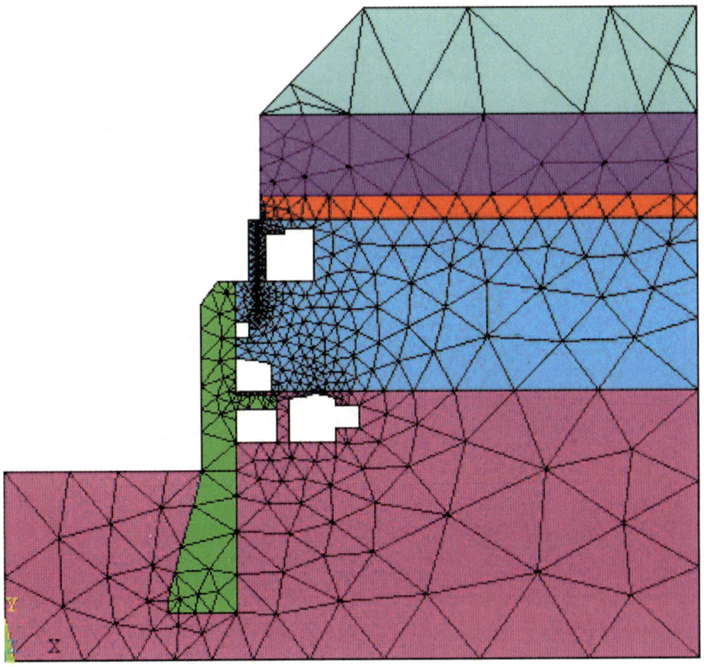

图6.20　有限元计算模型Ⅰ

模型Ⅰ宽60m，高55m，右边与山体相连，左边取地表至地下深度16m处（图中不同颜色代表不同性质的岩层，下同）。共计856个有限元单元，1848个节点。属洞窟密集型区段的典型代表，洞窟分上下四层，相隔距离很小，且在上层洞窟左边发育有莫高窟崖体上规模最大的裂隙，挡墙伸入洞室并对最底层洞窟加以支顶（如图6.20）。

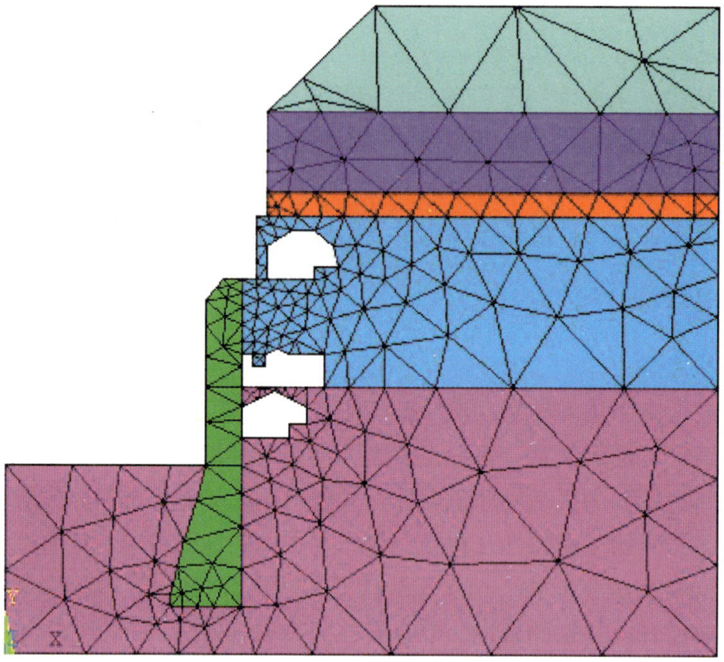

图6.21 有限元计算模型Ⅱ

模型Ⅱ宽60m，高55m，右边与山体相连，左边取地表至地下深度16m处。共计419个有限元单元，933个节点。该模型的特点是洞窟结构复杂，形状极不规则，转折多，且洞窟在纵向上分布密集（如图6.21）。

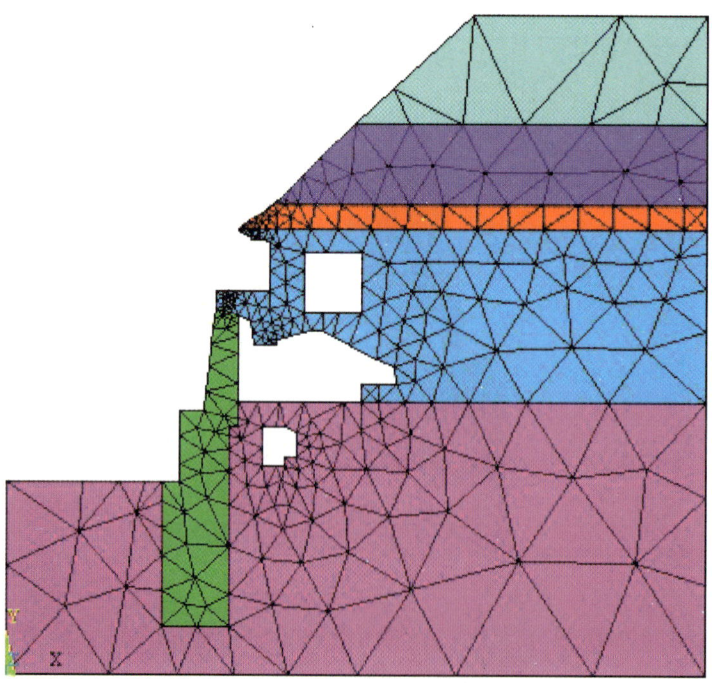

图6.22 有限元计算模型Ⅲ

模型Ⅲ宽60m，高55m，右边与山体相连，左边取地表至地下深度16m处。共计390个有限元单元，901个节点。处于崖体走向转折而造成崖面外凸外悬的地段，且洞窟尺寸大，悬空岩体多，挡墙上支顶岩体有较大规模裂隙发育（如图6.22）。

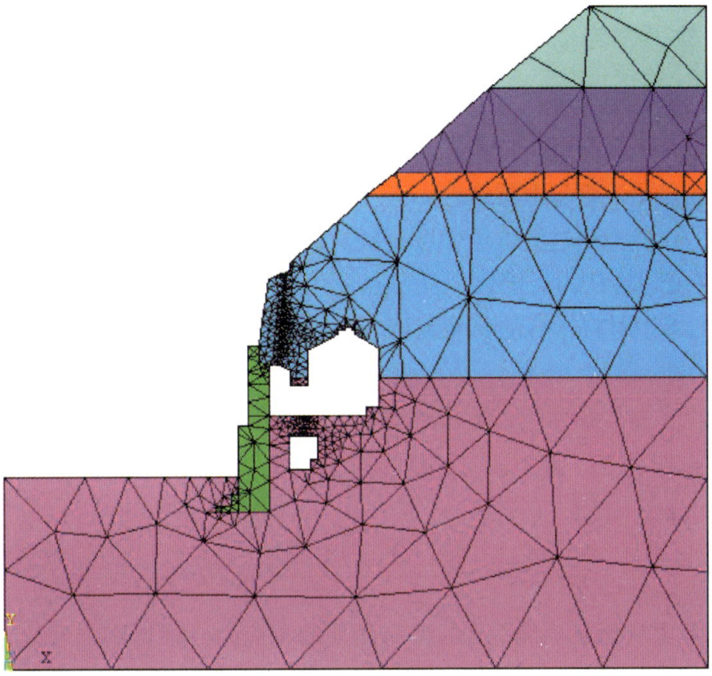

图6.23　有限元计算模型Ⅳ

模型Ⅳ宽60m，高55m，右边与山体相连，左边取地表至地下深度16m处。共计777个有限元单元，1698个节点。模型所在区间崖面微有外凸，卸荷裂隙将外凸部分与母岩切割分离。上层洞窟尺寸大，转折多，且穿过两个力学性质不同的岩层组（如图6.23）。

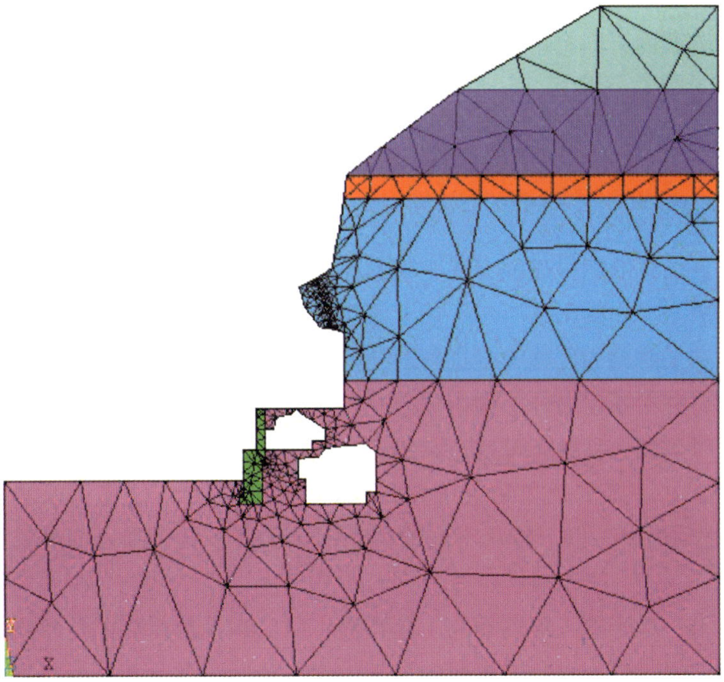

图6.24　有限元计算模型Ⅴ

模型Ⅴ宽60m，高55m，右边与山体相连，左边取地表至地下深度16m处。共计531个有限元单元，1196个节点。该模型最上层洞窟前半部分已经崩塌，窟顶留下的悬垂岩体又被裂隙切割而与母岩分离。其他两洞窟结构复杂，且窟与窟之间厚度很薄（如图6.24）。

计算中假定所有模型左右两侧受水平方向位移限制，底边受水平和垂直方向位移限制，崖面为自由边界，载荷以地震动加速度时程方式输入。

6.5.2 地震荷载下围岩动态损伤计算结果分析

1. 围岩动态损伤判定准则[8, 21-23]

（1）如果岩体上的拉应力超过其抗拉强度，则发生单向拉裂破坏。当岩体中有裂隙存在，由于结构面的不抗拉特性，最易沿这组裂隙拉裂。

（2）如果岩体上的压应力超过其抗压强度，则发生单向压裂破坏。

（3）莫尔-库伦强度理论认为，固体内任一点发生剪切破坏时，破坏面上的剪应力τ必须大于临界剪应力τ_f。这里，τ_f等于材料本身的剪切强度（即内聚力C）和作用于该剪切面上法向应力σ_θ引起的内摩擦阻力f之和，即

$$\tau_f = C + f = C + \sigma_\theta \cdot \tan\varphi \tag{6.10}$$

该理论适用于较脆性岩石。式中φ为材料的内摩擦角，法向应力σ_θ可以通过施加于该点的最大主应力σ_1和最小主应力σ_3表示如下：

$$\sigma_\theta = \frac{\sigma_1 + \sigma_3}{2} - \frac{\sigma_1 - \sigma_3}{2}\cos 2\theta \tag{6.11}$$

式中，σ_θ为与最大主应力σ_1夹角为θ的剪切面上的主应力。根据库伦理论，当材料发生破坏时，θ达到最大，此时：

$$\theta = 45° - \frac{\varphi}{2} \tag{6.12}$$

将式（6.11）和（6.12）代入（6.10）得：

$$\tau_f = C + \tan\varphi\left(\frac{\sigma_1 + \sigma_3}{2} - \frac{\sigma_1 - \sigma_3}{2}\sin\varphi\right) \tag{6.13}$$

如果材料中存在破裂面，则忽略岩体内聚力C的影响，即

$$\tau_f = \sigma_\theta \cdot \tan\varphi \tag{6.14}$$

2. 各模型计算结果

（1）模型Ⅰ

1）位移场特征分析

地震动是一个往复加载的随机过程，在它的激振作用下，石窟围岩各点振动量的大小和方向必然因时间的不同而发生改变。如图6.25所示，为了客观地反映地震动过程当中各点的振动情况，随机选取t=4s、5.74s和8.4s三个时刻的位移矢量进行对比研究。通过研究发现，不同时刻相应点的位移大小是不一样的，方向上，有沿断崖向外、向内之差别。

然而，从这三个时刻的位移分布可以总结出一般规律：位移受约束边界和边坡的相对高度两者共同制约。约束边界处最小，随着远离约束边界和相对高度的增加，位移呈现增大的趋势，自由边界（陡崖）的顶部位移达到最大。以下将从不同地震动输入条件下石窟围岩的位移场分布特点做进一步说明。

由图6.26可以看出，尽管输入地震动的工程特性不同，但计算得到的位移场结果具有一些共同的特点，即在形态上均近似表现为以自由崖面的顶端为中心的圆弧形分布。概括而言，坡体相对高度增加，位移增大，上层洞窟位移大于下层洞窟；同高度上，越临近坡面，位移越大。这充分体现了约束边界和边坡地形对它的控制作用，与洞窟数量的多少、洞窟形状、洞窟结构以及在空间上的展布位置关系不大。

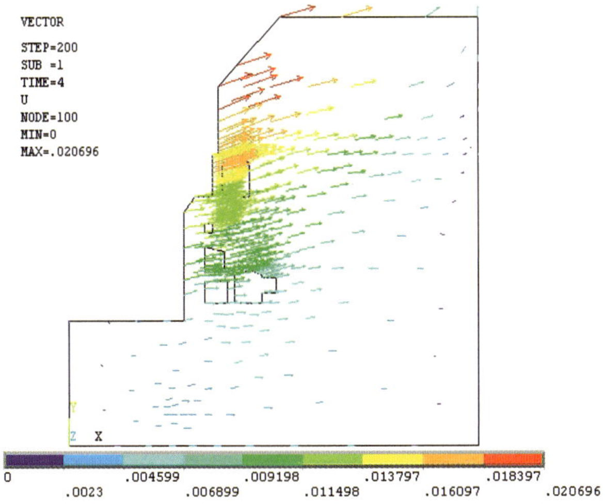

（a）t=4s

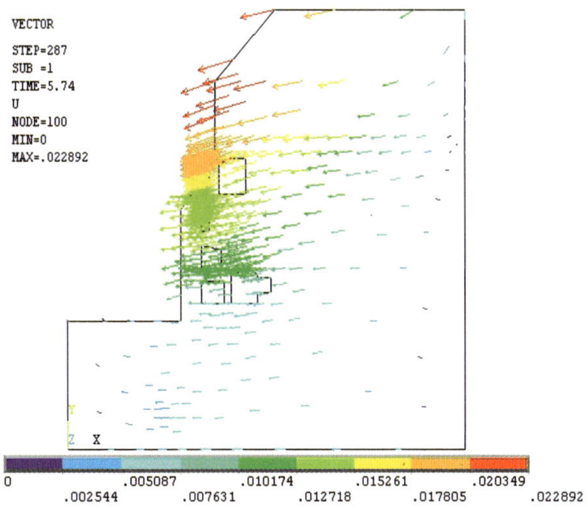

（b）t=5.74s

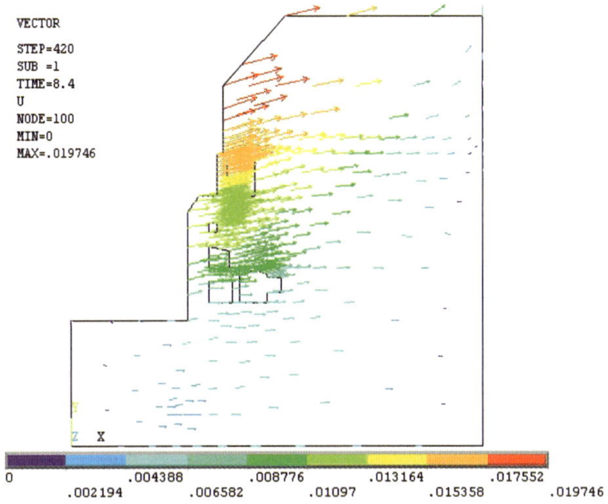

（c）t=8.4s

图6.25　地震激振下不同时刻模型Ⅰ位移矢量图

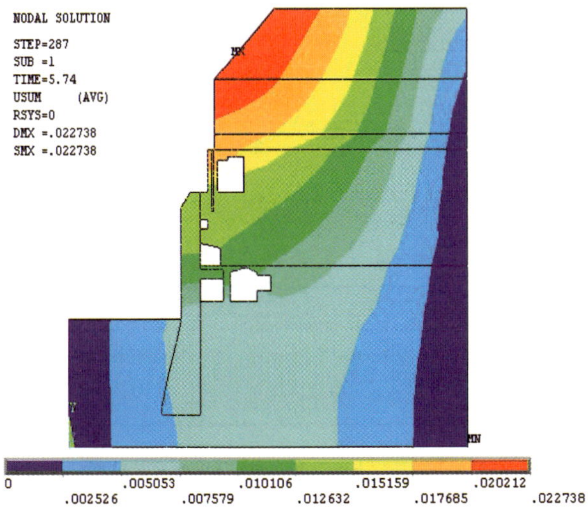

（a）PGA=0.1g，Tg=0.4s，持时16s

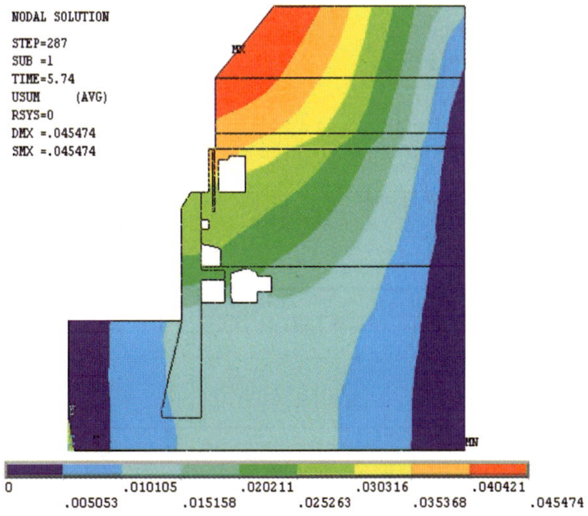

（b）PGA=0.2g，Tg=0.4s，持时16s

图6.26　不同地震动条件下模型Ⅰ位移等值线图（1）

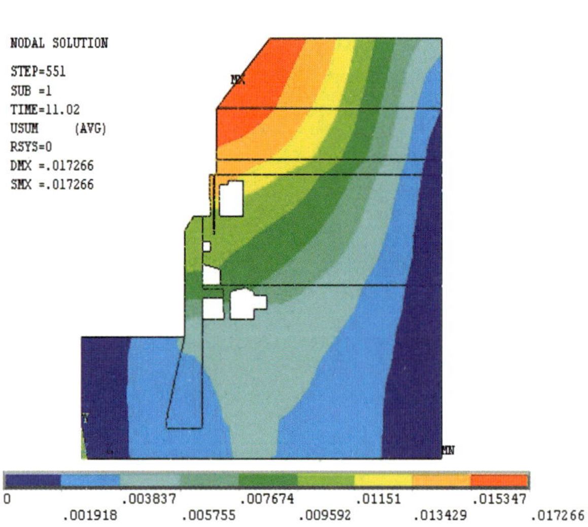

（c）PGA=0.1g，Tg=0.25s，持时28s

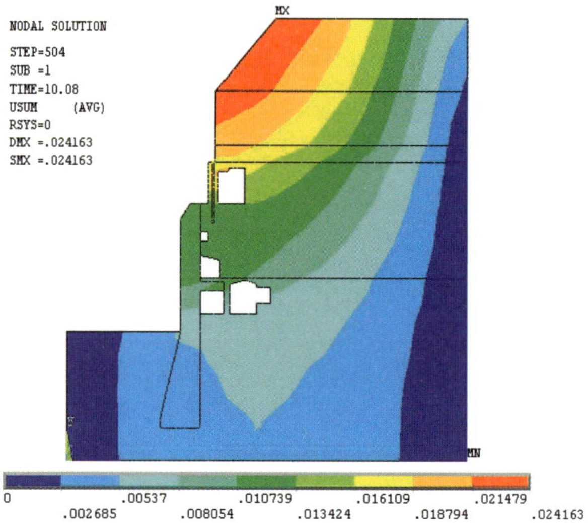

（d）PGA=0.1g，Tg=0.4s，持时28s

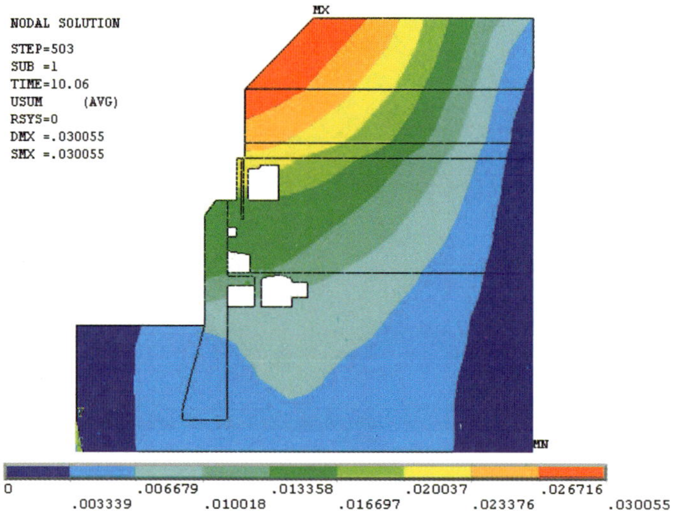

（e）PGA=0.1g，Tg=0.55s，持时28s

续图6.26 不同地震动条件下模型Ⅰ位移等值线图（2）

另一方面，输入地震动的工程特性不同，使得输出的位移结果差别较大。

①不同PGA对位移大小的影响

在特征周期和持时相同的情况下，通过输入不同PGA的地震动分别进行岩体反应计算可以分析PGA的大小对位移反应的影响系数。基于窟区地震危险性分析结果，在本次计算中，分别考虑PGA为0.1g和0.2g两种情况，计算结果见图6.27（a）～（b）、图6.28（a）～（b）和表6-3。

表6-3 不同地震动输入下岩体最大位移反应

PGA/Tg/持时	0.1g/0.4s/16s	0.2g/0.4s/16s	0.1g/0.25s/28s	0.1g/0.4s/28s	0.1g/0.55s/28s
最大位移(m)	0.022738	0.045474	0.017266	0.024163	0.030055

可以看出，地震动加速度大小变化对洞窟围岩位移场大小的影响是非常显著的。地震动峰值加速度增大，位移反应也相应增大。当加速度增大为原来的两倍时，所得的位移反应大小也近似为原来的两倍。

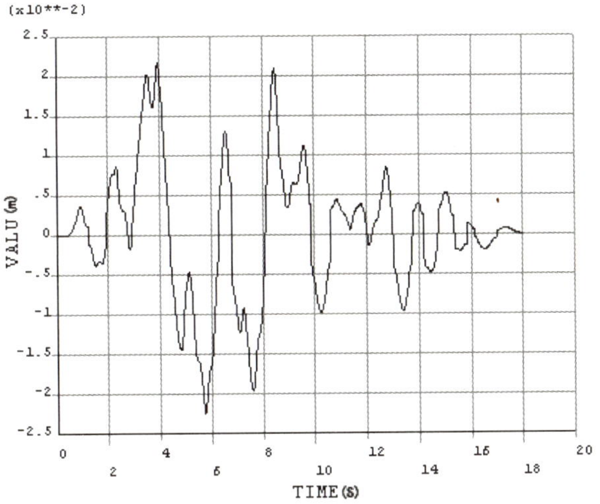

（a）PGA=0.1g，Tg=0.4s，持时16s

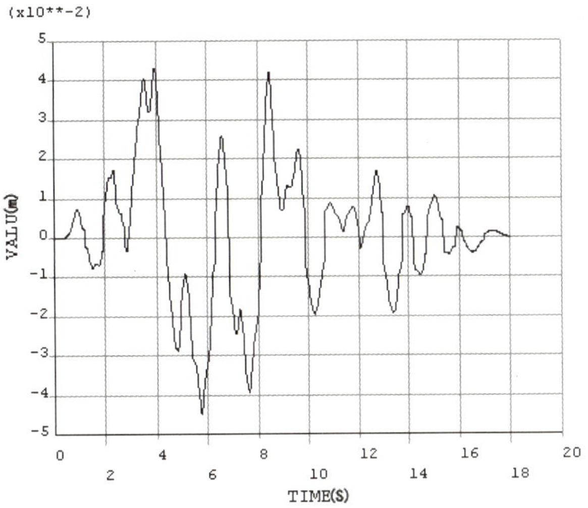

（b）PGA=0.2g，Tg=0.4s，持时16s

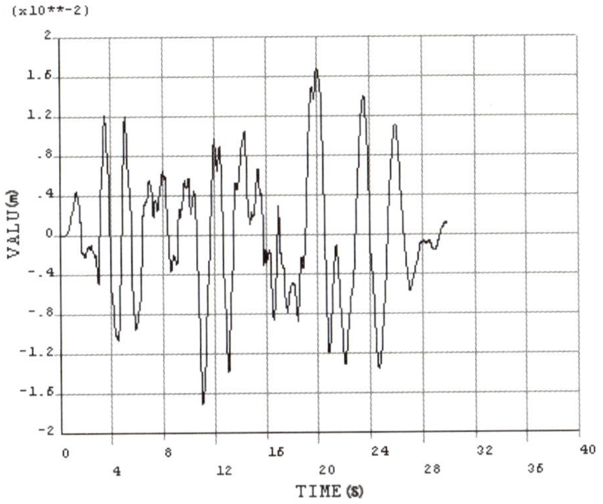

（c）PGA=0.1g，Tg=0.25s，持时28s

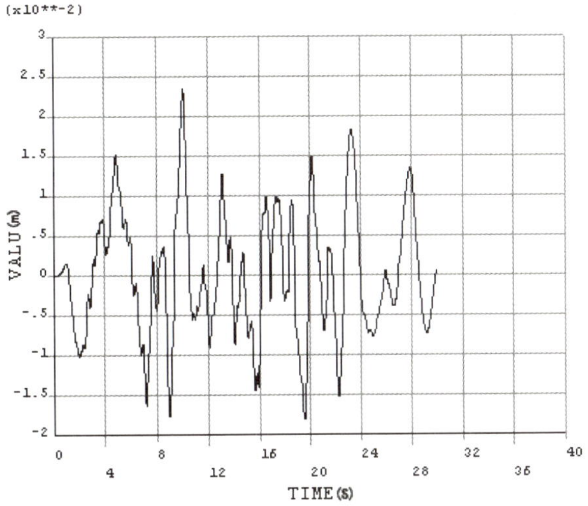

（d）PGA=0.1g，Tg=0.4s，持时28s

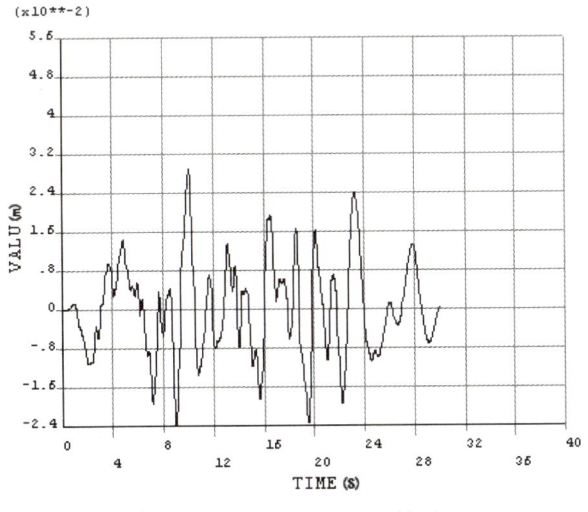

（e）PGA=0.1g，Tg=0.55s，持时28s

图6.27　不同地震动条件下模型Ⅰ最大位移历时曲线

②不同特征周期对位移大小的影响

由图6.26（c）～（e）、图6.27（c）～（e）和表6-3可知，当PGA和持时相同时，特征周期增大，即地震动长周期成分增加，岩体位移响应亦随之明显增大。但相对于加速度而言，它对位移大小的影响程度次之。

③不同持时对岩体位移大小的影响

从图6.26（a）、（d），图6.27（a）、（d）和表6-3不难看出，当地震动峰值加速度和特征周期相等时，在28s持时条件下岩体发生的最大位移基本上和16s持时条件下发生的最大位移接近，说明对于弹性体系而言，地震动持时的长短对岩体位移响应影响甚微。因为作为一个弹性体系，两个不同持续时间的地震动过程所引起体系的地震反应过程是相同的，尽管可能因为出现加速度峰值的时刻不同，或者出现较大峰值加速度的可能性增加而引起岩体瞬时反应也增加，但平均反应基本不变。

分析地震动作用下石窟围岩的位移反应，可以作为评定围岩是否破坏的一种参考方式。位移越大，则该处可能越容易破坏。但是，这毕竟不能作为衡量岩体破坏的充分条件，而应力分析则可以得知岩体各点受力状况，为判断岩体是否损伤破裂提供最直接、最可靠的证据。

2）应力场特征分析

我们知道，除地震动以外，结构的形状不规则、转折多是造成其地震破坏的另一个重要影响因素。就莫高窟所在山体而言，其中分布了为数众多且大小和形状各异的石窟，窟与窟之间多有“薄顶”“薄底”和“薄壁”现象。一般隔墙厚度为0.5～1.5m，部分洞室间仅0.1～0.3m。毫无疑问，地震作用下，洞窟的周围，尤其是洞窟之间很薄的岩体处，将成为应力高度集中区，是最容易发生破坏的地方。

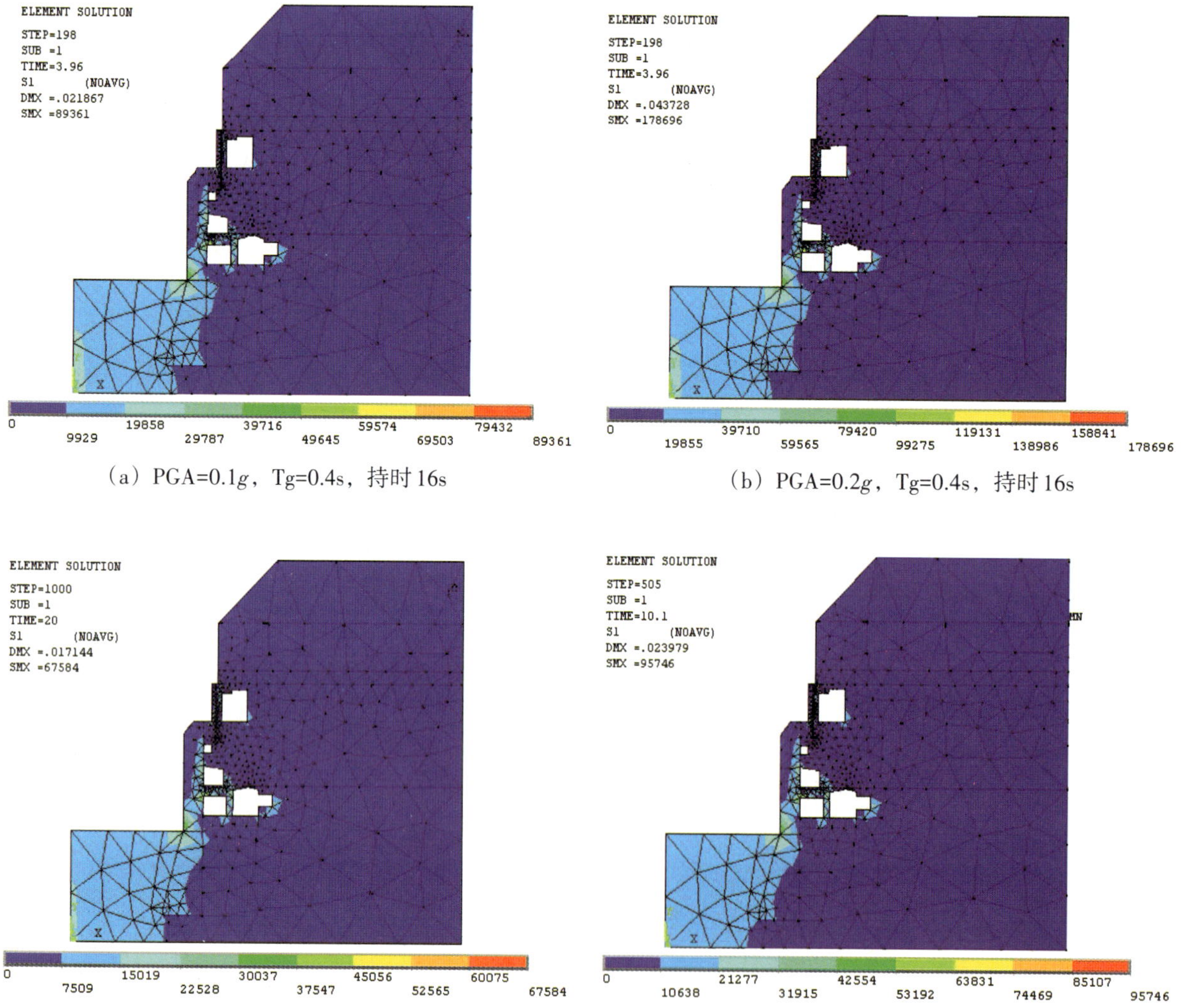

（a）PGA=0.1g，Tg=0.4s，持时16s （b）PGA=0.2g，Tg=0.4s，持时16s

（c）PGA=0.1g，Tg=0.25s，持时28s （d）PGA=0.1g，Tg=0.4s，持为28s

图6.28 不同地震动条件下模型Ⅰ拉应力等值线图（1）

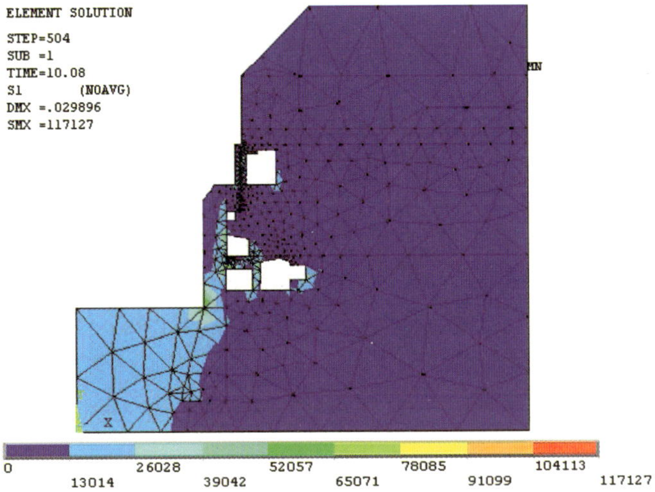

（e）PGA=0.1g，Tg=0.55s，持时28s

续图6.28　不同地震动条件下模型Ⅰ拉应力等值线图（2）

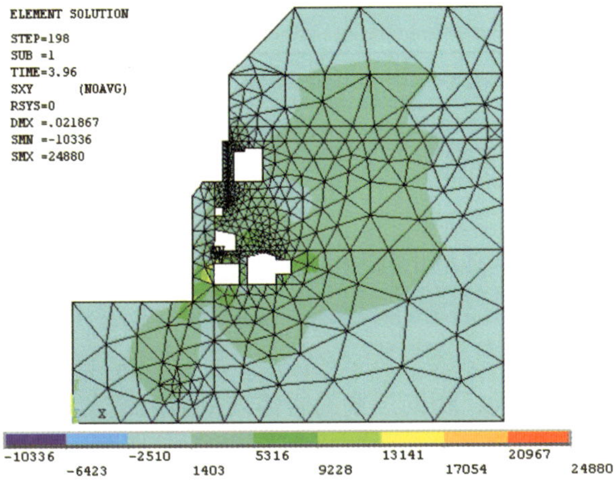

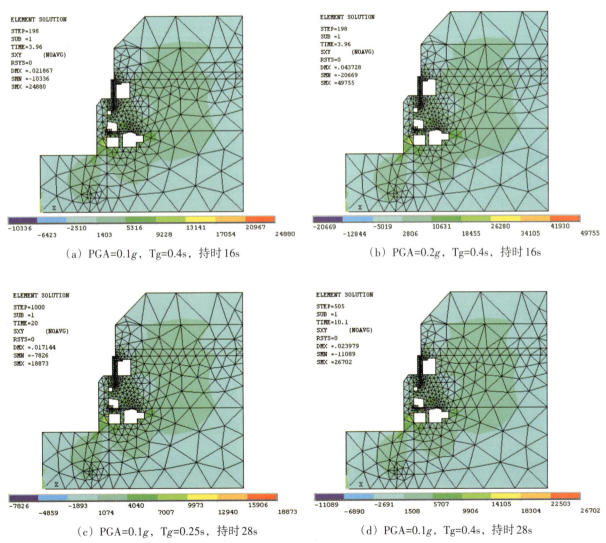

（a）PGA=0.1g，Tg=0.4s，持时16s

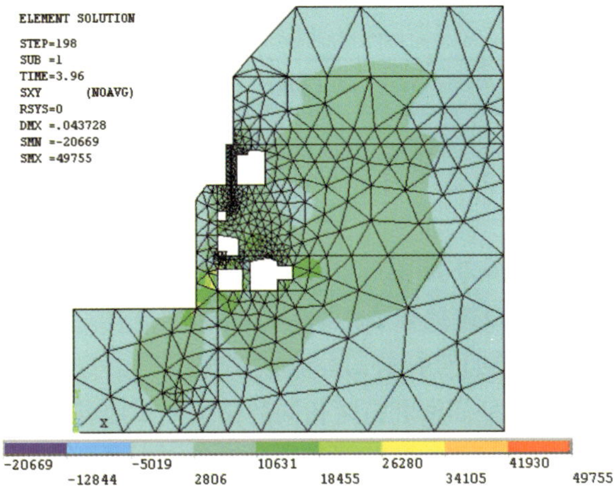

（b）PGA=0.2g，Tg=0.4s，持时16s

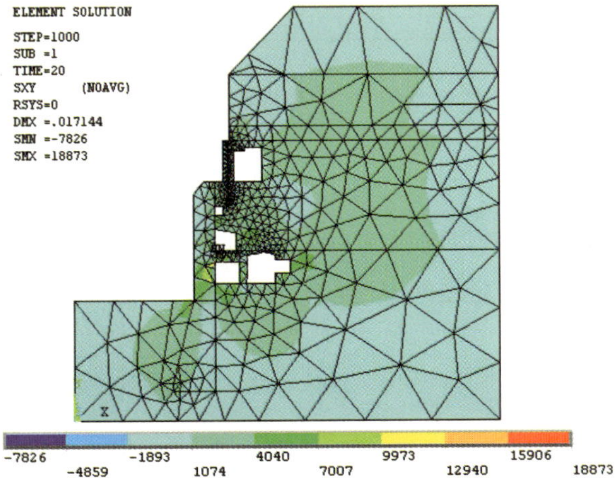

（c）PGA=0.1g，Tg=0.25s，持时28s

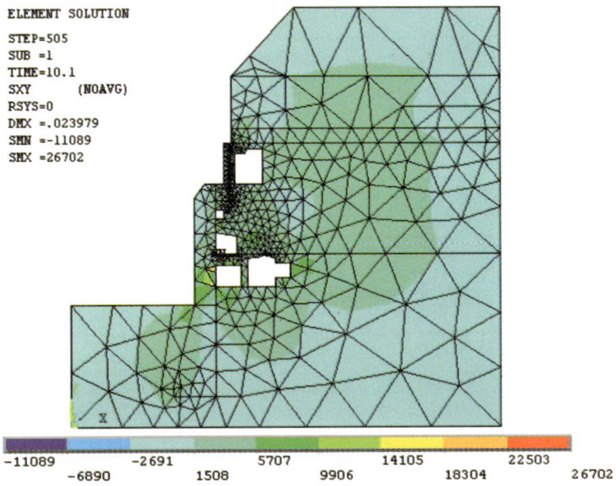

（d）PGA=0.1g，Tg=0.4s，持时28s

图6.29　不同地震动下模型Ⅰ剪应力等值线图（1）

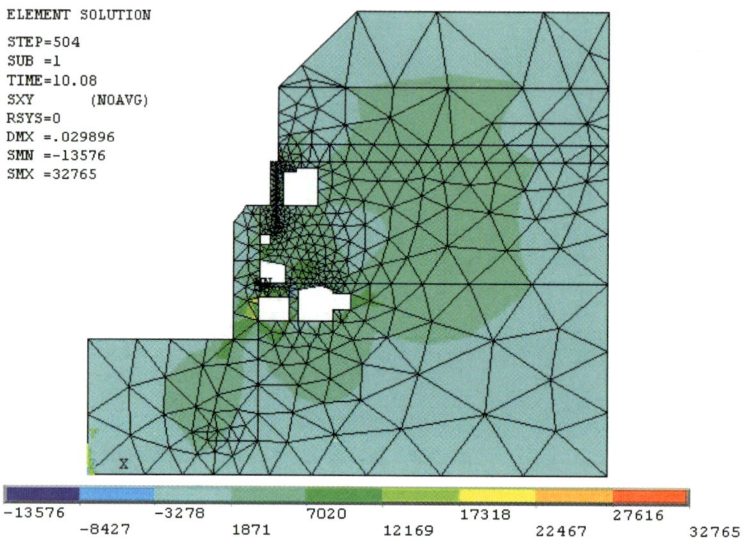

（e）PGA=0.1g，Tg=0.55s，持时28s

续图6.29 不同地震动下模型Ⅰ剪应力等值线图（2）

表6-4 不同地震动输入下岩体内最大应力值对比

PGA/Tg/持时	0.1g/0.4s/16s	0.2g/0.4s/16s	0.1g/0.25s/28s	0.1g/0.4s/28s	0.1g/0.55s/28s
拉应力（MPa）	0.894	1.787	0.676	0.957	1.171
剪应力（MPa）	0.249	0.498	0.189	0.267	0.328

由图6.28和图6.29分别为不同地震动输入下计算所得的岩体内的拉应力和剪应力等值线图，结合表6-4可以概括如下：

①不同PGA对应力大小的影响

在特征周期和持时相同的情况下，地震动峰值加速度增大，相同位置的岩体内应力值增大。当加速度增大为原来的两倍时，所得的应力大小也近似为原来的两倍。

②不同特征周期对应力大小的影响

当PGA和持时相同时，特征周期增大，即地震动长周期成分增加，相同位置岩体内应力也随之明显增大。但相对于加速度而言，它对位移大小的影响程度次之。

③不同持时对应力大小的影响

当地震动峰值加速度和特征周期相等时，对比可以看出，持时大小对计算所得的应力大小影响并不显著。

④洞窟的结构和洞窟间的相互作用对应力分布的影响

窟与窟之间多有“薄顶”“薄底”和“薄壁”现象。一般隔墙厚度为0.5～1.5m，部分洞室间仅0.1～0.3m。毫无疑问，地震作用下，洞窟的周围，尤其是洞窟之间很薄的岩体处，将成为应力高度集中区，是最容易发生破坏的地方。

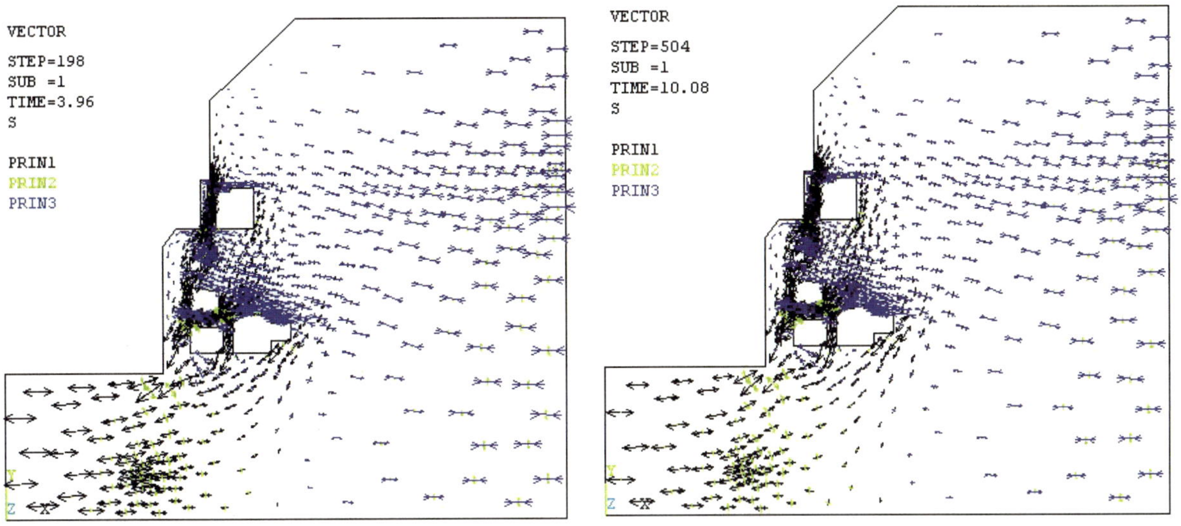

（a）PGA=0.1*g*，Tg=0.4s，持时16s （b）PGA=0.1*g*，Tg=0.55s，持时28s

图6.30 不同地震动下某时刻主应力矢量图

地震动峰值加速度增大，围岩相同位置处应力值增加。如图6.30所示，相同持时条件下（28s），随着特征周期加长，最大应力值增加，应力集中区的范围扩大；相同特征周期条件下，持时增大，最大拉应力值略有增加，集中涉及的范围变化不明显。

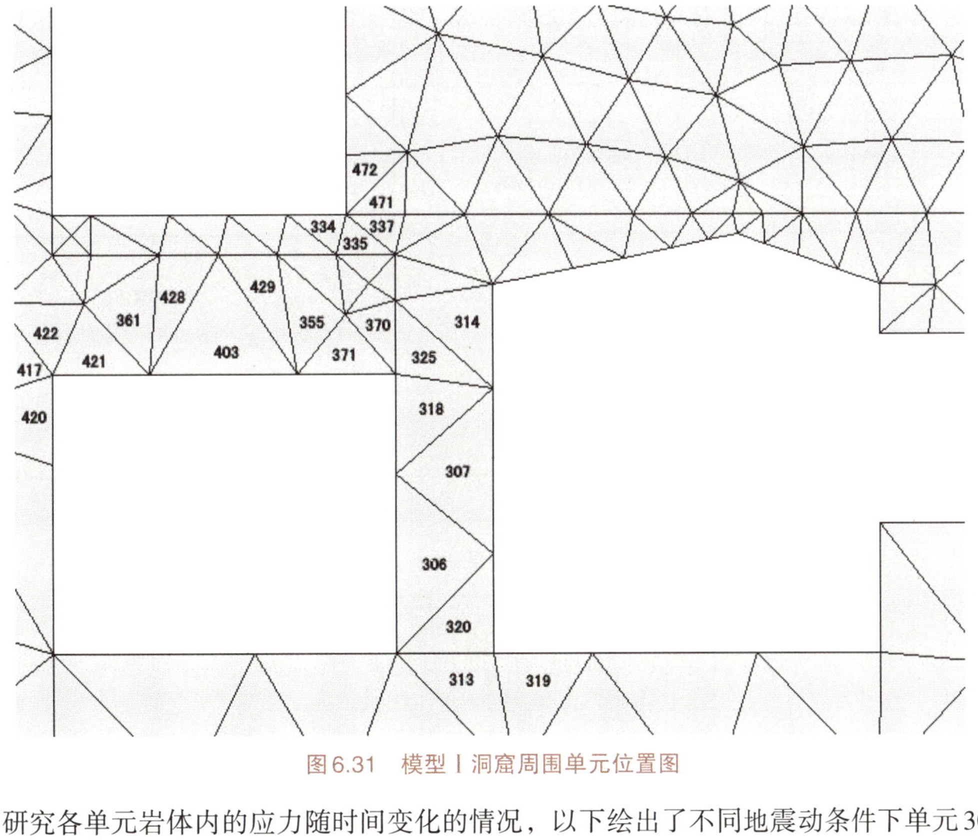

图6.31 模型Ⅰ洞窟周围单元位置图

为了研究各单元岩体内的应力随时间变化的情况，以下绘出了不同地震动条件下单元306和单元420的应力历时曲线（见图6.32～6.33，图中S1代表主拉应力，S3代表主压应力，SXY代表剪应力，下同）。各单元相对位置可参照图6.31。

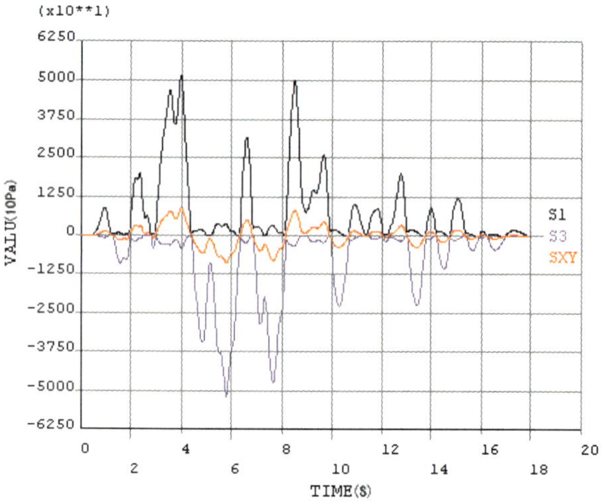

（a）PGA=0.1g，Tg=0.4s，持时16s

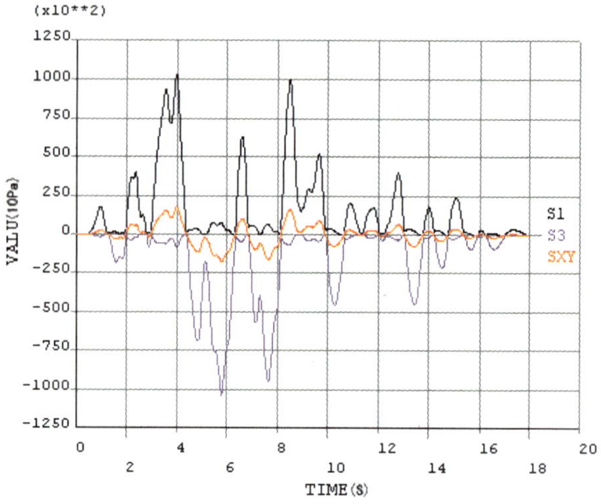

（b）PGA=0.2g，Tg=0.4s，持时16s

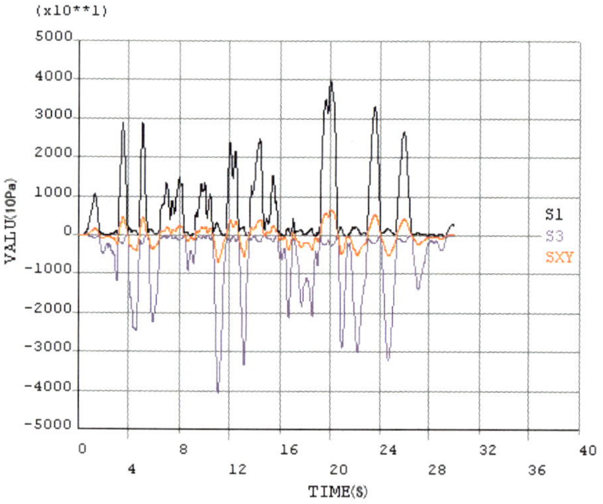

（c）PGA=0.1g，Tg=0.25s，持时28s

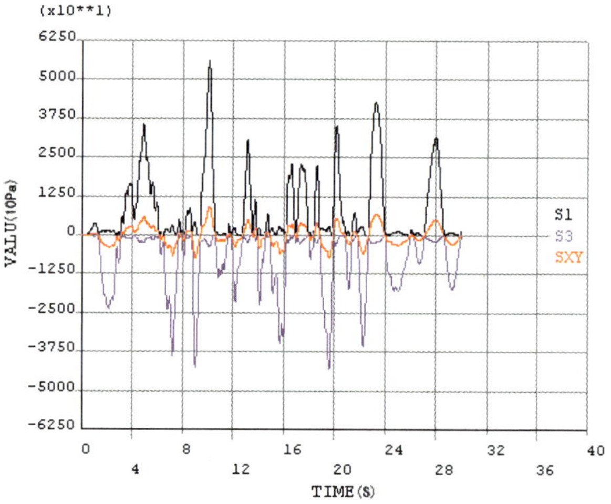

（d）PGA=0.1g，Tg=0.4s，持时28s

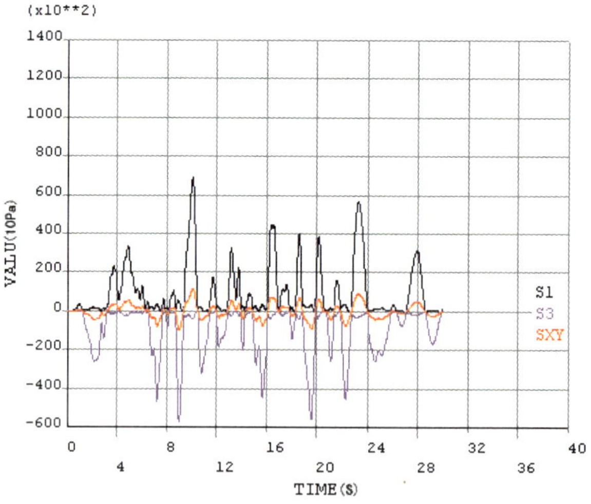

（e）PGA=0.1g，Tg=0.55s，持时28s

图6.32　不同地震动条件下单元306应力历时曲线图

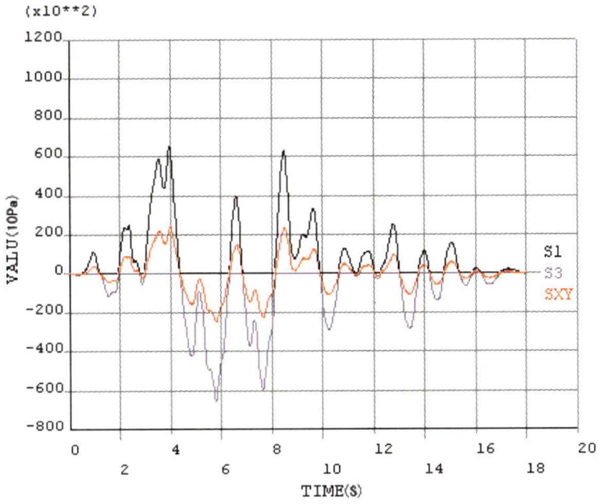

（a）PGA=0.1g，Tg=0.4s，持时16s

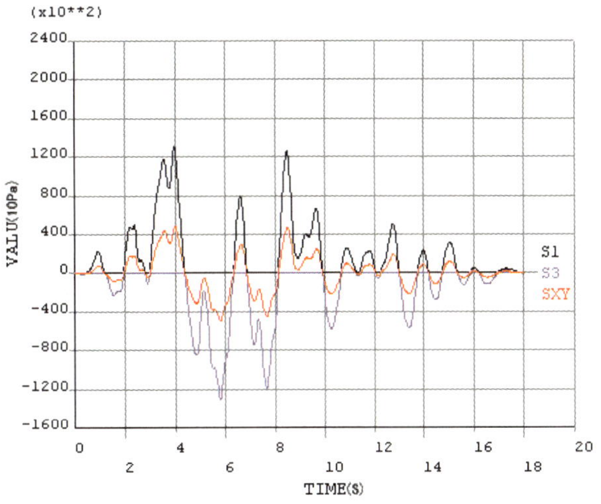

（b）PGA=0.2g，Tg=0.4s，持时16s

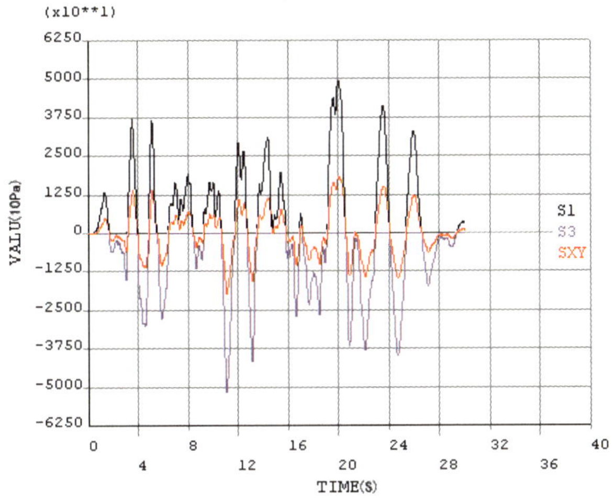

（c）PGA=0.1g，Tg=0.25s，持时28s

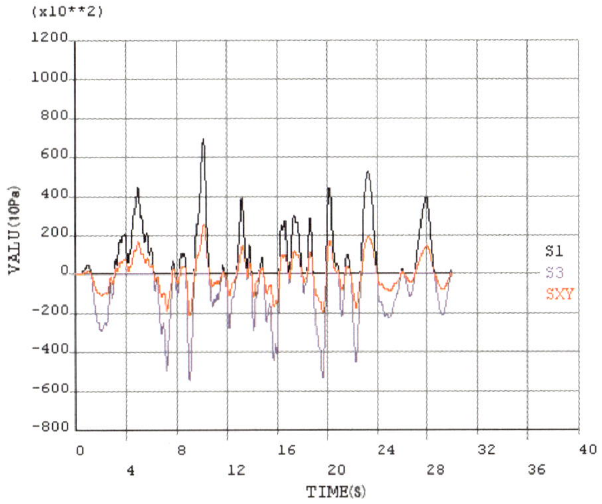

（d）PGA=0.1g，Tg=0.4s，持时28s

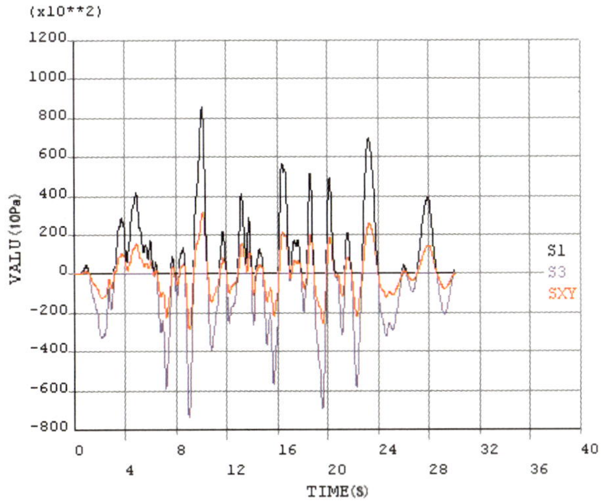

（e）PGA=0.1g，Tg=0.55s，持时28s

图6.33　不同地震动条件下单元420应力历时曲线图

3）围岩损伤与否的判定

因为各单元所承受的压应力比其抗压强度要小得多，所以不可能发生压裂破坏。表6–5统计了不同地震动条件下洞窟周围某些单元的最大主拉应力值，据此可以和岩体的抗拉强度加以对比，进而判断岩体是否发生拉张破坏。

单元306、307、318、325和314位于D层岩组内，该岩组的抗拉强度为0.67MPa；单元420和421位于重力挡墙内，挡墙的抗拉强度为1.50MPa。将计算得到的结果与对应岩组的抗拉强度进行对比，各单元的破坏情况便一览无遗。在PGA等于0.2*g*时，单元306、314和421发生了破坏；此外，在PGA为0.1*g*，Tg等于0.55s时单元306也发生了破坏；其他情况下各单元岩体均是安全的。表6-5中（破）表示该单元岩体破坏，（无）则表示无破坏。

表6-5 不同地震动下单元最大拉应力（MPa）统计数据

单元号 \ PGA/Tg/Period	0.1*g*/0.4s/16s	0.2*g*/0.4s/16s	0.1*g*/0.25s/28s	0.1*g*/0.4s/28s	0.1*g*/0.55s/28s
306	0.518(无)	1.036(破)	0.396(无)	0.561(无)	0.693(破)
307	0.136(无)	0.273(无)	0.087(无)	0.115(无)	0.140(无)
318	0.285(无)	0.569(无)	0.238(无)	0.309(无)	0.399(无)
325	0.179(无)	0.358(无)	0.143(无)	0.159(无)	0.211(无)
314	0.361(无)	0.722(破)	0.275(无)	0.395(无)	0.493(无)
420	0.650(无)	1.289(无)	0.495(无)	0.700(无)	0.860(无)
421	0.894(无)	1.787(破)	0.676(无)	0.957(无)	1.171(无)

表6-6 不同地震动下单元最大剪应力（MPa）统计数据

单元号 \ PGA/Tg/Period	0.1*g*/0.4s/16s	0.2*g*/0.4s/16s	0.1*g*/0.25s/28s	0.1*g*/0.4s/28s	0.1*g*/0.55s/28s
306	0.090	0.179	0.069	0.093	0.114
307	0.022	0.044	0.018	0.022	0.027
318	0.117	0.234	0.095	0.119	0.146
325	0.044	0.087	0.034	0.048	0.059
314	0.033	0.066	0.024	0.030	0.037
420	0.247	0.494	0.196	0.261	0.320
421	0.252	0.504	0.199	0.267	0.328

表6-7 剪应力最大时单元抗剪强度（MPa）统计数据

单元号 \ PGA/Tg/Period	0.1*g*/0.4s/16s	0.2*g*/0.4s/16s	0.1*g*/0.25s/28s	0.1*g*/0.4s/28s	0.1*g*/0.55s/28s
306	0.446	0.593	0.416	0.441	0.468
307	0.355	0.410	0.345	0.351	0.360
318	0.324	0.348	0.320	0.323	0.332
325	0.315	0.330	0.312	0.316	0.319
314	0.324	0.349	0.322	0.327	0.336
420	0.492	0.534	0.483	0.494	0.505
421	0.508	0.565	0.496	0.511	0.524

为了判断岩体在地震动输入下能否发生剪切破坏，表6-6统计了有代表性的几个单元的最大剪应力值。同时，由式（6-7）计算出当这些单元上的剪应力取得最大值时，该处岩体的抗剪强度（结果见表6-7）。对比两项结果，就可以清楚地获悉各单元破损情况。

表6-6和表6-7的对比结果显示，在所有地震动输入下，洞窟周围各单元岩体均是安全的。只有在岩体裂隙处，由于其不抗剪特性，会发生剪切破坏。

（2）模型Ⅱ

1）位移场特征分析

模型Ⅱ在不同地震动条件下位移等值线图见图6.34，最大位移量历时曲线见图6.35。

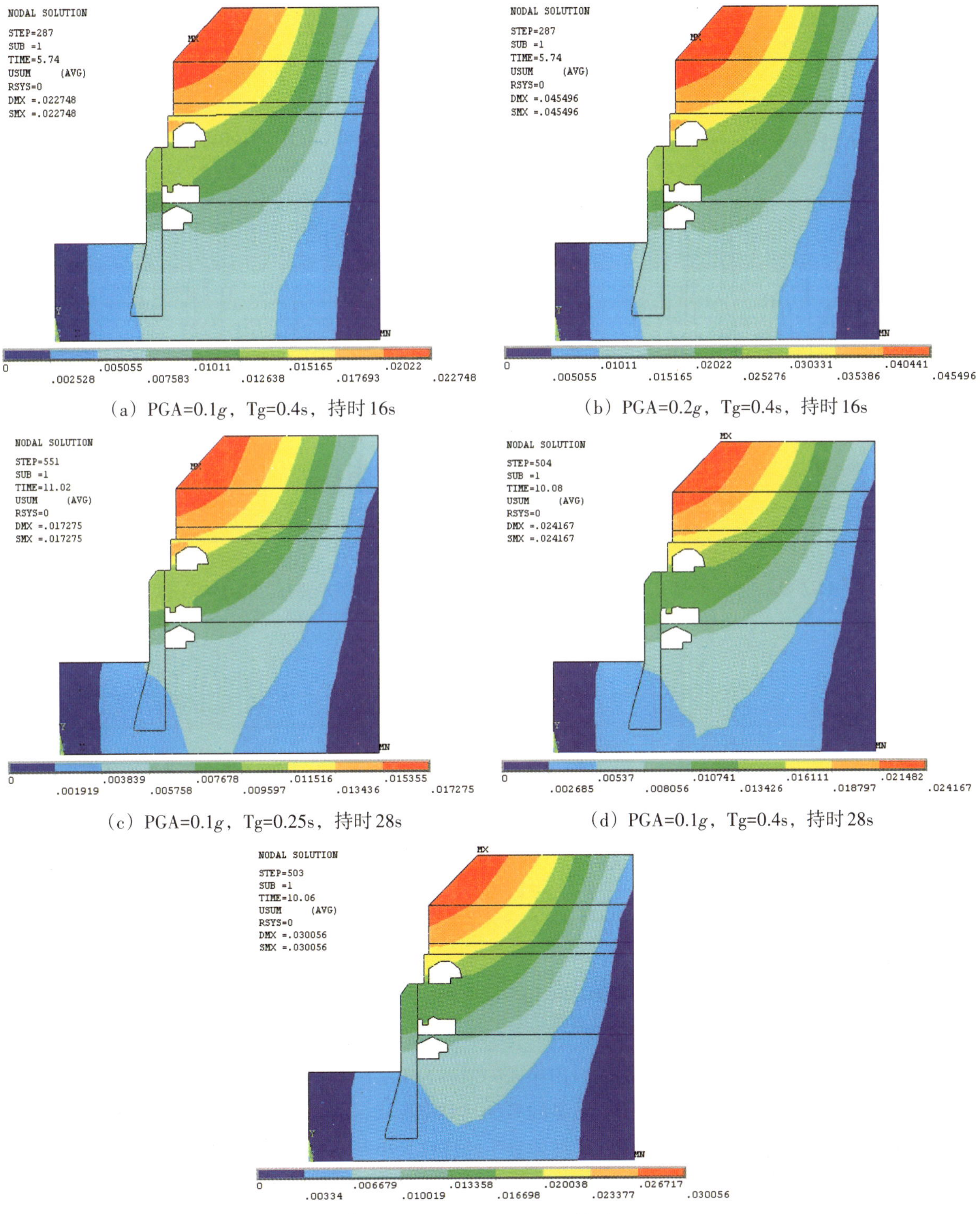

（a）PGA=0.1g，Tg=0.4s，持时16s

（b）PGA=0.2g，Tg=0.4s，持时16s

（c）PGA=0.1g，Tg=0.25s，持时28s

（d）PGA=0.1g，Tg=0.4s，持时28s

（e）PGA=0.1g，Tg=0.55s，持时28s

图6.34　不同地震动条件下模型Ⅱ位移等值线图

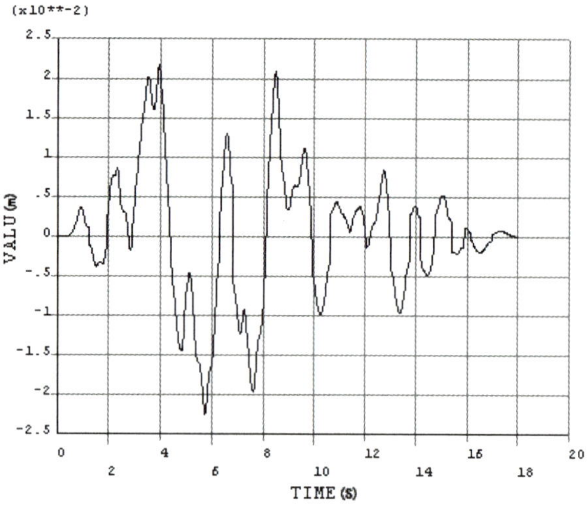

（a）PGA=0.1g，Tg=0.4s，持时16s

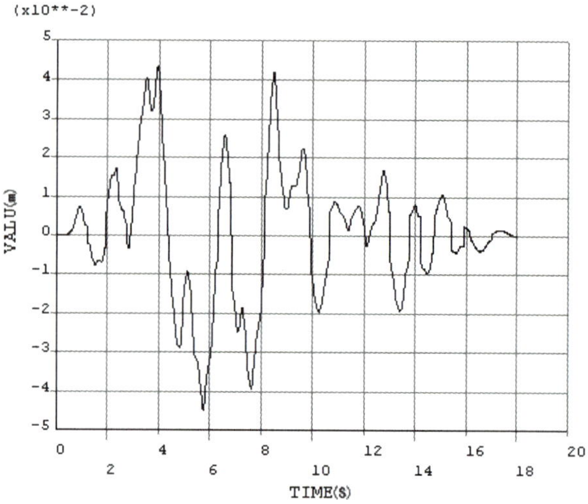

（b）PGA=0.2g，Tg=0.4s，持时16s

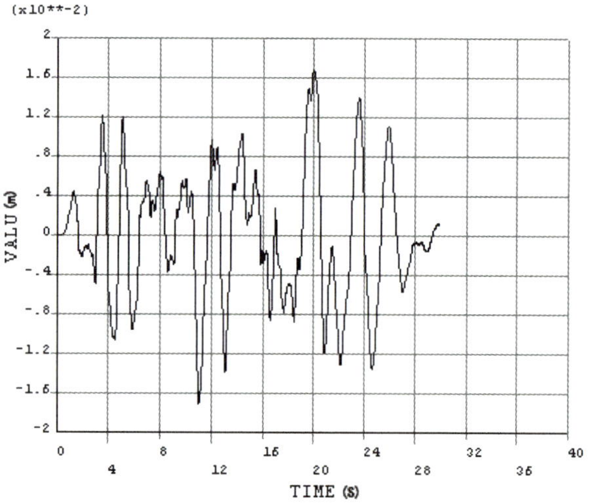

（c）PGA=0.1g，Tg=0.25s，持时28s

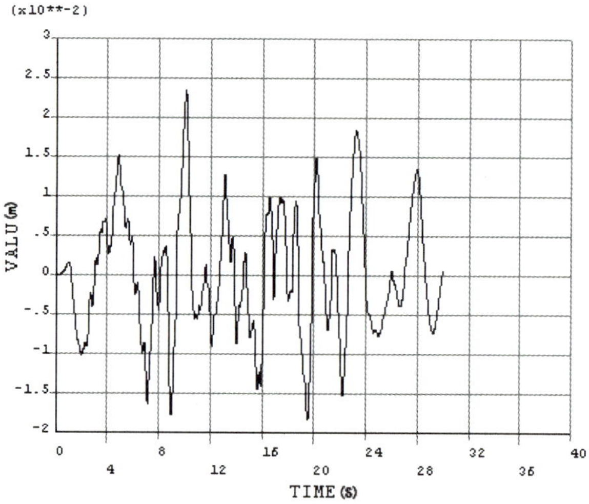

（d）PGA=0.1g，Tg=0.4s，持时28s

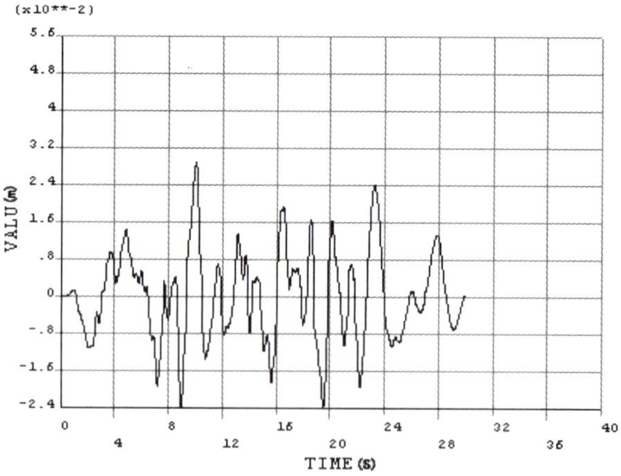

（e）PGA=0.1g，Tg=0.55s，持时28s

图6.35　不同地震动条件下模型Ⅱ最大位移量历时曲线

由图6.34来看，位移场近似表现为以自由崖面的顶端为中心的圆弧形分布，其分布形态体现了约束边界和边坡地形对它的控制作用，与洞窟数量的多少及洞窟形状、结构关系不大。总的说来，坡体相对高度增加，位移增大，相同高度相似形状的坡体发生的位移大小基本相同；同高度上，越临近坡面，位移越大；上层洞窟位移大于下层洞窟，最大位移位于最上层洞窟近坡面的边角处，最小位移位于最下层洞窟背坡面的边角处；但局部“尖嘴”部位因为悬空没有约束，会出现位移异常。这说明对一个规模较大的岩质边坡而言，其上分布的洞窟的数量与结构不可能成为边坡位移形变大小的主导制约因素。同时，由三个模型相对应的最大位移历时曲线图的相似性（如图6.27、6.35和6.41）也可以充分说明这点。

2）应力场特征分析

模型Ⅱ洞窟周围单元相对位置示意图见图6.36，不同地震条件下拉应力等值线图见图6.37，399、400单元应力历时曲线图见图6.38、6.39。

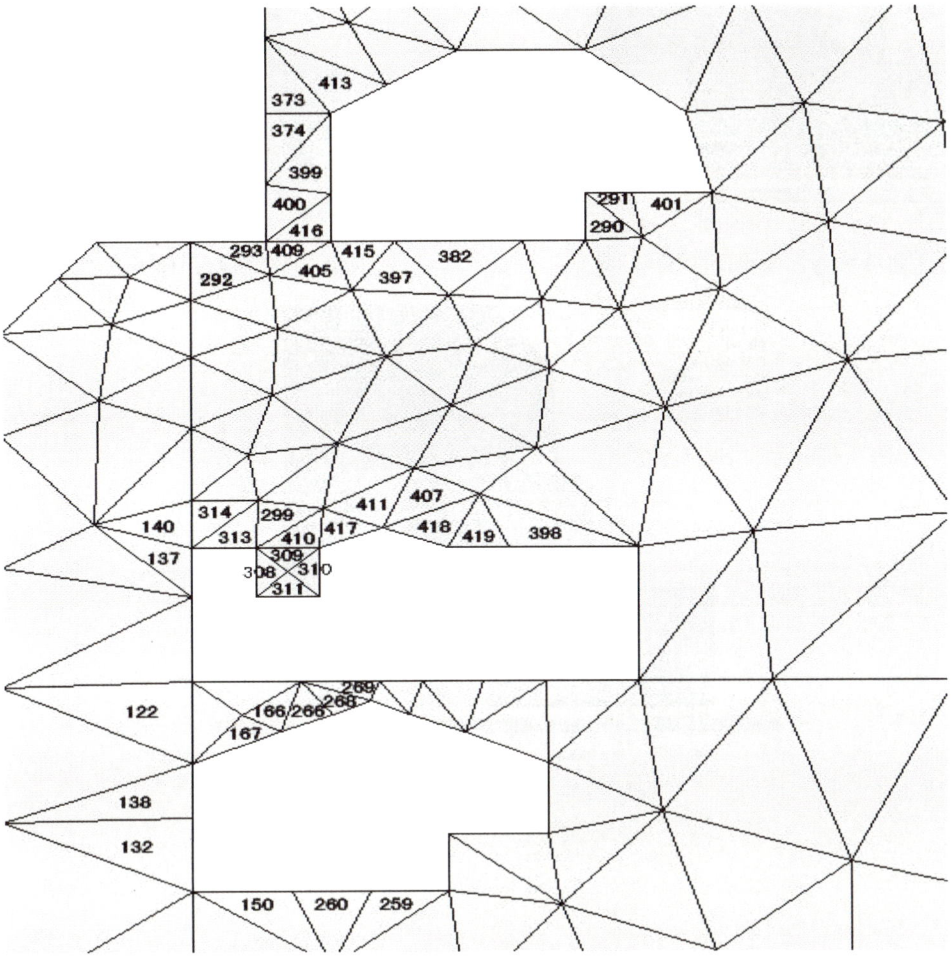

图6.36　模型Ⅱ洞窟周围各单元相对位置

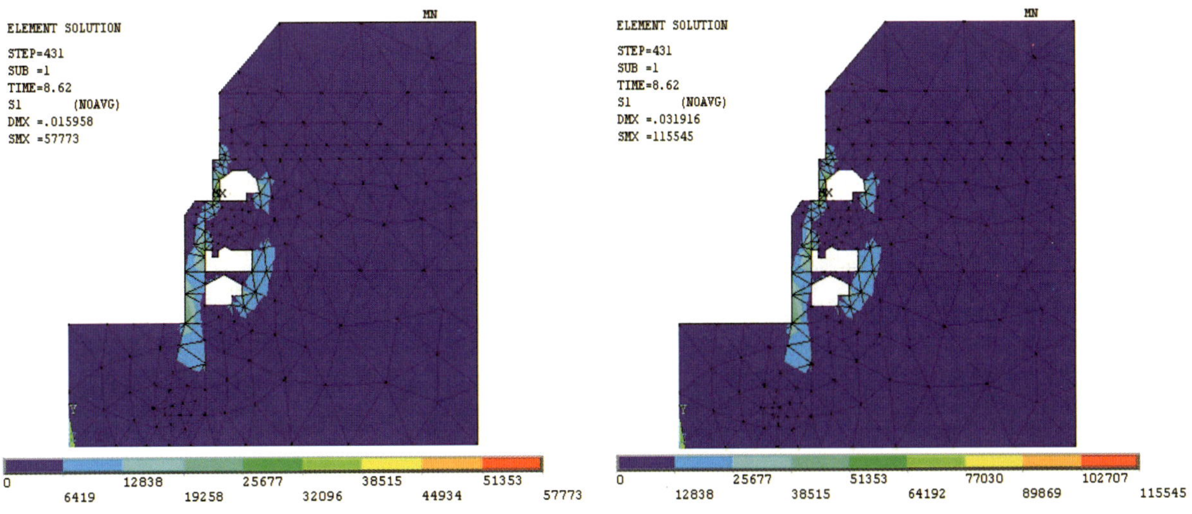

（a）PGA=0.1g，Tg=0.4s，持时16s　　（b）PGA=0.2g，Tg=0.4s，持时16s

图6.37　不同地震动条件下模型Ⅱ拉应力等值线图（1）

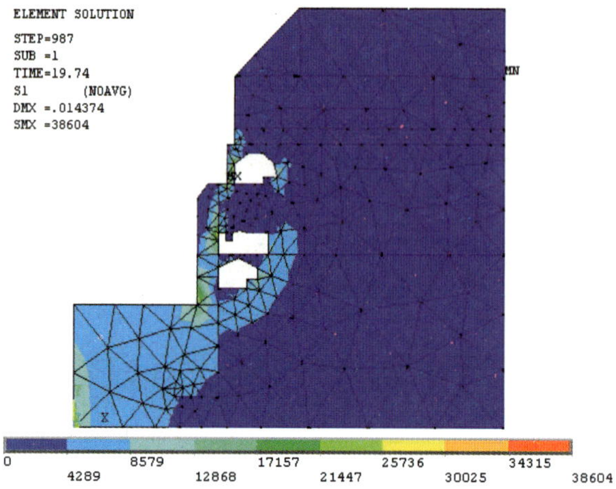

（c）PGA=0.1g，Tg=0.25s，持时28s

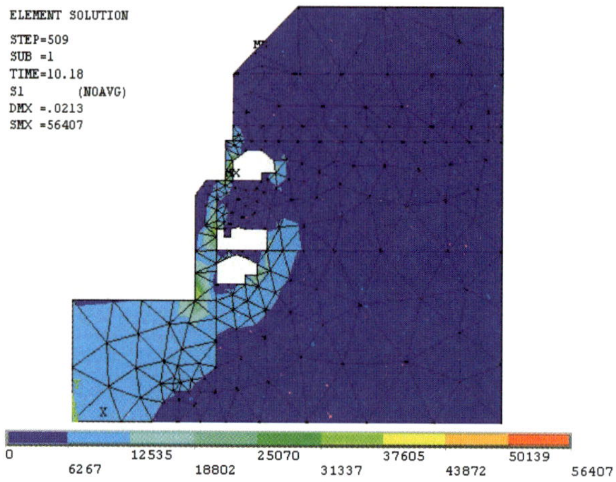

（d）PGA=0.1g，Tg=0.4s，持时28s

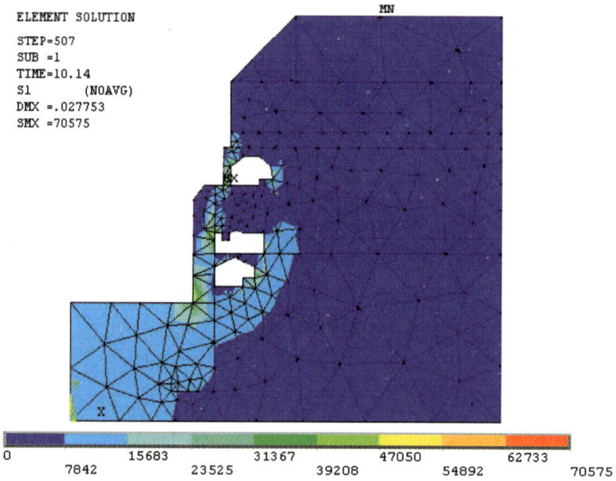

（e）PGA=0.1g，Tg=0.55s，持时28s

续图6.37　不同地震动条件下模型Ⅱ拉应力等值线图（2）

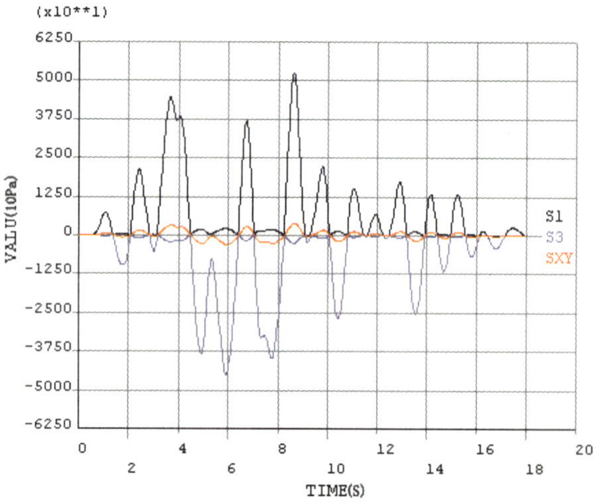

（a）PGA=0.1g，Tg=0.4s，持时16s

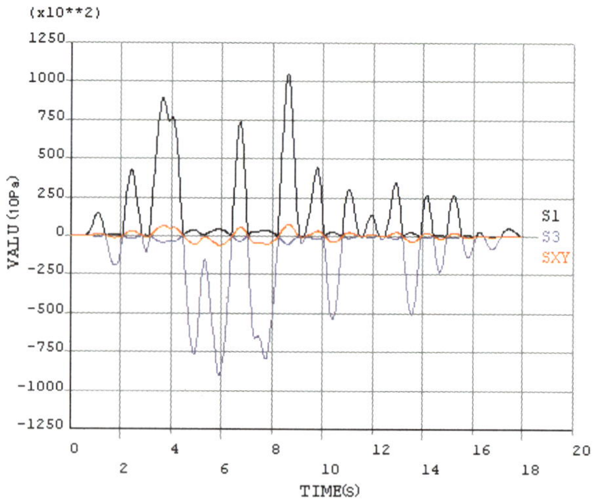

（b）PGA=0.2g，Tg=0.4s，持时16s

图6.38　不同地震动条件下单元399应力历时曲线（1）

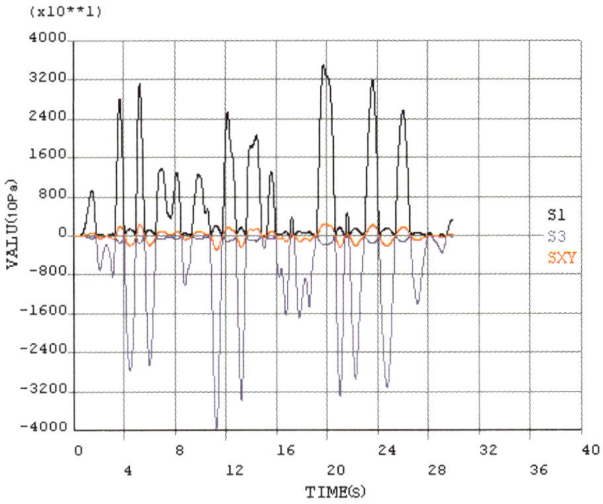

（c）PGA=0.1g，Tg=0.25s，持时28s

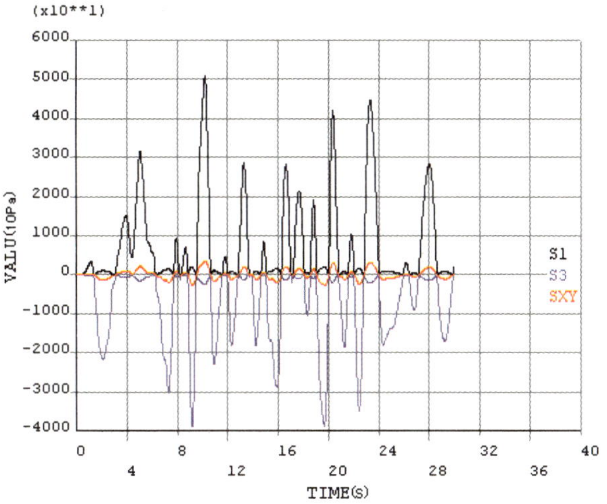

（d）PGA=0.1g，Tg=0.4s，持时28s

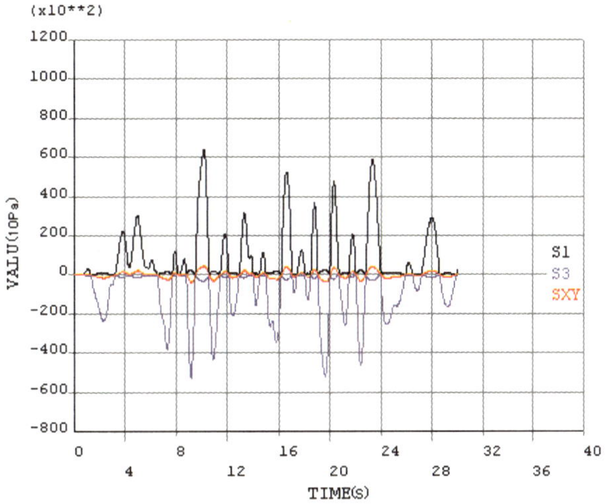

（e）PGA=0.1g，Tg=0.55s，持时28s

续图6.38 不同地震动条件下单元399应力历时曲线（2）

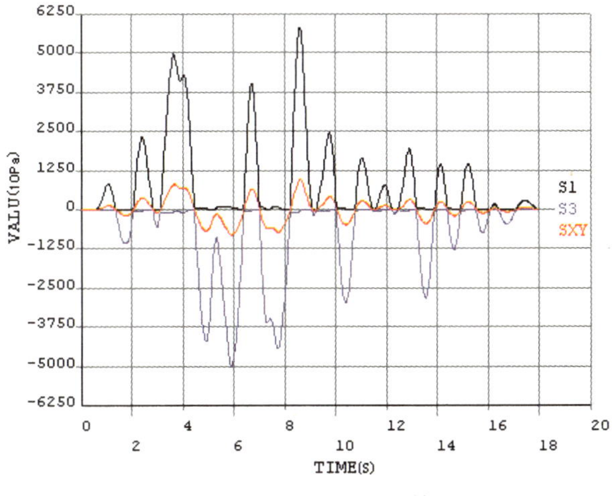

（a）PGA=0.1g，Tg=0.4s，持时16s

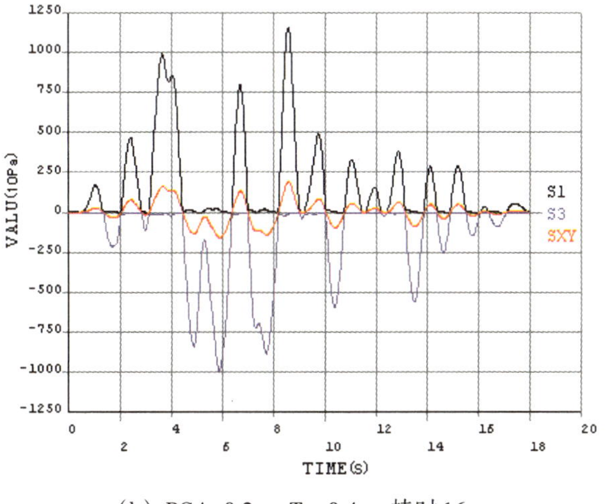

（b）PGA=0.2g，Tg=0.4s，持时16s

图6.39 不同地震动条件下单元400应力历时曲线（1）

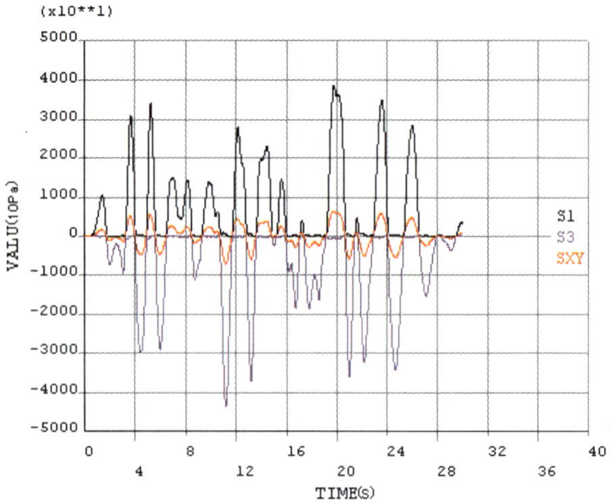

（c）PGA=0.1g，Tg=0.25s，持时28s

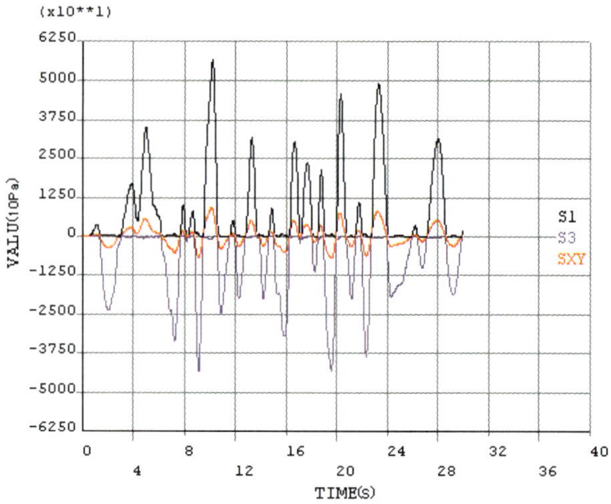

（d）PGA=0.1g，Tg=0.4s，持时28s

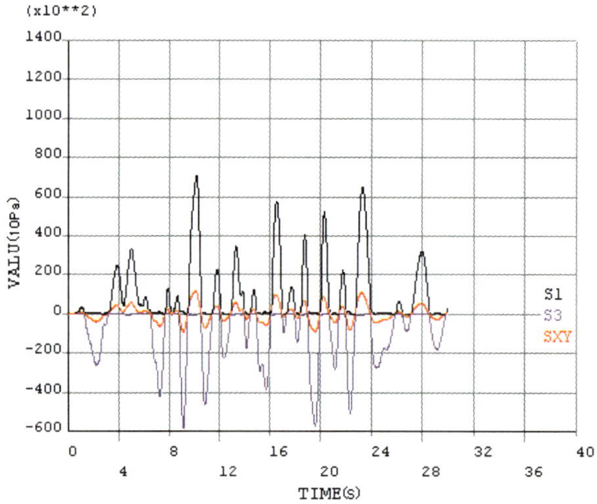

（e）PGA=0.1g，Tg=0.55s，持时28s

续图6.39　不同地震动条件下单元400应力历时曲线（2）

3）围岩损伤与否的判定

以上六个单元均位于C层岩组内，该岩组的抗拉强度为0.47MPa。从表6-8可以得知：由于该岩组的抗拉强度较低，只有当PGA等于0.1g，Tg=0.25s时，岩体才是稳定的；其他情况均有不同程度的破坏，而399和400两个单元则是必破之处。

表6-8　不同地震动下单元最大拉应力（MPa）统计数据

PGA/Tg/Period 单元号	0.1g/0.4s/16s	0.2g/0.4s/16s	0.1g/0.25s/28s	0.1g/0.4s/28s	0.1g/0.55s/28s
373	0.190（无）	0.379（无）	0.124（无）	0.178（无）	0.222（无）
374	0.391（无）	0.781（破）	0.260（无）	0.375（无）	0.471（破）
399	0.527（破）	1.054（破）	0.351（无）	0.508（破）	0.637（破）
400	0.581（破）	1.161（破）	0.388（无）	0.564（破）	0.706（破）
413	0.416（无）	0.775（破）	0.257（无）	0.370（无）	0.463（无）
416	0.388（无）	0.832（破）	0.277（无）	0.403（无）	0.504（破）

表6-9和表6-10分别为单元上的剪应力与抗剪强度的数据统计，对比可知：在所有地震动输入下，洞窟周围各单元岩体均是安全的。

表6-9 不同地震动下单元最大剪应力（MPa）统计数据

PGA/Tg/Period 单元号	0.1g/0.4s/16s	0.2g/0.4s/16s	0.1g/0.25s/28s	0.1g/0.4s/28s	0.1g/0.55s/28s
373	0.028	0.056	0.020	0.025	0.031
374	0.121	0.242	0.091	0.115	0.144
399	0.038	0.077	0.028	0.035	0.044
400	0.094	0.188	0.071	0.091	0.114
413	0.105	0.236	0.089	0.112	0.140
416	0.118	0.211	0.080	0.103	0.130

表6-10 剪应力最大时单元抗剪强度（MPa）统计数据

PGA/Tg/Period 单元号	0.1g/0.4s/16s	0.2g/0.4s/16s	0.1g/0.25s/28s	0.1g/0.4s/28s	0.1g/0.55s/28s
373	0.268	0.285	0.263	0.266	0.270
374	0.287	0.323	0.278	0.285	0.294
399	0.356	0.461	0.331	0.354	0.381
400	0.315	0.380	0.300	0.322	0.341
413	0.289	0.323	0.277	0.285	0.293
416	0.286	0.328	0.279	0.288	0.297

（3）模型Ⅲ

1）位移场特征分析

模型Ⅲ在不同地震荷载作用下位移等值线图见图6.40，最大位移量历时曲线见图6.41。

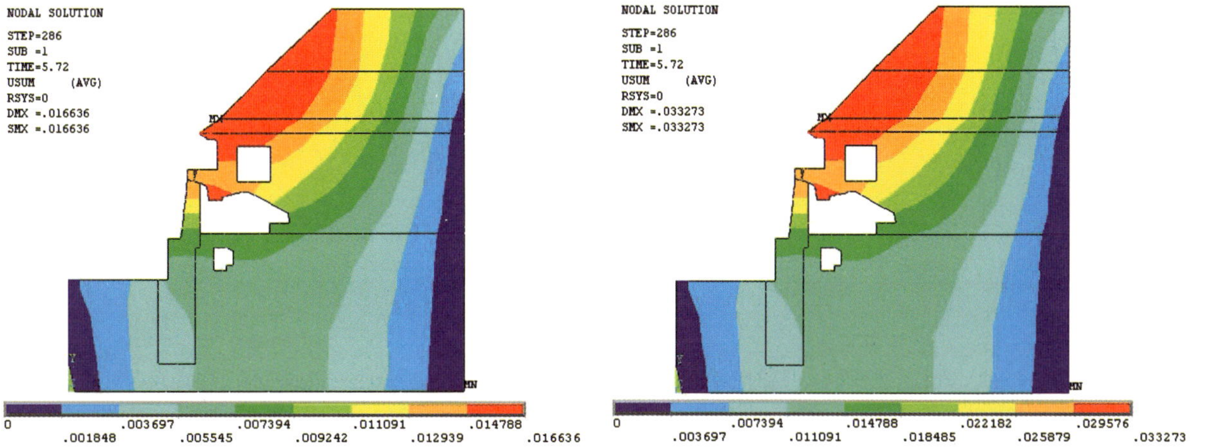

（a）PGA=0.1g，Tg=0.4s，持时16s （b）PGA=0.2g，Tg=0.4s，持时16s

图6.40 不同地震动下模型Ⅲ位移等值线图（1）

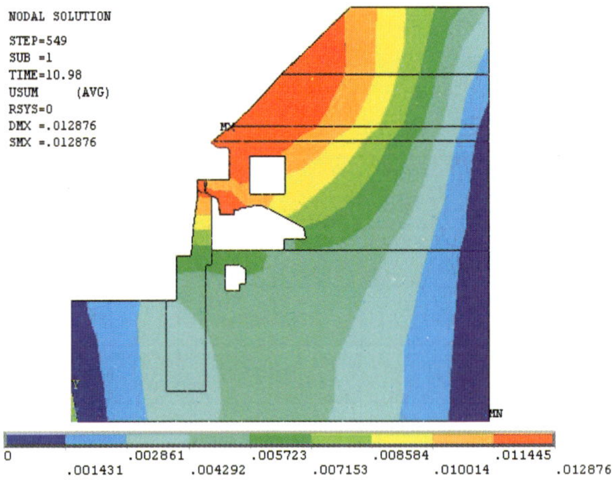

（c）PGA=0.1*g*，Tg=0.25s，持时28s

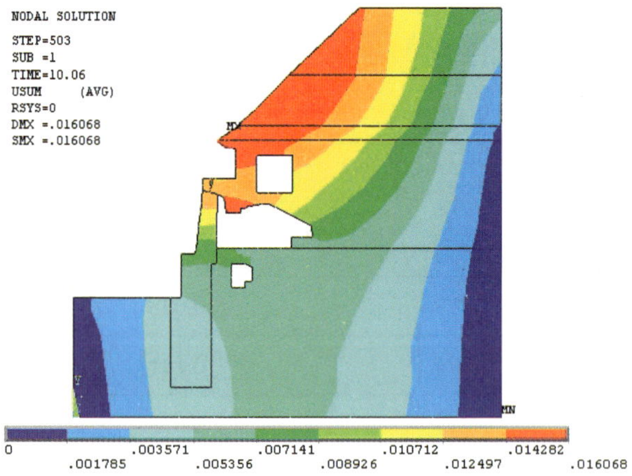

（d）PGA=0.1*g*，Tg=0.4s，持时28s

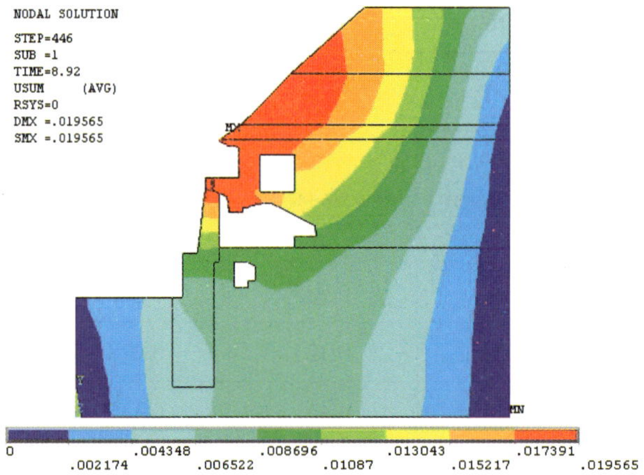

（e）PGA=0.1*g*，Tg=0.55s，持时28s

续图6.40　不同地震动下模型Ⅲ位移等值线图（2）

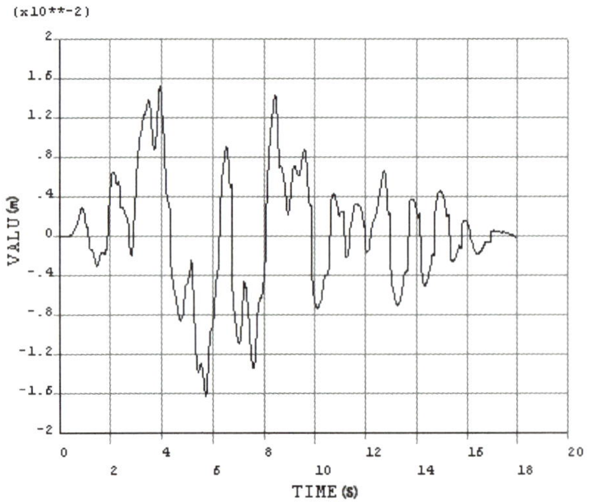

（a）PGA=0.1*g*，Tg=0.4s，持时16s

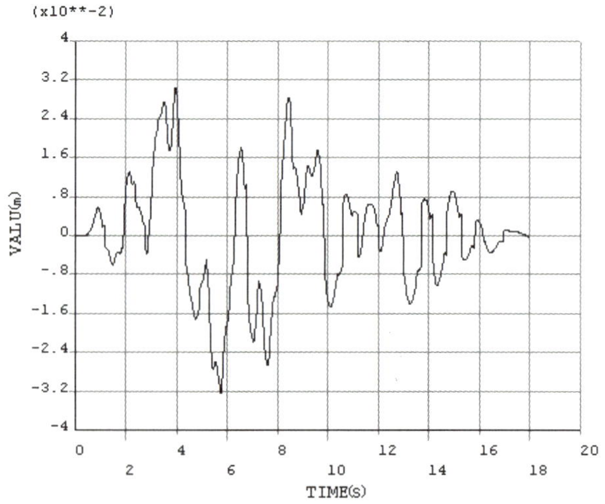

（b）PGA=0.2*g*，Tg=0.4s，持时16s

图6.41　不同地震动条件下模型Ⅲ最大位移量历时曲线（1）

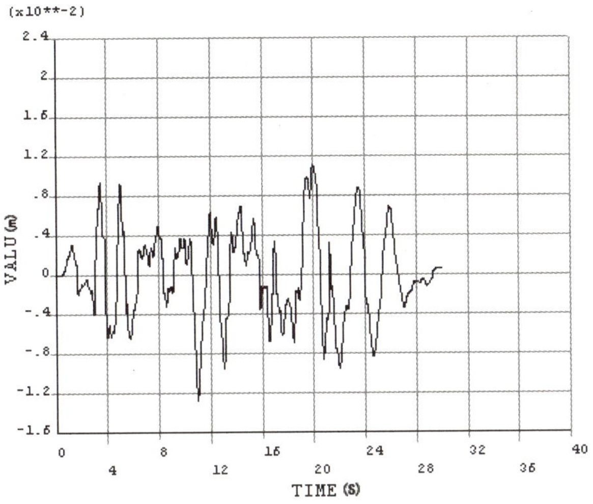

（c）PGA=0.1g，Tg=0.25s，持时28s

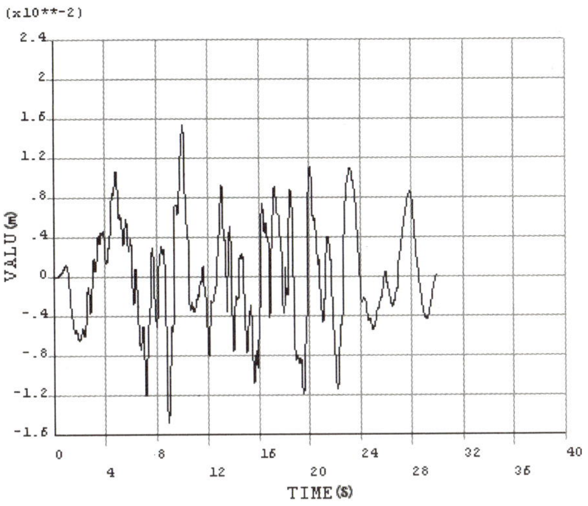

（d）PGA=0.1g，Tg=0.4s，持时28s

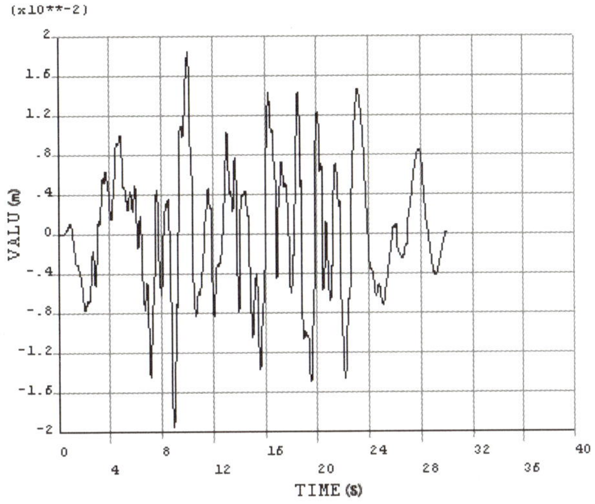

（e）PGA=0.1g，Tg=0.55s，持时28s

续图6.41　不同地震动条件下模型Ⅲ最大位移量历时曲线（2）

2）应力场特征分析

模型Ⅲ中洞窟周围单元相对位置示意图见图6.42，不同地震动条件下拉应力等值线图见图6.43，423、350单元应力历时曲线见图6-44、图6-45。

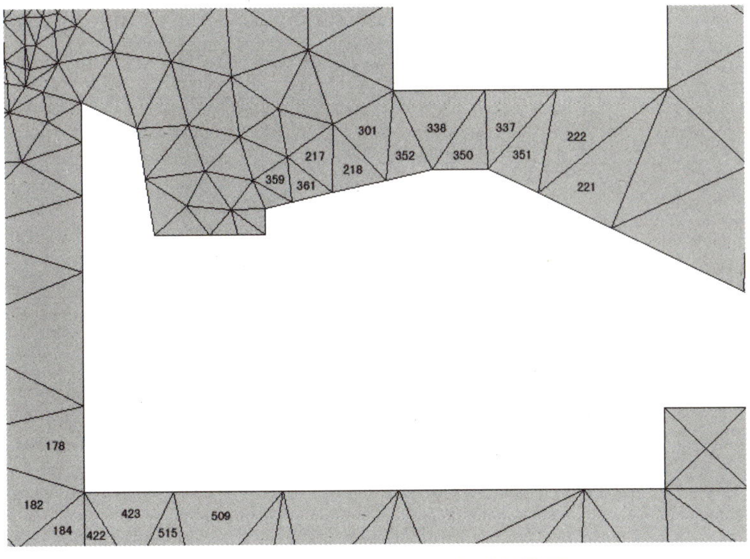

图6.42　洞窟周围各单元相对位置图

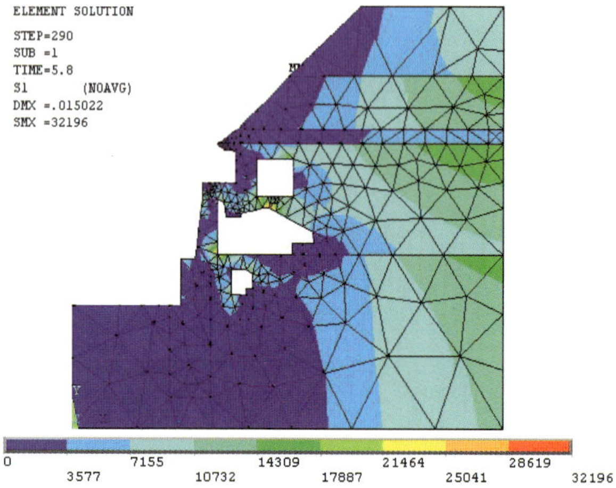

(a) PGA=0.1g，Tg=0.4s，持时16s

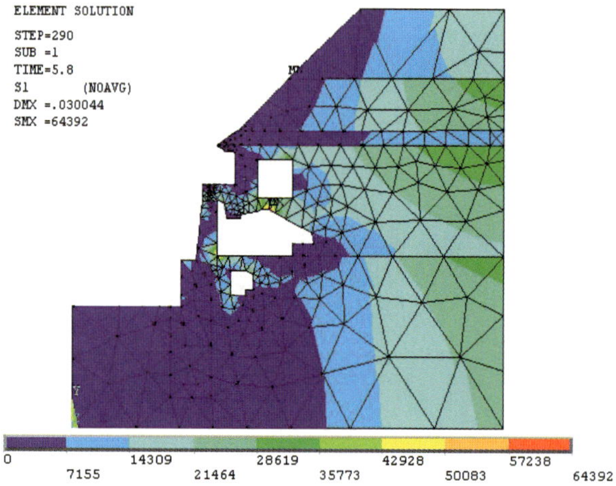

(b) PGA=0.2g，Tg=0.4s，持时16s

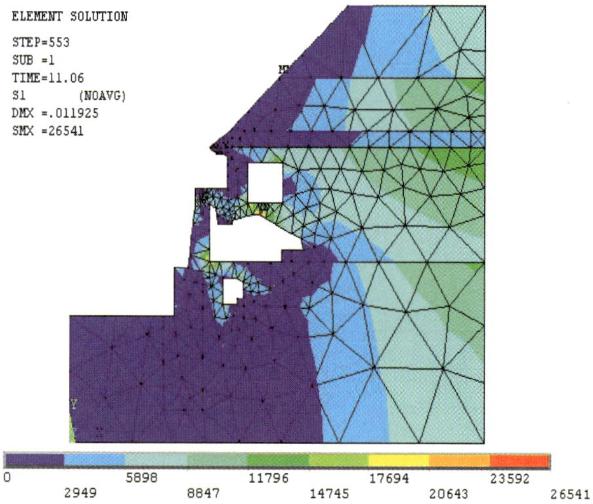

(c) PGA=0.1g，Tg=0.25s，持时28s

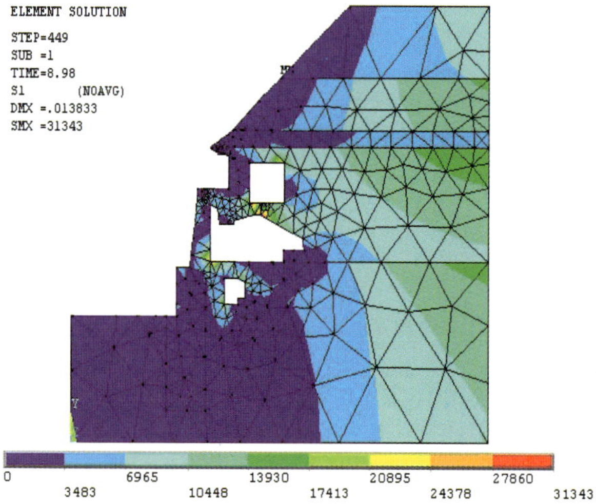

(d) PGA=0.1g，Tg=0.4s，持时28s

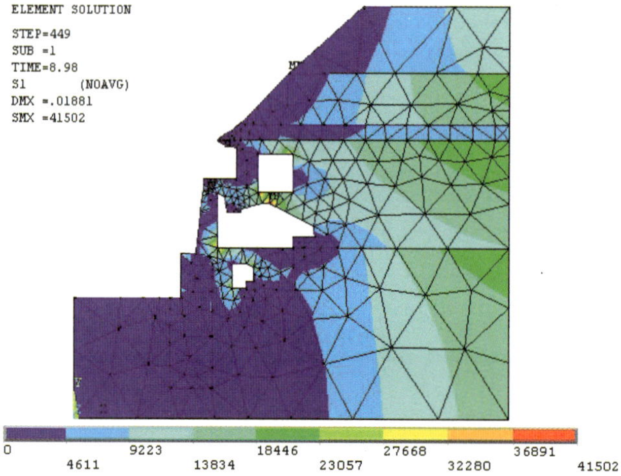

(e) PGA=0.1g，Tg=0.55s，持时28s

图6.43 不同地震动条件下模型Ⅲ拉应力等值线图

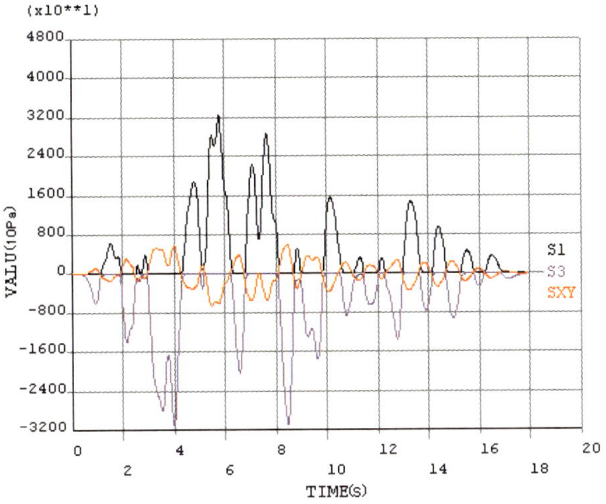

(a) PGA=0.1g，Tg=0.4s，持时16s

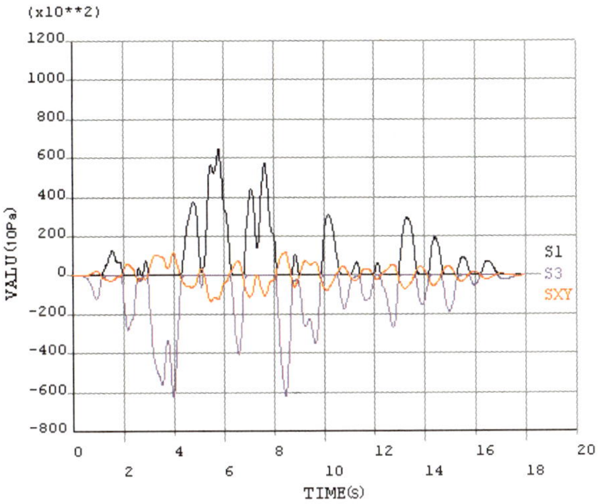

(b) PGA=0.2g，Tg=0.4s，持时16s

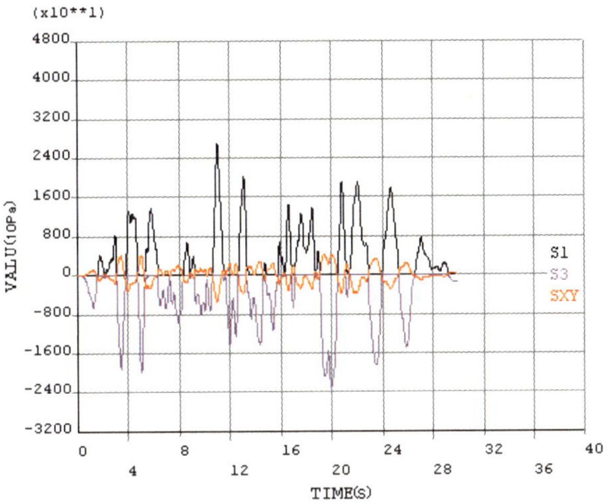

(c) PGA=0.1g，Tg=0.25s，持时28s

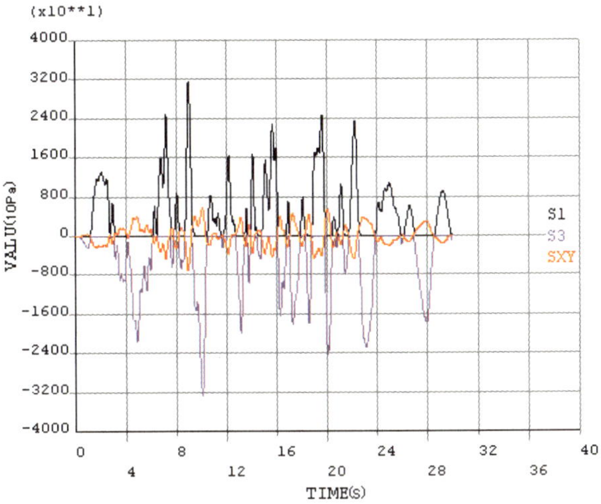

(d) PGA=0.1g，Tg=0.4s，持时28s

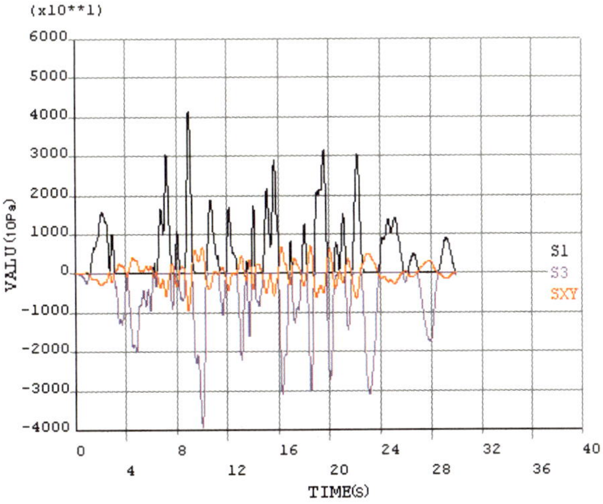

(e) PGA=0.1g，Tg=0.55s，持时28s

图6.44　不同地震动条件下单元350应力历时曲线

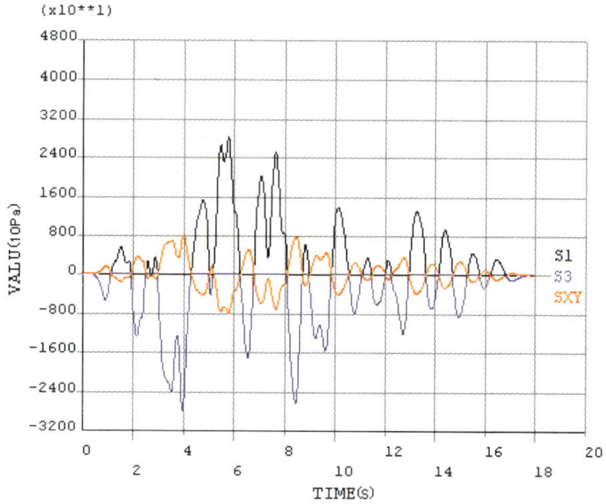

（a）PGA=0.1*g*，Tg=0.4s，持时16s

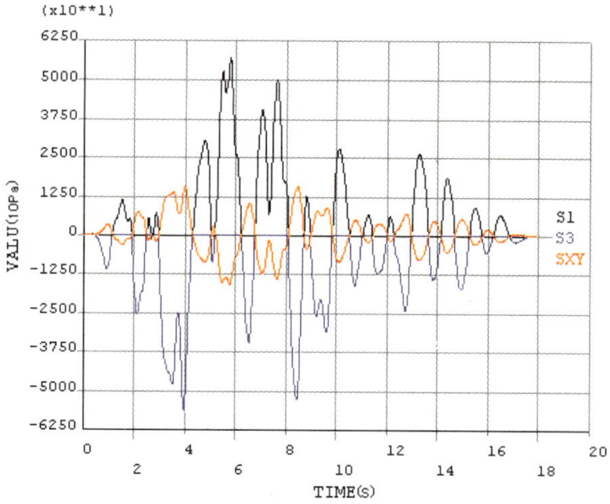

（b）PGA=0.2*g*，Tg=0.4s，持时16s

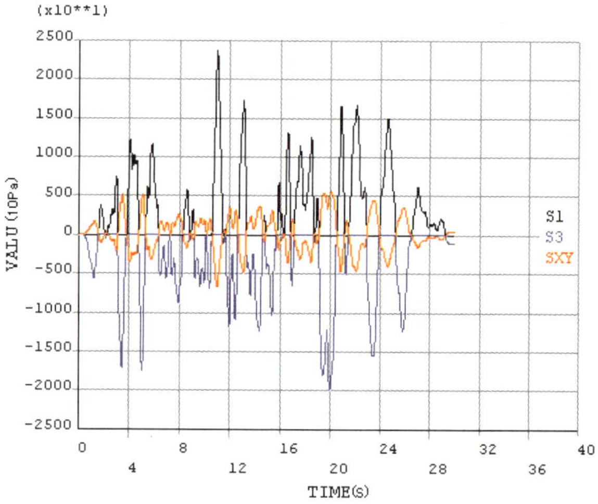

（c）PGA=0.1*g*，Tg=0.25s，持时28s

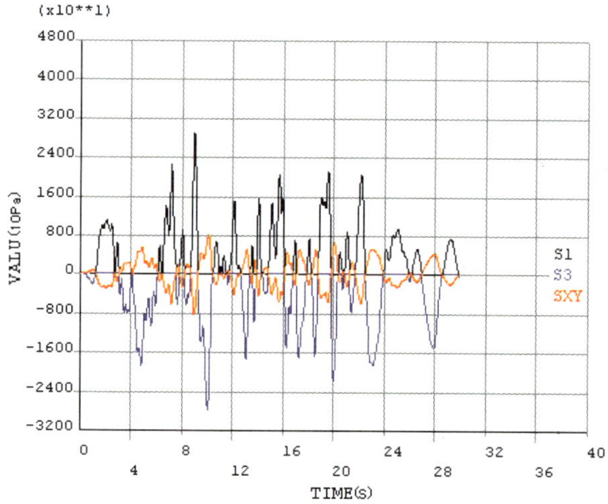

（d）PGA=0.1*g*，Tg=0.4s，持时28s

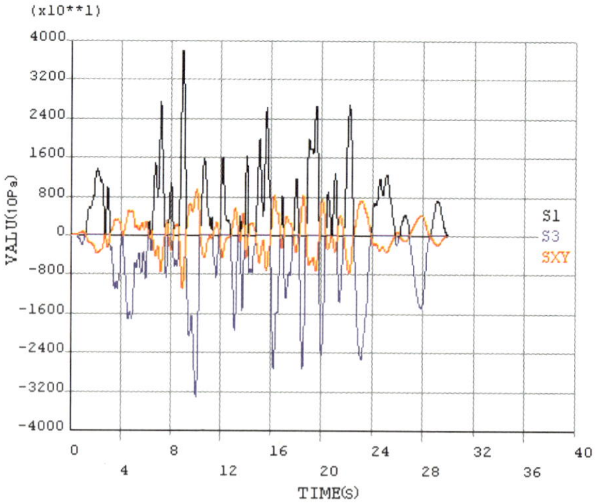

（e）PGA=0.1*g*，Tg=0.55s，持时28s

图6.45　不同地震动条件下单元423应力历时曲线

3）围岩损伤与否的判定

单元337、338、350、351和352位于C层岩组内，该岩组的抗拉强度为0.47MPa；单元422和423位于D岩组内，抗拉强度为0.67MPa。由表6-11可以得知：只有当PGA等于0.2*g*时，在窟体顶部的338、350和351单元才发生破坏；其他情况下，岩体均是稳定的。

表6-12和表6-13的对比结果显示，在所有地震动输入下，洞窟周围各单元岩体都不会发生剪切破坏。

表6-11　不同地震动下单元最大拉应力统计数据（单位：MPa）

PGA/Tg/Period 单元号	0.1*g*/0.4s/16s	0.2*g*/0.4s/16s	0.1*g*/0.25s/28s	0.1*g*/0.4s/28s	0.1*g*/0.55s/28s
337	0.226(无)	0.453(无)	0.194(无)	0.241(无)	0.315(无)
338	0.303(无)	0.606(破)	0.233(无)	0.323(无)	0.417(无)
350	0.324(无)	0.648(破)	0.268(无)	0.315(无)	0.415(无)
351	0.304(无)	0.608(破)	0.257(无)	0.311(无)	0.408(无)
352	0.192(无)	0.383(无)	0.145(无)	0.162(无)	0.212(无)
422	0.176(无)	0.351(无)	0.148(无)	0.181(无)	0.237(无)
423	0.285(无)	0.570(无)	0.237(无)	0.291(无)	0.380(无)

表6-12　不同地震动下单元最大剪应力统计数据（单位：MPa）

PGA/Tg/Period 单元号	0.1*g*/0.4s/16s	0.2*g*/0.4s/16s	0.1*g*/0.25s/28s	0.1*g*/0.4s/28s	0.1*g*/0.55s/28s
337	0.055	0.110	0.043	0.059	0.076
338	0.084	0.168	0.069	0.090	0.117
350	0.066	0.133	0.055	0.072	0.093
351	0.073	0.146	0.061	0.079	0.102
352	0.019	0.038	0.013	0.019	0.025
422	0.057	0.114	0.048	0.059	0.077
423	0.081	0.161	0.069	0.085	0.111

表6-13　剪应力最大时单元抗剪强度统计数据（单位：MPa）

PGA/Tg/Period 单元号	0.1*g*/0.4s/16s	0.2*g*/0.4s/16s	0.1*g*/0.25s/28s	0.1*g*/0.4s/28s	0.1*g*/0.55s/28s
337	0.271	0.291	0.268	0.273	0.280
338	0.278	0.307	0.272	0.280	0.289
350	0.277	0.303	0.275	0.280	0.289
351	0.276	0.303	0.274	0.279	0.288
352	0.261	0.273	0.263	0.264	0.269
422	0.315	0.329	0.312	0.315	0.320
423	0.324	0.347	0.319	0.324	0.331

（4）模型Ⅳ

1）位移场特征分析

模型Ⅳ在不同地震荷载作用下位移等值线图见图6.46，最大位移量历时曲线见图6.47。

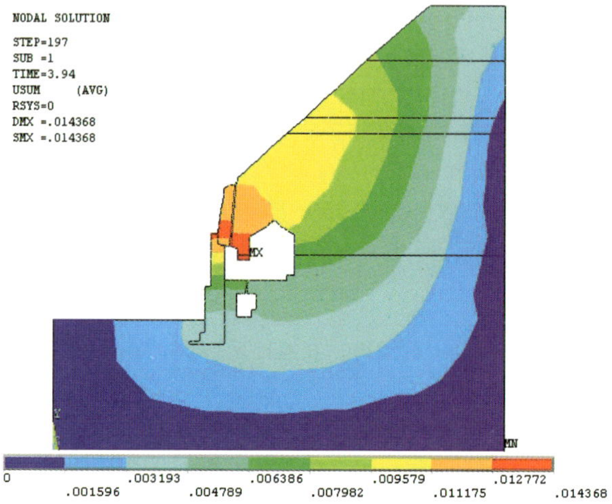

（a）PGA=0.1*g*，Tg=0.4s，持时16s

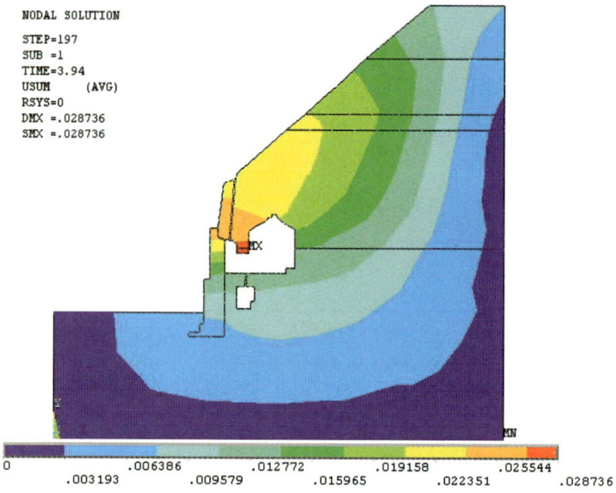

（b）PGA=0.2*g*，Tg=0.4s，持时16s

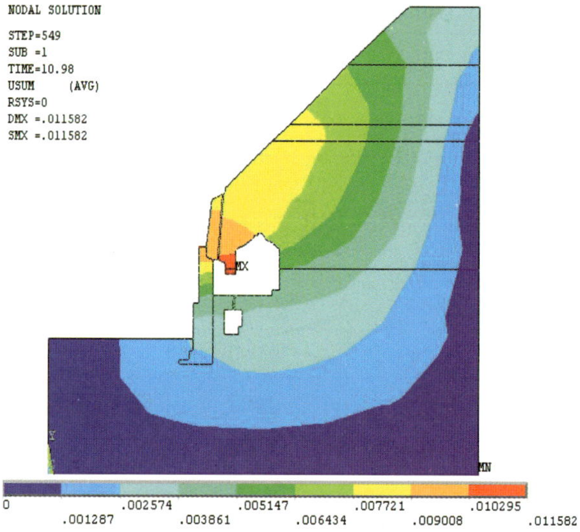

（c）PGA=0.1*g*，Tg=0.25s，持时28s

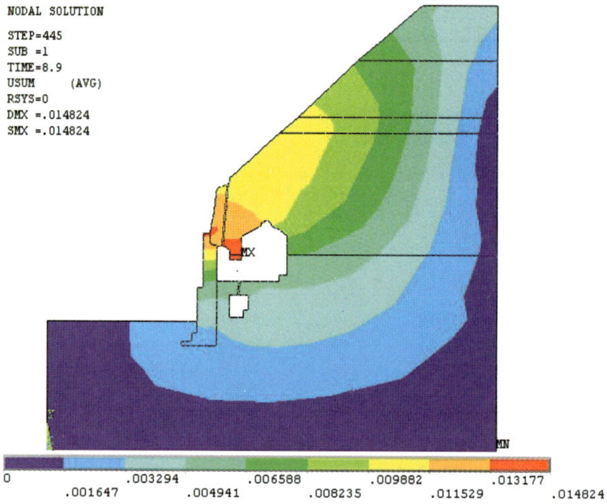

（d）PGA=0.1*g*，Tg=0.4s，持时28s

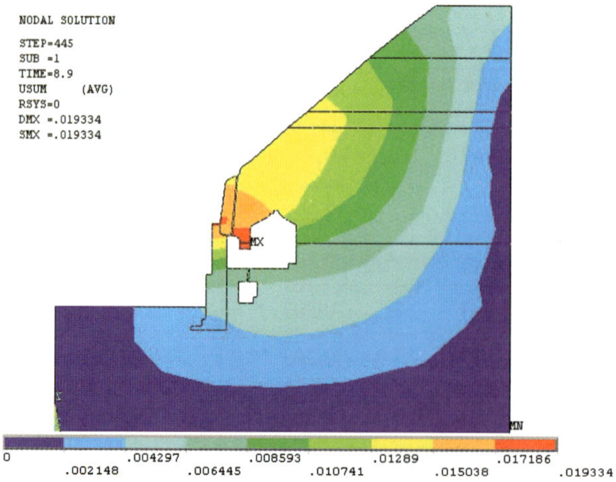

（e）PGA=0.1*g*，Tg=0.55s，持时28s

图6.46 不同地震动条件下模型Ⅳ位移等值线图

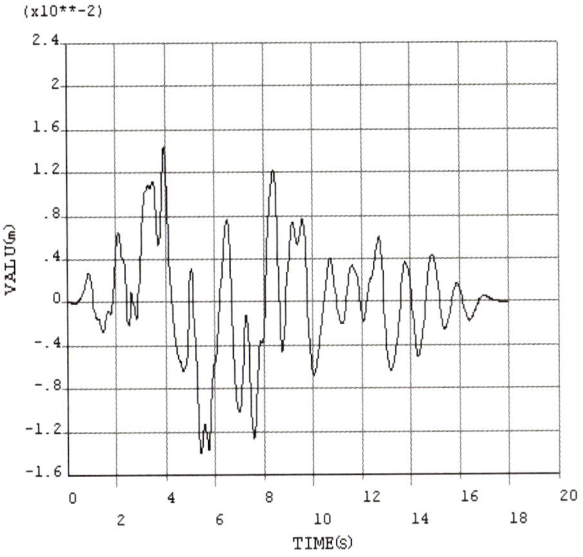

（a）PGA=0.1g，Tg=0.4s，持时16s

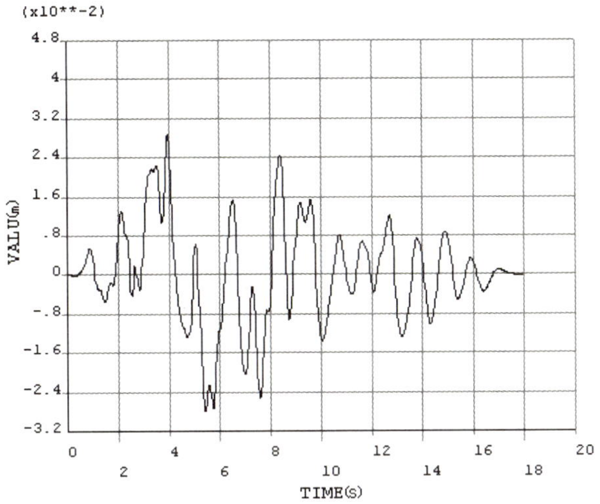

（b）PGA=0.2g，Tg=0.4s，持时16

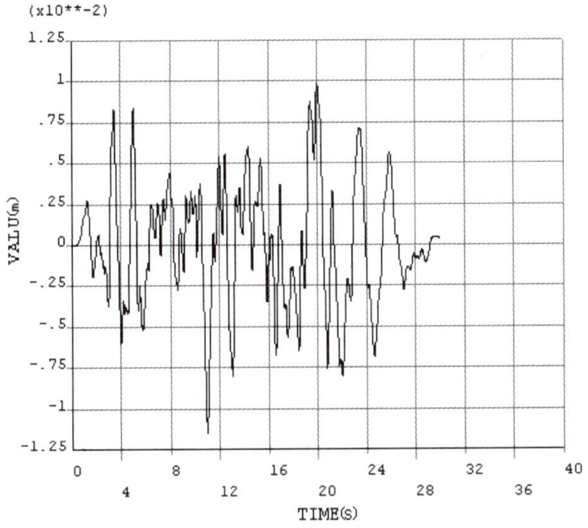

（c）PGA=0.1g，Tg=0.25s，持时28s

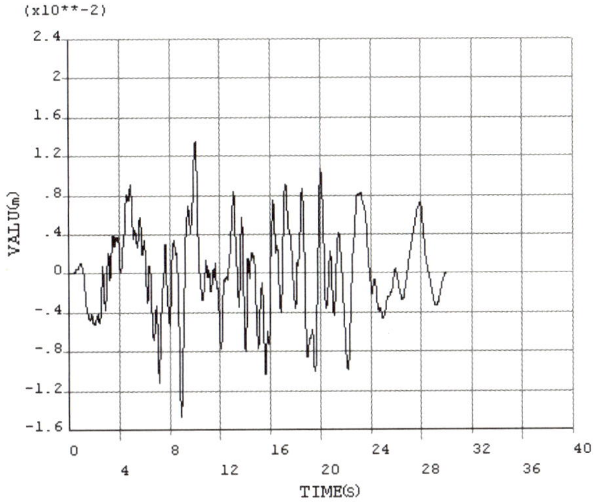

（d）PGA=0.1g，Tg=0.4s，持时28s

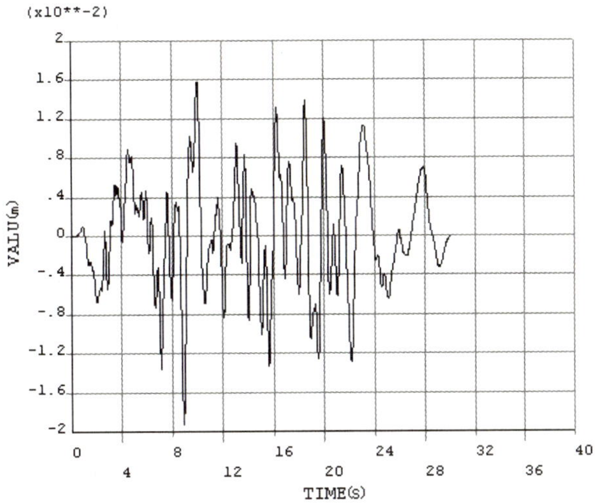

（e）PGA=0.1g，Tg=0.55s，持时28s

图6.47　不同地震动条件下模型Ⅳ最大位移量历时曲线

2）应力场特征分析

模型Ⅳ中洞窟周围单元相对位置示意图见图6.48，不同地震动条件下拉应力等值线图见图6.49，472、576单元应力历时曲线见图6.50、6.51。

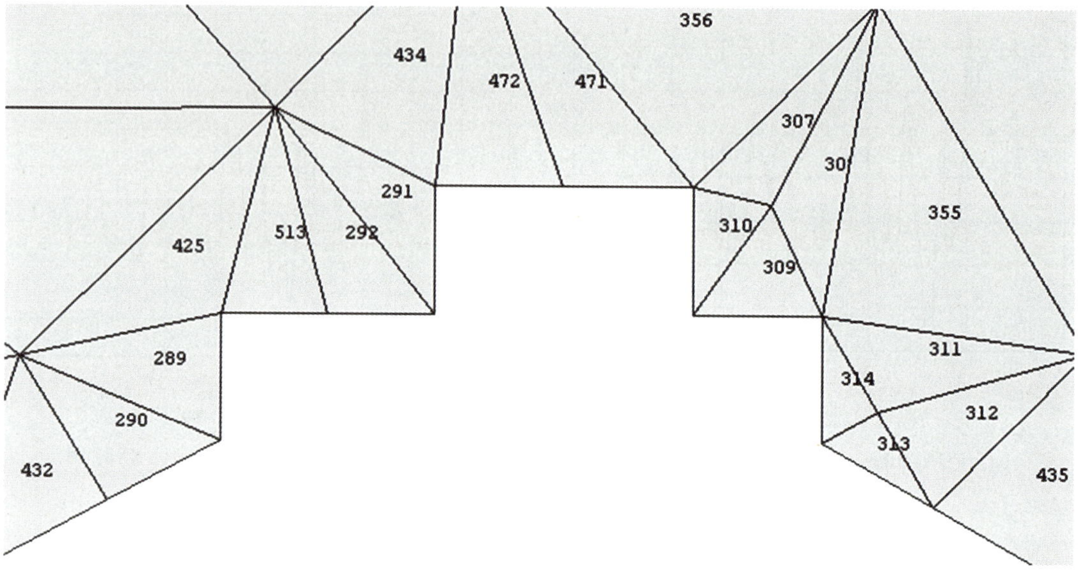

（a）

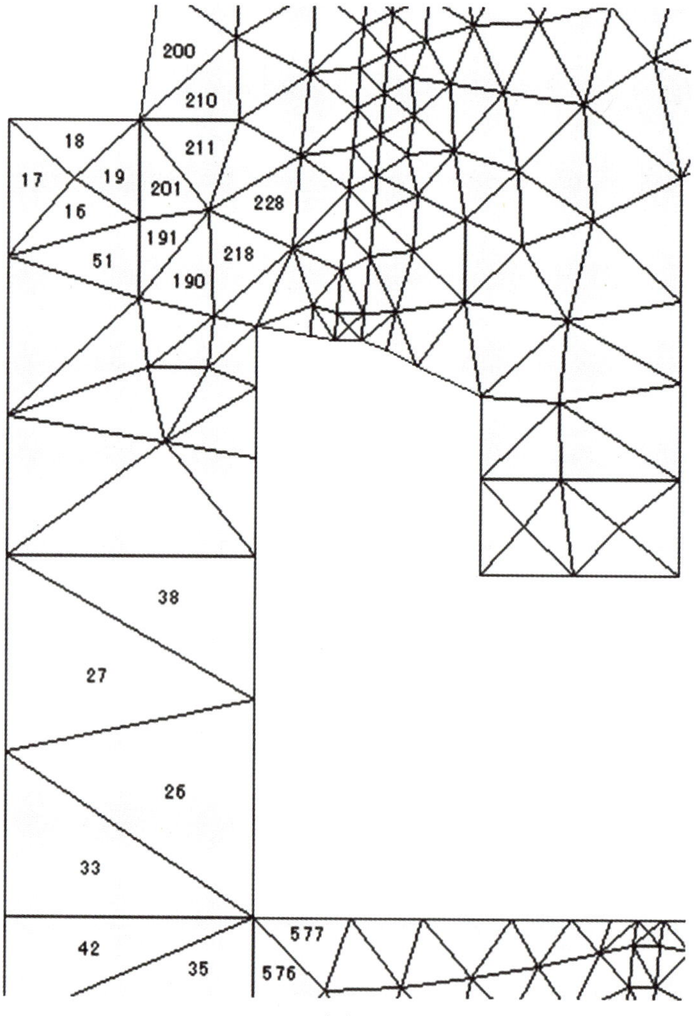

（b）

图6.48　洞窟周围各单元相对位置图

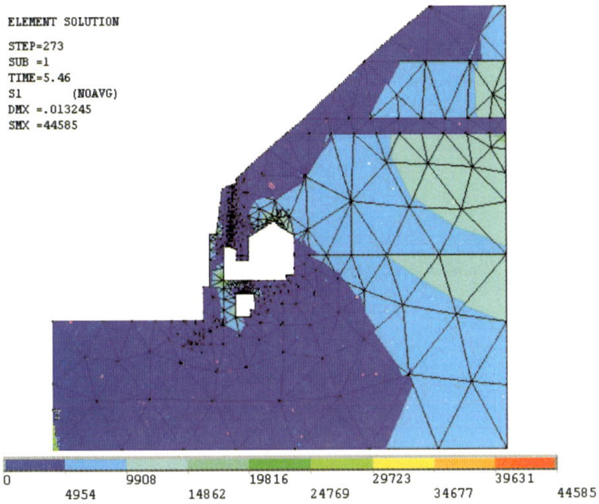

（a）PGA=0.1g，Tg=0.4s，持时16s

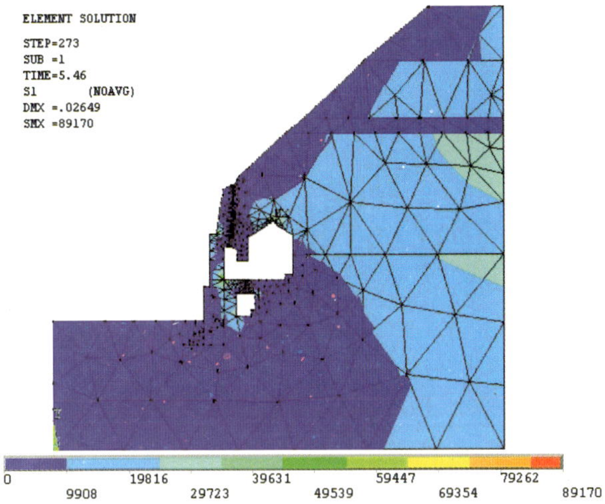

（b）PGA=0.2g，Tg=0.4s，持时16s

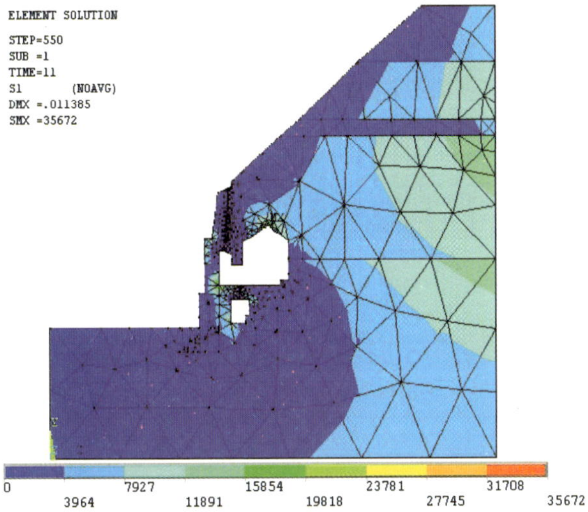

（c）PGA=0.1g，Tg=0.25s，持时28s

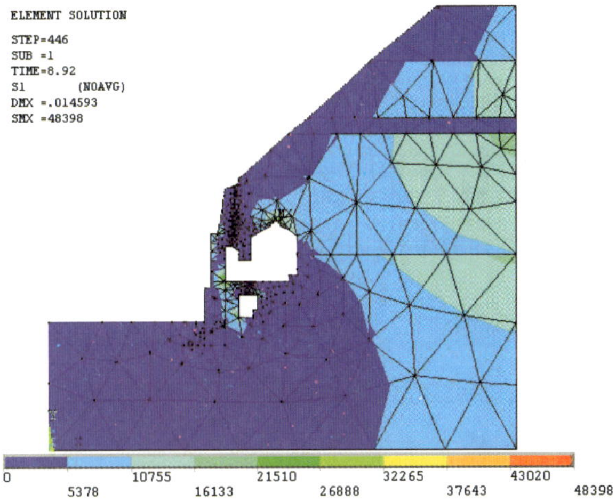

（d）PGA=0.1g，Tg=0.4s，持时28s

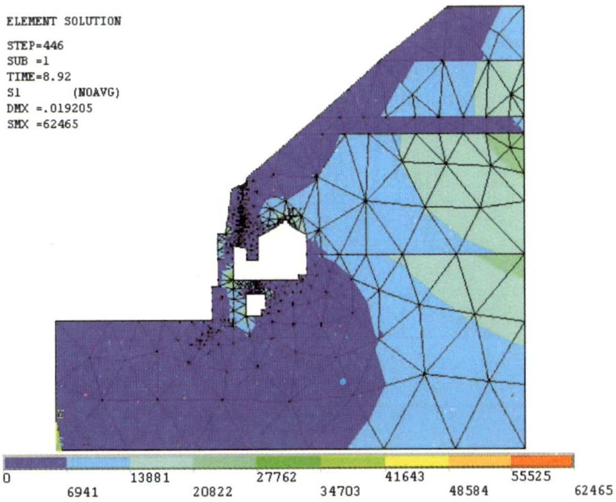

（e）PGA=0.1g，Tg=0.55s，持时28s

图6.49　不同地震动条件下模型Ⅳ拉应力等值线图

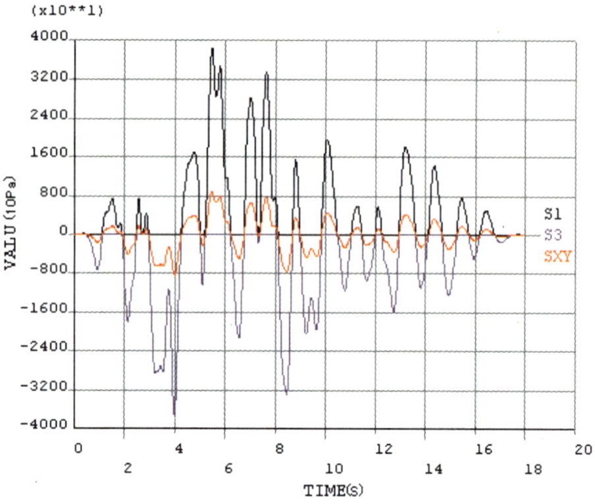

（a）PGA=0.1g，Tg=0.4s，持时16s

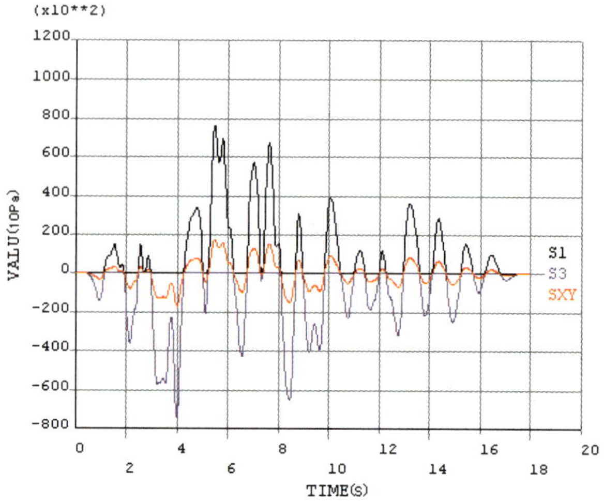

（b）PGA=0.2g，Tg=0.4s，持时16s

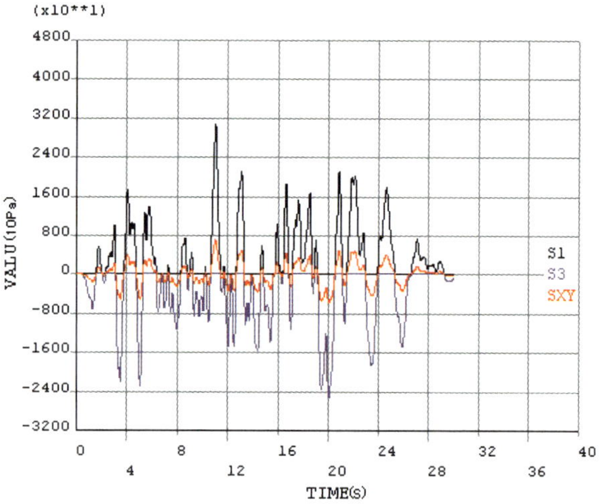

（c）PGA=0.1g，Tg=0.25s，持时28s

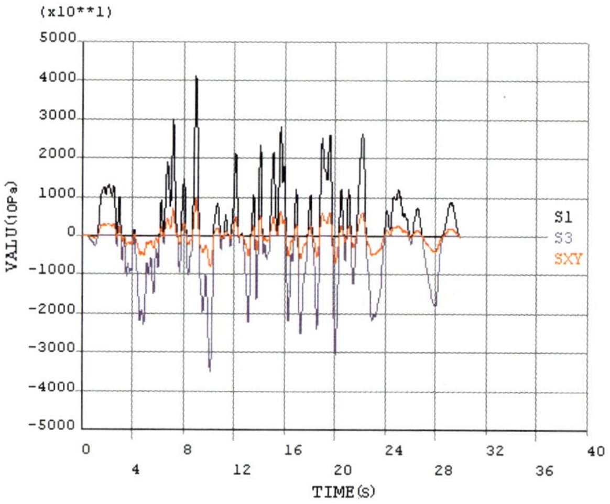

（d）PGA=0.1g，Tg=0.4s，持时28s

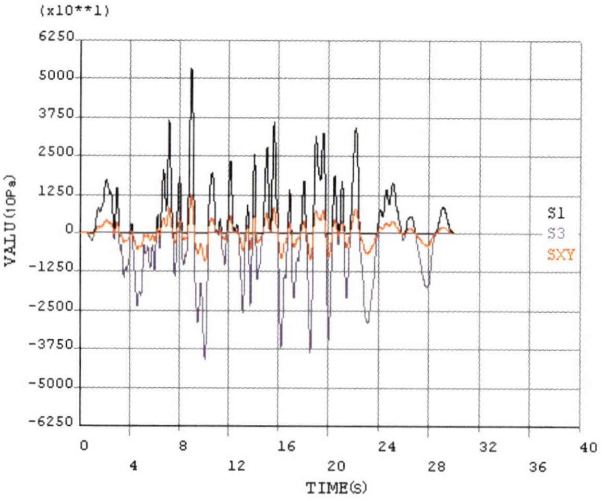

（e）PGA=0.1g，Tg=0.55s，持时28s

图6.50　不同地震动条件下单元472应力历时曲线

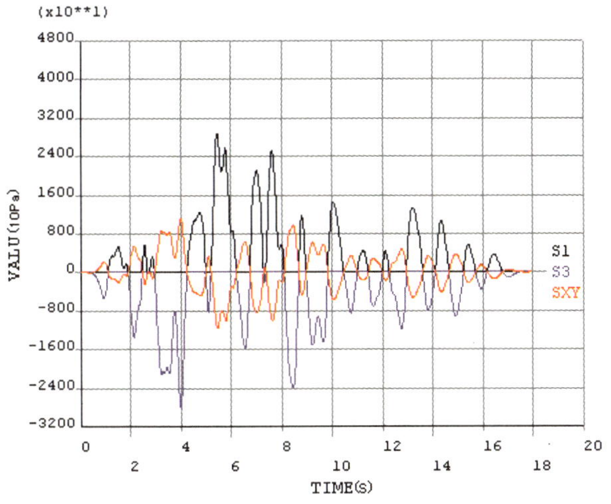

（a）PGA=0.1*g*，Tg=0.4s，持时16s

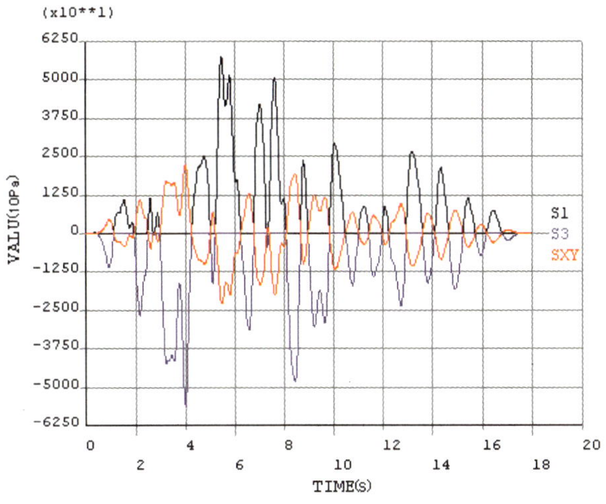

（b）PGA=0.2*g*，Tg=0.4s，持时16s

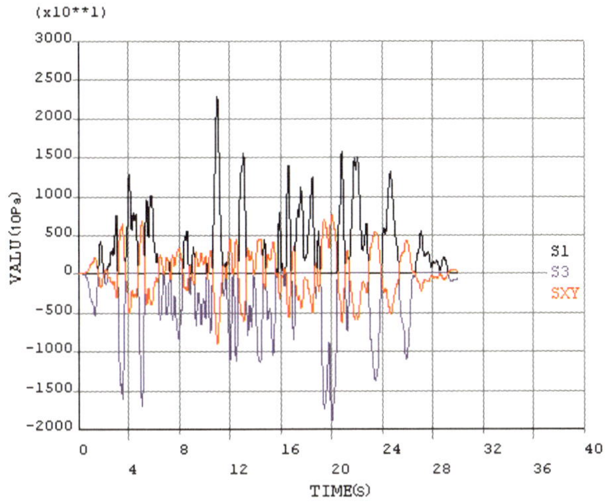

（c）PGA=0.1*g*，Tg=0.25s，持时28s

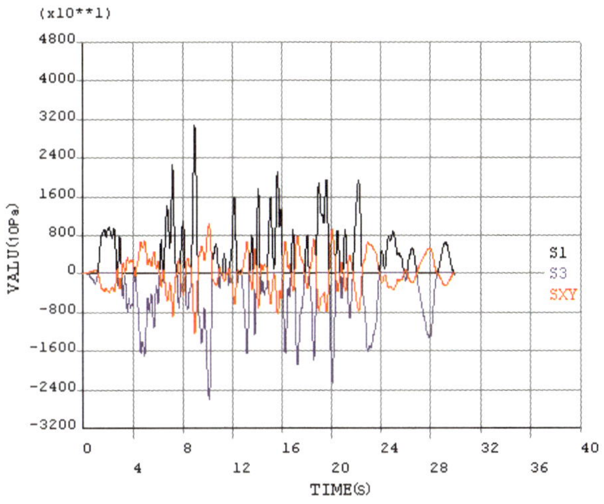

（d）PGA=0.1*g*，Tg=0.4s，持时28s

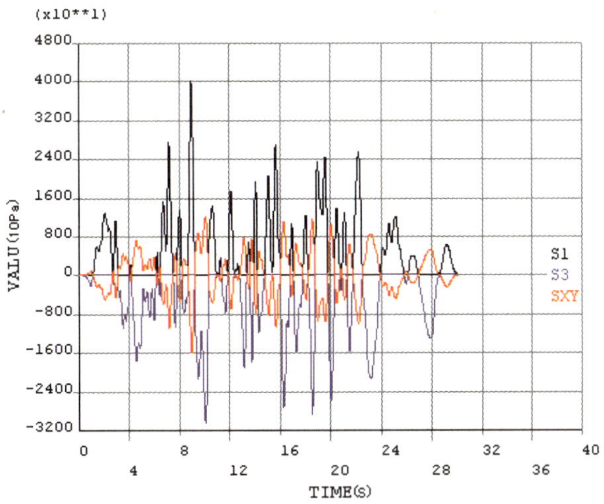

（e）PGA=0.1*g*，Tg=0.55s，持时28s

图6.51　不同地震动条件下单元576应力历时曲线

3）围岩损伤与否的判定

单元200、307、356、434、471和472位于C层岩组内，该岩组的抗拉强度为0.47MPa；单元576位于D岩组内，抗拉强度为0.67MPa。由表6-14可以得知：当PGA等于0.1*g*，Tg等于0.55s时，单元471和472发生拉张破坏；而当PGA增大为0.2*g*时，尽管Tg变小，但岩体发生破坏的程度仍增加，单元200、307、356、471和472都产生了破坏。

表6-14　不同地震动下单元最大拉应力（MPa）统计数据

单元号 \ PGA/Tg/Period	0.1*g*/0.4s/16s	0.2*g*/0.4s/16s	0.1*g*/0.25s/28s	0.1*g*/0.4s/28s	0.1*g*/0.55s/28s
200	0.270（无）	0.541（破）	0.202（无）	0.289（无）	0.371（无）
307	0.306（无）	0.612（破）	0.243（无）	0.329（无）	0.424（无）
356	0.264（无）	0.529（破）	0.210（无）	0.284（无）	0.367（无）
434	0.169（无）	0.338（无）	0.136（无）	0.182（无）	0.237（无）
471	0.416（无）	0.831（破）	0.330（无）	0.446（无）	0.576（破）
472	0.383（无）	0.765（破）	0.309（无）	0.412（无）	0.535（破）
576	0.287（无）	0.573（无）	0.229（无）	0.309（无）	0.400（无）

表6-15和表6-16的对比结果显示，在所有地震动输入下，洞窟周围各单元岩体都不会发生剪切破坏。

表6-15　不同地震动下单元最大剪应力（MPa）统计数据

单元号 \ PGA/Tg/Period	0.1*g*/0.4s/16s	0.2*g*/0.4s/16s	0.1*g*/0.25s/28s	0.1*g*/0.4s/28s	0.1*g*/0.55s/28s
200	0.090	0.181	0.069	0.097	0.124
307	0.058	0.115	0.045	0.062	0.080
356	0.062	0.124	0.049	0.066	0.086
434	0.020	0.040	0.016	0.022	0.028
471	0.069	0.139	0.055	0.075	0.096
472	0.087	0.174	0.070	0.094	0.121
576	0.115	0.230	0.091	0.124	0.160

表6-16　剪应力最大时单元抗剪强度（MPa）统计数据

单元号 \ PGA/Tg/Period	0.1*g*/0.4s/16s	0.2*g*/0.4s/16s	0.1*g*/0.25s/28s	0.1*g*/0.4s/28s	0.1*g*/0.55s/28s
200	0.275	0.301	0.269	0.277	0.285
307	0.279	0.307	0.273	0.281	0.290
356	0.275	0.300	0.270	0.277	0.284
434	0.266	0.282	0.263	0.267	0.272
471	0.289	0.328	0.281	0.292	0.304
472	0.286	0.322	0.279	0.289	0.300
576	0.324	0.347	0.319	0.326	0.333

（5）模型V

1）位移场特征分析

模型V在不同地震荷载作用下位移等值线图见图6.52，最大位移量历时曲线见图6.53。

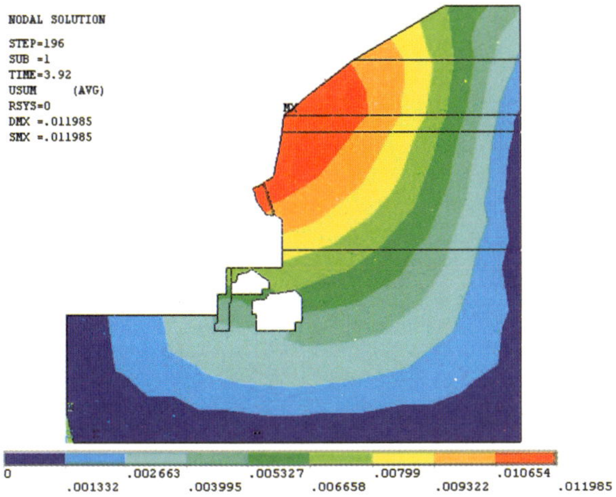

（a）PGA=0.1g，Tg=0.4s，持时16s

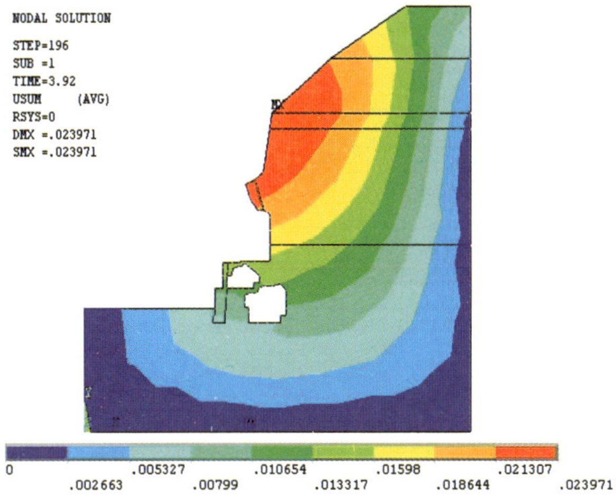

（b）PGA=0.2g，Tg=0.4s，持时16s

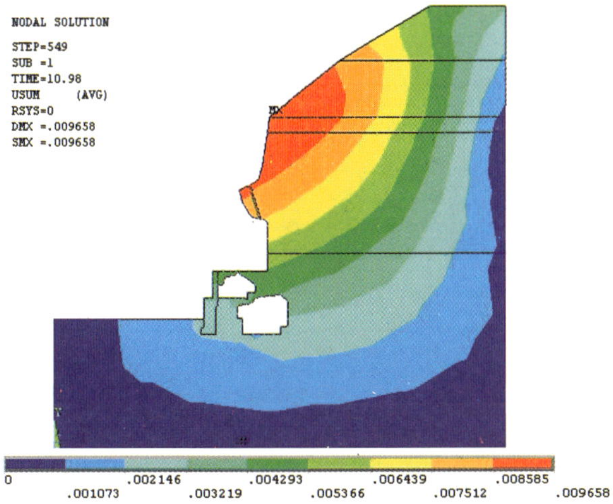

（c）PGA=0.1g，Tg=0.25s，持时28s

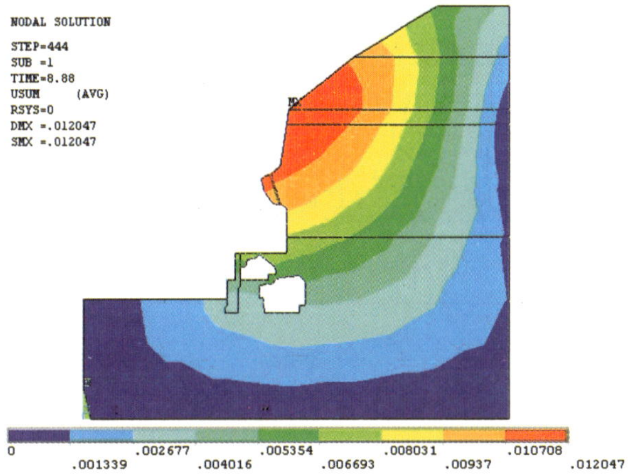

（d）PGA=0.1g，Tg=0.4s，持时为28s

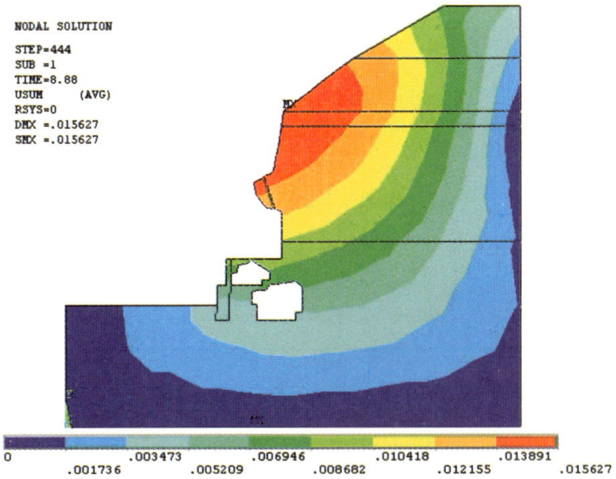

（e）PGA=0.1g，Tg=0.55s，持时28s

图6.52　不同地震动条件下模型V位移等值线图

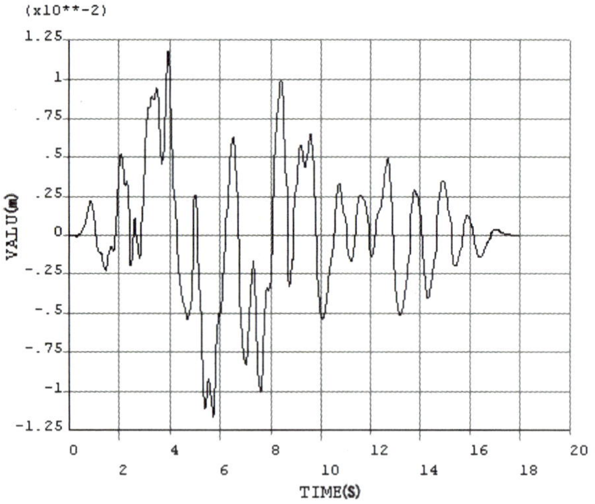

（a）PGA=0.1*g*，Tg=0.4s，持时16s

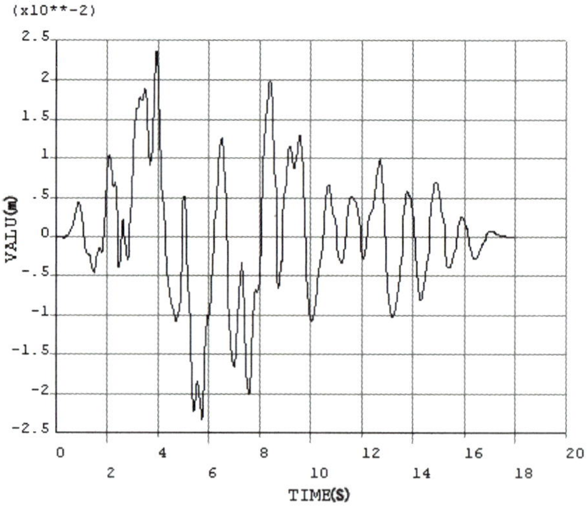

（b）PGA=0.2*g*，Tg=0.4s，持时16s

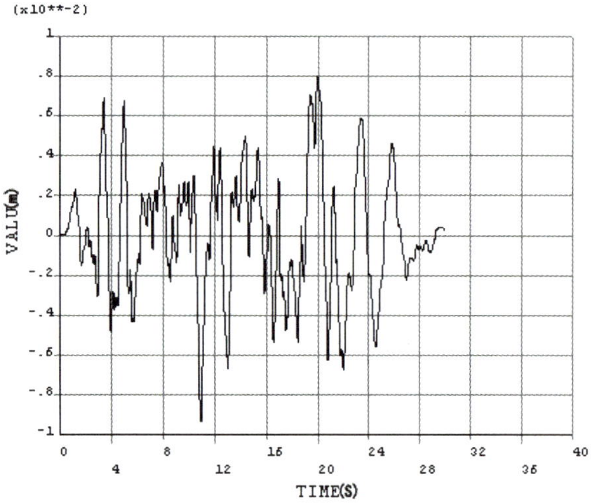

（c）PGA=0.1*g*，Tg=0.25s，持时28s

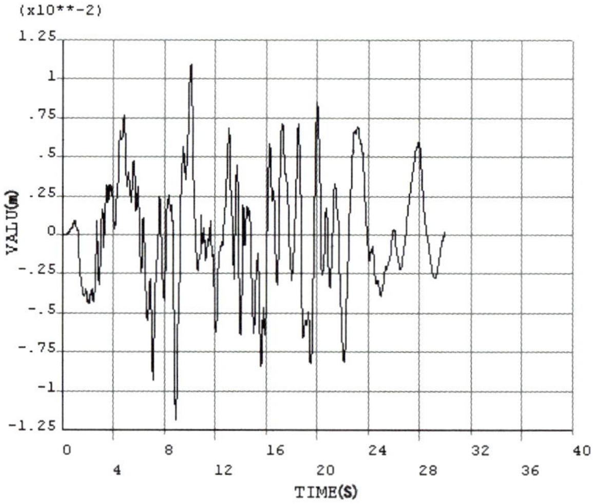

（d）PGA=0.1*g*，Tg=0.4s，持时28s

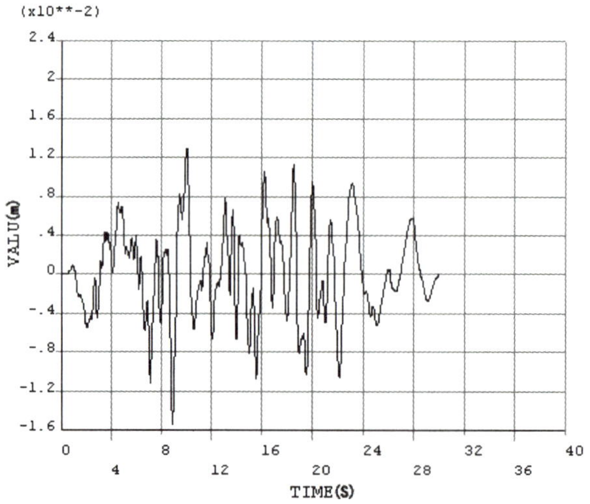

（e）PGA=0.1*g*，Tg=0.55s，持时28s

图6.53　不同地震动条件下模型Ⅴ最大位移量历时曲线

2）应力场特征分析

模型Ⅴ中洞窟周围单元相对位置示意图见图6.54，不同地震动条件下拉应力等值线图见图6.55，501、518单元应力历时曲线见图6.56、6.57。

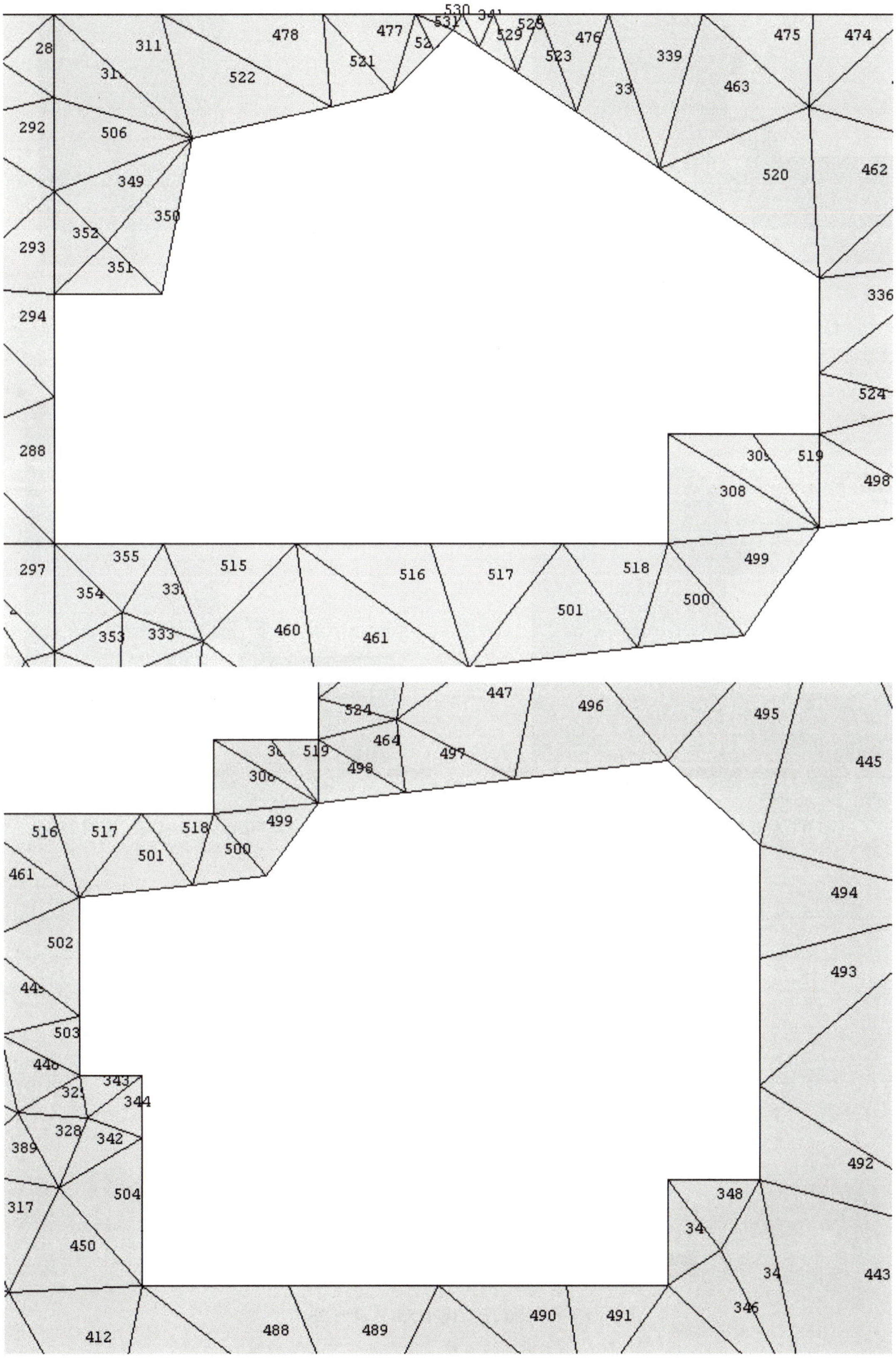

图6.54　洞窟周围单元位置图

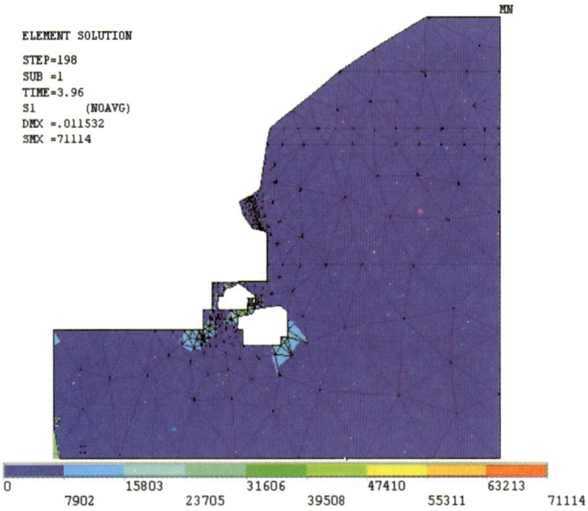

（a）PGA=0.1g，Tg=0.4s，持时16s

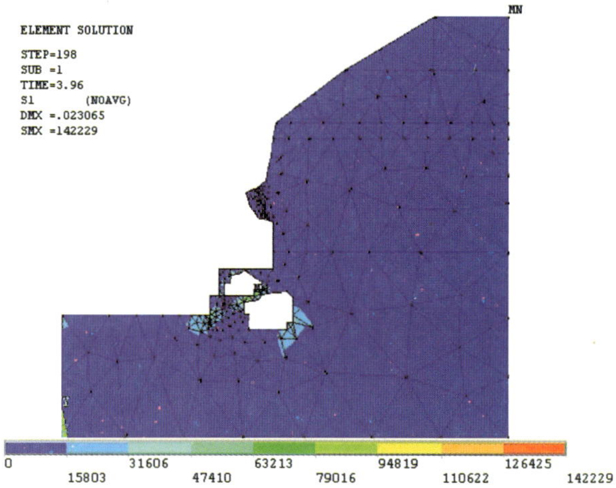

（b）PGA=0.2g，Tg=0.4s，持时16s

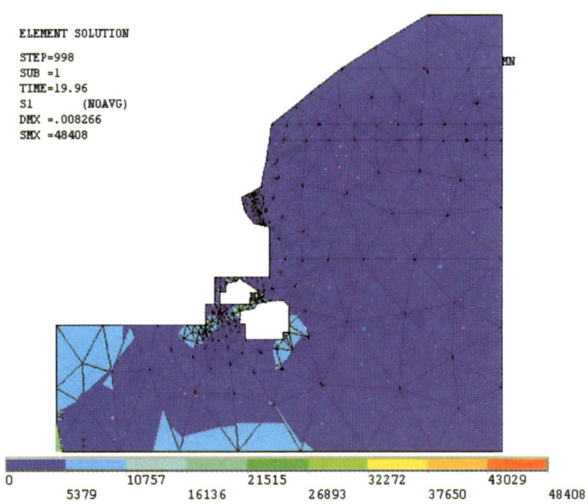

（c）PGA=0.1g，Tg=0.25s，持时28s

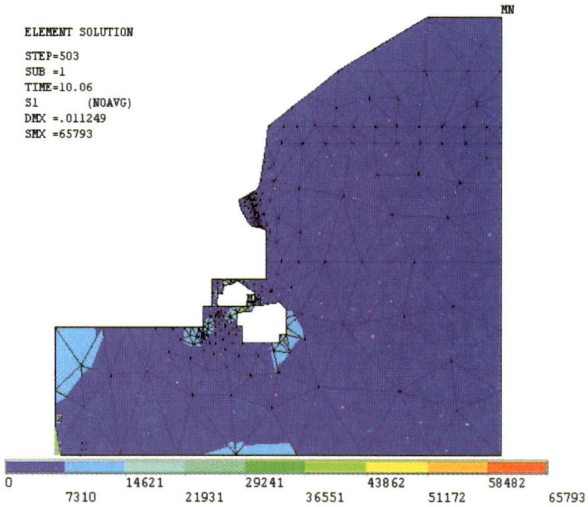

（d）PGA=0.1g，Tg=0.4s，持时28s

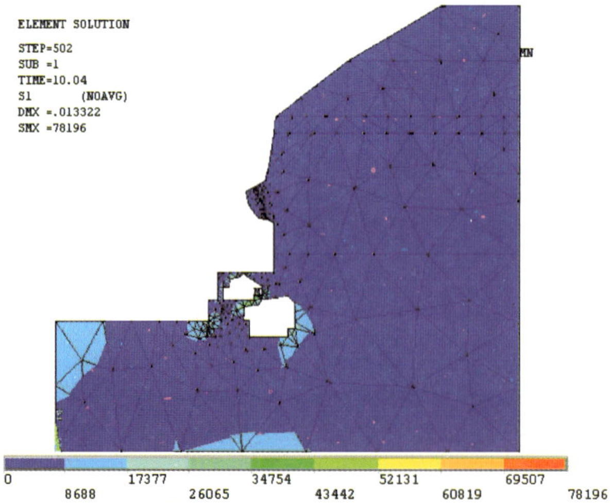

（e）PGA=0.1g，Tg=0.55s，持时28s

图6.55 不同地震动条件下模型Ⅴ应力等值线图

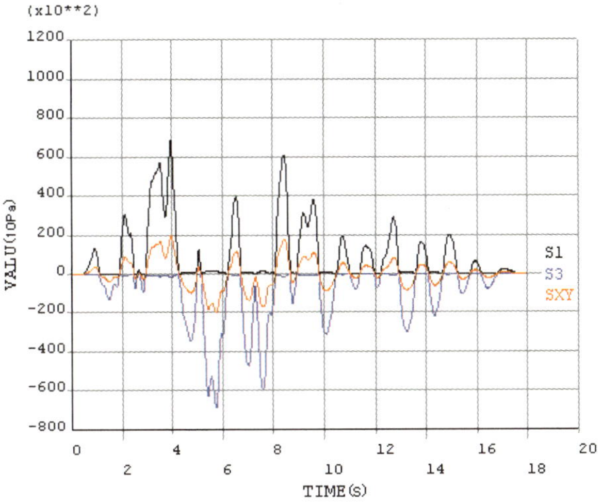

（a）PGA=0.1*g*，Tg=0.4s，持时16s

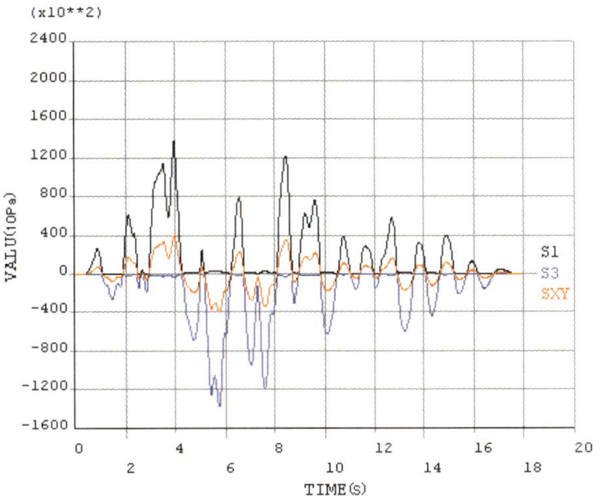

（b）PGA=0.2*g*，Tg=0.4s，持时16s

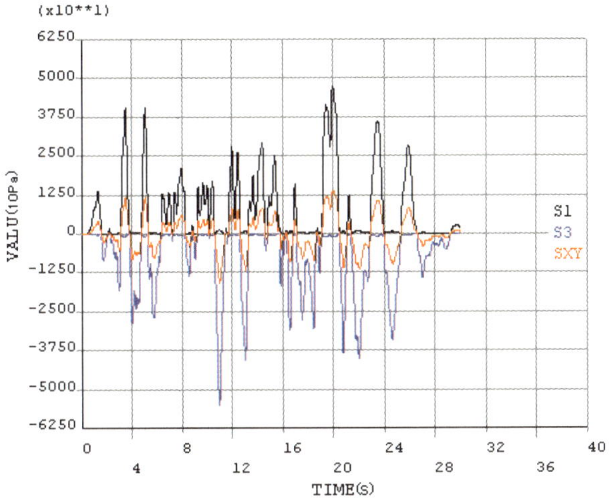

（c）PGA=0.1*g*，Tg=0.25s，持时28s

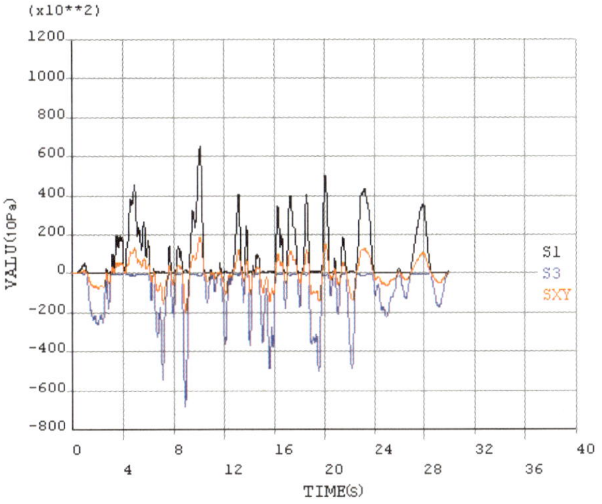

（d）PGA=0.1*g*，Tg=0.4s，持时28s

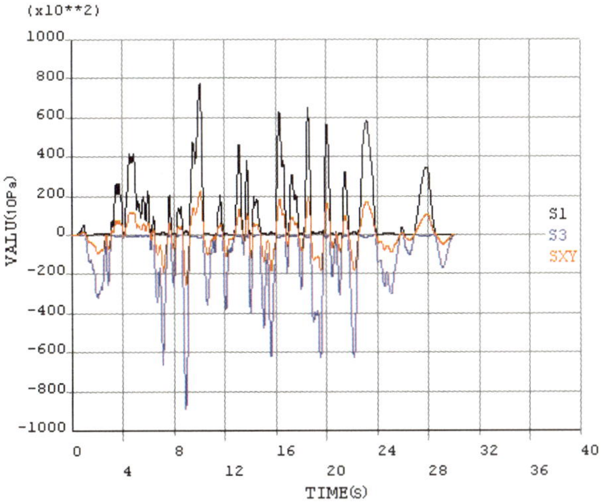

（e）PGA=0.1*g*，Tg=0.55s，持时28s

图6.56　不同地震动条件下单元501应力历时曲线

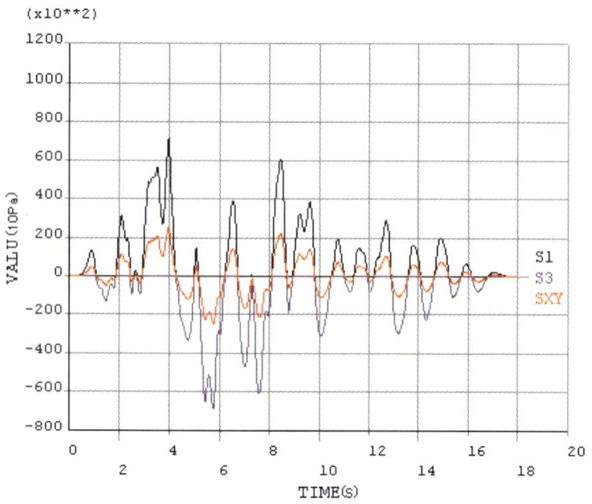

（a）PGA=0.1g，Tg=0.4s，持时16s

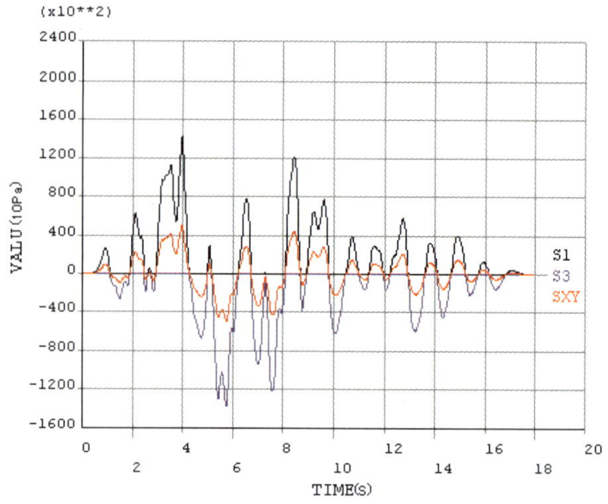

（b）PGA=0.2g，Tg=0.4s，持时16s

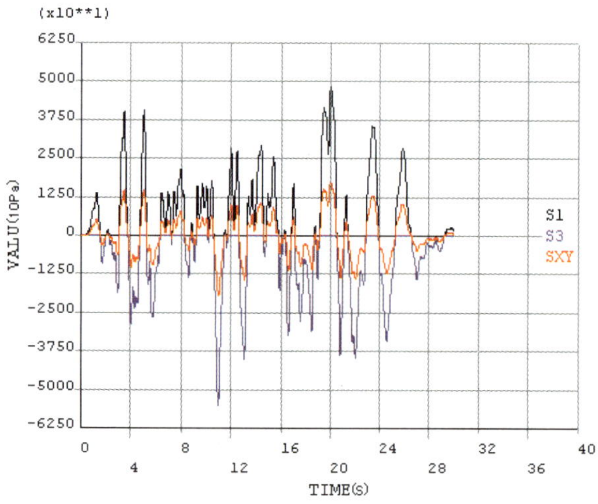

（c）PGA=0.1g，Tg=0.25s，持时28s

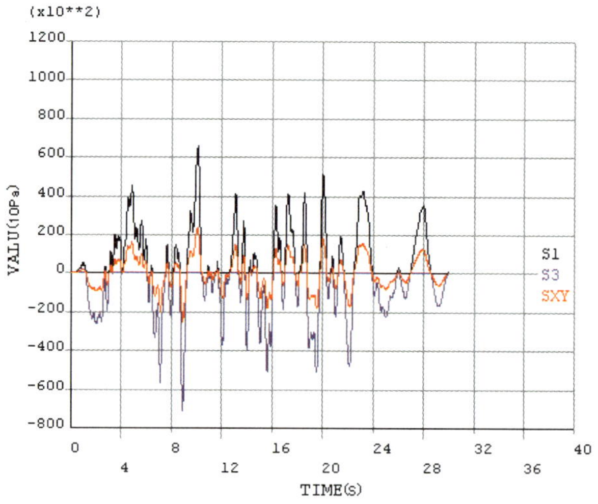

（d）PGA=0.1g，Tg=0.4s，持时28s

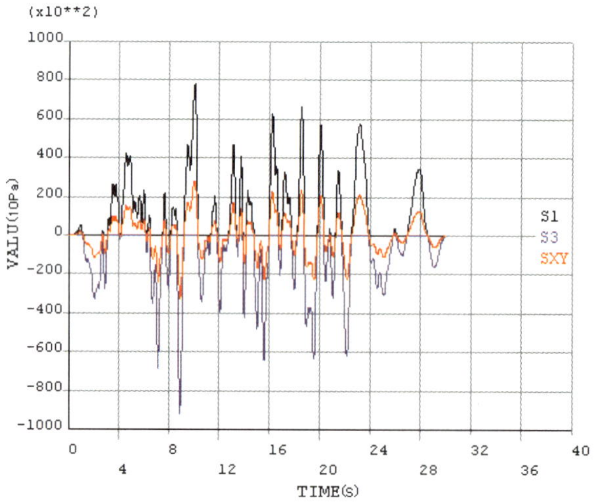

（e）PGA=0.1g，Tg=0.55s，持时28s

图6.57 不同地震动条件下单元518应力历时曲线

3）围岩损伤与否的判定

以上单元均位于D层岩组内，该岩组的抗拉强度为0.67MPa。由表6-17可以得知：当PGA等于0.1*g*，Tg大于或等于0.4s时，单元501和518都可能发生拉张破坏；而当PGA增大为0.2*g*时，尽管Tg变小，但岩体发生破坏的程度仍增加，单元308、500、501、517和518都产生了破坏。

表6-17 不同地震动下单元最大拉应力（MPa）统计数据

PGA/Tg/Period 单元号	0.1*g*/0.4s/16s	0.2*g*/0.4s/16s	0.1*g*/0.25s/28s	0.1*g*/0.4s/28s	0.1*g*/0.55s/28s
308	0.497（无）	0.995（破）	0.341（无）	0.466（无）	0.553（无）
499	0.269（无）	0.539（无）	0.183（无）	0.249（无）	0.296（无）
500	0.368（无）	0.737（破）	0.250（无）	0.339（无）	0.403（无）
501	0.688（破）	1.376（破）	0.476（无）	0.654（无）	0.776（破）
517	0.477（无）	0.954（破）	0.330（无）	0.453（无）	0.538（无）
518	0.711（破）	1.422（破）	0.484（无）	0.658（无）	0.782（破）
530	0.134（无）	0.268（无）	0.091（无）	0.132（无）	0.154（无）

表6-18和表6-19的对比结果显示：在PGA等于0.2*g*时，单元308和518上的剪应力超出了其抗剪强度，发生了剪切破坏；其他情况下，各单元岩体均是安全的。

表6-18 不同地震动下单元最大剪应力（MPa）统计数据

PGA/Tg/Period 单元号	0.1*g*/0.4s/16s	0.2*g*/0.4s/16s	0.1*g*/0.25s/28s	0.1*g*/0.4s/28s	0.1*g*/0.55s/28s
308	0.257	0.513	0.203	0.257	0.334
499	0.032	0.064	0.026	0.031	0.041
500	0.107	0.213	0.084	0.107	0.138
501	0.199	0.397	0.160	0.199	0.259
517	0.147	0.294	0.117	0.147	0.191
518	0.250	0.500	0.198	0.250	0.325
530	0.108	0.216	0.077	0.106	0.135

表6-19 剪应力最大时单元抗剪强度（MPa）统计数据

PGA/Tg/Period 单元号	0.1*g*/0.4s/16s	0.2*g*/0.4s/16s	0.1*g*/0.25s/28s	0.1*g*/0.4s/28s	0.1*g*/0.55s/28s
308	0.386	0.472	0.368	0.386	0.411
499	0.322	0.343	0.317	0.321	0.327
500	0.331	0.361	0.324	0.330	0.339
501	0.400	0.500	0.378	0.400	0.430
517	0.340	0.379	0.332	0.339	0.351
518	0.359	0.418	0.346	0.359	0.376
530	0.587	0.873	0.433	0.592	0.672

3.小结

（1）地震动工程特性对位移场和应力场的影响

地震动峰值加速度增大，特征周期增大，岩体位移反应均随之增加；持时对岩体位移反应基本无影响。

地震动峰值加速度增大，特征周期增大，相同位置处应力值亦随之增加；持时的改变对岩体各单元的应力值无影响。

在地震动的工程特性中，峰值加速度是影响岩体位移和应力反应的最敏感因子，它的变化对计算结果的影响最为显著，其次是特征周期；由于将围岩视为弹性，因而持时基本不起作用。

（2）洞窟形状、结构等对地震动下岩体位移反应的影响

坡体相对高度增加，位移增大，上层洞窟位移大于下层洞窟；同高度上，越临近坡面，位移越大。这充分体现了约束边界和边坡地形对它的控制作用，与洞窟数量的多少、洞窟形状、洞窟结构以及在空间上的展布位置关系不大。

（3）洞窟形状、结构等对岩体内应力状态的控制

洞窟绝对尺寸越大，其周围岩体出现应力最大值的可能性增大，应力集中区的范围越大，一般在洞窟顶部及底部边角处应力最大；洞窟跨高比越大，所受的影响越小，围岩越稳定。由于洞窟分布非常密集，在地震作用下，容易形成高应力区，由于围岩抗拉和抗剪强度较低，常常是围岩损伤起始的地方，对围岩稳定性不利。

1）洞窟大小对围岩应力分布的影响

模型计算所得结果显示：洞窟绝对尺寸越大，其周围岩体出现应力最大值的可能性增大，应力集中区的范围越大，一般在洞窟顶部及底部边角处应力最大；洞窟跨高比越大，所受的影响越小，围岩越稳定。

2）洞型对围岩应力分布的影响

洞窟分为前室和后室（主室），前后室以甬道贯通。后室为方底、直墙，拱顶呈覆斗形或人字形。由图4.58可以看出，洞窟的形状对应力分布可能会有影响，最上层洞窟顶部呈覆斗形，其上剪应力很小，但最下层洞窟呈人字形，却是剪应力的主要集中点。

3）洞窟间组合关系对围岩应力分布的影响

由于洞窟分布非常密集，相互间出现薄壁、薄顶和薄底现象，一般厚度仅为0.5～1.5m，部分洞室间仅0.1～0.3m。在地震作用下，容易形成高应力区，由于围岩抗拉和抗剪强度较低，常常是围岩损伤起始的地方，对围岩稳定性不利。模型Ⅰ是洞窟密集型的代表，由计算结果可以看出，其上应力集中程度比模型Ⅱ和模型Ⅲ要强，验证了洞窟分布密集区段地震易损性大，模型Ⅱ和模型Ⅲ的拉应力等值线图见图（6.59）。

此剖面上最大拉应力值为1.17MPa，出现在挡墙突入洞窟支顶洞窟的部位，小于围岩的抗拉强度，因而是稳定的；最下层洞窟之间很薄的隔墙内拉应力最大可达0.6MPa，接近围岩抗拉强度，虽不能引起损坏，但危险性较大。最大剪应力出现于同一部位，但也未能引起破损。由于裂隙其不抗拉和抗剪强度很小，因而导致该处拉应力和剪应力值均超出其抗拉和抗剪强度，发生破损。模型Ⅱ最大拉应力值为0.42MPa，出现在中层洞窟顶部几个单元，低于围岩抗拉强度0.47MPa，因而不会发生拉裂。上两层洞窟的左下角也是应力相对集中的地方，但应力值也小于围岩抗拉强度。其他单元拉应力值比围岩强度小得多，更不可能发生损伤破坏。

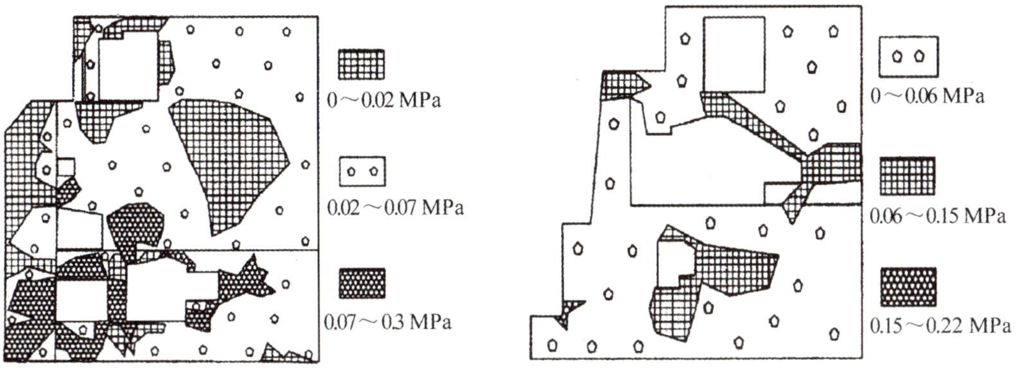

（a）模型Ⅰ　　（b）模型Ⅱ

图6.58　剪应力等值线图

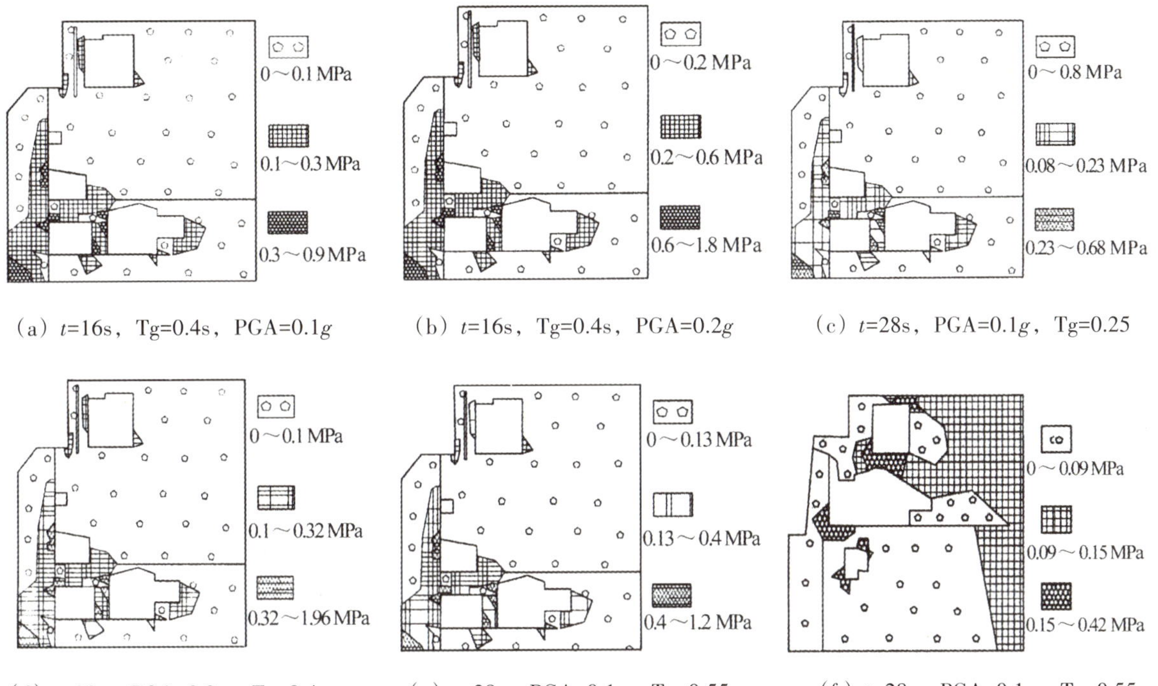

（a）t=16s，Tg=0.4s，PGA=0.1g　（b）t=16s，Tg=0.4s，PGA=0.2g　（c）t=28s，PGA=0.1g，Tg=0.25

（d）t=28s，PGA=0.2g，Tg=0.4s　（e）t=28s，PGA=0.1g，Tg=0.55s　（f）t=28s，PGA=0.1g，Tg=0.55s

图6.59　拉应力等值线图

综上所述，因洞窟的结构的复杂、相互间组合关系的多样化，造成了莫高窟围岩复杂的应力集中问题。洞窟顶部及边角处，窟与窟之间薄的隔墙内、挡墙对洞窟顶部的支撑处是拉应力和剪应力的主要集中点。计算结果表明，在PGA=0.1g的地震动载荷下，莫高窟围岩整体是稳定的。只有在大尺寸洞窟的顶部或边角处因应力过于集中而可能出现开裂或掉块。挡墙对洞窟的支顶部位是应力集中的一个主要地方，但由于其力学强度高，在地震动作用下仍保持稳定，因而能很好地保护它所支顶的围岩。裂隙的存在是围岩发生震害的主要原因，由于其不抗拉、不抗剪的特性，使该处岩体极易在地震动作用下发生破裂而导致崩塌。

历史上，莫高窟曾经在昌马和古浪两次比较大的地震作用下发生过窟顶边角处掉块及开裂的现象，这对计算结果的可靠性是一个很好的证明。

6.5.3　挡墙的加固效果及影响研究

为了研究重力挡墙对石窟围岩的加固效果及影响，假设在挡墙不存在时对石窟围岩进行了稳定性计算，并对有无挡墙时的结果进行了对比分析。

为了获悉在有、无挡墙时岩体的自振特性会有什么变化，分别对所选五个计算模型在有、无挡墙两种情况下进行了模态分析，并提取了各自的前20阶振型，列于表6-20。由此统计数据可以看出，当刚度较大的挡墙存在时，整个结构的基态自振频率增大。由此不难想象，挡墙可能会有效地减小结构的位移反应，从而对石窟岩体具有一定的保护作用。

表6-20　各模型有无挡墙情况下前20阶振型统计数据

振型号＼频率	模型Ⅰ		模型Ⅱ		模型Ⅲ		模型Ⅳ		模型Ⅴ	
	有挡墙	无挡墙	有挡墙	无挡墙	有挡墙	无挡墙	有挡墙	无挡墙	有挡墙	无挡墙
1	0.58716	0.54550	0.58931	0.52392	0.58686	0.51130	0.67721	0.63762	0.65202	0.17816
2	0.62224	0.62098	0.61406	0.53209	0.69105	0.66035	0.92406	0.74627	0.86438	0.65027
3	0.84785	0.84798	0.83779	0.62241	0.84934	0.82633	1.0572	0.92565	1.0600	0.86191
4	1.1062	0.89394	1.1034	0.83601	1.1280	1.0693	1.3248	1.1602	1.3862	1.0597
5	1.3302	1.1172	1.1933	1.1187	1.1657	1.2713	1.4911	1.4628	1.5450	1.3816
6	1.4258	1.3201	1.3483	1.2567	1.2958	1.3860	1.6223	1.5038	1.6399	1.5303
7	1.4690	1.4044	1.4602	1.3724	1.4957	1.4635	1.6846	1.6793	1.8197	1.6412
8	1.5544	1.4574	1.5509	1.4487	1.5718	1.5299	1.8060	1.8563	1.9886	1.7789
9	1.6959	1.5460	1.6319	1.5282	1.6443	1.6234	1.8845	1.8953	2.0860	1.8351
10	1.8696	1.7040	1.7075	1.6637	1.7152	1.7015	2.1376	2.1083	2.2731	2.0225
11	1.9693	1.8310	1.9165	1.7319	1.8271	1.7994	2.2249	2.1953	2.3011	2.0921
12	2.0134	1.9408	1.9512	1.8905	1.9373	1.9490	2.3250	2.3471	2.3345	2.2877
13	2.0614	1.9877	2.0629	1.9377	2.0078	2.0054	2.4381	2.4324	2.4472	2.3255
14	2.1182	2.1189	2.0901	2.1027	2.0814	2.1535	2.4759	2.4733	2.5148	2.3543
15	2.2428	2.1860	2.1959	2.1743	2.2121	2.2505	2.5968	2.5963	2.5745	2.4826
16	2.3203	2.2684	2.2479	2.2140	2.3024	2.3358	2.6838	2.6482	2.6746	2.5488
17	2.3819	2.2924	2.3268	2.2341	2.3536	2.4014	2.7281	2.7726	2.7103	2.6047
18	2.4363	2.3571	2.4010	2.3468	2.4295	2.4823	2.8642	2.8166	2.8257	2.7204
19	2.4699	2.4156	2.4379	2.3760	2.5564	2.5575	2.8941	2.9585	2.8614	2.7795
20	2.5410	2.4576	2.4697	2.4136	2.5926	2.5812	3.0211	3.0382	2.9445	2.8643

考虑到莫高窟重力挡墙初建时的目的：其一是抵抗岩体的侧压力，防止崖体向外滑移和倾倒；其二是对悬空的岩体或洞窟的薄弱处加以支顶。同时，也为了简化整个分析过程，所以这里只选取了模型Ⅱ和模型Ⅳ，在PGA等于0.1g、Tg等于0.4s、持时为16s的地震动条件下，对接近挡墙处的某个节点的位移反应和应力状态进行了详细研究，用以判断挡墙对岩体和石窟的加固作用。

以下研究了在有、无挡墙两种情况下，模型Ⅱ的体系最大位移反应和节点14水平位移（UX）和竖向位移（UY）以及模型Ⅳ的体系最大位移反应和节点38的水平位移（UX）和竖向位移（UY）之间的差异。节点14和节点38的位置见图6.60。

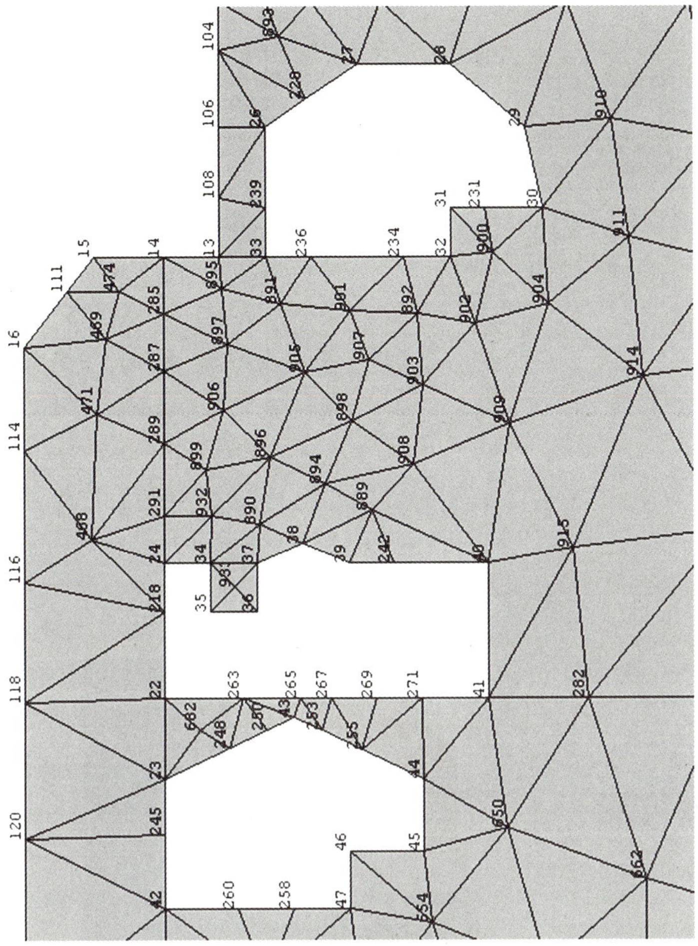

图6.60 模型Ⅱ部分节点平面位置图

表6-21 模型Ⅱ有无挡墙时不同位移值（m）的对比

有挡墙			无挡墙		
体系最大位移	节点14		体系最大位移	节点14	
	UX最大值	UY最大值		UX最大值	UY最大值
0.02274	0.01358	0.00278	0.02502	0.01515	0.01292

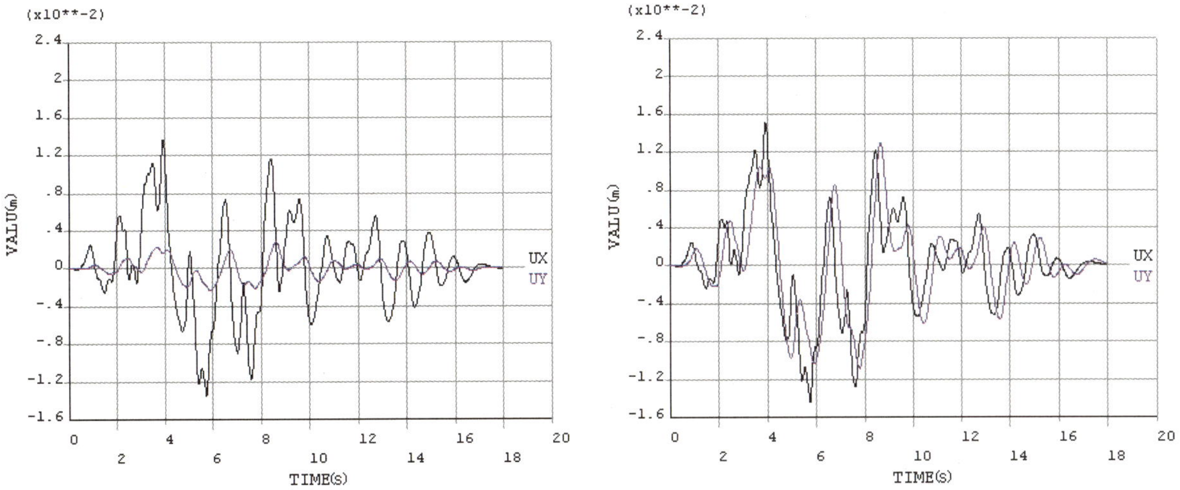

图6.61 有无挡墙时模型Ⅱ节点14位移历时曲线

（左：有挡墙，右：无挡墙）

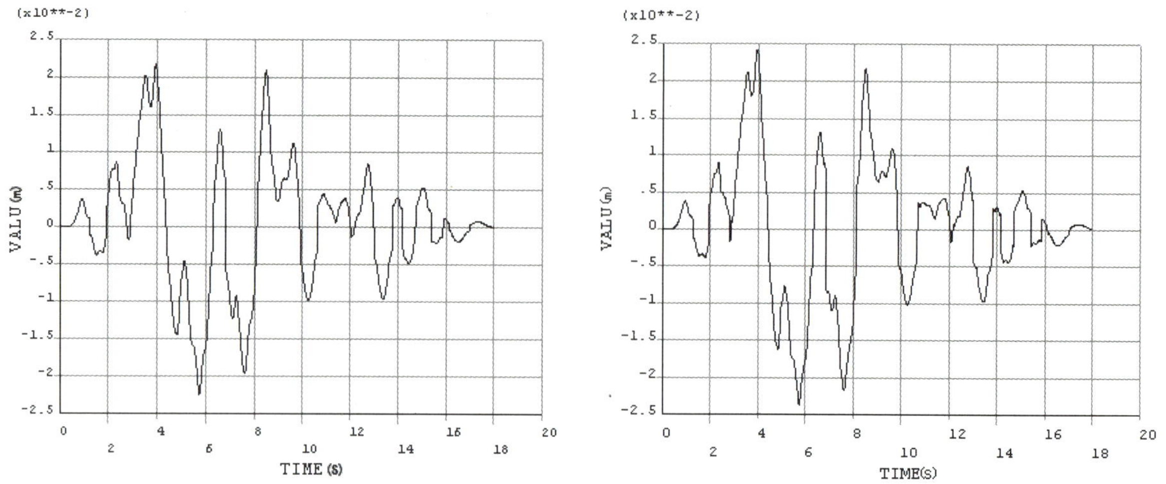

图 6.62　有无挡墙时模型Ⅱ最大位移历时曲线
（左：有挡墙，右：无挡墙）

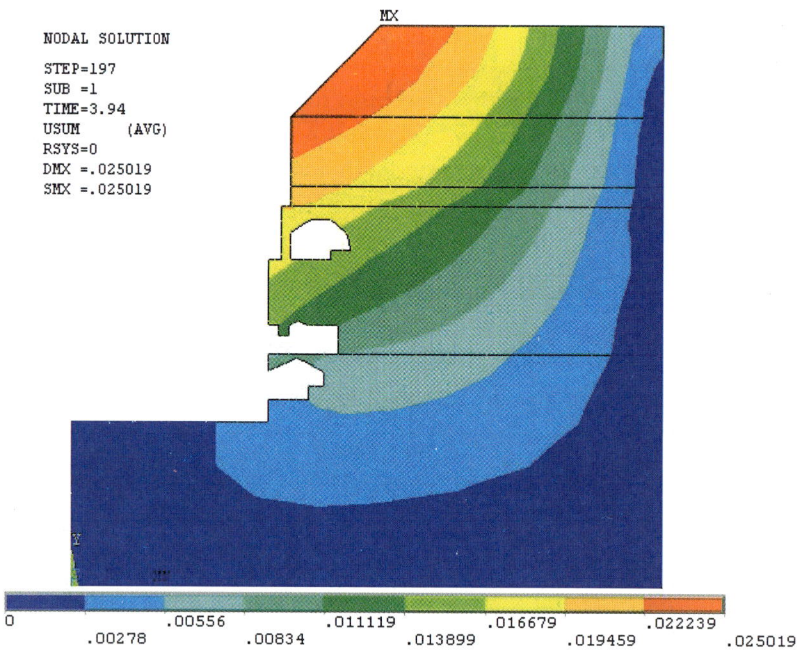

图 6.63　模型Ⅱ无挡墙时位移等值线图

表 6-22　模型Ⅳ有无挡墙时不同位移值（m）的对比

有挡墙			无挡墙		
体系最大位移	节点 38		体系最大位移	节点 38	
	UX 最大值	UY 最大值		UX 最大值	UY 最大值
0.01437	0.01226	0.00074	0.01593	0.01414	0.00262

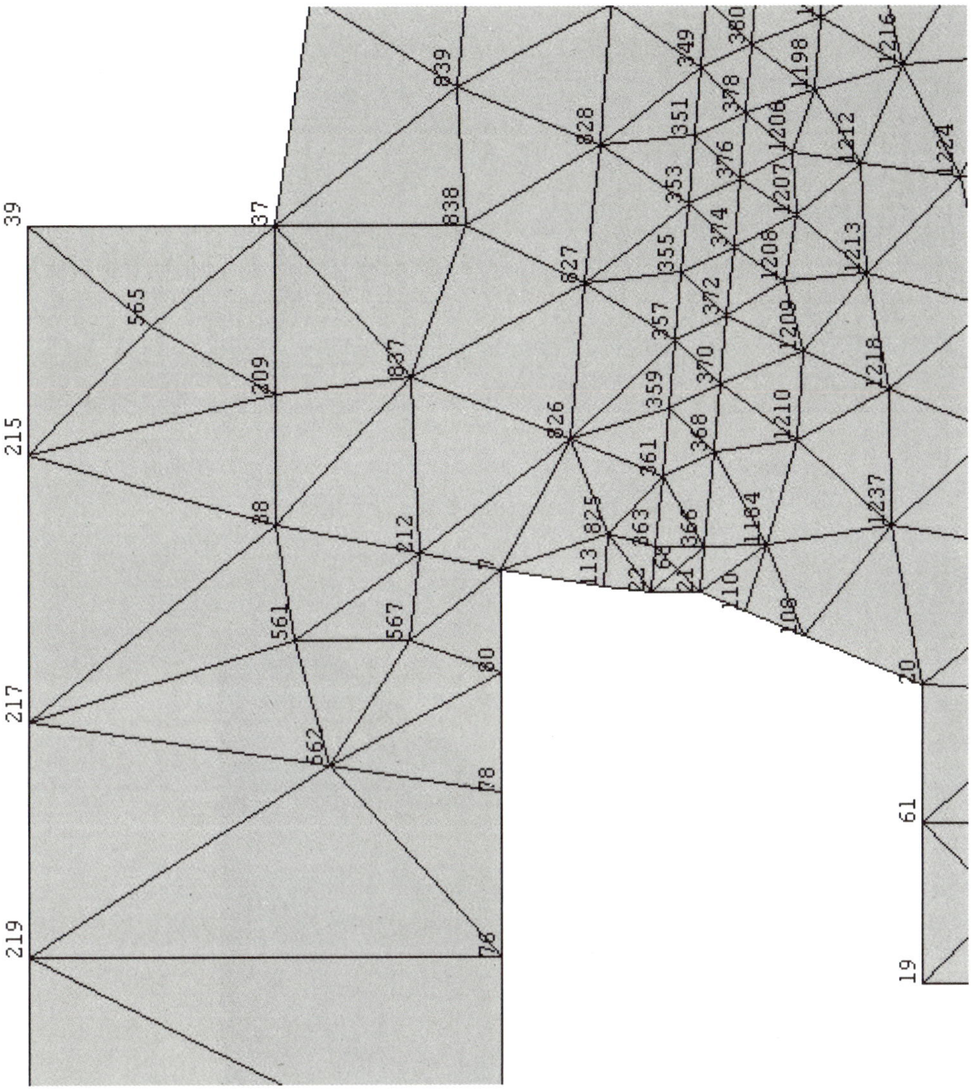

图6.64　模型Ⅳ部分节点平面位置图

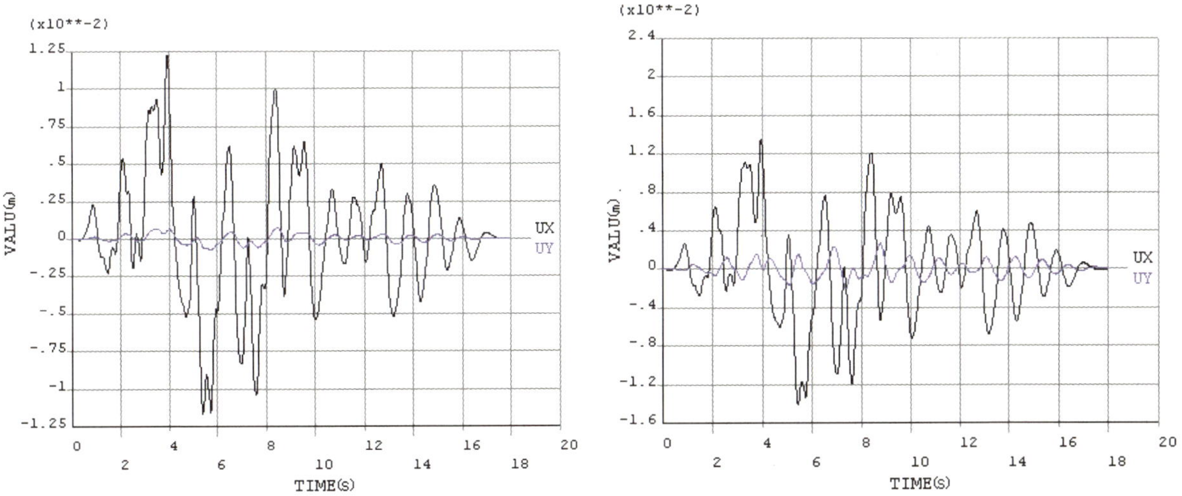

图6.65　有无挡墙时模型Ⅳ节点38位移反应曲线

（左：有挡墙，右：无挡墙）

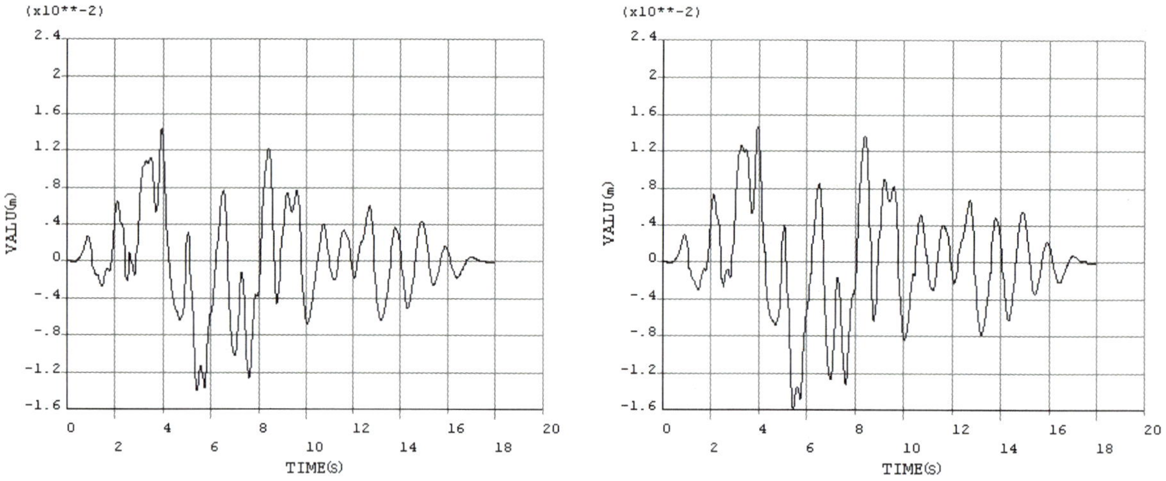

图6.66 有无挡墙时模型Ⅳ最大位移历时曲线

（左：有挡墙，右：无挡墙）

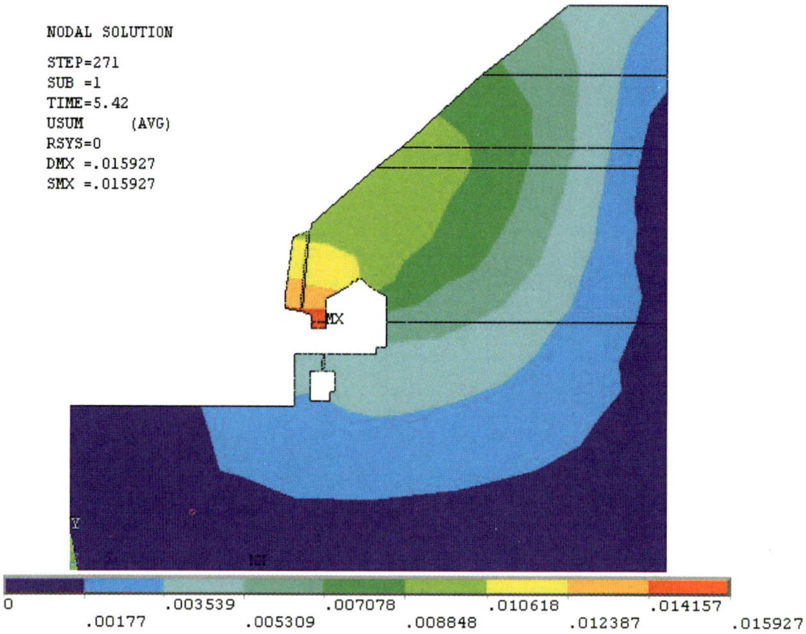

图6.67 模型Ⅳ无挡墙时位移等值线图

从计算结果可以看出，有重力挡墙时，节点14、节点38以及围岩的最大位移反应都较无重力挡墙时要小很多（如图6.61～6.67所示），这也客观地证实了重力挡墙对石窟围岩的加固作用是可靠的，因为它有效地限制了石窟围岩局部乃至整体的地震位移反应，达到了预期的防倾倒和支顶的目标。

表6-23 模型Ⅱ有无挡墙时拉应力（10Pa）最大值对比

单元号	有挡墙	无挡墙
293	15397.5	328.605
400	58061.7	10287.2

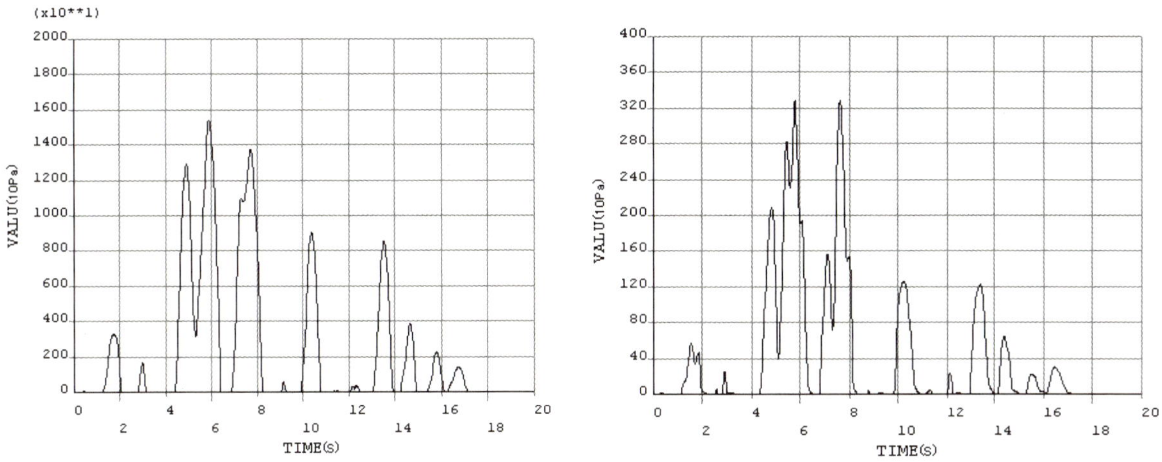

图6.68 有无挡墙时模型Ⅱ单元293拉应力历时曲线

（左：有挡墙，右：无挡墙）

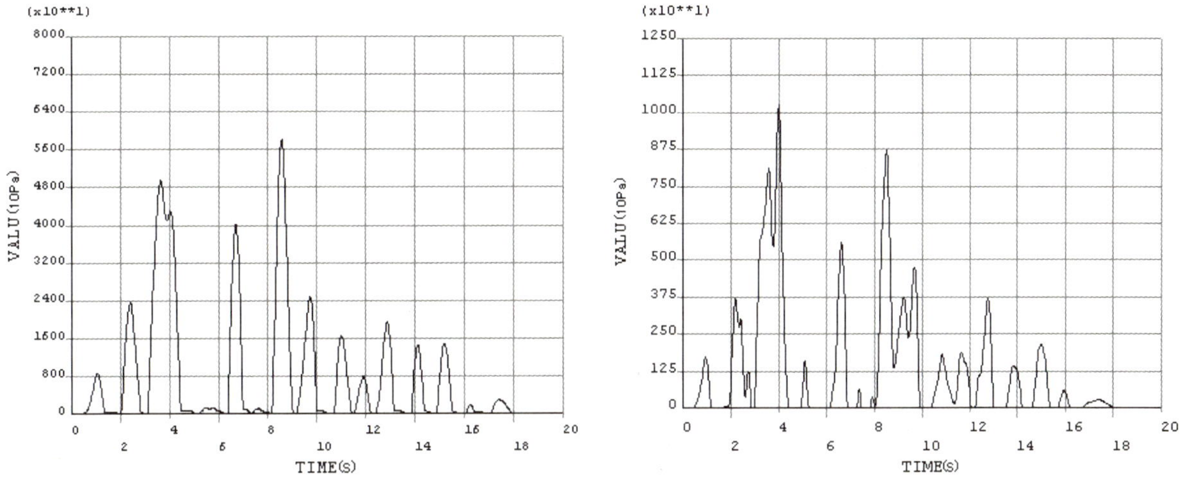

图6.69 有无挡墙时模型Ⅱ单元400拉应力历时曲线

（左：有挡墙，右：无挡墙）

表6-24 模型Ⅳ有无挡墙时拉应力（10Pa）最大值对比

单元号	有挡墙	无挡墙
190	2481.66	92.7434
472	38258.3	47996.6

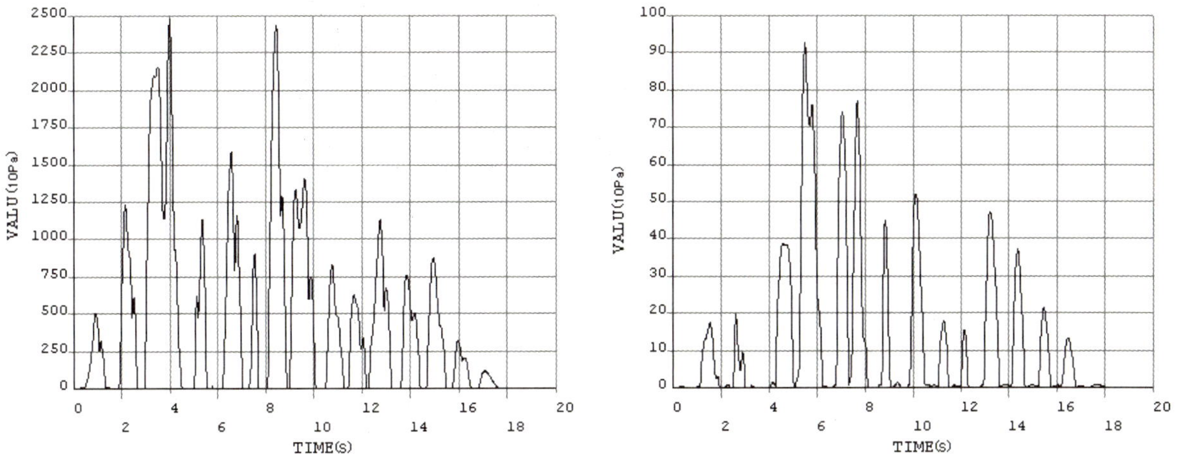

图6.70 有无挡墙时模型Ⅳ单元190拉应力历时曲线

（左：有挡墙，右：无挡墙）

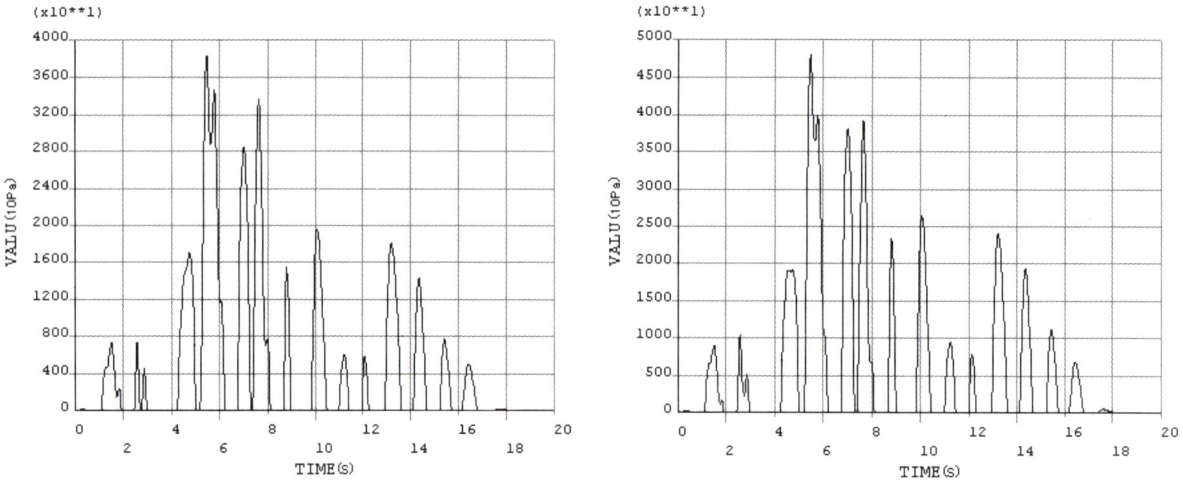

图6.71　有无挡墙时模型Ⅳ单元472拉应力历时曲线

（左：有挡墙，右：无挡墙）

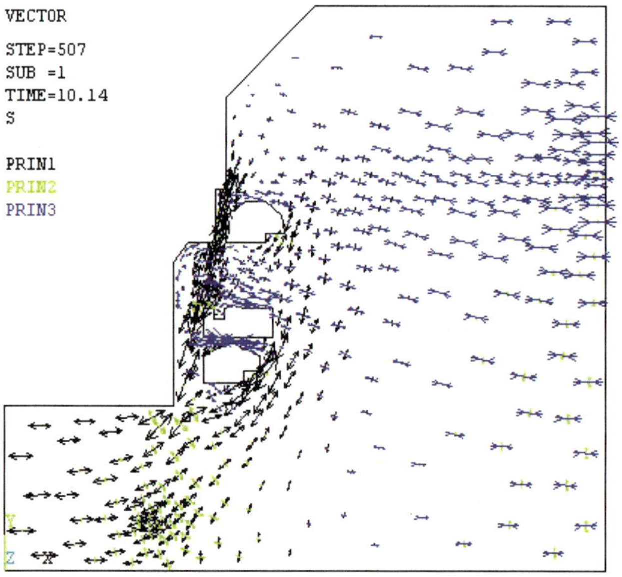

图6.72　持时为28s，PGA=0.1*g*，Tg=0.55s，模型Ⅱ主应力矢量图

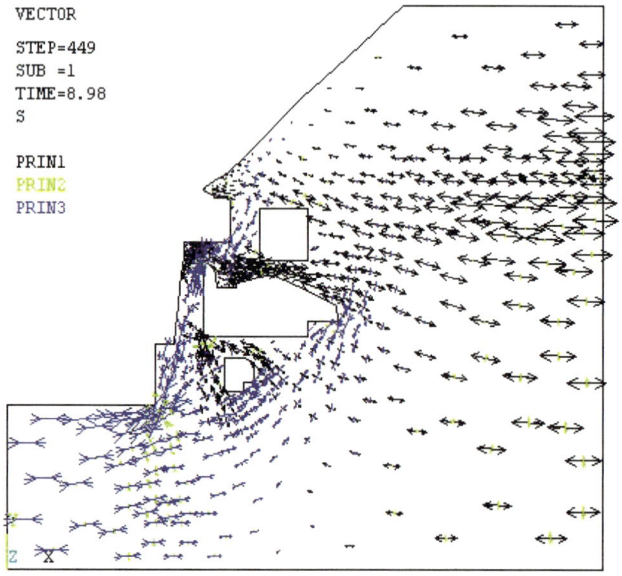

图6.73　持时为28s，PGA=0.1*g*，Tg=0.55s，模型Ⅲ主应力矢量图

6.6 中心柱式洞窟在竖向荷载作用下的三维地震稳定性分析

6.6.1 前言

地震是工程中常见的动荷载形式，研究动荷载作用下的岩体响应，提出稳定性分析方法和控制手段是工程界迫切需要解决的问题，也一直是岩石动力学研究的主要内容之一[12]，目前国内对地震动荷载作用下边坡滑动或崩塌、桥涵隧洞变形、地下结构破坏等工程灾害研究较多[13-15]。石窟文物作为一种特殊类型的岩土体，研究其动力破坏特征非常重要，目前国内一些学者已开展这方面的研究并取得了一些有价值的成果[16-18]。我国部分石窟的空间建造采用了人字形批顶形式，该种类型石窟的开凿丰富了其内部的空间结构，体现了中国传统建筑形式与佛教石窟建造形式上的融合，其独特的设计方式及其所蕴藏的岩石力学信息，闪耀着我国古人在地下工程科学和技术方面的智慧光芒，而且充满待解的疑团。分析研究其在竖向地震荷载作用下的动力反应，对于揭示其震害机理和有针对性地采取抗震防护措施都有重要意义。本研究以敦煌莫高窟254号洞窟为例，用动力有限元分析方法重点讨论人字形批顶结构石窟在竖向地震荷载下的动力响应特性和可能遭受破坏的机理，为石窟文物的保护工作提供借鉴。

6.6.2 计算模型和方法

1. 计算原理

石窟岩体结构的地震反应是一个瞬态动力学问题，在地震荷载作用下，有限元体系在$t+\Delta t$时刻的运动平衡方程为：

$$\underline{M}\,\ddot{\underline{u}}_{t+\Delta t}+\underline{C}\,\dot{\underline{u}}_{t+\Delta t}+\underline{K}\,\underline{u}_{t+\Delta t}=\underline{M}\,\underline{I}\,(\ddot{u}_g)_{t+\Delta t} \tag{6.15}$$

式中，$\underline{M}$为体系的总质量矩阵；$\underline{C}$为体系总阻尼矩阵；$\underline{K}$为体系总刚度矩阵；$\underline{I}$为单位激振矢量；$\ddot{\underline{u}}_{t+\Delta t}$为体系的节点加速度向量；$\dot{\underline{u}}_{t+\Delta t}$为体系的节点速度向量；$\underline{u}_{t+\Delta t}$为体系的节点位移向量；$(\ddot{u}_g)_{t+\Delta t}$为基岩面加速度。运动平衡方程的求解采用Newmark隐式时间积分法。

体系采用Rayleigh阻尼，即$C=\alpha[M]+\beta[K]$，其中α阻尼也叫质量阻尼系数，β阻尼为刚度阻尼系数，根据振型分解方法由选定的两个振型阻尼比和相应的自振频率表示：

$$\left.\begin{aligned}\alpha&=2\left(\frac{\zeta i}{\omega i}-\frac{\zeta j}{\omega j}\right)\Big/\left(\frac{1}{\omega i^2}-\frac{1}{\omega j^2}\right)\\ \beta&=2\left(\zeta j\omega j-\zeta i\omega i\right)/\left(\omega j^2-\omega i^2\right)\end{aligned}\right\} \tag{6.16}$$

式中，ζi和ωi分别为第i振型的阻尼比和自振频率。计算中假定$\zeta=0.05$，根据振型分析结果，采用两种“贡献”较大的与振型相应的自振频率和阻尼比来计算α和β值。

2. 输入地震波

荷载是以地震加速度时程方式输入，由于本地区缺少强震记录，分析中采用了实测的2003年甘肃民乐6.1级地震的竖向地震加速度记录和1995年日本大阪神户7.2级地震的竖向地震加速度记录，分别见图6.74、图6.75，输入时最大加速度分别调整为$0.2g$和$0.3g$。

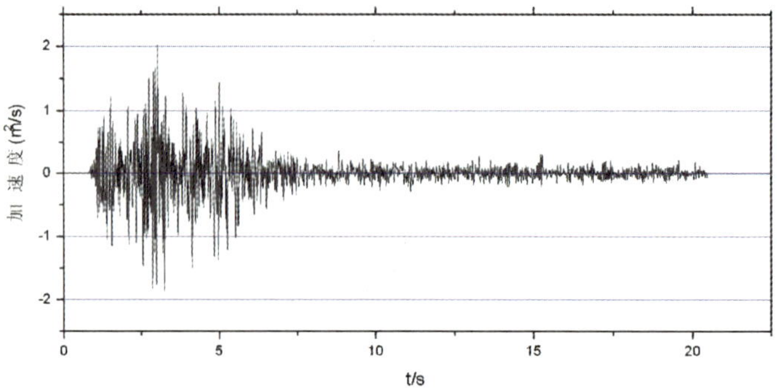

图6.74　2003年甘肃民乐6.1级地震竖向地震动加速度记录

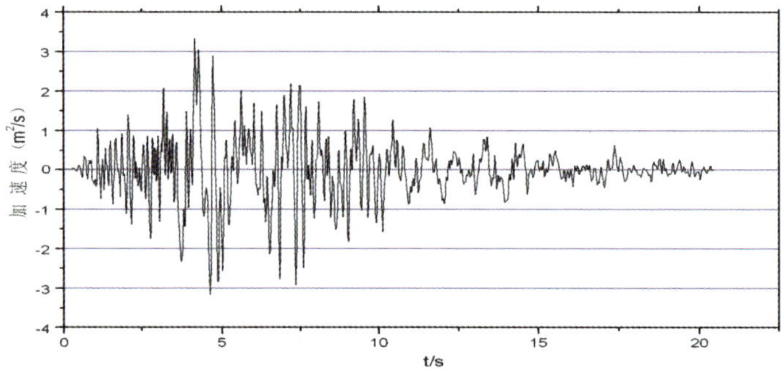

图6.75　1995年日本神户7.2级地震竖向地震加速度记录

3. 计算模型的建立

考虑到莫高窟各洞室分布和每个洞室的结构都相当复杂，所以模型的建立选取具有代表性之一的中心塔柱式石窟，北魏第254窟可作为这一形制的代表。254窟平面是一个纵长方形，洞深6.5m，宽6.0m，高4.0m；洞口处宽1.5m，高1.8m，人字形坡顶从侧面看为一等腰三角形，底边长为2.0m，腰长为1.5m。从空间上说，它又是由前后两部分构成的。前部分占纵深之1/3稍多，有一个与洞窟纵深正交的人字形披顶；后部是平顶，与人字形批顶后披下的方子相接。全窟前后两个部分只是在顶部处理加以区别，前后两部之间没有阻隔。后部平面略成方形，在正方形的中心凿出直通到顶的方形塔柱，在塔柱的左右和后面形成通道。塔柱下部是简单的塔座，上部是塔身，四面凿龛。这种由中心塔柱把全窟布置成前后两个空间的形式，是同当时宗教活动密切相关的，显然前部可供僧徒聚集，相当于印度支提窟中的“礼堂”’，后部作为僧徒回绕中心塔进行礼仪活动的场所。254窟结构情况见图6.76、图6.77。

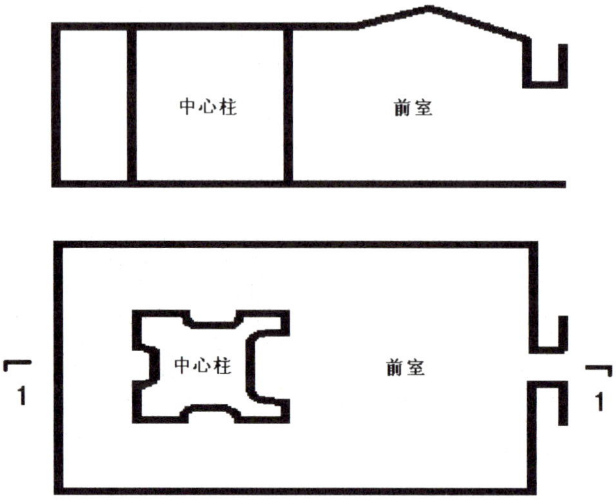

图6.76　254窟的侧面和俯视简图

图6.77　254窟整体三维视图及窟中心塔柱三维视图

在具体分析计算过程中，按照真实的254号洞窟的形制特点建立三维计算模型，并简称为中心柱式模型（模型a），如图6.78所示。为了揭示254号石窟在竖向地震荷载作用下的动力响应特性及结构的影响因素，又建立了无中心柱式的洞窟计算模型（模型b）、有中心柱式的下覆盖有石窟的模型（模型c）和无中心柱式的下覆盖有石窟的模型（模型d），分别见图6.79～6.82。

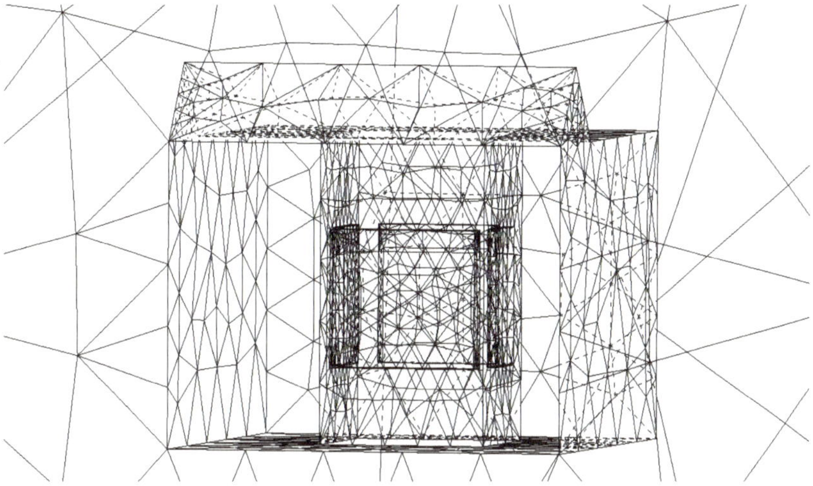

图6.78　有中心柱情况下254窟局部网格示图（模型a）

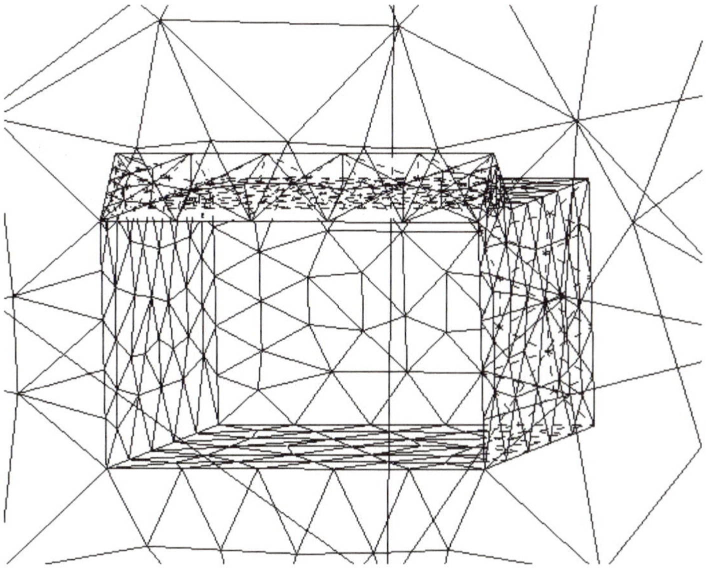

图6.79　无中心柱情况下254窟局部网格示图（模型b）

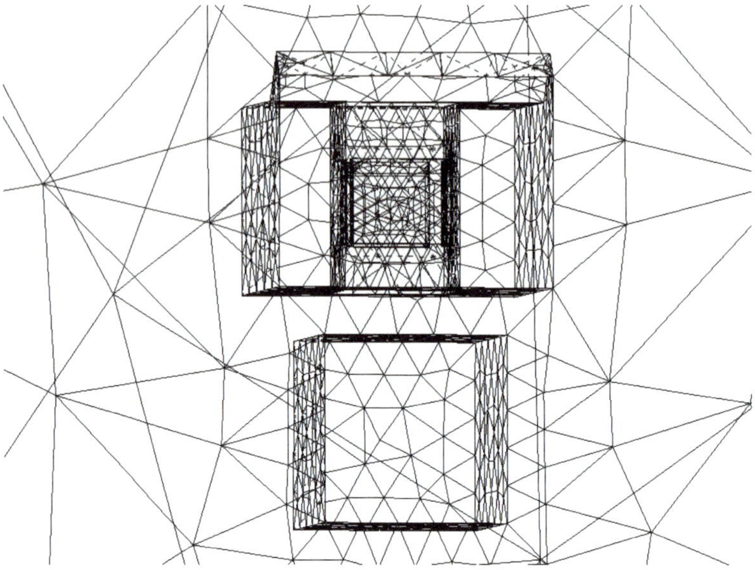

图6.80　有中心柱且下面分布有石窟情况下254窟局部网格示图（模型c）

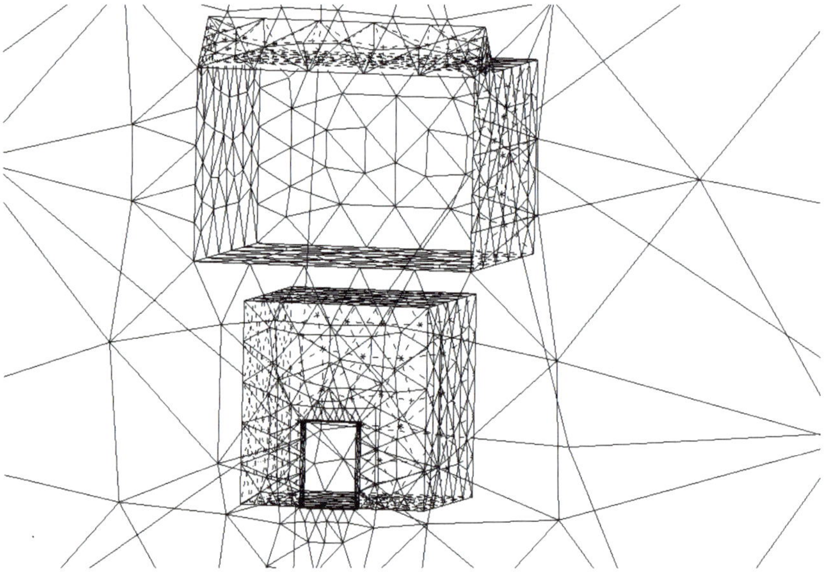

图6.81　无中心柱且下面分布有洞窟情况下254窟局部网格示图（模型d）

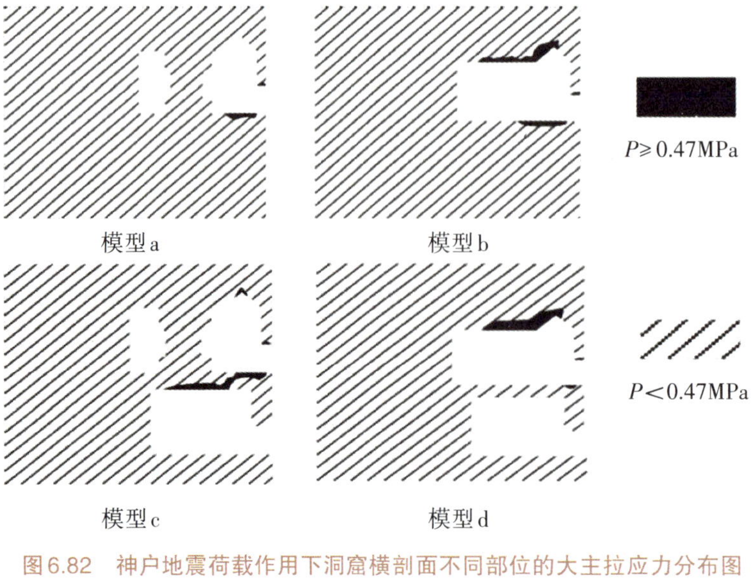

图6.82　神户地震荷载作用下洞窟横剖面不同部位的大主拉应力分布图

4.计算条件

模型的岩土参数取自文献［6］，计算采用弹塑性模型。计算模型上部和两侧边界取至实际洞窟尺寸3倍处，且假定为人工阻尼弹簧边界，洞窟临空面为自由界面，底部取至坚硬基岩处，并在底边上施加全部约束的限制。有限元网格剖分采用四节点的三角形锥体单元，采用大型ADINA软件进行动力有限元分析计算。

由于数值模拟的目的主要是进行拉应力区的计算，且由于石窟所在位置埋深不大，又由于崖面自由界面的存在，因此，不考虑水平构造应力场的作用，即只考虑在自重应力下，洞室围岩在竖向地震荷载作用下的应力场的变化情况。鉴于距石窟开挖时间已很久远，变形早已结束，所以在位移场的计算时应该考虑自重应力产生的位移，最终的位移结果是减去自重产生的位移的结果。

6.6.3 模型数值计算结果的对比分析

由于石窟岩体具有较大的抗压强度，抗拉强度较小，因此计算结果只考虑大主拉应力。对于所建立的四种不同的模型，计算结果表明，较大主拉应力集中出现在洞窟入口处的上部岩体部位、人字形披肩的尖角部位及上下层石窟的中间层岩体部位。

表6-25 民乐竖向地震荷载下洞窟岩体大主拉应力（Pa）分布的情况

拉应力所处部位	模型a	模型b	模型c	模型d
南墙壁	-4.441×10^4	-5.720×10^3	-3.480×10^4	-1.840×10^4
北墙壁	-4.836×10^4	-5.620×10^3	-3.160×10^4	-1.785×10^4
东墙壁	-0.160×10^6	-0.187×10^6	-0.180×10^6	-0.193×10^6
西墙壁	-8.825×10^4	-3.427×10^4	-9.599×10^4	-5.980×10^4
中心塔柱	1.50×10^5	—	7.328×10^4	—
洞顶人字形披肩	0.160×10^6	0.190×10^6	0.180×10^6	0.195×10^6

表6-26 神户竖向地震荷载下洞窟岩体大主拉应力分布的情况（Pa）

拉应力所处部位	模型a	模型b	模型c	模型d
南墙壁	-4.421×10^5	-4.720×10^5	-4.480×10^5	-2.840×10^5
北墙壁	-3.836×10^5	-5.610×10^5	-4.150×10^5	-3.745×10^5
东墙壁	-0.270×10^6	-0.297×10^6	-0.208×10^6	-0.296×10^6
西墙壁	-8.835×10^4	-8.467×10^4	-9.379×10^4	-9.940×10^4
中心塔柱	2.60×10^5	—	7.778×10^5	—
洞顶人字形披肩	0.360×10^6	0.790×10^6	0.755×10^6	0.793×10^6

表6-25、表6-26列出了四个模型的洞窟内不同部位，即洞室四壁、洞顶以及洞底有中央立柱情况下中心塔柱的拉应力分布情况，反映了不同地震动对不同类型洞窟的不同部位的影响特点。从中可以得出以下认识：

（1）洞窟有无中心塔柱对其四周墙体的大主拉应力大小的影响不是很明显，即在竖向地震荷载的作用下在四周墙体没有形成拉应力的塑性区，是较为安全的；中心塔柱本身在竖向地震荷载作用下表现出良好的应力状态，亦没有出现较大拉应力区。

（2）洞顶人字形披顶附近的拉应力值较其他部位明显偏大，并沿垂直崖壁方向向里逐渐减小。对于人字形披顶而言，塔柱本身的存在对于人字形披肩尖角部位的大主拉应力起到了改善的作用。有塔柱的情况下，a模型披顶尖角部位的大主拉应力值为0.16MPa，c模型披顶尖角部位的大主拉应力值为0.18MPa；没有塔柱的情况下，b模型披顶尖角部位的大主拉应力值为0.19MPa，d模型披顶尖角部位的大主拉应力值为0.195MPa。

（3）有塔柱的情况下（神户竖向地震荷载作用下）：如图6.82所示，a模型披顶尖角部位的大主拉应力值为0.36MPa，c模型披顶尖角部位的大主拉应力值为0.755MPa；没有塔柱的情况下，b模型披顶尖角部位的大主拉应力值为0.79MPa，d模型披顶尖角部位的大主拉应力值为0.793MPa。由此可见，中心塔柱的存在有效地减小了人字形披顶处的大主拉应力的值。同时，通过对比可以看出，有中心塔柱的洞窟模型上部岩体的拉应力区明显要小于无中心塔柱的洞窟模型上部岩体的拉应力区。总之，上述分析显示，对于254窟本身而言，有中心塔柱设计的石窟模型大主拉应力条件与无中心塔柱设计的相比有所改善。换言之，前者更有利于洞窟的稳定。

（4）计算结果表明，254窟前部地面部分出现了较大拉应力区，并且在竖向地震荷载的往复作用下与254窟下覆石窟顶部岩体的拉应力区贯通，形成了较大面积的拉应力区。254窟地面中心部位岩体，即254窟下覆石窟顶部岩体在竖向地震荷载（神户）的作用下遭到破坏。

（5）在竖向地震荷载的作用下，下覆窟体的存在主要集中影响于254窟地面部位拉应力的分布形式和大小的改变，254窟中心塔柱的存在同样也影响着下覆窟体顶部岩体的拉应力的分布和大小的改变，中心塔柱的存在使得下部窟体上部岩体的拉应力区扩大，并且拉应力的值也急剧变大。对于石窟群而言，中心塔柱的存在有利于254石窟的稳定，而对于254窟下覆窟体而言是不利的。

（6）从建筑学的角度来看，人字形披顶的开凿体现了中国传统建筑形式与佛教石窟建造形式上的融合，它的开凿丰富了石窟内部的结构空间，但是人字形披顶对于竖向地震荷载来讲，它是一种不利的结构开凿形式，在地震荷载的往复作用下容易形成较大的拉应力，是地震时较容易产生破坏的部位。

6.6.4 小结

（1）254窟中心塔柱在地震荷载作用下有较好的自稳定性，并且它的存在可以有效地改善所在石窟岩体的应力状态，对于所在石窟而言是一种有益的存在。

（2）人字形批顶虽然丰富了石窟内部的空间结构，体现了中国传统建筑形式与佛教石窟建造形式上的融合，但是在地震荷载作用下人字形批顶处容易形成较大拉应力值和较大拉应力区，是容易产生破坏的部位。

（3）254窟下覆窟体的存在主要集中影响于254窟地面部位拉应力的分布形式和大小的改变，即影响下部窟体顶部岩体部位拉应力的分布形式和大小的改变；中心塔柱的存在使得下部窟体上部岩体的拉应力区扩大，并且拉应力的值也急剧变大，是容易产生拉应力破坏的部位。

（4）竖向地震加速度的峰值的大小对石窟的抗震性能有着决定性的影响，荷载作用的峰值加速度为0.3g时的石窟人字形批顶部位的大主拉应力要明显大于峰值加速度为0.2g的情况，且洞窟的多个部位会产生破坏。

（5）对于敦煌莫高窟而言，洞窟密集而又分为上下几层，在石窟抗震防护中应充分考虑竖向地震荷载的作用。

参考文献

［1］石玉成.石窟围岩及其附属构筑物地震稳定性评价方法研究［J］.西北地震学报，2002，22（1）：83-89.

［2］牟会宠.文物保护中石窟寺的稳定性分析与评价［C］//第四届全国工程地质大会论文选集（三）.北京：海洋出版社，1992.

［3］石玉成，徐晖平，王旭东.敦煌莫高窟地震安全性评价［J］.敦煌研究，2000（1）：49-55.

［4］王旭东.中国西北干旱环境下石窟与土建筑遗址保护加固研究［D］.兰州：兰州大学，2002.

［5］王旭东.敦煌莫高窟洞窟围岩的工程特性［J］.岩石力学与工程学报，2000，19（6）：756-761.

［6］张虎元，曾正中，张明泉，等.敦煌莫高窟围岩稳定性及环境保护［J］.中国地质灾害与防治学报，1996，7（2）：73-80.

［7］李俊如，黄理兴，李海波.利用超声波确定敦煌莫高窟洞壁力学特性［J］.辽宁工程技术大学学报：自然科学版，2001，20（4）：460-462.

［8］石玉成，张杰.敦煌莫高窟主要病害及防治对策［J］.西北地震学报，1997，19（2）：81-87.

［9］石玉成.未来地震灾害对敦煌莫高窟及其附属建筑物的影响［J］.西北地震学报，1996，18（3）：42-47.

［10］康红普.水对岩石的损伤［J］.水文地质工程地质，1994（3）：39-41.

［11］黄克忠.地震对莫高窟及附属建筑物的影响［J］.敦煌研究，1991（3）：107-112.

［12］李海波，蒋会军，赵坚，等.动荷载作用下岩体工程安全的几个问题［J］.岩石力学与工程学报，2003，22（11）：1887-1891.

［13］白世伟，林鲁生，徐邦树.凤岗隧洞三维非线性仿真模拟［J］.岩土力学，2002，23（6）：673-677.

［14］刘汉龙，费康，高玉峰.边坡地震稳定性时程分析方法［J］.岩土力学，2003，24（4）：553-560.

［15］陈卫忠，朱维申，王宝林，等.节理岩体中洞室围岩大变形数值模拟及模型试验研究［J］.岩石力学与工程学报，1998，17（3）：223-229.

［16］石玉成，付长华，王兰民.石窟围岩地震变形破坏机制的数值模拟分析［J］.岩土力学，2006，27（4）：543-548.

［17］秋仁东，石玉成，徐舜华，等.预应力锚索加固石窟岩体的地震动力响应研究［J］.西北地震学报，2007，29（1）：49-53.

［18］王旭东，张明泉，张虎元，等.敦煌莫高窟洞窟围岩的工程特性［J］.岩石力学与工程学报，2000，19（6）：756-761.

第七章　预应力锚杆（索）加固石窟围岩的动态损伤特性与分析

7.1　岩土锚固技术的发展和应用概况

岩体和土层的锚固是一种把受拉杆件埋入地层的技术。岩土锚固能充分发挥岩土能量，调用和提高岩土的自身强度和自稳能力，大大减轻结构物自重，节约工程材料，并确保施工安全与工程稳定，具有显著的经济效益和社会效益，因而世界各国都在大力开发这门技术。1911年，美国首先用岩石锚杆支护矿山巷道，1918年西利安矿山开采使用锚索支护，1934年阿尔及利亚的舍尔法坝加高工程使用顶应力锚杆（索），1957年德国Bauer公司在深基坑中使用土层锚杆。目前国外各类岩石锚杆已达600余种，每年使用的锚杆数量达2.5亿根。日本的土锚用量已比三年前增加了5倍。德国、奥地利的地下开挖工程，已把锚杆作为控制施工安全的重要手段。我国应用岩石锚杆起始于20世纪50年代后期[1-4]，进入20世纪60年代，我国矿山巷道、铁路隧洞和各类地下工程中大量采用普通黏结型锚杆与喷射混凝土支护。1964年，梅山水库的坝基加固采用了预应力锚索。近几十年来，北京王府饭店、京城大厦、新桥饭店、亮马河大厦、宝华大厦、上海太平洋饭店等一大批深基坑工程以及云南漫湾电站边坡整治、吉林丰满电站大坝加固和上海龙华污水处理厂沉淀池抗浮工程等相继大规模地采用预应力锚杆。岩土锚固工程，几乎遍及土木建筑领域的各个方面，如边坡、基坑、隧道、坝体、码头、干船坞、坑洼结构、桥梁、高耸结构及悬索建筑的拉力型基础等。

锚固技术按应用对象，分为岩石锚杆、土层锚杆和海洋锚杆；按是否预先施加应力，分为预应力锚杆和非预应力锚杆；按锚固机理，分为黏结型锚杆、摩擦型锚杆、端头锚固型锚杆和混合型锚杆；按锚固体传力，分为压力型锚杆、拉力型锚杆和剪力型锚杆；按锚固形态，分为圆柱形锚杆、端部扩大型锚杆和连续球体型锚杆。众多的锚杆品种，可满足不同的岩土条件、工程对象和工作状态下锚杆选择、设计和采用不同承载能力的要求。

7.1.1　预应力锚杆的应用及岩土锚固的基本原理与力学作用

在岩土锚固工程中，预应力锚杆占有重要位置。预应力锚杆由锚头、杆体和锚固体三部分组成。锚头位于锚杆的外露端，通过它最终实现对锚杆施加预应力，并将锚固力传给结构物。杆体连接锚头和锚固体，通常利用其弹性变形的特征，在锚固过程中对锚杆施加预应力。锚固体位于锚杆的根部，把拉力从杆体传给地层。

1. 岩土锚固的基本原理

岩土锚固的基本原理就是依靠锚杆周围地层的抗剪强度来传递结构物的拉力或保持地层开挖自身的稳定。岩土锚固的主要功能是：

（1）提供作用于结构物上以承受外荷的抗力，其方向朝着与岩土相接触的点。

（2）使被锚固地层产生压应力区或对通过的岩土体起加筋作用（非预应力锚杆）。

（3）加固并增加地层强度，也相应地改善了地层的其他力学性能。

（4）当锚杆通过被锚固结构时，能使结构本身产生预应力。

（5）通过锚杆，使结构与岩石连锁在一起，形成一种共同工作的复合结构，使岩石能更有效地承受拉力和剪力。

锚杆的这些功能是互相补充的，对某一特定的工程而言，也并非每一个功能都发挥作用。

2.岩土锚固的力学作用

（1）抵抗竖向位移

对于水池、车库、水库、船坞等坑洼式结构物，当地下水的上浮力大于结构物重量时，将导致结构物上漂、倾斜和破坏。因此在设计上必须采用抵抗竖向位移的方法。传统的办法是用压重法，即加厚结构的尺寸，这会使基底进一步下降，从而又增大了上浮力，因而增大结构工程量的作用又会部分地被增大体积所排开的水所抵消。

采用锚固结构抵抗竖向位移，可大大减小坑洼式结构的体积，而且由于对锚固结构施加预应力，当地下水上浮力不大于预应力值时，就不会出现竖向位移。与上浮力相抗衡的锚杆锚固力P可用（7.1）式求得：

$$P = mU - Q = mhF - V\gamma \tag{7.1}$$

式中，m为抵抗上浮力的安全系数；U为地下水浮力；h为基地以上的地下水位；V为结构体积；γ为结构物材料的重度；F为结构的基底面积。

（2）抵抗倾倒

对于坝工建筑，坝体的稳定性常取决于作用在结构上的绕转动边的正负弯矩比值。结构物的重力G和该重力中心至基础转动边的距离直接影响着有利于稳定的负弯矩。水压力V和上浮力U则产生不利于稳定的正弯矩。若完全依赖坝体体积即结构物重力G来平衡产生倾覆的正弯矩，这不仅需要庞大的混凝土体积，而且产生抗倾倒的力也难以根据混凝土体积来加以调整。

用锚固技术抵抗倾覆，其锚固力中心可以位于距转动点的最大距离处，这就能以较小的锚固力产生较大的抗倾覆弯矩。

对深基坑工程，采用护壁桩或连续墙维护基坑稳定，也常出现倾倒的危险。采用锚杆拉固护壁桩，既能抵抗倾倒，也有利于减小护壁桩的弯矩。阻止倾倒所需的锚杆锚固力可由力矩平衡求得，对于埋深较大、土质软弱的基坑可采用挡土桩（墙）与多排锚杆拉固的支挡结构。

（3）控制地下洞室围岩变形和防止塌落

地下开挖会扰动岩体原始的平衡状态，导致岩石的变形、松散、破坏甚至塌落。长期以来沿袭采用的木钢支架和混凝土衬砌，完全依赖自身的强度被动地承受围岩的松散压力来维持岩体的稳定。采用这些传统支护尽管花费大量的工程费用，但由于其施工迟缓、结构与围岩相分离等固有弱点，支护结构的破坏和围岩的塌冒常常是难免的。

岩石锚杆或它与喷射混凝土相结合的支护，则能主动加固围岩，提高围岩结构面的抗剪强度，保持岩块间的咬合镶嵌效应，锚杆与围岩紧锁在一起，共同作用，形成加筋的岩石自乘环。特别是采用预应力锚杆，既能提供径向抗力，使开挖后的岩石尽快避免处于单轴或两轴应力状态，以保持围岩的固有强度，又可改善围岩应力状态，在锚固范围内形成压应力环，进一步提高峒室的稳定性。

锚杆作为新奥地利隧洞设计施工法的三大支柱之一，其功能是促使围岩由荷载物变为支护结构的重要组成部分，充分发挥围岩自支承作用，能以较小的支护抗力经济有效地保护峒室的稳定。

（4）阻止地层的剪切破坏

在边坡工程中，当潜在滑体沿剪切面的下滑力超过抗滑力时，即会出现沿剪切面的滑移和破坏。在坚硬岩体中，剪切面多发生在断层、节理、裂隙等软弱结构面上。在土层中，沙质土的滑移面多为平面状，黏性土的滑移面则呈圆弧状。有时也会出现沿上覆土层和下卧岩层的临街面滑动的情况。

为了保持边坡稳定，一种办法是大量削坡，直至到达稳定的边坡角；另一种办法是设置挡墙结构。在许多情况下，这些办法往往是不经济的，或是不可能实现的。采用预应力锚索加固边坡，能提供足够的抗滑力，并能提高潜在滑移面上的抗剪强度，有效地阻止坡体的位移，这是被动支挡结构所不具备的力学作用。

7.1.2 国内外锚固技术与理论研究的发展现状

1.锚固技术的发展

我国在1955年开始使用锚杆，但只是在近些年，我国锚固技术尤其是煤炭锚杆（索）支护技术才得到迅速发展。回顾我国锚固技术的发展，大体可分3个阶段：（1）初期阶段。20世纪50—60年代，以钢丝绳水泥砂浆锚杆为代表，锚杆没有托板（盘），锚杆相互间缺乏联系，在这种情况下，锚杆只起悬吊作用，被动承载而不与围岩共同作用。（2）20世纪70—80年代，国家“七五”和“八五”科技攻关将锚杆（索）支护定为软岩巷道支护的主攻方向之一，使锚杆（索）支护技术有了新的发展，进入了以钢带网和锚梁网为代表的组合锚杆（索）支护阶段。（3）逐渐步入高强度预应力锚杆（索）体系阶段。近年随澳大利亚先进锚固技术与理论在我国的实地演示以及由煤炭科学研究院北京开采所上海分院和中国矿业大学与邢台矿务局联合对原煤炭部“九五”重大科技攻关项目《邢台矿务局煤巷锚杆支护成套技术研究》的攻关，在设计方法、锚杆材质、监测仪器、单体锚杆钻机、快速安装、部分复杂困难条件的煤巷锚杆支护技术等6个方面共15个研究子项目中，取得了一批代表国内水平的具先进性及实用性的成果，使我国煤巷锚杆（索）支护技术水平上了一个新台阶，步入了一个新的发展阶段。具体表现为：①以地应力为基础的锚杆（索）支护设计方法已初见效果，并渐渐发展成熟；②开始采用高强度全长锚杆（索）支护系统，取得了显著的支护效果；③开发研制的顶板离层指示仪和测力锚杆（索）为实施围岩动态监测设计方法提供了技术支持手段。

就目前而言，国外锚固技术以澳大利亚、美国发展最为迅速，两国锚杆（索）支护比重已接近100%，其锚固技术水平居于世界前列。到20世纪80年代以后，一些曾以U型钢或工字钢支架为煤巷主要支护形式的国家（如英国、法国、德国、苏联、波兰、日本等），也大力发展并应用了锚固技术。

2.理论研究现状

工程实践表明，岩土锚固是一种有效的加固措施，但由于工程介质的复杂性以及锚固方式的多样性，至今尚未出现统一的理论。国内外岩土锚固理论研究主要围绕以下几个方面展开：

（1）地锚荷载传递机理研究

对地锚荷载传递机理的研究，英国、美国、法国、加拿大、澳大利亚等国处于国际领先地位。主要内容为荷载从锚杆（索）转移到灌浆体力学机理研究及灌浆体与钻孔孔壁间力学机理的研究。下面介绍国内外比较有代表性的研究成果。Lutz 和 Gergeley[5]、Hanson（1969）[6]、Goto[7] 等都研究了荷载从锚索（杆）转到灌浆体的力学机制。Fuller和Cox[8] 也研究了荷载由锚索向黏结砂浆传递的情况。试验过程表明，在位移较小时便到达峰值荷载，过了峰值荷载，随位移的增加荷载下降，直至残余荷载大约是峰值的一半。对于拉力型锚索，其表面剪应力沿锚固长度上的分布呈指数关系。Stillborg[9] 对影响全长黏结式锚索承载力的因素进行了系统研究，这些因素包括水灰比、添加剂、埋置长度。试验中没有涉及围压，而围压却是一项很重要的因素。他的试验提示我们，添加剂（包括速凝剂、膨胀剂）对锚索的承载力的影响还值得进一步地研究。Ostermayer和Scheele对非黏性土锚固做了大量试验，得出以下几点重要结论[10]：①致密砂层中最大表面黏结力是在很短的锚杆长度范围内，但在松砂和中密砂中，表面黏结力就接近于理论假定的均匀分布；②随着外加荷载的增加，表面黏结力的峰值点向锚固段远端转移；③较短锚索表面黏结力的平均值大于较长锚索表面黏结力的平均值；④锚索的锚固力对地层密度变化反应敏感，从松散到致密地层中，平均表面黏结强度值要增大5倍。Ostermayer 也给出了黏性土锚固的一些研究成果[10]：①单位表面黏结力随锚固长度的增加而减少；

②单位表面黏结力随土的强度增加和塑性的减少而增加；③后期灌浆增加单位表面黏结力至少25%。Nakayama 和 Beaudoin [11] 进行了水泥砂浆和钢筋的黏结强度研究；Goris [12] 等进行了锚杆支护的试验研究；近几年来，Heytt、Bawdem、Reicher、Kaiser 等一些人进行了大量的研究，其中以 Hyett、Bawden 和 Reichert [13] 的研究最为系统。他们通过现场和室内试验得出影响锚索承载力的主要因素是：①水泥砂浆特性，尤其是水灰比；②锚固长度；③围压。试验表明，使用低水灰比的砂浆可使锚索承载力提高50%～75%；锚索承载力随锚固长度的增加而增加，但并不成正比；作用于水泥砂浆外表面的径向侧压越高，锚索承载力越高。在试验研究的基础上，他们得出了锚索破坏的机理，即其物理过程为：随围压的增加，破坏机理由低围压下水泥砂浆的径向开裂和横向位移变化到高围压下水泥砂浆表面皱曲受剪切及锚索沿其与灌浆柱体摩擦面而拔出。这里的围压相当于实际工程中锚孔以外的岩体中所存在的压应力。Jarred 和 Haberfield [14] 通过室内仿真模拟试验，研究了注浆锚杆的侧限刚度、注浆长度及膨胀水泥含量对杆体与注浆体界面力学性质的影响，认为杆体与注浆体界面剪切强度随侧限刚度的增加而增大。程良奎 [15] 等对上海太平洋饭店和北京京城大厦两个深基坑工程的拉力型锚杆锚固段黏结应力的分布形态进行了测定，得到以下规律性的认识：①沿锚固段的黏结应力分布是很不均匀的。观测到的黏结应力从锚固段的近端（即邻近自由段的一端）逐渐向远端减少。随着张拉力的增加，黏结应力峰值逐渐向远端转移。由此可知，设计中所采用的摩阻强度均指平均值。②黏结应力主要分布在锚固段前端的8～10m范围内，即使在最大张拉荷载作用下，锚固段远端的相当一段长度内，几乎测不到黏结应力值，它鲜明地反映出，在外力作用下，并不是与锚固段全长接触的土层的强度都得以调用，对于外力的抵抗区段，主要发生在锚固段前段。③在外力作用下，拉力型锚杆的锚固体有严重的应力集中现象。应力峰值点的转移，也说明锚固段前端可能已出现局部破坏。

（2）岩土锚固作用机理研究

岩土锚固作为岩土工程的一个重要分支，其理论的发展是与岩土工程理论概念的行程与发展密不可分的。岩土工程从概念上讲可分为3个发展阶段：结构工程概念；岩土工程概念；地质工程概念。岩土锚固作用机理的研究从概念上区分，可归纳如下：

a.建立在结构工程概念之上，其基本特征是“荷载-结构”模式把岩土体中可能破坏部分的重量及其他外力作为荷载由支护承担，锚杆支护的悬吊理论、组合梁理论、成拱理论，都是沿用早期结构工程概念，是采用结构力学方法建立的。

b.建立在岩（土）体工程概念之上，强调充分发挥围岩土体的自身强度及自稳能力，它使锚杆支护由支撑概念转变为加固概念，由被动承载变为主动加固。这是岩土锚固理论在思想上的巨大进步，为岩土锚固理论的发展开辟了新天地。

c.地质工程概念，不仅充分考虑岩土体自稳能力，还考虑环境因素与工程的相互作用。建立在此基础上的岩土锚固作用机理的研究还比较少见，但是在工程实践上已大量出现，比如在城市深基坑工程中可回收锚杆的应用便是一例。

综上所述，锚固的主要作用就是充分利用锚杆周围地层自身抗剪强度，通过锚杆传递结构物的拉力，从而保持结构物或地层开挖面的自身稳定。岩土锚固作用机理的普遍认识可概括为：①悬吊理论。把由于开挖、爆破等造成的松动岩块稳固（悬吊）在稳定岩层上，防止破碎岩块冒落。在坚硬的节理发育的岩块处，锚杆通常起这种作用。②支撑理论（成拱理论）。锚杆能限制、约束围岩土体变形，并向围岩土体施加压力，从而使处于二维应力状态的地层外表面岩土体保持三维应力状态，在圆形洞室中形成承载环，在拱形洞室中形成承载拱，因而能制止围岩土体强度的恶化。③组合梁理论。对于水平或缓倾斜的层状围岩，用锚杆群能把数层岩层连在一起，增大层间摩阻力，从结构力学观点来看，就是形成组合梁。④增强理论。对于节理密集破碎岩体，或是较为软弱的土体，施加锚杆可使破碎岩体具有完整性，在软弱土体中增加筋骨，因而增强了锚固区围岩土体的强度（如弹性模量E、凝聚力c等）。⑤销钉理论。锚杆穿过滑动面时所表现出的阻滑抗剪作用。上述几条机理反映了在特定条件和锚固方式下锚杆的加固作用，但相应的力学模型还显粗糙，与实际情况出入较大，只是由于计算方法简单，物理概念明确，在目前岩土锚固工程中仍被广泛应用。

随着岩土锚固工程中由支撑概念向加固概念的转变，许多研究人员通过室内模型试验、数值仿真模拟、现场试验等手段对锚固作用机理进行了深入细致的研究。下面介绍一些比较有代表性的成果。唐湘民[16]通过模型块试验模拟洞室加锚围岩的变形、破坏，认为锚杆倾斜交叉布置可以提高锚固效果；长短结合使用锚杆比单独使用长或短锚杆有利；锚固形成承载拱，产生应变强化。邹志晖、汪志林[17]通过相似模拟试验，研究了锚杆在不同岩体中的工作机理。葛修润、刘建武通过室内模拟试验和理论分析，着重探讨了锚杆对节理面抗剪性能的影响以及杆体阻止节理面发生相对错动的"销钉"作用机制，提出了改进的估算加锚节理面抗剪强度公式，还在给出了用于描述加锚节理面抗剪性能分析模型和理论分析方法的基础上，导出了计算锚杆最佳安装角的公式。日本青木建设研究所的孙建生、永井哲夫及神户大学的樱井春辅[18]进行了室内节理岩体的锚固试验，试验采用无支护、锚杆支护、锚杆加托板支护3种模型。试验结果表明：①锚杆+托板支护的节理岩体模型大体上呈连续体的反应。②锚杆的存在，提高了岩体模型的弹模和单轴抗压强度。③加了托板，更进一步提高了岩体模型的单轴抗压强度。锚杆使节理面的名义刚度显著增大，而且节理剪切刚度越小，锚杆使节理面名义刚度的增大越显著，得出了加固后节理面的剪切刚度和垂直刚度的公式 。中科院武汉岩土力学研究所[19]以李家峡水电站岩质高坡为工程背景，通过大吨位试验分析和有限单元法的计算分析研究了预应力长锚索单体加固机理。张玉军[20]对全长黏结型锚杆锚固试件进行常规及蠕变单轴压缩试验，根据试验结果对锚杆加固效果进行评价，给出了有关的经验公式。并深入研究了锚固体的流变特性，建立了6种黏弹性本构方程，推导出加锚岩体解析解；对锚固体提出6种黏弹-黏塑性模型，并据有关的本构方程进行了数值分析，为流变性岩体的锚固计算奠定了理论基础。李术才[21]采用应变能等效的方法，研究了加锚脆性断续节理岩体在压剪力作用下的本构关系，接着按自洽理论方法研究了拉剪应力状态下的本构模型；用模型试验的方法研究了锚杆的增韧效果。杨延毅等[22]针对加锚节理岩体的特点，采用等效抹平的方法，从损伤加筋体的理论出发，推求加锚节理岩体的等效柔度张量和损伤张量，给出了此类加锚岩体的本构关系。

美国因其巷道埋深较浅、岩层强度高且地应力比较低，因此倾向于悬吊理论和组合梁（加固岩梁）理论[23-25]，而英国、澳大利亚巷道以受水平应力影响为主，尤其是澳大利亚相对英国其巷道围岩变形量及最大水平应力更剧烈[26-27]，一般而言，英国、澳大利亚锚杆支护的设计理论倾向于加固拱（挤压支承拱）理论。

（3）锚杆加固设计理论的研究

国内目前锚杆加固设计及参数选择方法基本上还停留在经验设计阶段和经验数据的基础上，即工程类比法是主要的设计方法。近年随着研究的深入，国内亦渐渐应用理论方法，有影响的主要有以下3种设计理论。①巷道围岩松动圈支护理论[28]。中国矿业大学董方庭教授等提出了松动圈支护理论，该理论认为：围岩松动圈是开巷后地应力超过围岩强度的结果，在现有支护条件下，试图采用支护手段阻止围岩的松动破动是不可能的。松动圈越大，收敛变形越大，支护就愈困难。因此松动圈理论认为，支护的作用是限制围岩松动圈形成过程中碎胀力所造成的有害变形。该理论的优点是简单、直观，对中小松动圈有极重要价值，但对大松动圈尤其是高应力软岩以及采准巷道，实践表明，该理论有一定的局限性[29]。②全长锚固中性点理论[30]。东北大学王明恕等提出了全长锚固中性点理论，该理论认为，在靠近岩石壁面部分（锚杆尾部），锚杆阻止围岩向壁面变形，剪力指向壁面。在围岩深处（锚杆头部），围岩阻止锚杆向壁面方向移动，剪力背向壁面，锚杆上剪力指向相背的分界点，称为中性点，该点处剪应力为零，轴向拉应力最大，由中性点向锚杆两端剪应力逐渐增大，轴向拉应力逐渐减少。该理论近年在国内理论分析中其"中性点"观点被普遍接受，但其理论形式及应用尚存在争议，因为它难以解释锚杆尾部的断裂机理，有人认为该理论假设是未计托盘影响的结果[31-33]。③

地应力为基础的锚杆支护设计理论研究[34]。美国目前有两种基本设计方法[35]：一为经验法，即是建立在以往解决岩层控制的经验基础上的设计方法；二为理论法。澳大利亚、英国在原采用理论法和经验性或试探法的基础上，认为锚杆加固设计必须保证巷道始终处于可靠的状态，而可靠的设计方法必须以对开挖引起的岩层变形、锚杆受力及加固效果的精确测量为基础。在此基础上认为应采用以下两种手段相结合的设计方法：一进行巷道监测，确定围岩矿压显现及掘进和回采期间锚杆加固特性；二利用计算机模拟技术，模拟可能遇到的应力场范围内岩层矿压显现与锚杆加固的特性，以及评价新选择的各种锚杆加固。澳大利亚把该设计方法的实施具体分为4个步骤：①地质力学评估，包括对巷道围岩（顶底板及煤层）力学性质测定、地应力（3个主应力的大小和方向）测试和现场调查；②初始设计（即利用计算机数值模拟方法在巷道开掘以前进行）；③现场监测（即利用测力锚杆及位移计等对锚杆受力及围岩位移进行适时观测）；④信息反馈和修改、完善设计（根据现场监测的数据和曲线与初始设计进行对比，若相同则证明初始设计正确，否则应修正初始设计，调整锚固结构和参数，完成最终设计）。这个设计方法已被证明是成功的。据报道，英国专门制定了技术规范，明确要求必须通过实测进行锚固设计。

（4）岩体锚固参数的研究

国内对岩体锚固参数的研究偏重于锚杆长度和锚杆直径，研究表明：锚杆长度和锚杆直径都存在着极限值，并不是通常认为的愈长愈好和愈粗愈好。具有代表性的研究结果有以下几个方面。①最早提出“中性点”理论的东北大学王明恕等人认为：对全长锚固锚杆的长度由锚杆尾部剪应力不超过黏结剂的极限黏结强度决定，岩石愈松软，巷道断面愈大，锚杆的极限长度愈小。对锚杆直径，认为锚杆的极限直径是根据杆体的最大轴向力和最大剪应力同时达到极限值来决定[36]。②中国矿业大学袁文伯等人基于弹塑性理论分析认为[37]：锚杆的极限长度宜大于塑性区厚度且不宜过多地超出塑性区范围，其理论依据是，在塑性区锚杆产生的拉应力远远大于弹性区，锚杆过长带来作用效率降低且不经济；对锚杆直径，认为其仅与最大剪应力有关，由于黏结层强度的限制，故锚杆存在着极限直径。③空军工程学院郑颖等人利用计算机通过对近万个数据的分析，结果表明，锚杆长度和锚杆直径都存在着一合理值[38]。④中国矿业大学马念杰等人对锚杆直径、钻孔直径与锚固药卷直径的参数匹配对支护效果、成本和效率等因素进行了深入而详细的研究，研究结果表明：“三径”存在着最佳匹配关系。

虽然国内外研究人员在锚索加固边坡的锚固机理上进行了大量的工作，但是，到目前为止，关于地震荷载作用下锚索加固石窟边坡的动力特性分析尚没有见诸报端，关于锚索加固石窟边坡的有效性的分析都还未能得到合理的解释。

7.2　榆林窟环境工程地质条件

7.2.1　榆林窟的区域地质环境

榆林窟，亦名万佛峡，位于河西走廊西段南盆地——塌实盆地（甘肃省安西县城西南76km的榆林河谷中），地理位置东经95°56′19″，北纬40°3′30″。洞窟开凿于榆林河两岸的陡壁上，是我国第一批全国重点文物保护单位。石窟创建于初、盛唐时期，经中唐、晚唐、五代、宋、西夏、元代及清代兴建，其中东崖上层19个、下层11个洞窟，西崖仅有一层11个洞窟（见图7.1、图7.2），保存壁画约5000m^2，彩塑200余身，与莫高窟同属一个艺术体系，是敦煌石窟艺术系统的重要组成部分[69]。本节将系统阐述榆林窟的赋存环境特征和主要岩土工程问题以及石窟加固情况。

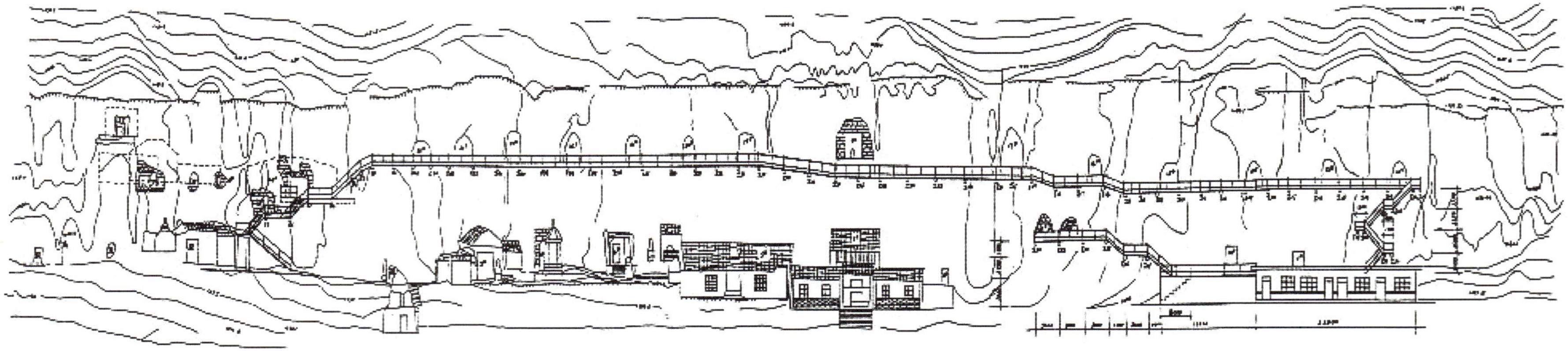

榆林窟东崖立面图

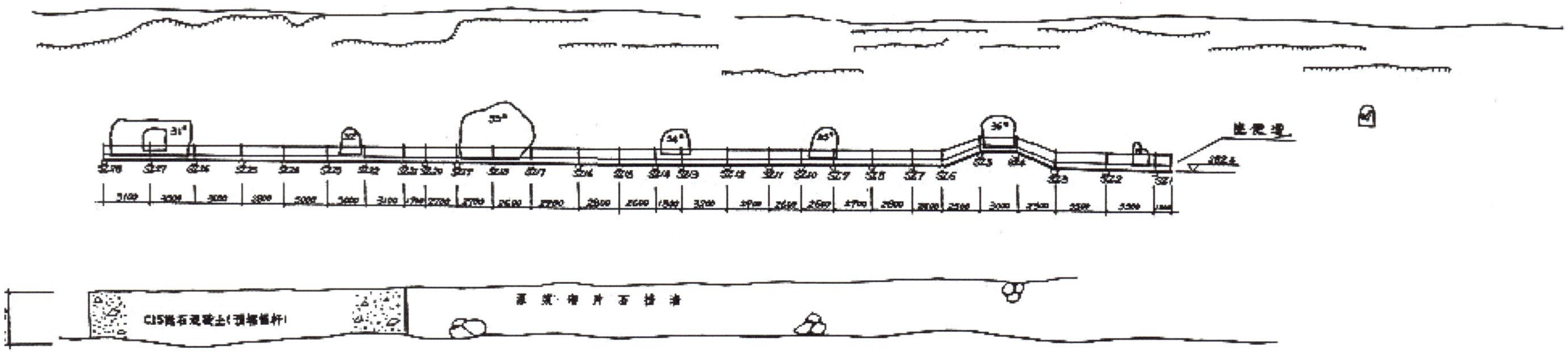

榆林窟西崖31～37窟立面图

图7.1 榆林窟洞窟里面分布图

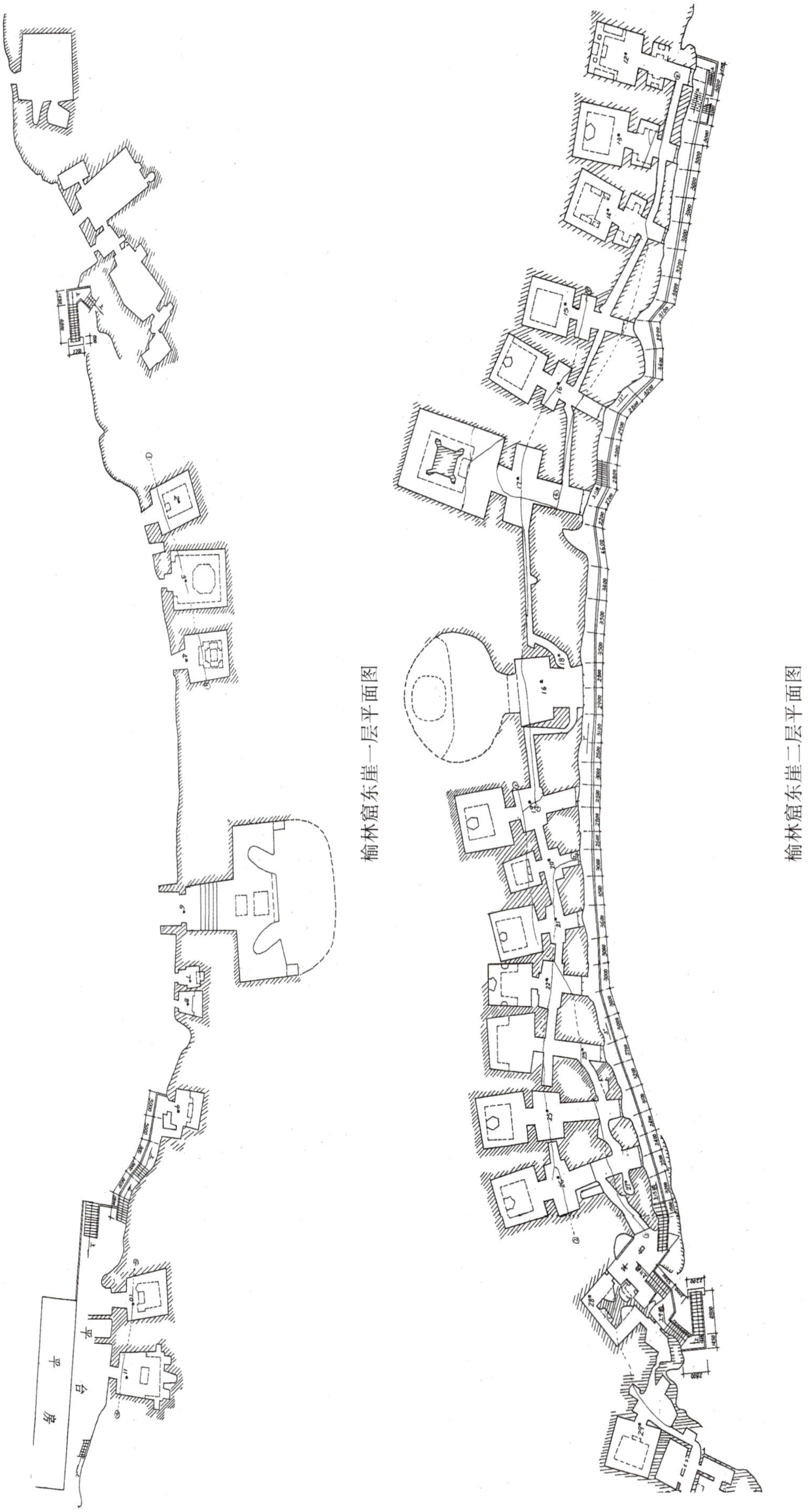

图 7.2　榆林窟东崖洞窟平面分布图

从区域地质看，榆林窟处在敦煌盆地的东部，敦煌盆地是一个由石板山、阿尔金山和鹰嘴山所包围的山间断陷盆地，受北截山和阿尔金山断裂的控制，盆地呈北东向狭长展开。受喜马拉雅构造旋回的影响，第四纪以来，南部山区抬升剥蚀，敦煌盆地处于持续下降的趋势，接纳了来自山区的沉积物。在早更新世，南部山区洪水携带大量物质倾泻于盆地中，由于地势南高北低，洪流水动力的作用及搬运能力的变化，使沉积物自南而北明显地由粗变细。早更新世末期，新构造运动再次发育，早期的玉门砾岩构造变动强烈，相对下沉的盆地接受的沉积物较少。早更新世在榆林窟相对应的地层为玉门组砾岩。中更新世初，气候由干旱转向温暖，南部山区冰雪融水量增加，大量风化碎屑被洪水搬运到盆地沉积。这一时期持续的时间比较长，堆积了相对比较厚的沉积物，砾岩母岩成分以变质岩为主，该岩层也发生了强烈的构造变动。到中更新世末，气候干燥寒冷，沉积基本间断。中更新世，榆林窟相对应的地层为酒泉组砾岩，到晚更新世，一直处于相对下沉的盆地曾有过一段稳定的时期，在这一时期，榆林窟地区以接受沉积物为主，形成了分布于河谷两岸戈壁砾石的平原区。进入全新世，气候一直干燥，山区冰雪融水及降水逐渐减少，盆地周围山口风蚀作用加剧，整个丘陵逐渐沙漠化，形成了现在的地形地貌。榆林河的水从榆林窟南面的岩洞和岩缝进入窟区，长期侵蚀切割岩性较松散的酒泉系砾石层，形成了窟区两岸近直下切约30m的峡谷地貌景观。

安西地区处于河西走廊地震带的西端，地震烈度为Ⅷ度，该地震带受北西西向深大断裂构造控制和北北西向新构造运动的影响，地震活动烈度较强。据历史记载，敦煌、安西、玉门、酒泉、清水一带曾多次发生地震，其中1907年10月14日和1932年12月25日发生的两次较大地震，在安西造成人员伤亡和民房倒塌，城墙开裂，估计为5.2～5.8级地震。

7.2.2 地形地貌

榆林窟地处祁连山北麓山前的砂砾质戈壁和低山丘陵地带，窟区内海拔1706～1760m。地貌上可分为榆林河河谷和河谷两岸戈壁砾石平原区（见图7.3）。河谷总体走向NW310～NW330，河谷宽150～200m，切割深度30m左右，谷底宽30～100m。窟区上游的榆林河电站尾水出口及下游的野狐洞段狭窄，宽仅2～3m，使窟区成为长纺锤形的盆地。河谷两岸大部分地段陡壁直立，部分段落呈负坡或因坡积覆盖而呈30～50m的陡坡。两岸有宽3～5m、深3～10m的V形冲沟（见图7.4），个别冲沟深达数十米陡峭直立。榆林河谷两岸有零星分布的河滩及一、二级阶地，但面积都比较小。

图7.3 榆林石窟总体视图

图7.4　石窟所在崖面的冲沟发育

榆林窟区出露的地层均为第四系地层，所出露的地层可分为三个工程地质岩组（见图7.5），按其成因、时代的不同可划分为以下几层：

下更新统玉门砾岩（Q_1）：分布于窟区上游榆林河电站尾水出口两岸及河床，呈巨厚层状或块状，具钙质胶结，成岩程度较高，石质坚硬。

中更新统酒泉砾石层（Q_2）：分布于两岸谷坡，厚25～40m，具泥钙质微弱胶结，干燥时强度较高，地貌多呈壁立陡崖，由于粒度成分和胶结程度的差异，大致又可分出粗、细相间的四个亚层。该套地层与下伏Q_1玉门砾岩之间有一沉积间断面，故二者呈不整合接触关系。榆林窟所有洞窟均开凿在中更新统酒泉砾石层（Q_2）陡崖上。

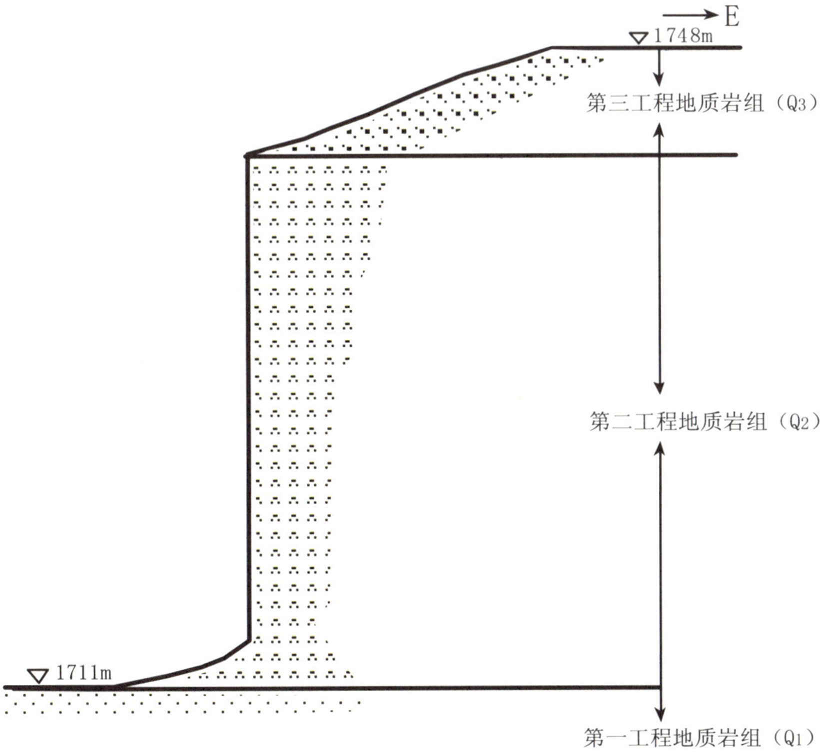

图7.5　榆林窟地层工程岩组划分示意图

上更新统戈壁组砂砾石层（Q_3）：分布于河谷两岸戈壁砾石平原区，泥质微胶结或松散结构。

全新统冲洪积砂土、砂及砂砾石层：分布于河床，漫滩及一、二级阶地区。砂土主要见于阶地上部，厚1～25m，土质疏松，多见夹层，不均匀，天然容重1.1～1.5g/cm^3，含水量5%～8%，压缩模量8～15MPa，具中等压缩性；砂层主要见于窟区下游阶地上部，多为汛期淤积，结构疏松或松散。砂砾石层位于河床及阶地下部，厚0.5～2.5m不等，结构松散，以细砾为主，磨圆较好，分选性差。

全新统坡积层：分布于河谷两岸陡崖坡脚，由砂砾卵石、胶结砂砾石团块及孤石混合堆积而成，结构松散并有架空现象，厚度变化大。

7.2.3 岩性特征

榆林窟在中更新统酒泉组砂砾岩中，岩石由碎屑物和胶结物两部分组成，质地疏松，多孔隙。碎屑物约占80%，成分复杂，种类多样，有各种石灰岩（角砾状灰岩、生物灰岩等）、粉砂岩、变质粉砂岩、角岩化砂岩、硅质岩、黑云母斜长片麻岩、变质辉绿岩等。矿物碎屑有石英、斜长石、黑云母、磷灰石等。分选性很差，粒度从砂级到砾级，最大的可达30mm。球度和磨圆度都不相同，少部分具尖锐棱角。碎屑物以变质岩石碎屑为主，其间可见到少量胶结物（约占20%），基本上是碎屑间直接支撑，但在局部可见到泥质胶结物（充填物），其成分为泥晶方解石，泥质充填物以伊利石和绿泥石为主，这些黏土矿物也反映了成岩阶段的沉积环境。

榆林窟的窟层岩石实测干密度2.20g/cm^3，颗粒密度2.63g/cm^3，空隙率16.4%。岩石胶结性差，放在水中后崩解，无法测出其吸水率。在榆林窟的东崖和西崖分别取样做颗粒分析，结果为，大于2mm的颗粒75%～85%，2～0.075mm之间的颗粒占15%～20%，小于0.075mm的颗粒含量小于5%，定名为砾岩。

利用弹性波在岩体中的传播特征可以了解岩体的动力特性。通过对洞窟围岩及附属工程构筑物进行波速原位测试，再借助经验公式

$$E = 1.71874 \times 10^{-10} \times V_P^{3.80114}$$

可计算出岩体静弹性模量（式中：E为围岩弹性模量；V_p为纵波波速）。

由于洞窟砾岩呈半胶结状态，难以制成规则的块状样，而且尚缺乏具体的试验数据，根据目前所掌握的数据和参照工程地质条件相类似的莫高窟的各工程岩组力学性质，得出各统计参数见表7-1。

表7-1 各岩组力学参数

工程地质岩组	弹性模量E(MPa)	泊松比(γ)	密度(ρ)(g/cm^3)	抗压强度(MPa)	抗拉强度(MPa)
Q_3	100	0.30	2.10	—	0.20
Q_2	460	0.32	2.20	9.50	0.36
Q_1	500	0.26	2.40	12.6	0.54
裂隙灌浆	196	0.25	2.10	—	1.60

7.2.4 榆林窟现存的岩土工程问题

由于上述自然因素的作用，榆林窟崖体现存有裂隙发育、崖面风化、冲沟发育、窟顶降水入渗等岩土工程问题。

1.裂隙发育

由于NNW向构造作用，榆林河下切、重力卸荷作用及开凿洞窟后应力的重分布等的影响，在榆林窟所在的岩体上产生了两组裂隙：第一组的走向为N25°W左右，与崖面及榆林河的走向一致，贯通性好，下延深度大，极接近崖脚。裂隙显“V”形，最大宽度为0.5m，东崖该裂隙穿过全部上层洞窟，局部地段延伸到下层洞窟，西崖该裂隙贯穿了第31～36窟。该组裂隙是岩体倾倒、崩塌破坏的主要依附面；第二组裂隙走向为N65° E，与第一组裂隙近直交，垂直于崖面，是岩体分段破坏的侧界，崖顶斜坡和崖面上的大冲沟均是沿该组裂隙发育起来的。

2.崖面风化

由于当地多风，再加上特殊的地层条件，石窟崖体面临进一步遭受风化的危险。窟顶变薄、危石掉落均威胁文物和游人的安全。第二工程地质岩组风化层厚度5～10cm，第三工程地质岩组风化更严重，部分漂砾及卵石因风蚀掏空而成危石。

3.冲沟发育

尽管当地年降水量仅56mm，但大多集中在6、7、8月，单次降雨的强度较大，再加上榆林窟崖顶属前述第三工程地质岩组，其结构松散，几乎无胶结，所以极易形成冲沟。如果冲沟是沿垂直崖面的构造裂隙发育的，则其规模就更大。

4.窟顶降水入渗

榆林窟窟顶原来并不平坦，窟顶发育着大小不一的许多冲沟，后经平整，目前比较平坦。由于集中式的降水很容易通过渗透性强的第三工程地层岩组向下入渗，造成绝大多数顶层洞窟窟顶的壁画荡然无存。大气降水甚至沿发育的裂隙入渗至底层洞窟，使得某些底层洞窟的壁画受到水的威胁。

7.2.5 工程加固措施

针对榆林窟存在的上述岩土工程问题，结合20世纪90年代的新技术、新材料、新工艺，在我国文物保护所遵循的“修旧如旧，不改变原貌”的原则指导下，几经反复，最后确定了以锚索技术加固裂隙岩体、用PS-F进行裂隙灌浆、用PS材料进行崖体防风化加固和窟顶建造防渗层等工程措施对榆林窟进行综合整治。

1.锚索加固工程

锚索技术是近几十年发展起来的一种岩体稳定性加固技术。它可充分发掘岩土材料本身固有的能量，最大限度地调动岩土介质内在的强度和潜力，并设法加强岩土体的自承和自稳能力，使岩土体保持长期持续稳定，尽可能地约束其变形的有害增长。以控制论的观点认为，锚固方法应属于一种主动控制措施，这比莫高窟所采用的挡土墙结构（属一种被动控制），在构思上似乎更为优越，是一种较理想的先进技术手段。从文物保护的观点来看，它又不改变文物的原貌，可谓两全其美。榆林窟崖体的锚索加固主要是防止崖体在地震力和其他应力作用下沿裂隙发生倾倒和崩塌破坏。榆林窟东西崖采用的锚索分别为：控制锚索177根，每根长7.5～14.5m或13～21m，以防止地震力作用下岩体发生大规模倾倒和崩塌破坏；局部锚索133根，每根长7.5～8.5m，以防止岩体发生局部崩塌破坏；还有防止岩体下错的锚索45根，每根长11.5m。每根锚索由5～6根15mm的钢绞线组成。钻孔孔经均为110mm。东西崖锚索工程共成孔374个，总钻孔深度4370.23m，其中东崖292个，总深度3547.63m；西崖82个，总深度822.6m（图7.6）。

图7.6 锚索加固图

2.裂隙灌浆工程

裂隙灌浆工程是榆林窟加固工程的重要组成部分，它不仅可以防止大气降水沿裂隙渗入洞窟内破坏壁画，而且与锚索工程相配合，增加了岩土的完整性和结构的整体性，特别是岩体的薄弱部分，使岩体的结构面得到较大的增强，最大限度地利用或提高岩土原有的力学性能，有效地增强岩体自身的抗破坏能力（图7.7）。

图7.7 裂隙灌浆图

针对榆林窟砂砾岩岩体裂隙特性，进行了砂砾岩裂隙灌浆材料与工艺的筛选试验研究。对PS-G、PS-Z和PS-F三种浆材，即以最佳模数的硅酸钾为主剂，分别以硅藻土（G）、铸石粉（Z）和粉煤灰（F）为填充材料制成的结石体进行了物理化学性能和力学性能的反复分析、测试，特别对以上三种浆材的收缩变形性和可灌性进行了对比分析测试，最后选定了PS-F浆材作为榆林窟裂隙灌浆材料。整个灌浆工作完成后，待浆液完全凝固，便可切取伸出岩面的塑料注浆管。洞窟内的裂隙在水泥砂浆上敷以麻刀泥做旧，使之与壁画保持在同一平面。对窟外的裂隙则先喷较高浓度的PS材料，再撒砂土做旧。榆林窟裂隙灌浆工程共完成20条主要裂隙，总长度558m（其中东崖16条，裂隙总长388m；

西崖4条，裂隙总长170m）的灌浆，总计灌浆量约123m^3。

3. 风化崖面的加固

在一般的地面岩体加固工程中，岩体防风化加固一般采用挂网喷射混凝土的方法或砌石护坡等。20世纪70年代进行的麦积山加固工程就采用了挂网喷射混凝土的方法。但这种方法也有诸多弊病，如改变了石窟的原貌，同时因混凝土层透气透水性差，使得岩体内排水不畅，导致窟内湿度增大而影响壁画和塑像的保存。榆林窟加固工程最初的方案也采用了这种方法。但随着防止砂岩风化的PS材料的研制成功并通过部级鉴定，以及挂网喷射混凝土的诸多弊端的进一步显露，国家文物局在《关于榆林窟加固工程方案的批复》中指出，“榆林窟崖体加固不可照搬麦积山全部挂网喷涂混凝土的方式。挂网混凝土层应限用在崖面酥松破碎区及西崖底部可能遭受洪水冲刷的部位，对其他酥松不严重和并非裂隙密布的崖体，可使用锚杆锚固，并考虑用PS材料渗透防止表面风化，避免一概挂网喷涂混凝土所造成的历史遗迹被遮盖，岩体内排水不畅和窟内湿度增大等弊病”。为此，在过去进行的利用PS材料加固风化砂岩石雕和化学固沙试验研究的基础上，又进行了用PS材料进行砂砾岩体防风化尤其是防风蚀的研究。将砂砾岩块用PS材料充分渗透加固后，在中国科学院兰州沙漠研究所进行的耐风蚀风洞模拟对比试验，试验表明：用PS加固的砂砾岩体耐风蚀性比原岩体提高20～30倍。

4. 窟顶防渗层建造

窟顶防渗层的建造仅在东崖进行，最初建造了厚10cm、面积4661m^{2}的混凝土防渗层。由于榆林窟地区温差大，这样大面积混凝土覆盖层的收缩缝很难处理，加之窟顶有些部位原来为冲沟，后来用砂土回填不密实。在混凝土防渗层建造后不久，由于不均匀沉降，很快开裂凹陷，用沥青浇填的收缩缝也开裂。遇到降雨后，雨水聚集在凹陷处，沿开裂缝隙渗入岩体内。由于混凝土覆盖层透气透水性差，水分不易挥发，结果水分向下运移，日积月累，在六窟顶出现渗水，17窟窟顶也因岩体内湿度增大，约1.5m^{2}的壁画脱落。

5. 冲沟的整治

榆林窟东西两崖上发育了许多冲沟，进行崖面防风化加固时，将一些小冲沟进行了整治，削去危岩，喷涂PS材料。针对七条规模较大的冲沟，依据不允许冲沟继续扩大，且将汇水引出冲沟的原则，采用三个方法进行整治：用PS材料加固冲沟斜坡，防止降水继续冲刷；修建拦水堰，一旦有大雨，汇水有足够的空间储备，满足排出冲沟的要求；修建排水通道，将水排出冲沟。经过治理，这些冲沟再未出现冲刷的现象。

7.3　预应力锚杆（索）加固石窟岩体的动态数值模拟分析

7.3.1　动力有限元计算中相关问题的处理

1. 锚索模型计算原理

采用预应力锚索主动加固岩土工程具有技术先进、经济合理、安全可靠等诸多优点，因而在边坡基坑堤坝隧道水电等大量岩土工程中得到了广泛的应用。由于预应力锚索加固工程多为不可见的隐蔽性工程，且预应力锚索的施工工艺较复杂，影响锚固效果的因素众多，致使目前关于各类预应力锚索作用机理、锚固体系与围岩的相互作用关系影响锚固效果的因素等研究仍处于理论探讨之中，滞后于工程实践。在预应力锚索锚固系统中，一般认为钢绞线索体只能轴向抗拉，不能抗压和承受弯矩。本文将锚索材料视为非线性弹性体。图7.8为锚索材料力学特性曲线（其材料的应力-应变关系曲线表明，当受拉时有强度，受压缩时无强度）。

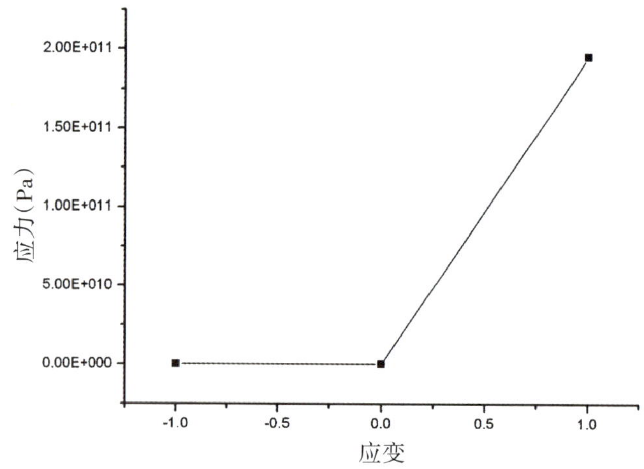

图7.8 锚索材料的应力–应变关系曲线图

2.初始地应力的处理方法

地层中通常存在初始应力，它是地层处于天然产状条件下所具有的内应力。地层的初始应力主要是由于土体自重和地质构造作用所产生的。不计构造应力时，初始应力就等于自重应力。按照弹性理论空间体的求解结果，土体在自重作用下的初始应力为：

$$\{\sigma_0^0\} = \begin{Bmatrix} \sigma_x^0 \\ \sigma_y^0 \\ \sigma_{xy}^0 \end{Bmatrix} = \begin{Bmatrix} \dfrac{\mu}{1-\mu}\gamma y \\ \gamma y \\ 0 \end{Bmatrix} \tag{7.2}$$

式中，y为距地表的深度；γ为土体容重；μ为土体的泊松比。

初始地应力分布对岩土变形的计算结果有重大影响。岩石力学界已有一些论文探讨从少量实测地应力值推算当地的地质过程。土力学界亦早已知道，假定不同的初始侧压力系数算出的位移将有很大差别。本文中采用的方法为先求出在自重荷载产生的初始地应力场，再求解在地震动荷载作用下产生的动力响应。

$$e_{11}=B\times z \quad e_{22}=C\times e_{11} \tag{7.3}$$

其中，z为整体坐标中的z坐标值；这里$B=\rho\times g$；C为侧压力系数，一般取0.3～0.4（可查阅相关规范）。

3.锚索对裂隙岩体刚度矩阵的贡献

大量工程及试验揭示：岩体施加预应力锚索后，锚索与岩体起到固结联合作用，并对岩体产生悬吊、承载以及抗剪作用，加索后，锚索隐埋在裂隙岩体中，形成加索损伤岩体元，当计算时，将锚索产生的附加刚度叠加到相应损伤岩体的刚度矩阵中去，以此反映锚索对岩体变形的约束作用，而预应力则作为一对集中力，加在锚索两端进行处理。

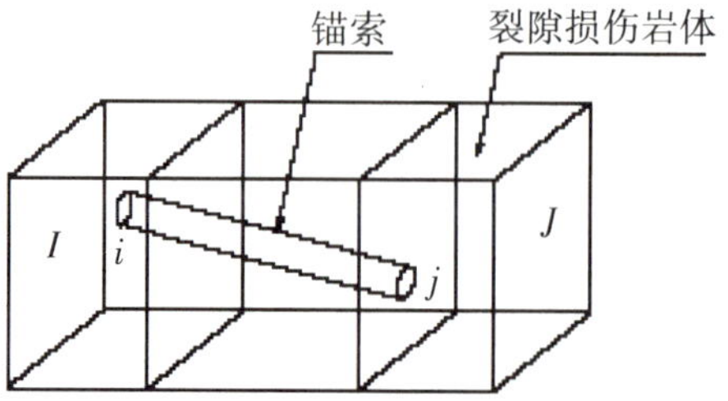

图7.9 锚索支护模型

由图7.9可知，对于隐埋在裂隙岩体内任意方向的锚索i、j，若已知其方向余弦l、m、n，则根据有限元理论可知空间锚索单元的结点平衡方程为

$$\left[K_e\right]\{\delta\}^e=\{f\}^e \tag{7.4}$$

锚索单元刚度矩阵 $[K_e]$ 的表达式为

$$\left[K_e\right]=\frac{EA'}{L}=\begin{bmatrix} l^2 & lm & ln & -l^2 & -lm & ln \\ lm & m^2 & mn & -lm & -m^2 & -mn \\ ln & mn & n^2 & -ln & -mn & -n^2 \\ -l^2 & -lm & -ln & l^2 & lm & ln \\ -lm & -m^2 & -mn & lm & m^2 & mn \\ -ln & -mn & -n^2 & ln & mn & n^2 \end{bmatrix} \tag{7.5}$$

式中，E 为锚索材料的弹模；A' 为锚索加固的损伤围岩体面积；L 为锚索长度；$\{\delta\}^e$ 为索单元结点位移列阵；$\{f\}^e$ 为索单元结点载荷列阵。

由于锚索两端 i、j 分别隐埋在裂隙岩体单元 I、J 内，根据有限元插值理论和虚功原理可求得锚索对裂隙岩体刚度矩阵的"贡献"，这个"贡献"就是由于加索而对裂隙岩体产生的附加刚度矩阵 $[K_e]_{附}$，其值为

$$\left[K_e\right]_{附}=[N]^T\left[K_e\right][N] \tag{7.6}$$

式中 $[K_e]$ 为锚索单元刚度矩阵；$[N]$ 为加索损伤岩体单元形函数矩阵，其表达式为

$$[N]=\begin{bmatrix} N_{1(i)}^I & 0 & 0 & 0 & 0 & 0 \\ 0 & N_{1(i)}^I & 0 & 0 & 0 & 0 \\ 0 & 0 & N_{1(i)}^I & 0 & 0 & 0 \\ \vdots & \vdots & \vdots & \vdots & \vdots & \vdots \\ N_{8(i)}^I & 0 & 0 & 0 & 0 & 0 \\ 0 & N_{8(i)}^I & 0 & 0 & 0 & 0 \\ 0 & 0 & N_{8(i)}^I & 0 & 0 & 0 \\ 0 & 0 & 0 & N_{1(j)}^J & 0 & 0 \\ 0 & 0 & 0 & 0 & N_{1(j)}^J & 0 \\ 0 & 0 & 0 & 0 & 0 & N_{1(j)}^J \\ \vdots & \vdots & \vdots & \vdots & \vdots & \vdots \\ 0 & 0 & 0 & N_{8(j)}^J & 0 & 0 \\ 0 & 0 & 0 & 0 & N_{8(j)}^J & 0 \\ 0 & 0 & 0 & 0 & 0 & N_{8(j)}^J \end{bmatrix} \tag{7.7}$$

式中，$N_{K(i)}^I$（k=1，…，8）为损伤岩体 I 单元第 k 结点形函数在锚索 i 端点处的值；$N_{K(j)}^J$（k=1，…，8）为损伤岩体 J 单元第 k 结点形函数在锚索 j 端点处的值。将附加刚度矩阵 $[K_e]_{附}$ 叠加到损伤岩体的刚度矩阵 $[K_e]_R$ 中去，从而得到加索损伤岩体单元的刚度矩阵 $[K_e]_D$：

$$\left[K_e\right]_D=\left[K_e\right]_R+\left[K_e\right]_{附} \tag{7.8}$$

损伤岩体单元刚度矩阵 $[K_e]_R$ 表达式如下：

$$\left[K_e\right]_R=\int_v[B]^T\left[D_e\right]_R[B]\,\mathrm{d}v \tag{7.9}$$

式中，$[D_e]_R$ 为裂隙岩体的各向异性弹性损伤矩阵。

地震动的输入要注意考虑具有不同工程意义的地震动峰值加速度 PGA、频谱（特征周期 Tg）和持续时间三个方面的因素。由于本地区缺少强震记录，根据榆林窟地区地震危险性分析结果，以反映该地区地震环境和场地条件的地震动反映谱为基础，采用拟合目标谱法合成人工地震波作为输入波

（图7.10～7.13）。为了进行对比分析，另合成了3条地震动时程。计算时，Tg分别考虑0.25、0.40、0.55s三种情况，总的t为20s或40s，峰值加速度调整为0.1g或0.2g。Tg=0.25s，PGA=0.1g时的地震动输入反映了莫高窟未来遭遇基本烈度时的地震荷载大小。

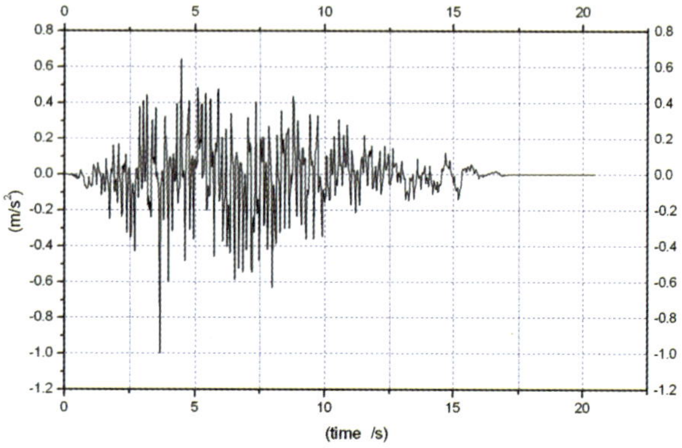

图7.10　Tg＝0.25s，持时为20s，地震动加速度时程曲线

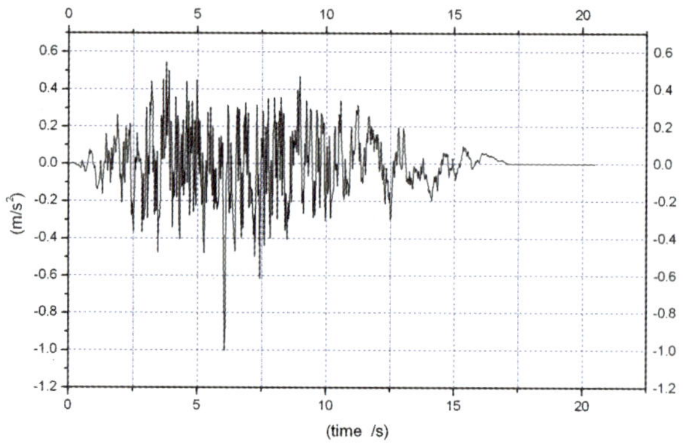

图7.11　Tg＝0.4s，持时为20s，地震动加速度时程曲线

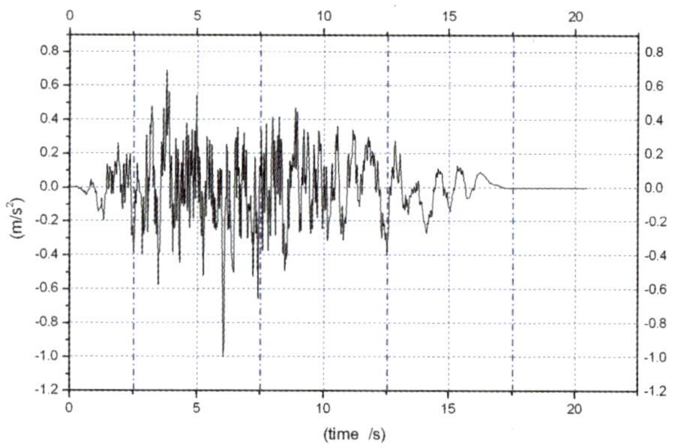

图7.12　Tg＝0.55s，持时为20s，地震动加速度时程曲线

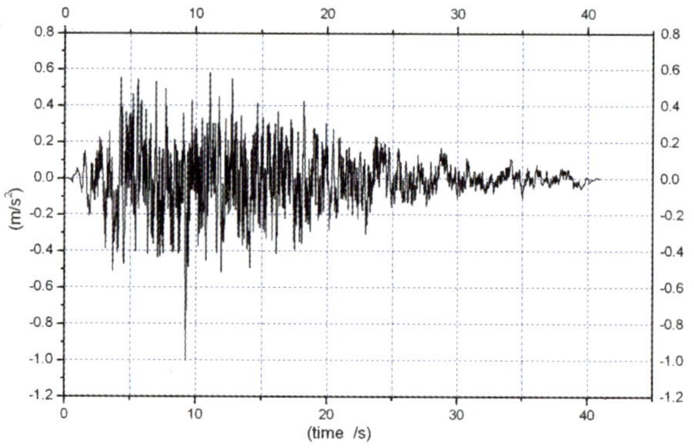

图7.13　Tg＝0.55s，持时为40s，地震动加速度时程曲线

7.3.2　计算模型的建立

地震荷载作用下洞窟所在崖体的动态变形及破坏主要取决于工程地质条件、加固工程构筑物对崖体的加固效果和地震荷载三个方面的因素，这些因素的不同组合，将使不同区段崖体在地震条件下发生破坏的可能性不同，即具有不同的振动破坏危险性。工程地质条件是影响崖体抗震稳定性的关键，其中岩体结构面发育程度、岩体的工程特性及包括洞窟布局在内的地形地貌特征将造成不同区段崖体的震害差异。根据榆林石窟分布的特点，选取三个真实的模型进行计算，这对整个石窟围岩的地震稳定性及加固设计具有明确的指导意义。

实体模型宽60m，高71m，左边与山体相连，左边取地表至地下深度25m处。榆林石窟开凿于榆林河河谷两岸的崖壁上，分上下两层分布。模型Ⅰ属于崖体下部分布石窟的模型，模型Ⅱ属于崖体上下两层分布石窟的模型，模型Ⅲ属于崖体上部分布石窟的模型。这三个能充分反应榆林窟石窟的分布特点，综合起来能反映整个榆林石窟震害的一般规律。有限元计算模型见图7.14～7.16，假定模型左右两侧受水平方向位移限制，底边受垂直方向和水平方向位移限制，崖面为自由边界，载荷以地震动加速度时程方式输入。

图7.14 有限元的计算模型（自上而下依次为模型Ⅰ、模型Ⅱ、模型Ⅲ）

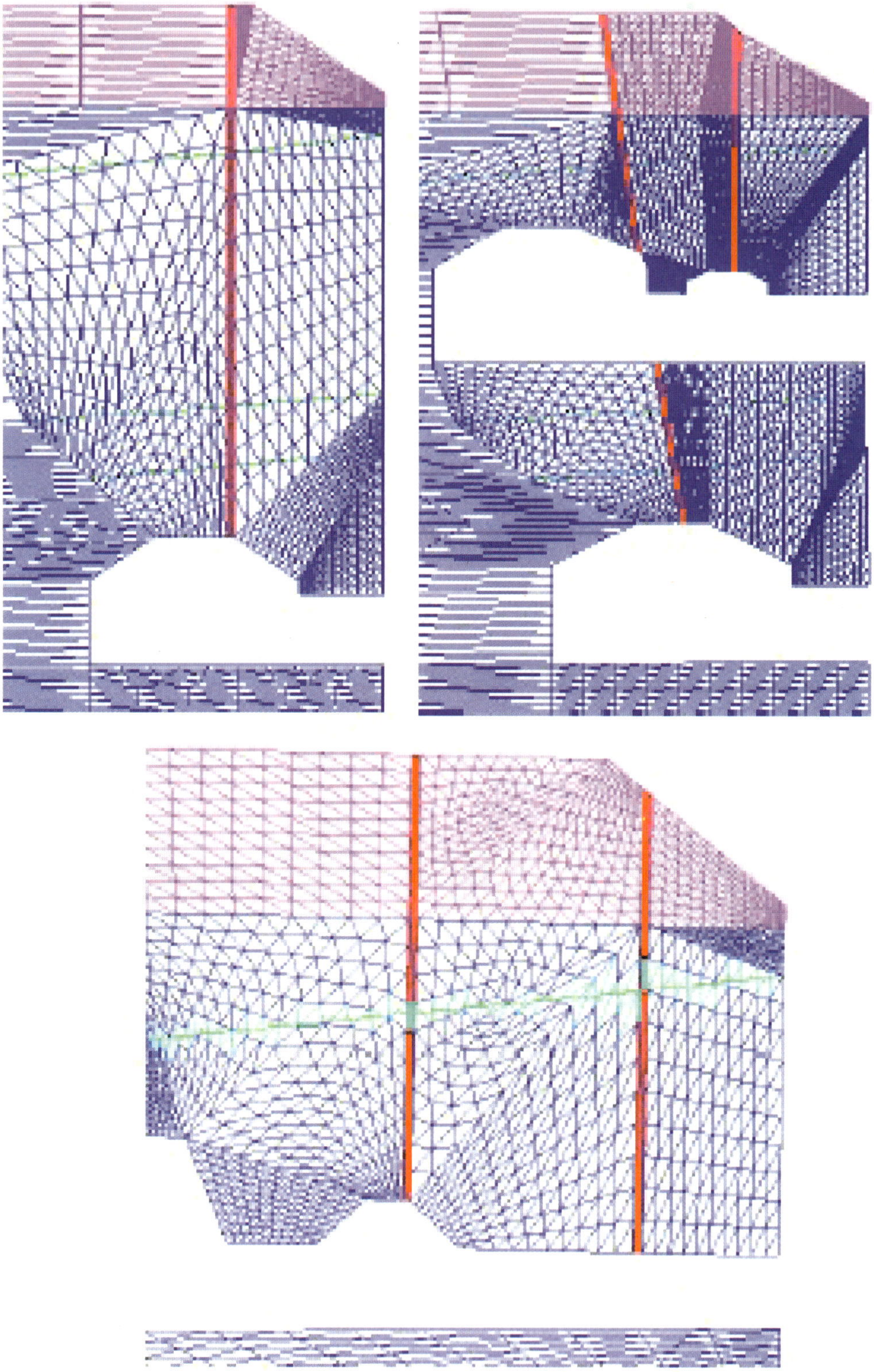

图7.15　模型Ⅰ、模型Ⅱ、模型Ⅲ裂隙位置的放大图

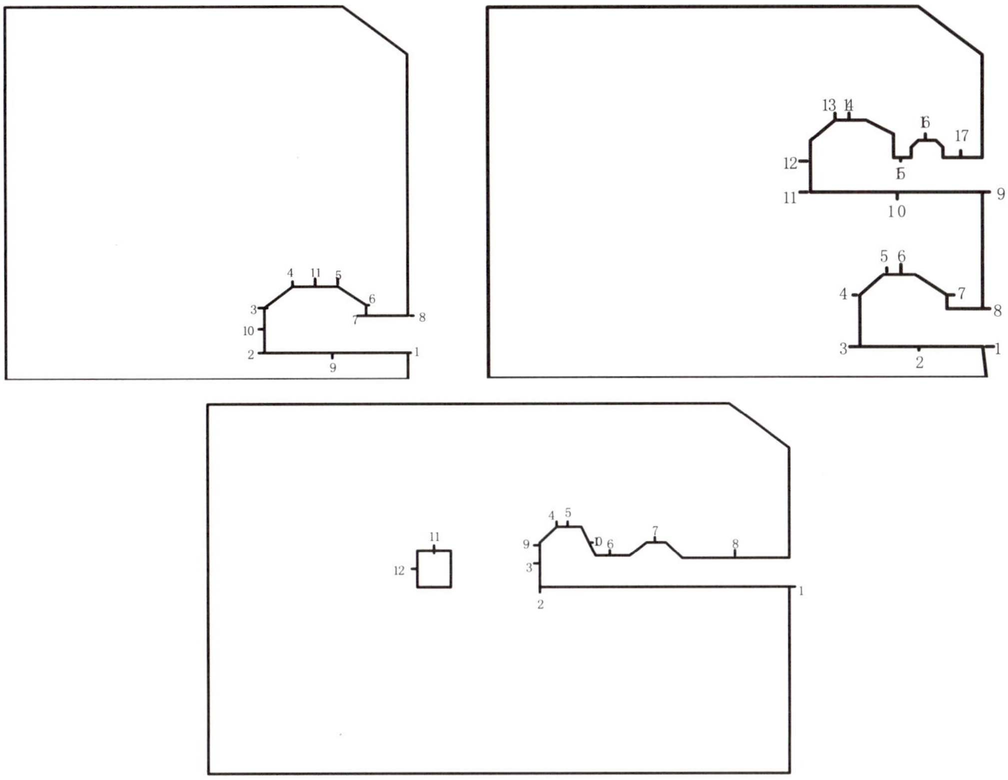

图7.16 计算模型各位置点的示意图

7.3.3 人造地震荷载下锚索加固石窟岩体的计算结果分析

1.人造地震荷载下位移的动力响应综合分析

在人造地震水平左右往复激振下，洞窟围岩随之发生的位移呈现时空上的规律变化。由位移等值线图（图7.17～7.19）来看，位移场的分布因洞窟的有无和预应力锚索的施加而发生变化，表现出严格受石窟结构和预应力锚杆约束的特点，并且在锚索的锚固构件端、锚固段的顶点形成位移突变，即在锚固构件端形成受压状态，在锚固段的顶端形成受拉状态，而这一点恰好说明了主动加固结构（预应力锚索）与被动加固结构（挡墙）的区别。对于石窟边坡上的一个质点而言，在地震力作用下产生位移，其大小随输入加速度的大小的改变而变化，但时间上出现在地震动加速度到达峰值所对应的时刻之后，从这种滞后效应来分析，由于变形的积累叠加效应，持时对石窟围岩在地震作用下的变形可能会有轻微程度的影响。

（1）不同PGA对位移大小的影响

通过计算PGA等于0.1g、0.2g和0.3g三种情况下结构的位移反应，分别对比单元位移相应曲线（图7.20），可以看出地震动加速度大小变化对其大小的影响是显著的。随着地震动峰值加速度的增大，围岩发生的位移增大，数值上近似为倍数关系。

（2）不同特征周期对位移大小的影响

人造地震荷载下位移历时曲线（图7.21）可知，在相同峰值和持时作用下（PGA=0.1g，持时为20s），特征周期增大，结构位移响应都随之增加。说明随着长周期成分的增加，坡体对地震动的反应加大，这是由于地震动特征周期与石窟围岩自振周期逐渐接近而产生共振作用的结果。

（3）不同持时对结构位移大小的影响

在0.1g加速度峰值、0.55s特征周期的地震动载荷下，对比模型某一单元的位移历时曲线，均发现在40s持时条件下结构发生的最大位移略大于在20s持时条件下发生的最大位移（图7.22-1，图7.22-2），说明持时对洞窟围岩体系的变形有轻微的增强作用，但没有本质上的差别。因为作为一个弹性体系，两个不同持续时间的地震动过程所引起体系的地震反应过程是相同的，尽管可能因为出现加速度峰值的时刻不同，或者出现较大峰值加速度的可能性增加而引起结构瞬时反应也增加，但反应基本不变。

（4）预应力锚索对石窟边坡岩体位移分布的控制

图7.17～7.19为锚索加固后边坡的变形情况，锚索的锚固构件端土体向坡体内部移动，最大位移发生在锚固构件端，可达8～15mm。同时由于锚固力在坡体内的扩散传递，使得锚索自由端附近的土体也向坡体内产生位移。

2. 人造地震荷载下应力的动力响应综合分析

应力是反映岩体各点受力状态、判断岩体是否损伤破裂的最直接证据。对榆林窟来说，洞窟的结构分布、数量、预应力锚索的加固和应力场的分布关系密切。在洞窟结构的角点部位，尤其是锚索的锚固构件端、锚固段的顶点，形成了压应力、拉应力和剪应力的高度集中区（图7.23～7.31），是围岩容易发生破坏的地方。

但是对于整个岩体而言，整个岩体的应力状态得到了改变。

（1）地震动的不同工程特性对应力分布的控制

计算结果（图7.32～7.34、图5.35～5.37、图7.38）显示：地震动峰值加速度增大，围岩相同位置处应力值增加。相同持时条件下（20s），随着特征周期加长，最大应力值增加。

（2）洞窟结构对应力分布的控制

模型计算所得结果显示：如（图7.23～7.31）洞窟绝对尺寸越大，其周围岩体出现应力最大值的可能性增大，应力集中区的范围越大，一般在洞窟顶部及底部边角处应力最大；洞窟跨高比越大，所受的影响越小，围岩越稳定。

（3）预应力锚索对石窟边坡应力分布的控制

由于受洞窟结构、预应力锚索预应力的影响，两排锚索中间区域形成拉应力集中现象。由图7.23～7.31）可以看出，预应力锚索加固的石窟边坡岩体在预应力锚索的作用下，控制了边坡岩体向临空面的位移并向坡体内压密，引起内部应力的重新分布，调整坡体的自稳能力，起到了加固边坡的效果。

（4）石窟岩体具体位置应力最大值的响应

当地震荷载水平激振时，石窟上部靠近边坡内侧位置的边角处产生了内力异常，而其他的位置出现的内力异常相对较小。

7.3.4 真实地震动作用下锚索加固石窟岩体的动力响应研究的探讨

对真实的地震动作用下锚索加固石窟岩体的动力响应进行分析，是石窟加固保护研究的重要问题之一。前面一章对人工地震动作用下锚索加固石窟岩体的动力响应进行了计算分析，但是，笔者认为它并不能全面反映真实地震动作用下锚索加固石窟岩体的动力特性，而真实地震动与人工地震动的区别就在于其复杂的频谱特性上。本章主要讨论真实地震动的傅立叶谱的变换，及在真实地震动作用下锚索加固石窟岩体的动力响应问题，这些问题的解答，将有助于人们对真实地震动的频谱特性的实质及真实地震动作用下锚索加固石窟岩体的动力响应问题的理解。

1. 输入真实地震动的确定

对于工程结构特别是大型复杂结构的抗震研究和设计来说，其最重要的任务之一是科学合理地选择设计地震动，所谓最不利设计地震动是指能使结构的反应在这样的地震动作用下处于最不利的状况，即处在最高的危险状态下的真实地震动。很显然，“最不利设计地震动”是相对于一定的环境条件而言的，即相对于结构所在场所的地震危险性和场地条件而言的。

由于目前国内外地震观测记录缺乏，而所分析石窟岩体结构物附近的地震观测记录难以得到，因此在地震数值计算中一般采用人造地震动，或是采用地质区域较近相类似的真实的地震记录，本文采用2003年的民乐地震记录（图7.39）。

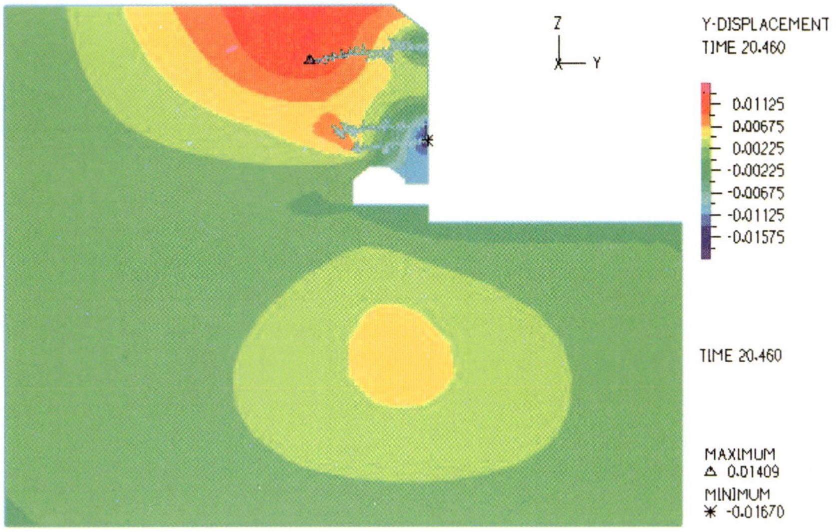

图7.17　持时20s，PGA=0.1g，Tg=025s，模型Ⅰ位移等值线图

图7.18　持时20s，PGA=0.1g，Tg=0.25s，模型Ⅱ位移等值线图

图7.19　持时20s，PGA=0.1g，Tg=0.25s，模型Ⅲ位移等值线图

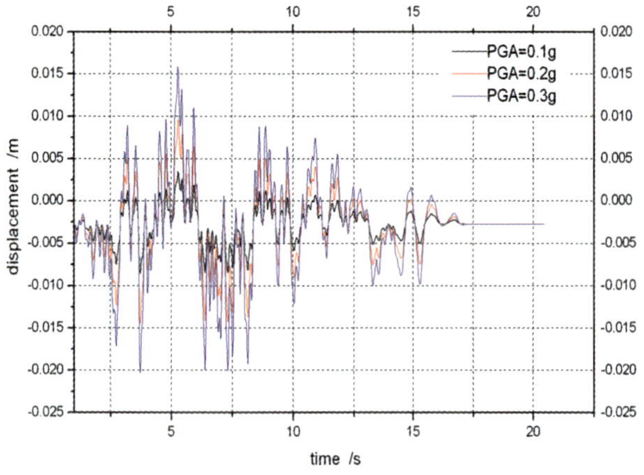

1点位置

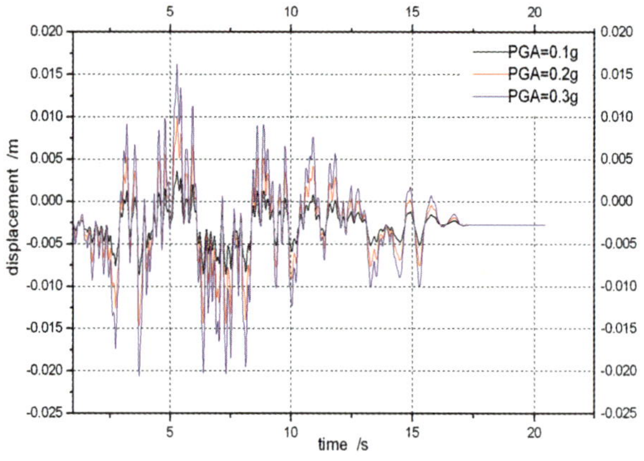

2点位置

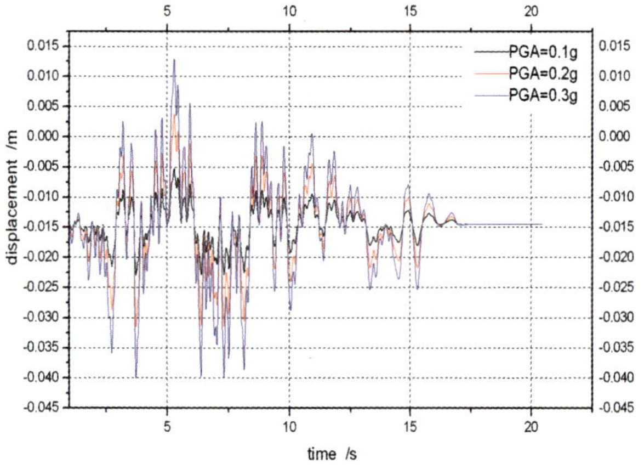

6点位置

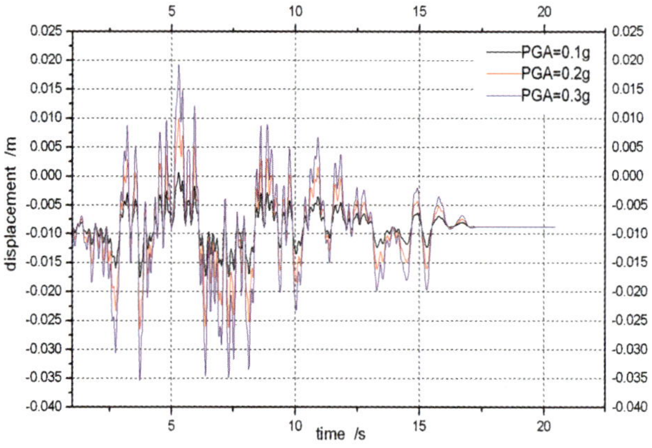

8点位置

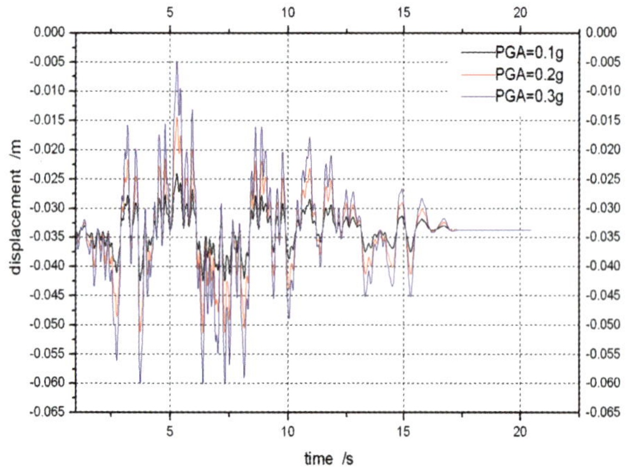

10点位置

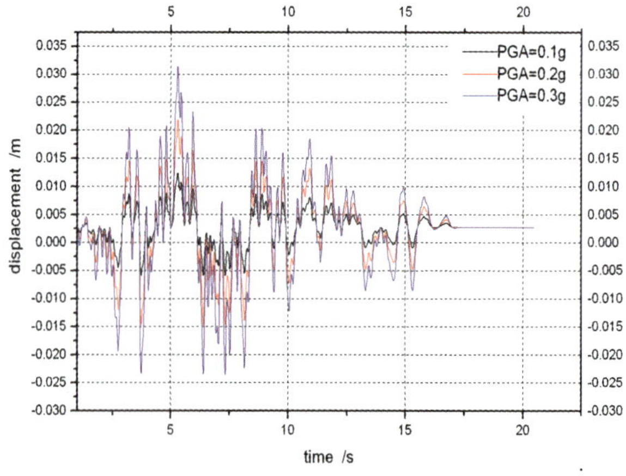

12点位置

图7.20 持时20s，Tg=025s，不同的PGA，模型Ⅱ各位置点的位移反应曲线

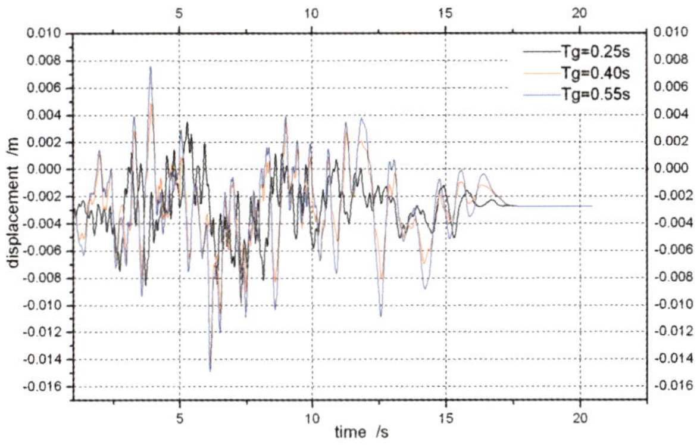

1点位置

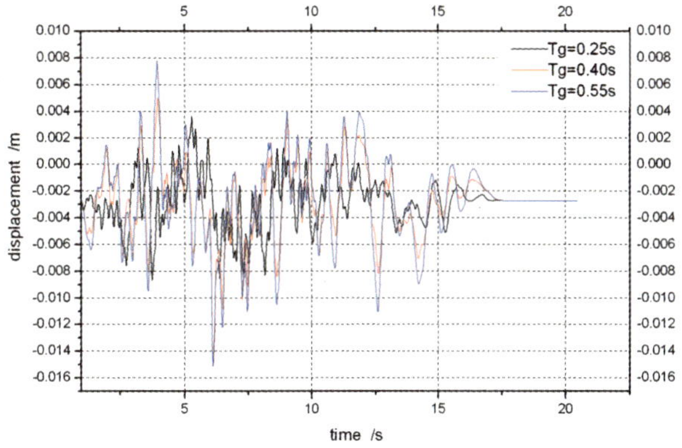

2点位置

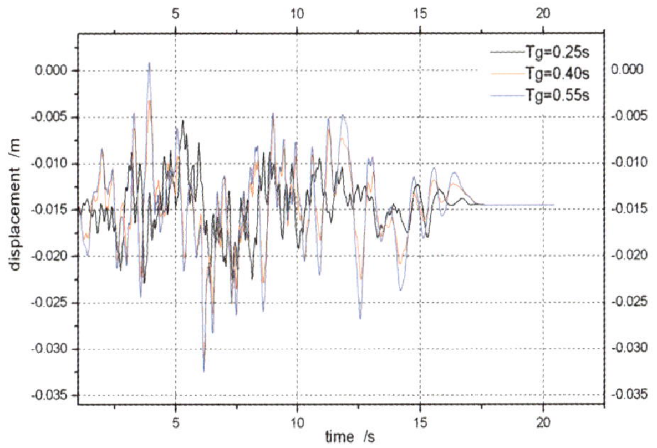

6点位置

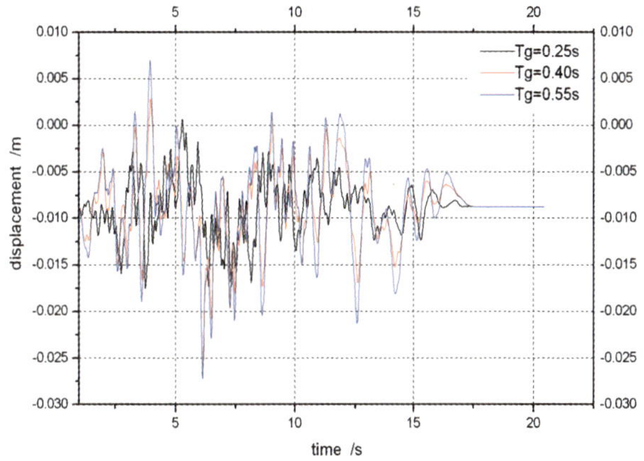

8点位置

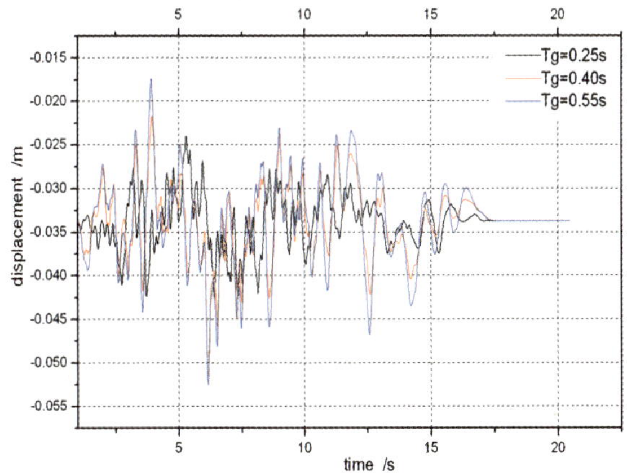

10点位置

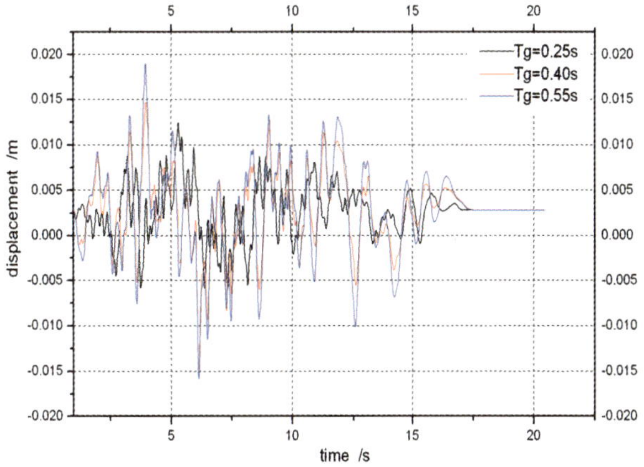

12点位置

图7.21 持时20s，PGA=0.1g，不同的Tg，模型Ⅱ各位置点的位移反应曲线

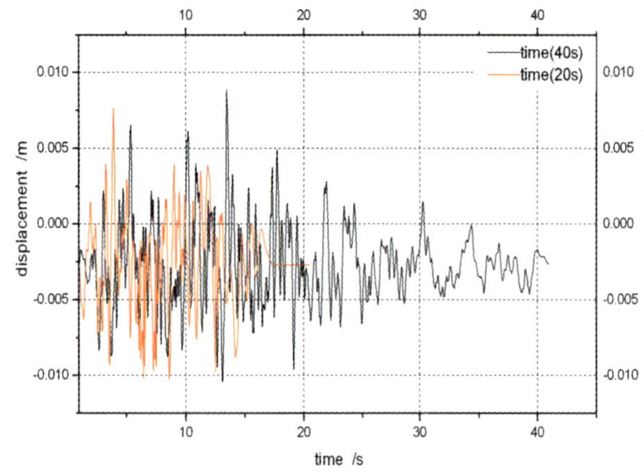

1点位置位移反应曲线

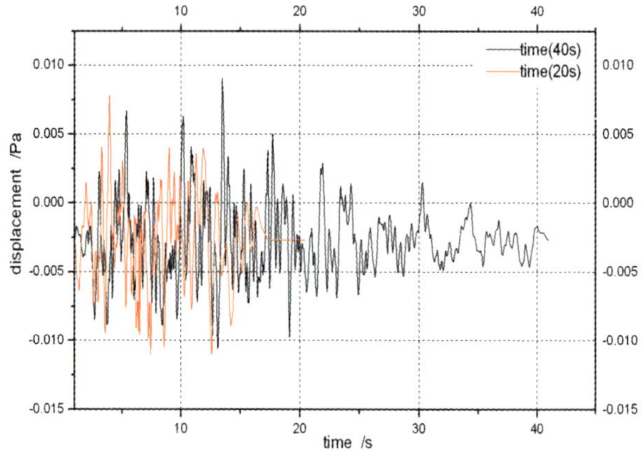

2位置点位移反应曲线

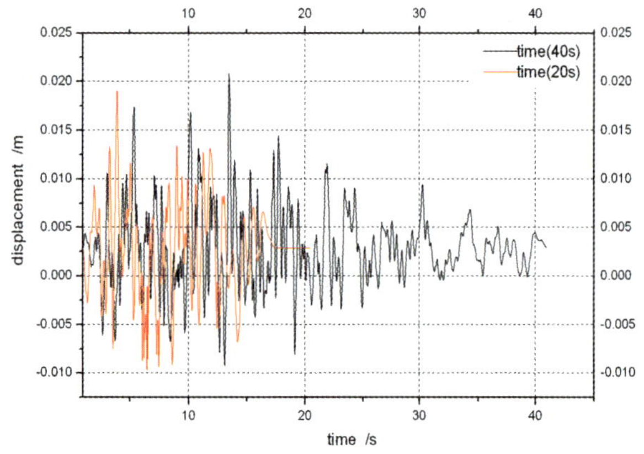

12位置点位移反应曲线

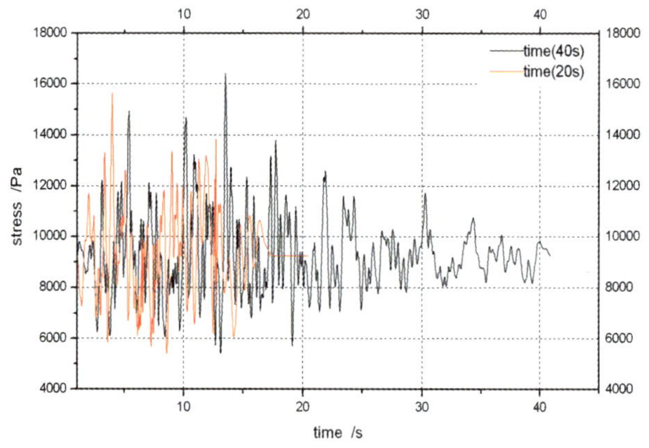

1点位置拉应力曲线反应曲线

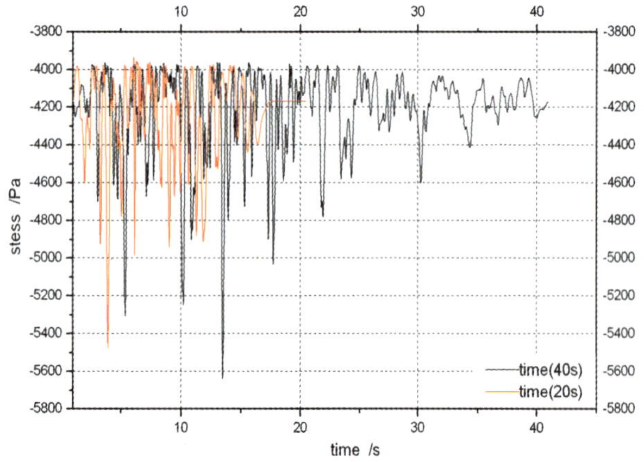

1点位置压应力反应曲线

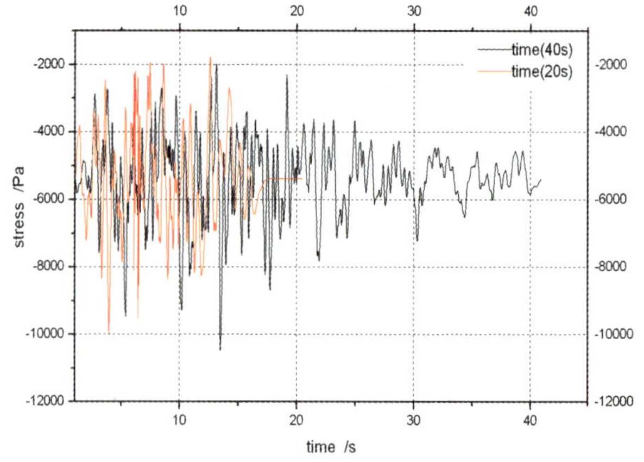

1点位置剪应力反应曲线

图7.22 持时20s，PGA=0.1*g*，Tg=0.55s，模型Ⅱ各位置点的动力反应曲线

图7.23　持时20s，PGA=0.1g，Tg=025s，模型Ⅰ大主应力等值线图

图7.24　持时20s，PGA=0.1g，Tg=025s，模型Ⅱ大主应力等值线图

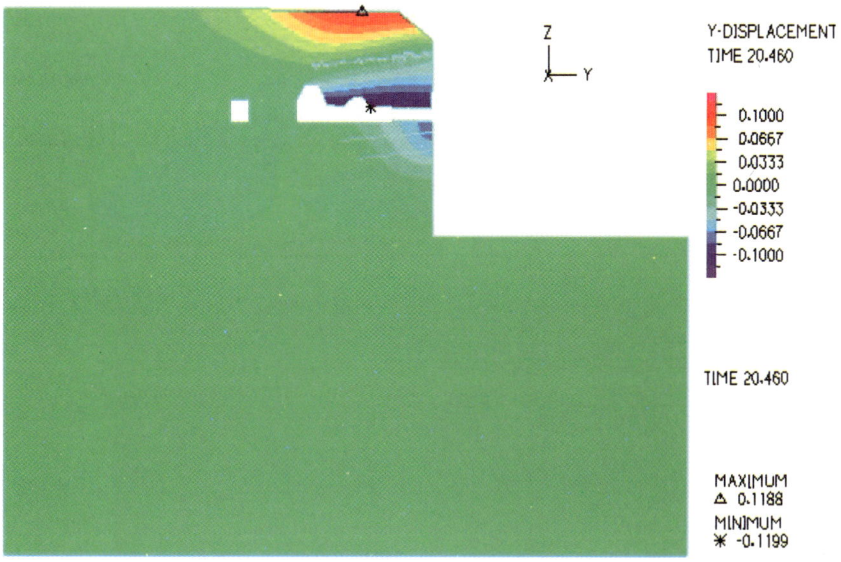

图7.25　持时20s，PGA=0.1g，Tg=025s，模型Ⅲ大主应力等值线图

图7.26 持时20s，PGA=0.1*g*，Tg=025s，模型Ⅰ小主应力等值线图

图7.27 持时20s，PGA=0.1*g*，Tg=025s，模型Ⅱ小主应力等值线图

图7.28 持时20s，PGA=0.1*g*，Tg=025s，模型Ⅲ小主应力等值线图

图7.29 持时20s，PGA=0.1*g*，Tg=025s，模型Ⅰ剪应力等值线图

图7.30 持时20s，PGA=0.1*g*，Tg=025s，模型Ⅱ剪应力等值线图

图7.31 持时20s，PGA=0.1*g*，Tg=0.25s，模型Ⅲ剪应力等值线图

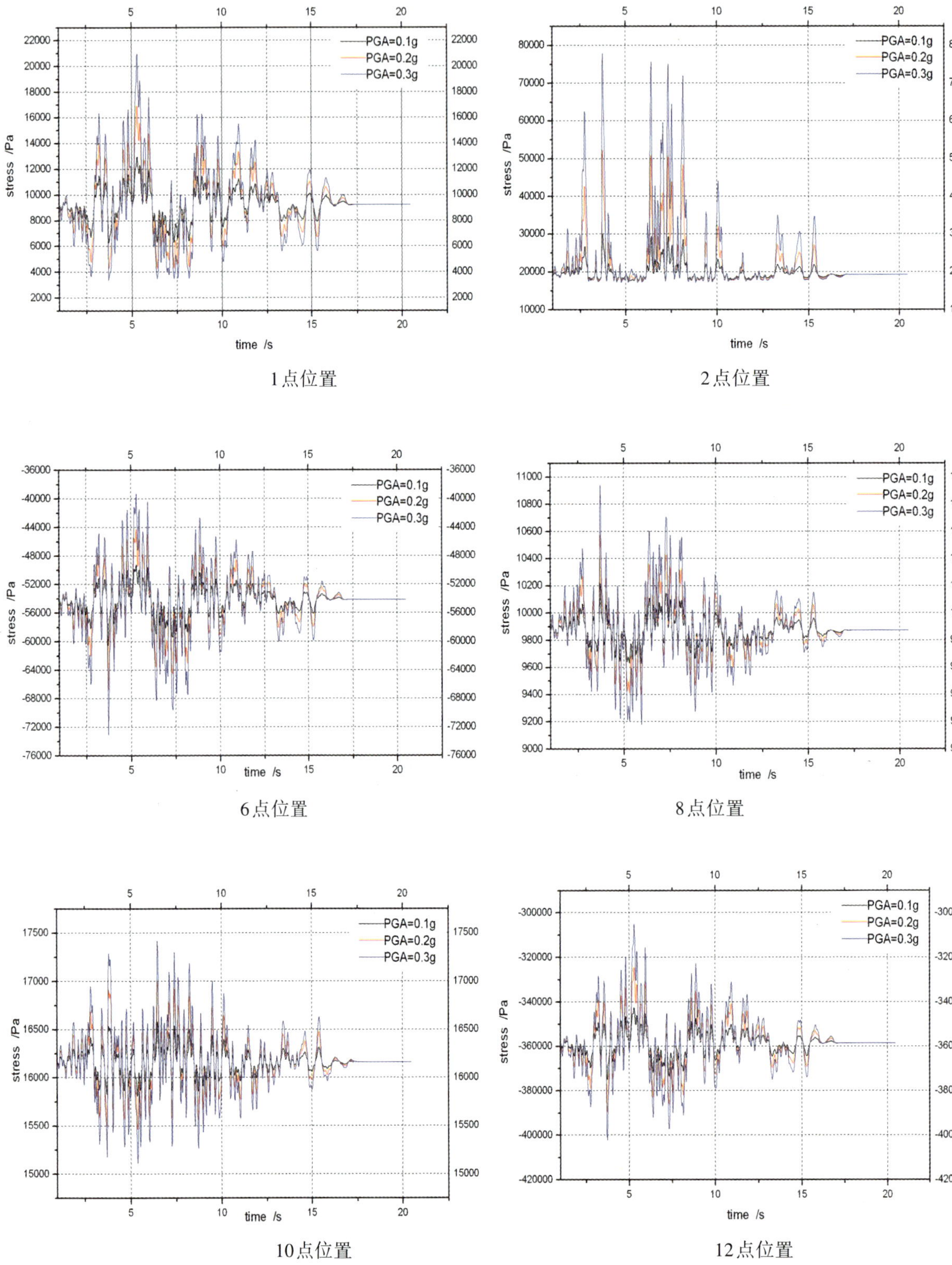

图7.32　持时20s，Tg=025s，不同的PGA，模型Ⅱ各位置点的大主应力反应曲线

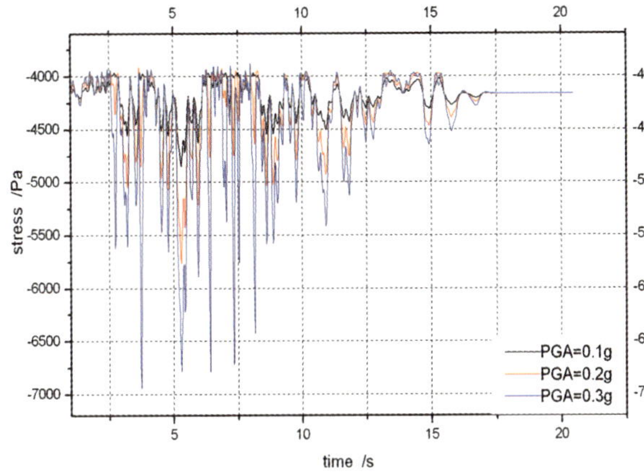

1点位置

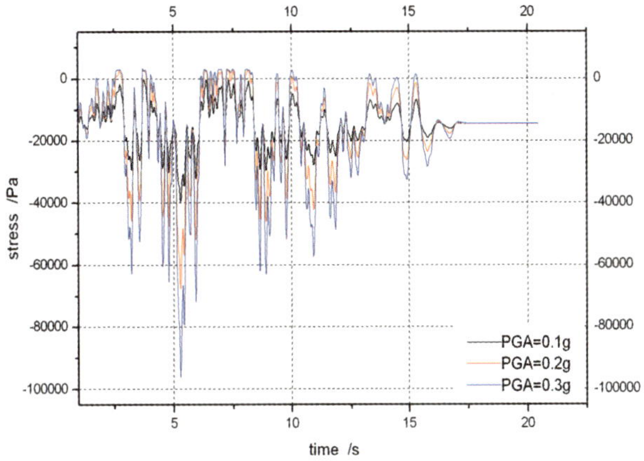

2点位置

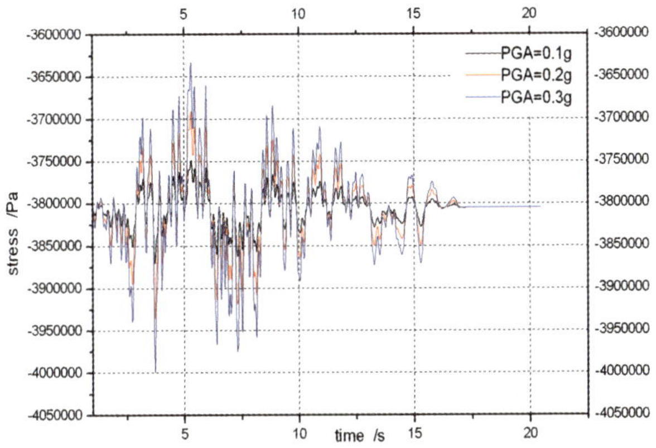

6点位置

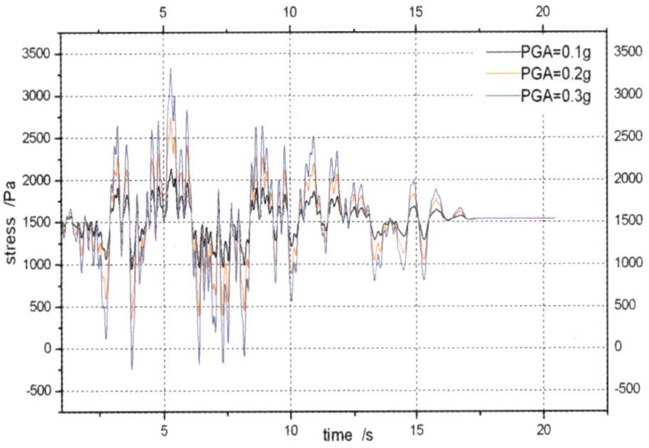

8点位置

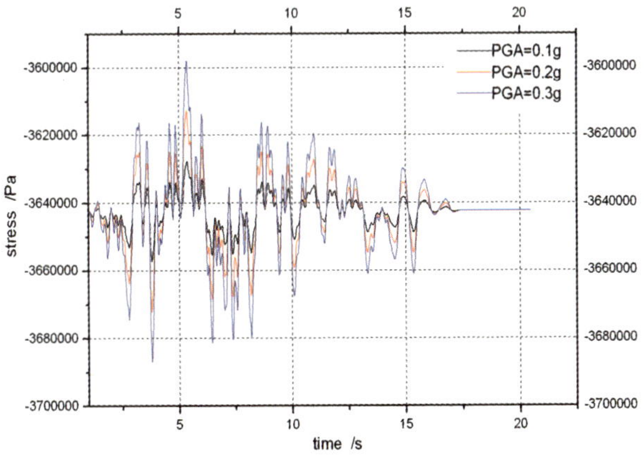

10点位置

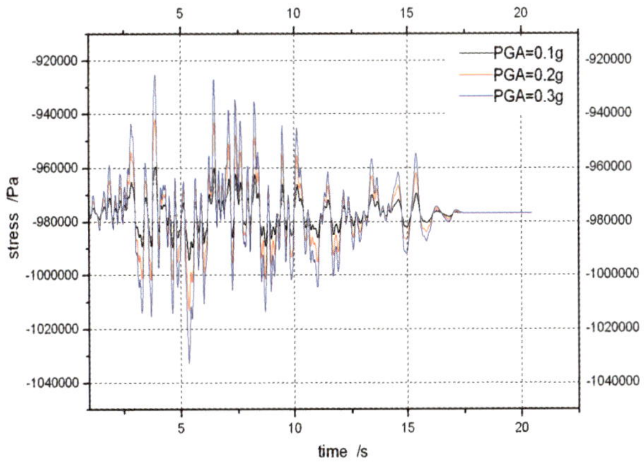

12点位置

图7.33 持时20s，Tg=025s，不同的PGA，模型Ⅱ各位置点的小主应力反应曲线

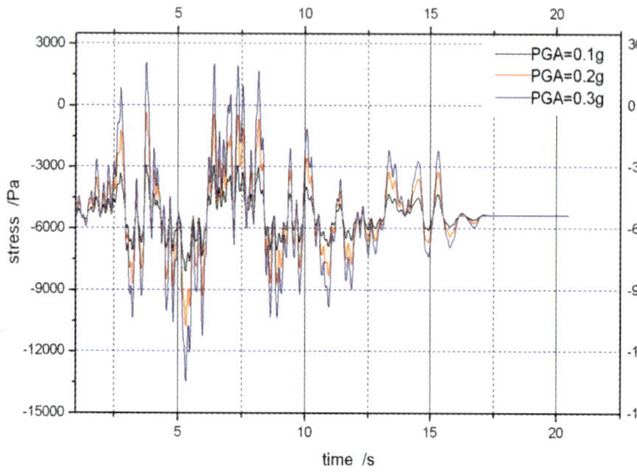

1点位置

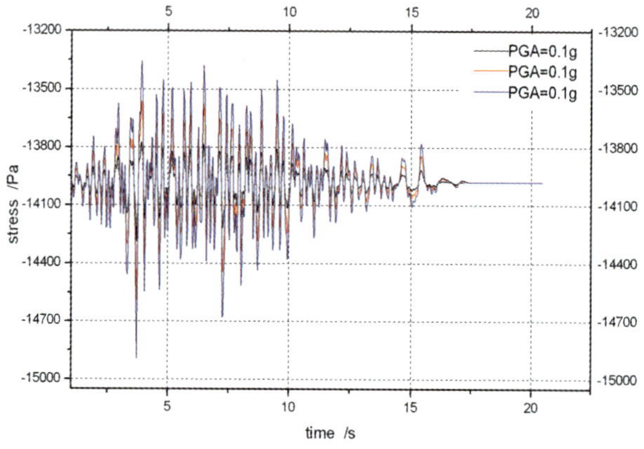

2点位置

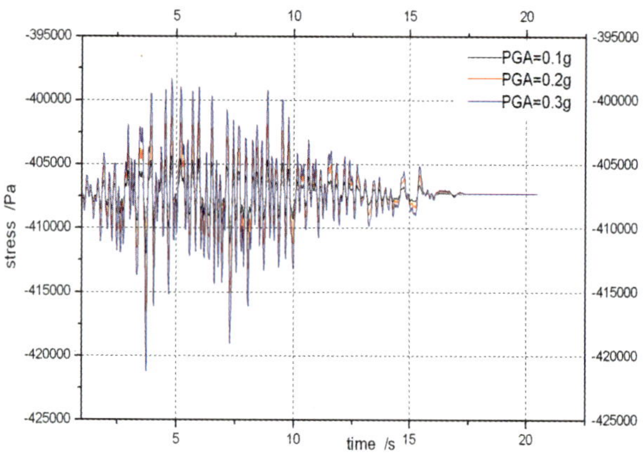

6点位置

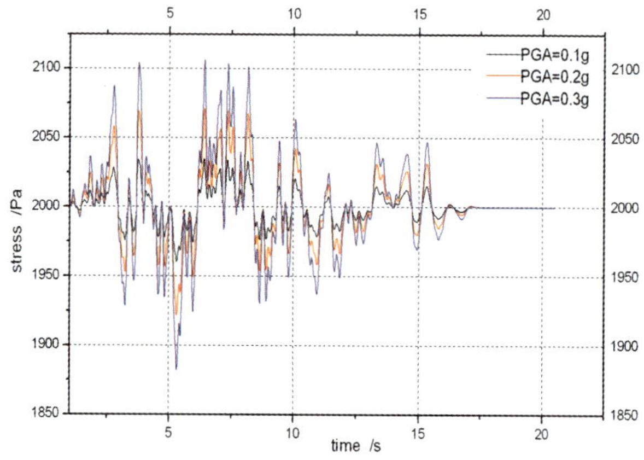

8点位置

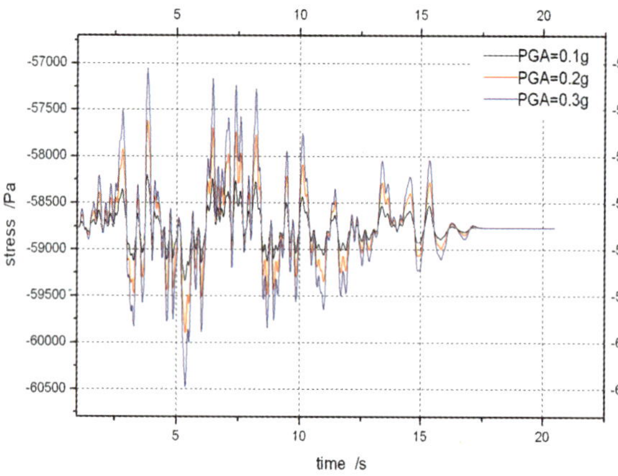

10点位置

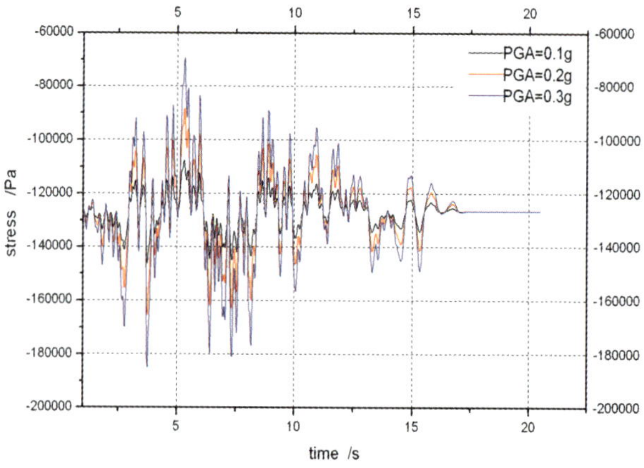

12点位置

图7.34 持时20s，Tg=025s，不同的PGA，模型Ⅱ各位置点的剪应力反应曲线

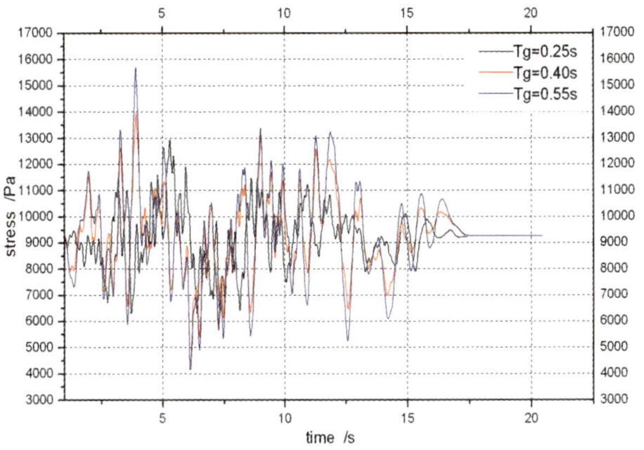

1点位置

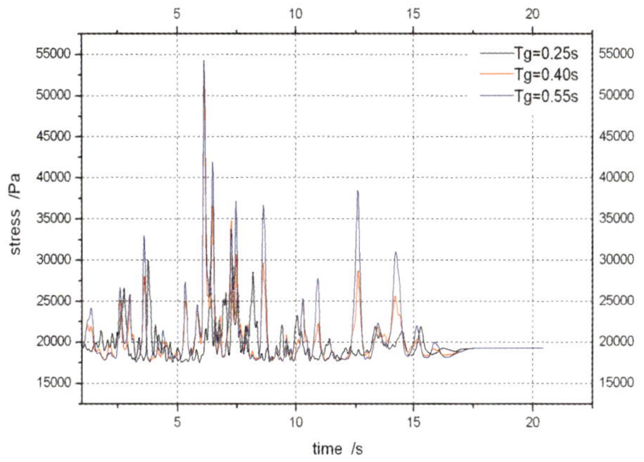

2点位置

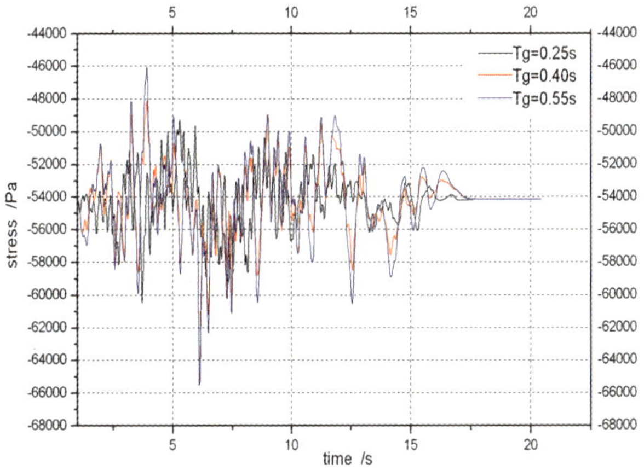

6点位置

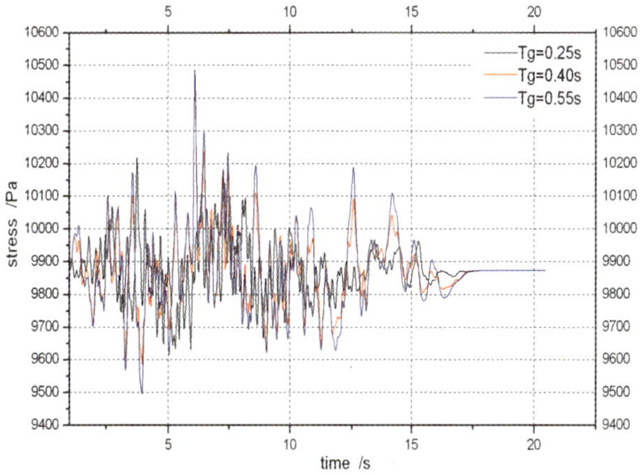

8点位置

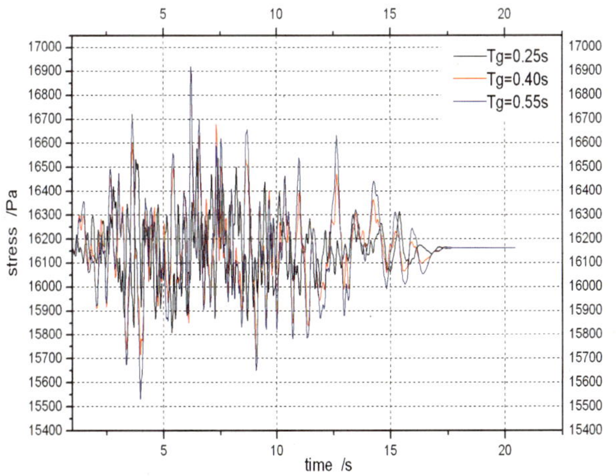

10点位置

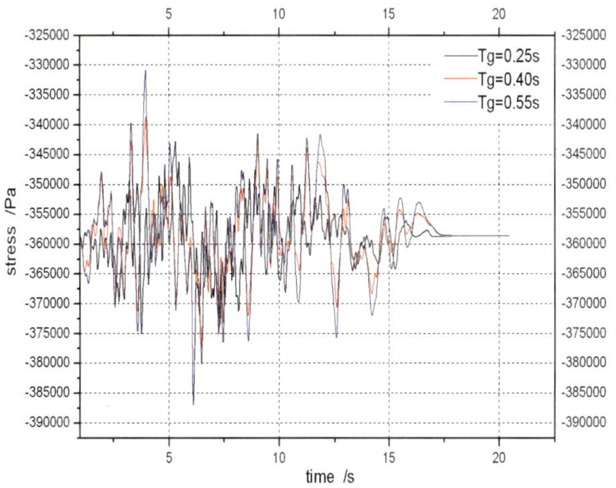

12点位置

图7.35 持时20s，PGA=0.1g，不同的Tg，模型Ⅱ各位置点的大主应力反应曲线

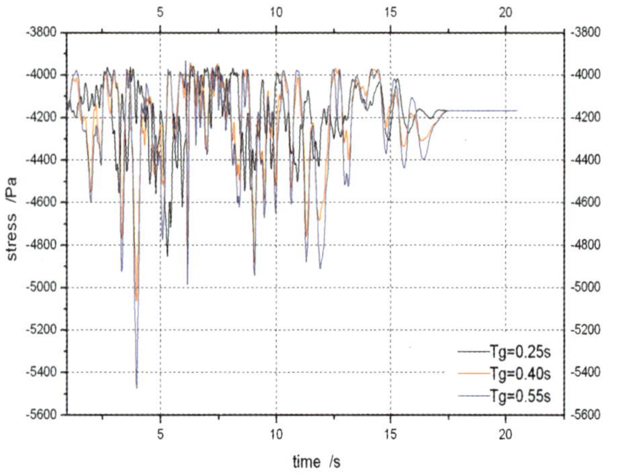

1点位置

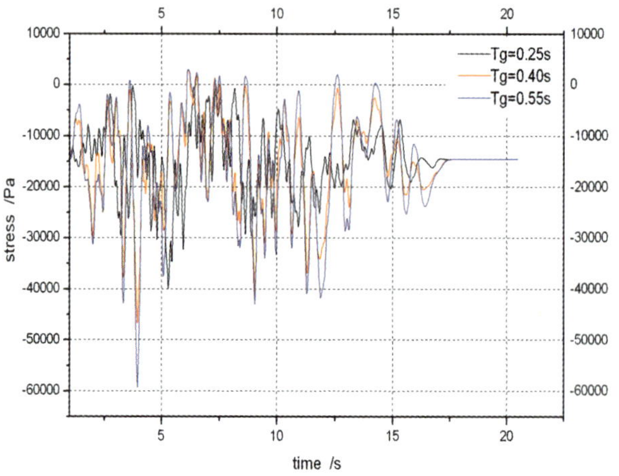

2点位置

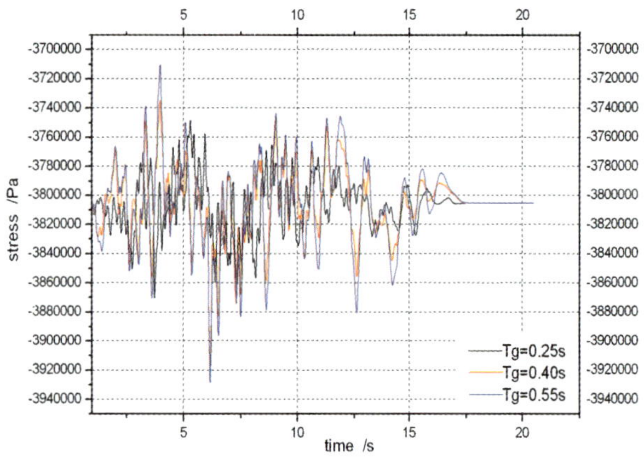

6点位置

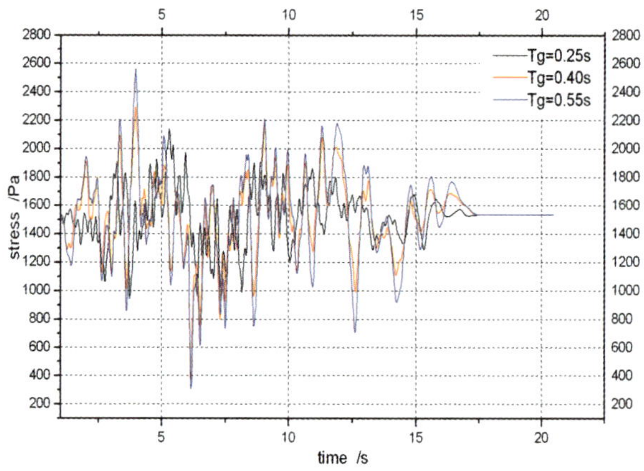

8点位置

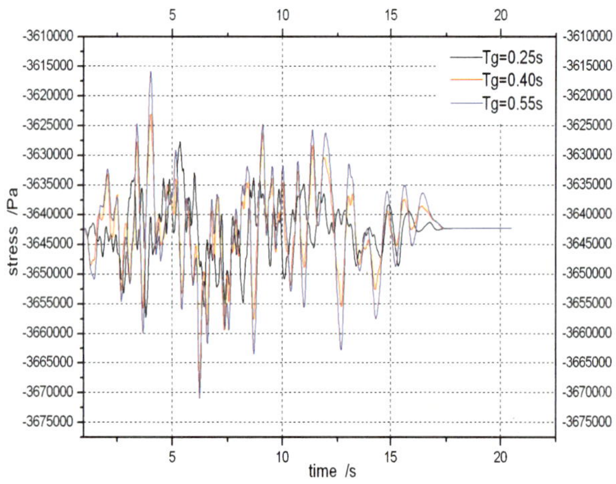

10点位置

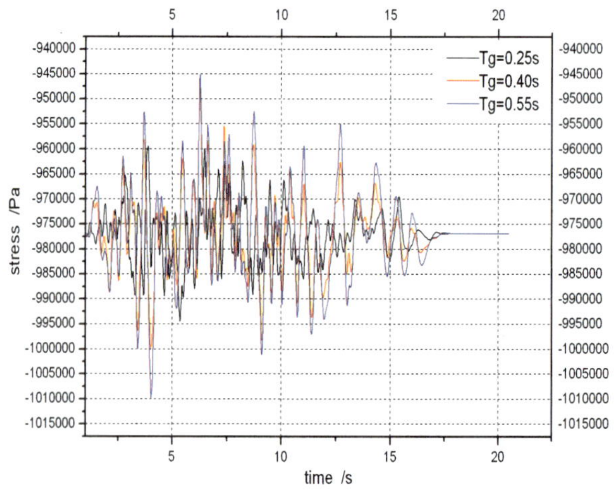

12点位置

图7.36 持时20s，PGA=0.1*g*，不同的Tg，模型Ⅱ各位置点的小主应力反应曲线

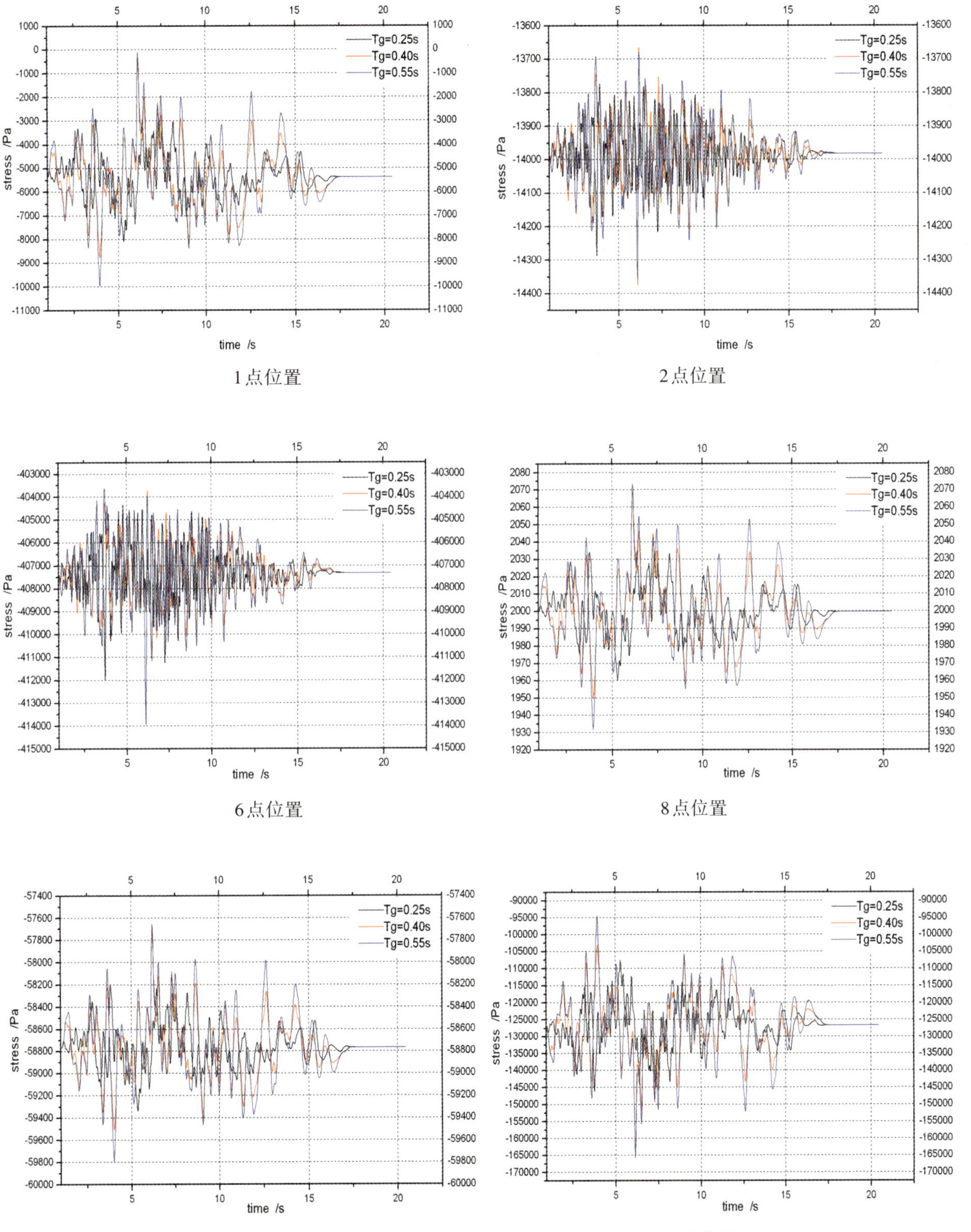

1点位置　2点位置　6点位置　8点位置　10点位置　12点位置

图7.37　持时20s，PGA=0.1g，不同的Tg，模型Ⅱ各位置点的位移反应剪应力曲线

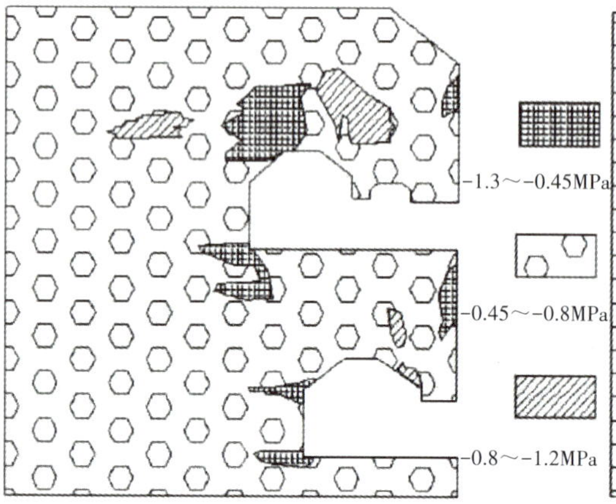

持时为20s，Tg=0.25s，PGA=0.1*g*

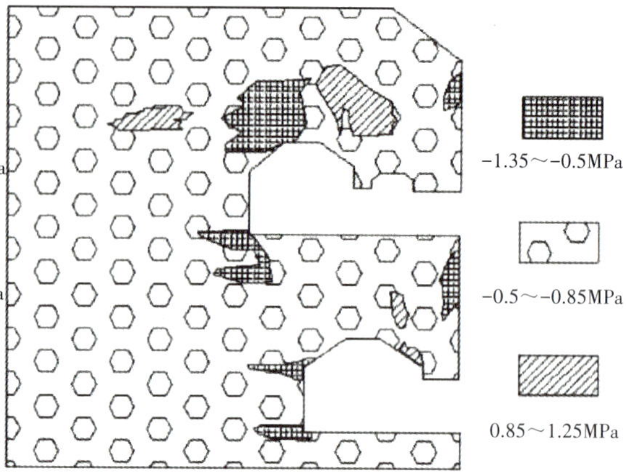

持时为20s，Tg=0.25s，PGA=0.2*g*

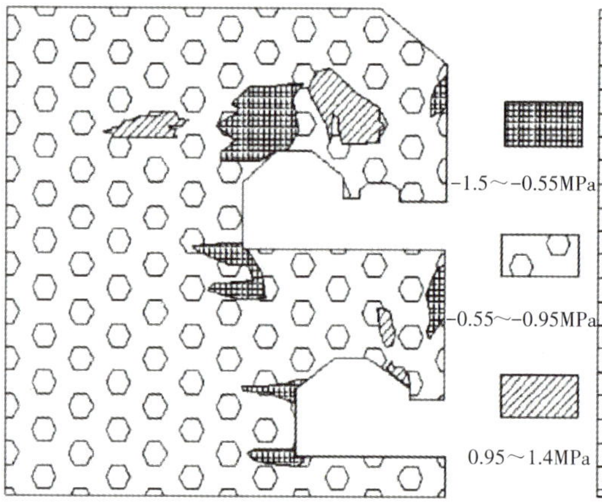

持时为20s，Tg=0.25s，PGA=0.3*g*

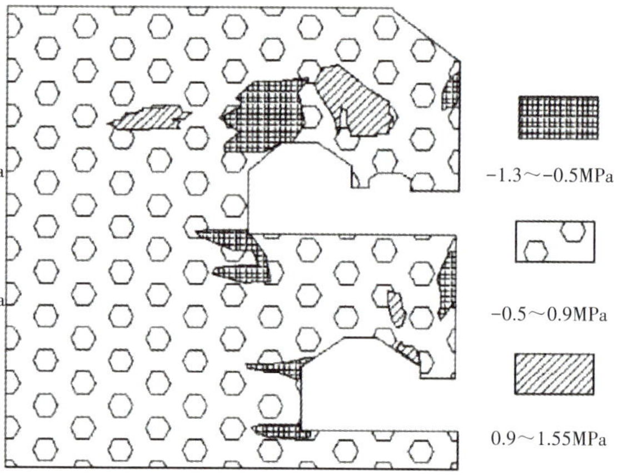

持时为20s，Tg=0.40s，PGA=0.1*g*

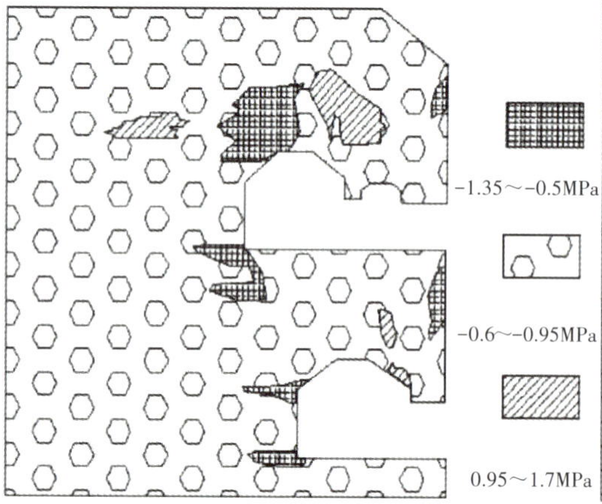

持时为20s，Tg=0.40s，PGA=0.2*g*

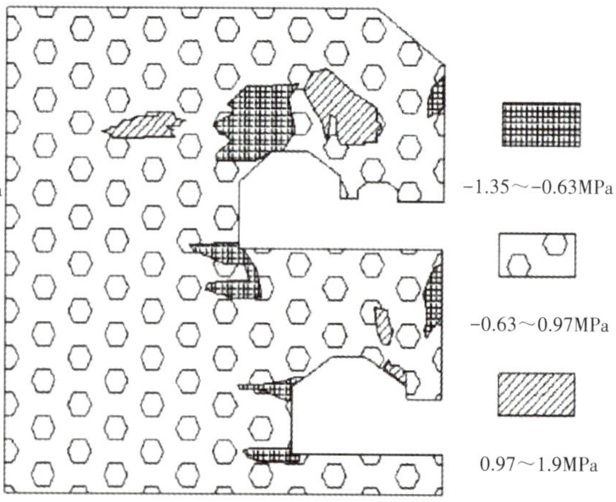

持时为20s，Tg=0.55s，PGA=0.1*g*

图7.38　模型Ⅱ拉应力等值线图

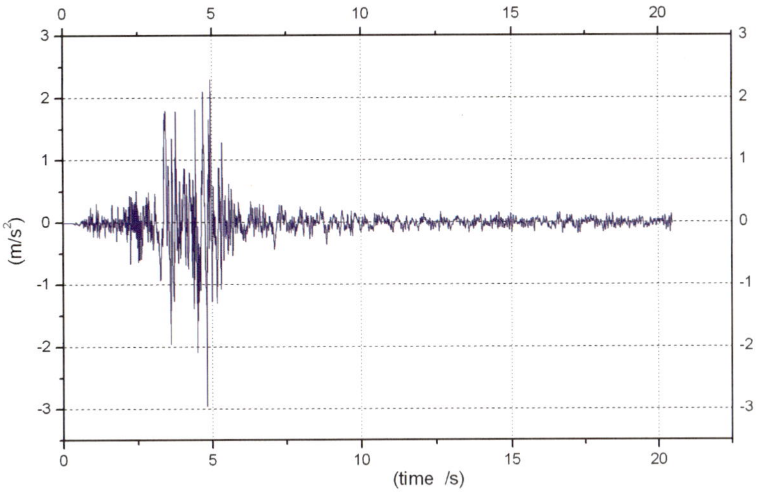

地震记录1（EW方向）

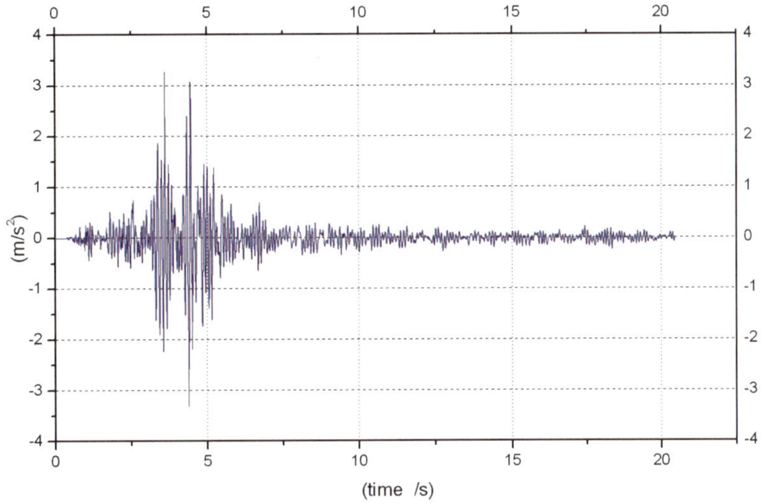

地震记录2（NS方向）

图7.39　真实地震记录时程曲线

2. 正演分析

在水平地震荷载1、2的往复激振作用下，洞窟围岩随之发生的位移呈现时空上的规律变化。由位移等值线图（图7.40～7.57）来看，位移场的分布因洞窟的有无和结构的改变而发生变化，表现出严格受边坡地形、洞窟的有无以及锚索加固约束控制的特点。地震荷载1作用下的动力相应的值（位移、应力）都大于地震荷载2作用下的动力响应值（位移、应力）。

3. 问题的提出

如图7.49～7.57、表7.2所示，地震记录1和地震记录2的持时都是20s，地震记录2的峰值稍大于地震记录1的峰值，但是在地震荷载2作用下石窟边坡的动力响应值（位移、应力）要大于地震荷载1作用下的值。这是为什么？作者认为，地震记录的频谱特性是地震荷载2作用下石窟边坡的动力响应值（位移、应力）大于地震荷载1作用下的值的主要原因。在前一章我们有规律地分析了人造地震动作用下石窟边坡动力响应规律。我们知道特征周期增大，结构动力响应随之增加。我们有理由推测地震动频谱特性是决定地震荷载2作用下石窟边坡的动力响应值（位移、应力）要大于地震荷载1作用下的值的主要原因。

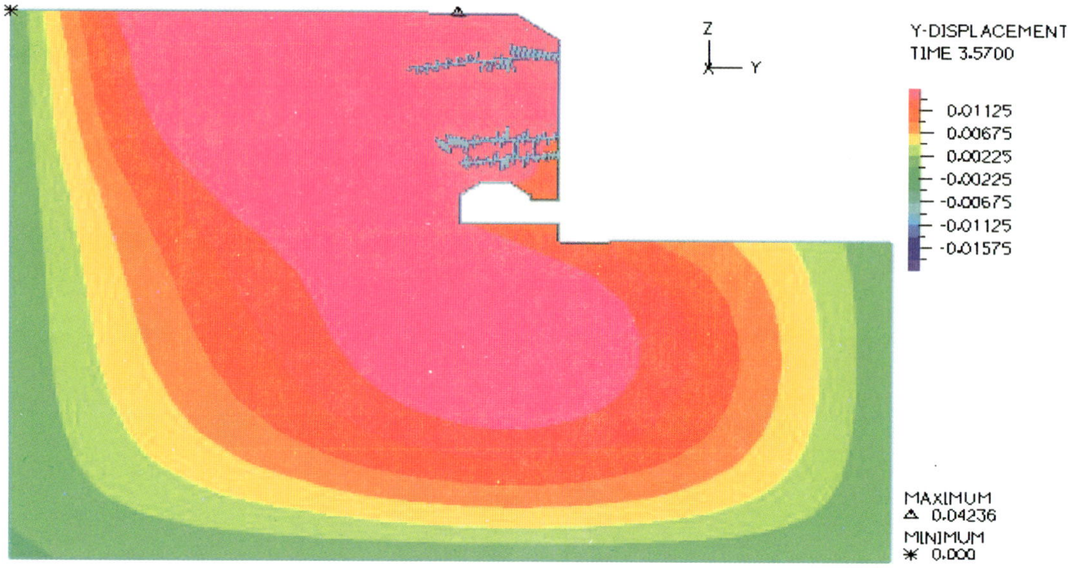

图7.40 水平地震动1的作用下模型Ⅰ的位移等值线图

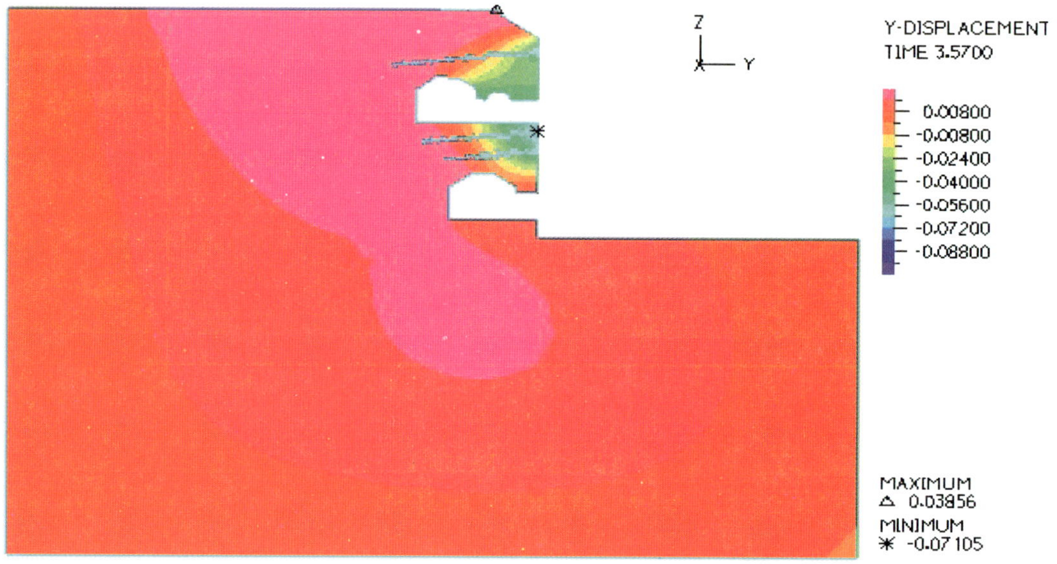

图7.41 水平地震动1的作用下模型Ⅱ的位移等值线图

图7.42 水平地震动1的作用下模型Ⅲ的位移等值线图

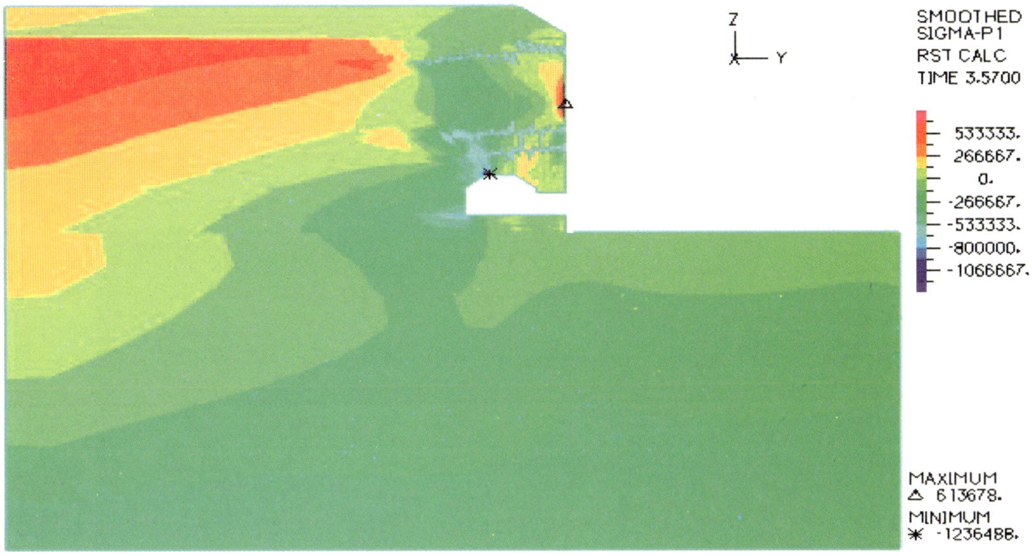

图7.43　水平地震动1的作用下模型Ⅰ的大主应力等值线图

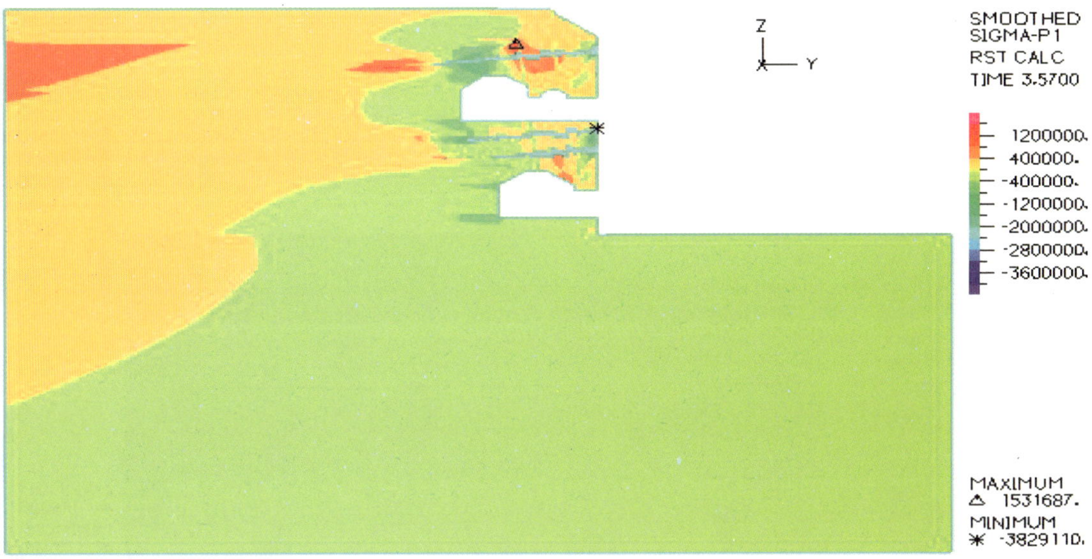

图7.44　水平地震动1的作用下模型Ⅱ的大主应力等值线图

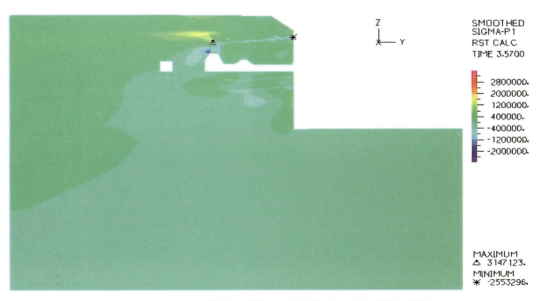

图7.45　水平地震动1的作用下模型Ⅲ的大主应力等值线图

图7.46　水平地震动1的作用下模型Ⅰ的剪应力等值线图

图7.47　水平地震动1的作用下模型Ⅱ的剪应力等值线图

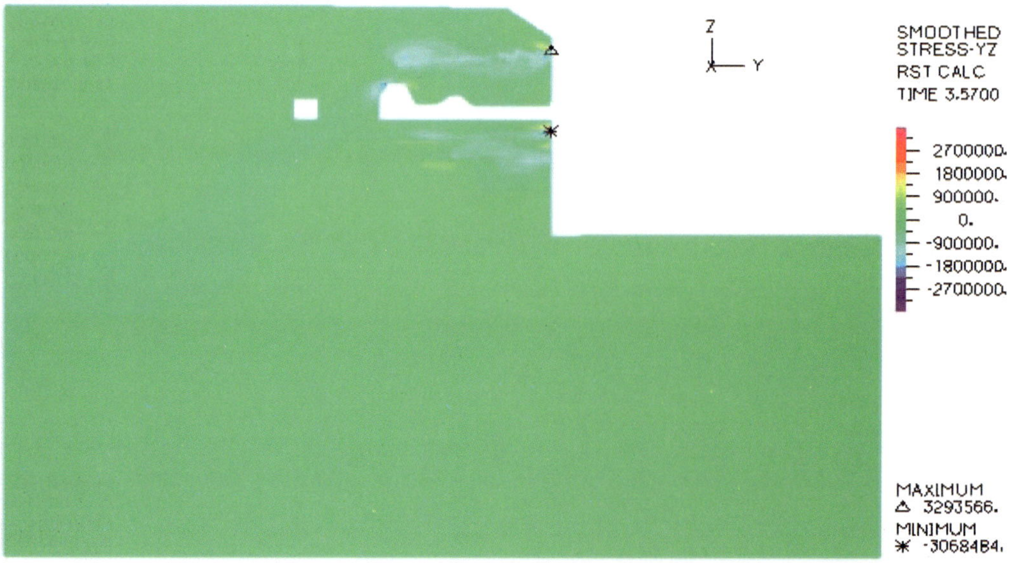

图7.48　水平地震动1的作用下模型Ⅲ的剪应力等值线图

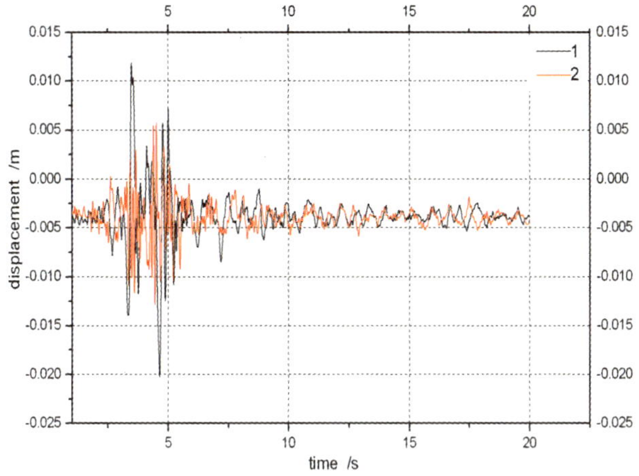

1点位置

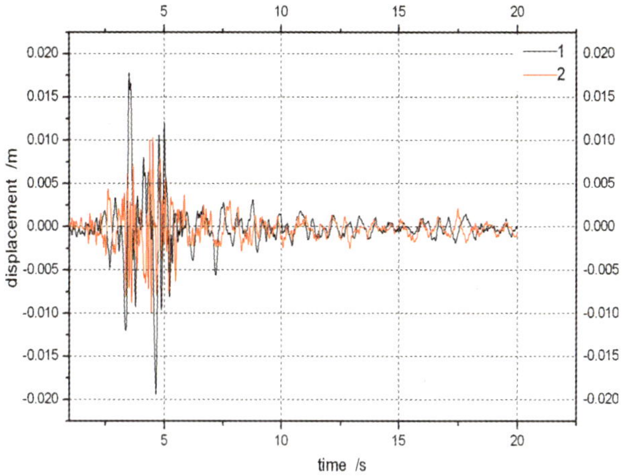

2点位置

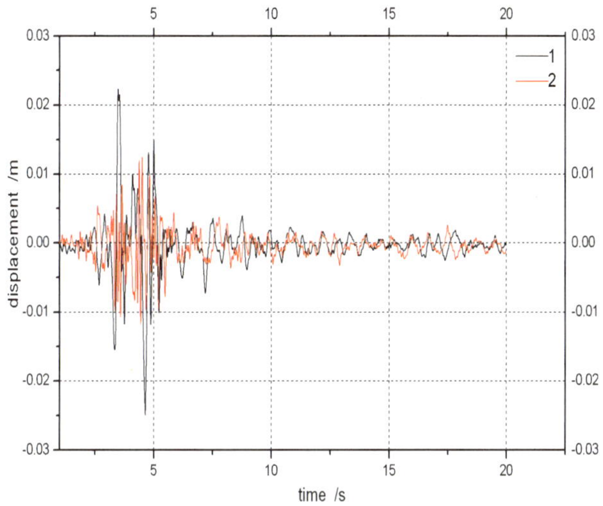

4点位置

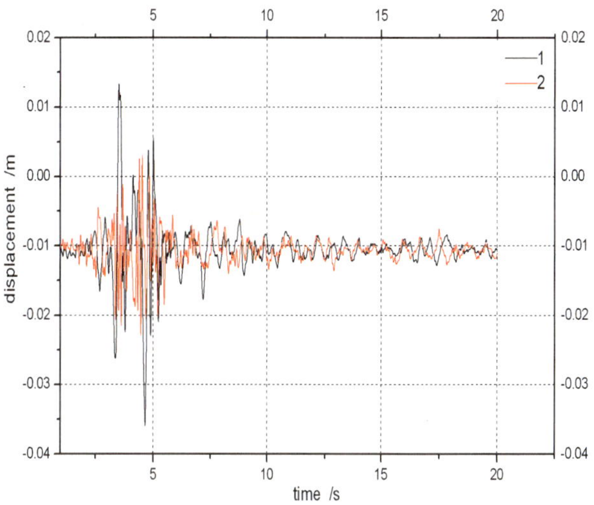

6点位置

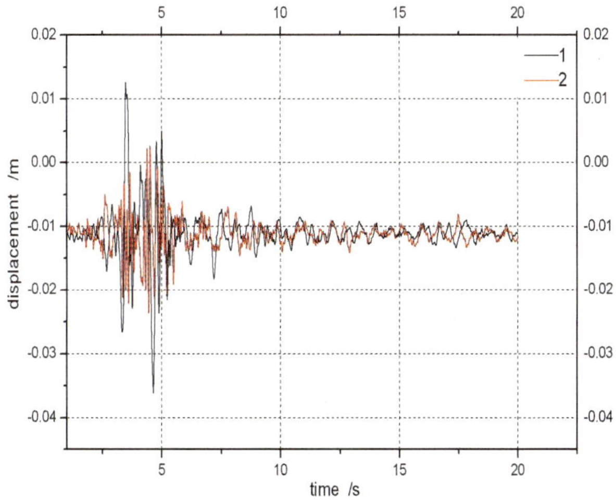

7点位置

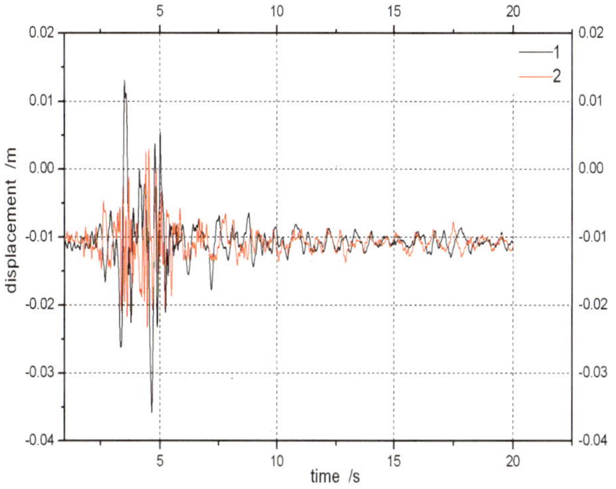

8点位置

图7.49 水平地震动1、2作用下模型Ⅰ各位置点的位移反应曲线

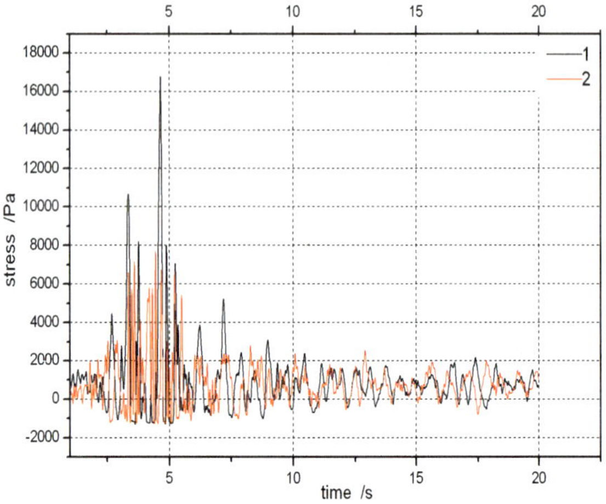

1点位置

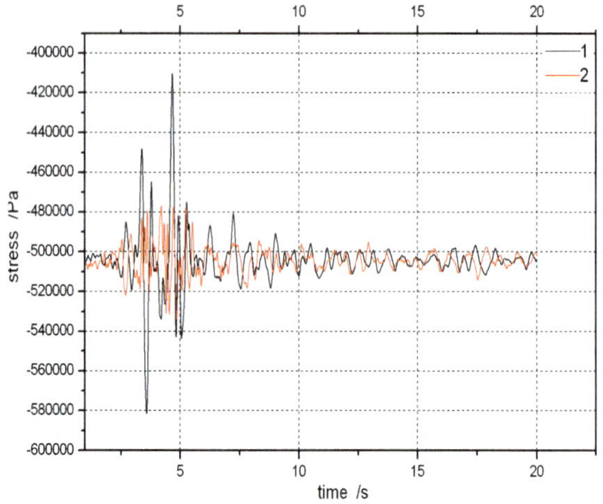

2点位置

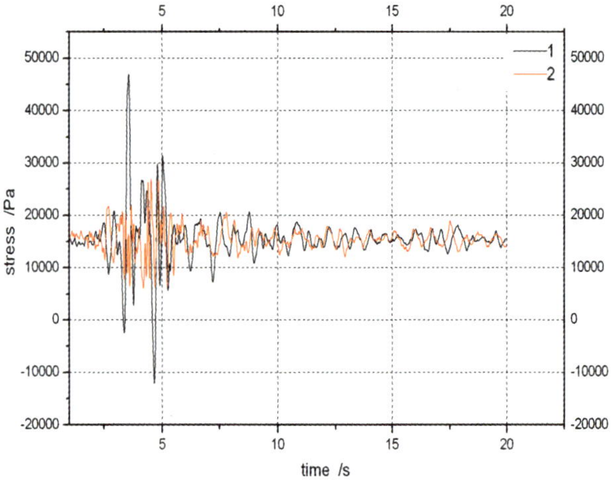

4点位置

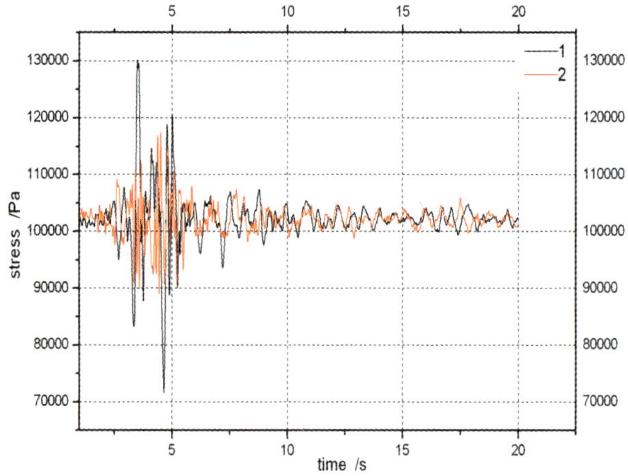

6点位置

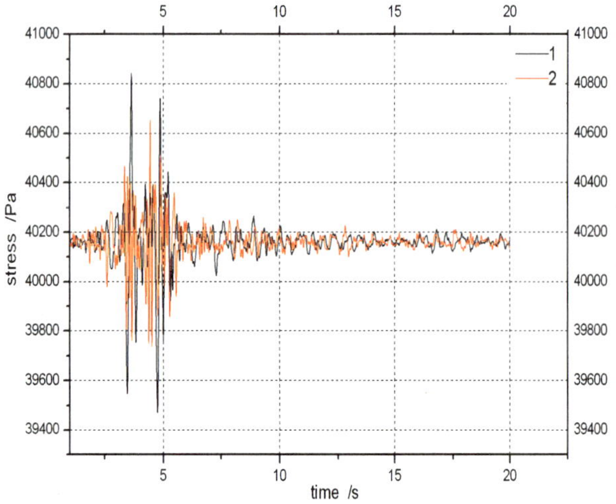

7点位置

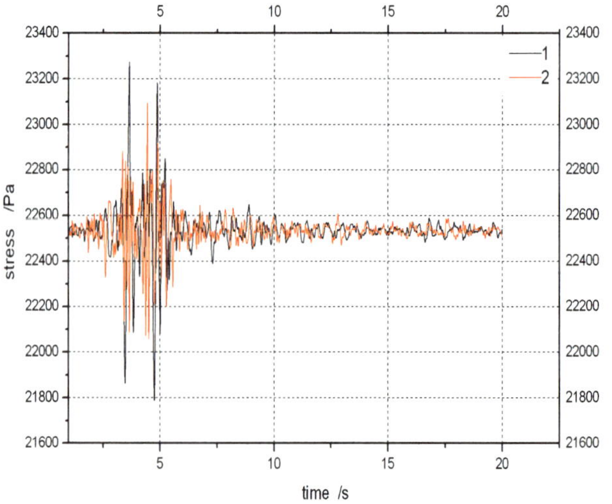

8点位置

图7.50　水平地震动1、2作用下模型Ⅰ各位置点的大主应力反应曲线

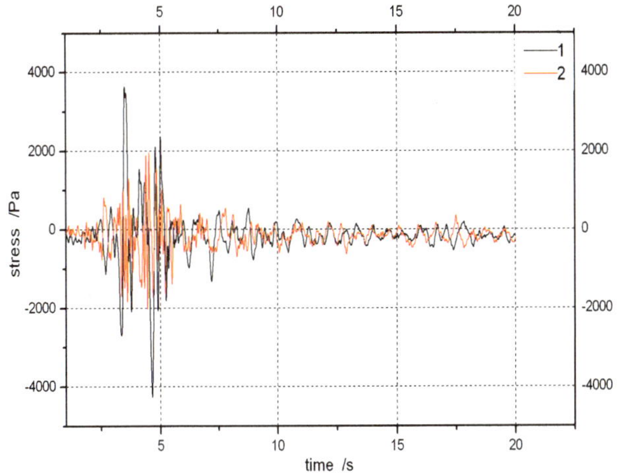

1点位置

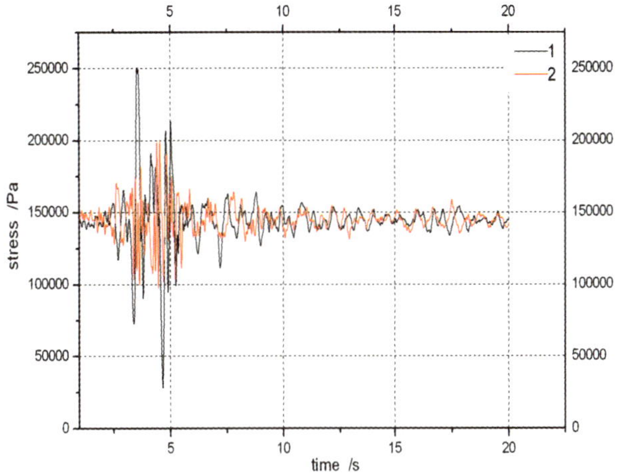

2点位置

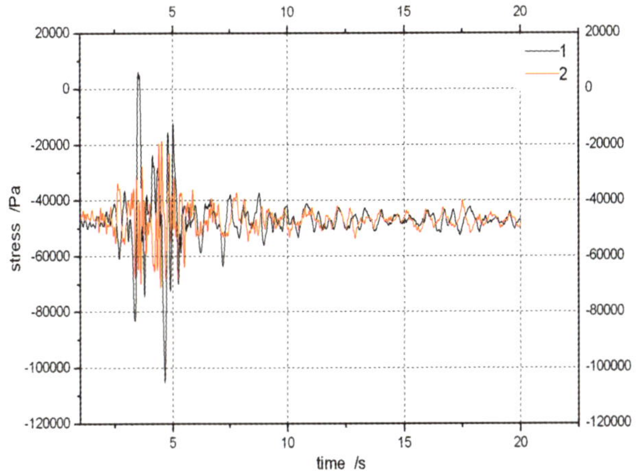

4点位置

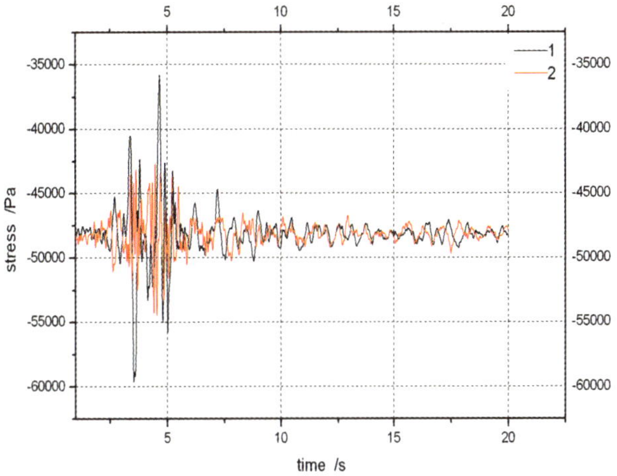

6点位置

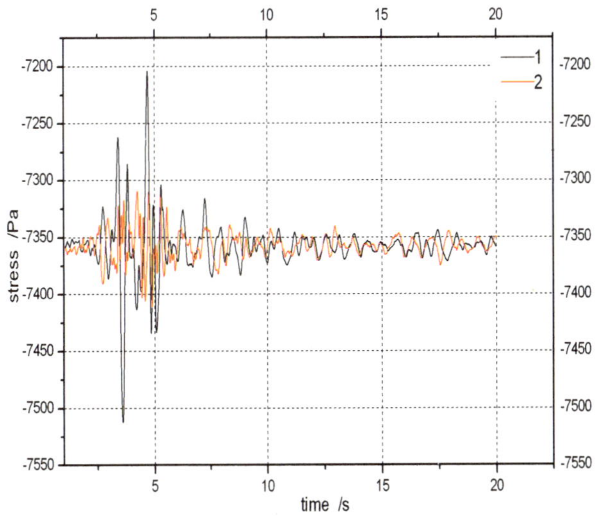

7点位置

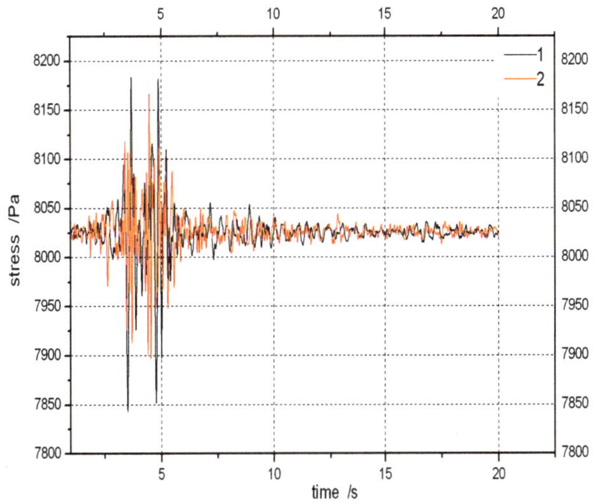

8点位置

图7.51　水平地震动1、2作用下模型Ⅰ各位置点的剪应力反应曲线

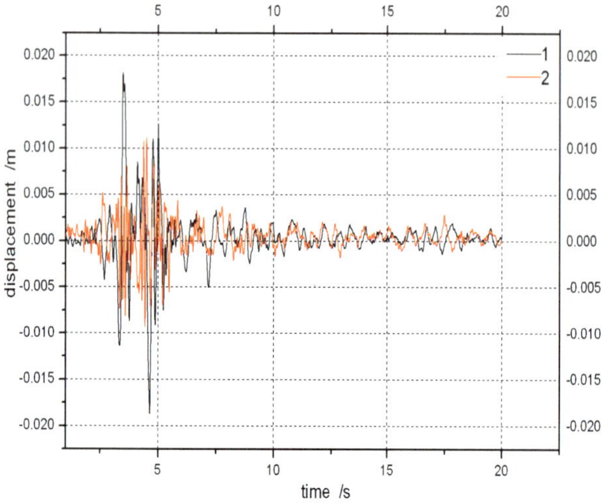

3点位置

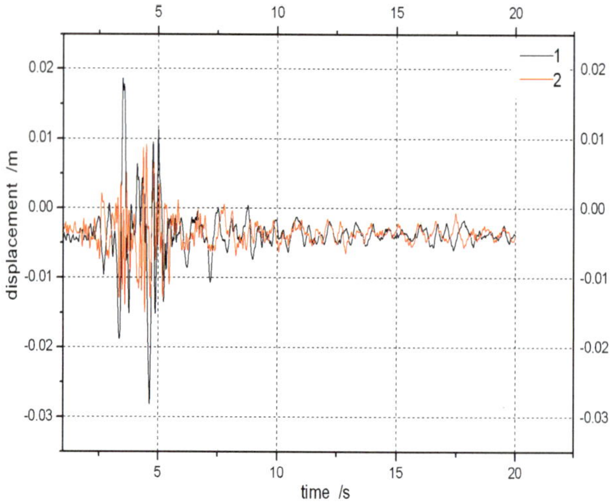

5点位置

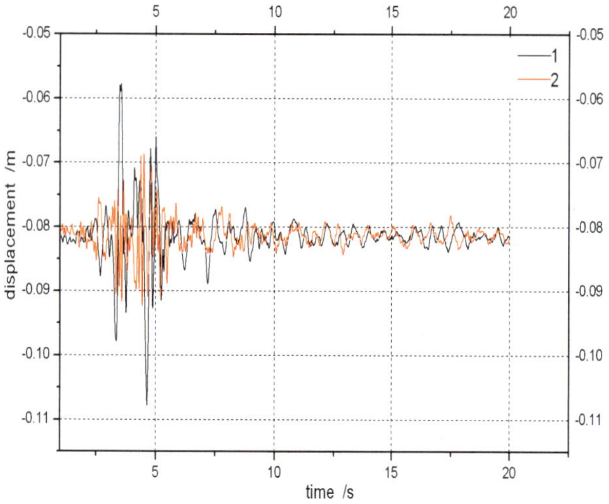

9点位置

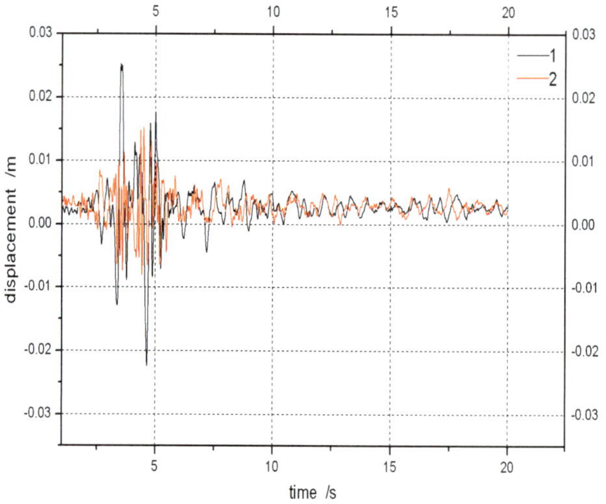

11点位置

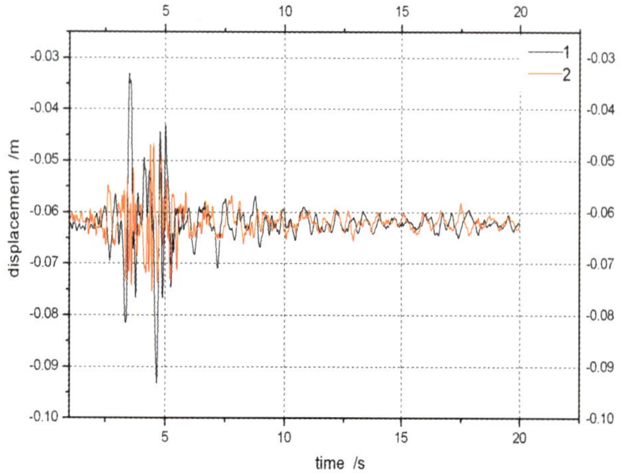

16点位置

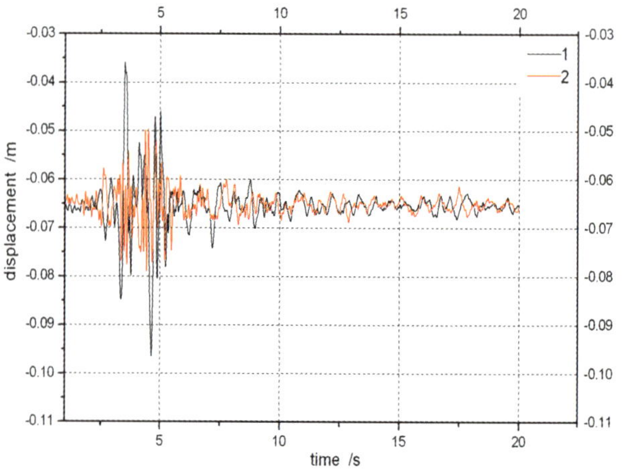

17点位置

图7.52 水平地震动1、2作用下模型Ⅱ各位置点的位移反应曲线

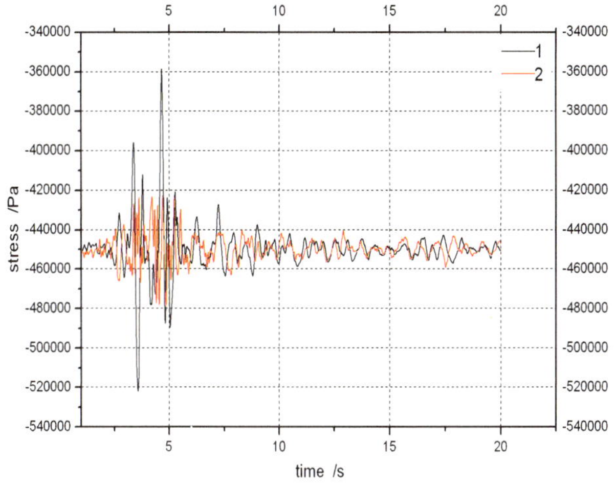

3点位置

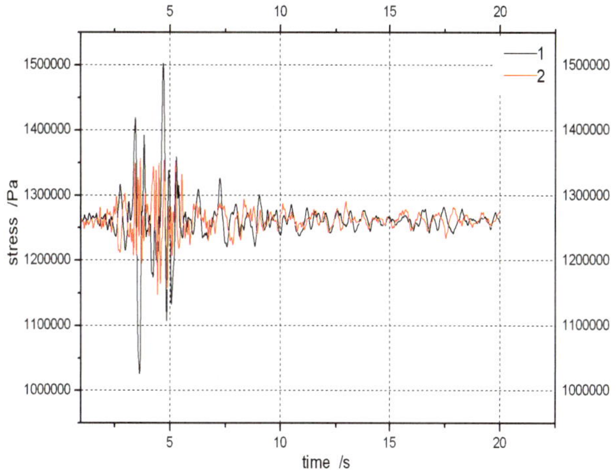

5点位置

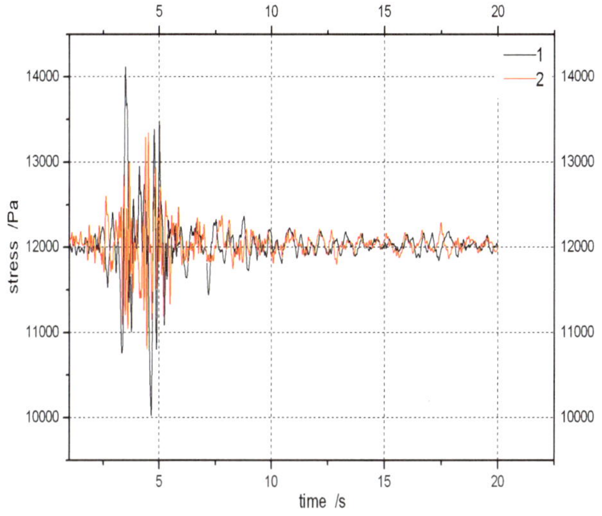

9点位置

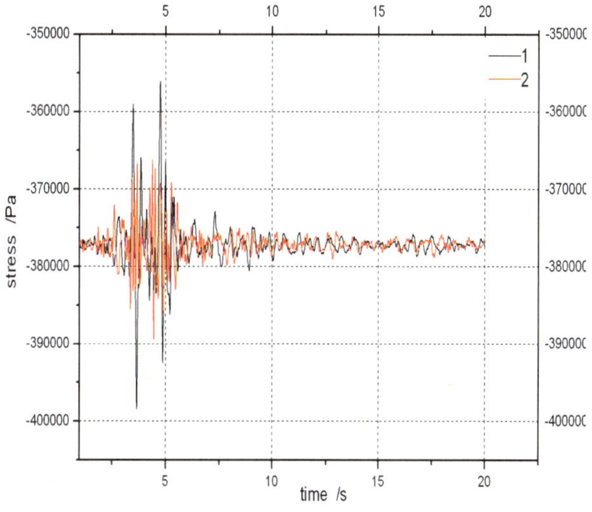

11点位置

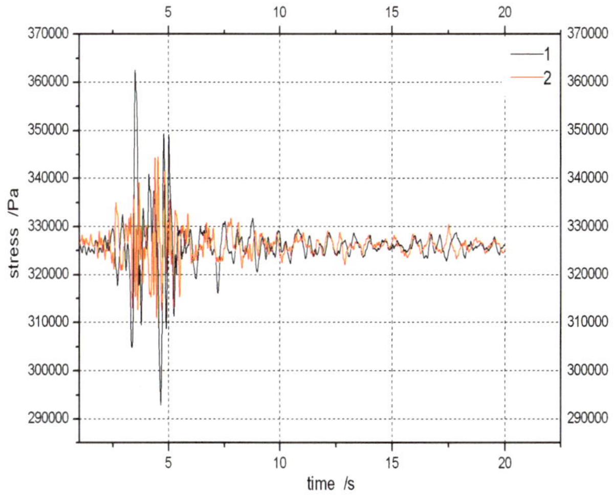

16点位置

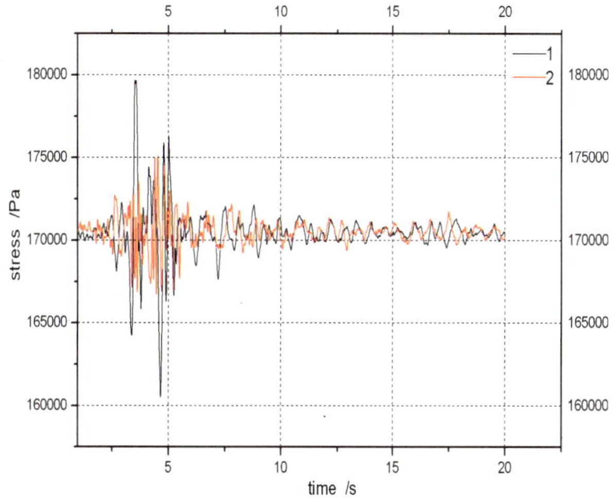

17点位置

图7.53 水平地震动1、2作用下模型Ⅱ各位置点的大主应力反应曲线

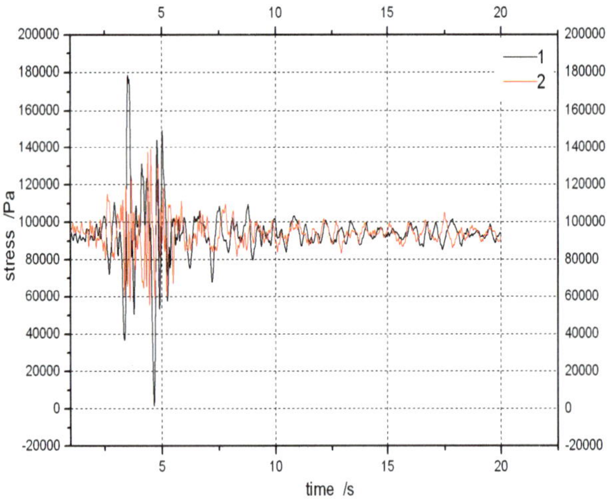

3点位置

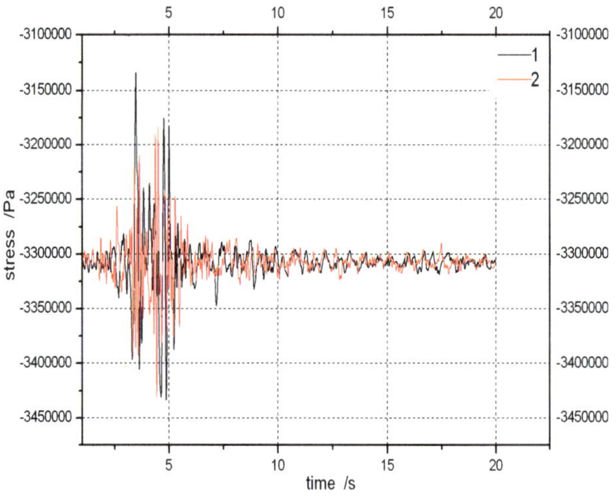

5点位置

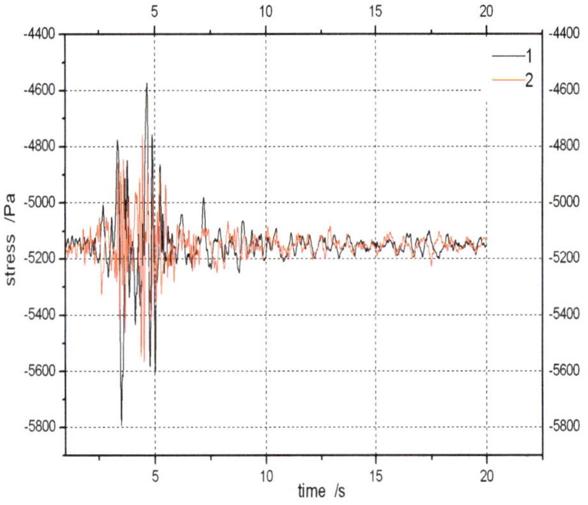

9点位置

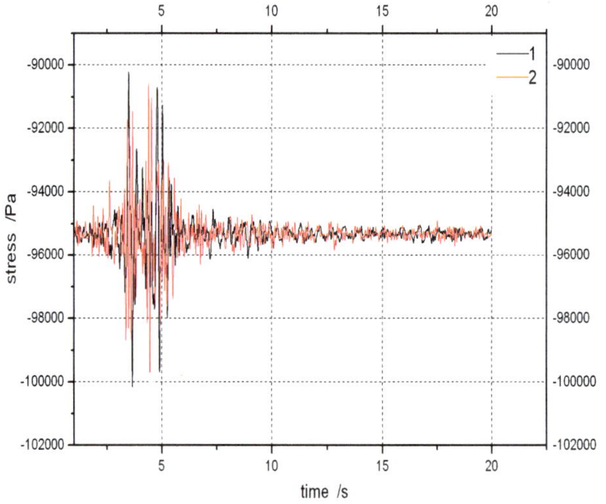

11点位置

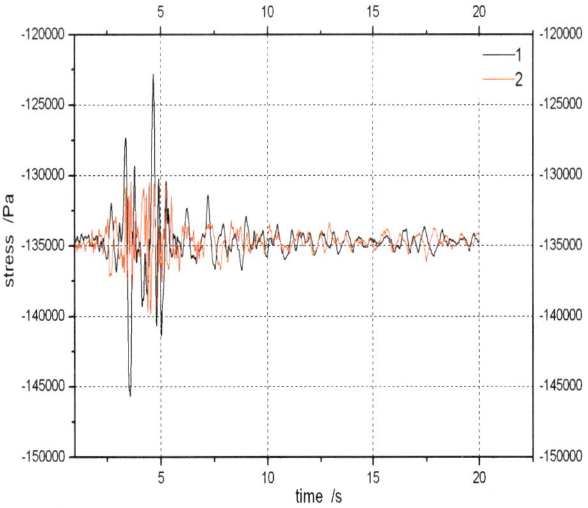

16点位置

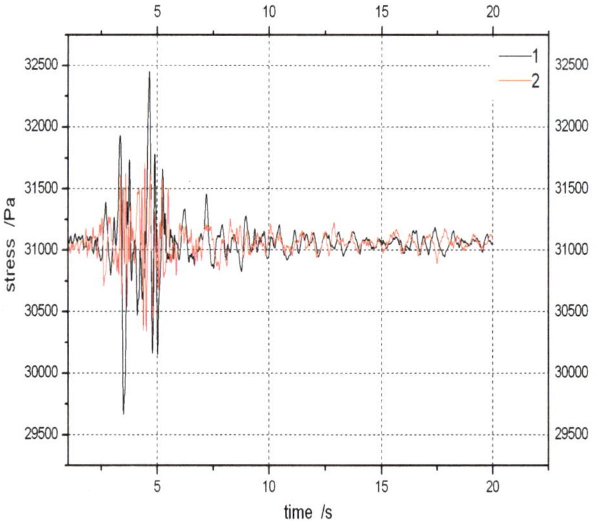

17点位置

图7.54 水平地震动1、2作用下模型Ⅱ各位置点的剪应力反应曲线

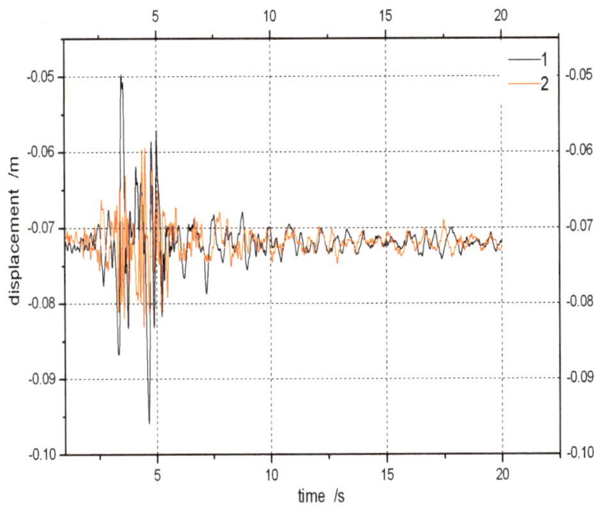

1点位置

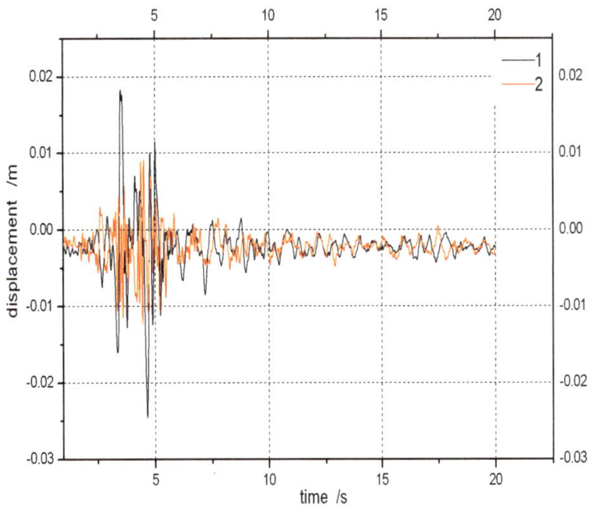

2点位置

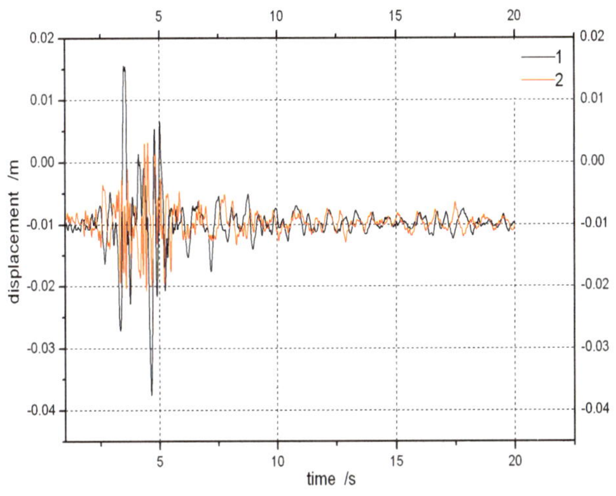

4点位置

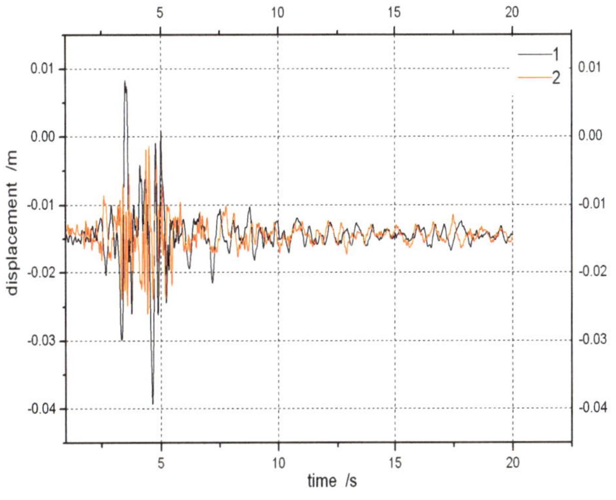

6点位置

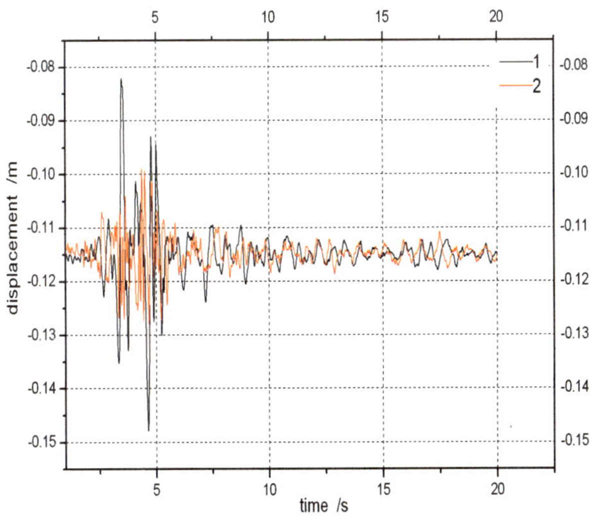

7点位置

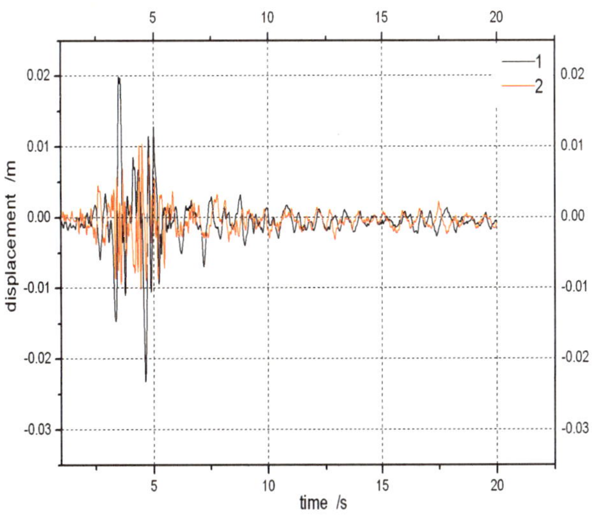

11点位置

图7.55 水平地震动1、2作用下模型Ⅲ各位置点的位移反应曲线

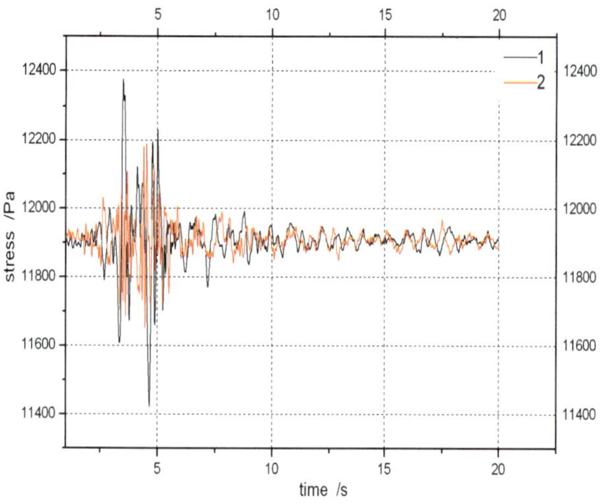

1点位置

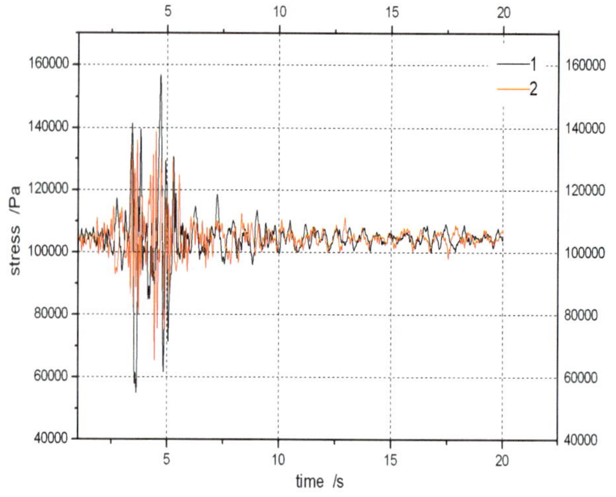

2点位置

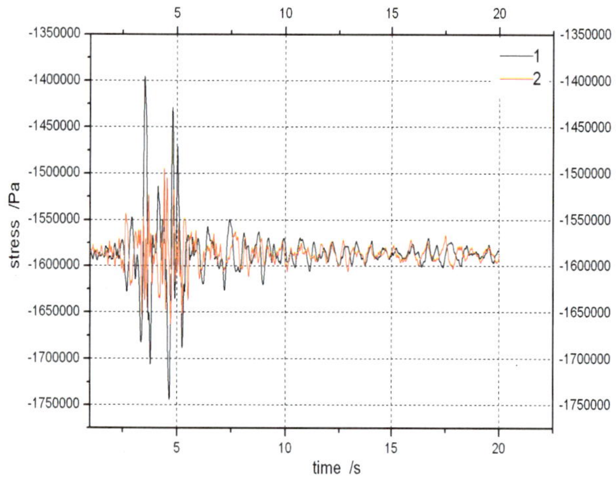

4点位置

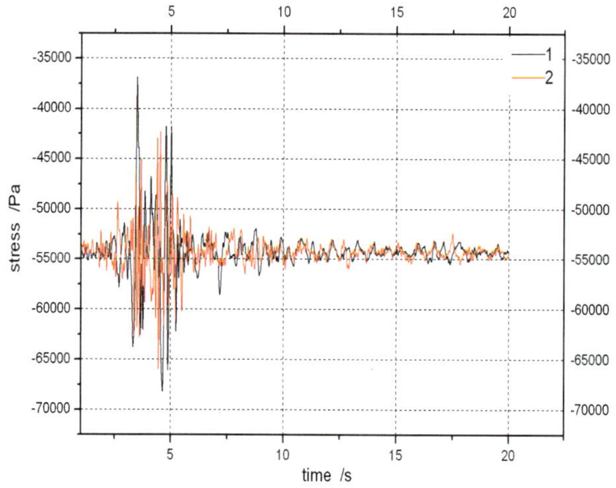

6点位置

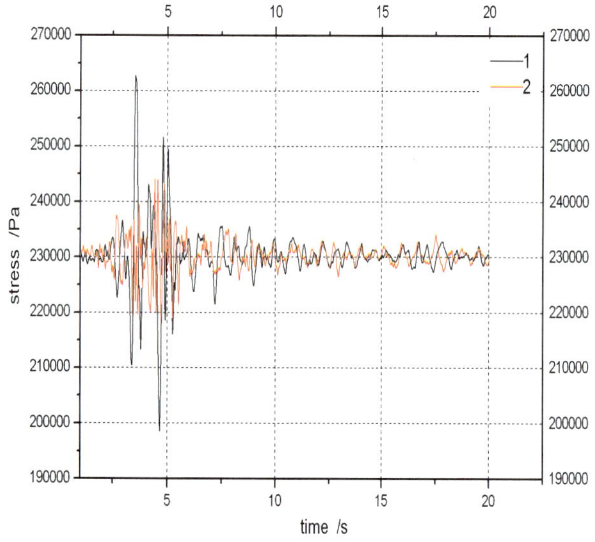

7点位置

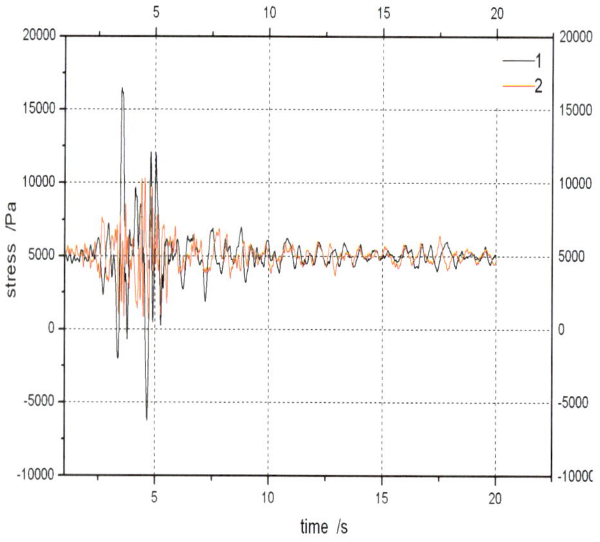

11点位置

图7.56 水平地震动1、2作用下模型Ⅲ各位置点的大主应力反应曲线

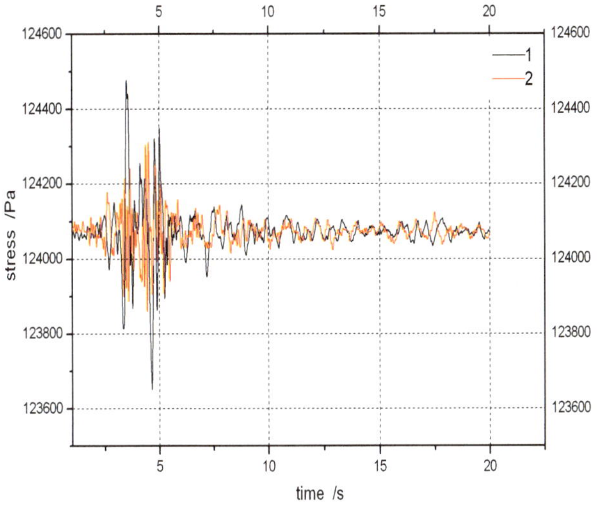

1点位置

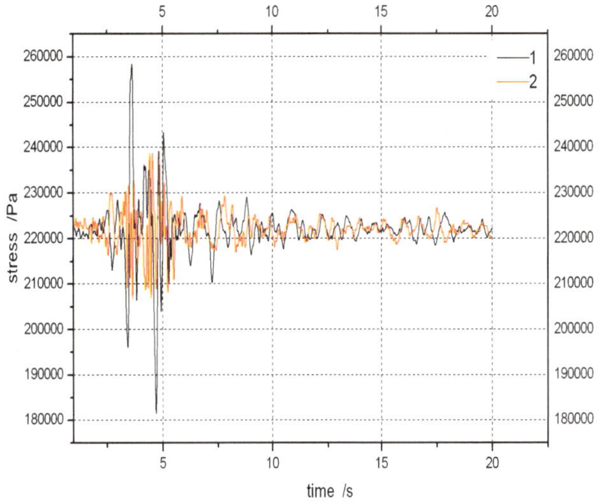

2点位置

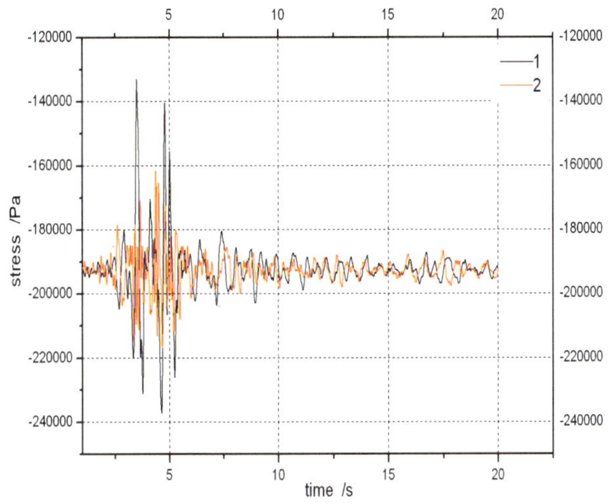

4点位置

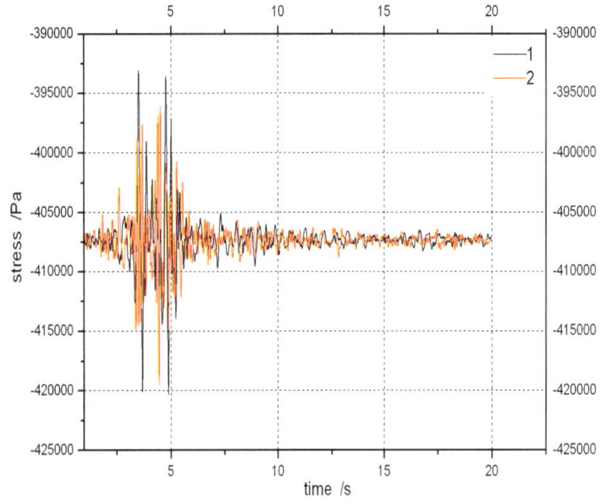

6点位置

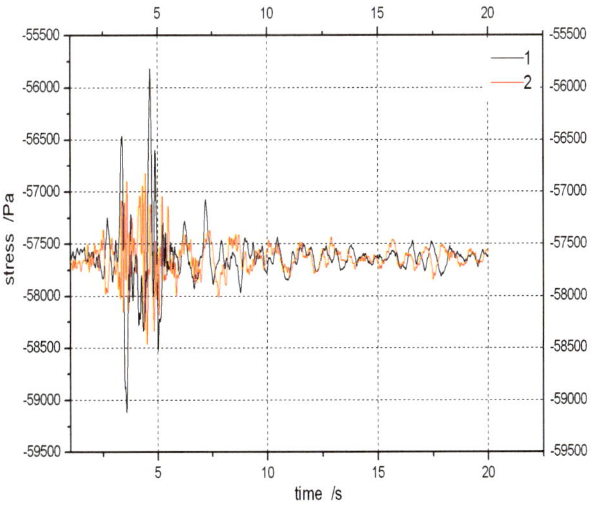

7点位置

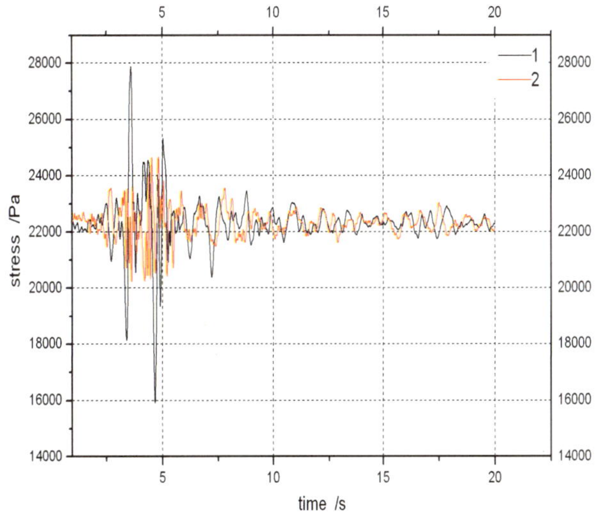

11点位置

图7.57 水平地震动1、2作用下模型Ⅲ各位置点的剪应力反应曲线

表 7-2 地震荷载下各位置点的位移、应力的极值列表

	占位置	地震荷载1				地震荷载2			
		水平位移（m）	大主应力（Pa）	小主应力（Pa）	剪应力（Pa）	水平位移（m）	大主应力（Pa）	小主应力（Pa）	剪应力（Pa）
模型Ⅰ	1	−2.03E−02	1.68E+04	−1.43E+04	−4.27E+03	−1.28E−02	7.72E+03	−7.50E+03	−2.02E+03
	2	−2.00E−02	−2.24E+05	−1.87E+06	3.28E+05	−1.05E−02	−5.34E+05	−1.44E+06	2.00E+05
	3	2.20E−02	−5.79E+05	−1.68E+06	−3.01E+05	1.32E−02	−5.60E+05	−1.62E+06	−2.44E+05
	4	−2.48E−02	−1.34E+06	−3.58E+06	−1.13E+06	−1.26E−02	2.69E+04	−1.04E+06	−7.14E+04
	5	−3.23E−02	2.58E+05	−6.62E+05	−2.24E+05	−1.82E−02	2.45E+05	−6.28E+05	−2.18E+05
	6	−3.60E−02	2.57E+05	4.25E+04	−8.82E+04	−2.28E−02	1.17E+05	−1.71E+04	−5.45E+04
	7	−3.62E−02	4.08E+04	2.11E+03	−7.51E+03	−2.35E−02	4.07E+04	2.01E+03	−7.41E+03
	8	−3.58E−02	2.33E+04	1.44E+03	8.18E+03	−2.31E−02	2.31E+04	1.09E+03	8.17E+03
	9	−2.08E−02	5.93E+04	−1.60E+05	−2.16E+04	−1.30E−02	6.02E+04	−1.01E+05	5.37E+04
	10	2.05E−02	−5.53E+05	−1.82E+06	1.73E+05	1.24E−02	−5.30E+05	−1.67E+06	1.17E+05
	11	−2.85E−02	3.10E+04	−1.31E+06	−2.96E+05	−1.55E−02	6.88E+04	−1.14E+06	−2.42E+05
模型Ⅱ	1	−1.94E−02	1.88E+04	−6.73E+03	−1.20E+04	−1.18E−02	1.45E+04	−5.12E+03	−9.09E+03
	2	−1.97E−02	7.49E+04	−8.21E+04	−1.49E+04	−1.19E−02	3.52E+04	−8.04E+04	−2.03E+04
	3	−1.87E−02	−5.22E+05	−1.26E+06	1.79E+05	1.11E−02	−4.79E+05	−1.13E+06	1.39E+05
	4	2.11E−02	−4.59E+05	−1.41E+06	1.18E+05	1.30E−02	−4.51E+05	−1.29E+06	7.30E+04
	5	−2.82E−02	1.50E+06	−8.18E+06	−3.43E+06	−1.51E−02	1.36E+06	−8.17E+06	−3.43E+06
	6	−4.05E−02	6.88E+04	−3.77E+06	−4.42E+05	−2.61E−02	−6.59E+04	−3.91E+06	−4.20E+05
	7	−4.52E−02	4.03E+05	−2.10E+04	−1.86E+05	−3.20E−02	3.94E+05	−1.49E+04	−1.80E+05
	8	−3.42E−02	1.06E+04	3.04E+03	2.11E+03	−2.13E−02	1.06E+04	2.38E+03	2.03E+03
	9	−1.08E−01	1.41E+04	−7.99E+02	−5.79E+03	−9.25E−02	1.33E+04	−7.38E+02	−5.57E+03
	10	−5.99E−02	1.76E+04	−3.68E+06	−6.04E+04	−4.48E−02	1.71E+04	−3.65E+06	−5.94E+04
	11	2.53E−02	−3.98E+05	−9.04E+05	−1.00E+05	1.51E−02	−3.90E+05	−8.49E+05	−1.00E+05
	12	2.61E−02	−3.93E+05	−1.04E+06	−1.80E+05	1.55E−02	−3.83E+05	−1.00E+06	−1.52E+05
	13	−3.99E−02	−2.79E+06	−1.03E+07	−3.02E+06	−1.88E−02	−2.31E+05	−2.96E+06	−2.75E+05
	14	−5.31E−02	−2.53E+05	−5.17E+06	8.39E+03	−3.54E−02	−2.49E+05	−5.08E+06	8.38E+03
	15	−1.02E−01	3.77E+04	9.66E+02	−3.47E+03	−8.47E−02	3.51E+04	8.06E+02	−3.30E+03
	16	−9.32E−02	3.63E+05	6.80E+04	−1.46E+05	−7.56E−02	3.44E+05	6.31E+04	−1.40E+05
	17	−9.64E−02	1.80E+05	−7.71E+03	3.25E+04	−7.91E−02	1.75E+05	−7.15E+03	3.17E+04

续表 7-2

	占位置	地震荷载1				地震荷载2			
		水平位移（m）	大主应力（Pa）	小主应力（Pa）	剪应力（Pa）	水平位移（m）	大主应力（Pa）	小主应力（Pa）	剪应力（pa）
模型Ⅲ	1	-9.60E-02	1.24E+04	-1.78E+06	1.24E+05	-8.32E-02	1.22E+04	-1.78E+06	1.24E+05
	2	-2.46E-02	1.57E+05	-1.16E+06	2.58E+05	-1.23E-02	1.39E+05	-1.06E+06	2.39E+05
	3	-2.81E-02	-2.81E+05	-3.30E+06	-3.50E+05	-1.42E-02	-2.11E+05	-2.94E+06	-2.36E+05
	4	-3.76E-02	-1.74E+06	-3.35E+06	-2.37E+05	-2.09E-02	-1.66E+06	-3.13E+06	-2.17E+05
	5	-5.35E-02	-7.02E+04	-6.33E+06	1.15E+05	-7.44E-02	-9.88E+04	-1.19E+07	-1.67E+05
	6	-1.41E-01	2.00E+05	2.39E+04	5.18E+04	-1.22E+01	1.88E+05	2.30E+04	4.85E+04
	7	-1.19E-01	-2.79E+05	-2.10E+06	-1.47E+05	-9.90E-02	-2.64E+05	-1.99E+06	-1.46E+05
	8	-1.48E-01	2.63E+05	3.66E+04	-5.91E+04	-1.28E-01	2.44E+05	3.57E+04	-5.85E+04
	9	-3.06E-02	-4.39E+05	-5.06E+06	-1.41E+06	-1.65E-02	-4.28E+05	-4.93E+06	-1.38E+06
	10	-1.09E-01	3.44E+05	-1.27E+05	2.30E+05	-8.94E-02	3.28E+05	-1.14E+05	2.15E+05
	11	-2.26E-02	1.89E+04	-1.11E+06	2.23E+04	1.04E-02	1.03E+04	-9.29E+05	2.47E+04
	12	1.90E-02	-8.21E+04	-2.54E+05	1.01E+05	1.09E-02	-8.21E+04	-1.78E+05	6.14E+04

4. 问题的解答——傅立叶变换

多年来傅立叶变换一直是谱分析的基础之一，在信号的数字处理中占有很重要的地位。它给出了时间与频率的关系，充当了时间函数与频率函数之间的桥梁。即一个物理过程既可以在时域内，通过把物理量h作为时间t的函数$h(t)$来描述，也可以在频域内，通过将振幅H（通常是一个包含相位的复数）作为频率f的函数$H(f)$来描述。根据傅立叶变换方程便可实现这两个表达之间的相互转换：

$$H(f)=\int_{-\infty}^{\infty}h(t)\mathrm{e}^{2\pi ift}\,\mathrm{d}t \tag{7.10}$$

$$h(t)=\int_{-\infty}^{\infty}H(f)\mathrm{e}^{-2\pi ift}\,\mathrm{d}f \tag{7.11}$$

特别是研究地震波普，在频率域里处理较为方便，且物理意义比较明显。

傅立叶谱表示法，有两个重要意义：一个从时间过程中检出频率分量，另一个是进行了由时域到频域的变换。由于傅立叶谱能够表明，在原来波中含有什么样的频率以及哪些分量的振幅大，因此可以用它来推测这个地震波对结构物的影响。如果有的分量的振幅特别大，就称这些分量是卓越的，这些分量的频率或周期，就分别称为卓越频率或卓越周期。

傅立叶谱已经广泛地应用到地震工程研究的各个领域，因此提供傅立叶谱是十分必要的。傅立叶谱的计算采用快速傅立叶算法（FFT），设加速度的记录为$a(t)$，计算长度为T_d则它的傅立叶积分$A(f)$可以写成

$$A(f)=\int_{0}^{T_d}a(t)\mathrm{e}^{-2\pi ift}\,\mathrm{d}t \tag{7.12}$$

一般讲，$A(f)$是一个复量，若用$R(f)$和$I(f)$表示它的实部与虚部，则

$$A(f)=R(f)+jI(f) \tag{7.13}$$

$A(f)$的模

$$\left|A(f)\right| = \sqrt{R^2(f) + I^2(f)} \tag{7.14}$$

称为加速度$a(t)$的振幅谱。

加速度记录是等步长时间序列$a(t_i)$（i=1，2，3，…，N），则它的离散傅立叶谱中的第k个频率分量为

$$A(f_k) = \sum_{i=1}^{N} a(t_i) e^{-2\pi j \frac{k_i}{N}} \tag{7.15}$$

比较（7.12）式和（7.15）式，两者在量纲上仅差Δt秒，因此若用离散的傅立叶变换（7.15）式近似地计算（7.12）式，只需将（7.15）式乘以Δt，即

$$A(f) \approx A(f_k)\Delta t \tag{7.16}$$

上式中（k=1，2，3，…，N），式（7.11）可以用FFT算法在计算机上迅速算出从而得到加速度记录的振幅谱。地震动1、2的傅立叶反应谱（如图7.58）。

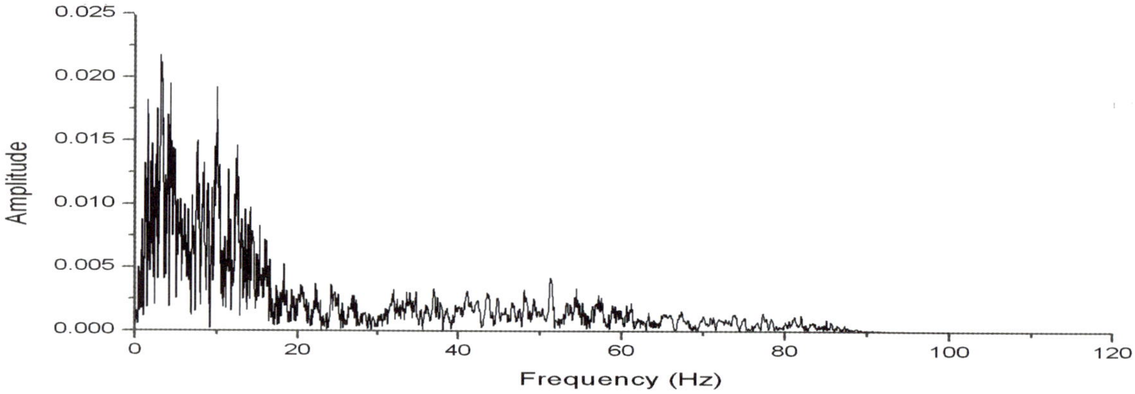

地震记录1

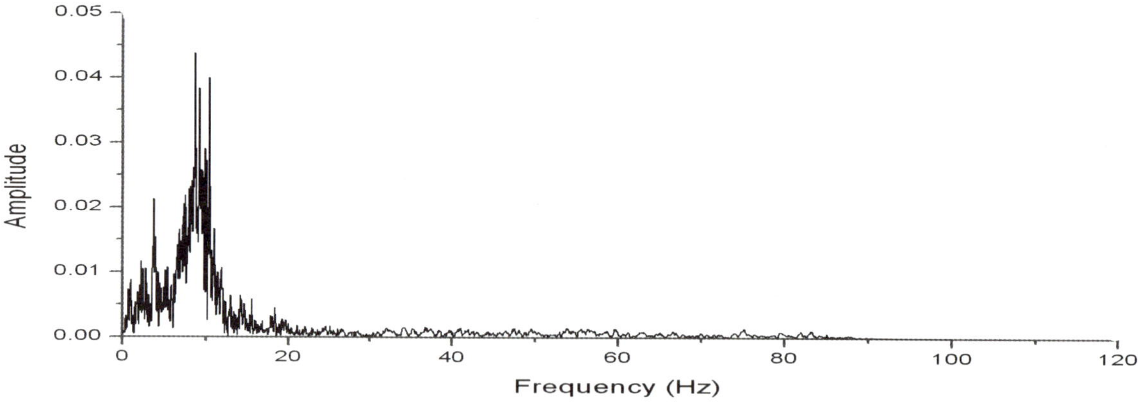

地震记录2

图7.58　真实地震记录的傅立叶谱

如图所示，地震动1以高频为主，地震动2以低频为主，即前者以长特征周期为主，后者以短特征周期为主。特征周期增大，结构位移响应都随之增加。说明随着长周期成分的增加，坡体对地震动的反应加大，这是由于地震动特征周期与石窟围岩自振周期逐渐接近而产生共振作用的结果。

7.3.5　地震荷载下洞窟围岩的应力集中分析

在地震动1的水平作用下，分别对三个模型的拉应力、剪应力进行讨论（因为此种情况下，各应力值均为最大），根据围岩强度准则，判断其在地震载荷下的动态损伤。

模型Ⅰ：（见图7.43）

由于岩体的抗压强度很大，因而常温常压下的岩体破坏形式均表现为拉裂或剪裂。此剖面上最大拉应力值为0.614MPa，出现在两排锚索中间的部位，大于围岩的抗拉强度，因而是不稳定的；在锚索的锚固端的端部也形成拉应力集中区，危险性较大。最大剪应力出现锚索的锚固端端部，裂隙处拉应力和剪应力值出现应力集中，是比较不稳定的部位。

模型Ⅱ：（见图7.44）

最大拉应力值为1.5MPa，位于最上层洞窟上的裂隙部位，大于围岩的抗拉强度0.36MPa，明显会发生破裂甚至向外倾倒。锚索锚固端的端部也有明显的应力集中现象，拉应力值都大于岩体抗拉强度，在地震作用下无疑也是不稳定的。

模型Ⅲ：（见图7.48）

最大拉应力值为3.15MPa，出现在锚索锚固端的部位，高于围岩抗拉强度，因而会发生拉裂。上层洞窟的左下角也是应力相对集中的地方，但应力是压应力，因为岩体是抗压材料，因而是稳定的。

模型Ⅰ、模型Ⅱ、模型Ⅲ最危险模型结构的对比，由图7.43～7.48可以知道，在地震荷载1的作用下，模型Ⅲ的最大拉应力最大，是最不安全的。

综上所述，地震荷载作用下，锚索加固的石窟岩体，因洞窟结构的复杂、相互间组合关系的多样化，形成了石窟围岩复杂的应力集中问题。洞窟顶部及边角处、锚索的两个端部的部位是拉应力和剪应力的主要集中点。计算结果表明，在水平地震动1载荷下，锚索加固石窟岩体的部分部位是不稳定的。在锚索与应力、初始地应力、地震力的共同作用下，在加固裂隙的部位，锚索的端部、顶部或边角处因应力过于集中而可能出现开裂或掉块。锚索的锚固的端部是应力集中的一个主要地方。

7.4 洞室围岩参数变化对洞地震反应的影响

7.4.1 引言

与地面结构一样，洞室等地下结构也可以通过一定的措施减轻地震灾害。本研究计算了不同地震动作用下不同的围岩材料对洞室地震反应的影响，并通过改变洞室一定范围内围岩材料的参数，计算了洞室的地震反应。由此看出，通过改变围岩的力学指标可以减小洞室内力，从而达到减震的目的。

7.4.2 计算方法

1. Newmark隐式积分预估–修正算法

采用Newmark隐式积分预估–修正算法求解运动平衡方程。有限元体系在$t+\Delta t$时刻的运动平衡方程为

$$\underline{M}\underline{\ddot{u}}_{t+\Delta t}+\underline{P}_{t+\Delta t}=\underline{F}_{t+\Delta t} \tag{7.17}$$

$$\underline{P}_{t+\Delta t}=\begin{cases}\underline{C}\underline{\dot{u}}_{t+\Delta t}+\underline{K}\underline{u}_{t+\Delta t}(\text{线性体系})\\ \underline{C}\underline{\dot{u}}_{t+\Delta t}+\sum_e \underline{B}^{e^T}_{t+\Delta t}\underline{\sigma}^e_{t+\Delta t}\mathrm{d}V(\text{非线性})\end{cases} \tag{7.18}$$

式中，$\underline{M}$为体系的总质量矩阵；$\underline{C}$为体系的总阻尼矩阵；$\underline{K}$为体系的总刚度矩阵；$\underline{\ddot{u}}_{t+\Delta t}$为体系的节点加速度向量；$\underline{\dot{u}}_{t+\Delta t}$为体系的节点速度向量；$\underline{u}_{t+\Delta t}$为体系的节点位移向量；$\underline{F}_{t+\Delta t}$为外荷载向量；$\underline{B}^{e^T}_{t+\Delta t}$为单元应变矩阵；$\underline{\sigma}^e_{t+\Delta t}$为单元应力向量。

Newmark方法采用下列假设为

$$\underline{\dot{u}}_{t+\Delta t}=\underline{\dot{u}}_{t}+\left[(1-\delta)\underline{\ddot{u}}_{t}+\delta\underline{\ddot{u}}_{t+\Delta t}\right] \tag{7.19}$$

$$\underline{u}_{t+\Delta t}=\underline{u}_{t}+\underline{\dot{u}}_{t}\Delta t+\left[(0.5-\gamma)\underline{\ddot{u}}_{t}+\gamma\underline{\ddot{u}}_{t+\Delta t}\right]\Delta t^{2} \tag{7.20}$$

式中，δ、γ为积分常数。

对每一时步进行迭代运算。

（1）置$i=0$，令

$$\underline{u}^{i}_{t+\Delta t}=\underline{\tilde{u}}_{t+\Delta t}=\underline{u}_{t}+\underline{\dot{u}}\Delta t+\Delta t^{2}(0.5-\gamma)\underline{\ddot{u}}_{t} \tag{7.21}$$

$$\underline{\dot{u}}^{i}_{t+\Delta t}=\underline{\tilde{\dot{u}}}_{t+\Delta t}=\underline{\dot{u}}_{t}+\Delta t(1-\delta)\underline{\ddot{u}}_{t} \tag{7.22}$$

$$\underline{\ddot{u}}^{i}_{t+\Delta t}=\underline{0} \tag{7.23}$$

（2）计算不平衡节点力向量

$$\Delta\psi^{i}=\underline{F}_{t+\Delta t}-\underline{M}\underline{\ddot{u}}^{i}_{t+\Delta t}-\underline{C}\underline{\dot{u}}^{i}_{t+\Delta t}-\sum_{e}\int_{V}\underline{B}^{e^{T}}_{t+\Delta t}\underline{\sigma}^{e}_{t+\Delta t}\mathrm{d}V \tag{7.24}$$

（3）如有必要，重新计算有效刚度矩阵为

$$\underline{K}^{*}=\underline{M}/(\gamma\Delta t^{2})+\delta\underline{C}/(\gamma\Delta t)+\underline{K} \tag{7.25}$$

（4）求解方程，得到位移增量Δu^{i}为

$$\underline{K}^{*}\Delta u^{i}=\Delta\psi^{i} \tag{7.26}$$

（5）进入修正阶段，置$i=i+1$，且令

$$\underline{u}^{i+1}_{t+\Delta t}=\underline{u}^{i}_{t+\Delta t}+\Delta u^{i} \tag{7.27}$$

$$\underline{\ddot{u}}^{i+1}_{t+\Delta t}=(\underline{u}^{i+1}_{t+\Delta t}-\underline{\tilde{u}}_{t+\Delta t})/(\gamma\Delta t^{2}) \tag{7.28}$$

$$\underline{\dot{u}}^{i+1}_{t+\Delta t}=\underline{\dot{u}}^{i}_{t+\Delta t}+\delta\Delta t\underline{\ddot{u}}^{i+1}_{t+\Delta t} \tag{7.29}$$

（6）校核$\Delta\underline{u}^{i}$或$\Delta\underline{\psi}^{i}$是否满足收敛条件，若不满足，则回到式（7.21），若已满足，令

$$\underline{u}_{t+\Delta t}=\underline{u}^{i+1}_{t+\Delta t} \tag{7.30}$$

$$\underline{\dot{u}}_{t+\Delta t}=\underline{\dot{u}}^{i+1}_{t+\Delta t} \tag{7.31}$$

$$\underline{\ddot{u}}_{t+\Delta t}=\underline{\ddot{u}}^{i+1}_{t+\Delta t} \tag{7.32}$$

形成新的抗力向量$\underline{P}_{t+\Delta t}$，进入下一步运算。

体系的总阻尼矩阵采用瑞利阻尼为

$$\underline{C}=\alpha\underline{M}+\beta\underline{K} \tag{7.33}$$

式中，α、β为常数，可按两种不同的振动频率下测得的阻尼比ξ加以确定。积分常数取$\delta=0.5$，$\gamma=0.25$。

2.边界条件

考虑到围岩介质的无限性，采用人工边界模拟无限域边界[5~9]，黏-弹性人工边界不仅考虑了对散射波能量的吸收，还能模拟半无限地基的弹性恢复能力。其人工边界条件[5]为

$$\left.\begin{aligned}C_{b}&=\rho c_{s}\\K_{b}&=G/(2r_{b})\end{aligned}\right\} \tag{7.34}$$

式中，r_b为极坐标系人工边界的坐标；C_b和K_b分别为施加于人工边界$r=r_b$切线方向上的黏性阻尼器和线性弹簧；$c_s=\sqrt{G/\rho}$为剪切波速，G为剪切模量，ρ为质量密度。施加于人工边界法线方向上的黏性阻尼器和线性弹簧需将式（7.34）中的G和c_s用E和c_p替换。E和c_p分别为弹性模量和压缩波速。

7.4.3　围岩参数的变化对洞室地震反应的影响

选择典型洞室作为研究对象，洞室埋深40.0m，计算有限元模型见图7.59。计算范围：宽×高=180m×110m，在底边和2个侧边设置黏-弹性人工边界，材料的物理力学性能见表7-3。为研究围岩参数的变化对洞室地震反应的影响，选取了10组不同的围岩，采用子空间迭代法，对每一组围岩的有限元体系进行振型计算，得到各体系的基频（基本频率，单位为Hz），见表7-3。地震波选取了5条地震动，分别为El - Centro地震波、Taft地震波、神户地震波（简称Kobe地震波）、唐山余震天津医院地震记录（简称Tianjin地震波）和青藏线当曲河大桥50年超越概率为5%的人工地震波（简称Dqhq地震波）。对9组不同的围岩分别计算了在这些地震动作用下，洞室围岩的内力和位移，限于篇幅不一一列出。

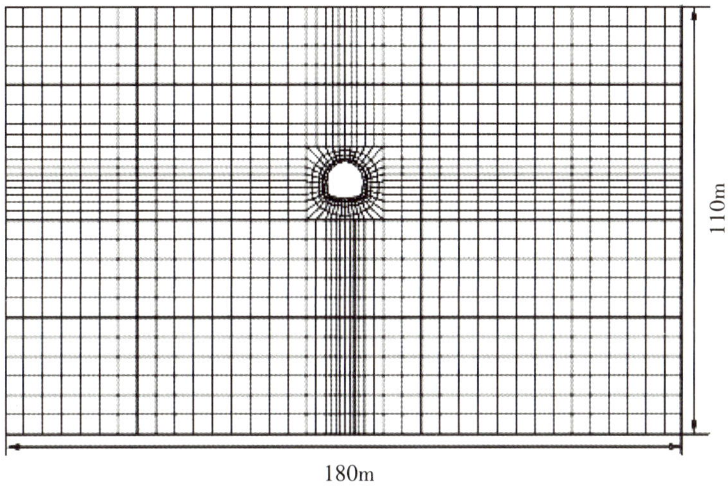

图7.59　有限元离散化

表7-3　材料物理力学参数及计算体系的基频

材料	弹性模量(MPa)	泊松比	容重(kN/m³)	黏聚力(kPa)	内摩擦角(°)	基频(Hz)
围岩1	5	0.430	19.0	0.5	8	0.069580
围岩2	25	0.420	19.3	2.0	12	0.138872
围岩3	50	0.410	19.5	5.0	15	0.218419
围岩4	500	0.400	20.0	30.0	18	0.683278
围岩5	1500	0.360	20.5	100.0	24	1.185260
围岩6	3600	0.320	21.0	500.0	33	1.840420
围岩7	13000	0.270	23.0	1000.0	40	3.403420
围岩8	26000	0.220	25.0	1700.0	55	4.706640
围岩9	33000	0.180	27.0	3000.0	62	5.186220
围岩10	150	0.415	19.8	12.0	17	0.374440
混凝土	31000	0.190	25.0	3400.0	60	—
加固层1	1500	0.360	20.5	100.0	24	—

由计算结果看出，在洞室的仰拱拱脚、边墙底部和拱腰处产生了较大的内力，最大的位移发生在洞室的拱腰部与拱顶部之间；介质材料为围岩2～6，即体系的基本频率为0.1～2.0Hz时，洞室围岩应力有较大的反应，在此频率以外，反应较小，5条地震波作用下计算的结果基本上反映了这个规律；围岩材料不同，也就是体系振动的基频不同，结构的地震反应也不相同，洞室的地震反应的大小是由围岩介质的频谱特性和输入地震动特性决定的。

7.4.4 一定范围内围岩参数的改变对洞室地震反应的影响

现在通过改变洞室一定范围内围岩材料的参数，计算洞室地震反应。通过注浆加固改变围岩材料的物理力学指标，这种方法在洞室施工中能够实现。注浆加固层也选取了两组，厚度分别为1.2和3.2m，注浆加固围岩参数见表7-3。计算结果见图7.60～7.65。

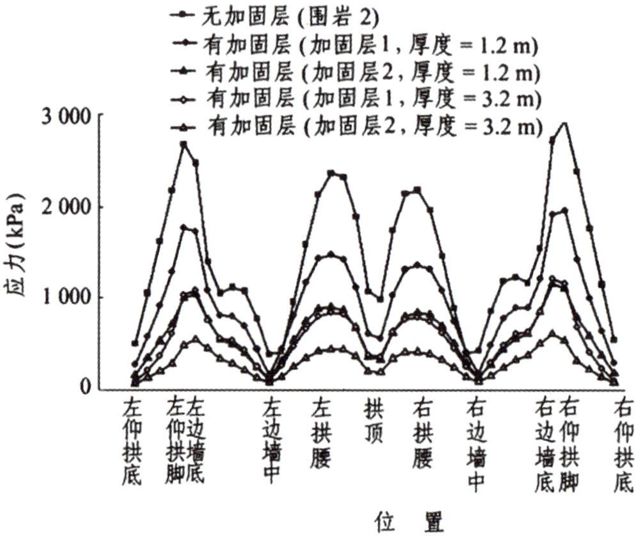

图7.60 加固层对围岩大主应力最大值的影响（围岩2）

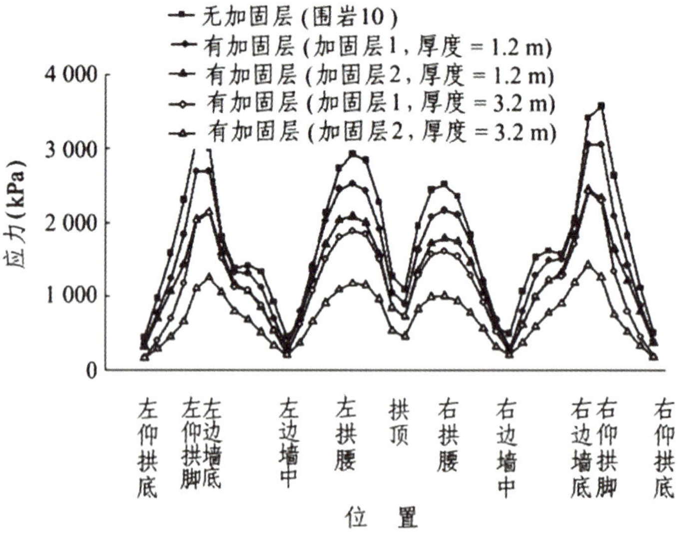

图7.61 加固层对围岩大主应力最大值的影响（围岩10）

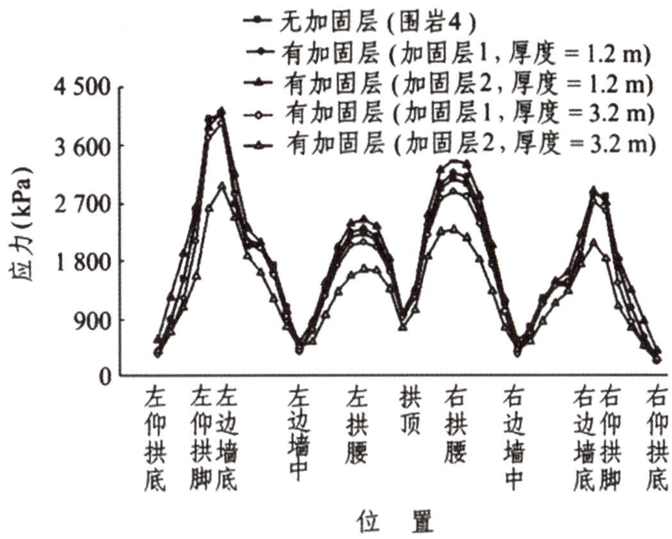

图7.62　加固层对围岩大主应力最大值的影响（围岩4）

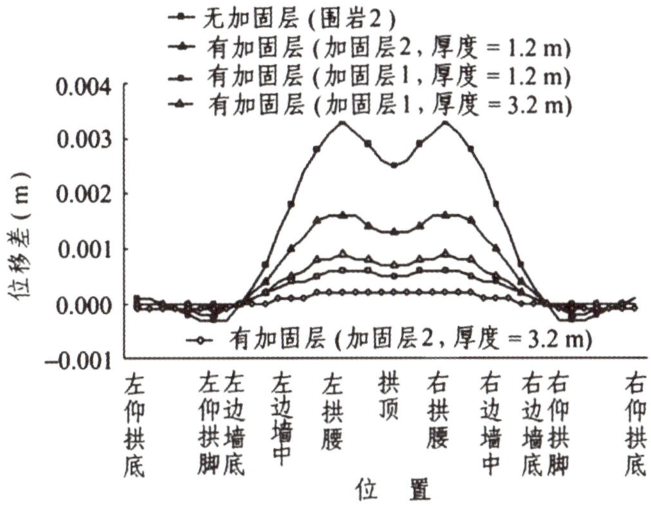

图7.63　加固层对围岩最大位移差值的影响（围岩2）

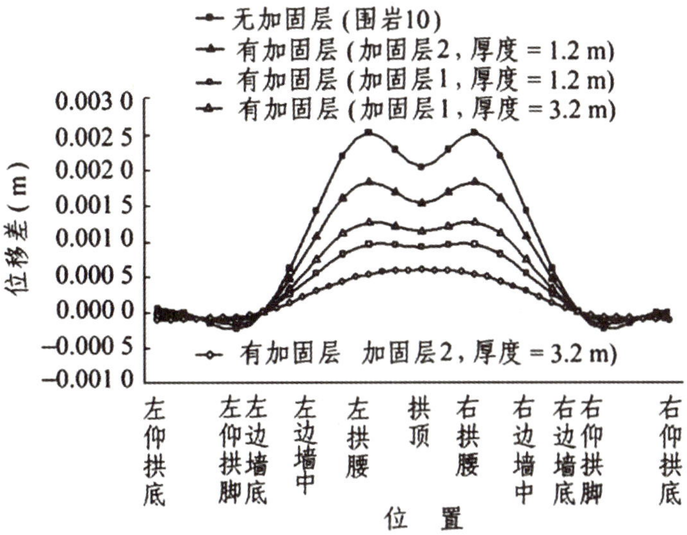

图7.64　加固层对围岩最大位移差值的影响（围岩10）

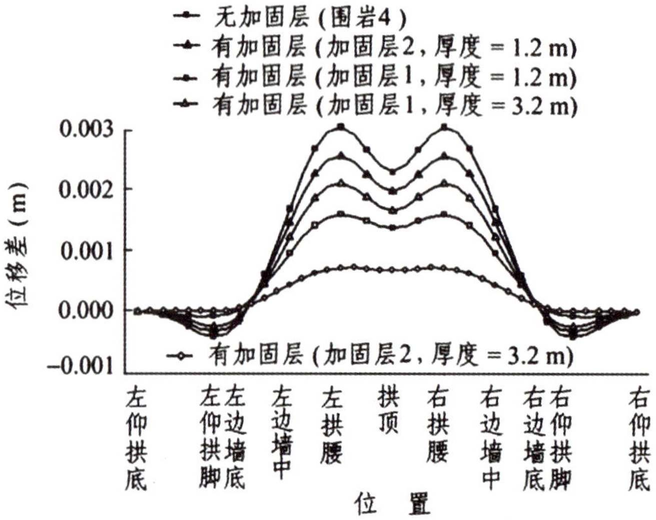

图7.65 加固层对围岩最大位移差值的影响（围岩4）

由图7.60～7.65可以看出，注浆加固层的设置对洞室的应力和位移将产生影响。在El-Centro地震动作用下有以下结果：

对于围岩2，厚度为1.2m的注浆加固层1的设置使围岩应力为不设加固层时的65%左右，厚度为1.2m的加固层2的设置使围岩应力为不设加固层时的39%左右，厚度为3.2m的加固层1的设置使围岩应力为不设加固层时的38%左右，厚度为3.2m的加固层2的设置使围岩应力为不设加固层时的19%左右。

对于围岩10，厚度为1.2m的注浆加固层1的设置使围岩应力为不设加固层时的87%左右，厚度为1.2m的注浆加固层2的设置使围岩应力为不设加固层时的68%左右，厚度为3.2m的注浆加固层1的设置使围岩应力为不设加固层时的67%左右，厚度为3.2m的注浆加固层2的设置使围岩应力为不设加固层时的38%左右。

对于围岩4，厚度为1.2m的注浆加固层1的设置使围岩应力与不设加固层时基本相同，厚度为1.2m的注浆加固层2的设置使围岩应力与不设加固层时基本相同，厚度为3.2m的注浆加固层1的设置使围岩应力为不设加固层时的94%左右，厚度为3.2m的注浆加固层2的设置使围岩应力为不设加固层时的70%左右。

由于注浆加固层的设置，使洞室围岩最大位移与仰拱底最大位移的差值产生变化，对于围岩2，不设注浆加固层，洞室拱腰最大位移与仰拱底最大位移的差为0.0032m，而有注浆加固层后，位移差基本上在减小，其中最小的位移差为0.0003m；对于围岩10，不设注浆加固层，洞室拱腰最大位移与仰拱底最大位移的差为0.00248m，而注浆加固层后，位移差基本上在减小，其中最小的位移差为0.00047m；对于围岩4，不设注浆加固层，洞室拱腰最大位移与仰拱底最大位移的差为0.00303m，而有注浆加固层后，位移差基本上在减小，其中最小的位移差为0.00072m。由以上计算结果可以看出，设置注浆加固层后洞室位移差值减小得越多，围岩应力减小的幅度就越大。由此可见，由于注浆加固层的设置使洞室位移差减小，使外部围岩有产生整体移动的趋势，从而使其应力减小，起到保护洞室的作用。

由以上计算结果还可以看出，加固层2比加固层1的减震效果好，同样说明加固层的弹性模量与围岩弹性模量相差越大，减震效果越好。加固层厚度越大，减震效果越好，因此，在实际地下结构围岩的注浆加固中，注浆越密实，注浆范围越大，减震效果越好。

由以上计算结果可以看出，对于软质围岩，设置注浆加固层的减震效果非常明显；而对于硬质围岩，设置加固层的减震效果有所减弱，但只要保证注浆密实和比较大的注浆范围，其减震效果还是非常明显的。

以上是在El-Centro地震动作用下的结果，同样，在另外4条地震动作用下也有基本相似的结果。

7.4.5 小结

由以上计算和分析可以得到以下结论：

（1）洞室体系的基本频率在某一范围之间时，洞室围岩应力有较大的反应，洞室的地震反应的大小是由围岩介质的频谱特性和输入地震动特性决定的。

（2）注浆加固层的弹性模量与围岩弹性模量相差越大，减震效果越好。加固层厚度越大，减震效果越好。因此，在实际地下结构围岩的注浆加固中，注浆越密实，注浆范围越大，减震效果越好。

（3）对于软质围岩，设置加固层的减震效果非常明显；对于硬质围岩，设置加固层的减震效果有所减弱，但只要保证注浆密实和比较大的注浆范围，其减震效果还是非常明显的。

（4）由于注浆加固层的设置使洞室围岩位移差减小，从而使其应力减小，起到保护洞室围岩的作用。

由此看出，通过改变一定范围内围岩的物理力学指标可以减小洞室围岩内力，从而达到减震的目的。在洞室抗震设计中，对于处于软弱围岩中的洞室，可以采用在较大的范围内注浆加固围岩的办法进行减震，以提高围岩的抗震能力；而处于稳定性极好的坚硬围岩中的地下结构，可不考虑抗震问题，即使是处于强震区，只是对于重要的建筑物才采用其他方法进行减震。

7.5 云冈石窟的稳定性计算

7.5.1 石窟的环境工程地质条件

位于山西省大同市西约13km的云冈石窟，背依武周山，面临十里河，东西绵延1km，现存主要洞窟45个，大小造像51000多尊。它开凿于1500年前的北魏时期，是我国规模最大的古代石窟群之一，以石雕造像气魄雄伟、内容丰富多彩著称于世，具有强大的艺术魅力。它与甘肃敦煌莫高窟、河南洛阳龙门石窟并称为我国三大石窟，是闻名于世的世界文化遗产。

云冈石窟开凿于十里河三级基座阶地砂岩中。石窟南临十里河；窟顶北部为低山丘陵，地势平缓，呈波状起伏，地形北高南低，最大高差55m左右（水泉村南最高1218m，石窟前沿1163m）；石窟东侧为冲沟，西侧为十里河谷。石窟砂岩透镜体与十里河谷垂直高差达30m左右。窟区北南北向大冲沟（东谷、西谷）分为东、中、西三部分。冲沟的特点是坡降大，切割深度大。

窟区地层结构较简单，属中生代中侏罗统上部和第四系中上部地层，包括第四系中更新统（残积-冲积）、上更新统（冲积-洪积）、全新统（冲积-坡积）及中侏罗统上部云冈组。云冈组对石窟有影响的地层可划分为6个岩性段，云冈石窟开凿于云冈组第2至第4岩性段。窟区地层如表7-4所示：

表7-4 云冈石窟地层划分一览表

系	统	组	段	岩石组合特性	厚度(m)
第四系	全新统	Q_4		沙土、砾石碎石，成分复杂，分选差	0～5
	上更新统	Q_3		粉土，多孔，垂直节理发育	0.2～6.5
	中更新统	Q_2		砂卵石层、黏质粉土层	2.0～8.0

续表 7-4

系	统	组	段	岩石组合特性	厚度(m)
侏罗系	中侏罗统	云冈组 J_2y	第六段(J_2y^6)	黄灰色中粒钙质长石岩屑砂岩	5.7～8.0
			第五段(J_2y^5)	紫红色泥岩(黏土岩)夹含铁泥(黏土)质粉砂岩	4.3～11.0
			第四段(J_2y^4)	黄褐、灰黄色组中粒长石岩屑砂岩,铁、钙质长石岩屑砂岩	7.5～18.8
			第三段(J_2y^3)	灰、紫灰色泥质粉砂岩夹粉砂质泥岩	1.1～5.0
			第二段(J_2y^2)	灰黄色、黄白色组中粒夹细粒钙、铁、硅质长石岩屑砂岩,局部夹灰色钙质泥岩透镜体,交错层理发育,窟区西部夹紫红色粉砂质泥岩	2.1～15.1
			第一段(J_2y^1)	紫红色细粒铁、钙质长石岩屑砂岩及紫红色泥岩(黏土岩)	9.8～10

7.5.2 建立计算模型

地震荷载作用下洞窟所在崖体的动态变形及破坏主要取决于工程地质条件、加固工程对崖体的加固效果和地震荷载三个方面的因素，这些因素的不同组合，使不同区段崖体在地震条件下发生破坏的可能性不同，即具有不同的振动破坏危险性。石窟地震响应研究是一个十分复杂的课题，除了地震作用的复杂性外，石窟所在崖体的性质、崖体内层面断层、节理、裂隙、夹层等软弱结构面的物理力学特性及其在崖体内的分布和规模等因素，都将使问题变得异常烦琐以致难以求解。二维模型使用的比较多，但是无法真实地模拟地震对石窟崖体的动力影响。因此，在这里将石窟所在崖体简化为均质、连续的三维弹塑性模型进行研究。

石窟地层岩性的各项物理力学参数如表7-5所示，为了研究石窟动力响应的规律，假定研究石窟崖体均由各向同性、弹性材料构成，而且不考虑其他因素的作用。假定边坡是较坚硬的中砂岩，弹性模量取 1.48×10^5MPa，泊松比取0.2，密度为2500kg/m^3，抗压强度取为36.7MPa，抗拉强度为16.5MPa（表7-5）。

表 7-5　云冈石窟岩石物理力学性质一览表

岩性	密度(g/cm^3)	空隙率(%)	抗压强度(MPa)		抗拉强度(MPa)	抗剪强度		弹性模量 $\times10^5$(MPa)
			天然	饱和		C(MPa)	φ(°)	
粗砂岩	2.44	10.6	66.75	281	16.6	124	41	1.62
中砂岩	2.48	8.6	80	36.7	16.5	160	48	1.48
细砂岩	2.56	5.5	113	47.6	21			3.07
粉砂岩	2.60		67.9		5.1			4.26

实体三维模型长30m，宽30m，高25m，嵌于山体之中，一共有上下两层，上层石窟上开有一个窗户，下层石窟离地面3m（图7.66）。共计2574个有限元单元，11839个节点。该模型代表了云冈石窟的分布特点，可反映云冈石窟震害的一般规律。有限元计算模型及截面示意图见图7.67，假定石窟左右两侧受到X方向的约束，底面和背面被全部约束，其余为自由平面。在计算中壹美国帝谷EI-Centro地震（震级M=7.1，震中距50Km，最大加速度南北分量为3.42m/s^2）记录作为地震动输入。图7.68为EI-Centro地震波加速度南北分量的波形和傅立叶谱。

图7.66　洞窟实体图

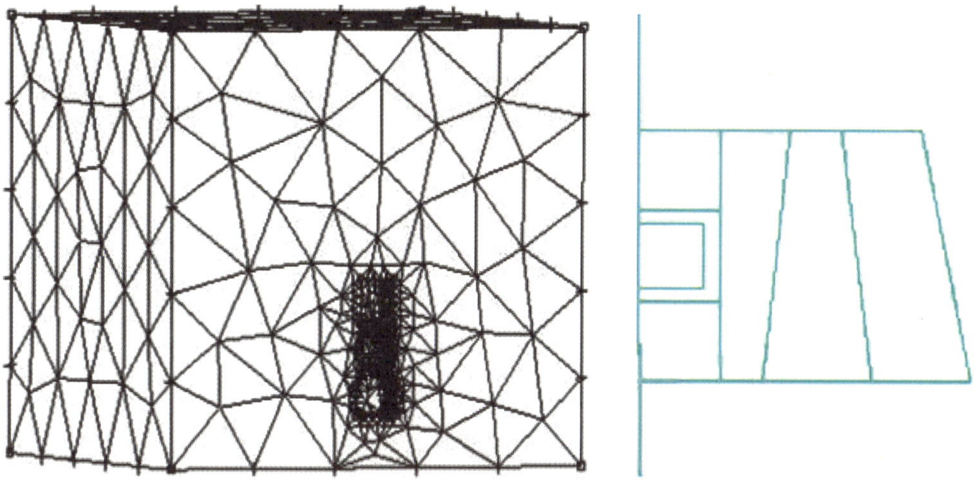

图7.67　有限元计算模型及截面示意图

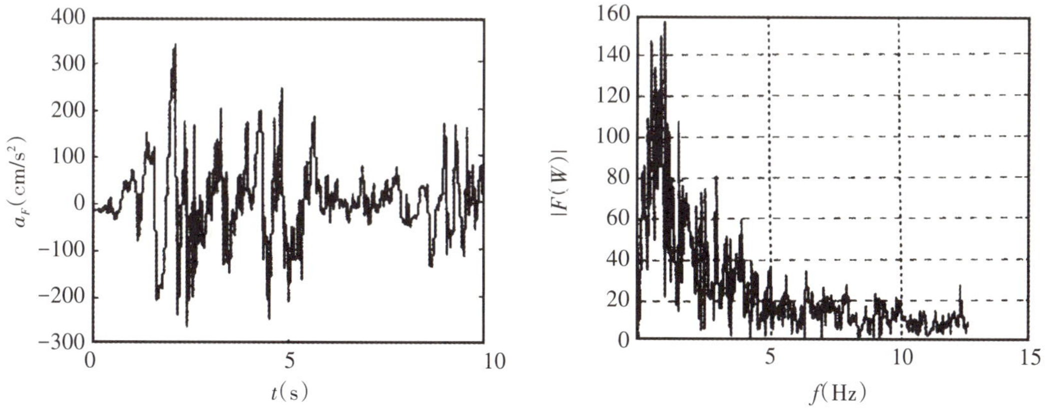

(a)加速度曲线　　(b)频谱曲线

图7.68　El-Centro地震波加速度波形和傅立叶谱

7.5.3　云冈石窟动态损伤特性分析

1.位移场的综合分析

在地震水平左右往复激振下，洞窟围岩随之发生的位移呈现时空上的规律变化。由位移等值线图（图7.69）来看，石窟的立柱部位和入口处上部岩体是产生位移较大的部位，其中，最大值为1.75cm，在石窟入口处，出现在t=3.685s的时刻。其余时刻的最大值也都在1cm左右。

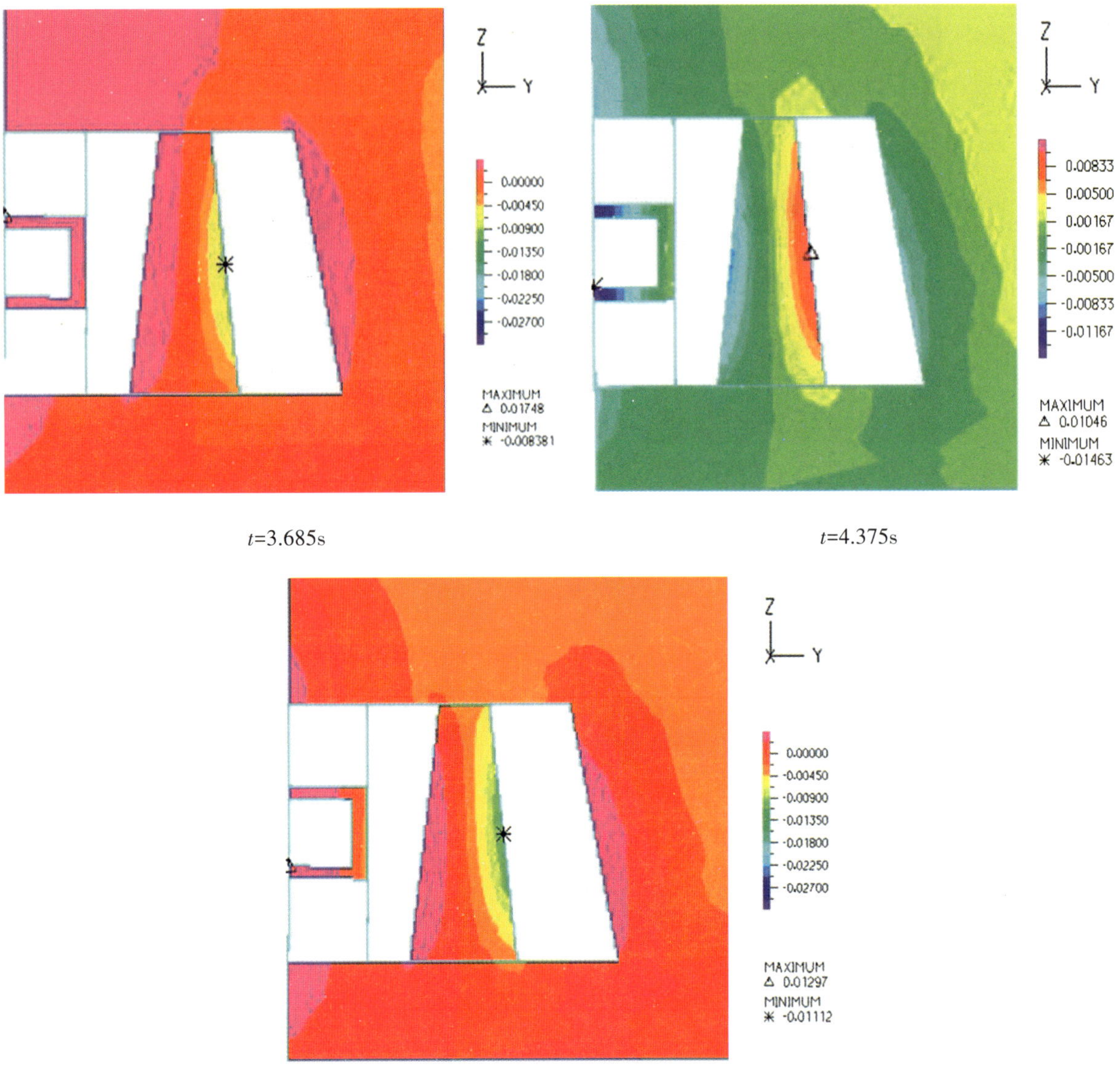

t=3.685s　　t=4.375s

t=4.67s

图7.69　位移等值线图（单位：m）

2. 应力场的综合分析

应力是反应岩体受力状态、判断岩体是否损伤破裂的最直接证据。在洞窟的周围，尤其是洞窟开挖的薄壁部位，形成了压应力、拉应力和剪应力的高度集中区，是围岩容易发生破坏的地方。

（1）拉应力分析

根据不同时刻的拉应力等值线图（图7.70），数值相差较大。但是，在不同时刻，石窟的同一位置——石窟最里端上方拐角部位，是拉应力较为集中的部位，在2.88s和4.875s最大值分别达到14.9MPa和18.6MPa。根据莫尔-库仑强度准则，屈服函数如下：

$$f_s = \sigma_1 - \sigma_3 N_\phi + 2c\sqrt{N_\phi} \tag{7.35}$$

$$f_\tau = \sigma_3 - \sigma_\tau \tag{7.36}$$

式中，σ_1、σ_3分别为最大、最小主应力；σ_τ为岩石单轴抗拉强度；N_ϕ可以表示为：

$$N_\phi = \frac{1+\sin\phi}{1-\sin\phi} \tag{7.37}$$

当岩体内某一点应力满足f_s<0时，发生剪切破坏；当满足f_τ<0时，发生拉伸破坏。对于本模型，ϕ取48°，σ_τ是16.5MPa。当t=4.875s，石窟最里端上方拐角处f_τ<0，该处容易出现拉伸破坏。另外，

石窟的外间与围岩、中心柱和上下岩体接触部位的拐角部位也会出现拉应力的极大值，最大拉应力的数值在0.5～0.6MPa之间，小于围岩体的抗拉强度（见表7-4），属于安全部位。

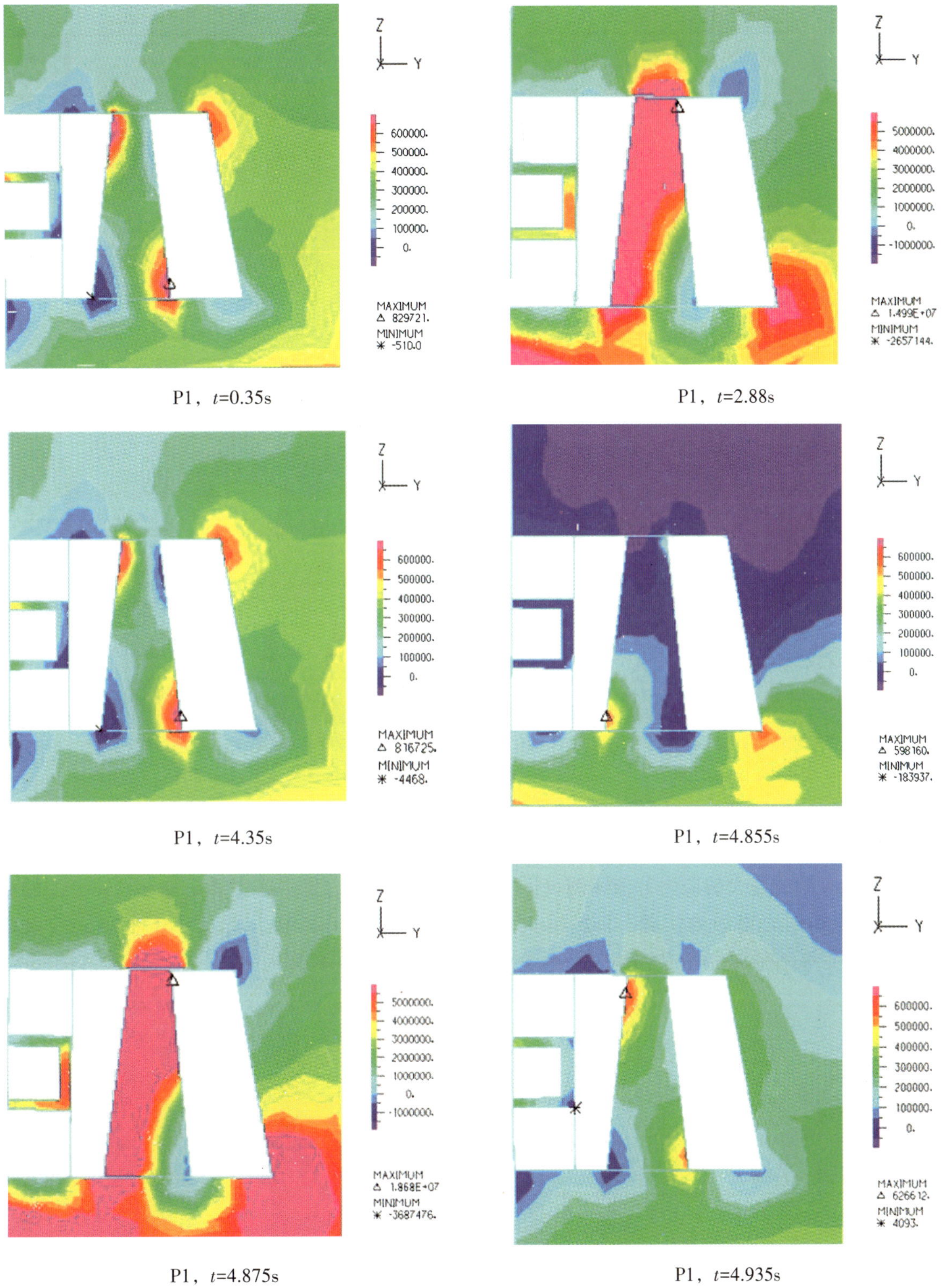

图7.70　不同时刻拉应力等值线图（单位：Pa）

（2）压应力分析

根据不同时刻的压应力等值线图（图7.71），石窟的拐角处、石窟内壁和围岩接触的部位，都容易出现压应力集中区，最大值出现在t=4.675s时刻，数值为17441Pa，远远小于围岩的抗压强度（36.7MPa），因此，不会出现压裂破坏，石窟是安全的。

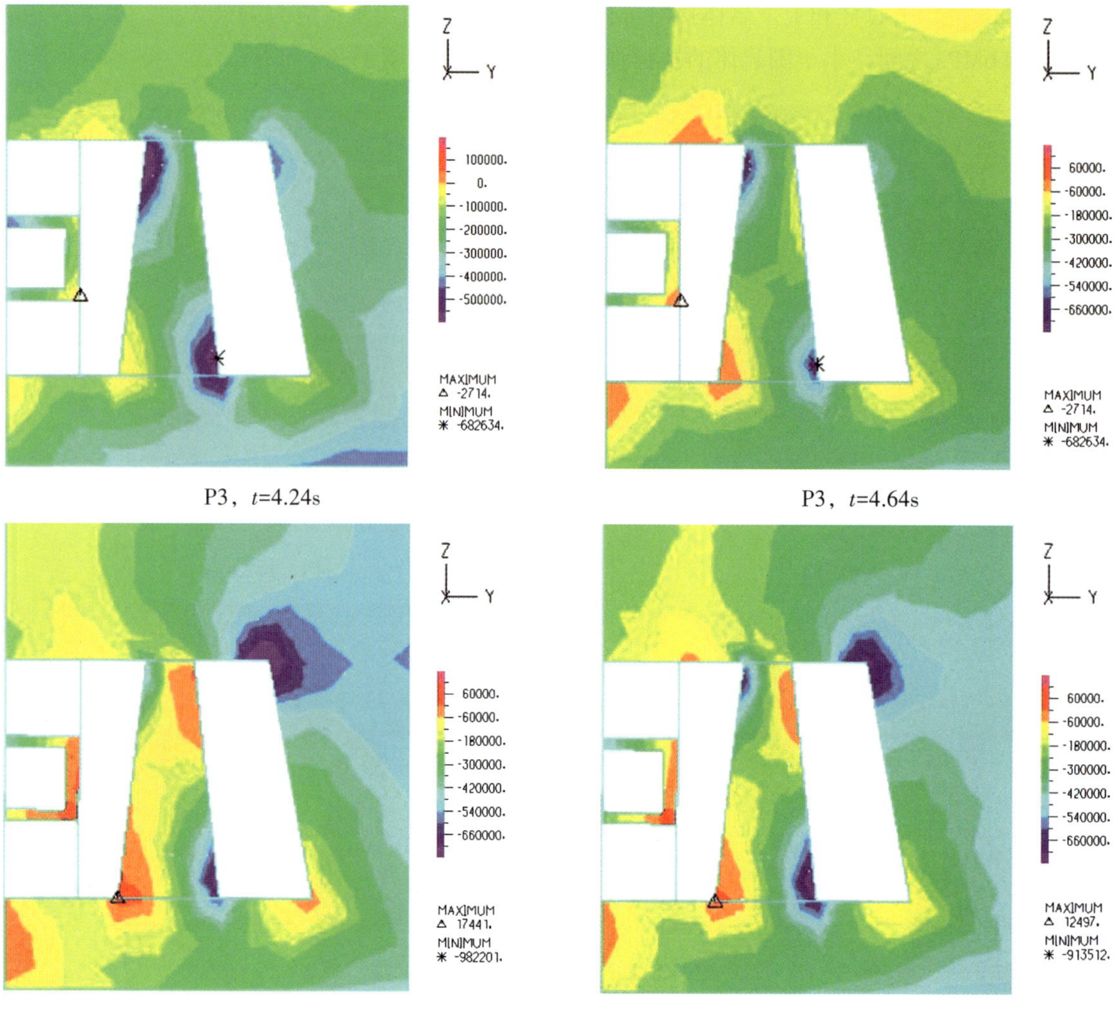

P3，t=4.24s　　P3，t=4.64s

P3，t=4.675s　　P3，t=4.86s

图7.71　不同时刻压应力等值线图（单位：Pa）

（3）最大剪应力分析

根据不同时刻的最大剪应力等值线图（图7.72），最大剪应力集中区主要出现在石窟开挖的拐角处以及中心柱和围岩接触的位置，t=2.37s时刻出现最大值为0.4MPa，远远小于中砂岩的内聚力160MPa，因此，石窟在地震荷载作用下发生剪切破坏的可能性也不大。

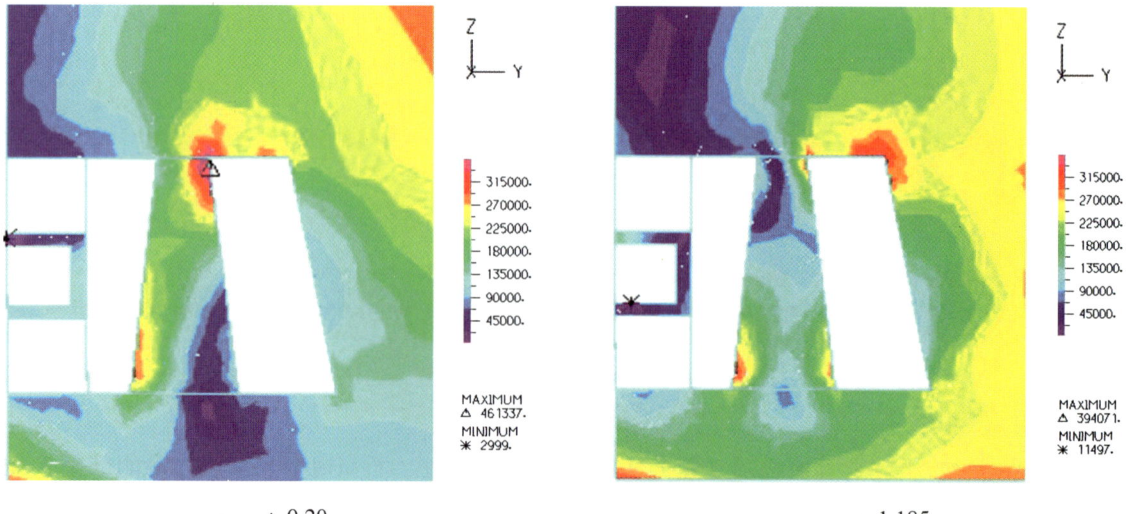

σ_{max}，t=0.20s　　σ_{max}，t=1.185s

图7.72　不同时刻最大剪应力等值线图（单位：Pa）（1）

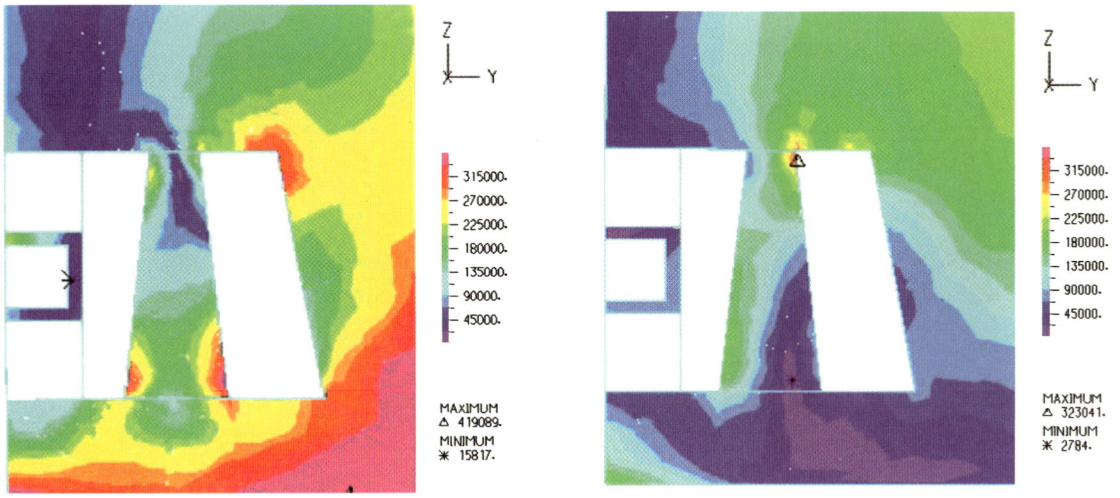

σ_{max}，t=2.37s　　　　σ_{max}，t=4.705s

续图7.72　不同时刻最大剪应力等值线图（单位：Pa）(2)

7.5.4　不同方向地震荷载对石窟稳定性的影响

为了更全面地反映地震动对石窟稳定性的影响，分别在模型中输入神户海洋气象台实测的横向、竖向的加速度记录（图7.73、图7.74），调整其使其峰值加速度相等，持续时间相同，以便比较不同方向上地震动对石窟稳定性的影响。

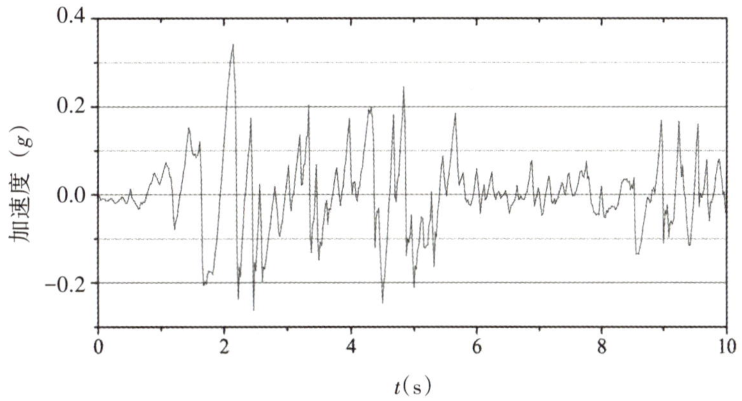

图7.73　神户海洋气象台实测的横向地震加速度记录

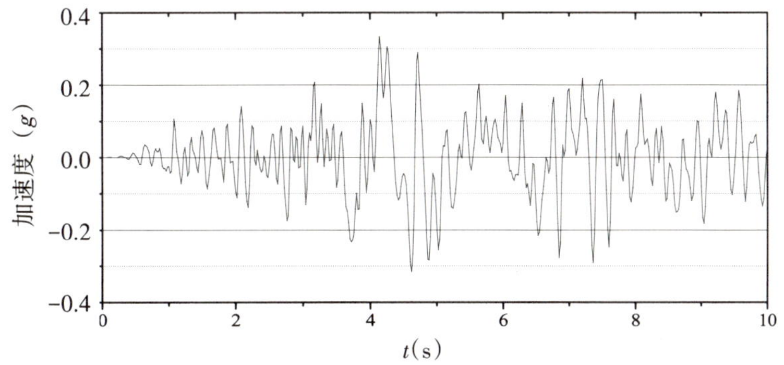

图7.74　神户海洋气象台实测的竖向地震加速度记录

1. 拉应力的变化

据图7.75，左、右两列是分别输入不同峰值加速度（0.1g、0.2g）、不同持续时间（5s，10s）的竖向、横向地震波后，得到的拉应力等值线的比较。

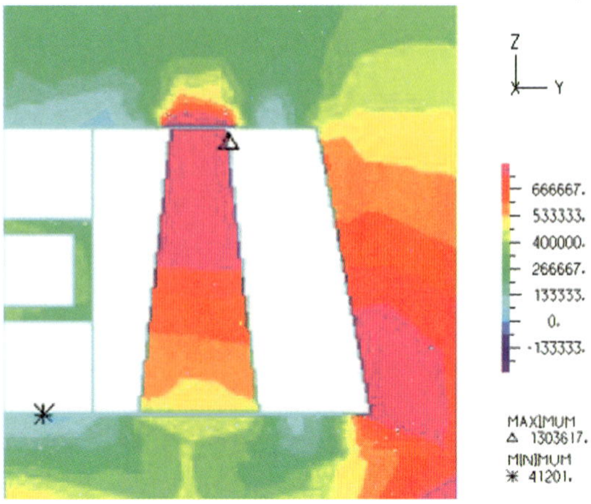

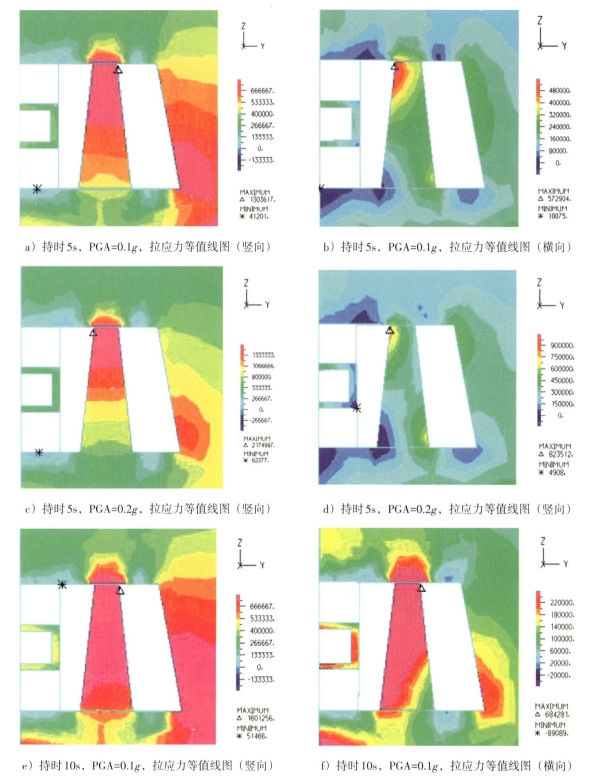

a）持时5s，PGA=0.1g，拉应力等值线图（竖向）

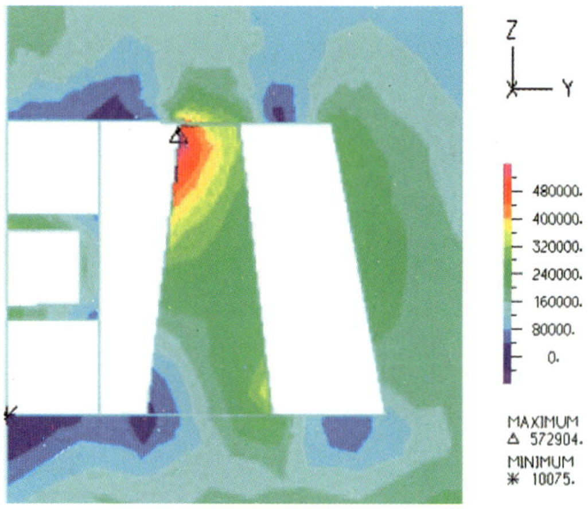

b）持时5s，PGA=0.1g，拉应力等值线图（横向）

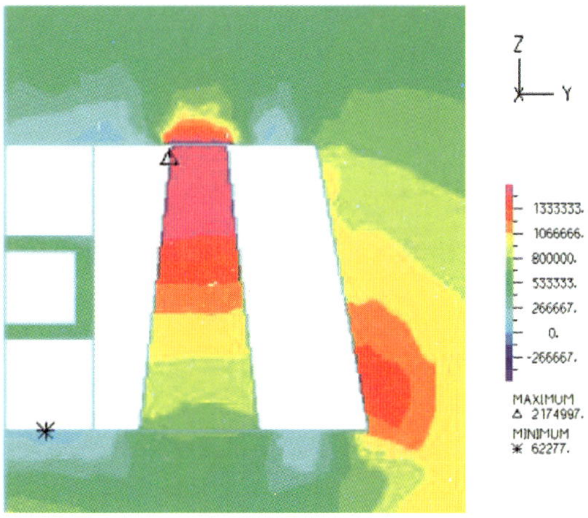

c）持时5s，PGA=0.2g，拉应力等值线图（竖向）

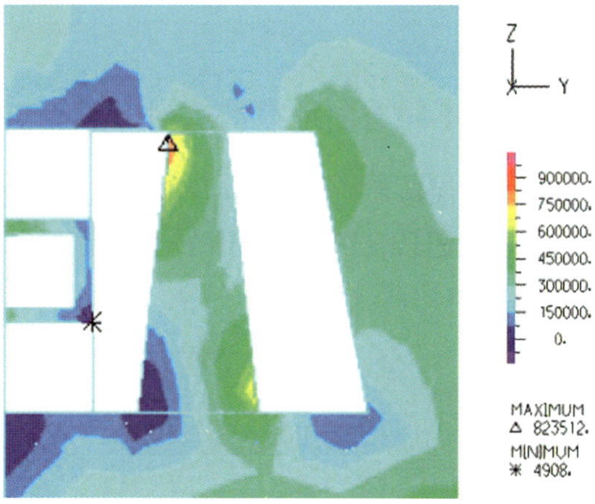

d）持时5s，PGA=0.2g，拉应力等值线图（竖向）

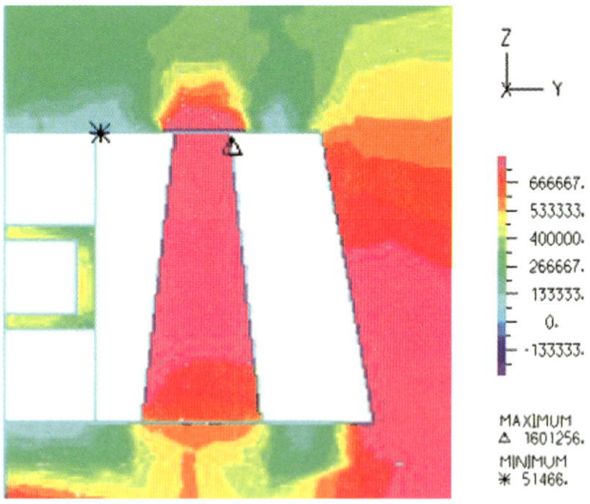

e）持时10s，PGA=0.1g，拉应力等值线图（竖向）

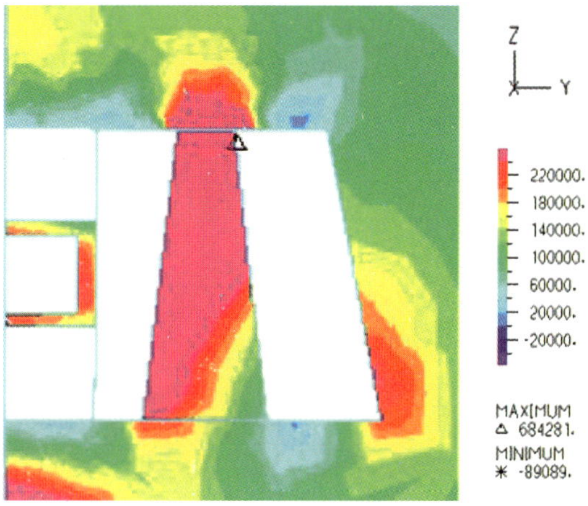

f）持时10s，PGA=0.1g，拉应力等值线图（横向）

图7.75　拉应力等值线图

（1）不同PGA对拉应力的影响。通过计算竖向和横向PGA等于0.1g、0.2g两种情况下模型的拉应力可以看出，无论地震波的方向如何，地震加速度大小变化对拉应力的影响是显著的：随着地震峰值加速度的增大，石窟的拉应力值增大，数值上近似为倍数关系。

（2）不同持续时间对拉应力的影响。在加速度峰值为0.1g的地震动荷载下，对比竖向、横向地震波作用，均发现在10s持时条件下石窟的最大拉应力略大于在5s条件下发生的最大拉应力。说明持时对石窟的拉应力有轻微的增强作用。

（3）不同方向地震荷载对拉应力的影响。对比左、右两列，在相同加速度峰值、相同持续时间条件下，竖向地震荷载作用下的最大拉应力值均大于横向地震荷载作用下的最大拉应力值，数值上近似为倍数关系，说明不同方向地震荷载对拉应力的影响是显著的，竖向地震荷载对石窟拉应力的影响较横向地震荷载的影响要更为显著，有较大增强的作用。

2. 压应力的变化

据图7.76，左、右两列是分别输入不同峰值加速度、不同持续时间的竖向、横向地震波后，得到的压应力等值线的比较。

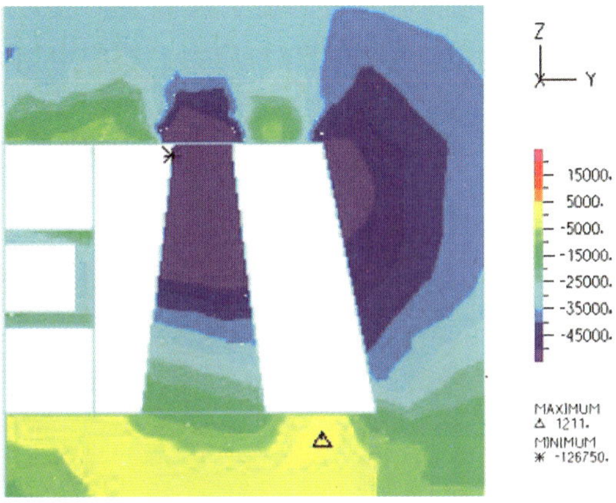

a）持时5s，PGA=0.1g，压应力等值线图（竖向）

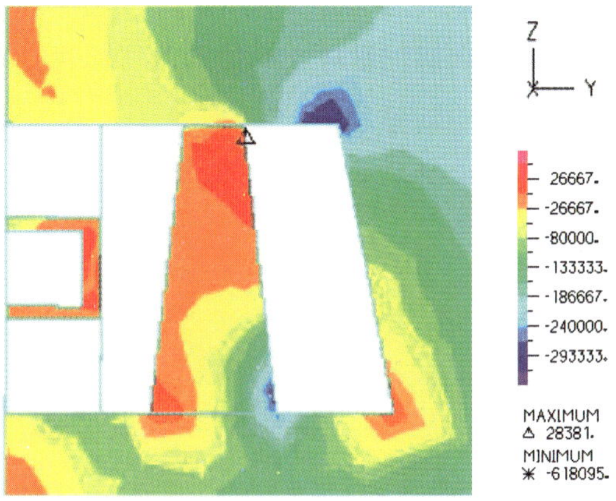

b）持时5s，PGA=0.1g，压应力等值线图（横向）

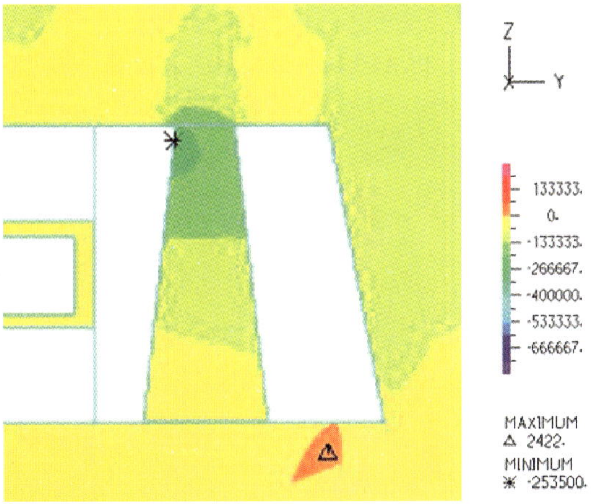

c）持时5s，PGA=0.2g，压应力等值线图（竖向）

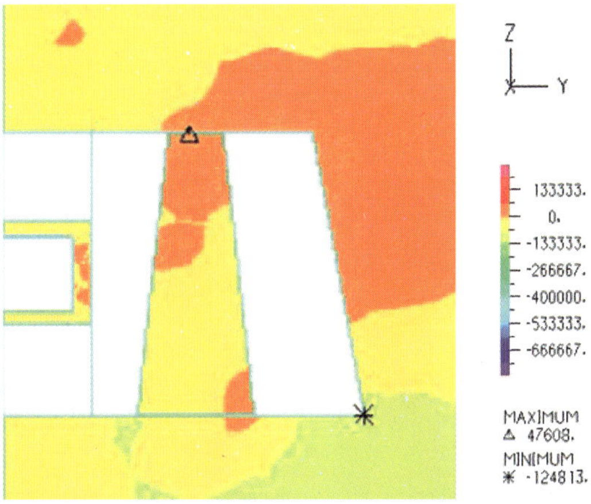

d）持时5s，PGA=0.2g，压应力等值线图（横向）

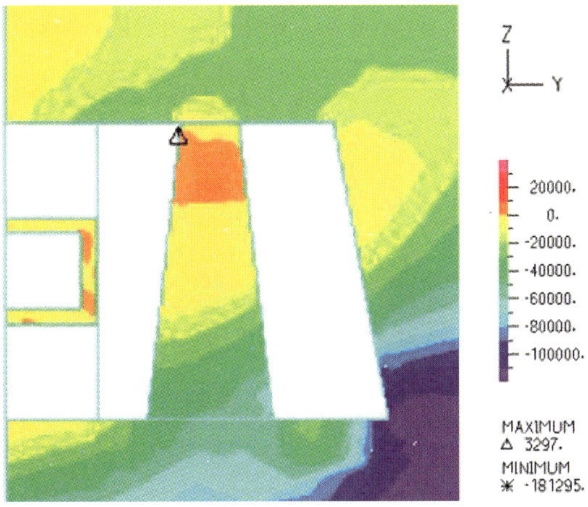

e）持时10s，PGA=0.2g，压应力等值线图（竖向）

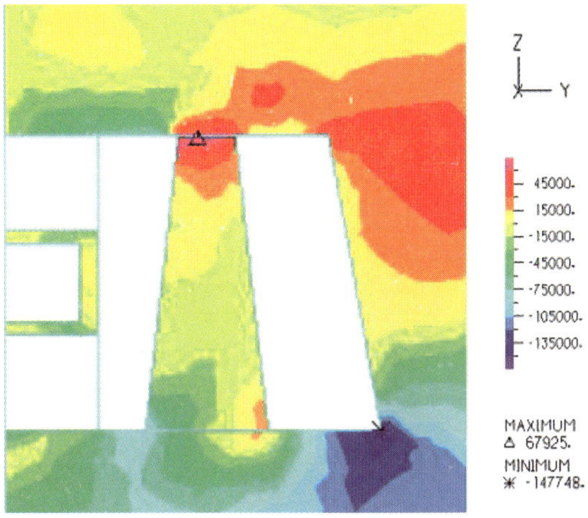

f）持时10s，PGA=0.1g，压应力等值线图（横向）

图7.76　压应力等值线图

总体来说，压应力的值都比较小，不会产生破坏。竖向地震荷载产生的压应力值远远小于横向地震荷载产生的压应力值。峰值加速度对于横向地震荷载和竖向地震荷载的影响是显而易见的，在PGA从0.1g增加到0.2g时，压应力的值几乎都是成倍地增加。持续时间对压应力有增强作用，只是这种增强作用没有峰值加速度显著。

3. 最大剪应力的变化

据图7.77，左、右两列是分别输入不同峰值加速度、不同持续时间的竖向、横向地震波后，得到的最大剪应力等值线的比较。在峰值加速度相同、持续时间一致的情况下，横向地震荷载产生的最大剪应力大于竖向地震荷载引起的值，说明横向地震荷载比竖向地震荷载更容易引起最大剪应力的集中，从而导致石窟的破坏。峰值加速度和持续时间对最大剪应力的增强作用与拉应力、压应力相似。

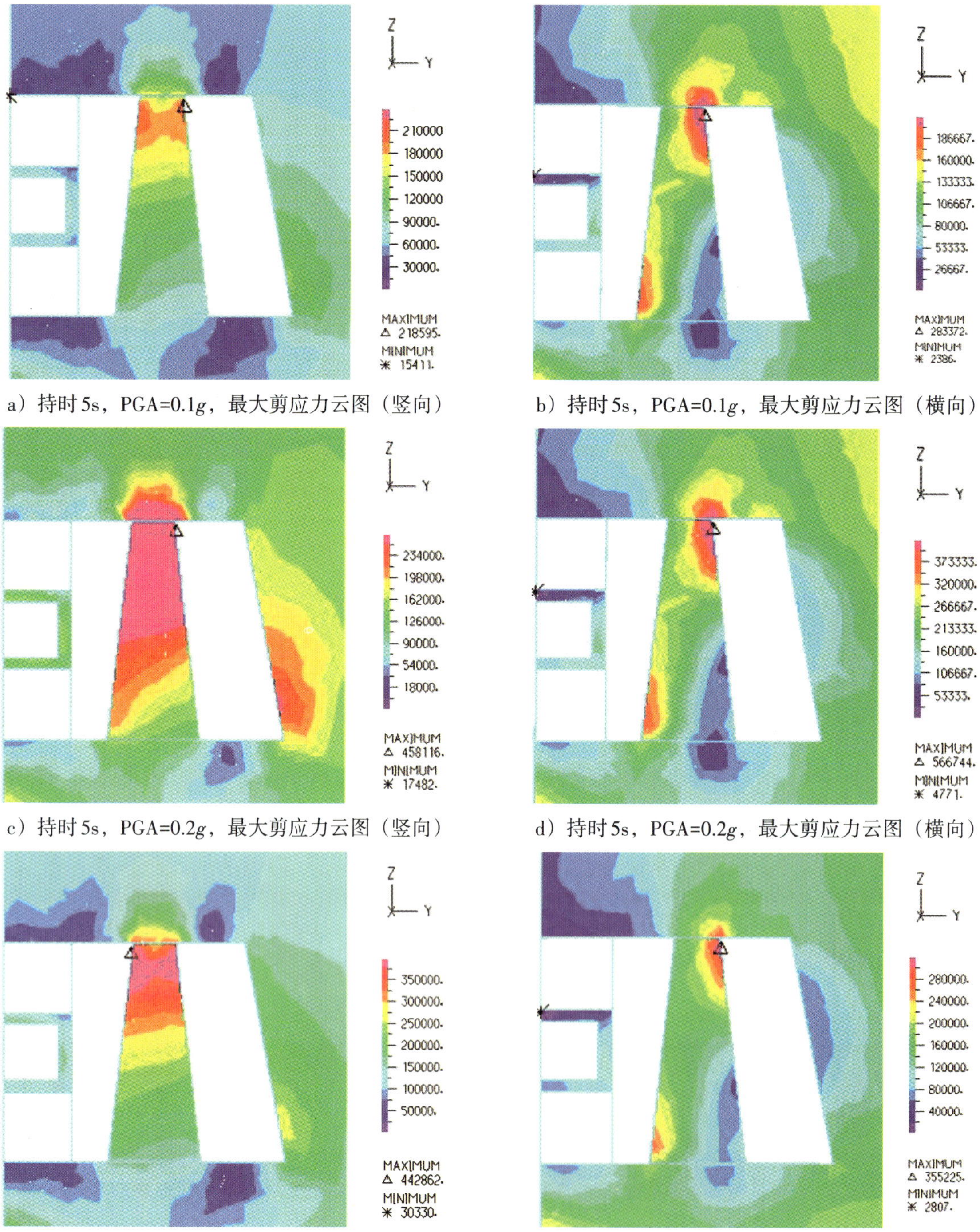

a）持时5s，PGA=0.1g，最大剪应力云图（竖向）　b）持时5s，PGA=0.1g，最大剪应力云图（横向）

c）持时5s，PGA=0.2g，最大剪应力云图（竖向）　d）持时5s，PGA=0.2g，最大剪应力云图（横向）

e）持时10s，PGA=0.2g，最大剪应力云图（竖向）　f）持时10s，PGA=0.1g，最大剪应力云图（横向）

图7.77　最大剪应力等值线图

7.6　地震荷载下龙门石窟围岩变形破坏机制的数值模拟

龙门石窟位于中国中部河南省洛阳市南郊12.5km处，龙门峡谷东西两崖的峭壁间。因为这里东、西两山对峙，伊水从中流过，看上去宛若门阙，所以又被称为“伊阙”，唐代以后，多称其为“龙门”。这里地处交通要冲，山清水秀，气候宜人，是文人墨客的观游胜地。又因为龙门石窟所在的岩体石质优良，宜于雕刻，所以古人选择此处开凿石窟。多年来，这些宝贵的文化遗产受到了不同振动形式的影响，如何妥善地保护好它们，意义深远。因此，一些学者在相关方面进行了类似的研究[41-45]。鉴于地震的突发性、成灾的巨大性等特点，重点探讨在地震荷载下石窟围岩的变形破坏特征，以期为石窟的文物保护工作提供借鉴。

7.6.1　地震荷载下龙门石窟围岩动态损伤的影响因素

1.环境工程地质条件

龙门石窟开挖在伊河两岸的高陡边坡内，岩性为寒武纪石灰岩。边坡为折线型，石窟密集区段上部坡角为70°～75°，下部坡角约65°，坡高约55m。边坡内发育有四组构造节理：J_1，120°∠78°；J_2，180°∠70°～80°；J_3，90°～110°∠75°；J_4，220°∠75°～85°。边坡走向近南北，倾向东，因而其稳定性主要受走向为180°左右的节理面组控制，龙门石窟裂隙极为发育[46-68]。岩体力学参数列于表7-6。

表7-6　边坡岩体力学参数

工程地质岩组	弹性模量（MPa）	泊松比	密度（g/cm^3）	抗压强度（MPa）	抗拉强度（MPa）	内聚力（MPa）	内摩擦角
灰岩	2.4×10^4	0.25	2.65	123	5.85	53	29°

2.工程因素

龙门洞窟群系不同时代开挖，在崖面上紧密分布。洞室长一般3～8m，少数达15～20m，宽高3～8m，部分小洞仅1～1.5m见方，拱顶多见穹窿形。洞室间隔墙及顶、底板岩层一般较薄，其厚度仅为0.5～2m。

3.地震因素

在各种地震动参数中，只考虑具有不同工程意义的地震动峰值加速度、频谱（特征周期Tg）和持时三个方面的因素。计算过程中，为了满足研究需要，选用了4条具有不同工程意义的地震动时程，特征周期分别考虑0.25s、0.4s、0.55s三种情况，总的持续时间为16s或28s，以充分反映未来可能的地震动特点（图7.78）。输入峰值加速度（PGA）考虑0.1g和0.2g两种情况，以便进行对比分析。

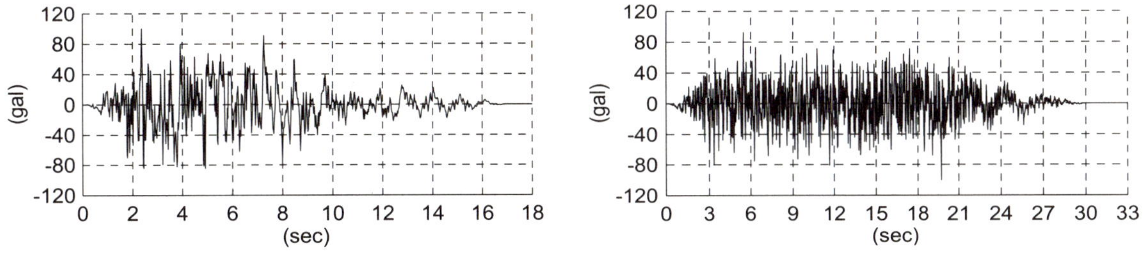

（a）Tg=0.4s，持时16s　　（b）Tg=0.25s，持时28s

图7.78　地震动加速度时程曲线（1）

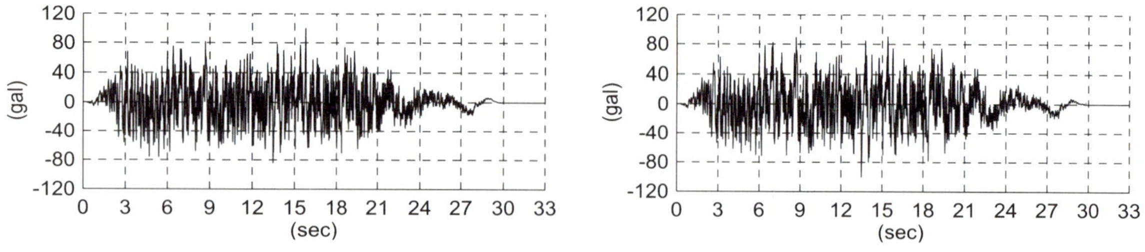

（c）Tg=0.4s，持时28s　　（d）Tg=0.55s，持时28s

续图7.78　地震动加速度时程曲线（2）

7.6.2　围岩变形破坏机制研究与分析

我们知道，利用现有的工程加固技术（如灌浆、锚固等），可以很好地整合裂隙周围的岩体，有效地提高其力学性能。事实上，这也是工程加固必然采用的手段。因此，不妨假设已通过上述某种方法消除了裂隙的存在，重新生成有限元模型，并计算岩体的地震反应，以探讨工程加固技术对岩体地震稳定性的影响与作用。有限计算模型见图7.79。

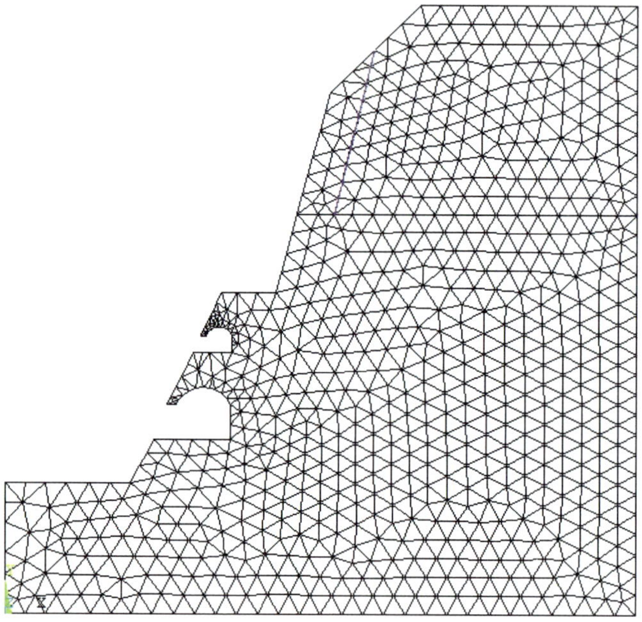

图7.79　有限元计算模型

1. 围岩振动位移分析

地震动作为一个随机振动过程，引起的岩体的位移响应也是因时而变的。但其一般形态特征可见图7.80。由于裂隙的存在，洞窟围岩的最大振动位移分布于崖顶裂隙处外侧，顺坡面向下位移逐渐减小；其次是洞窟所在处的突出部位；约束边界处位移最小。当没有裂隙时，岩体振动位移的最大值出现在洞窟所在处的突出部位，并以该部位为中心近似呈辐射状向四周减小。

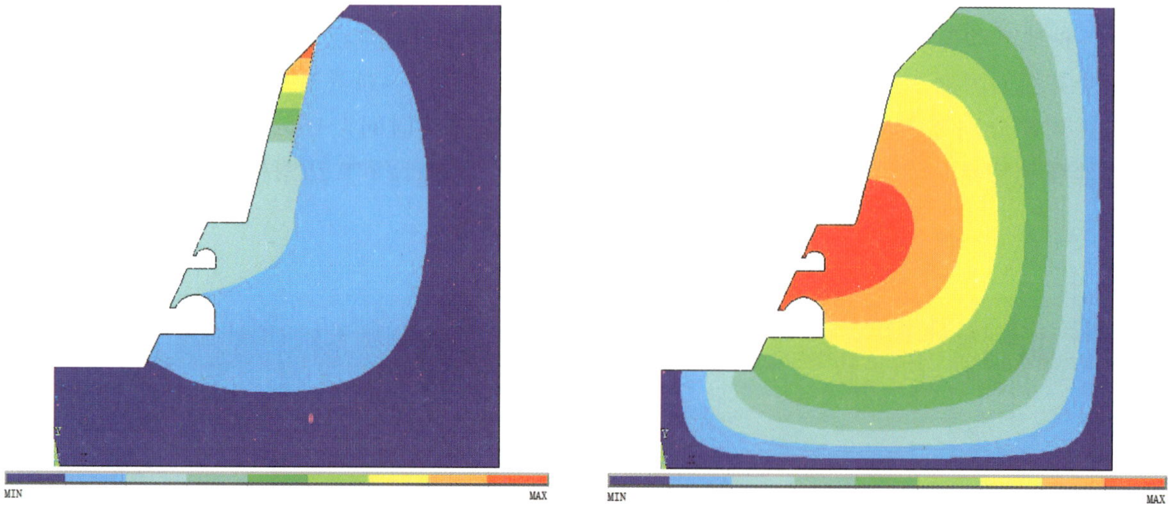

（a）含裂隙　　（b）不含裂隙

图7.80　有无裂隙两种情况下岩体位移场快照

（1）不同PGA对位移大小的影响

通过对比PGA等于0.1g和0.2g两种情况下岩体的振动位移曲线，可以看出地震动加速度大小变化显著地改变了岩体在地震荷载下的位移反应。随着地震动峰值加速度的增大，围岩的振动位移增大（图7.81）。

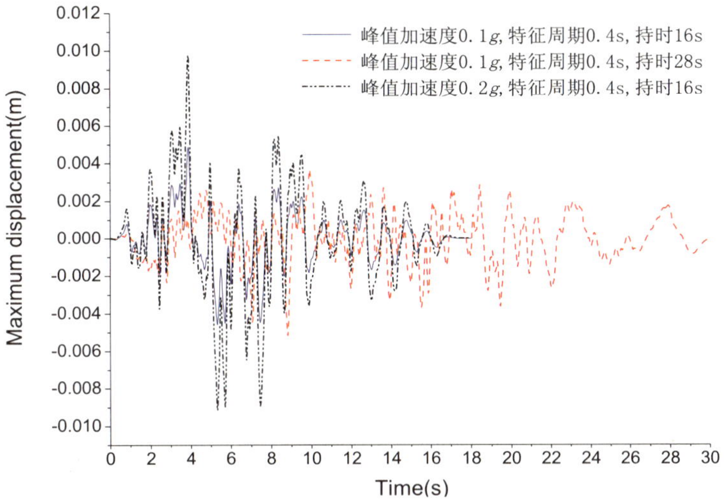

图7.81　不同PGA和不同持时条件下的最大振动位移曲线

（2）不同持时对结构位移大小的影响

如图7.81所示，在相同的加速度峰值（0.1g）和相同特征周期（0.4s）、不同的持时（分别为16s和28s）的地震荷载下，得到的位移最大值均为5mm左右，说明持时对围岩在地震作用下的位移反应基本没有影响。

（3）不同特征周期对振动位移大小的影响

根据图7.82可知，在相同峰值和持时作用下（PGA=0.1g，持时为28s），特征周期增大，结构位移响应随之增大。说明随着长周期地震动成分的增加，会引起岩体的位移反应加大。

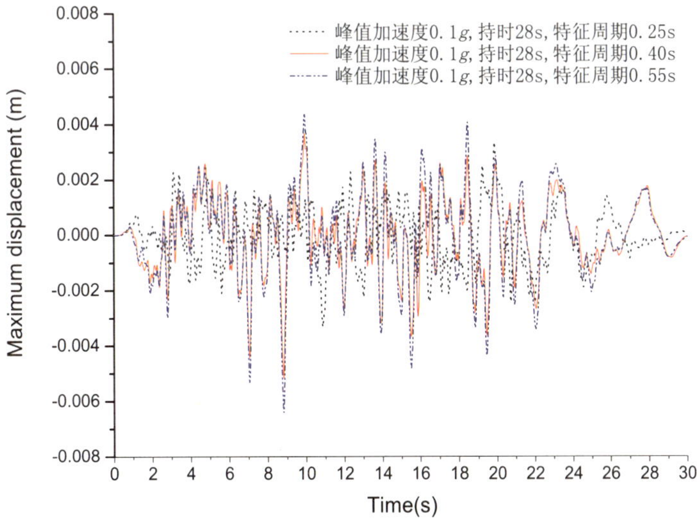

图7.82　不同特征周期条件下的最大振动位移曲线

（4）考虑竖向地震动对位移大小的影响

根据现有对地震地面运动的认识，竖向地震动的峰值加速度（PGA）可以达到水平向峰值加速度的1/2～2/3，因此对只有水平地震动输入、以及水平和竖向地震动同时输入两种情况分别进行了计算。根据建筑抗震设计规范（2001），竖向PGA大小设定为水平向PGA的0.65倍。计算结果绘于图7.83，可以看出，相比仅有水平地震动输入，当同时考虑竖向地震动时，最大振动位移高出了约1mm（20%）。

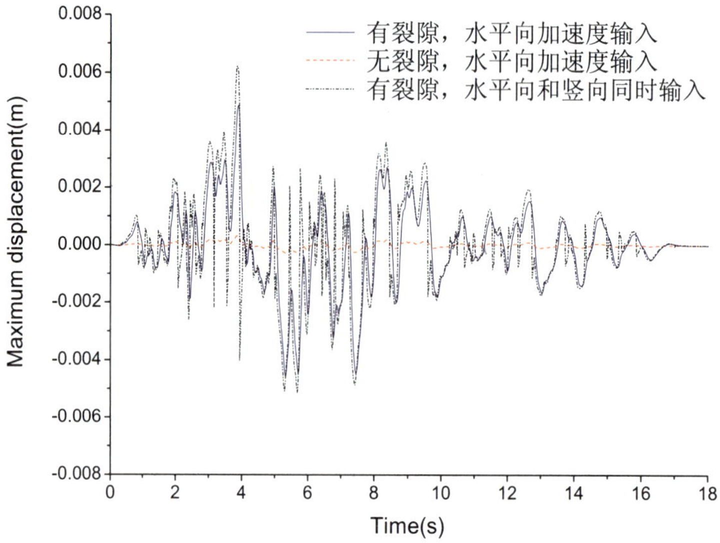

图7.83　有无裂隙对最大振动位移的影响曲线

（5）有无裂隙存在对位移大小的影响

从图7.83可以看出，在同样的地震动条件下（PGA=0.1*g*，Tg=0.4s，Dura=18s，水平输入），裂隙的存在与否对岩体的最大振动位移的影响非常显著。当考虑裂隙时，岩体的最大振动位移高达5mm左右；而无裂隙时，最大振动位移只有不足0.5mm。

2. 围岩振动速度分析

由于振动速度与振动位移是线性正相关的，所以理论上速度与位移应该具有相同的统计规律。表7-7的统计结果也证实如此：①振动速度随PGA和特征周期的增大而增大，与持时大小没有关系；②当考虑竖向地震动的时候，竖向（*y*方向）与合成后的振动速度均有明显加强；③裂隙对它周围岩体的最大振动速度也有非常大的影响，约一个数量级的差别。但由于距洞窟较远，因而对洞窟周围岩体的振动速度基本无影响。

表7-7　岩体最大振动速度幅值统计

最大振动速度幅值(cm/s)		有裂隙,水平地震动输入					有裂隙,双向地震动输入	无裂隙,水平地震动输入
		0.1/0.4/18	0.2/0.4/18	0.1/0.25/28	0.1/0.4/28	0.1/0.55/28	0.1/0.4/18	0.1/0.4/18
裂隙处	*x*方向	4.48	8.96	3.56	4.64	4.86	4.30	0.470
	*y*方向	1.47	2.94	1.12	1.48	1.54	6.75	0.064
	合成	4.72	9.43	3.72	4.86	5.10	7.44	0.474
窟体周围	*x*方向	0.468	0.935	0.352	0.354	0.392	1.08	0.470
	*y*方向	0.072	0.144	0.056	0.063	0.067	4.12	0.064
	合成	0.473	0.946	0.356	0.360	0.396	4.26	0.474

注：0.1/0.4/18表示PGA(*g*)/Tg(s)/Dura(s)的值，下同。

3. 围岩应力特征分析

应力是反映岩体受力状态、判断岩体是否损伤破裂的最直接证据[5]。从图7.84来看，在岩体转折处、洞窟脚点和窟顶以及裂隙附近出现了应力集中，是岩体最有可能发生破坏的地方。同时，考虑到岩体的抗压强度很大（为123MPa），基本上不可能发生压性破坏。故而，以下仅对应力集中区某些节点的拉、剪应力值分别进行统计，结果列于表7-8和表7-9。

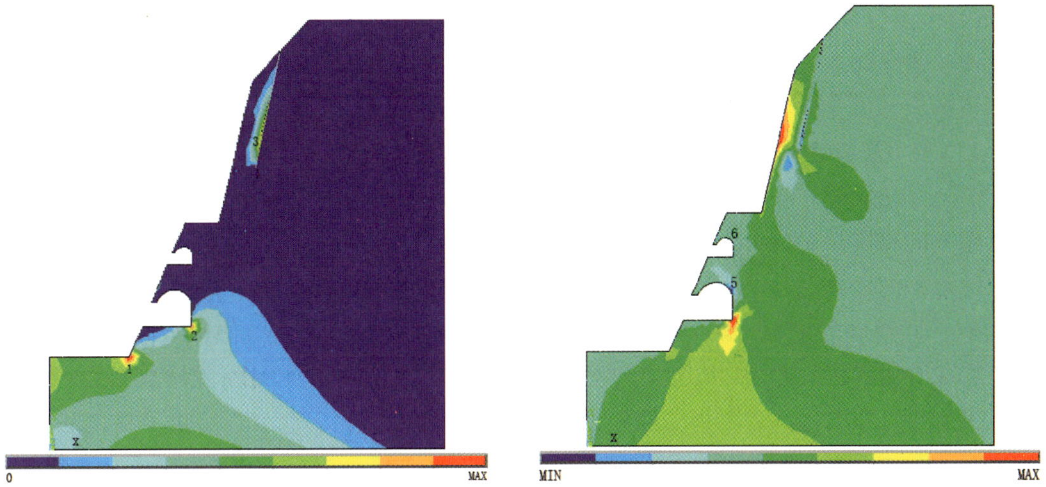

（a）拉应力　　（b）剪应力

图7.84 某时刻应力场快照

表7-8 不同条件下节点最大拉应力值（MPa）

节点位置	有裂隙,水平地震动输入					有裂隙,双向地震动输入	无裂隙,水平地震动输入
	0.1/0.4/18	0.2/0.4/18	0.1/0.25/28	0.1/0.4/28	0.1/0.55/28	0.1/0.4/18	0.1/0.4/18
1	0.014	0.029	0.011	0.016	0.019	0.074	0.379
2	0.346	0.692	0.246	0.267	0.314	6.482	0.335
3	0.395	0.790	0.286	0.446	0.553	0.795	0.044
4	0.800	1.601	0.586	0.904	1.120	1.597	0.059
5	0.043	0.085	0.031	0.046	0.057	2.321	0.058
6	0.024	0.049	0.018	0.026	0.033	0.786	0.022

表7-9 不同条件下节点最大剪应力值（MPa）

节点位置	有裂隙,水平地震动输入					有裂隙,双向地震动输入	无裂隙,水平地震动输入
	0.1/0.4/18	0.2/0.4/18	0.1/0.25/28	0.1/0.4/28	0.1/0.55/28	0.1/0.4/18	0.1/0.4/18
1	0.007	0.014	0.005	0.006	0.008	0.033	0.124
2	0.120	0.239	0.085	0.112	0.139	2.037	0.115
3	0.157	0.313	0.107	0.147	0.182	0.280	0.011
4	0.138	0.276	0.101	0.156	0.192	0.254	0.013
5	0.026	0.052	0.019	0.021	0.026	1.056	0.032
6	0.014	0.027	0.010	0.013	0.016	0.325	0.012

（1）地震动的不同工程特性对应力分布的控制

计算结果显示：对于任意节点，当地震动特征周期和持时相同时，峰值加速度（PGA）增大，拉应力和剪应力值均有增加；当PGA和持时相同时，特征周期加长，拉应力和剪应力值也均有增加；当PGA和特征周期相同时，持时大小对应力值基本没有影响。

（2）洞窟结构对应力大小的影响

2号和5号节点分别位于下层洞窟的脚点和窟顶附近，通过对比各种地震输入下两节点处的计算结果可以发现，洞窟脚点处的拉应力值和剪应力值均明显大于洞窟窟顶处的拉应力和剪应力值。说明转折大的部位的应力值会大于转折小的部位（穹窿形）的应力值。

6号节点位于上层较小洞窟的窟顶附近，通过比较发现，该节点的应力值总小于下层较大洞窟窟顶处的5号节点的应力值。表明洞窟尺寸对岩体应力有影响，尺寸越大，相似位置处的应力值越大。

（3）考虑竖向地震动对应力大小的影响

相比单纯水平向地震动输入，当同时考虑水平向和竖向地震动输入时，表中所有节点的拉应力和剪应力值均有不同程度的增加。影响最大的属2号节点，其拉应力值由0.35MPa骤增到6.48MPa，剪应力由0.12MPa增加到2.04MPa；其次是5号节点，其拉应力值由0.043MPa骤增到2.32MPa，剪应力由0.026MPa增加到1.06MPa。需要指出的是，这种不同程度的增加，也可能反映了洞窟及其结构对控制整个应力场的重要意义。

（4）有无裂隙存在对应力大小的影响

3号和4号节点在有无裂隙两种情况下的计算结果，充分反映了裂隙对其周围岩体应力状态的控制作用。同样的水平地震动加速度输入下，有裂隙时两节点的应力值均大于无裂隙时两节点的应力值，其他节点受裂隙的影响较小。

最后，可以根据以下三个原则来判定岩体是否发生破坏：①如果岩体上的拉应力超过其抗拉强度，则发生单向拉裂破坏。当岩体中有裂隙存在，由于结构面的不抗拉特性，最易沿这组裂隙拉裂。②如果岩体上的压应力超过其抗压强度，则发生单向压裂破坏。③依据莫尔-库伦强度理论，对于较脆性岩石，任一点发生剪切破坏时，破坏面上的剪应力必须大于临界剪应力。这里，临界剪应力（τ_f）等于材料内聚力（C）与作用于该剪切面上法向应力（σ_θ）引起的内摩擦阻力之和，即

$$\tau_f = C + \sigma_\theta \cdot \tan\phi \tag{7.38}$$

从表7-8和表7-9发现：①除了在同时考虑竖向地震动输入的情况下，下层洞窟脚点的拉应力值大于岩体的抗拉强度（5.85MPa），会发生拉张破坏之外，其他情况下岩体的拉应力值均小于该值，因而是稳定的；②由于岩体的抗压强度非常大（123MPa），所以不可能发生压性破坏；③由于岩体的剪应力最大为2.037MPa，小于内聚力5.85MPa，因此可以认为，在所有考虑到的情况之下，岩体都不会发现剪切破坏。

7.6.3 小结

（1）通过输入不同工程特性的地震动进行计算，研究发现：地震动峰值加速度越大，洞窟的振动位移、速度和应力值明显增大；反应谱特征周期越长，岩体振动位移、速度和应力值也明显加大；持时的大小对位移、速度和应力值基本没有影响。

（2）同时考虑竖向地震动输入时，岩体的振动位移、速度和应力值均有明显加强。对于有大量洞窟存在的岩体边坡，竖向地震动对其稳定性的影响可能会大于水平向地震动。

（3）洞窟结构对岩体应力有明显的控制作用。洞窟转折大的部位的应力值会大于转折小的部位的应力值；洞窟尺寸对岩体应力有影响，尺寸越大，相似位置处的应力值越大。

（4）裂隙对岩体振动位移、速度和应力也有明显的控制作用。裂隙的存在不同程度地改变了周围岩体的位移、速度和应力值大小，但对距其较远位置的岩体影响不大。

（5）根据岩体强度准则，只有在同时考虑竖向地震动输入时，下层洞窟脚点位置会发生拉张破坏。此外，裂尖处的拉应力为1.597MPa，如果考虑裂隙处材料力学性能的折减，此处有可能也会产生拉张破坏并加以扩展，但这种危险性可以通过工程加固手段予以消除。

参考文献

［1］马其华，樊克恭．锚杆支护技术发展前景与制约因素［J］．中国煤炭，1998（5）：21-24.

［2］成家钰．依靠科技进步开创煤巷锚杆支护技术新局面［J］．中国煤炭，1995（9）：5-8.

［3］刘玉堂．加速我国煤巷锚杆支护的推广［J］．中国煤炭，1998（4）：27-30.

［4］郭励生，赵庆彪，张志国，等．煤巷高强度锚杆的应用研究［J］．中国煤炭，1997（9）：18-20.

［5］Lutz L. Mechanics of band and slip of deformed bars in concrete［J］.Journal of American Concrete Institute,1967,64(11):711-721.

［6］Hansor N W. Influence of surface roughness of prestressing strand on band performance［J］. Journal of Prestressed Concrete Institute,1969,14(1):32-45.

［7］Goto Y. Cracks formed in concrete around deformed tension bars［J］.Journal of American Concrete Institute,1971,68(4):244-251.

［8］Fuller P G,Cox R H T. Mechanics load transfer from steel tendons of cement based grouted［C］//Fifth Australasian Conference on the Mechanics of structures and Materials. Melbourne:Published by Australasian Institute of Mining and Metallurgy,1995.

［9］Stillborg B. Experimental investigation of steel cables forrock reinforcement in hard rock［D］. Sweden:Lulea University of Technology，1984.

［10］汉纳T H. 锚固技术在岩土工程中的应用［M］．胡定等译．北京：中国建筑工业出版社，1986.

［11］Nakakyama M,Beaudoin B B. A novel technique determining bond strength developed between cement paste and steel［J］.Cement and Concrete Research,1987,22(3):478-488.

［12］Goris J M,Conway J P. Grouted flexible tendons and scaling Investigations［C］//Proceeding of the 13th World Mining Congress. Sweden:Published by Rotterdam,Balkena,1987.

［13］Hyett A J,Bawden W F,Reichert R D. The effect of rock mass confinement on the bond strength of fully grouted cable bolts［J］. Int. J,Rock Mech. Min. Sic. And Genomic. Abstr,1992,29(5):503-524.

［14］Jarred D J,Haberfield C M. Tendon / grout interface performance in grouted anchors［C］//Proc. Ground Anchorages and Anchored Structures. London：Thomas Telford，1997.

［15］程良奎，胡建林．土层锚杆的几个力学问题［C］//中国岩土锚固工程协会．岩土工程中的锚固技术．北京：人民交通出版社，1996.

［16］唐湘民．岩体锚固效应模型试验研究及解析计算［D］．武汉：中国科学院武汉岩土力学研究所，1987.

［17］邹志晖，汪志林．锚杆在不同岩体中的工作机理［J］．岩土工程学报，1993，16（5）：71-78.

［18］葛修润，刘建武．加锚节理面抗剪性能研究［J］．岩土工程学报 1988，10（1）：8-19.

［19］孙建生，涌井哲夫，樱井春辅．一个新的节理岩体力学分析模型及其应用［J］．岩石力学与工程学报，1994，13（3）：193-204.

［20］顾金才．预应力锚索加固机理与设计计算方法研究［C］//第八次全国岩石力学与工程学术大会论文集．北京：科学出版社，2004.

［21］张玉军．锚固岩体流变特性的模型试验及理论研究［D］．上海：同济大学，1992.

［22］李术才．加锚断续节理岩体断裂损伤模型及其应用［D］．武汉：中国科学院武汉岩土力学研究所，1996.

［23］杨延毅，王慎跃．加锚节理岩体的损伤增韧止裂模型研究［J］．岩土工程学报，1995，17（1）：9–16.

［24］彭S S，杨永杰．软岩对巷道围岩应力分布的影响及锚杆支护控制［J］．中国煤炭，1996（1）：72–74.

［25］施坦库斯J C，董维武．锚杆支护新进展［J］．中国煤炭，1997，23（2）：44–47.

［26］刘玉堂．加速我国煤巷锚杆支护的推广［J］．中国煤炭，1998（4）：27–30.

［27］哈依斯A．岩层控制技术的发展现状［C］//Mining Technology．国外锚杆支护技术译文集．北京：煤炭科学研究总院北京开采所，1997.

［28］煤炭部锚杆支护技术考察团．澳大利亚锚杆支护技术［C］//国外锚杆支护技术译文集．北京：煤炭科学研究总院北京开采所，1997.

［29］塔兰特G C．基于现场监测的岩层加固设计优化［C］//国外锚杆支护技术译文集．北京：煤炭科学研究总院北京开采所，1997.

［30］朱浮声，郑雨天．全长黏结式锚杆的加固作用分析［J］．岩石力学与工程学报，1996（4）：333–337.

［31］王明恕．全长锚固锚杆机理的探讨［J］．煤炭学报，1983（1）：42–49.

［32］陆家梁．软岩巷道支护技术［M］．长春：吉林科学技术出版社，1995：4.

［33］王建智，何唐镛，杨更社．托板对全长锚固锚杆内力的影响［J］．西安矿业学院学报，1989（3）：7–12.

［34］高家美，顿志林．锚杆支护的光弹性实验研究［J］．煤炭学报，1989（4）：39–44.

［35］康红谱．煤巷锚杆支护成套技术研究与实践［J］．岩石力学与工程学报，2005（21）：161–166.

［36］史密斯W C．煤矿巷道顶板控制对策［C］//国外锚杆支护技术译文集．北京：煤炭科学研究总院北京开采所，1997.

［37］盖尔W J．煤矿巷道支护的设计方法［C］//国外锚杆支护技术译文集．北京：煤炭科学研究总院北京开采所，1997.

［38］郑雨天，王大庆．锚杆中性点理论及其应用［J］．井巷地压与支护，1986（2）：25.

［39］陈进，袁文伯．锚杆加固巷边围岩的计算与设计［J］．煤炭学报，1989（3）：71–80.

［40］杨振茂，马念杰，官山月，等．锚杆钻孔、杆体、树脂卷直径的合理匹配［J］．岩石力学与工程学报，2003（4）：659–663.

［41］孔恒．岩体锚固系统的机理及其新技术研究［D］．北京：中国矿业大学，2000.

［42］李海波，蒋会军，赵坚，等．动荷载作用下岩体工程安全的几个问题［J］．岩石力学与工程学报，2003，22（11）：1887–1891.

［43］石玉成，蔡红卫，徐晖平，等．石窟围岩及其附属构筑物地震稳定性评价方法研究［J］．西北地震学报，2002，22（1）：83–89.

［44］石玉成，付长华，王兰民．石窟围岩地震变形破坏机制的数值模拟分析［J］．岩土力学，2006，27（4）：543–548.

［45］牟会宠，杨志法，伍法权．石质文物保护的工程地质力学研究［M］．北京：地震出版社，2000.

［46］王现国，彭涛，郭友琴，等．龙门石窟变形破坏原因及保护对策［J］．中国地质灾害与防治学报，2006，17（1）：130–132

［47］李海波，吴绵拔．龙门石窟文物区岩体波动测试与分析［J］．岩土力学，1995，16（3）：43–48.

［48］曹美华，潘别桐．地震荷载下龙门石窟围岩变形破坏机制的数值模拟［J］．地震研究，2011，34（2）：194–200，254.

第八章　石窟岩体危石（滚石）灾害的动力机理及防护对策

8.1　地震引发危石（滚石）灾害及其基本特征研究

8.1.1　危石（危岩体）灾害

由于受各种构造面的相互切割，与原岩母体已基本脱离或完全脱离运动后又止于原岩坡体上的处于极限平衡状态或稳定性极小的小岩块或孤石，称为危石。危石在重力和其他外力（地震力、风力、人畜踩踏、放炮震动、雨水冲刷、冻融破坏等）作用下或外界条件稍有变化时，就会突然滚落、坠落或脱落所造成的危害称为危石病害。危石病害是石窟岩体病害中比较常见的病害之一。危石体积一般较小，多为0.01～1.0m^3，但少数危石重量也可达数吨，例如甘肃省永靖县炳灵寺1900—2000年期间几次发生危石掉落，其中最大一块重达6t，砸坏了值班亭[1]。

凡是由于受各种构造面的相互切割或水的冲蚀作用，与稳定母岩体分割开的岩体，或虽未分割开但各种构造面已基本贯通，处于极限平衡状态或稳定性很低的岩体，统称为危岩体。危岩体在重力、自然营力和其他外力作用下，很容易发生倾倒、崩塌、下错和坠落，对石窟和文物造成的巨大灾害和破坏，称为危岩体病害。

所谓滚石，与危石的含义相近，更多的是指个别块石因某种原因从地质体表面失稳后经过下落、回弹、跳跃、滚动或滑动等运动方式中的一种或几种的组合沿着坡面向下快速运动，最后在较平缓的地带或障碍物附近静止下来的一个动力演化过程。这里谈到的块石包括岩质边坡内由地质结构面（或与临空面的组合）切割而成的块体（或岩块）、土质边坡、土石混合体边坡、碎屑坡或碎石坡表面的砾石、角砾或尺寸较大的碎石等。

我国西部的山地地区也是我国强震活动的主体地区之一，该地区地震活动的频度高，强度大。由于石窟赋存山体地质复杂、地形地貌多样、长期地震活动等诸多因素的影响，我国石窟山体危石（滚石）灾害很严重，敦煌莫高窟、新疆龟兹石窟、龙门石窟、泾川南石窟、云冈石窟、玉门昌马石窟、炳灵寺石窟等均存在危石（滚石）灾害（见图8.1）。

地震滚石灾害的潜在危害巨大，该类震害多会造成较大经济损失。1966年3月8日（3月22日）河北省邢台地区隆尧县东6.8（7.2）级地震，使邢台、石家庄、邯郸、保定4个地区发生山石崩塌361处，山崩飞石撞击引起火灾22处，烧山3000亩。1970年1月5日云南省通海7.7级地震，致使曲江河谷发生滚石灾害数十处，河道阻塞，道路遭毁。1974年5月11日云南省昭通地区7.1级地震，在极震区和烈度Ⅷ度区诱发较多滚石灾害，砸毁农田、房屋，击伤人畜。1976年8月16日和23日四川省北部松潘、平武之间7.2级地震，由于震区岩石破碎、风化严重，加之震后连续暴雨，滚石灾害严重，使得交通阻塞、河流壅塞、房屋被毁、大量农田受损。

（a）敦煌莫高窟北区危岩体

（b）玉门昌马石窟危岩体病害

（c）敦煌莫高窟北区危岩体

（d）汶川地震中的滚石灾害

图8.1　石窟危岩（滚石）灾害

石窟危岩体病害是非常常见的病害类型，其不仅对石窟和文物安全构成了极大的威胁，而且对工作人员和游客的生命财产安全也构成了极大危害。20世纪50年代起，国内外学者开始针对滚石灾害开展相关研究工作，已有研究主要集中于不考虑地震因素下的滚石运动轨迹、公路沿线遭遇滚石灾害风险性分析、滚石致灾距离、滚石灾害防护系统等问题[2]。迄今，地震动荷载作用下高危岩质边坡稳定性的研究，多关注于边坡整体稳定性、坡体失稳防治等方面。对此类边坡在地震动荷载作用下大块岩石滚落造成的危害尚未引起学界的足够重视，而地震引发滚石的块体运动规律、滚落岩体的防护措施等极具针对性的研究依然欠缺。系统阐述地震滚石灾害的危害作用，加大地震动荷载引发滚石灾害的动力机制以及相应整治、防护措施等方面的研究工作，是有效解决容易致灾的地震滚石灾害的根本途径。

8.1.2　地震引发滚石的模式及发生的条件因素

1.地震引发滚石的主要发生模式

在综合分析前人针对危岩采用的分类基础上，结合整治危岩积累的实践经验，把危岩按其失稳和开始运动的方式分为坠落式、倾倒式、滑塌式和滚动式等四种类型。

（1）坠落式：高悬于陡崖上端或岩腔顶部的危岩体，受裂隙切割脱离母岩，因其底界临空条件良好，在地震力和重力共同作用下失稳产生坠落（图8.2a）。

（2）倾倒式：危岩体在变形破坏时，其顶部先脱离母岩，然后沿基座支点转动，最终产生倾倒式破坏（图8.2b）。

（3）滑塌式：岩体附着于母岩上，与某一层面或结构面相接，危岩体在地震力和其他因素作用下，沿母岩（或基座）发生剪切滑移破坏（图8.2c）。

（4）滚动式：脱离母体的岩石块体静止停留在边坡体上，地震发生时边坡产生水平向和竖向的振动，岩石块体在地震力和重力双重作用下沿坡体向下滚动（图8.2d）。

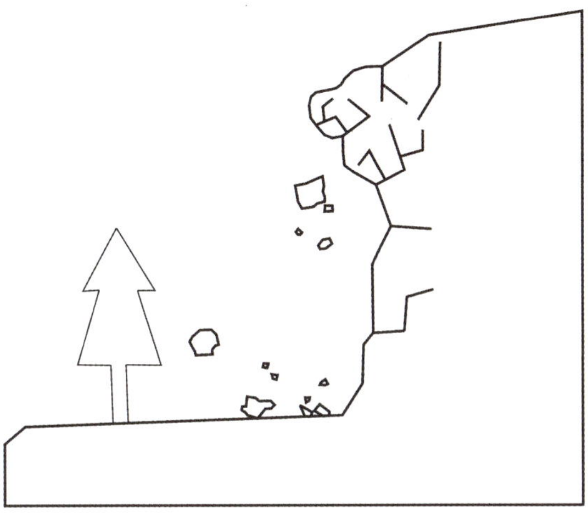

（a）坠落式

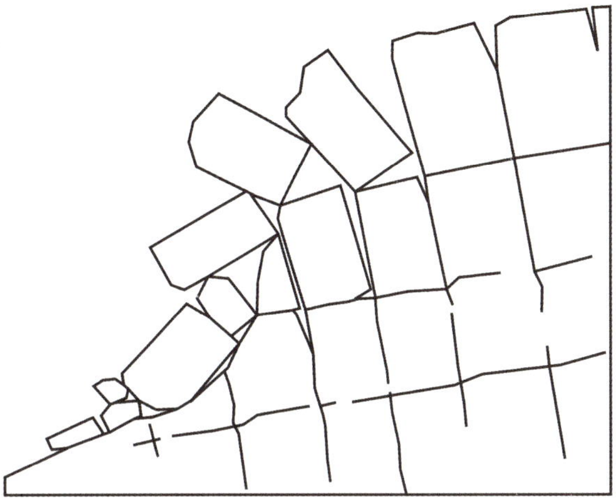

（b）倾倒式

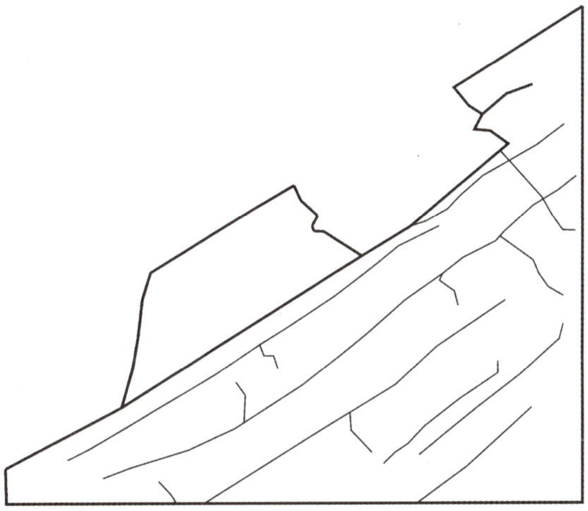

（c）滑塌式

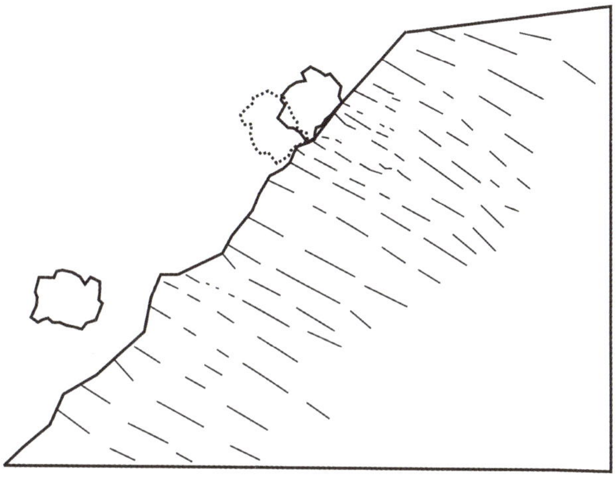

（d）滚动式

图8.2　地震引发滚石的主要发生模式

2.地震引发滚石灾害的环境条件

地震滚石灾害主要受内在条件与外部条件制约，具体阐述如下。

（1）内在条件

岩性：滚石多发于岩性坚硬的岩石地段，如灰岩、砂岩、页岩、闪长岩、花岗岩、辉长岩、辉绿岩等。在软硬相间的地层中，由于岩层间抗风化能力的不同，厚层常形成陡坎，薄层灰岩及泥质灰岩一般形成缓坡。这种陡缓相间的台阶状地形，为滚石的形成提供了良好的悬空条件。在这种岩性条件下，滚石发生频率高，规模较大。与此相反，在较均质的柔性岩石中，如千枚岩、页岩等，滚石发生频率较低，规模也较小。

构造条件：断层交汇处、断层破碎带、背斜轴部、遭强烈挤压的向斜轴部、火成岩岩脉侵入界面、高陡边坡卸荷带等岩体结构破碎、断层节理构造面发育部位，属于滚石多发区域。构造条件是形成滚石的决定性因素，也是控制滚石分布的重要因素。各种地质构造作用使岩层遭受不同程度的破坏，完整的岩体被切割成大小不同的碎裂体，这是边坡滚石的必要条件；另外，不同地质构造作用对滚石的影响也不同，各类构造节理不断导致岩体破碎，这为后期地表水作用、风化作用、热胀冷缩作用等外部营力提供了便利，一旦结构面倾向坡体临空面，地震条件下滚石更易发生。

山体的地形地貌条件：坡度大、临空面下切严重，有利于危石或滚石灾害的形成，且危害性大。

（2）外部条件

地震因素：震级高、持续时间长，极易造成滚石灾害。常年的弱震活动也会加重岩体的松软程度。

水文因素：水文因素包括降雨、地表水、地下水等水体活动。水体对危岩稳定性的影响主要体现在产生不利于岩体稳定的浮托力、静（动）孔隙水压力、软化结构面裂隙中的充填物、带走细颗粒物质等方面。水体的介入，常给危岩稳定带来灾难性后果。雨季是危岩失稳的多发季节，降雨强度越大，历时越长，滚石越易发生。地表河湖、水库等岸坡受水流、波浪冲刷也易产生崩塌，尤其在岩层软硬相间时，这种现象更为明显。

风化因素：边坡岩体在温度场、水、日照、风等因素的长期作用下发生风化，导致岩体更加破碎，削弱岩体强度，不利于危岩稳定。风化越强烈，岩体越破碎，危岩越易失稳；边坡不同岩层的差异风化，也会使崩塌易于发生。

植被因素：植物根系对危岩的根劈作用不利于岩体稳定。随着根部不断增长变粗，岩石裂隙、节理和软弱层面不断扩展，将加速崩塌的发生。另外，植物根系分泌有机酸能分解岩石矿物，也对危岩稳定不利。

其他因素：人类活动中的开挖、爆破等影响活动等。

3.地震引发滚石发生的基本特征

（1）数量多、规模大

我国西部山区，地震诱发的滚石灾害较为频繁，而且强震的高烈度区引发的滚石灾害往往非常密集，有时甚至成群连片。

（2）原始地形坡度角较小，坡角变化范围大

地震引发滚石的过程是岩石块体沿某一崖体坠落或沿一坡体滚动、平动的过程。因此，地震引发的滚石灾害是地震力，崖体、坡体和岩石块体重力共同作用的产物。斜坡的原始坡角是地震滚石灾害发生的重要参数。综合分析研究已有地震滚石灾害发生资料的结果可见，地震滚石灾害发生的坡角范围为20°～90°，优势坡角为30°～90°。

（3）滚动速度快，距离远，危害性强

强震引发的滚石往往会在顷刻间大范围冲击公路、居民村落，具有规模大、速度快、距离远、危害性强的特点。

（4）滚石展布与等震线不完全一致

受大地构造单元、基底岩层结构、地形地貌条件、地震烈度、断裂构造等诸多因素的影响，地震引发滚石的展布形态较为复杂，并非与等震线一致。滚石灾害发生的规模差别也很大，有的地区发生强震，滚石灾害并不严重，而有的地区即使发生中强地震，也能引发严重的地震滚石灾害。如1879年的武都南地震诱发了大量的滚石灾害，行成滚石灾害的区域比较分散（图8.3a），有三个位于Ⅹ度区内，一个位于Ⅶ度曲内，两个位于Ⅵ度区内[3]。

（5）触发震级较小，烈度较低

地震滚石灾害的触发震级较小，并且该类灾害在低烈度区也较常见。几乎所有发生在山区的5.0级以上地震均曾引起过规模不同的滚石灾害；烈度达到Ⅵ度的山区往往就可引发滚石灾害，甚至在有些烈度达到Ⅴ度的地区就能引发滚石灾害（图8.3b）。

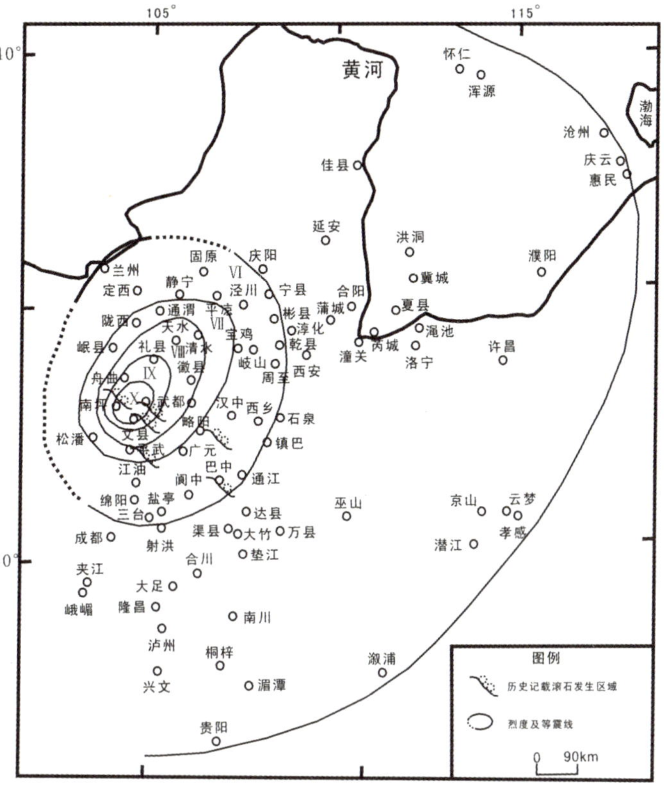

（a）1879年7月1日甘肃武都南地震等震线图

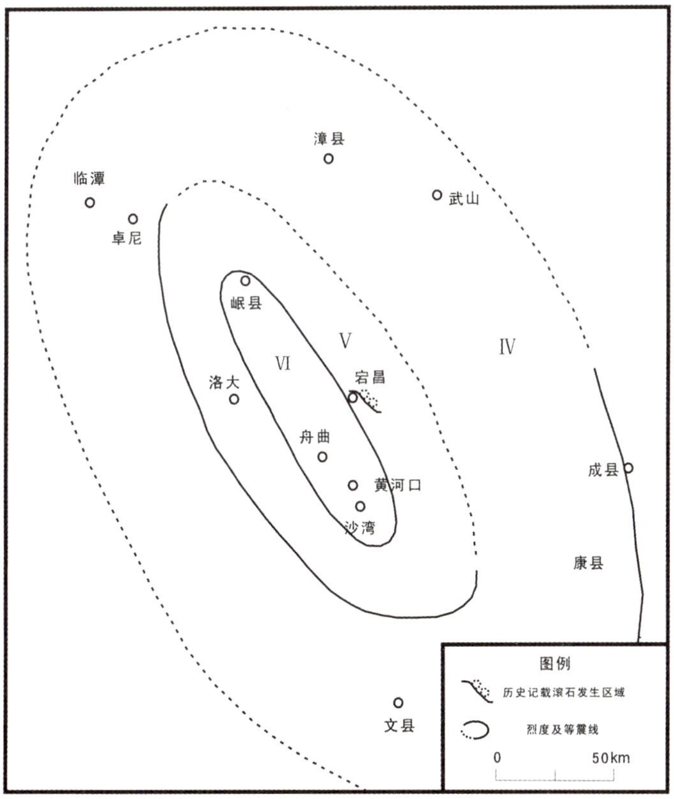

（b）1960年2月3日舟曲地震等震线图

图8.3　地震等震线图及滚石发生区域分布图

地震引发的滚石灾害过程是一个复杂的物理过程。通过已有震害调查表明，同等条件或者同一震区，滚石灾害往往与地形坡度角、烈度大小成正比。对于地震引发的滚石灾害来说，滚石来源的坡体是滚石的载体，仅考虑地震强度和地形坡角是远远不够的，对滚石来源的坡体的内在结构、整体特征及其地震波作用特征进行深入研究，可能是一个正确的方向。

8.2 预应力锚索加固危岩体的动力响应分析

充分利用具有较大刚度的材料的力学特性来加强或加固软弱破碎的岩体和土体，与此同时发挥岩土体的自稳能力，最终达到工程结构物的稳定的目的。这是预应力锚固技术的本质所在[4]。随着岩土锚固技术的发展和应用领域的拓展，一些新面临的问题有待进一步研究和解决。地震是工程中常见的动荷载形式，研究动荷载作用下的岩体响应，提出稳定性分析方法和控制手段是工程界迫切需要解决的问题，也一直是岩石动力学研究的主要内容之一[5-9]。目前关于地震荷载作用下预应力锚索加固岩体的动力响应特性研究较少。以某具体的加固工程为实例，采用动力有限元分析方法，重点探讨地震载荷特性对预应力锚索加固的危岩体的动态破坏特性的影响，为危岩体的加固工作提供借鉴。

8.2.1 危岩稳定性的计算方法概述

危岩稳定性计算方法可分为4类，即基于有限元法的静力稳定性分析法、可靠度分析法、基于监测资料的比较辨识法及静力解析法。

1. 静力稳定性分析法

用有限元方法计算位移和应力时，工程中采用的接触单元（或夹层单元）求解接触问题，因无法求解有初始间隙的接触问题及因采用单元内应力作为屈服判据可能导致失真现象，故其应用受到限制。刘国明采用有限元对三峡链子崖危岩体进行静力稳定性分析[4]时，考虑了软弱夹层的材料非线性及裂缝的接触非线性问题，提出连杆接触单元有限元模型以满足求解工程接触问题的需要，并将岩块简化为弹性体。当危岩体滑动面已知，采用静力分析法对给定的材料参数计算位移、应力状态，以危岩体的滑动力和阻滑力相等为条件确定材料参数的安全系数。该方法软弱夹层的材料非线性问题采用夹层单元的非线性模型来模拟，用连杆接触单元非线性模型模拟岩体裂缝的接触问题，认为在一对接触点之间采用连杆单元连杆的应力应变关系遵从不抗拉的理想弹塑性模型准则，并假设连杆单元沿连杆的横断面及高度（即夹层厚度）上应力应变均匀分布。这种模型用于模拟岩体裂缝的接触问题，可以模拟裂缝的闭合问题，也可以用于软弱夹层的材料非线性分析。岩体变形破坏过程非常复杂，有限元计算不仅对岩体中节理面的分布和特性难以合理描述，而且岩体既不是完全弹性体，也不是弹塑性体，计算出的应力和位移与实际情况有一定出入，加上有限元计算量大，这种方法在实际工程中难于推广应用。

2. 可靠度分析法

可靠度方法用于分析危岩体稳定性，关键在于功能函数的建立和概率尺度的确定。谢全敏运用蒙特卡罗边界元法分析危岩稳定性[5]。这种方法是通过求解危岩体破坏概率来评价其稳定性，实际上相当于计算边界上点（x_1，x_2，…，x_m）处基本随机变量x_1的概率分布函数的均值，这样可免去对控制危岩体基本随机变量x_1的抽样，具有较小的方差。该方法建立了直接坠落、沿单面滑动和沿双面滑动三种破坏的功能函数，并根据Meyerhof和Dieter等人的观点，岩体结构边坡破坏概率为1‰～1%。

3. 比较辨识法

张奇华提出了一种边坡变形破坏的比较辨识方法[3]，其主要思想是：在工程地质区域，考虑变形破坏方式及相应的变形破坏特征、位移关系式，针对各种可能的变形和破坏建立（或调整优化已有的）变形监测网，由监测资料计算得到变形区域的空间位移向量，对比各种可能的变形破坏方式相应的变形特征和位移关系式，从而辨识出实际发生的变形破坏方式、变形区域及变形演化成破坏的过程。这种方法旨在探索将边坡的变形、破坏分析与监测网、监测数据处理有机、系统地联系起来，并定量化，主要针对在通常情况下（暴雨、人工大扰动）的变形、破坏。该方法需要相应的变形监测网及监测资料支持，而且变形破坏的演化过程中，变形区域、变形破坏方式不可能一成不变，监测点需要及时补充，并注意系统辨识方法的完善。另外，该方法在工作时，会碰到一些不明确的情况，在确定变形区域，求取空间位移矢量时，给结论带来不确定性。

4.静力解析法

在工程实际中最常用的稳定性分析方法还是静力解析法，这种方法简单可行，结果明确，但危岩体破坏模式认识的区别导致了失稳判据的不同，判据中参数的确定又与地勘资料密切相关。通常分3种情况对危岩体进行稳定性计算。a型：其破坏形式为剪切破坏，稳定系数与重量、滑面倾角、长度（或面积）及裂隙面上摩擦系数、黏聚力有关。b型：由于重力偏心分布，引起拉应力而产生破坏，稳定系数为岩体平均抗拉强度与产生的拉应力的比值。c型：坡脚段压应力引起的破坏，稳定系数由岩石或土层的抗压强度及危岩体重量确定。

8.2.2 危岩稳定性的计算方法概述

目前在危岩研究方面总体水平不高，尚未构建一套比较成熟的研究体系。随着山地地区经济建设快速发展的需求，尤其满足山区城镇、高等级公路建设的需求，存在的危岩体必须治理，而治理危岩必然要求研究水平与其相适应。危岩研究的发展趋势可概括为下述5个方面。

1.关于危岩破坏模式

现有的破坏模式分类不能比较普遍地反映危岩的破坏情况。根据危岩体失稳的类型，可将危岩体的破坏模式分为坠落式、滑塌式、倾倒式、滚动式4种。坠落式危岩的表现形式为危岩体下方悬空或支撑承载力不足，破坏是由于危岩体剪切面的剪切力和下方支撑的承载力（悬空时为零）不足以抵抗自重所致；滑塌式危岩为滑坡式的剪切破坏，剪切面上的剪切力大于其剪切强度；倾倒式危岩产生绕危岩体基座一点的倾倒破坏，该破坏的产生与三方面因素有关，危岩体形状（重心位置）、危岩体平行于临空面的裂隙的贯通程度（抗倾覆的拉应力大小与产生倾覆的裂隙水作用），以及基座的承载力大小；滚动式是脱离母体的岩石块体静止停留在边坡体上，地震发生时边坡产生水平向和竖向的振动，岩石块体在地震力和重力双重作用下沿坡体向下滚动。

2.关于危岩形成的卸荷扩展机理

危岩体的形成和发育是外因和内因耦合破坏作用的结果，但从大多数危岩资料可以看出，危岩体的发育是从卸荷裂隙开始的。岩体内的初始应力由于外界作用使之释放，而产生与临空面大致平行的裂隙，同时卸荷带的岩体由于围压的降低导致强度降低，加上风化、暴雨及地震作用，而使危岩逐渐发育成形。危岩体所在的地貌部位的卸荷作用发展过程，可以构建危岩体的雏形，雏形危岩体主控结构面的断裂、扩张、追踪控制着危岩体的稳定态势。

3.关于荷载与荷载组合

危岩稳定性的因素不仅是危岩体自重，而主要与荷载有关。影响危岩体稳定性的外界因素主要是裂隙水压力和地震力作用。目前的稳定性计算方法一般只考虑了地震力作用，裂隙水的影响只反映在参数取值上，实际上，裂隙水还产生静水压力，甚至动水压力，对危岩体的稳定性影响重大（尤其是倾倒式危岩）。所以要客观判别危岩体的稳定性，裂隙水在岩体中的流动与分布规律至关重要，而这恰恰是目前研究极其薄弱的环节。控制危岩体的荷载组合主要有：（1）自重+裂隙水压力；（2）自重+地震；（3）自重+地震+裂隙水压力。前两种荷载组合通常可做防治工程设计荷载组合，第3种荷载组合为校核荷载组合。

4.关于稳定性计算方法

解析方法计算危岩体的稳定性，通常是在平面上进行静力分析，在合理确定破坏模式和荷载影响后，应考虑危岩体是块体而不是平面，其整体性和尺寸效应应该在稳定性计算中得以反映，按照三维问题进行危岩稳定性计算，虽然实施起来存在相当难度，但是由于实际需要而成为必然的发展方向。建立计算结果的危岩稳定性评价标准也是迫切的。

5. 关于锚固治理计算方法

用数值计算方法进行危岩体变形场及应力场分析虽然具有较高的学术价值，但是如何将数值计算结果与锚固技术相结合，至今仍缺乏理论基础。从工程实用性出发，解析法在相当长的时间内仍然具有较重要的实用价值。但是，解析法中锚固计算仅确定最佳锚固方向是不全面的，锚固的目的在于增强危岩体的稳定性，锚固的间距与锚固力的设计也必不可少。在确定危岩体的稳定性计算方法和了解锚杆的作用机理后，在稳定性计算中加入锚固力作用，可以根据要求的稳定系数进行锚固设计。

8.2.3 计算模型的建立

1. 计算原理

洞窟结构的地震反应是一个瞬态动力学问题，在动荷载作用下，有限元体系在$t+\Delta t$时刻的运动平衡方程为：

$$[M]\{\ddot{u}\}_{t+\Delta t}+[C]\{\dot{u}\}_{t=\Delta t}+[K]\{u\}_{t=\Delta t}=F_{t+\Delta t} \tag{8.1}$$

式中，$\{\ddot{u}\}$、$\{\dot{u}\}$和$\{u\}$分别为体系的节点加速度、速度和位移向量；$[M]$、$[C]$ 和 $[K]$ 分别为总质量矩阵、总阻尼矩阵和总刚度矩阵；$F_{t+\Delta t}$为外荷载向量，在地震反应分析中，即为输入基岩地震动所产生的惯性力。

体系的总阻尼矩阵采用瑞利阻尼：

$$C=\alpha M+\beta K \tag{8.2}$$

式中，α、β为常数，可按两种不同的振动频率下测得的阻尼比ξ加以确定。采用Newmark隐式积分法求解运动平衡方程。其中积分常数δ=0.5，γ=0.25。Newmark隐式积分法是无条件稳定的，在积分时间步长$\Delta t=T_{max}/100$时（为体系的最大周期），能得到较满意的结果。

动力有限元的计算原理见前面章节。

2. 岩土工程条件和地震荷载的输入

此被加固工程的崖体地层分为4个工程地质岩组，由上往下依次编号为A、B、C和D。各工程岩组力学参数见表8-1。地震动输入要注重考虑具有不同工程意义的地震动峰值加速度PGA、频谱（特征周期）和持续时间t三个方面的因素。由于本地区缺少强震记录，根据莫高窟窟区地震危险性分析结果，以反映该地区地震环境和场地条件的地震动反应谱为基础，采用拟合目标谱法合成人工地震波（Tg=0.25s、PGA=0.1g、持时为20s）作为输入波。为了进行对比分析，另合成了几条地震动时程（①Tg=0.4s、PGA=0.1g、持时为20s；②Tg=0.55s、PGA=0.1g、持时为20s）。计算时，Tg分别考虑为0.25、0.40、0.55s三种情况，峰值加速度PGA调整为0.1g或0.2g。

表8-1 各岩组力学参数

工程地质岩组	弹性模量（MPa）	泊松比	密度（g/cm^3）	抗压强度（MPa）	抗拉强度（MPa）	内聚力（MPa）	内摩擦角
Q_3	100	0.30	2.30	—	0.20	0.10	50°
A	200	0.28	2.30	9.50	0.36	0.20	65°
B	87	0.30	2.20	12.6	0.54	0.10	50°
C	300	0.27	2.35	8.60	0.47	0.25	67°
D	500	0.26	2.40	15.8	0.67	0.30	70°

3. 预应力锚索及初始地应力的考虑

在预应力锚索锚固系统中，一般认为钢绞线索体只能轴向抗拉，不能抗压和承受弯矩。将锚索材料视为非线性弹性体。图8-4为锚索材料力学特性曲线（其材料的应力-应变关系曲线表明当受拉时有强度，受压缩时无强度）。

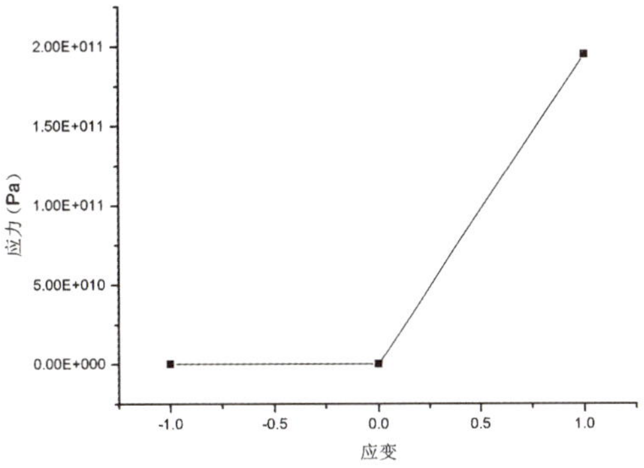

图8.4　锚索材料的应力-应变关系曲线图

地层中通常存在初始应力，它是地层处于天然产状条件下所具有的内应力。地层的初始应力主要是由于土体自重和地质构造作用所产生的。不计构造应力时，初始应力就等于自重应力。按照弹性理论空间体的求解结果，土体在自重作用下的初始应力为：

$$\left.\begin{aligned} \alpha &= \left(\frac{\zeta_i}{\omega_i} - \frac{\zeta_j}{\omega_j}\right) / \left(\frac{1}{\omega_i^{\ 2}} - \frac{1}{\omega_j^{\ 2}}\right) \\ \beta &= 2\left(\zeta_j\omega_j - \zeta_i\omega_i\right) / \left(\omega_j^{\ 2} - \omega_i^{\ 2}\right) \end{aligned}\right\} \tag{8.3}$$

式中，y为距地表的深度；γ为土体容重；μ为土体的泊松比。文中采用的方法为先求出在自重荷载产生的初始地应力场，再求解在地震作用下的应力应变特征。

4. 计算模型的选取

选取了具有代表性的三个加固截面作为分析研究的对象。模型Ⅰ的危岩体由上下两层锚索加固，模型Ⅱ由上下四层锚索加固，模型Ⅲ采用预应力锚索和锚杆上下三层混合加固。工程设计见图8.5。

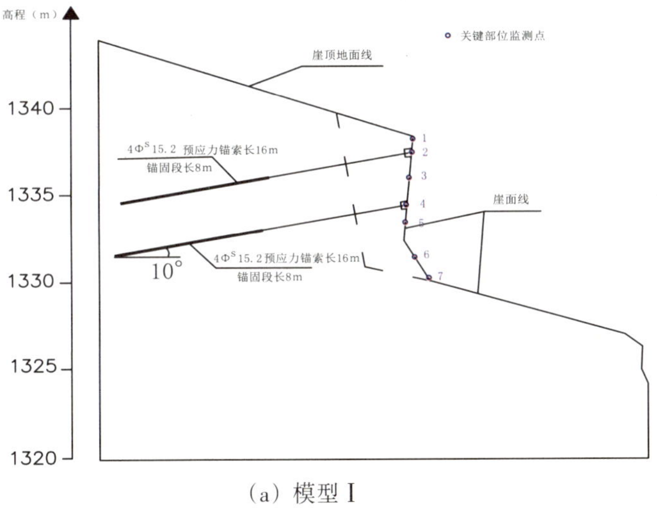

（a）模型Ⅰ

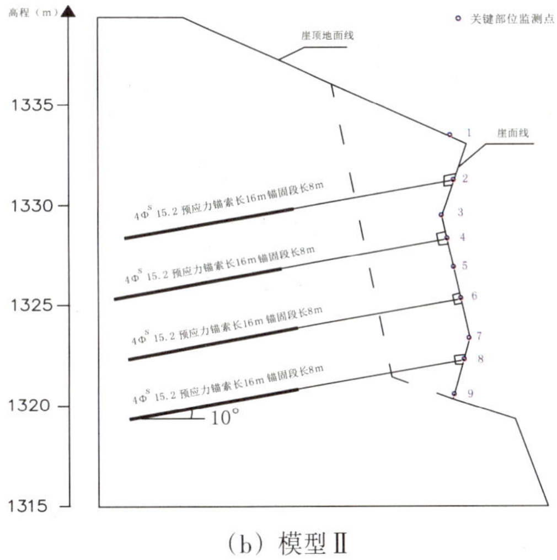

（b）模型Ⅱ

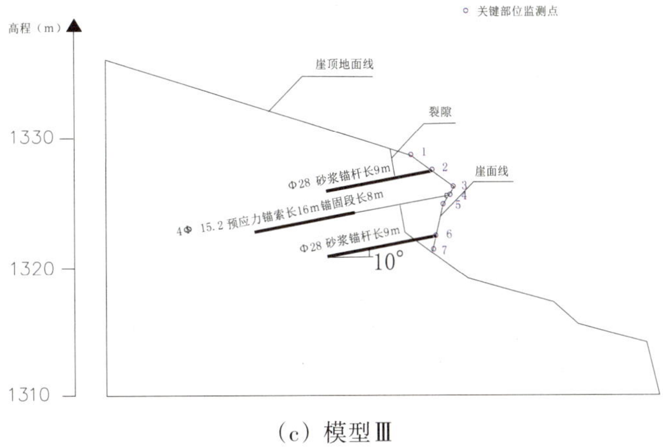

（c）模型Ⅲ

图8.5　工程设计详图

5. 材料力学性质的屈服函数

数值模拟中，岩体材料采用理想的弹塑性模型，屈服函数如下[10]：

$$f_s = \sigma_1 - \sigma_3 N_\varphi + 2c\sqrt{N_\varphi} \tag{8.4}$$

$$f_t = \sigma_3 - \sigma_t \tag{8.5}$$

式中，σ_1、σ_3分别为最大、最小主应力；σ_t为岩石单轴抗拉强度；N_φ可以表示为：

$$N_\varphi = \frac{1 + \sin\varphi}{1 - \sin\varphi} \tag{8.6}$$

当岩体内某一点应力满足$f_s<0$时，发生剪切破坏；当$f_t>0$时，发生拉伸破坏。

8.2.4 计算结果及分析

1. 加固岩体的关键点部位应力值的结果分析

在地震荷载的作用下，预应力锚索的锚具端是应力集中的主要部位，为了研究该区域处的应力分布情况，特选定几个关键单元点部位作为研究对象，见图8.6。地震荷载作用下，关键监测点部位的应力计算结果见表8-2。

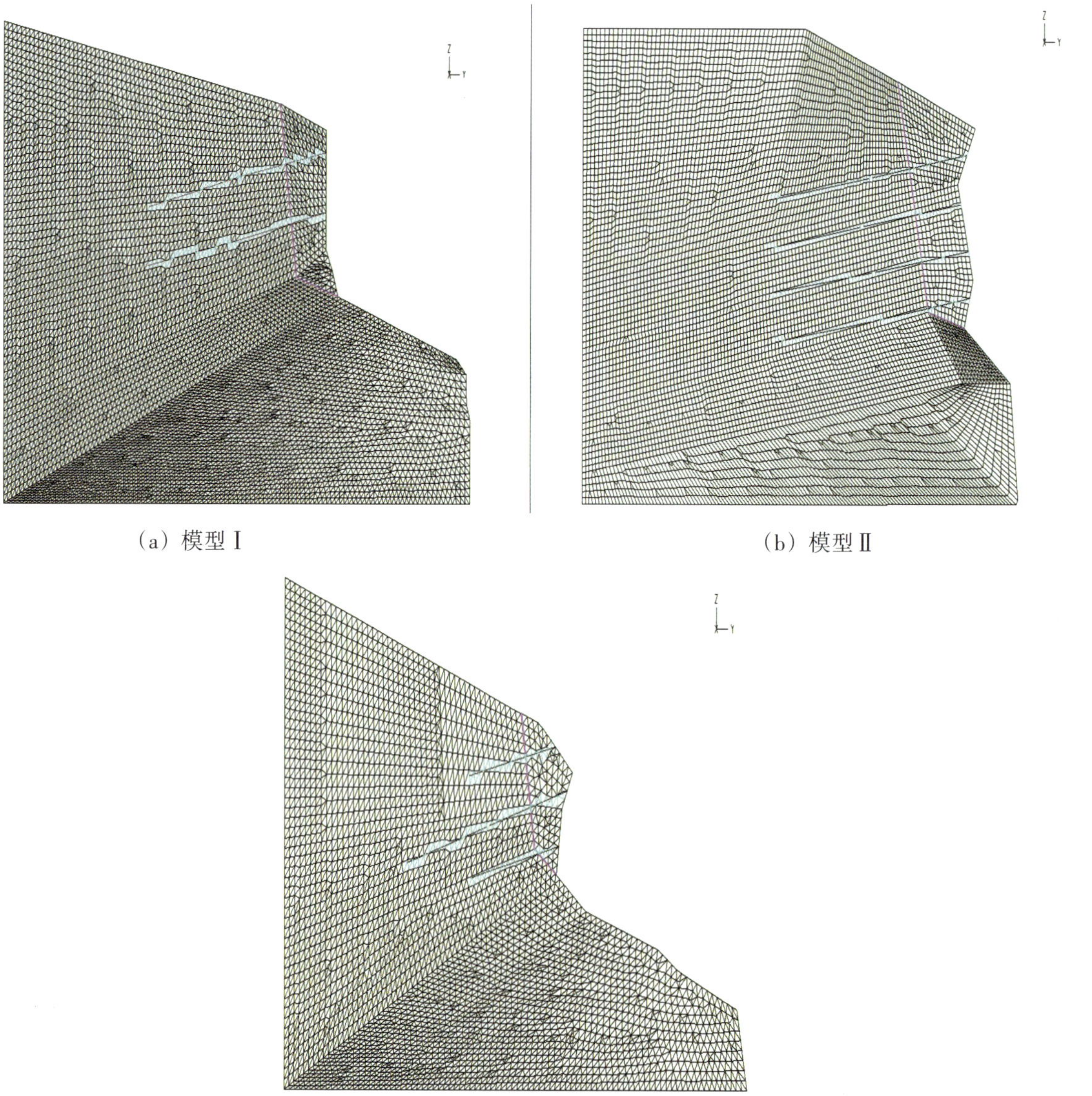

（a）模型Ⅰ　（b）模型Ⅱ　（c）模型Ⅲ

图8.6　有限元模型

表 8-2　地震荷载作用下监测点处应力值

PGA=0.1g, Tg=0.25s, t=20s					PGA=0.2g, Tg=0.25s, t=20s		PGA=0.3g, Tg=0.25s, t=20s	
监测点	σ_1(Pa)	σ_3(Pa)	f_s	f_t	f_s	f_t	f_s	f_t
模型Ⅰ								
①	3574	−92783	>0	<0	>0	<0	>0	<0
②	−178278	−657606	>0	<0	>0	<0	>0	<0
③	25493	−102976	>0	<0	>0	<0	>0	<0
④	−398569	−1348070	>0	<0	>0	<0	<0	<0
⑤	264956	−4267	>0	<0	>0	<0	>0	>0
⑥	292995	−10653	>0	<0	>0	<0	>0	>0
⑦	352650	−23380	>0	<0	>0	<0	>0	>0
模型Ⅱ								
①	79784	−13924	>0	<0	>0	<0	>0	<0
②	−314469	−827891	>0	<0	>0	<0	<0	<0
③	9947	−280219	>0	<0	>0	<0	>0	<0
④	−99998	−693892	>0	<0	>0	<0	>0	<0
⑤	153731	−11177	>0	<0	>0	<0	>0	>0
⑥	−32252	−520029	>0	<0	>0	<0	>0	<0
⑦	219024	−3374	>0	<0	>0	<0	>0	>0
⑧	−11380	−566105	>0	<0	>0	<0	>0	<0
⑨	209896	−250574	>0	<0	>0	<0	>0	>0
模型Ⅲ								
①	59911	−14103	>0	<0	>0	<0	>0	<0
②	34791	−33023	>0	<0	>0	<0	>0	<0
③	52178	−10488	>0	<0	>0	<0	>0	<0
④	−187491	−1183800	>0	<0	>0	<0	<0	<0
⑤	−47681	−712458	>0	<0	>0	<0	>0	<0
⑥	27886	−123246	>0	<0	>0	<0	>0	<0
⑦	71177	−50147	>0	<0	>0	<0	>0	<0

从监测点部位的计算结果可以知道，预应力锚索的锚具端是应力集中的主要部位，计算模型出现应力集中最大值的部位不同；预应力锚索的锚具端是压应力集中的主要部位，同时上下两排锚索的中间部位是拉应力集中的主要部位；崖面线的突出、拐角部位也是易产生应力集中的部位。尽管预应力锚索对裂隙破坏有很强的抑制作用，但是决不能一味地增加预应力，否则不仅对被加固的岩体结构没有太大益处，而且锚索附近的岩体会形成严重的应力集中区域，致使岩体结构破坏，即是说，预应力锚索对提高岩体整体性的贡献是以在自身中产生不容忽视次应力为代价的。在地震荷载的反复作用下裂隙部位即是易产生应力突变的部位。

2. 不同频谱特性地震荷载作用下的动力响应结果分析

计算结果显示：地震动峰值加速度增大，围岩相同位置处应力值增加；由人造地震荷载下位移历时曲线（图 8.7）可见，在相同峰值和持时作用下（PGA=0.1g，t=20s），特征周期增大，结构位移响应都随之增加。说明随着长周期成分的增加，坡体对地震动的反应加大，这是由于地震动特征周期与石窟围岩自振周期逐渐接近而产生共振作用的结果。不同特征周期对位移大小的影响：相同持时、特征周期条件下（Tg =0.25s，t=20s），随着峰值加速度的增大，最大位移反应值增加。

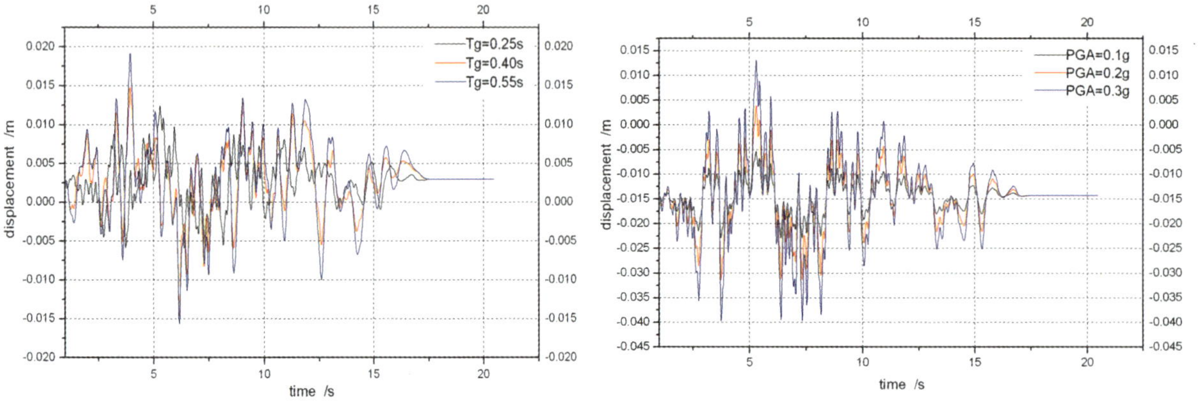

（a）t=20s，PGA=0.1g　　（b）t=20s，Tg=0.25s

图 8.7　不同频谱特性地震荷载作用下被加固岩体的位移时程（模型 I 点③）

在地震动作用下，岩体随之发生的位移呈现时空上的规律变化。由位移云图（图 8.7）来看，位移场的分布预应力随锚索（锚杆）的施加而发生变化，表现出预应力锚索（锚杆）约束的特点，并且在锚索的锚固构件端、锚固段的顶点形成位移突变，即在锚固构件端形成受压状态，在锚固段的顶端形成受拉状态，而这一点恰恰说明了主动加固结构（预应力锚索）与被动加固结构（挡墙）的区别。对于被加固危岩上的一个质点而言，在地震力作用下产生位移，其大小随输入加速度的大小的改变而变化。

（1）不同 PGA 对位移大小的影响。通过计算 PGA 等于 0.1g、0.2g 和 0.3g 三种情况下岩体的位移反应，分别对比单元位移相应曲线，可以看出地震动加速度大小变化对其大小的影响是显著的。随着地震动峰值加速度的增大，岩体发生的位移增大，数值上近似为倍数关系。

（2）不同特征周期对位移大小的影响。从人造地震荷载下位移历时曲线（图 8.7）可知，在相同峰值和持时作用下（PGA=0.1g，持时为 20s），特征周期增大，结构位移响应都随之增加。说明随着长周期成分的增加，岩体对地震动的反应加大，这是由于地震动特征周期与围岩自振周期逐渐接近而产生共振作用的结果。

（3）预应力锚索对坡岩体位移分布的控制。图 8.8 为锚索加固后边坡的变形情况，锚索的锚固构件端土体向坡体内部移动，最大位移发生在锚固构件端，可达 8～15mm。同时由于锚固力在坡体内的扩散传递，使得锚索自由端附近的土体也向坡体内产生位移。

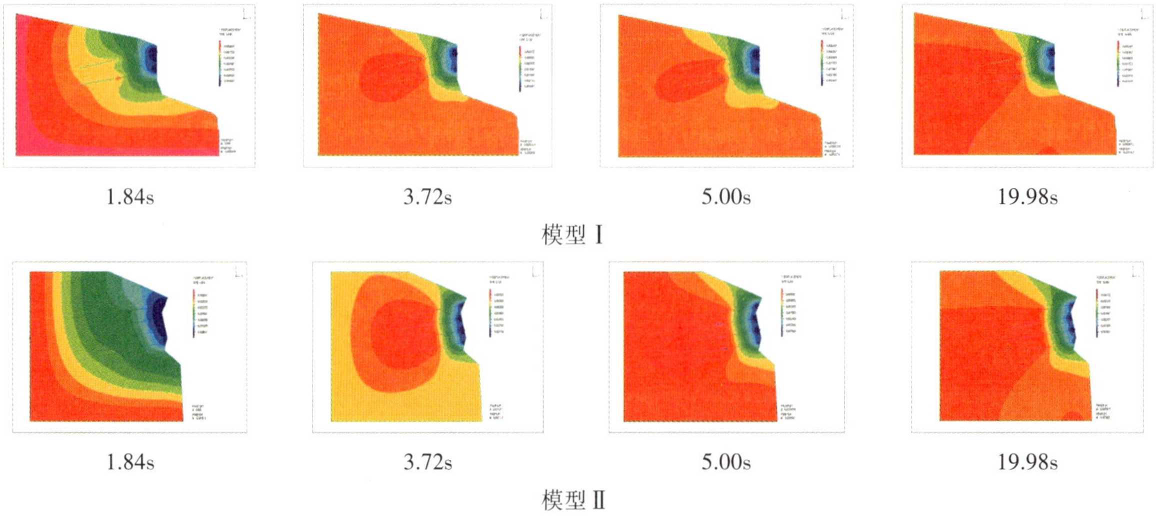

图 8.8　地震荷载作用下不同时刻的位移云图（PGA=0.1g，Tg=0.25s，t=20s）（1）

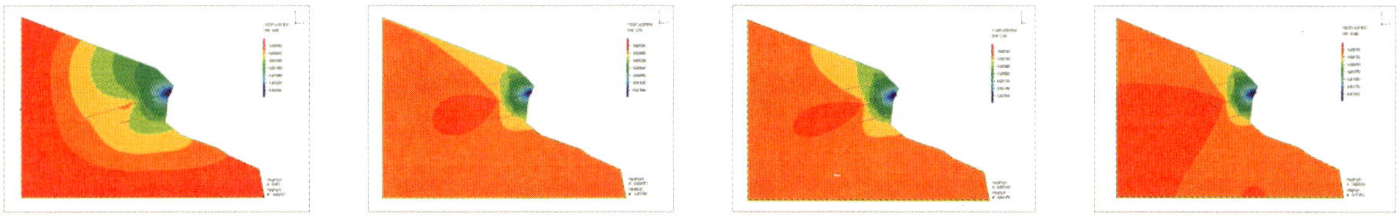

1.84s　　3.72s　　5.00s　　19.98s

模型 Ⅲ

续图 8.8　地震荷载作用下不同时刻的位移云图（PGA=0.1g，Tg=0.25s，t=20s）(2)

3. 小结

预应力锚索（锚杆）加固危岩体的地震响应数值模拟分析是危岩治理加固的重要环节，采用数值模拟方法充分考虑地震动的工程特性对危岩体变形破坏特征的影响是非常必要和可行的。取得如下认识：

(1) 地震动荷载特性对危岩体的稳定性有重要影响。地震动峰值加速度越大，岩体的位移和应力值明显增大；反映谱特征周期和持时越长，岩体位移变形越大，应力值增加，应力集中区的范围扩大，岩体损伤的可能性增加。

(2) 在地震动水平左右往复激振下，危岩体随之发生的位移呈现时空上的规律变化。位移场的分布因有无预应力锚索的施加而发生变化，表现出严格受预应力锚索（锚杆）约束的特点，并且在锚索的锚固构件端、锚固段的顶点形成位移突变，即在锚固构件端形成受压状态，在锚固段的顶端形成受拉状态。

(3) 锚索（锚杆）加固后危岩体、锚索的锚固构件端土体向坡体内部移动，最大位移发生在锚固构件端。同时由于锚固力在坡体内的扩散传递，使得锚索自由端附近的土体也向坡体内产生位移，体现出了锚索的锚固效果。

(4) 预应力锚索（锚杆）加固的危岩体在预应力锚索（锚杆）的作用下，控制了边坡岩体向临空面的位移并向坡体内压密，引起内部应力的重新分布，调整了岩体的自稳能力，起到了加固边坡的效果。

8.3　地震诱发滚石的运动轨迹分析

地震边坡滚石问题是一类重要的地质工程问题。一直以来，对于边坡问题的研究主要是以边坡整体的稳定问题为主，而对于滚石问题却研究得较少。随着山区高等级公路修建的加快、加多，以及山区旅游观光开发的快速发展，边坡滚石问题也必然会越来越突出[11]，特别是汶川地震引发的滚石灾害突出，是值得引发工程界关注的一类岩土灾害问题。对于边坡滚石问题，首先要解决的是滚石运动轨迹的估算问题，就是在现场调查的基础上估算滚石的飞落距离、飞行高度和速度以及对防护结构的撞击能量大小等参数，为防护设计提供可靠的依据。在分析几种主要形式的滚石运动的基础上，从工程防护的角度考虑，忽略次要的影响因素，建立了一套较为完整的估算滚石运动轨迹的计算模型，并对确定运动轨迹有直接影响的恢复系数、摩擦系数等参数做了初步的讨论。

8.3.1　边坡滚石运动的研究方法

对于边坡滚石运动问题的研究分析方法可以归纳为两类，即以试验研究为主的经验方法和以理论推导为主的方法。前者主要包括现场试验研究以及室内比尺模型试验研究。试验研究的数据具有准确、客观、综合的特点。试验研究的方法也是确定基本物理力学参数，深入理解边坡滚石问题的重要方法。毫无疑问，一定数量的试验数据是研究滚石问题不可或缺的，也是正确理解滚石问题的基础。

但是试验研究的数据缺乏系统性，并且具有区域局限性强的特点，这使得试验方法的结果不具备广泛的工程意义。理论推导的方法，主要是以运动学和动力学理论为基础，建立合理的数学计算模型。随着计算机技术的发展，在滚石研究方面计算机辅助分析方法有了很大的发展，国外在20世纪80年代已开始这方面的研究，目前仍在深入研究[12-14]。随着近年来我国大规模工程建设的兴起，岩质边坡的安全性问题日益突出。目前对滚石防护所做的研究尚不成熟。长期以来，我国地质工作者经常采用经验公式法，随着我国工程建设规模的扩大和技术水平的提高，这些经验公式已逐渐不适应工程需要。滚石的运动学计算是近年来国外发展起来的滚石计算手段。Chau[15]在做了大量人工推动的小规模滚石试验后，首次设计了一套简单的滚石运动公式。随后，Bozzolo和Day[16-17]推导了滚石的运动学计算模型。同时，若干学者也研究了相似的运动学计算模型，包括Wu（1985）、Bozzolo等（1988）、Pfeiffer等（1989）、Kobayashi等（1990）、Evans等（1993）、Chen等（1994）以及Chau等（1998）。张路青[19]、胡厚田[20]也推导了滚石的运动学计算模型。这些模型用于滚石和滚石防护计算的特点是：模型都是二维的，所以只将滚石运动考虑在一个坡面上，侧向运动不考虑在内；坡面都是若干段折线的连线；部分模型可以将滚石理想化为球形或椭球形等，其他模型只能将滚石简化为一个质点；部分模型可以考虑滚石和坡面碰撞时的能量损失，并且引入恢复系数的概念；部分模型可以考虑转动动能。结合在计算中使参数产生随机变化模拟滚石运动随机性的概率统计手段，是滚石计算模型研究的重要方法。Stevens等[21-23]在对滚石及防护的计算研究中都利用了概率统计的方法。目前在我国工程中滚石运动学计算研究较少，亚男[24]对长江三峡猴子岭的滚石运动进行了模型试验和运动学计算，并设计了防护工程，取得了理想的成果。用计算机辅助分析滚石的运动轨迹，首先要建立合理的计算模型。而计算模型的正确与否必须通过试验数据来评判和调整，所以要正确估算出滚石的运动轨迹，必须要坚持实践到理论再到实践的辩证方法。

现在公认的影响边坡滚石运动轨迹的主要因素有：边坡的形状（如边坡的坡度、边坡的长度），边坡坡面的地质力学性质（如坡面粗糙程度、坡面植被覆盖程度、坡面覆盖土的松软程度、坡面出露基岩的软硬），滚石自身的物理力学性质（如强度），滚石的大小及形状等[12-14, 25-27]，而这些影响因素本身就具有很大的不确定性，这就使得滚石的运动轨迹计算变得非常复杂。国外有文献用概率的方法来描述模型输入参数，对于滚石的大小、初始速度矢量这样的参数不是采用确定的值，而是给出一个概率分布的函数，用这样的手段来反映这种不确定性[13, 14]。本书没有具体研究这方面的问题，只是借助于运动学，建立了运动轨迹计算模型，提出了确定滚石运动初始速度的方法，其成果对于防治滚石灾害工程具有一定的指导意义。

8.3.2 基于运动学的计算原理

1.滚石防护结构设计控制因素

（1）滚石撞击防护结构的动能

当滚石运动至防护结构时，会与防护结构发生碰撞，根据理论力学，滚石的动能为

$$E = \frac{1}{2}mv^2 + \frac{1}{2}I\omega^2 \tag{8.7}$$

（2）滚石撞击防护结构时的撞击高度

当滚石在腾越中撞击防护结构时，撞击点距离地面会有一定的高度，这一高度决定了防护结构的设计高度。

2.运动学方法基本原理

（1）基本假设

进行运动学计算的主要假设[19, 20, 24, 25]如下：

①边坡的坡面形状是若干段折线的连线；

②滚石简化为球形，质量均匀分布；

③滚石平动时，简化为一质点；转动时，系一刚性球体，即球体本身不产生变形；

④滚石能量的损失由坡面的摩擦及坡面的塑性变形引起，用恢复系数表现碰撞引起的能量损失，忽略运动过程中其他的能量损失。

（2）计算公式

①自由落体

$$v = \sqrt{v_0^{\,2} + v_1^{\,2}} \tag{8.8}$$

$$v_1 = \sqrt{2gH} \tag{8.9}$$

式中，H为岩块坠落的垂直距离；v_0为地震引发滚石的水平初始速度；v_1为滚石下落H高度后竖直方向上的速度；v为撞击（最后）速度。

②滑动

$$v = \sqrt{v_0^{\,2} + 2gH(1 - \mu \cot\alpha)} \tag{8.10}$$

式中，α为坡角；v_0为滚石的初速度；μ为滑动摩擦系数，当v_0=0时，为静滑动摩擦系数，当$v_0>0$时，为动滑动摩擦系数。

③滚动

近似为纯滚动，计算平动速度和角速度分别为

$$v = \sqrt{v_0^{\,2} + 2(gH - fgL\cos\alpha)\frac{r^2}{r^2 + d^2}} \tag{8.11}$$

$$\omega = \frac{v}{r} \tag{8.12}$$

式中，d为球体的相当半径，可根据$I = md^2$求得，I为转动惯量；r为球体半径；f为滚动摩擦系数；H、L分别为滚石在坡面上已运动的垂直和水平距离。

④腾越

滚石的腾越可以近似地描述为物理学上的斜抛运动。当边坡简化为折线时，滚石腾越，往往会越过若干段坡面，为方便计算，设坡面方程为分段函数：

$$f(x, y) = 0 \tag{8.13}$$

如图8.9所示，滚石由位置1［坐标为$(x_0,\ y_0)$］运动至位置2，当滚石坐标为（x，y）时，其速度为

$$v = \sqrt{(v_o\cos\beta)^2 + (v_o\sin\beta + g\frac{x - x_0}{v_o\cos\beta})^2} \tag{8.14}$$

式中，x为计算点水平坐标；β为滚石运动方向与水平方向的夹角。

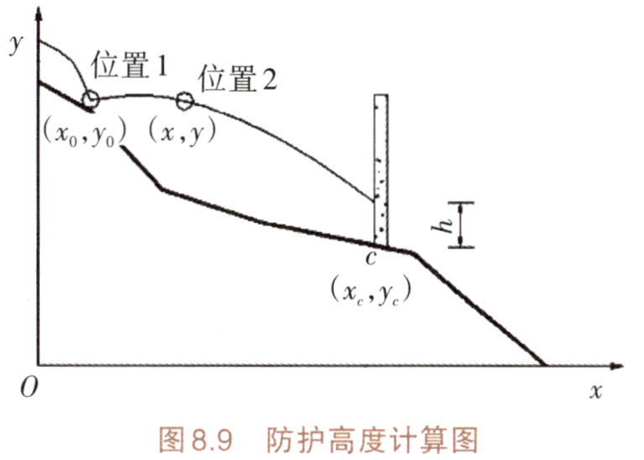

图8.9　防护高度计算图

滚石运动轨迹方程为

$$\frac{2v_{0x}{}^{2}}{g}(y-y_0)+(x-x_0)^2+\frac{2v_{ox}v_{oy}}{g}(x-x_0)=0 \tag{8.15}$$

式中，v_{0x}为初速度在x方向的分量；v_{oy}为初速度在y方向的分量。

$$h=-\frac{1}{2}g(\frac{x_c-x_0}{v_{0x}})-v_{0y}(\frac{x_c-x_0}{v_{0x}})+y_0-y_c \tag{8.16}$$

$$v_c=\sqrt{(v_0\cos\beta)^2+(v_0\sin\beta+\frac{x-x_0}{v_0\cos\beta}g)^2} \tag{8.17}$$

式中，h为滚石撞击在防护上的高度；v_c为滚石撞击在防护上时的速度。滚石撞击防护时的能量按式（8.7）计算。

⑤碰撞

定义法向恢复系数R_n和切向恢复系数R_t来体现碰撞过程中的能量损失，有

$$\left.\begin{aligned} v_{2n}&=R_n v_{1n}\\ v_{2t}&=R_t v_{1t}\end{aligned}\right\} \tag{8.18}$$

式中，v_{1n}、v_{1t}为碰撞前滚石的速度在法向和切向上的分量；v_{2n}、v_{2t}为碰撞后滚石的速度在法向和切向上的分量。碰撞之后的速度为

$$\left.\begin{aligned} v_2&=\sqrt{v^2{}_{2n}+v^2{}_{2t}}\\ \omega_2&=\omega_1 R_t\end{aligned}\right\} \tag{8.19}$$

8.3.3 关于滚石运动初速度确定的讨论

由于工程抗震的需要，强地震动参数的研究一直是重要而相当活跃的领域，而峰值地震动速度衰减又是其中一个重要方面。国际上已经进行了许多研究，以美国的研究最多。PGV一般都作为震级、距离、台基地质条件的函数，对观测资料进行线性的或非线性的回归时都要使拟合方差最小，即得到最佳拟合，以求得PGV的预测方程；但往往会出现这种现象，对一批资料（几个地震或几十个地震）拟合得好，换一批资料又拟合得不好。

特别是对于地震引发滚石灾害的防护工程，确定滚石运动初速度对于确定滚石运动的轨迹及防护措施至关重要。由于（坡地）地形地貌对速度具有放大作用，上述方法不能预测坡体，即受地形影响不能够科学合理地获得坡体的地震速度值。因此，作者提出了一个简单合理的方法以获得预测滚石运动的初速度。该方法的主要思想是：①假定引发滚石运动的初速度等于该坡体动力反应的最大速度值；②建立坡体的动力有限元模型，输入基岩加速度，获得该坡体动力反应的最大速度值。具体步骤如图8.10。

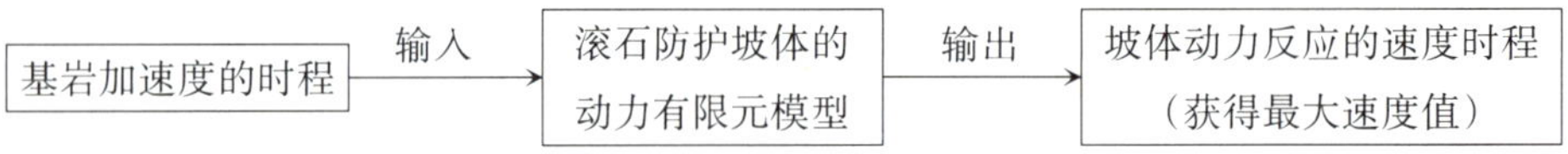

图8.10 滚石运动初速度计算流程图

由于控制边坡滚石运动主要因素的不确定性，使得对边坡滚石运动轨迹的估算十分复杂。从工程的角度，抓住问题的主要矛盾，在一定的假设基础上建立一套简单的估算滚石运动的计算公式是必要的，也是可以满足工程要求的。这些公式能否正确地估算出实际边坡滚石的真实运动轨迹，在很大程度上取决于碰撞恢复系数以及滚动摩擦系数等参数取值的可靠性。因此，在分析之前，对可能造成滚石灾害的边坡进行详细的现场调查是必不可少的。必要时应辅以一定范围内的现场试验，以掌握第一手的工程资料，这是合理选择参数、正确估算滚石运动轨迹的基础，也是进行合理、经济、有效的防护结构设计的保证。

8.4　危石（滚石）灾害的防治措施

8.4.1　危石（滚石）灾害防治方法的分类

总体而言，滚石灾害的防治方法可分为两大类：主动防护和被动防护。主动防护指在采取措施阻止潜在滚石的失稳，而被动防护则指允许滚石的发生，但避免滚石造成危害。

1.加固法

利用一种或多种手段将危岩体或个别危石变得稳定，从而避免滚石的发生。加固法的具体措施主要包括坡面固网、锚喷、嵌补、危岩拴系等。排水和控制爆破可以增加坡体的稳定性，减少裂隙的生成，从而减缓滚石的孕育。为便于论述，将排水和控制爆破也归为加固法。

（1）坡面固网

坡面固网就是将护网铺设在需要防护的坡面上，并通过锚杆和支撑绳加以固定。它利用坡面与护网之间的摩擦力以及锚杆提供的锚固力对坡面上潜在滚石进行加固，从而达到滚石防护的目的[28]。对于坡面破碎、潜在滚石尺寸较小且物源较为集中的边坡来说，坡面固网是一种比较有效的滚石防护方法。尽管近几年出现了较多的实际应用，但也不乏失败的例子。究其原因，主要是对滚石发生机理及滚石的破坏力认识不足。

（2）锚喷

当坡体在多组结构面和临空面的切割下形成块体时，具有运动可能性的块体也许会因降雨、风化、震动等触发因素的作用而失稳。此时，对具有潜在滚石灾害的边坡可以采用锚喷方法进行加固[29]。所谓锚喷，是指喷射混凝土、锚杆或锚索、钢筋网以及它们之间联合使用的统称。喷、锚、网与岩土体共同作用形成主动支护体系，可以最大限度地利用边坡岩土体的自支能力。锚喷方法不仅技术上成熟，效果好，而且还具有适应性强、施工速度快等优点。

（3）支撑或嵌补

岩性不同的岩体抗风化能力和抗侵蚀能力不同，致使软硬岩层相间的岩石边坡往往形成深浅不同的凹进。在一定条件下，凹进上方悬出的较硬岩体可能会因抗拉强度、抗剪强度的不足而失稳。如果危岩的悬空面积较大，可以在危岩下面设置支撑柱或支撑墙，必要时用锚杆或锚索将支撑物与稳定岩体连接起来。当凹进程度或危岩的悬空面积较小，则可以采用浆砌片石或用混凝土对凹进的空间进行嵌补。

（4）危岩拴系

当个别危石尺寸较大且难以清除时，可以使用钢丝绳或钢绳网等将其拴系或锚固于稳定的基岩上。钢丝绳的直径、根数以及锚入岩石的深度可以根据危石的支撑状态、下滑力、倾覆力矩等情况进行估算。

（5）排水

大量的调查和研究都已表明滚石事件多发生在5月至9月的雨季[29, 30]。对于滚石的孕育和发生来说，水是重要的影响因素。主要表现在以下几个方面：（1）地下水不仅会对潜在滚石产生动、静水压力，还会产生不利于岩体稳定的浮托力并能削弱岩体强度，有利于滚石的发生；（2）当气温降到冰点以下后，岩石孔隙或裂隙中的水在冻结成冰时以冻胀压力作用于危岩；（3）降水冲刷坡面可能改变坡面的几何形态，利于块石失稳。因此，为抑制滚石的发生，设置有效的排水系统（包括修筑排水沟、设置排水孔等）是必要的。

（6）控制爆破

边坡开挖活动（包括清理危岩、削坡等）以及采石作业时都需要对岩体进行爆破。爆破振动不仅可以使坡体内的裂隙增加，而且可以降低潜在滚石的稳定性。常规爆破后的岩面多为凹凸不平，在自然营力（如风化、剥蚀、冲刷等）的作用下易于产生潜在的滚石。为了减少爆破振动对坡体的扰动，应尽量采用光面爆破法和预裂爆破法进行开挖施工。

2.清除法

清除法是指通过清除滚石源以避免滚石发生的方法，其具体措施主要包括清除个别危岩和削坡。清除个别危岩就是采用钻孔、剥离、小型爆破等方法清除可能产生滚石的危岩体。当岩石风化严重时，可以在清除危岩后喷射混凝土。清理危岩时要仔细检查，确定是危岩时才能清理，以免愈治危岩愈多。当滚石物源区的坡体表层不够稳定时，可以考虑采用削坡的方式。削坡就是对边坡进行修整和刷理，改善其几何形状，提高其稳定性，从而避免滚石的发生。削坡的治理效果与削坡部位及地质环境密切相关，削坡之前最好进行充分的地质论证。在清除法施工作业中要避免散落的危岩到达防护区域而导致安全事故。为此，设置临时的滚石防护设施是必要的，如设置滚石缓冲地带或设置拦石网、拦石栅栏等防护设施。

3.绕避法

对于滚石发生频繁的恶劣地段，采取绕避的方式也许是必要的。在非常危险的情况下，也可以隧道的形式将工程移进山里。对于线路工程而言，绕避即指改线。对于其他工程而言，绕避则指搬迁建筑物，使其移至滚石影响范围之外。对于未建工程，为避免滚石灾害，绕避法不失为一种经济合理的方法，但在工程应用中也有限制。例如，随着高等级公路的大力发展，对线路平直度的高要求有时会限制绕避法的应用。对于在建或正在运营的工程，如果为避免滚石灾害而采取绕避法，则不可避免要造成浪费。所以在工程选址或选线时，一定要进行系统分析并具有长远眼光。

4.拦截法

如果滚石的物源区范围较大，潜在滚石数量较多或者斜坡条件复杂甚至无法接近时，在中途对滚石进行拦截也许是一种有效的防护措施。但前提是要对滚石的运动路径、弹跳高度、运移距离、速度、散落范围等运动特征有足够的认识[29]，因为这些参数及数据是滚石防护设施的选址和结构设计的依据。滚石的拦截措施主要包括截石沟、拦石网、挡石墙、拦石栅栏、明洞或防滚石棚等。

（1）截石沟

当滚石的物源区与防护区域之间的坡面上有平台或缓坡时，可以在平台或缓坡的合适位置开挖截石沟来拦截滚石。坡面或坡脚处沿边坡走向方向的自然沟稍加修改也可用于滚石的拦截。为防止高速运动的滚石从截石沟内弹跳至防护区域而造成滚石灾害，可在截石沟内设置一些缓冲材料，如碎石、碎屑、土等。另外，还可以在截石沟的外侧增设挡石墙、拦网、栅栏等，以增加其拦截能力。需要注意的是，开挖截石沟有时会对坡体的稳定性带来不利影响。

（2）拦石网

拦石网能够通过自身的位移、变形、振动等方式有效地消散滚石冲击该系统时所携带的能量。目前应用较为广泛的拦石网主要由金属网片、支撑网片用的钢绳和钢柱，将钢柱和坡体连接在一起的铰支，连接钢柱上端和上方坡体的拉锚绳，必要时在拉锚绳上设置的缓冲器件等组成[29, 28]。根据支撑方式的不同，可将拦石网分为立柱式拦网和支杆式拦网。对于坡角不大的边坡，可以将拦石网设置为立柱式。当陡坡近乎直立且防护区域较狭窄时（比如呈线状延伸的道路），可以支杆式方式在陡崖上设置拦石网。对于滚石运动路径较为明确的沟谷地段，可以将拦石网的钢丝网片悬挂于水平钢绳上，同时将钢绳两端锚固在沟谷两侧的稳定基岩上以拦截石。

（3）挡石墙

挡石墙具有拦截滚石和堆存滚石的作用。挡石墙可以截获直径达1.5～2m以滑动或滚动方式运动的滚石，同时还可以存储一定数量的滚石，减少其清理次数。为了最大限度地发挥挡石墙拦截滚石的作用以及便于施工和运输，挡石墙一般修建于坡脚靠近防护区域处。可用于拦截滚石的挡石墙有多种，如钢筋混凝土挡墙、石笼挡墙、浆砌石挡墙等。石笼挡墙价格便宜且具有一定的柔性，在山区地带有较广泛的应用，但整体强度较低且金属丝易于锈蚀是其主要缺点。为此，秋仁东等发展了一种柔性防护结构体系，并申请了相应的发明专利[31]。

（4）拦石栅栏

拦石栅栏因具有设计简单、施工方便等优点而成为我国铁路系统防护滚石的主要手段之一。拦石栅栏一般由浆砌片石或混凝土做基础，用木材或钢材（如废旧钢轨、型钢等）做立柱和横杆。按其材料不同，拦石栅栏可分为金属栅栏（如钢轨栅栏）和木栅栏。钢轨栅栏克服了挡石墙圬工量大、工程费用高的缺点。由于钢轨栅栏是一种刚性结构，冲击能量较大的滚石有时能将栅栏击穿。由于取材方便等原因，原木栅栏在山区应用较多。然而，原木栅栏的强度较低且容易腐烂，致使其很难达到长期有效的防护要求。另外，大量使用原木也与环保法规相悖，不提倡使用。

（5）明洞或防滚石棚

在滚石经常出现的地段，有效的遮挡建筑物之一就是明洞。按照结构形式的不同，明洞可分为拱形明洞、板式棚洞和悬壁式棚洞等三种常见形式[20]。三种形式的明洞都利用了坡体或山体作为靠山墙或以之为支撑。拱形明洞的两边墙共同承受分别由拱顶和坡体方向传来的垂直压力和水平推力，而板式棚洞主要由内边墙承受上述荷载。悬壁式棚洞由于场地的限制而只有内侧边墙。当无法借助于坡体作为承重墙时，可以构筑独立于坡体的防滚石棚，这也是将防滚石棚区别于明洞的原因之一。在很多困难的山区地段，经常会见到一些利用原木搭建而成的防滚石棚，但大量使用原木与环保法规相悖。

5.疏导法

对于滚石物源集中且滚石发生频率较高的边坡，在适当条件下可以采用疏导法。疏导法主要采取特定的工程措施（如疏导槽、疏导沟等）来限制滚石的运动范围或运行轨迹，将滚石疏导至安全区域。

6.警示与监测法[29]

对于边坡岩体比较破碎、地形地貌条件复杂以及气候条件比较恶劣的线路工程来说，必要时可以利用警示法与监测法防治滚石灾害。所谓警示法，是指当滚石到达线路附近时利用警示或声音信号的方式警告车辆和有关人员，以避免滚石灾害的发生。滚石防护的警示法主要包括巡视、警告牌警示、电栅栏、滚石运动监测计、TV监视、雷达和激光监测系统等。对于体积较大且难以清除或加固的危岩体，还可以使用一些经济简便的仪器进行位移或应力进行测量。利用各个阶段的监测结果对危岩体失稳或破坏的可能性进行判断，并给管理部门足够的时间采取措施。在很多情况下，很难将警示与监测完全分开来，这也是将相应的滚石防护对策称为警示与监测法的主要原因。根据监测工作的能动性，可将滚石监测方法主要分为滚石发生后的被动式监测及对潜在滚石进行的主动式监测。被动式滚石监测有报警监测和记录监测，而主动式滚石监测主要包括变形监测和应力监测。由于潜在滚石区所处的气候、水文、地震活动、人类活动等环境对滚石事件的规模、强度、发生频率等都有一定的影响，所以可将对滚石事件成灾环境的监测作为滚石监测的辅助方式。

总体而言，危石（滚石）灾害防治方法要因地制宜，尤其对于石窟岩体而言，必须以不危及文物安全为根本前提，而且多数情况下还要多种措施并用。如库木吐喇千佛洞危岩体十分突出，辽宁有色勘察研究院2002年曾对库木吐喇千佛洞进行过工程地质勘察[32]，对该石窟的危岩体特征进行了研究（见表8-3），其加固防治措施种类多，施工难度很大。

表 8-3 库木吐喇石窟危岩体特征及加固防治措施一览表

危岩体名称	位置	破坏方式	破坏后果	稳定性	加固防治措施
五连洞危岩体	五连洞下部	坍塌	五连洞塌毁	极不稳定	在危岩体上采用预应力锚杆，以增强危岩体抵抗水平破坏的能力，并预防卸荷裂隙的进一步发展、扩大。对底部悬空部分，采用水砂充填，并高出地面2.0m，以增加底部的顶托力和镇压力，防止其下坠、塌落
64窟危岩体	64窟外侧顶部	滑移	威胁行人安全	极不稳定	对63窟外侧上部的孤立危岩体，建议采用预应力锚杆进行加固、保护，以防止卸荷裂隙的进一步发展、扩大，同时也可以预防横断裂隙的产生。对64窟外侧上部具有滑移破坏特征的危岩体，采用预应力锚杆。同时，进行裂隙灌浆，以增大已开裂隙的黏聚力，阻止其下滑，或采用人工清除部分危险岩块，进行减重防护
61窟危岩体	61窟外侧顶部	坍塌	61窟顶部坍塌	极不稳定	采用预应力锚杆进行防护，防止卸荷裂隙的进一步发展，并采用裂隙灌浆，增大卸荷裂隙的黏聚力，防止地表雨水的侵入。对已有的人工毛石混凝土纵、横砌体，进行重新修复，以充分发挥支撑防护作用
新1、新2窟危岩体	新1、新2窟顶及甬道顶	脱落	新1、新2冒顶	不稳定	新1、新2窟的主要危险是穹隆顶的脱落和前部甬道顶的塌落危险。对穹隆顶的脱落，处理时可首先进行穹隆顶的脱落防护，如采用衬垫顶托防护措施等。然后对地藏层与岩体之间的结合面进行黏结加固。对前面的甬道顶进行支撑，采用轻体材料充填，使顶的悬空部分填实，确实起到支撑、顶托的作用，对上部的顶应进行防水处理，并将后面上部的立壁岩体人工削减成台阶状安全坡面，防止其整体倾倒后对甬道顶的冲击破坏
围堰外危岩体	5号窟顶部	倾倒	威胁行人安全	欠稳定	5号窟上部危岩体的危险性受中部风化凹槽发展的控制，随着中部风化凹槽的发展，危险性不断增大，应对风化凹槽地段进行表面防风化处理，或采用块石砌筑或采用锚喷防护。2号窟上部的危岩块，由于体积小，可采取人工清除，以消除其危险
22窟危险区	21～24窟下部	风化剥落、坍塌	21～24窟塌毁	欠稳定	危险性受岩质较软及窟内卸荷裂隙的控制，可采用锚杆加固裂隙的同时，采用敦煌研究院研制的PS材料进行表面防风化的防护

8.4.2　防治方法选择时需要注意的一些因素

滚石的防治方法众多，每种方法都有其适用条件。合理的防治方法不仅可以有效地防治滚石灾害，还可以节省工程投资。在具体的防护工程设计中要综合考虑场地条件、滚石特征、防护工程的重要性等来选择合适的方法和措施。

1.场地条件

影响滚石灾害防治方法选择的场地条件主要包括运输条件、边坡（或陡崖）的地形条件、现场施工条件等。如果滚石的物源区可以接近，施工条件方便，并且潜在的滚石比较明确，可以考虑采用清除法或加固法进行滚石灾害防治。当坡面较破碎，局部坡体或个别危岩有失稳的可能时，可以考虑利用加固法（包括坡面固网、锚喷、支撑或嵌补、拴系等方法）。如果潜在滚石的分布范围和体积都不太大，并且在削坡、清除危岩过程中不会对防护区产生危害，则可考虑采用清除法。如果无法接近滚石物源区时，则可考虑采用拦截法（包括截石沟、拦石网、挡石墙、拦石栅栏、棚洞或明洞等方法）、疏导法（包括疏导槽、疏导沟等）、警示与监测法等被动防护方法进行滚石灾害防治，甚至考虑采用改线、以隧洞方式通过滚石危害区、搬迁建筑物等绕避方式。

2.滚石特征

此处所指的滚石特征主要包括物源区潜在滚石的体积、数量、失稳后在运移过程中携带的能量等参数。如果潜在滚石的特征比较明确，并且相应的体积、数量在可控范围内，则可以考虑采用锚固、支撑或嵌补、危岩拴系、清除等方法来防止危岩的失稳。如果危岩的数量较多，但是体积不大且分布范围较小，为防治滚石灾害，则可以考虑喷射混凝土或者采用坡面固网法。如果滚石的物源区范围较大，并且潜在滚石的失稳具有一定的随机性，则可以考虑对滚石进行中途拦截。此时，设计者需要对滚石的运动路径和运动学特征有足够的了解。当运行中滚石携带的能量较大时，可以考虑消能效果较好的拦石网、棚洞或明洞等防治方法，同时也可考虑与截石沟、挡石墙、拦石栅栏等方法联合使用。如果块石体积较大、数量较多且分布较分散，当其他防治方法的效果不理想时，可以考虑采用绕避法。

3.滚石灾害的风险与防护工程的等级

当滚石发生造成的危害或损失很小时，相应的风险水平有时是可以接受的。例如，对于尚未开发的石窟，滚石发生所造成的危害很小，其风险水平极低。此时，可以采用等级较低的防护工程。对于人类活动频繁、游人众多的石窟风景区，一旦有滚石事件发生，其损失是无法估量的（相应的风险水平很高）。此时，除了进行系统而深入的调查和研究之外，还需要考虑使用综合防治手段（即多种防治方法的联合使用）来提高滚石灾害防护工程的等级。

综上所述，滚石灾害的防治方法可分为主动防护和被动防护两大类，具体方法有着各自的应用范围和适用条件。只有在系统而深入了解的情况下，才有可能确定出经济而有效的滚石灾害防治方法。在筛选滚石灾害防治方法的过程中，需要综合考虑场地条件、滚石特征、滚石灾害的风险、防护工程的等级等诸多因素。

参考文献

[1] 李文军，王逢睿.中国石窟岩体病害治理技术［M］.兰州：兰州大学出版社，2005.

[2] 赵旭，刘汉东.水电站高边坡滚石防护计算研究［J］.岩石力学与工程学报，2005，24(20)：3742-3748.

[3] 吴新燕.城市地震灾害风险分析与应急准备能力评价体系的研究［D］.北京：地震局地球物理研究所，2006.

［4］程良奎.岩土锚固［M］.北京：中国建筑工业出版社，2003.

［5］李海波，蒋会军，赵坚，等.动荷载作用下岩体工程安全的几个问题［J］.岩石力学与工程学报，2003，22（1）：1887-1891.

［6］Sharma S, Judd W R. Underground opening damage from earthquake［J］.Engineering of Geology, 1991, 30: 263-276.

［7］王芝银，杨志法，王思敬.岩石力学位移反演分析回顾及进展［J］.力学进展，1998，28（4）：488-498.

［8］白世伟，林鲁生，徐邦树.凤岗隧洞三维非线性仿真模拟［J］.岩土力学，2002，23（6）：673-677.

［9］陈卫忠，朱维申，王宝林，等.解理岩体中洞室围岩大变形数值模拟及模型试验研究［J］.岩石力学与工程学报，1998，17（3）：223-229.

［10］Itasca Consulting Group Inc. Universal distinct element code (version 3.1) user's manual［R］. Minneapolis, USA: Itasca Consulting Group Inc, 1999.

［11］杨志法，张路青，尚彦军.两个值得关注的工程地质力学问题［J］.工程地质学报，2002，10（1）：10-14.

［12］Chau K T, Wong R H C, Wu J J. Coefficient of restitution and rotational motions of rockfall impacts［J］. International Journal of Rock Mechan-ics and Mining Science, 2002, 39: 69-77.

［13］Guzzetti F, Crosta G, Detti R, et al. STONE: a computer program for the three dimensional simulation of rock-falls［J］.Computers & Geo-sciences, 2002, 28: 1079-1093.

［14］Azzoni A, La Barbera G, Zaninetti A. Analysis and prediction of rockfalls using a mathematical model［J］. International Journal of Rock Me-chanics and Mining Science Abstract, 1995, 32(7): 709-724.

［15］Ritchie A M. Evaluation of rockfall and its control［J］.Highway Research Record, 1963, 17: 13-28.

［16］Kirkby M J, Statham I. Surface stone movement and scree formation［J］.Journal of Geology, 1975, 83: 349 - 362.

［17］Keylock C K, Domaas U. Evaluation of topographic models of rockfall travel distance for use in hazard applications［J］.Arctic, Antarctic, and Alpine Research, 1999, 31(3): 312-320.

［18］Dorren L K A.A review of rockfall mechanics and modeling approaches［J］.Progress in Physical Geography, 2003, 27(1): 69-87.

［19］曾廉.崩塌与防治［M］.成都：西南交通大学出版社，1990.

［20］吕庆，孙红月，翟三扣，等.边坡滚石运动的计算模型［J］.自然灾害学报，2003，12（2）：79-84.

［21］Stevens W D.Rocfall: a tool for probabilistic analysis, design of remedial measures and prediction of rockfalls［M.S.Thesis］［D］.Ontario, Canada: University of Toronto, 1998.

［22］Gascuel J D, Gani-Gascule M P, Desbrun M, et al. Simulation landslides for natural disaster prevention［C］//Arnaldi B, Hegron Ged. Proceedings of the Eurographics Workshop.Lisbon: Springer Verlag, 1998: 1-12.

［23］Spang R M.Rock fall simulation — a state of the art tool for risk assessment and dimensioning of rockfall barriers［C］//Conference of Landslides. Davos:［s.n.］, 2001: 607-613.

［24］亚南.斜坡崩塌落石的运动学分析与防护［D］.成都：成都理工学院，1996.

［25］Chau K T, Wong R H C, Liu J. Shape effects on the coefficient of restitution during rockfall impacts［C］//Ninth International congress on Rock Mechanics. Paris: ISRM Congress, 1999: 541-544.

［26］Bozzolo D, Pamini R. Simulation of rockfalls down a valleyside［J］. Acta Mech, 1986, 63: 113-130.

[27] Day R W. Case studies of rockfall in soft versus hard rock [J]. Environmental and Engineering Geoscience, 1997, 3(1): 133-140.

[28] 陈进良，覃和尧，韦永栢. SNS柔性防护系统技术在斜坡上的应用 [J]. 广西城镇建设，2000 (7)：41-43.

[29] 张路青. 滚石机理及滚石灾害评价研究 [D]. 北京：中国科学院地质与地球物理研究所，2003.

[30] 胡厚田. 崩塌与落石 [M]. 北京：中国铁道出版社，1989.

[31] 秋仁东. 用于滚石柔性防护系统的簧胶式二级受力缓冲器：中国，200720032748 [P]. 2008-06-18.

[32] 高洪，方云，王金华，等. 岩体锚固及安全保护试验研究——库木吐喇千佛洞为例 [J]. 安全与环境工程，2005 (2)：86-88.

第九章 锚索加固石窟边坡的一种设计方法的探讨

9.1 引 言

石窟大都开凿于陡壁上，历经上千年的历史，由于构造、长期风化卸荷、雨水冲刷以及人类工程开挖的影响，洞窟崖体形成了大量的裂隙，构成了岩体结构面，这些结构面的相互组合，控制着岩体的稳定性。石窟边坡崖体由于软弱结构面的存在，其破坏形式主要是滑动和崩落。锚索加固技术是近年来发展起来的一门比较成熟的边坡加固技术，近几十年来，锚固技术以其独特的效应、简便的工艺、广泛的用途和经济的造价，在岩土加固领域中显示出越来越旺盛的生命力，几乎已触及土木建筑领域的各个角落。在水利水电工程方面的应用有加固大坝，地下工程方面有大跨度地下洞室支护，隧道工程方面有输水隧洞和交通隧洞加固，岩土工程方面有增加岩土边坡稳定性，深基坑支挡工程和竖井工程等。在加固滑坡及高边坡工程中，与传统的加固技术相比锚索加固具有不改变原貌的优点，而且施工安全，工期短，方便经济，实用。充分利用具有较大刚度和强度材料的力学特性来加强或加固软弱破碎的岩体和土体，与此同时发挥岩土体的自稳能力，最终达到工程结构和岩体工程结构物稳定的目的。这是岩土锚固技术的本质所在（上述力学机理认识是在20世纪中叶开始的）。

以安西榆林窟为例，从以下两方面进行研究：首先是榆林窟锚索加固稳定性研究的需要；其次从边坡锚索加固的角度看，对于像榆林窟这类边坡加固工程，如何取得岩体的抗剪强度。通过探讨，以便获得一种新的锚索加固设计方法。

9.2 一种锚索设计方法的探讨

9.2.1 榆林窟现存的岩土工程问题

由于自然因素的作用，榆林窟崖体有裂隙发育、崖面风化、冲沟发育、窟顶降水入渗等岩土工程问题[1-2]。

裂隙发育由于NNW向构造作用，榆林河下切、重力卸荷作用及开凿洞窟后应力的重分布等的影响，在榆林窟所在的岩体上产生了两组裂隙：第一组的走向为N25°W左右，与崖面及榆林河的走向一致，贯通性好，下延深度大，极接近崖脚。裂隙呈现“V”形，最大宽度为0.5m，东崖该裂隙穿过全部上层洞窟，局部地段延伸到下层洞窟，西崖该裂隙贯穿了第31～36窟。该组裂隙是岩体倾倒、崩塌破坏的主要依附面。第二组裂隙走向为N 65°E，与第一组裂隙近直交，垂直于崖面，是岩体分段破坏的侧界，崖顶斜坡和崖面上的大冲沟均是沿该组裂隙发育起来的。由于当地多风，再加上特殊的地层条件，石窟崖体面临进一步遭受风化的危险。窟顶变薄，危石掉落均威胁文物和游人的安全。第二工程地质岩组风化层厚度为5～10cm，第三工程地质岩组风化更严重，部分漂砾及卵石因风蚀掏空而成危石。选取的实地模型如图9.1所示。

图9.1 选取滑动块体的形状和裂隙的位置

9.2.2 危险石窟边坡的加固和稳定性分析

石窟边坡存在着雨水冲刷的裂隙，它的两旁还有具有重要文物价值的洞A和洞B，在地震力作用和裂隙本身存在软弱结构面的情况，该石窟边坡具有很大的危险性[3]。该边坡块体如图9.1所示，该边坡块体大概高14m，上部宽10m，下部宽4m，横向厚度为6m。

1. 极限平衡分析

为了保持石窟边坡在地震作用下的稳定性，在地震力、重力本身、外加荷载和水压力的作用下（如图9.2）它们沿着x'轴和y'轴的分项力为：

$$\sum Fx'=Q\sin\delta+W\sin-W_e\cos\delta+T\cos\theta-P_{左}\sin\beta+P_{右}\cos\gamma-P_{下}\sin\delta \tag{9.1}$$

$$\sum Fy'=Q\cos\delta+W\cos\delta+W_e\sin\delta-T\sin\theta-P_{左}\cos\beta+P_{右}\sin\gamma-P_{下}\cos\delta \tag{9.2}$$

式中，Q为外加荷载（606kN/m）（考虑到雨雪荷载和将来可能在不稳定块体侧面修建栈道和行人的荷载）；W为不稳定块体的重量（kN/m）；W_e为产生地震力大小（kN/m）；T是锚固力的大小（kN/m）；S_{ABCDE}（块体截面的面积）=54.5044m^2；γ_{rock}（密度）=23.03kg/m^3；各个角度分别为：δ=5°，β=38°，θ=10°，γ=4°；$P_{左}$、$P_{下}$、$P_{右}$分别为在不同位置产生的水平压强的大小。

安全系数的表达式如式（9.3）[4]：

$$F=\frac{c\times L(AC)+\sum F_{X'}\tan\Phi}{\sum F_{Y'}} \tag{9.3}$$

式中，C为内聚力；Φ为内摩擦角。

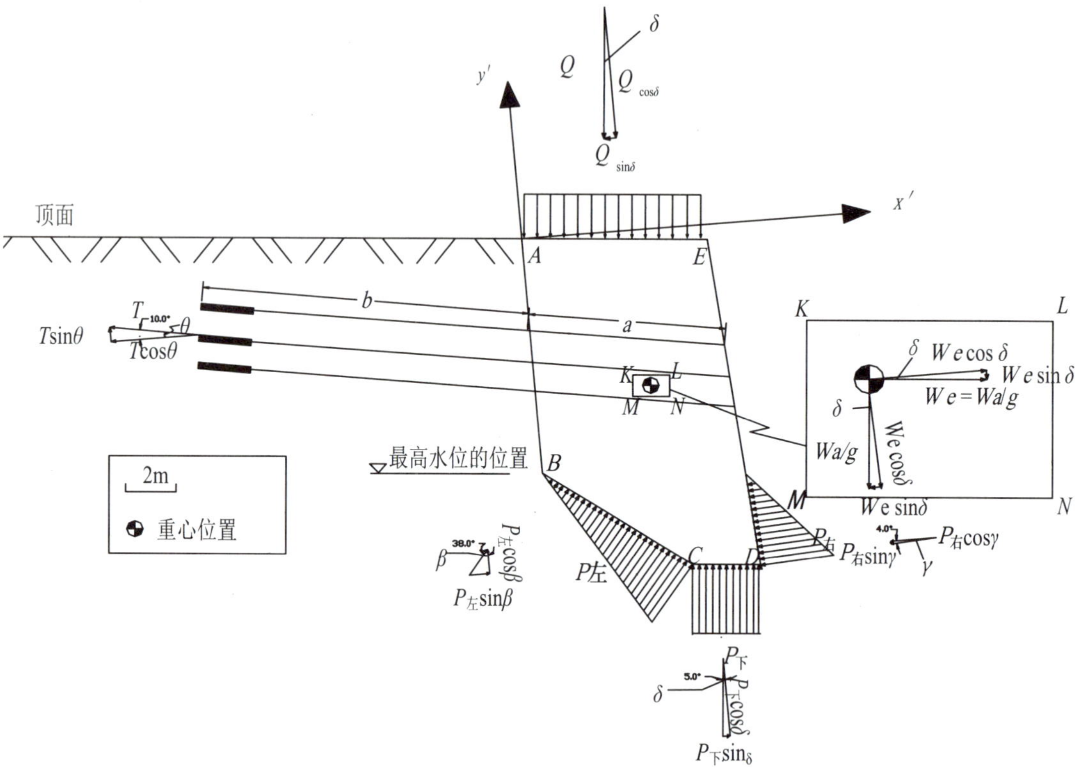

图9.2　各项力分别沿 x′ 轴和沿 y′ 轴的分解示意图

2.抗剪强度的反分析

土的抗剪强度是土的物理力学性中最复杂的特性，它是土在某种状态下的产物，不是土性质的常数指标，其变化范围很大，有许多因素对其有影响，可是现有技术水平难以准确地计算出符合实际的真实强度，滑坡体的软弱结构面的抗剪强度是滑坡稳定性分析和防治工程设计中十分重要而又难于确定的参数之一，其取值方法大致有三类[5-9]：一是根据现场及室内试验资料，结合结构面的地质条件和物理特征选取；二是根据软弱结构面强度参数和物理性质的经验关系进行估算；三是假定滑坡体的状态，利用极限平衡法进行抗剪强度反演。文中采用极限平衡反分析方法确定（C，Φ）值。

假设不稳定块体目前处于极限平衡状态（F=1），没有地震力的作用、没有锚固力的作用情况下，我们可以将 F 表示成 C 和 Φ 的函数，如图9.3描述：

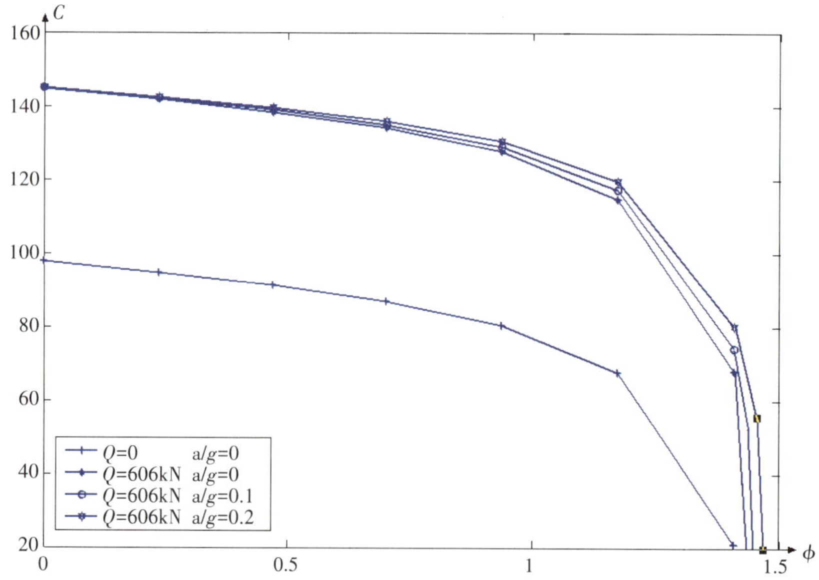

图9.3　在 F=1的情况下内聚力 C 和内摩擦角 Φ 在不同的外荷载 Q 下和不同预判水平地震加速度 a 下的关系曲线

正如图9.3所描述的，在没有地震和未加锚固力的情况下，滑动块体位于极限平衡状态（Q=606kN/m，a=0），我们假定沿裂隙Φ的取值范围在40°到50°之间，分别取三对内摩擦角和内聚力，他们分别是（Φ=40°，C=134.22kPa）、（Φ=45°，C=132.20kPa）、（Φ=50°，C=129.75kPa）。

图9.4（Q=606kN，a=0）和图9.5（Q=606kN，a=0.4g）描述了在不同水位条件三对内聚力和内擦角确定稳定系数F的关系曲线。经过图9.4和图9.5的对比我们可以知道在Q=606kN、a=0的情况下，水位位于C点和C点以下的情况下，稳定安全系数F=1。当（Φ=40°，C=134.22kPa）、（Φ=45°，C=132.20kPa）、（Φ=50°，C=129.75kPa）时，稳定安全系数F几乎同时等于1。在这里我们可以取摩擦角的平均值Φ=45°，与其对应的内聚力为132.2kPa，在此称为平均抗剪强度参数。即ABC段的（Φ，C）的反演值为（Φ=45°，C=132.2kPa）。

表9-1　a=0时不同水位计算的安全系数F值

水位 \ （ϕ,C）	ϕ=40° C=134.22kPa	ϕ=45° C=132.20kPa	ϕ=50° C=129.75kPa
C点以下	1.000	1.000	1.000
B点	1.033	1.032	1.031

表9-2　a=0.4时不同水位计算的安全系数F值

水位 \ （ϕ,C）	ϕ=40° C=134.22kPa	ϕ=45° C=132.20kPa	ϕ=50° C=129.75kPa
C点以下	0.755	0.714	0.663
B点	0.778	0.735	0.681

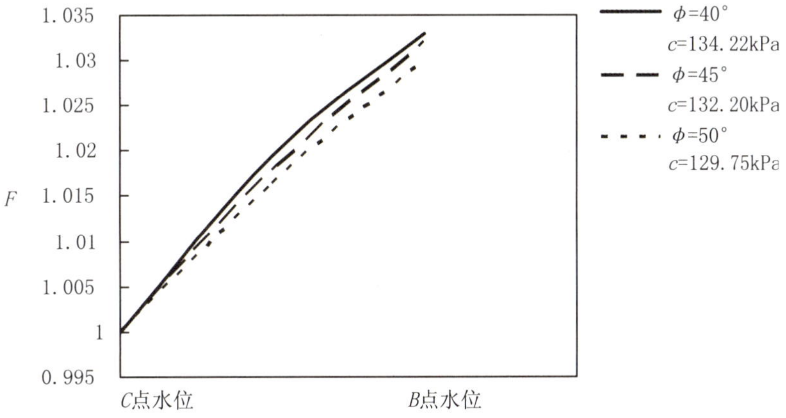

图9.4　安全系数和水位之间在三对不同的抗剪强度参数（C，Φ）下的关系曲线（Q=606kN，a=0，T=0）

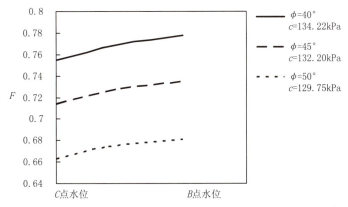

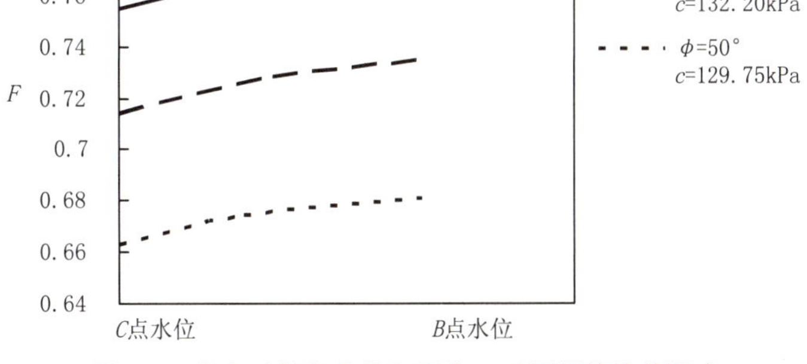

图9.5　安全系数和水位之间在三对不同的抗剪强度参数（C，Φ）下的关系曲线（Q=606kN，a=0.4g，T=0）

3.锚固角度（θ）的选取和分析

在这里我们把块体的稳定看成是与水位、水平地面加速度 a、锚固力 T 和锚索锚固倾角 θ（锚索按顺时针方向与 X 轴方向的夹角）相关的函数；我们只取两种情况的水位，即：在 B 点的情况和 C 点的情况；选取四种不同的水平地震加速度的情况，假定它们是0、0.1、0.2、0.3和0.4（正如前面所提到的，该区域位于Ⅶ度地震烈度区，最大水平地震加速度为0.3g，我们为了保守起见，最大的水平地震加速度提高0.1g，为0.4g。）；由于洞窟限制的原因，锚索打入的为上仰角。选取了四种不同的锚固角（θ）：5°、10°、30°和45°（顺时针方向与 X 轴的夹角）。这些锚固方向与水平方向顺时针方向的夹角分别为0°、5°、25°和40°。Wyllie给出了锚固角的计算如式（9.4）[10]：

$$\Psi_{Topt}=180°-\Psi_f+\Phi \tag{9.4}$$

这里 Ψ_f 是不稳定块体的倾角（85°），Φ 是滑裂面的内摩擦角。Ψ_{Topt} 从公式中可以算得到，为140°，即按逆时针方向与水平方向的夹角；按顺时针方向与水平方向的夹角为40°，即 θ=45°（按顺时针方向与 X 轴的夹角）。

9.2.3 讨论

图9.6给出了稳定安全系数 F 关于水位和水平地震加速度（a）的函数曲线（T=0）。从曲线图中可以看出，随着水位的升高，稳定安全系数 F 是增大的，随着水平地震加速度的增加，稳定安全系数 F 是减小的。

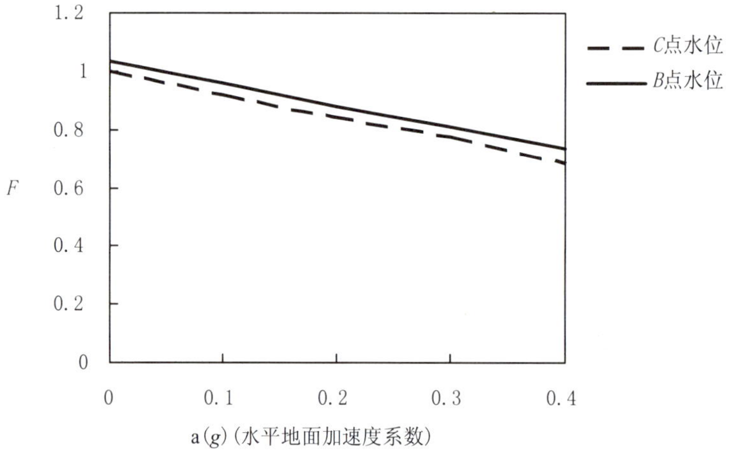

图9.6 稳定安全系数 F 关于水位和水平地震加速度 a 的函数曲线（Q=606kN，T=0）

图9.7给出了锚固力关于锚固倾角（θ）和水位的函数曲线。（图9.6中稳定系数 F 为1.2，水平地面加速度为0.4g。）锚固力随着锚固角的增加而减小，随着水位的升高而减小。最小的锚固力的计算大小为548.18kN（θ=45°，水位在 B 点）。依据H.AkgÜn文中所述，锚索锚固段的长度要求是自由段长度的2倍，即 b=2a（如图9.2所示），这就要求锚固倾角 θ 是有选择的，如果锚固倾角 θ 过大，就会导致锚固端上覆盖岩层过薄，甚至有可能锚固端外露上面覆盖的岩层。最后我们选择锚固倾角 θ=10°。自由段长度为 a=5.6m，锚固端的长度为 b=11.2m。最大的锚固力为774kN/m（F = 1.2，θ=10°，C 点水位或 C 点以下水位的情况）。则在4m宽的不稳定滑裂块体所需要的锚固力的大小为3096kN。

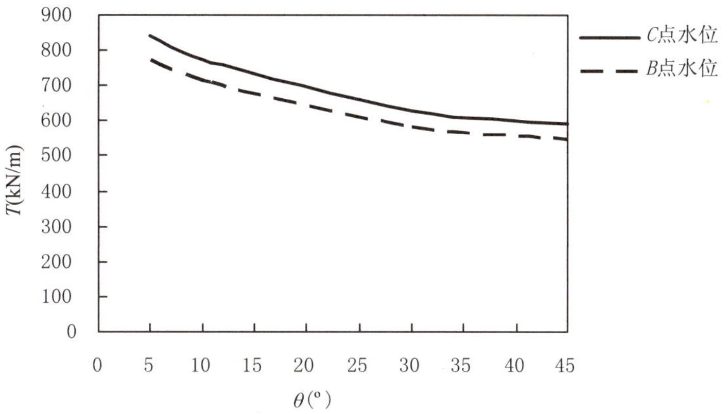

图9.7　锚固力（T）关于锚固倾角（θ）和水位的函数曲线（a=0.4g，Q=606kN，F=1.2）

图9.8给出了稳定系数F在T=774kN/m，θ=10°，C=132.20kPa，Φ=45°，a=0.4g时关于水位和水平地面加速度a的函数曲线。从图中可以看出，稳定系数F随着加速度的增大而减小，随着水位的升高而增大，正如前面所计算的结果，当a=0.4g，水位位于C点和C点以下情况时，安全系数为1.2是满足要求的。

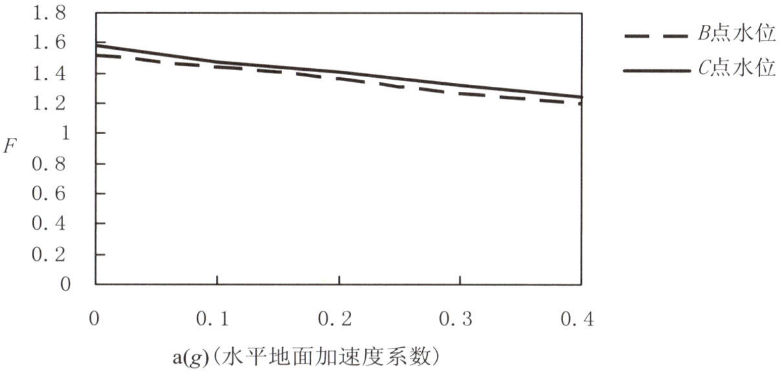

图9.8　稳定系数F关于水位和水平地面加速度a的函数曲线
（T=774kN/m，θ=10°，C=132.20kPa，Φ=45°，a=0.4g）

9.2.4　小结

（1）利用反分析法来确定岩体裂隙的抗剪强度（C，Φ）值来进行石窟边坡的锚索加固设计是很有理论和实际应用价值的，因为它提供了一种在不确定抗剪强度（C，Φ）值的情况下来进行锚索加固石窟边坡的方法。

（2）提出了一种确定（C，Φ）值方法，即在无法进行试验确定岩体抗剪强度（C，Φ）值的情况下来求得（C，Φ）值。该方法具有重要的实用价值。

（3）虽然通过反演来确定岩体裂隙抗剪强度（C，Φ）值是很有意义的，并且已经做出了某些有价值的理论，但本文通过反演（C，Φ）值来设计锚索加固石窟边坡毕竟还属首次，所以有待进一步的讨论。

参考文献

［1］王旭东，李最雄.安西榆林窟的岩土工程问题及防治对策［J］.敦煌研究，2000，1：123-131.

［2］郭青林，薛平，侯文芳，等.安西榆林窟环境特征［J］.敦煌研究，2002，4：102-109.

［3］彭金彰，王建军.敦煌莫高窟北区石窟［M］.北京：文物出版社，2000.

［4］刘丰收.实用岩石工程技术［M］.郑州：黄河水利出版社，2002.

［5］高谦，赵静波，吴学民.预应力锚索加固边坡应用及稳定性分析［J］.矿业工程，2004，2（3）：9-12.

［6］孙钧.中国岩土工程锚固技术的应用与发展［M］.北京：中国建筑工业出版社，1996.

［7］周平根.滑带土强度参数的估算方法［J］.水文地质工程地质，1998，6：30-32.

［8］杨志法，李丽慧，张路青，等.关于龙游石窟4号洞4—2号岩柱长期抗剪强度反分析问题的讨论［J］.工程地质学报，2005，13（1）：62-67.

［9］杨志法，王思敬，冯紫良，等.岩土工程反分析的原理及方法［M］.北京：地震出版社，2002.

［10］Wyllie D C. Foundations on rock[M]. 2nd ed. London：E&FN Spon，1999:401.

第十章　石窟振动安全度安全阈值研究

10.1　敦煌莫高窟环境振动观测分析

爆破振动，火车、飞机等交通工具以及其他各种人类活动所导致的环境振动，对石窟这类文物的安全可能会产生严重的影响，振动防护问题乃是文物保护研究中的重要课题之一。而石窟区环境振动安全控制阈值的确定对于石窟防护非常重要。

目前国内外大多数采用质点速度参量作为环境振动公害控制标准的判据，所建立的控制标准不仅与质点速度量值有关，而且与频率有关，与岩土介质特性有关。

10.1.1　环境振动观测

为了反映窟区各种环境振动的影响，对旅游旺季窟区范围内的游人、汽车运行、飞机起落以及机械作业引起的振动，为控制莫高窟环境振动制定有关措施提供实测数据。

1. 游人参观时窟内地振动测试结果

为了确定游人参观时窟内产生的地振动，分别在4处进行了9次测量，结果见表10-1。表中MAX为最大值范围和平均值，RMS为均方根值的范围和平均值。洞窟内地振动频率范围在40Hz以下。游人参观时影响窟内地振动的因素很多，随机性也很大，它与洞窟的空间大小有关，与游人的走动轻重有关，总的趋势是随游人人数的增加，地振动峰值也增加。

表10-1　游人参观时窟内地振动统计结果

人数	量值	MAX(μm/s)			RMS(μm/s)			频率(Hz)
		垂直	东西	南北	垂直	东西	南北	
10～20	峰值 平均	12.71 7.988	10.23 7.72	10.30 9.013	4.319 2.35	3.407 2.362	3.24 2.66	10.7,12.8 18.7,21.5
20～30	峰值 平均	13.90 13.44	16.25 16.10	14.66 12.13	4.383 4.382	5.021 4.985	4.555 3.328	7.5,9.7 16.3
30～40	峰值 平均	21.296 20.52	21.42 18.12	21.70 21.70	6.270 5.68	7.568 6.917	6.694 6.675	7.4,8.5 11.8,28
40～50	峰值 平均	29.85 24.83	24.3 20.56	26.3 25.0	11.07 8.63	7.55 7.02	7.56 7.54	14.0 25.3
60～80	峰值 平均	55.80 47.65	42.9 42.40	41.9 41.5	18.42 12.97	14.43 12.58	14.19 11.38	14.0 39.0
130#窟底层 无游人		7.330 7.761	1.982 2.621	3.408 3.196	1.768 1.870	0.543 0.774	0.761 1.054	9.9,12.03 21.7

续表 10-1

人数	量值	MAX(μm/s)			RMS(μm/s)			频率(Hz)
		垂直	东西	南北	垂直	东西	南北	
34#窟不开放		2.611 5.710	2.098 6.294	2.678 6.589	0.831 1.822	0.477 2.060	0.922 2.099	7.40,26.3 33.8
96#窟三层不开放		3.492	5.924	3.914	1.187	1.898	1.049	13.8 28
96#窟三层楼梯有人员走动		6.490	13.77	15.02	2.601	4.917	4.944	13.8 22,28

2. 飞机起落产生的地振动及分析

敦煌机场起落的飞机有A24、TU146等客机，测试统计结果见表10-2。可以看出，飞机起落所产生的高频地振动经过13km的衰减传播到窟区时，信号已很微弱。

表10-2 敦煌机场飞机起落窟区地振动的测试统计

方向 \ 量值	MAX(μm/s)		RMS(μm/s)		频率(Hz)
	范围	平均	范围	平均	
垂直向	0.228～0.593	0.388	0.059～0.181	0.118	1.4,2.2,6.5,9.6
东西向	0.263～0.769	0.420	0.042～0.247	0.126	1.9,3.7,6.5,13
南北向	0.207～0.727	0.394	0.070～0.207	0.125	1.9,3.7,6.8,13

飞机起落产生的地振动值的大小与测点到振源的距离、飞机重量、起飞或降落时的速度、场地条件等因素有关。飞机在跑道上行驶所产生的荷载能量为：

$$E=mv^2/2$$

式中，m为飞机的质量；v为飞机起飞或降落时的速度。

由各测点所得到的质点速度最大值和测点距，根据地震波传播的衰减规律，在双对数坐标中做线性拟合，其形式为：

$$V=\alpha[R/(mu^2/2)^{1/2}]^{-\beta} \tag{3.1}$$

式中，V为飞机起落所产生的质点速度，R为测点至振源的距离，α、β为反映场地条件及飞机起落能量的系数。

拟合结果表明，α=0.0109～0.0148，β=0.786～0.839

根据以上衰减规律，对大型客机在敦煌机场起落时所产生的地振动值进行估算，质点速度峰值V大致为4μm/s。

3. 汽车行驶所产生的地振动及分析

莫高窟窟区以东170m处有南北向公路一条、大型停车场一个。在旅游旺季，有大量车辆沿公路到窟区，车辆产生的振动不容忽视。表10-3为测试结果。当停车场上几十辆车同时发动、运行时，产生的振动会较大，但这种概率较小。

4. 机械作业引起的地振动

在试验过程中，也曾对挖土机械作用所引起的地面振动的大小进行了观测，测试结果见表10-4。

表10–3　窟区汽车产生的地振动统计

车种	测向	MAX(μm/s)		RMS(μm/s)		频率(Hz)
		范　围	平　均	范　围	平　均	
小轿车	垂直	0.525～2.225	0.991	0.120～0.726	0.313	6.7 8.4 11.0 14.5 30.5
	东西	0.330～2.669	0.953	0.120～0.726	0.313	
	南北	0.579～1.130	0.921	0.180～0.370	0.282	
面包车	垂直	0.620～1.965	1.026	0.201～0.578	0.295	9.6 15.0 28.0 31.0 37.5
	东西	0.524～2.680	1.212	0.158～0.870	0.394	
	南北	0.588～2.090	1.027	0.156～0.670	0.308	
大客车	垂直	0.583～2.719	1.655	0.155～1.055	0.501	9.0 14.5 16.3 20.0 23.0
	东西	0.879～4.301	2.362	0.278～1.350	0.764	
	南北	0.736～4.610	2.073	0.239～1.490	0.624	
翻斗车	垂直	1.117～13.534	6.818	0.350～4.823	2.250	5.6 14.0 28.5 64.0 86.0
	东西	1.456～16.58	7.373	0.456～5.832	2.543	
	南北	1.200～16.145	5.986	0.394～5.129	1.992	

表10–4　机械作业引起的地振动

振动方向	1#点		2#点		3#点		4#点	
	V_{max}(μm/s)	$f(H_z)$	V_{max}(μm/s)	$f(H_z)$	V_{max}(μm/s)	$f(H_z)$	V_{max}(μm/s)	$f(H_z)$
垂直	4.3	17	0.75	30	1.7	35	0.7	42
水平	1.8	26	5.8	35	2.9	35	1.8	42

对窟区飞机、汽车、游人环境振动及机械作用进行综合对比分析，结果表明，游人的影响和在窟区内通道运行清理流沙的翻斗车所产生的振动幅值相对较大。这说明，对于环境振动而言，设置一定的防振距离非常重要。

10.1.2　爆破地震动观测[1]

1. 陈列中心工程场地爆破试验

陈列中心工程场地爆破试验的地形剖面图及测线布置平面图，如图10.1所示。测线布置4个测点，每个测点有垂直向及水平向拾振器各一个。其中1#测点布置在土塔的基座上，也是离招待所前的土塔的距离最近的点，2#测点代表招待所的建筑物距爆破源最近的点，3#测点在大泉河河床中心，4#测点为石窟距爆破源最近的点。

陈列中心工程场地的爆破试验也分三次进行：每次爆破一组炮孔，每组有15个炮孔，孔深1.2m，三组炮孔的装药量分别为每孔80、100、100g。起爆方式为人工点燃导火索雷管引爆，每炮间隔2～3s。

陈列中心场地爆破试验中爆破作业的临空面条件、炮孔填塞质量均较好。

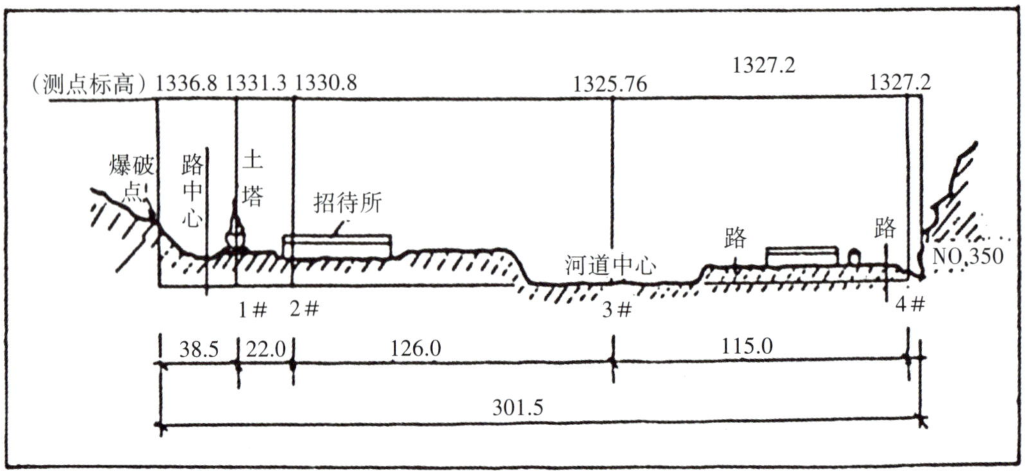

图10.1 爆破试验场地振动观测点布置图

2.爆破引起的地面振动观测结果及其分析

地面振动观测结果见表10-5。

爆破地震动的最大速度值，均小于适用于一般建筑物的爆破地震烈度表中所列的最小烈度值所对应的2mm/s，可得出结论，这种小药量的爆破不会对建筑物造成任何损坏。对招待所的建筑物及土塔均不会产生损坏。

表10-5 陈列中心工地试验振动观测结果表

试验次序	药量(g)	方向	1#点		2#点		3#点		4#点	
			V_{max}(mm/s)	$f(H_z)$	V_{max}(mm/s)	$f(H_z)$	V_{max}(mm/s)	$f(H_z)$	V_{max}(mm/s)	$f(H_z)$
1	80	垂直	0.39	26	0.11	30	0.0135	30	0.001	52
		水平	0.745	30	0.39	23	0.025	23	0.004	34
2	100	垂直	0.35	41	0.125	35	0.125	35	0.002	52
		水平	0.875	26	0.37	41	0.012	23	0.065	35
3	100	垂直	0.675	34	0.125	34	0.0175	34	0.0045	35
		水平	1.035	34	0.795	30	0.135	30	0.012	30

10.2 石窟文物振动防护阈值分析

关于有重大价值的文物的振动防护标准问题非常复杂，它与振动特性、岩土建筑文物的结构形式、岩性、附属构筑物特征及现状的不同情况等许多因素有关，且应留有一定的安全裕度。为了分析研究爆破引起的地震动以及环境振动是否会对石窟文物构成危害，先引述几项国内外有关爆破、环境振动标准的资料[2-4]，然后结合理论分析和试验结果进行综合分析。

10.2.1 国内外若干有关重要文物的振动防护标准

2mm/s振动防护标准不能适用于有重大价值的、有历史纪念意义的文物保护，为此将国内外文献中最新提到的有重要意义的文物振动防护标准摘录之，如表10-6所示。

表10-6　有重要意义的文物振动防护标准

国家名称	研究者	振动性质	防护对象	振动标准(mm/s)
德国	DIN4150	爆破振动	作为文物保护的重要遗迹、古建筑和历史性建筑物	3(＜10Hz) 3～8(10～50Hz) 8～10(50～100Hz)
英国	Ashley	爆破振动	古建筑和历史纪念物	7.5
葡萄牙	Esfevs	环境振动	需特别保护的历史纪念物	合成振动速度峰值极限： (1)弱凝聚力、松散土壤碎石、混合物：2.5 (2)较硬的黏性土壤、均匀的砂石：5 (3)黏性很强的土壤、岩石：10
瑞士	SN460 312	爆破振动	振动敏感的结构、具有历史意义的纪念性建筑物	8(10～60Hz) 8～12(60～90Hz) 3～5(30～60Hz)
		环境振动	振动敏感的结构、具有历史意义的纪念性建筑物	3(10～30Hz) 3～5(50～100Hz)
中国	机械工业环保设计JB16-88	环境振动	(1)有保护价值的建筑物和古建物	≤3(10～30Hz) 3～5(30～60Hz)
			(2)古建筑严重开裂及风蚀者	≤1.8(10～30Hz) 1.8～3(30～60Hz)
英国	隧道学会	爆破振动	古建筑和历史性纪念建筑物	7.5
中国	中科院力学所等	爆破振动	龙门石窟“爆破振动对龙门石窟影响的测试研究”	0.4
中国	专家论证会1989	铁路环境振动	龙门石窟，“铁路振动影响龙门石窟安全的控制阈值”	0.1

由上述有关环境振动公害控制标准可以看出，对历史性纪念物古建筑物的最高标准为V=2mm/s，人员对振动最高敏感值为V=0.18mm/s。

10.2.2　石窟区临界剪应变的取值

环境振动虽然量值较小，但振动次数高，石窟砂砾层在长期的微小动荷作用下，砂砾之间可能以极微小位移和极缓慢的速率产生相对运动，但这种相对运动只有在外力循环剪应变大于砂砾颗粒之间的临界剪应变时才会发生，因此环境振动的量值应小于临界值。

从概念上就可以看出用临界剪应变作为判别环境振动产生有害影响的判据，对土体来说是绝对安全的。莫高窟崖体表层虽然是风化后胶结强度较低的砂砾层。但与立方形排列的弹性球集合体或砂土相比，则砂砾间的稳定性要强得多。因此用砂土的临界剪应变作为石窟区临界剪应变是偏于安全的，考虑到莫高窟的重要价值，我们再将比值降低一个量级来考虑即取石窟区的临界剪应变值为：$\gamma\tau=10^{-6}$。

10.2.3　由临界剪应变估算石窟区的振动容许振动值

根据波理论，在无限介质中由动荷载产生的动应力和动应变以纵波和横波形式向外传播，横波的传播速度反映介质承受剪应变的能力。

根据波动理论，弹性波传播速度与介质物理力学性质之间存在下列关系：

$$V_p=\sqrt{\frac{\lambda+2\mu}{\rho}}=\sqrt{\frac{E(1-\upsilon)}{\rho(1+\upsilon)(1-2\upsilon)}} \tag{3.2}$$

$$V_s=\sqrt{\frac{G}{\rho}}=\sqrt{\frac{E}{\rho(1+\upsilon)}} \tag{3.3}$$

$$\lambda=\frac{\upsilon E}{(1+\upsilon)(1-2\upsilon)} \tag{3.4}$$

$$\mu=G=\frac{E}{2(1+\upsilon)} \tag{3.5}$$

式中，V_p为压缩波（纵波）速度；V_s为剪切波（横波）速度；λ、υ为拉梅常数；G为动剪切模量；υ为动泊松系数；E为动弹性模量；ρ为介质密度。

通过现场实测V_p和V_s可求得E、G、υ以及波长λ，即

$$\begin{aligned}&E=V_P^2\cdot P\frac{(1+\upsilon)(1-2\upsilon)}{(1-\upsilon)}\\&G=V_S^2\cdot P\\&\upsilon=\frac{\left(V_P/V_S\right)^2-2}{2\left[\left(V_P/V_S\right)^2-1\right]}\\&L=V_{P\cdot s}\cdot T=V_{P\cdot s}/f\end{aligned} \tag{3.6}$$

式中，f为介质的振动频率

在正弦波激励下，质点速度V_0与振幅A_0关系为：

$$V_0=\omega A_0=2\pi fA_0 \tag{3.7}$$

若激励频率与介质振动频率相同，则介质处于共振状态，土体颗粒处于受力最大状态，则：

$$\begin{aligned}&V_{P\cdot S}\cdot L=V_0/2\pi A_0\\&\varepsilon=2\pi A_0/L=V_0/V_{P\cdot S}\end{aligned} \tag{3.8}$$

ε为动应变，即一个波长内的振动幅，正应变ε_p与剪应变ε_τ为：

$$\begin{aligned}&\varepsilon_p=V_0/V_P\\&\varepsilon_\tau=V_0/V_S\end{aligned} \tag{3.9}$$

若取表层风化砂砾土的剪切波速为$V_S=180\text{m/s}$和上述砂土介质的临界剪应变$\varepsilon_\tau=1\times10^{-6}$得出：

$$V_0=V_S\cdot\varepsilon_\tau=0.18\text{mm/s} \tag{3.10}$$

10.2.4 评估振动对石窟影响的速度阈值

在此，借鉴《岩土工程勘察设计手册》中所介绍的对古建筑振动安全度的评价方法，对石窟振动安全防护阈值进行分析。

其允许振动速度为：

$$V_G=B_iV_s \tag{3.11}$$

式中，V_G为古建筑允许振动速度；V_s为地基土剪切波速，对岩石地基采用强风化岩或古建筑墙基垫层的剪切波速，两者以其低者为计算V_s值。

$$B_i=B_1\times B_2\times B_3\times B_4$$

B_1～B_4见表10-7。

表 10-7 系数 B_i 值

古建筑等级 / B_i	Ⅰ	Ⅱ	Ⅲ	Ⅳ
B_1	0.6×10^{-5}	1.0×10^{-5}	1.5×10^{-5}	3.0×10^{-5}
B_2	0.5π	0.5π	0.67π	π
B_3	$\sqrt[4]{10^4/\zeta}\left(10^4\leqslant\zeta<10^8\right)$			
B_4	0.10	0.40	0.60	0.8～1.0

注：ζ——有效振动次数（有效——有振动影响的振动值）；Ⅰ级古建筑——国家级重点文物保护的最重要古建筑；Ⅱ级古建筑——国家级重点文物保护古建筑；Ⅲ级古建筑——省级重点文物保护古建筑；Ⅳ级古建筑——应保护的古建筑；本表适用环境振动频率为5～30Hz；振动次数ζ超过10^8者采用10^8。

根据上述方法，结合窟区场地波速特征和环境振动的具体情况进行分析计算，石窟允许振动速度为0.20mm/s左右。

10.2.5 石窟爆破振动防护标准探讨

在本次爆破振动试验中，敦煌研究院招待所前的土塔作为重要的纪念性文物，来考虑其振动防护问题，要求在爆破振动试验中以及陈列中心工程爆破作业施工中，该塔不能遭到任何破坏。

此土塔用土坯砌筑而成，已有数十年的历史，经风吹雨淋、寒暑冻融交替作用，塔的表面抹灰，多处脱落，塔身也有数条较大裂缝，已处于危险状态，该塔的抗震能力很低，属于对振动敏感的易损建筑物。爆破试验前后，对土塔的情况进行了十分仔细的检查，证实爆破振动对塔没有任何影响。土塔经受住了最大速度为 1.055mm/s 的爆破振动作用，而没有发生甚至是灰皮脱落等这样最轻微的损坏，它远小于各国的对有重要意义的建筑物的振动防护标准：2mm/s；也小于我国JB-88中相当情况的“古建筑严重开裂及风蚀者”的标准：1.8～3mm/s（30～60Hz）。

对比起来，敦煌石窟及其中的壁画等文物，其抗震性要比土塔高得多。由此即可合理地推论，即使石窟受到最大速度为1mm/s这样的仍属于微弱振动的爆破振动作用，也不会受到任何破坏。参照某些国家有关规范及《中国工业环境设计规范JB16—88》的规定，认为对敦煌石窟的爆破振动的防护，采用1mm/s的最大振动速度阈限值是相当安全的。

综合分析以上各种情况，为了保证莫高窟等著名石窟的绝对安全，建议适当提高防护标准，作为窟区的安全控制阈值。同时，鉴于环境振动频率与石窟岩体自振频率接近，控制阈值应适当降低。确定如下：

（1）根据窟区岩体的临界剪应变值和现场实际模拟试验结果，砾岩、砂岩型石窟：爆破振动的防护速度阈值，采用$V\leqslant0.4$mm/s，环境振动安全控制标准为$V\leqslant0.2$mm/s。

（2）灰岩、结晶岩型石窟：爆破振动安全防护标准为$V\leqslant0.5$mm/s，环境振动安全控制标准为$V\leqslant$ 0.25mm/s。

10.3 莫高窟崖体锚索加固技术钻孔振动效应测试分析

敦煌莫高窟为世界文化遗产，根据文物保护需要，需对北窟洞窟崖体进行加固。文物修复的原则是“修旧如旧，不破坏原貌”，因此对于石质文物的修缮，锚索（杆）加固技术最为常用。为确保文物绝对安全，对锚索加固技术钻机成孔所产生的振动效应进行分析研究是十分必要的。

振动试验在莫高窟北区一处与石窟岩体相类似的崖体上进行，成孔设备采用国产化探150型地质钻机（XY-1A型），机重900kg，空压机为德国产（英格索兰400HPV），钻头直径90mm，为合金钻头，钻杆直径50mm，转速71r/min，风压0.8～1.2MPa，钻进速度可根据空压大小进行调控。其主要工艺是采用空气动力潜孔冲击钻进，利用风压带动潜孔锤工作，击碎地压，再利用空气循环把碎屑带出孔外。

目前，国内外通常以质点速度来衡量环境振动对建筑物、构筑物或文物的影响参量，并以此提出环境振动限值。为了更为全面地反映钻孔设备的振动效应，在本次测试中分别进行了速度和加速度的直接测试，在综合分析时参考。

10.3.1 测试仪器

在工程检测中采用的数字采集仪器应有较宽的频带范围，以便使检测对象的特征频率置于观测仪器的幅频特征曲线的线性范围内，同时还要求仪器应有较高的灵敏度和分辨率，以保证振动幅值的检测精度[1]。

测试仪器采用北京东方振动和噪声技术研究所最新研制的INV306D型智能信号自动采集处理分析仪，该测试系统由采集系统（主机）、DLF-6型六路四合一放大器、检波器和计算机组成。仪器性能稳定，准确度高，是目前国内先进的振动测试设备。INV306D型采集主机通过标准RS-232连线与计算机实行全自动通信。采样通道：16道，前置放大10～10000倍，程控放大16～256倍；采样频率：最低0.001Hz；采样分析精度：12位A/D，常规幅值误差＜0.1%，频率误差＜0.01%。该仪器可调整预置参数及存贮振动信号，具有实时图形分析与显示、实时信号处理等功能。根据本次测试工作要求，采用中国地震局工程力学研究所研制的891-2型拾振器，其振动频率的量测范围为0.5～500Hz，最大量程1.8m/s。为了得到准确的测试结果，测试前对测试系统进行了系统标定，得到了各通道的幅频特征曲线。

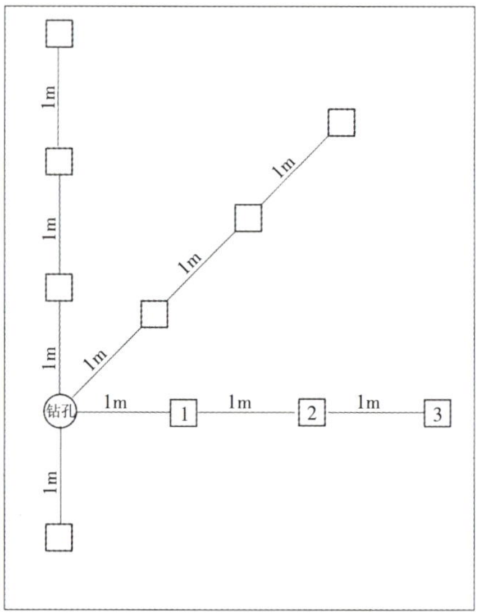

图10.2 第1次和第2次试验测点布置图

10.3.2 测试方法及分析处理结果

1. 测定布置

测点布置及间距根据将来需要加固的窟体的实际情况进行布设，同时也要反映不同崖体部位的振动情况。测点布置见图10.2～10.4，钻机水平成孔，垂直于崖壁，钻孔中心距离最近测点的距离以及各测点间距均为1m。同时，在崖体上部一废弃窟龛内放置一传感器（测点编号为6），距离振动源8.2m。现场测试图见图10.5。

2. 振动测试结果

为反映钻孔在不同时段内所引起的崖体振动效应，采集记录系统对其进行了全过程的实时跟踪，记录时间一般为3min，反映锚杆一次成孔的全过程，

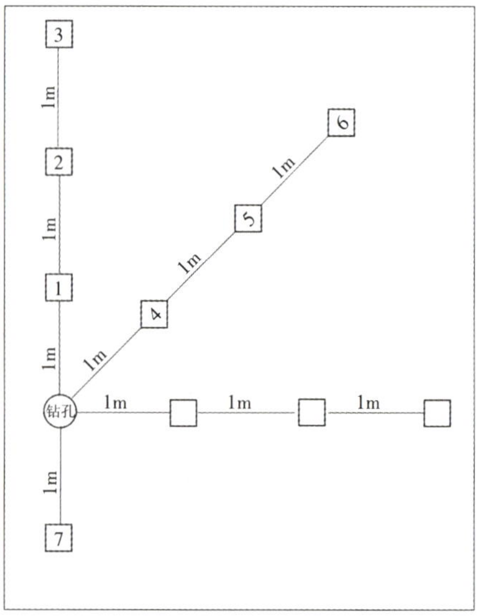

图10.3 第3次试验测点布置图

共进行4次试验，注意控制钻进速度。同时，为了完整地描述测点在空间的运动状态，分别测量测点的三个正交分量（UD向、EW向、SN向，分别对应着垂直方向、沿钻杆方向、平行于崖壁方向）随时间变化的加速度和速度时程。测试结果分别列于表10-8～10-10中，图10.6、图10.7为典型振动记录及频谱分析结果。

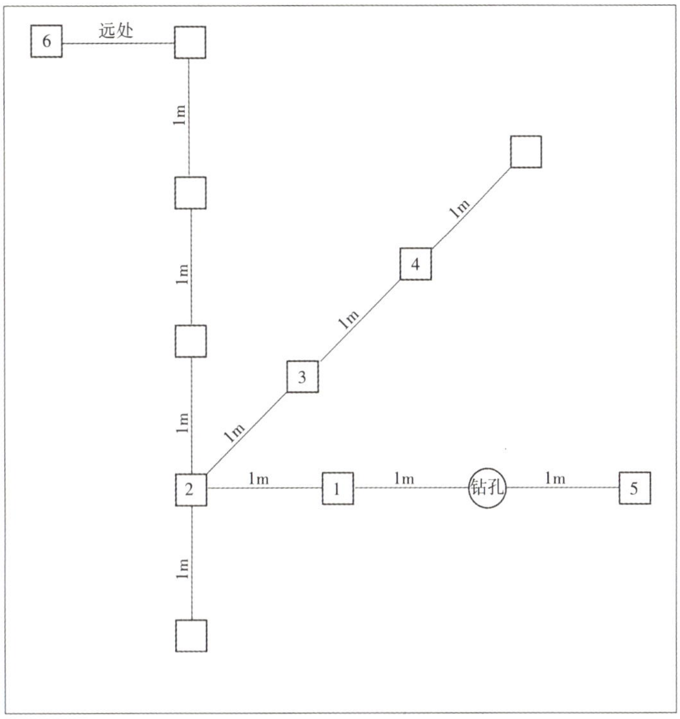

图10.4　第4次试验测点布置图

图10.5　现场测试图

表 10-8 崖体质点第 1 次和第 2 次振动试验测试结果

试验记录	测点位置	峰值速度(mm/s)			主频率(Hz)			峰值加速度(cm/s²)			主频率(Hz)		
		EW 向	SN 向	垂向	EW 向	SN 向	垂向	EW 向	SN 向	垂向	EW 向	SN 向	垂向
第 1 次试验	1	1.26	0.67	1.07	58、126	57	154	44.5	11.9	8.9	121	138	156
	2	1.00	0.38	1.03	60、153	142	146	36.6	17.5	17.0	133	138	188
	3	0.24	0.35	0.20	125	88	155	30.9	11.9	13.5	137	153	170
第 2 次试验	1	1.41	0.98	1.11	142、167	62、193	150	45.2	41.5	10.8	132	261	187
	2	0.98	0.33	0.80	58、126	57、79	176	32.3	11.5	11.5	135	256	164
	3	0.25	0.34	0.22	59、152	67、145	146	26.3	14.8	7.6	138	127	166

注：主频率一栏中，一部分测点的频谱为双峰，表中的数值分别为两个峰值频率，以下同。

表 10-9 崖体质点第 3 次振动试验测试结果

测点位置	峰值速度(mm/s)			主频率(Hz)			峰值加速度(cm/s²)			主频率(Hz)		
	EW 向	SN 向	垂向	EW 向	SN 向	垂向	EW 向	SN 向	垂向	EW 向	SN 向	垂向
1	0.14	0.15	0.55	90	59	66	5.4	5.3	18.6	96	45、106	161
2	0.15	0.09	0.44	104	57	52	6.6	4.7	12.7	96	129	51、188
3	0.19	0.13		163	49		10.4	9.7		163、208	82、141	
4	0.13	0.18	0.80	135	163	51	8.3	6.0	32.3	61、139	51、80	347
5	0.06	0.12	0.30	33	94	51	9.3	10.2	22.4	27、141	167	318
6	0.15	0.09		153	124		11.7	4.5		155	161	
7	0.16	0.43	0.46	106	117	55	26.2	19.0	14.2	128	179	49

表 10-10 崖体质点第 4 次振动试验测试结果

测点位置	峰值速度(mm/s)			主频率(Hz)			峰值加速度(cm/s²)			主频率(Hz)		
	EW 向	SN 向	垂向	EW 向	SN 向	垂向	EW 向	SN 向	垂向	EW 向	SN 向	垂向
1	1.07	1.65	0.90	78	49	273	34.3	37.5	68.6	96	65	247
2	0.61	0.61		57	141		16.4	32		214	137	
3	0.86	0.69	0.72	67	80	282	49.9	29.3	50.0	129	118	223
4	1.36	0.61		47	49 137		19.6	16.4		57	71、321	
5	6.01	4.99	1.67	61	88	330	60.0	51.4	77.5	82	88、370	253
6	0.22	0.3		53	84		6.3	1.6		69	86	

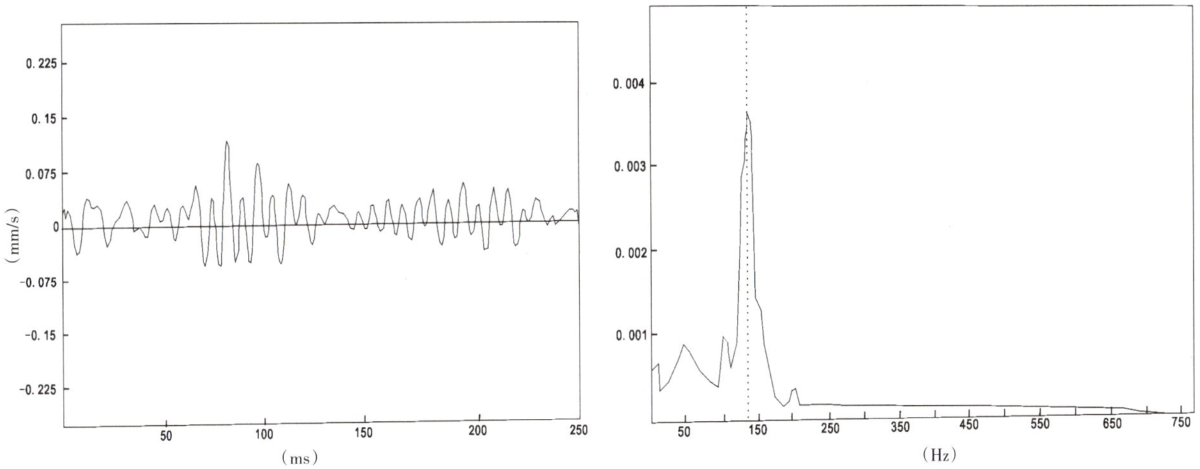

图10.6　第3次试验4号测点EW向振动速度记录和频谱分析结果

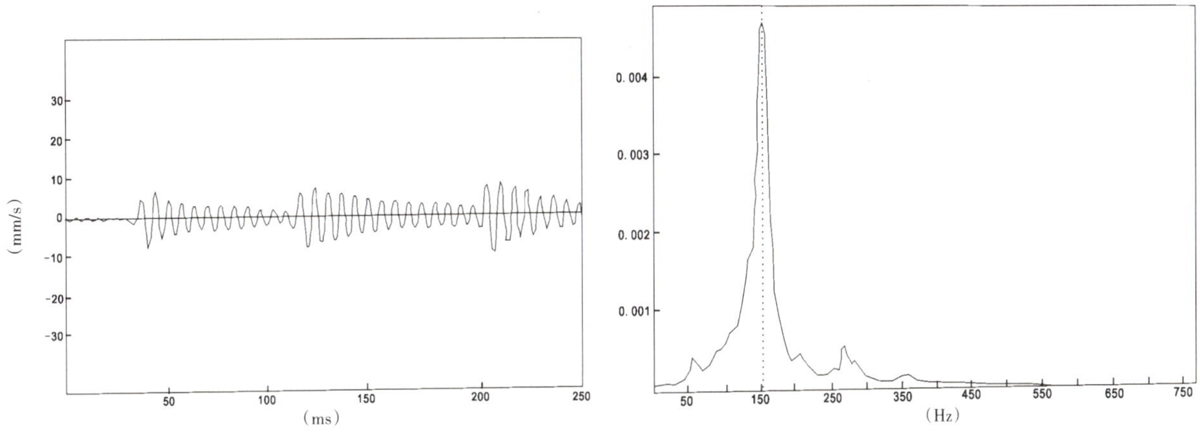

图10.7　第3次试验6号测点EW向振动加速度记录和频谱分析结果

测试结果表明：

（1）上述测试结果中，第一次试验和第二次试验钻头的钻进速度为0.4m/min，第三次试验钻进速度为1.0m/min。可以看出，钻进速度加快，振动幅值明显增大。

（2）随着距离的增大，振动幅值衰减较快。

（3）总体上看，沿钻孔方向（EW向）振动幅值要比SN向和垂直向大。钻头冲击崖体的瞬间，振动效应特别明显。

（4）钻机成孔所产生的振动以高频为主，主频在150Hz左右，频谱呈“单峰”“双峰”或“多峰”状，但以主峰突出的效应“单峰”状为主。

10.3.3　施工建议

（1）合理的测试方案可较好地反映钻孔振动效应的实际情况，其结果可作为设计施工部门进行抗振分析、安全评估和制定振动防护措施的重要依据。

（2）第一次试验和第二次试验（钻进速度较慢，≤0.4m/min）过程中，各测点振动速度峰值均小于2mm/s，对石窟文物不会产生影响；第三次试验（钻进速度较快，≥1.0m/min）过程中，个别测点振动速度峰值较大，达到了国内外有关振动公害的控制标准或经验值，对石窟文物有一定影响。

（3）若以振动加速度而论，第一次试验和第二次试验过程中，各测点相当于遭到Ⅴ度或Ⅴ度以下地震的袭击；第三次试验过程中，个别测点相当于遭到Ⅵ度地震的袭击，但由于振动以高频为主，同低频振动（如地震）相比，产生的危害要小得多。

（4）需要特别指出的是，振源条件（作业方式、作业流程、空压大小等）不同，振动效应会有很大的差别。在实际加固洞窟岩体中，钻进速度必须控制在0.4m/min以内。

（5）钻头冲击崖体的瞬间会产生较明显的振动效应，一定要注意施加较小的空压。同时，施加空压一定要平稳。

总体上，机械设备施工所产生的振动对文物的影响问题已越来越引起人们的重视。如何科学合理地判定其影响程度并采取必要的防振对策，进行现场实地测试获取数据是非常必要的。针对莫高窟崖体的特点，对拟采用的锚索加固技术所产生的振动情况进行了分析测试，获得了不同距离处崖体不同方向的振动加速度和速度，较好地反映了该施工工艺引起的振动效应的实际情况。测试结果表明，约有近80%的数据小于1.0 mm/s，根据本章第二节所确定的莫高窟振动防护阈值，对石窟文物安全稍有不良影响。但只要采用低气压和慢速钻进，并且在施工过程中加强管理，精心组织，合理布设锚孔位置，控制好作业流程，且注意消除施工产生的粉尘污染，对洞窟岩体和窟内文物是不会产生影响的。

参考文献

［1］陈丙午，林学文，陈雪茜，等.爆破振动对莫高窟的影响［C］//敦煌研究文集（上）.兰州：甘肃民族出版社，1993.

［2］林建生，谢文杰，林子健，等.大直径钻成孔灌注桩在桩基施工中振动影响的测试与分析［J］.世界地震工程，2005，21（4）：169-174.

［3］中国工程建设标准化协会建筑振动专业委员会.建筑振动工程手册［M］.北京：中国建筑工业出版社，2002.

［4］林宗元.岩土工程勘察设计手册［M］.沈阳：辽宁科学技术出版社，1996.

第十一章　莫高窟地震监测系统建设

2008年5月12日四川汶川8.0级地震对文物所造成的破坏性后果，引起了文物保护部门和学者的广泛关注。为了提高对世界文化遗产敦煌莫高窟一带的地震活动监测能力、地震速报能力和预警能力，强化对莫高窟及毗邻地区的地震活动性和地震危险趋势分析，以敦煌莫高窟为中心，建设具有国际先进水平的地震监测台阵和强震动监测台网，对于莫高窟的地震灾害综合防御，将具有十分重要的意义。

莫高窟地震监测系统还将及时提供地震参数及工程振动预测信息，根据预测信息实施对游客和文物保护区管理人员的预警，全天候进行文物保护环境影响监测（洞窟壁画、佛像和洞窟岩体），同时也可实现防盗辅助预警功能。窟区积累的强震动资料也将为石窟文物的地震响应分析和抗震防护提供重要的科学依据，为敦煌莫高窟抗震设防提供技术支持，为防御、减轻地震灾害提供技术保障，有效地避免或减轻地震造成的游客和工作人员伤亡和文物破坏，减灾实效十分明显。

11.1　设计目标与建设内容

11.1.1　设计目标与勘选分析

20世纪90年代起，国际上开始建设直径为1～3km的微台阵。微台阵主要用于监测几十千米到几百千米范围内的地震和其他爆破事件。微台阵建设、维护方便，监测能力强，科技含量和资料利用率高。目前我国在台阵建设和台阵资料分析方面仍处于探索研究，莫高窟地震监测系统建设项目针对文物保护需要，有显著的创新性。

莫高窟地震监测系统基本设计目标为：测震台阵对莫高窟及其附近地区的地震监测能力达到1.0～1.5级，震中定位精度小于1km；在上述区域及附近发生强震时，记录该台所在地面自由场加速度时程，快速确定地震烈度。强震动台站可根据文物保护需求，对微弱环境振动实施实时监测，并随着甘肃省地震预警系统的建设，能够扩展实现预警功能。

台址条件勘选是台站建设的关键性前提，主要包括对台址条件是否符合技术标准进行评价，须调研电力接入、通信接入、防雷地网埋设、摆房建筑、环境建设等的施工条件、施工周期、建设成本等，给出评估测算结果，为编制可研报告和施工设计提供依据。具体勘选工作由图上作业、粗勘和详勘三个阶段构成，勘选中严格执行《中国地震背景场探测项目测震台站场址勘选技术指南》（2009年）、《中国地震背景场探测项目强震动台站场址勘选技术指南》（2009年）和《中国数字测震台网技术规程》（JSGC—01）、《中国数字强震动台网技术规程》（JSGC—03）等规程要求。

通过图上作业、野外粗勘、野外详勘等工作及勘选数据的整理、计算和分析，确定莫高窟地震监测台阵的内环半径为480m，外环半径为1500m，9个子台站的台址和条件均符合建台要求。全部勘选台址具有征地、电力接入、通信接入、防雷地网埋设、摆房建筑、环境建设等施工条件。从所记录的地脉动数据来看，非天然地震、爆破及其特殊的强烈干扰事件较少，非天然地震事件频度、非天然地震事件持续时间占记录时间的百分比、噪声谱、噪声有效值符合要求，观测环境满足规范要求，各台址各项建台条件良好。

11.1.2 建设内容

莫高窟地震监测系统建设项目在充分利用甘肃省现有地震台网的基础上，建设由9个数字测震台站组成的同心圆台阵，架设全数字化三分向宽频带地震计；建设由8个强震动监测台站组成的强震动观测台网，架设全数字化三分向加速度地震计；建设1个莫高窟地震监测台网中心，安装实时数据汇集、数据交互处理、数据服务系统。将各台站地震数据利用无线宽带（Canopy）系统、GPRS/CDMA、数字光纤等多种通信方式，以实时方式传送到莫高窟地震监测台网中心和甘肃省数字测震台网中心，在莫高窟地震监测台网中心和甘肃省数字测震台网中心集中进行处理和存储。台站采用无人值守模式，实现远程监控功能。

9个测震台站包含1个中心子台（圆心）、均匀分布在半径为0.48km的圆环上的3个子台站（内环）和均匀分布在半径为1.5km的圆环上的5个子台站（外环）。8个强震动观测台站包含莫高窟洞窟内不同高度分布的4个子台（莫高窟南区南端布设1个，南区北端一层、二层、三层窟各布设1个）、中心点A0子台、台阵外环按不同地质条件分布的3个子台站（B1、B2、B4，与测震台合建）。莫高窟地震监测台网中心设在窟区办公区。图11.1、图11.2分别为莫高窟地震监测系统台站分布图和平面位置图。

在完成测震、强震观测系统的数字化技术建设，根据《数字化地震观测规范》的要求进行各观测项目的观测环境建设的基础上，依托地震信息服务系统，将单台测震和强震观测设备通过相应的通信方式（光纤、无线宽带系统、GPRS/CDMA）入网，实现莫高窟地震监测台网中心和甘肃省地震台网中心对数字化观测系统的网络化数据汇集与实时监控。

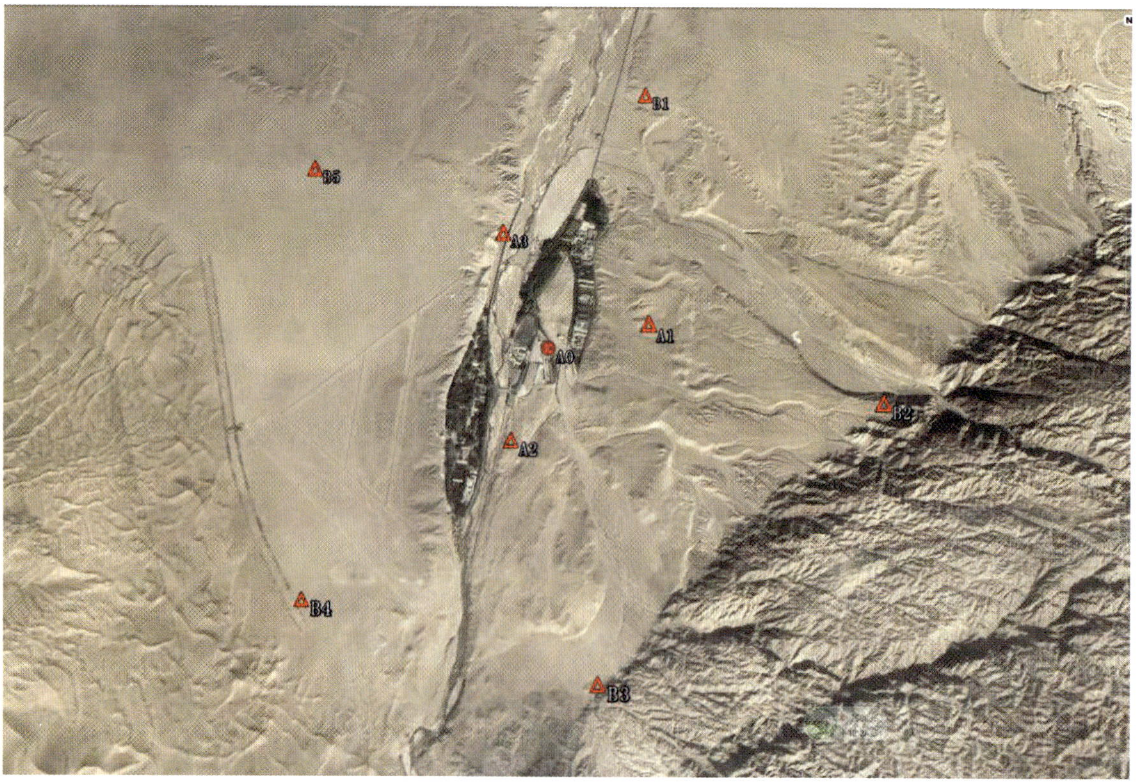

图11.1 敦煌莫高窟地震台站分布图

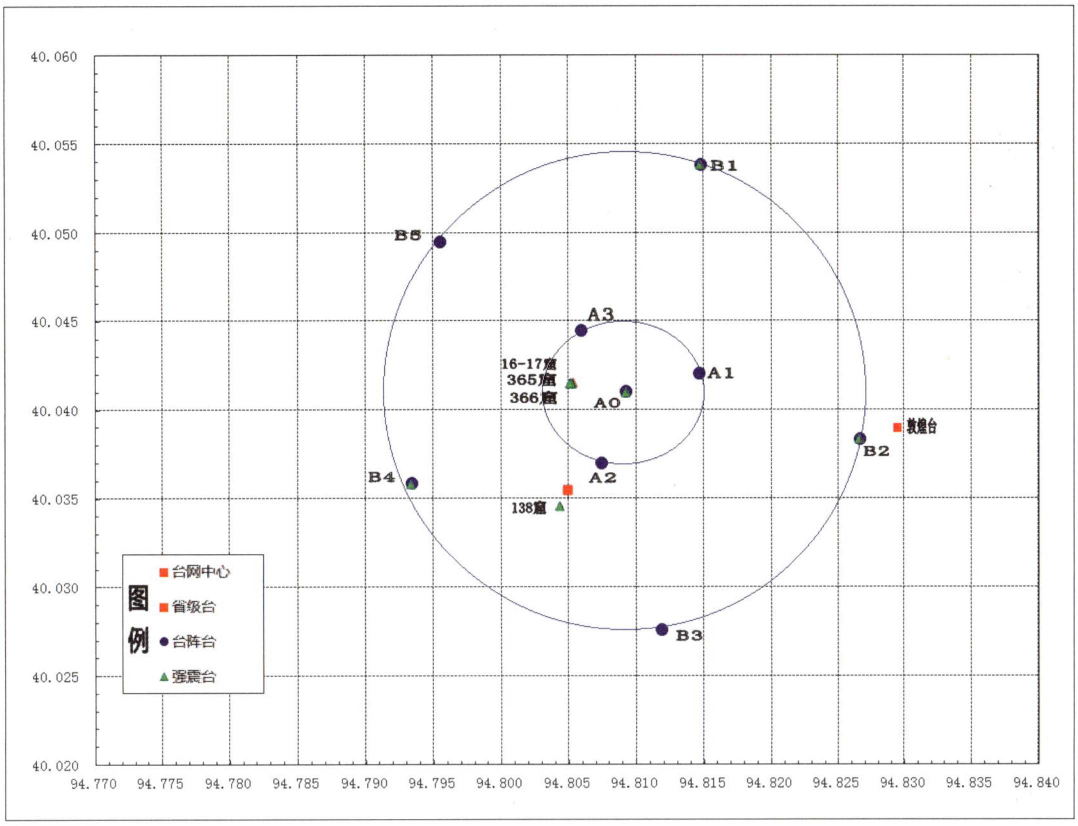

图 11.2 莫高窟地震监测系统平面位置图

11.2 技术系统构成

11.2.1 系统构成

莫高窟地震监测系统技术设计主要依据台站勘选结果、建设目标及测震技术规范、强震项目建设目标及强震技术规范，将台站数据通过一定的数据接入传输方式，对台站进行实时网络化监控。

按照台阵技术系统和强震动技术系统要求，台阵子台站选用3个分向宽频带地震计（60s，20Hz），强震台选用三分向加速度地震计（测量范围±2*g*）。数采选用3通道24位数据采集器。为满足数据传输标准的要求，采集器要有IP接口，数据格式满足标准传输协议。

数字测震台站的主要功能是完成地面运动波形数据采集，通过实时或准实时方式向台网中心发送地动信息及台站有关信息，并接受台网中心的控制命令，实现对台站技术系统的标定或参数设定。

数字测震台站技术系统由地震计、数据采集器、GPS时钟、数据传输设备、供电避雷设备等构成。地震计将地面运动参量转换为电压量，数据采集器再将电压量转换成数字量，GPS时钟提供时间服务，传输设备用于传输地震信号，电源、避雷接地系统用于保证各种设备安全可靠运行。图11.3、图11.4、图11.5是台阵子台站技术系统构成示意图。

按照台阵技术系统和强震动技术系统要求，台阵9个子台站选用BBVS-60三分向宽频带地震计和EDAS-24GN数据采集器，强震台选用SLJ-100三分向力平衡加速度地震计和SYSCOM MR2002强震动数据采集器。

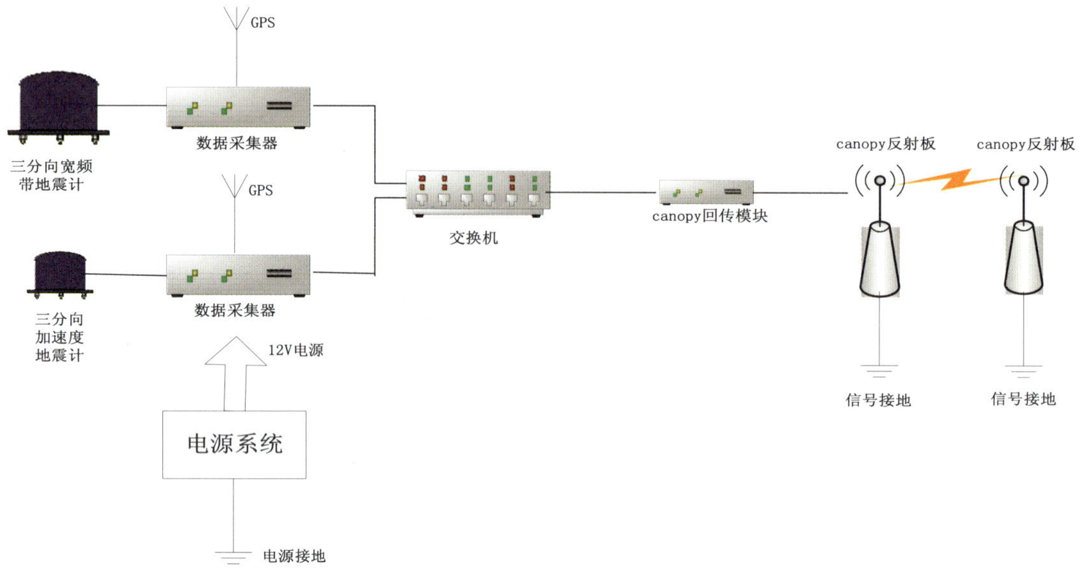

图11.3　台阵交流供电子台站技术系统示意图

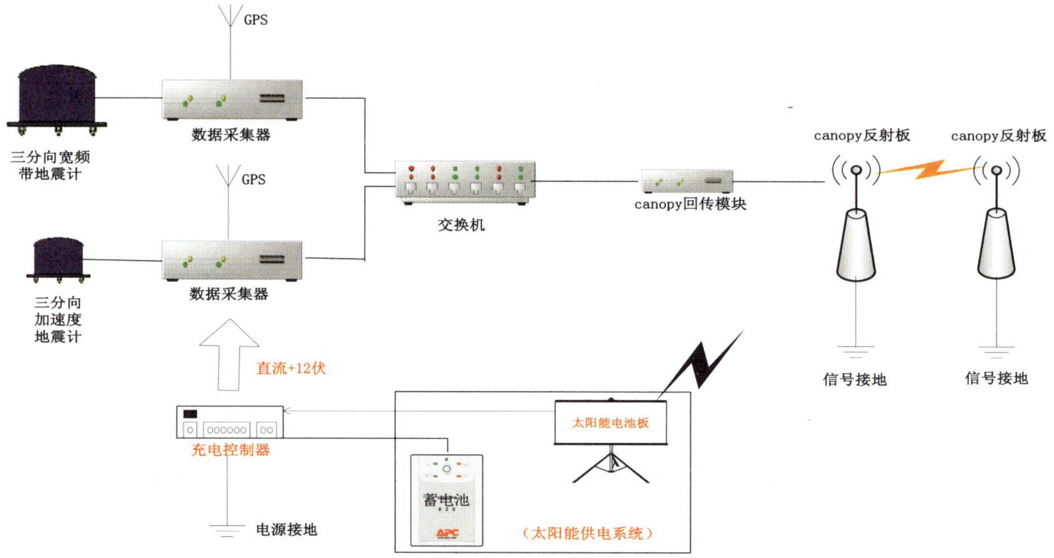

图11.4　台阵太阳能供电子台站技术系统示意图

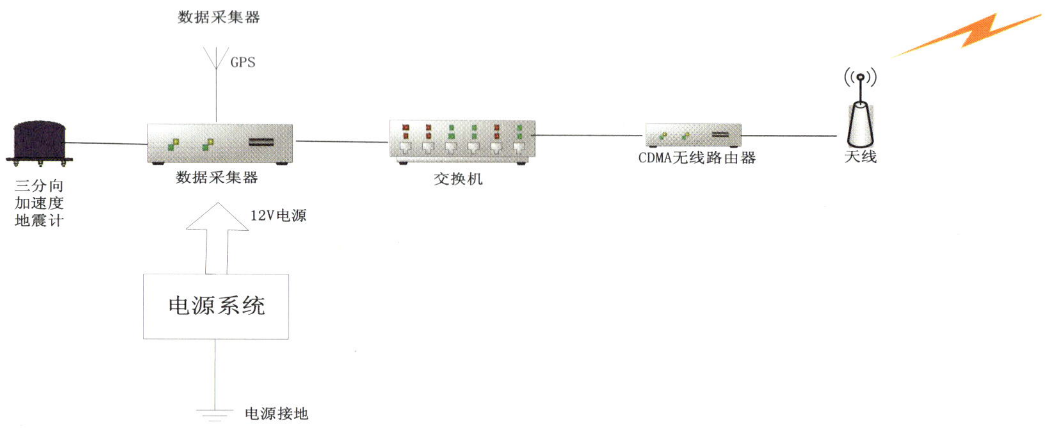

图11.5　洞窟内强震动台站技术系统示意图

11.2.2　数据传输方式

采用VPN IP传输技术，通过专用的应用软件实现IP数据传输和联网。台阵子台站使用Canopy无线宽带系统将数据传输到位于莫高研究院附近的电信铁塔上，在铁塔第三层安装6个不同方向扇区，接收不同方向子台站的传输信号，使用群管理器管理并汇集数据后用光纤将数据传输到莫高窟台网中心，同时使用2M SDH将数据传输到甘肃省地震台网中心。洞窟内强震动台站使用CDMA无线3G信号传输到甘肃省地震台网中心，再使用2M SDH线路传输到莫高窟地震台网中心。图11.6是莫高窟地震监测系统通信链路拓扑图。

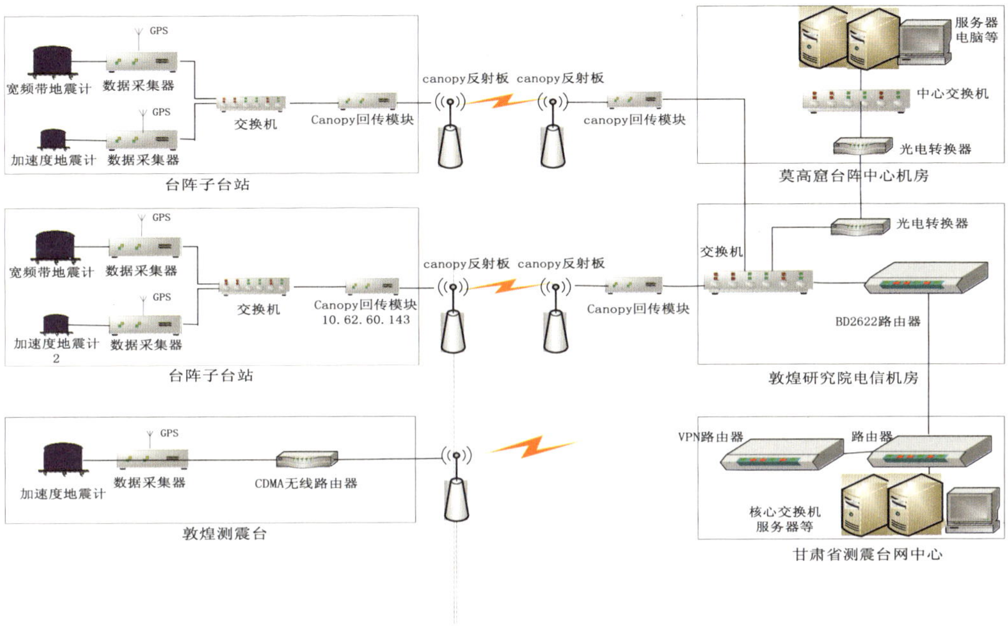

图11.6　莫高窟地震监测系统通信链路拓扑图

建设莫高窟地震监测台网中心配置光端机、路由器、交换机、数据接收服务器、数据交换服务器、数据库服务器、数据处理服务器、磁盘阵列、数据监控与服务、网络打印机等。硬件设备，使其具有数据汇集、数据交换、数据存储、数据管理与服务系统、实时处理与分析、强烈破坏性地震判定及地震信息服务系统。现代的地震观测技术系统是基于计算机网络的分布式系统，多个在网络和数据库技术支撑下的行业专用软件相互协作完成各项功能。莫高窟测震监测技术系统构成和强震动监测技术系统构成结构见图11.7、图11.8。

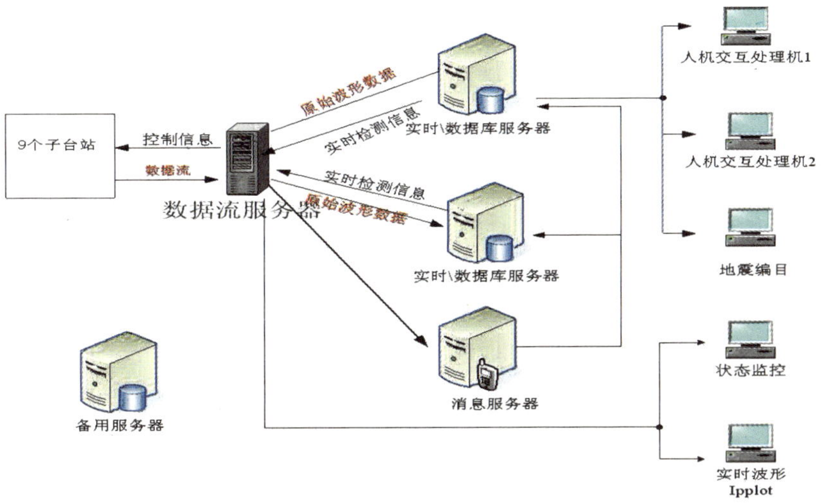

图11.7　莫高窟测震监测技术系统构成结构图

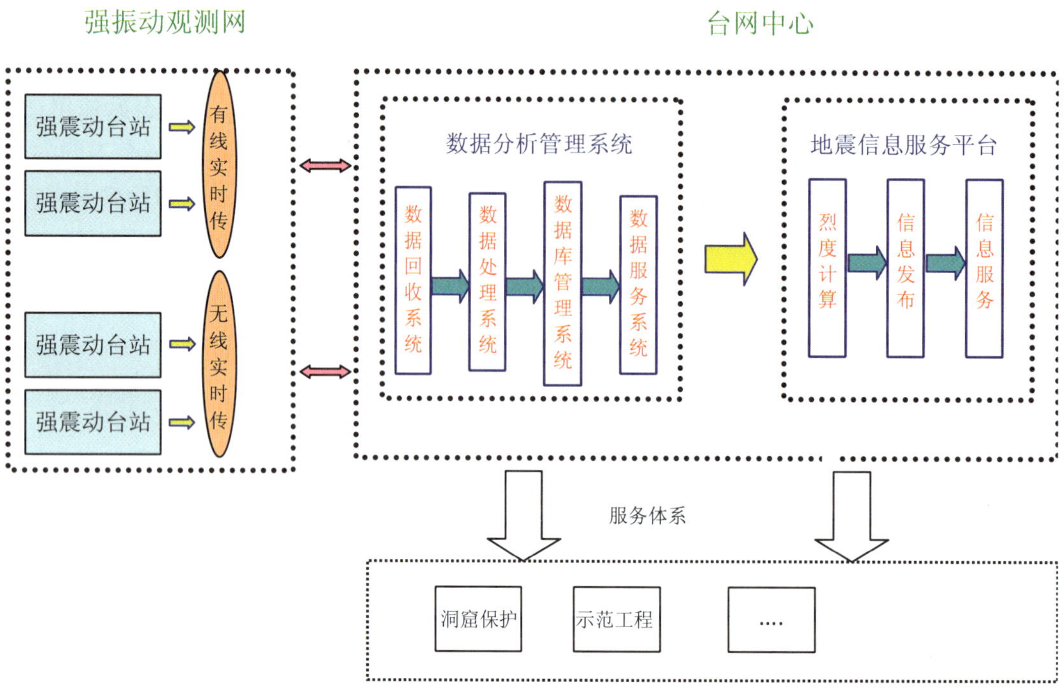

图 11.8 莫高窟强震动监测技术系统构成结构图

11.3 土建工程

11.3.1 台站仪器房、仪器墩土建工程

按遥测无人值守方式设计台阵测震子台站和强震动台站。依据地形条件，设计建筑类型为地表型、半地下室型、洞窟地表型。主要任务为开挖基岩，在基岩上建造摆墩、仪器房，做防水和保温，做接地网。接入交流电、太阳能供电系统（300W）和通信设备，引出GPS天线。洞窟内强震台站不做土建，开挖基岩，建造摆墩，接入交流电和通信设备，引出GPS天线。建筑依据场地条件设计，对于有完整基岩出露或基岩较浅的场地，可开挖基岩，台站仪器房在基岩上建造，总体建筑面积15～30m^2, 按长3.0m、宽2.0m、高2.0m的标准设计，37砖墙。对于基岩较深的场地，需开挖台址至基岩，预计开挖深度2.0～2.5m，开挖后台站仪器房在基岩上建造，整体建筑（实用面积）按地下室长3.0m、宽2.0m、高2.0m（视基岩深度而变化），地上室按长3.0m、宽2.0m、高2.0m的标准设计，内部不分割，上下室之间设60cm×60cm的人行孔，孔口设保温盖板，并焊接上下通行的铁梯。

在测试点开挖基岩，在基岩上建摆墩和仪器房，屋顶一次性浇筑，设预埋件用以固定太阳能电池板，墙角处垂直预埋直径6cm的镀锌钢管（室内部分长2.0m到达地面固定，室外部分长1.5m），用以固定GPS天线和无线发射天线，钢管顶部及下部开洞用以穿过缆线。墙面贴保温材料，做防水处理和保温处理，安装三防门。交流供电线路采用铠装电缆埋地接入仪器房，太阳能电池板置于屋顶或者摆放南侧地面，仪器GPS天线、无线传输天线均置于屋顶，太阳能供电线路室外部分用镀锌钢管或PVC管保护。接地可利用附近的小沟或开挖台基的底部。

拾震器墩按长1.0m、宽0.8m、距离室内地面高0.6m的标准设计，建在完整的基岩上，去除基岩表面风化层，用500号水泥混凝土一次性浇注。四周与地面间预留0.05m宽的隔震槽，深0.3m。摆墩地理坐标经、纬度精度为1.0″。摆墩上标注N-S方向线和E-W方向线，精度为1.0″。

基于文物保护的需要，洞窟内强震动台站不做土建工程，去除地表面风化层，用500号水泥混凝土一次性浇注摆墩，长0.24m、宽0.24m、高0.1m。GPS天线置于屋顶无线信号比较强的位置，线路尽量地埋或者隐蔽，做到与环境的一致协调。

11.3.2 避雷及通信工程

1. 避雷工程

接地网：接地使用专用接地体，接地体间用镀锌扁铁串接，降阻材料使用长效化学降阻剂，以保证接地效果的持久性。由于台址附近多为沙石，为了施工方便，接地体埋入摆房地基，洞窟内的台站不做接地。技术要求：建筑防雷接地电阻<10Ω，仪器防雷接地电阻<4Ω。

避雷针：在摆房顶部设避雷针以防直击雷对台站设备的危害，避雷针高度要高于太阳能电池板和无线传输天线，避雷针与建筑物钢筋及接地网连接。

电源、设备避雷：供电系统加装电源避雷器，为加强避雷效果，根据实际需要选取二级避雷模式，避雷器件要选用响应时间短、阈值可靠的设备。对进出仪器房的各种信号线路要加装信号防雷器。

各种接地使用共用接地体，一点接地法。当把电气部分的接地和防雷接地连成一体后，就使建筑物内的钢筋间构成一个法拉第笼，在此笼内的电气设备和导体都与笼相连接，就不会受到反击。

2. 数据通信工程

台阵9个子台站的数据，在各子台站房顶预留的镀锌钢管顶部安装无线发射天线模块，在莫高研究院附近的电信铁塔第三层四周安装接收天线模块，通过CANOPY无线宽带接入系统将数据IP传输到电信铁塔，在铁塔顶部固定一具有保温和防水功能的箱子，内置交换机和群管理器，9路信号汇集后用室外网线接入铁塔底部机房内的交换机和路由器，通过2M SDH长途光纤线路接入甘肃省测震台网中心。通过光电转换器，将信号传输到莫高窟地震台网中心。

位于洞窟区的其他强震台采用CDMA无线方式直接将信号传输到甘肃省地震台网中心，信号天线置于屋顶或者信号比较强的位置。

莫高窟地震监测系统的数据通过长途2M SDH光纤线路实现与省地震局台网中心的数据交换和共享。图11.9是莫高窟地震监测系统通信链路图。

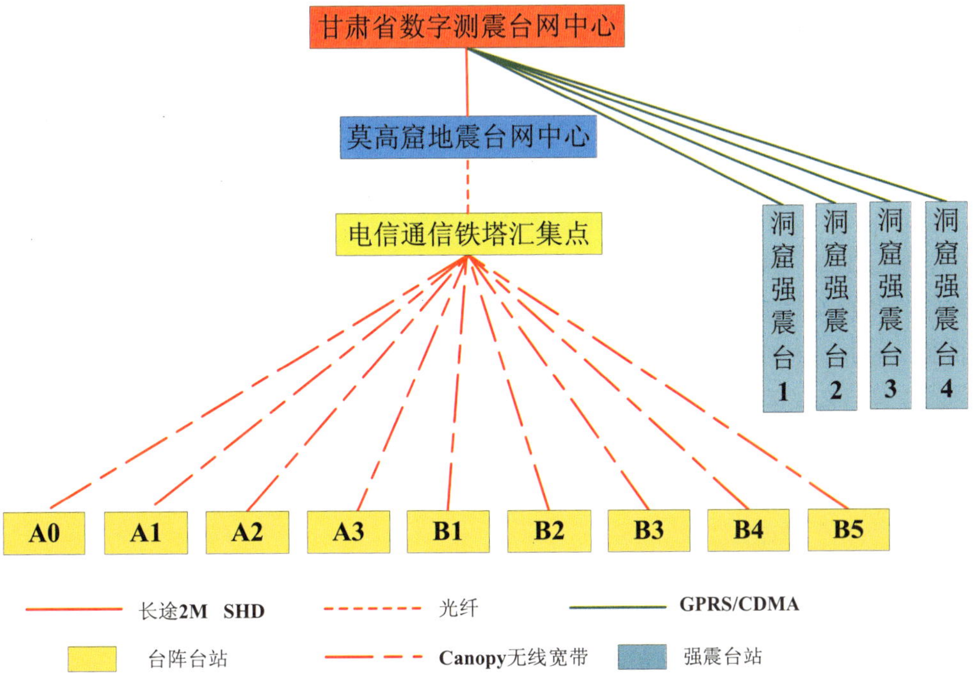

图11.9 莫高窟地震监测系统通信链路图

11.4 软件系统

软件系统主要包括测震台网、强震台网、地震台阵的实时数据汇集和监控软件、数据处理软件等。具体任务和功能如下：

1.完整、精确记录地震时地面运动波形

莫高窟地震台网中心数据流服务器接收台站的实时地震波形数据并形成永久记录。对各道数据进行实时检测、触发，形成事件并入库，使系统能检测到本区和邻近地区发生的有感地震。由于台站数据采集系统已把时钟信号采集在数据流中，数据的传输、处理的时延不影响数据的时间精度，保证了记录数据的时间精度。

2.实时快速处理地震事件

实时数据处理系统读取数据接收记录系统的数据，对实时波形数据进行实时检测、实时处理和自动测定地震事件参数，并报警以提醒值班人员对事件进行复核及对自动测定的参数校对以完成地震速报工作。

对于本区及邻近地区发生的$M \geq 2.5$级以上地震，在地震发生后5min内，由计算机自动测定地震三要素，并入库保存。

3.人机交互处理地震事件与地震速报

人机交互分析处理系统完成地震数据日常分析处理和地震速报工作，包括事件复核、分析定位、连续波形数据浏览和微震及强震动事件拾取、波形归档。为保证系统安全，分别运行LINUX和WINDOS操作平台下的交互处理应用软件。经分析的地震数据可进行向数据库提交和通过网络速报，并提供计算机网上查询功能。对符合速报要求的地震，进行地震速报和烈度速报。

对台网自动检测记录或人工截取的地震事件，由值班人员进行更精细的人机结合定位分析处理。

4.地震编目及地震活动性展示

承担本区的地震编目任务，对一定强度的地震做出震源机制解和烈度值。

5.地震数据存储管理及网络服务

归档的波形数据采用刻录DVD光盘进行永久保存。为使用户方便地使用地震数据，以满足各阶层研究部门不同的需求，对台网的地震观测报告、地震目录和原始地震波形建立数据库并进行长期保存，提供各种数据服务和数据管理。

网络数据服务由网络管理、数据库管理和数据信息服务功能模块构成，用Mysql数据库和TCP/IP网络协议，建立基于Client/Server模型的地震数据库和地震信息库。进行地震波形数据、地震目录、震相数据的保存、管理，提供地震事件文件和目录浏览、地震信息发布等多种数据服务。地震数据管理及数据服务功能的数据流程如图11.10、图11.11。在系统中，客户端应用程序与数据库之间以ODBC作为中间层，使应用程序的开发设计独立于数据库，便于今后数据库的更新。

6.自动监控台网系统运行状态

通过台网计算机网络实现自动监控台网系统，能自动检查台网系统包括数据传输，台网数据处理的实时接收、实时检测、实时记录、事件记录等各种状态和信息，并做出必要的指示和报警。图11.12是台阵实时数据监控图。

7.标定和仪器状态监视功能

数据采集器能定时对台站观测系统产生阶跃标定信号，根据系统对此信号的响应分析，对系统的特性进行定量测定；超过一定条件即报警提示。也可以采用人工控制计算机向数据采集器发送标定命令并自动测定标定结果。

莫高窟地震监测系统建成后，在试运行阶段产出了大量数据。图11.13～11.15是莫高窟地震监测台阵记录的地震波形记录图，图11.16、图11.17分别为强震动台站干扰波形和实际地震记录图。

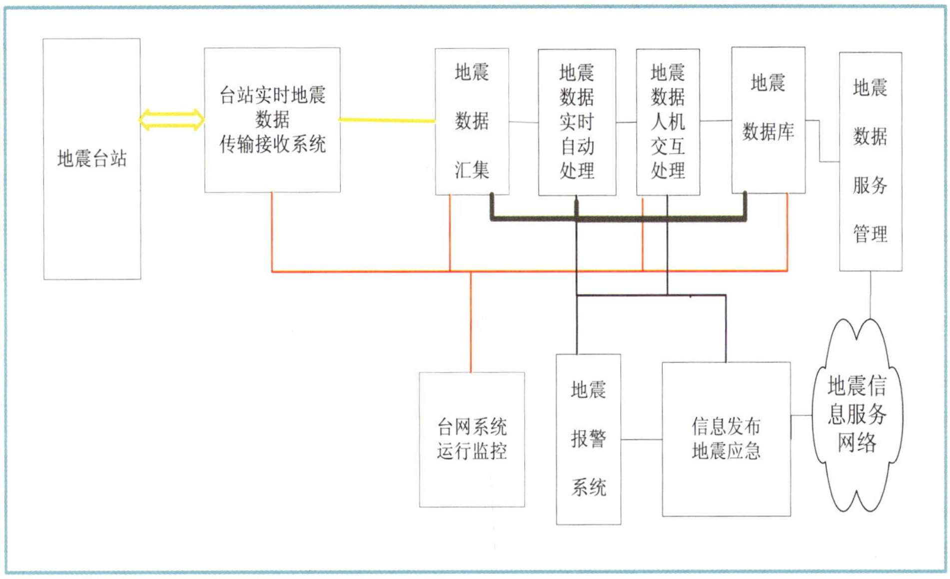

图11.10　台网中心数据流程框图

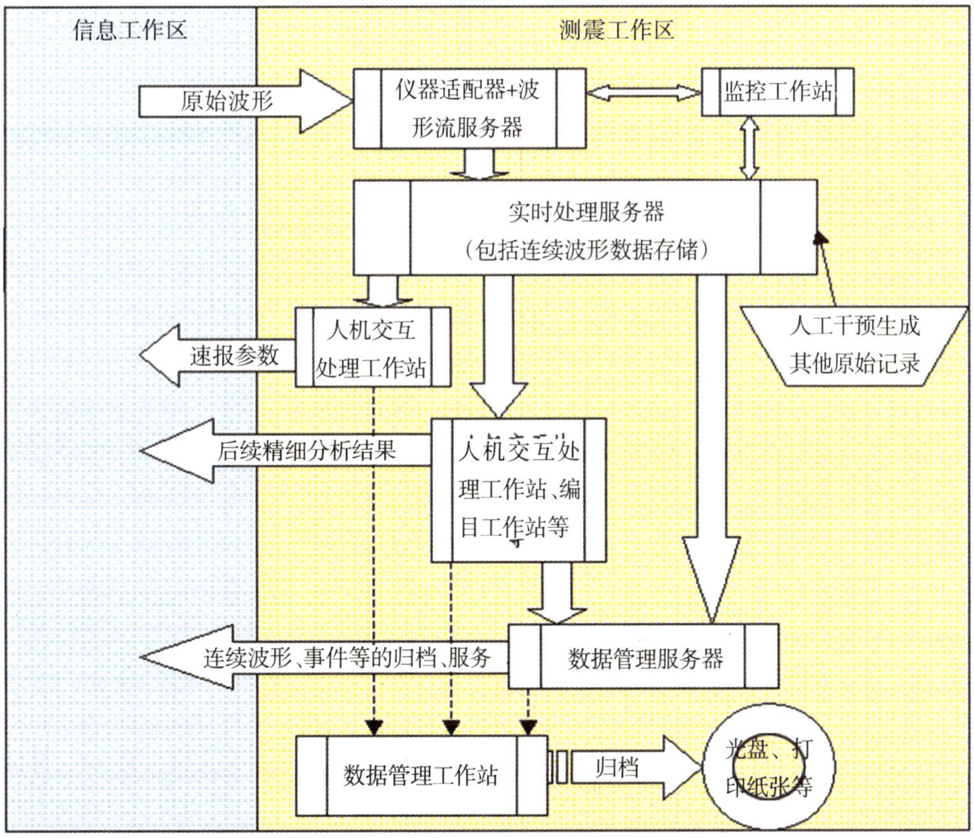

图11.11　台网数据管理及数据服务流程图

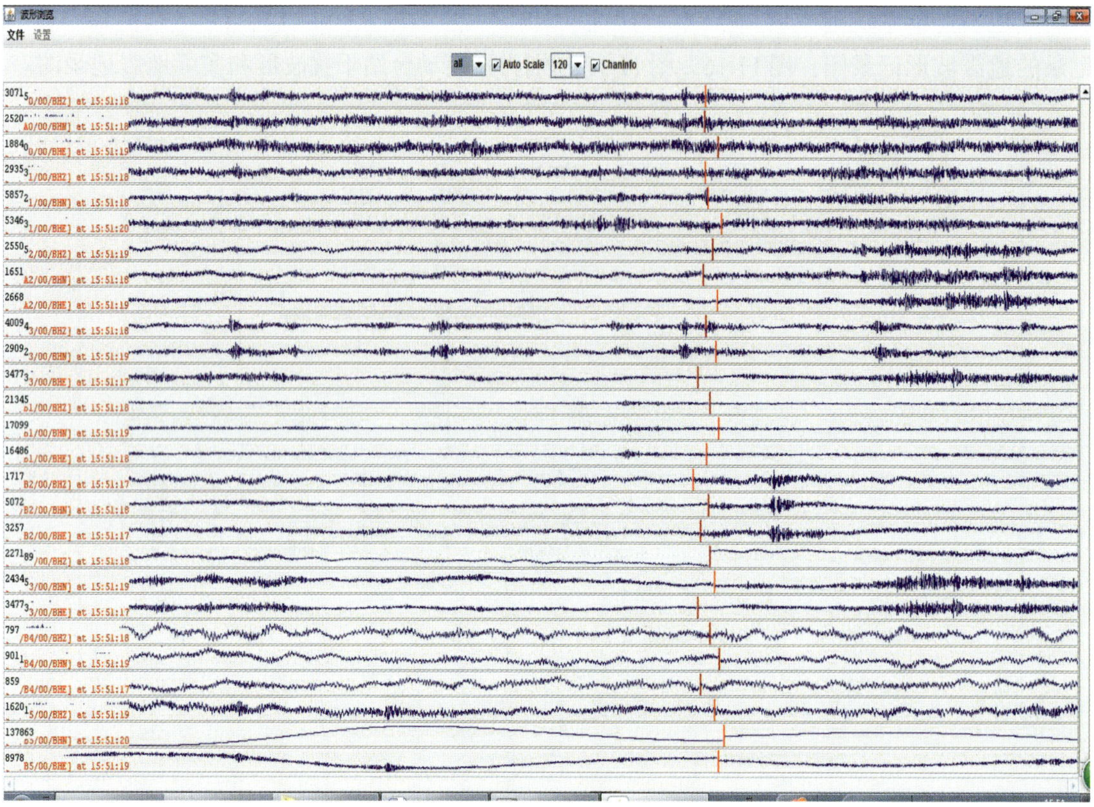

图 11.12　台阵实时数据监控图

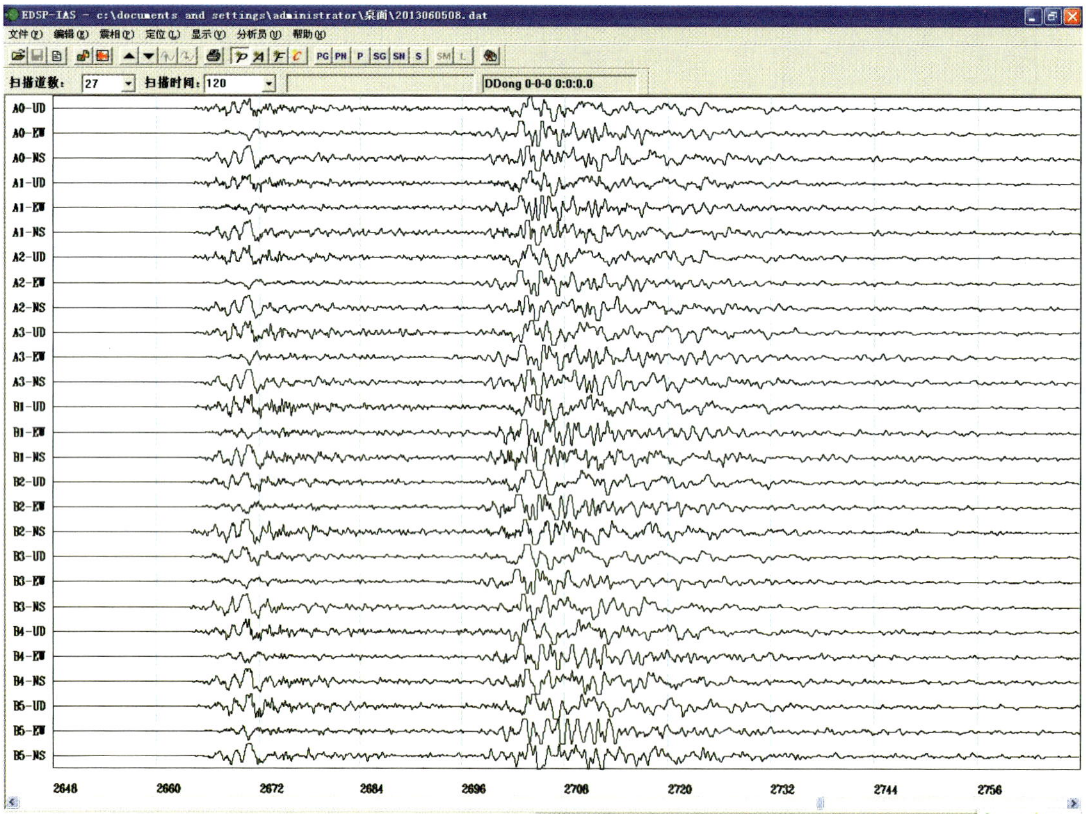

图 11.13　2013-06-05 08:43:36 青海省海西州（37.6°N，95.9°E）Ms5.0 地震波形记录图

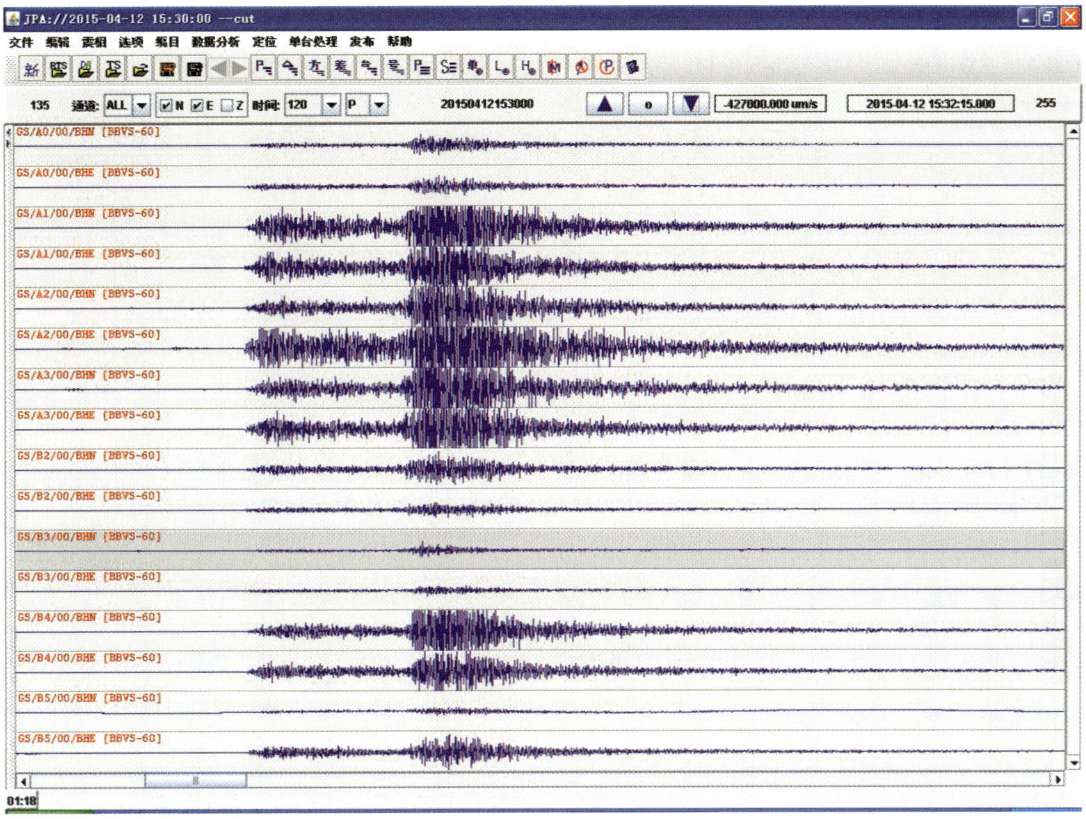

图11.14　2015-04-12 15:32:17甘肃省酒泉市玉门市（39.8°N，96.5°E）Ms3.0地震波形记录图

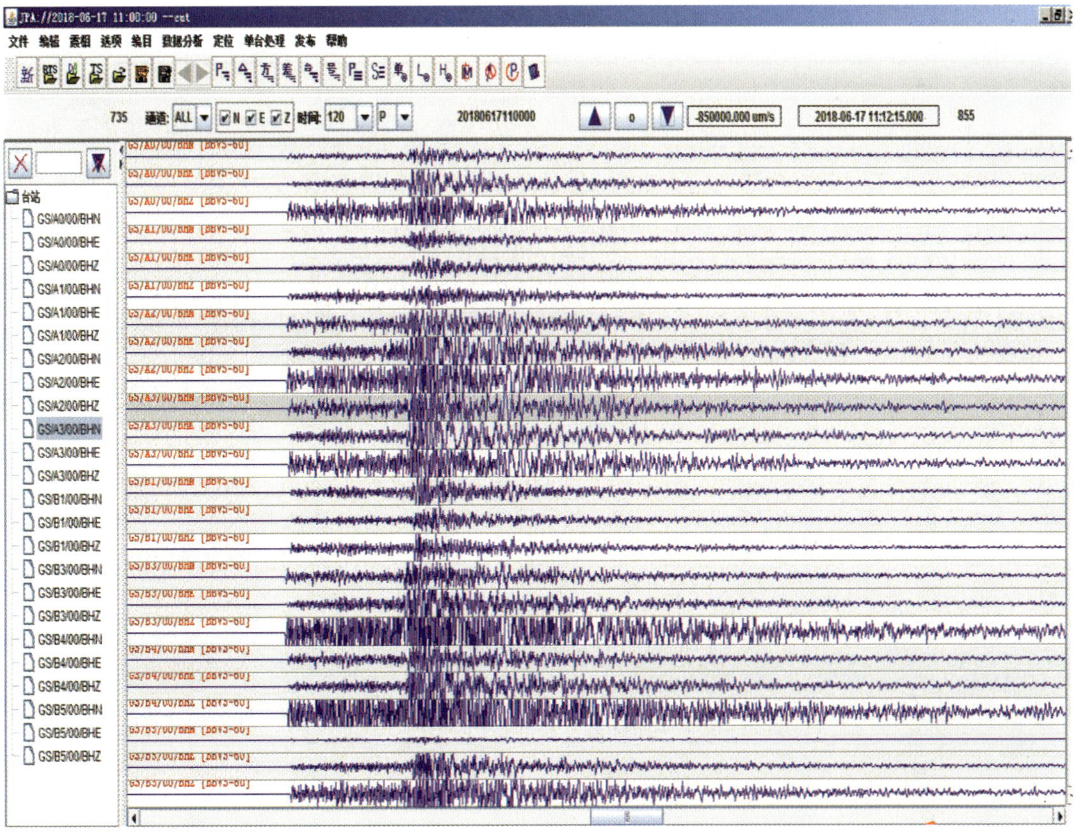

图11.15　2018-06-17 11:12:13甘肃酒泉市阿克塞县（38.87°N,94.93°E）Ms4.5地震波形记录图

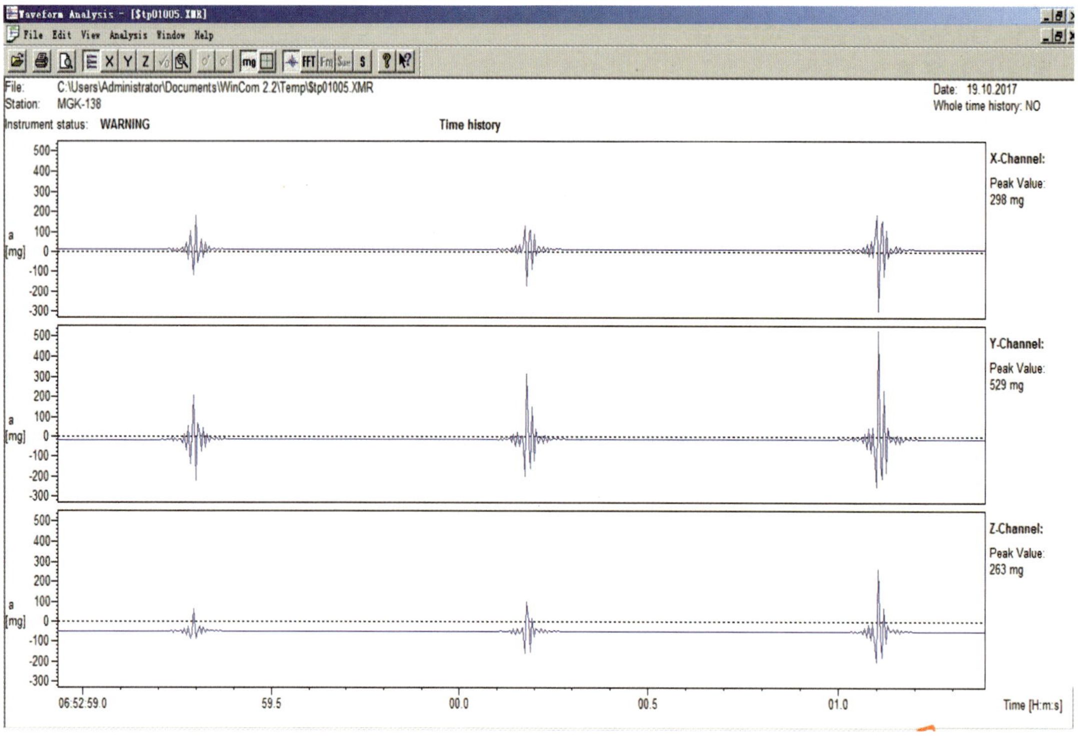

图11.16 2017-10-19 14:00:00 138窟强震动干扰波形记录图

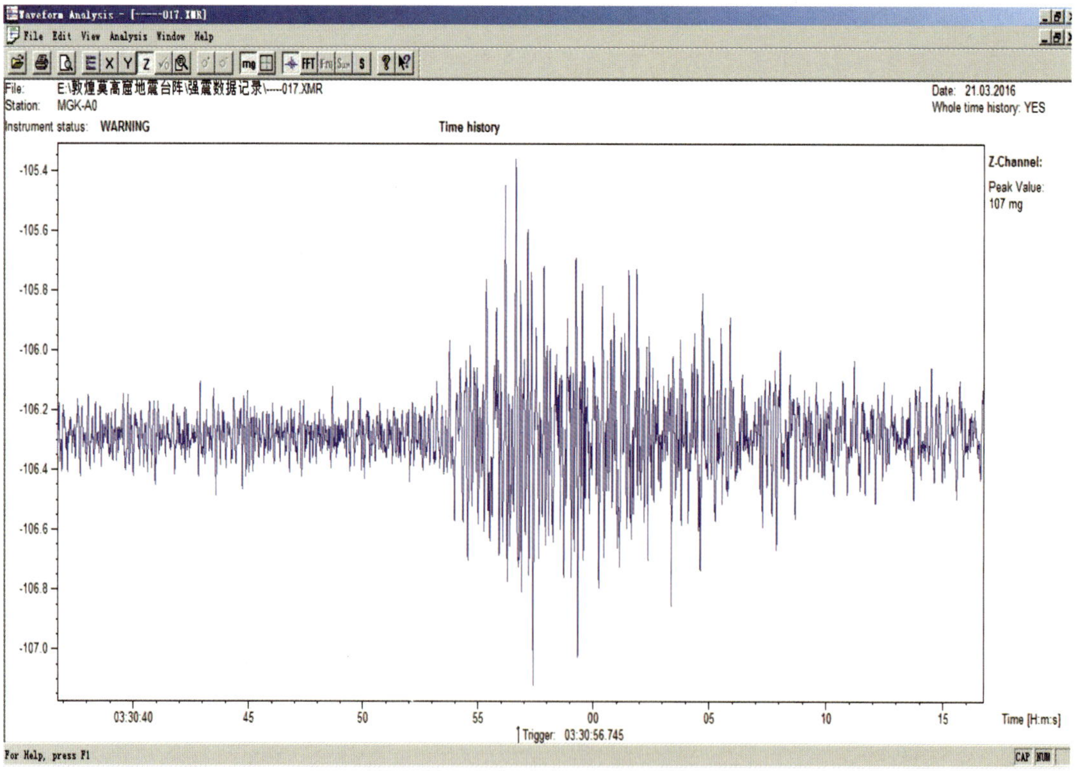

图11.17 2016-03-21 11:29:32甘肃酒泉市金塔县（40.27°N，98.22°E）Ms4.7地震A0强震台Z方向波形记录图

第十二章　石窟文物震害防御对策

我国的石窟文物总体上正处于高危时期，由于缺乏科学的保护理念，技术手段相对滞后，力量薄弱，遭受到严重威胁与破坏的趋势仍难以遏止；对石窟文物保护事业发展战略研究不够，处境比较被动，不能适应实际需求；尚未形成完整的多学科交叉的科学体系，研究成果较为零散，技术集成水平不高，缺乏必要的技术规范；加之长期投入不足，有限的科技成果未能得到及时有效的推广应用，专业人员缺乏，基础建设严重滞后。同时，我国石窟文物保护事业目前正面临着难得的历史性机遇。在全面建成小康社会和实现中华民族伟大复兴的进程中，石窟文物作为重要社会发展资源的价值日趋凸显，在当地正逐步成为区域经济发展的重要驱动力量。石窟文物的保护也已经普遍被纳入到经济与社会可持续发展的预期之中。

2016年7月28日，习近平同志在唐山抗震救灾和新唐山建设40年之际，就加强防灾减灾救灾能力建设发表重要讲话。他强调，同自然灾害抗争是人类生存发展的永恒课题，要更加自觉地处理好人和自然的关系，正确处理防灾减灾救灾和经济社会发展的关系，不断从抵御各种自然灾害的实践中总结经验、落实责任、完善体系、整合资源、统筹力量，提高全民防灾抗灾意识，全面提高国家综合防灾减灾救灾能力。习近平同志提出，要总结经验，进一步增强忧患意识、责任意识，坚持以防为主、防抗救相结合，坚持常态减灾和非常态救灾相统一，努力实现从注重灾后救助向注重灾前预防转变，从应对单一灾种向综合减灾转变，从减少灾害损失向减轻灾害风险转变，全面提升全社会抵御自然灾害的综合防范能力。这为我们开展石窟文物的防灾减灾指明了方向。石窟文物具有不可再生性，一旦破坏是不可逆的，因此尤其要加强灾前预防，努力将灾害风险降到最低，同时要注重石窟文物的综合减灾（图12.1）。

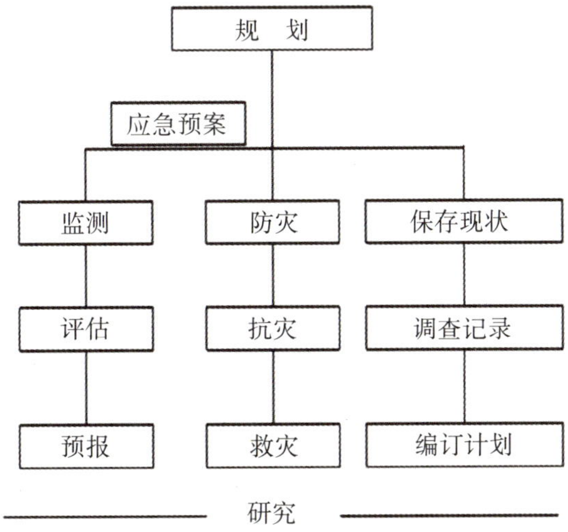

图12.1　石窟文物防灾系统框图

石窟寺保护的实质就是探讨石窟文物与自然环境、文化环境、管理机构、服务设施、旅游者等方面的相互协调和统一，最大限度地保护和延长其天然工作寿命。面对自然灾害日趋严峻的形势和各种人文因素的不良影响，加强综合防灾减灾系统工作十分迫切，非常必要，文物行政主管部门要加强与地震、地质、气象等相关部门的联系与沟通，及时掌握当地自然地理、气候、地震危险性等方面的准确信息资料，为文物防灾提供依据。同时，要做好增强灾害防范意识的日常宣传教育工作，使文博工作者和相关人员树立防灾意识。在此基础上，构建石窟寺文物防灾减灾体系极为重要，着力打破领域界限而做好顶层设计，既强调文物领域的发展，更注重总体协调，建立信息资源共享体系、法律法规体系、技术标准体系、应急防灾管理体系、人才保障体系，为石窟文物的震灾预防提供坚实的基础保障。

12.1 灾前防御对策

灾前防御是防灾减灾中最重要的阶段，是减轻灾害损失的根本性保障，要立足于从体制和机制上完善防灾减灾综合防御体系。

1. 实施科学调查评估行动，开展系统的、跨学科的文化遗产保护发展战略和防灾规划

通过一系列保护规划专项研究，遵照“抢救第一、保护为主、加强管理、合理利用”的文物工作方针，做好石窟寺环境地质条件的调查、勘测和评价工作，深入开展石窟崖体及其加固工程附属建筑物地震稳定性研究；进一步研究各种人文因素在灾害形成中起作用的方式和途径，研究各种人文因素对石窟病害的影响程度、方式和途径；大力加强保存与修复的基础科学研究。

2. 加强对石窟文物保护相关政策的研究，并加以落实

必须防止石窟遗址的进一步退化，控制经济发展对遗址的负面影响，在保护和利用之间取得平衡，尽量挽回遗产真实性和完整性方面的损失，确保遗产保护与管理的必需条件及资源。

3. 实施监测及安全预警相关技术行动，提升文化遗产保护的安全防范能力

对自然变异的监测减灾是先导性措施。应逐步建立和完善石窟岩体地质灾害的动态监测设施和环境质量监督监测体系，加强对崖体裂隙、密集洞窟的相互关系及变化情况，现有附属建筑物的加固作用和自身位移的长期监测工作；对于环境振动对石窟文物的影响也要进行必要的监测。

充分发挥“莫高窟地震监测系统建设”项目的效能，大力提升对莫高窟地震安全性分析、环境振动对窟体及文物的影响评价等方面的成果产出，为文物防震、景区规划、客流控制、应急避险等提供科学依据。

4. 加强石窟文物灾害风险评估和文化遗产保护的标准化建设

灾害风险评估是为了判别可能遭到自然灾害消极影响的区域，从而制定对这些敏感区域的保护措施。石窟文物应当进行的灾害风险评估主要针对地震灾害、洪涝灾害、火灾、气象灾害以及人为灾害影响评估。

建立以领导和有关专家为核心的减灾防灾决策系统。病害整治方案实施之前，应从技术可行、经济合理、实施可能等各方面进行多学科、多部门的专家联合论证工作，注意各种病害成因之间的相互联系和相互作用，提高防灾减灾的可靠性和科学性。

建立我国石质文物保护工程前期勘测的技术标准，石质文物保护工程室内测试技术规范和石质文物保护工程稳定性评价的方法及标准，为石质文物保护工程规范化的操作提供一个可以参照的定量标准。

5. 科学编制地震应急预案

为预防、及时处理和解决石窟文物所在地发生地震时的各种问题，必须编制应急预案。应急预案的内容可按照《国家文物局突发事件应急工作管理办法》中的规定确定。深入而细致的应急预案是使地震的破坏程度和灾后影响最小化的关键条件。要把保障游客和工作人员的生命安全以及文物安全保

护作为应急工作的出发点和落脚点，最大限度地减少地震灾害造成的人员伤亡和财产损失。2017年8月8日四川九寨沟7.0级地震导致景区游客死亡30人，大量游客受伤，均为滚石击中或应急避险不当所致，可以预计若地震发生在白天，由于人员密集，将造成重大人员伤亡。因此，在编制地震应急预案时，也要科学制定游客紧急疏散和防灾避险方案，尤其是要完善大客流应急接待预案。

6. 建立包括石窟档案、病害防治及环境监测数据在内的综合信息系统

利用信息技术和现代传播技术，通过对信息系统的设计，收集窟区灾害环境信息、人文经济信息以及洞窟的开凿年代、艺术价值、几何尺寸、围岩特性、裂缝分布、工程措施、科学试验、石窟病害及诊断分析、灾害防治及文物修复、窟内小气候观测等方面的基础资料，建立数据库并实现信息的处理、存贮、管理、检索和传输等多种功能。综合信息系统的建立，对于全面反映灾情，确定防灾目标，优化防治方案，评价减灾效益，加强信息交流，具有重要作用。

7. 正确处理文物保护与旅游开发的问题，理顺管理关系，规范文物单位的管理

文物事业与旅游业本分属两个不同的范畴，有着不同的活动准则和利益目标，有着不同的运作方式和工作规律，正确处理和协调文物保护与旅游开发之间的关系，就要特别遵循文物保护的客观规律和要求。

合理调整窟区人类经济活动，加强环境管理，强化石窟管理机构职能；完善石窟开放管理制度，严格执行有关法规。最为重要的是民众的文物保护意识。历史文化遗产的保护，最终还是要依靠当地民众对历史文化遗产的珍视和参与保护的自觉行动。因此要加大力度做好文物保护的宣传和教育工作，深化民众的文物意识，把文物的价值观念与作为可利用的资源结合起来考虑，达到全民的共识。由被动的执行政策变为与自己切身利益相结合的自觉行动来保护文物和环境。

8. 重视文物环境的保护

文物环境包括自然环境和人文环境两部分，文物所在的自然环境是文物赖以生存的基本条件，是文物的载体，而人文环境是文物遗址不可缺少的组成部分。近年来，由于文物自然环境质量的急剧恶化，加剧了文物的劣化速度，甚至对文物造成毁坏的例子屡见不鲜。因此，要想很好地实现保护石窟寺遗存及其历史环境的完整性，保存石窟寺遗存的真实性以及保持石窟寺遗存的延续性，文物保护工作者应密切注意文物周围的环境质量，切实重视文物环境的保护。

12.2 震时应急对策

地震发生后的短暂时间内石窟文物的震时应急对策研究分为三个时间段：

（1）为主震刚刚发生的短暂时段。在这个时段，石窟文物不但刚刚遭受第一波灾难打击，还时刻面临着自然和人为的极大威胁。在第一时间及时到达受灾现场对文物进行灾害普查和临时紧急处置，尽一切可能采取补救措施保护文物，并及时向社会公众发布信息，是该时段的首要任务。

（2）为主震发生后、文物在仅得到有限的临时救治状态下的时段，其具体时间视文物的材质、结构体系和灾难发生地气候、季节不同而异。在这个时段，遭受重创的文物仍岌岌可危，依然面临着不断发生的余震、各种次生灾害和人为的威胁，极其有限、简单的支护措施作用难以持久，抗水害能力较弱的东方文物建筑遇上高温多湿或冰冻的季节与天气，会出现彩绘与壁画霉变潮解、砖石砌体冻融酥碱、大木构件变形糟朽、结构构件承载力衰减直至残存文物体彻底倾覆的后果，堪称文物的“二次灾难”。尽快有序、科学地开展文物的抢险加固工作，遏制文物灾情进一步恶化发展，是该时段的首要任务。

（3）为文物在经过抢险加固之后的时段。震后文物虽经过了抢险加固，但其结构体系仍处于被破坏的状态中，相当部分受损结构体不能正常发挥其功能，结构的稳定靠在抢险加固阶段所附加的支

撑、加固物来实现，文物在整体上是病态的，且这种病态会随着时间的延续而继续发展，使文物无法承担起服务社会、教化民众的使命。处于这种状态下的文物，其生命时段会大大缩短。尽可能早地对其进行全面修复，根除其病害，早日实现对社会公众开放，是该时段的首要任务。

12.3 灾后恢复对策

文化遗产保护，特别是在地震中遭受损毁的文物建筑的抢救、保护、修复是一项科学工作，必须根据其价值，相关的历史资料，地震前文物的状况、结构特征、环境要素以及修复之后的功能，遵循中国文物古迹保护工作的程序，确保抢救、修复工作能够保护修复对象的价值，保护其真实性、完整性，并实现它在震后社会重建中的功能。

12.3.1 尽快启动对石窟文物震害的评估和修缮方案的制定

一支强大的专业队伍，有效的管理、评估机制是保证震后文物抢救、修复顺利进行的基本条件。尽快成立由相关专家和管理人员组成的工作组，展开对石窟文物受损情况的评估，制定修缮方案。

12.3.2 根据实际情况可适当保留地震记忆

地震造成的古代建筑物受损，是建筑物本身历史的一种延续，从而也会产生一种新的遗产概念——地震遗产。汶川地震北川地震遗址博物馆即为典型实例。再比如，柬埔寨吴哥的很多寺庙建筑都已成为著名的遗址，其历久产生的历史和美学价值已成为不可取代的人类文化遗产。

12.3.3 编制灾后文物抢救、修复规划

地震后的重建时期，要充分利用重建契机，在对文物受灾情况进行统计和评估的基础上，制定灾后文物抢救保护修复规划大纲，编制恢复重建经费预算，及时纳入国家灾后重建规划，为文物抗灾工作奠定坚强的法律、经济基础，是受灾区域文物管理部门灾后首先要做的重要战略部署；文物管理部门要将制定文物抢险保护方案设计的工作放在首位，同时，也应把受灾文物保护单位保护规划的制定工作放在同等重要的位置来抓，从而优化文物的生存环境。

12.3.4 加强国际合作

“5 · 12”地震造成的严重人员和财产损失引起了国际社会的广泛关注。在文化遗产抢救和保护方面有关国际组织和机构也对我国的震后文化遗产抢救和修复给予了各种方式的支持。这方面国际合作同样也促进了保护技术的交流，提高了震后文物抢救、修复的水平，值得借鉴和发扬。

12.4 工程技术措施

12.4.1 目前国内石窟加固情况

目前石窟的加固方式有多种，可根据石窟的结构和工程地质条件采用单一或多种方法结合进行加固。近年来，石窟加固大体可概括为三种方式：重力挡墙加固、锚杆加固、化学材料灌浆加固（表12-1）。

表12-1　石窟的加固方式

石窟名称	加固方式
莫高窟	重力挡墙加固,梁柱支顶
云冈石窟	化学材料灌浆加固
龙门石窟	化学材料灌浆、钢筋锚杆加固
麦积山石窟	喷锚支护、化学材料灌浆加固
榆林窟	锚索+PS、化学材料灌浆加固
西千佛洞	重力挡墙加固
炳灵寺石窟	锚杆加固
响堂山石窟	化学材料灌浆、锚杆加固
广元千佛崖摩崖造像	混凝土框架支顶、化学材料灌浆、锚杆加固
北山摩崖造像	化学材料灌浆加固
宝顶山摩崖造像	化学材料灌浆、锚杆加固
石钟山石窟	锚杆、化学材料灌浆加固
须弥山石窟	化学材料聚合水泥砂浆、钢筋锚杆加固
北石窟寺	锚杆加固
南石窟寺	锚杆加固
义县万佛堂石窟	化学材料灌浆加固
彬县大佛寺石窟	锚杆加固
天龙山石窟	锚杆、预制钢筋混凝土顶柱加固

莫高窟的抢险加固工程是以重力挡土墙的形式阻止大面积的坍塌，使易损的壁画不再暴露在日晒风蚀的露天，并为以后观众参观与研究保护创造了条件。但是存在的缺点是外观的形式过于死板，加固结构也欠合理。

20世纪70年代抢险加固的麦积山石窟，其危险程度不亚于莫高窟，加固难度更大。在搬迁保护、大柱子支撑和喷锚加固等多种方案经过长期的反复比较下，采纳了喷锚加固与裂隙灌浆相结合的方案，在不改变文物原状方面比莫高窟加固工程进了一步。但也存在水泥层掩盖了建筑梁孔遗迹，钢筋混凝土外壳加大了窟内的湿度等问题。

在龙门、云冈石窟防止崩塌的加固工程中，更注意少改变石窟原貌，按“修旧如旧”的要求进行化学灌浆、补砌等方法，应该说这又是一个进步。裂隙灌浆是砂砾岩（石窟大多开凿于砂砾岩）加固工程的重要组成部分，它不仅可以防止大气降水沿裂隙渗入洞窟内破坏壁画，而且可以与其他加固工程相配合，增加岩土的整体性和结构的整体性，特别是岩体的薄弱部分，使岩体的结构面得到较大的增强，最大限度地利用或提高岩土原有的性能，有效地增强岩土体自身的抗破坏能力[1-7]。

为防止石窟岩体的坍塌和滑动而进行的加固主要是采用大型块石砌体或浇灌混凝土挡土墙，以防止石窟岩体裂隙的发展，防止悬崖坍塌。但由于它难以保持石窟原貌，易破坏石窟原有的历史遗迹，现在已很少采用。目前使用较为普遍的是喷锚加固技术，它适合于加固已松弛、多裂隙、洞窟众多而岩石破碎的石窟岩体。但是它仍会局部改变石窟的外貌和掩盖一些历史遗存。

对于石窟的洞崖开裂、崩塌等加固保护的另一个方法是灌浆黏结。目前，使用的灌浆黏结材料主要有丙烯酸酯类、环氧树脂类及无机化学材料等。对材料性能要求接近于被加固岩石的物理力学性状，并要求材料的黏结性好，黏度低，可灌性好，室温下可固化，符合耐久性、耐冻融、耐水性等要求。

我国西北的古丝绸之路上，遗存着大量的石窟遗址，并且石窟寺分布在高烈度地区和地震多发区。这些石窟的岩体大多属于砂砾岩，而且大部分为泥质胶结，如敦煌莫高窟、麦积山石窟和炳灵寺石窟等。由于这些石窟的砂砾岩体的胶结物大多是遇水易崩解的泥质，有些又含有较多的遇水后极易膨胀的黏土矿物，因此使得这些石窟的砂砾岩岩体孔隙大、松散、力学强度很低。化学材料灌浆能够改变黏土矿物的物理性能和工程性能。

但是对于石窟这样的加固对象并不是只要考虑到抵抗地震的破坏这一单一的因素，还要考虑到石窟维修加固的“不改变文物原状的原则”，这是需要精心研究的，不是轻易就能决定“是”或“非”的。这就要求我们在未来石窟抗震加固的过程当中要充分考虑各种因素，充分考虑石窟这种加固对象的特殊性。

12.4.2 石窟文物抗震防护加固的原则

石窟保护区病害危害对象主要是石窟文物资源，石窟保护区往往又是旅游区，石窟病害危害对象还有游客、旅游设施和交通安全。要结合当时当地实际，努力贯彻文物保护的原则。

1. 文物保护治理应遵循“不改变文物原貌、修旧如旧”的原则

要充分体现文物保护的“不改变文物原貌”原则。把保护的重点放在预防石窟自然环境遭受破坏或恶化的方面上，但通过对环境的综合治理，又不能破坏其周围的自然风貌；对暴露在外的工程设施要进行隐蔽处理，力求自然和谐，以达到“修旧如旧”、尽量保持原貌的目的。同时，通过保护要使石窟的历史、文化、科学、群众感情等方面的价值尽可能完整地保存下来，不要忽略某个方面的价值。

2. 岩体稳定保护和工程可逆原则

对于石窟区而言，石窟寺、摩崖造像、石窟壁的壁画是其宝贵的财富，但是石窟所在岩体是其主要载体，因此，石窟围岩的保护是保护的主要对象，岩体稳定性保护工程应遵循 “最小干预”原则，其体量、色彩、形制应与文物环境相协调，并明确其控制要求。治理加固工程应保证被加固的岩体在受力时岩体结构的安全，同时还应保证被加固后的危岩体在外力作用下受力均衡，避免产生应力集中。根据石窟岩体病害的严重程度和窟区的具体情况，突出重点，有针对性地设置工程；但一切维修的措施应该是可逆的，不应妨碍后人采取进一步的保护措施。

3. 适当提高地震设防烈度和注意考虑地震影响方式的原则

石窟和文物加固工程属永久性工程，故设计时应适当提高地震烈度进行设防，特别是对国家重点文物保护单位，设计时都应将地震烈度提高一度进行设防。

远距离地震波具有长周期、低频率、持续时间长的特征，而近距离地震波具有短周期、高频率、持续时间短的特征。石窟的抗震防灾不但要重视近震对石窟的影响，区域远震活动的影响更不容忽视。

大部分石窟主要开掘在丹霞地貌和河谷地貌中，窟区地形陡峭，地形比高较大。特殊的地形地貌条件不仅是石窟产生许多不良地质现象的一个重要原因，也会对未来石窟的地震稳定性带来负面影响。另外，特殊的地形条件对地震加速度有明显的放大作用，不利于石窟的抗震稳定性。所以在石窟及其附属建筑物加固过程中应考虑地形地貌的不利影响。

4. 确保工程在可控状态下进行

精心组织施工，加强文物安全防护，确保文物安全和施工安全，加强检测，及时排除险情，使工程在可控状态下实施和发挥作用，达到既确保治理保护效果同时又节约投资的目的。治理工程应采用

锚固、支顶、灌浆、排水、防风化等综合治理措施，主次分明，力争一次根治，不留后患。

5. 现场试验，验证调整

考虑到文物的不可再生性和保护工程的重要性，治理工程实施前必须选取窟区附近相同岩性和地形条件的崖面对锚固方案的成孔、压浆工艺和锚固力进行现场拉拔试验，以试验设计方案的可行性，同时根据试验结果对设计参数进行必要的调整。修缮中如需用新材料、新工艺，则应经过对材料和工艺的科学检测证明对文物无害，保护有效后方能使用[8-9]。

6. 保障游客安全的原则

石窟区是众多游人参观游览的场所。游客的安全保障是石窟区运营管理的首要目标。避免地质灾害对游客的危害，保证游人生命财产安全是石窟区防治的重点，在治理方案中应予考虑。

12.4.3　工程防护技术措施

中国石窟历经千百年的漫长岁月，由于受到各种自然营力（地震、河流冲刷、地下水侵蚀、大气降水、风蚀等）的长期作用和人类活动的影响，绝大多数石窟岩体遭到不同程度的破坏，石窟岩体病害的类型和产生原因千差万别，因此针对不同的病害类型和产生原因所采取的治理措施也不尽相同。对于存在节理裂隙的石窟岩体而言，它不仅受到地应力、地下水等诸多不利因素的影响，特别是在地震力的扰动情况下，石窟岩体的破坏是难以估量的，石窟的病害治理要综合考虑诸多因素。

1. 危岩体病害的治理措施

窟区内的岩体是石窟的载体，只有保持岩体的稳定，才能保证石窟的稳定和安全。由各种构造面相互切割形成的危岩体在各类石窟窟区普遍存在，是石窟岩体病害最常见的一种病害形式，其不仅对石窟和文物的安全构成了极大的危害，而且对工作人员及游客的生命财产安全也构成了极大的威胁，危岩体加固是石窟岩体加固的最主要内容之一。其工程治理措施主要分为锚固措施（锚杆和预应力锚索）和局部支顶措施两大类（图 12.2、图 12.3）。

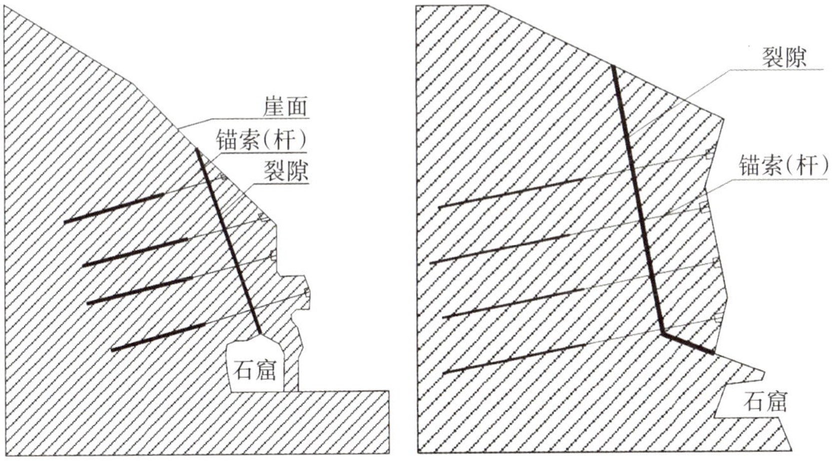

图 12.2　锚索（杆）加固石窟危岩体示意图

（1）锚固措施

预应力锚索主要用于锚固体积较大的危岩体，由于它具有结构简单、施工安全、锚固力大、对坡体扰动小等诸多优点，近年来不仅广泛应用于水利、矿山、公路、铁路等诸多领域，而且在文物保护领域也得到了广泛的推广应用，成为石窟岩体加固的最主要技术措施。

（2）局部支顶措施

部分石窟和古建筑区的下方岩体中存在有岩洞、溶洞或由于部分窟区岩性较软，尤其是沙层、泥岩等软弱夹层遇水易崩解，长期经受雨水冲刷和洪水掏蚀，在坡脚部位或其他部位形成多处悬空或空洞，加剧了坡脚的应力集中状态，造成上部岩体失去支撑，加之边坡陡立甚至局部反倾，在上部岩体自重、地震力和其他综合因素的影响下，上方危岩体产生倾倒、崩塌、下错或坠落，给洞窟和文物以及人员的安全均带来隐患。如不对影响上方岩体稳定的部位进行有效支顶而仅采用锚固措施进行加固，将会造成锚固工程量增大，同时对岩体的完整性造成不利影响，难以保证整个岩体的安全。因此可在洞窟密集部位设置局部支撑结构，以提高该处岩体的稳定性，并防止因岩体下错剪断锚索。局部支顶措施包括浆砌片石支撑墙、钢筋混凝土支撑墙、钢筋混凝土立柱等多种形式，采用何种形式应根据现场具体情况而定，其基础一般应下到稳定的持力岩层。

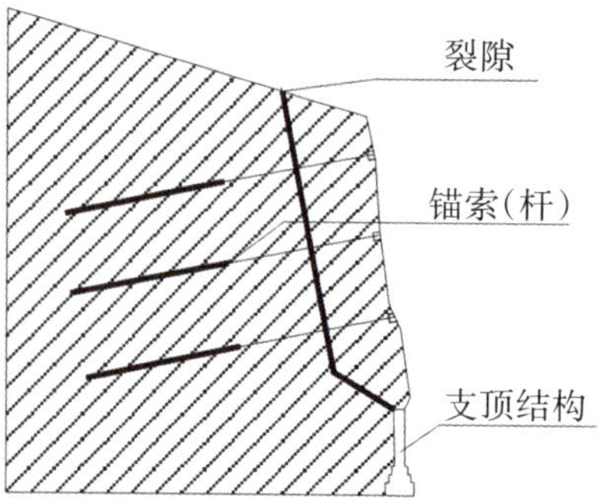

图 12.3　支顶结构—锚索加固石窟危岩体示意图

2. 危石病害的治理措施

由于危石体积一般较小（图 12.4），因此危石病害的治理措施原则上采取就地清除的方法。对少数情况下坡面比较破碎和危石成群出现时，也可采取喷锚挂网或挂柔性网的治理措施，但在石窟岩体加固工程中，却不宜采取喷锚挂网或挂柔性网的治理措施，因为它不符合“修旧如旧、不改变原貌”的文物修缮原则，因此对上述少部分不易清除或清除后影响景观原貌的较大危石应采取微型抗剪锚杆就地锚固和砂浆灌注黏结的治理措施。

危石就地清除的措施虽然比较简单，但应特别注意以下几个方面的问题：

（1）危石清除前应首先对下部石窟和文物进行遮蔽。由于危石已与母岩完全脱离，且一般位置较高，清除过程中一旦不慎掉落砸到石窟和文物上，则会对石窟和文物造成不可挽回的破坏，后果不堪设想；而危岩体加固过程中对石窟和文物造成危害的主要是施工粉尘污染及钻孔偏斜等方面。因此危石清除的文物遮蔽方法与危岩体加固的文物遮蔽方法有较大不同，不仅要进行粉尘防护遮蔽，更主要的是要进行防砸遮蔽，一般先用塑料薄膜或彩条布加薄竹板或薄木板对石窟和文物进行粉尘防护遮蔽，然后在危石清除的下方采取加密脚手架和铺设加厚木板的防砸遮蔽措施。

（2）在清除较大的危石时，可先用搭设脚手架对其进行固定，然后就地将危石破碎成较小的块体再进行清除。

（3）对少部分不易清除或清除后影响景观原貌的较大危石采取微型抗剪锚杆就地锚固时，由于危石的破坏模式为滚落、剥落或脱落，抗剪力较大，因此对危石进行就地锚固时应一律采用抗剪锚杆。

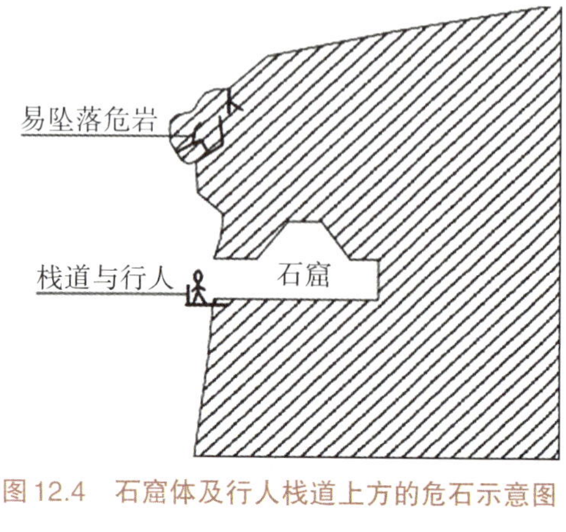

图 12.4　石窟体及行人栈道上方的危石示意图

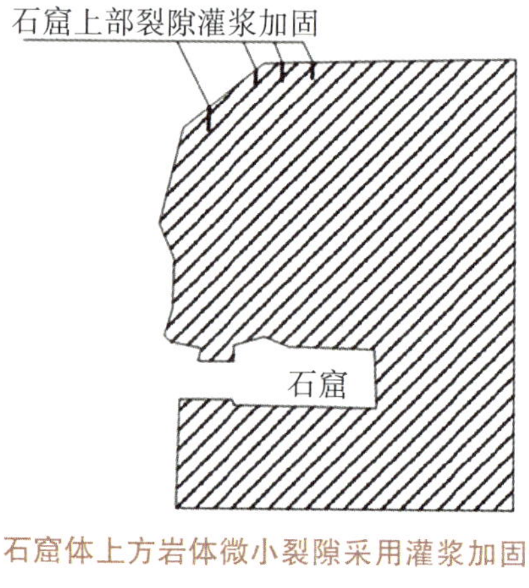

图 12.5　石窟体上方岩体微小裂隙采用灌浆加固示意图

3. 岩体裂隙病害的治理措施

石窟窟区岩体多组裂隙的存在和相互切割往往使得窟区岩体的整体性遭到严重破坏，在不同部位形成危岩体、危石或切割洞窟，威胁洞窟和佛龛、雕像的安全，同时，又是大气降水向岩体深部渗入的通道，使岩体的潮湿程度增大，从而加速风化，所以应对裂隙进行灌浆充填。

裂隙灌浆充填是一项非常细致的工作（见图12.5）。因岩体裂隙发育，裂隙纵横交错，要合理安排锚固和裂隙灌浆的顺序，防止长大贯通裂隙因浆液的静动压力对岩体造成新的破坏和漏进窟内对文物造成污染。该项工作应在岩体锚固张拉锁定之后方可进行，首先对岩体裂隙采取表面封闭、防止跑浆，然后内部灌浆充填。

由于裂隙相互切割串通，为防止浆液沿裂隙流入窟内污染壁画、石雕，在注浆前应对窟内裂隙进行细致的封堵，同时在施工过程中由专人在窟内监护，以确保万无一失。

4. 洞窟的加固措施

对于石窟洞室的加固，首先要从分析洞窟的应力分布和稳定性着手，要特别注意软弱结构面和窟顶岩体在二次应力作用下受压缩、拉伸、弯曲、扭转、剪切而破坏，引起局部岩体的滑移、掉块、塌落。它与围岩的物理力学性质和应力场的调整有关，并相互影响、相互作用。所以，设计途径是搞清楚洞窟围岩的变形破坏规律，找出可能发生塌落、掉块、滑移等部位，进行稳定性分析和计算，随后提出加固方案。应特别注意洞窟顶部的岩层结构、厚度、物理力学特性以及洞窟断面形状。它们是影响稳定的主要因素。如对于坚硬的块状岩石，一般情况下计算其压力仅是危岩或滑移体的重量。而对于破碎、存在较多裂隙的岩体来说，则要找出软弱结构面的位置和围岩松动圈的深度。松动区域的形状和分布是受顶部岩层结构、厚度与洞窟断面尺寸的控制。对于不同的洞窟情况采取不同的处理措施：

（1）洞窟分散，窟形基本完整，位于陡崖下部的情况：可以锚固为主，锚固深度一般要穿过主裂隙面，锚入稳定岩体1m为原则。间距要根据锚固拉拔试验而定，同时应考虑岩体破碎的程度，适当调整间距。

（2）洞窟密集，前室基本塌毁的部位或者窟顶极薄，窟内裂隙发育的情况：可以挡墙支顶为主，锚固为辅。有考古依据的部分要慎重地恢复其前室形状。为了结构安全的需要，可以钢筋混凝土来建造洞门墙，或以少量锚杆将洞门墙与岩体连为一体，使洞窟的局部复原与加固结合起来。

（3）对洞窟前部坍塌，原貌无从考证时：多数情况下是保持现状不添加新的东西。但如果不加保护有可能损害石窟的整体安全或损害窟内的壁画、塑像等易损文物时，可采取修建窟檐或者参照保存完好的其他洞窟，恢复前墙或后墙，窟外要与自然山体形状和谐一致。

洞窟外部受到雨水冲刷的地段，要采取疏导，截流等办法，尽量把直接冲刷洞窟的水流引导到它出。洞窟内有渗水，甚至有泉水侵蚀地基、壁面的，则需采用导、引、堵或降低地下水位的方法，先处理好水的危害后，再做基础加固或裂隙灌浆的工作。

5. 对陡崖边坡的加固

总体上采用排水、稳脚、抗滑、锚固、支挡、补强、消塌等综合治理手段。在充分计算论证的基础上，进行抗震设计。具体方法有：

（1）对河水冲刷崖坡角的加固：当崖坡底基础被水冲刷掏空时，便形成崖坡失稳条件。应沿陡崖坡角构筑防冲刷挡墙。可用浆砌块石或混凝土构筑，后部要填土，也可利用大滚石作为挡墙的一部分。既利用自然景观，又减少工程量。

（2）对破碎岩体整体稳定性差部位的加固：可采用抗滑桩加锚拉杆的综合方法。抗滑桩采用钻孔钢筋混凝土灌注桩，桩顶附近加锚杆拉结，锚杆的设置要求在未风化基岩内。

（3）对高陡边坡的加固：使用锚杆加长锚索加固软岩边坡。边坡疏干排水减压，坡顶地表排水，喷射混凝土护坡。尽量不扰动原有岩体结构，采用增强岩体结构的方法加固。

6. 崖面风蚀病害的治理措施

部分石窟所在岩体（砂砾岩、砾石层、泥岩等）以泥质胶结物为主，强度低，抗风化、抗大气降水侵蚀和抗风化能力极弱，风化深度1～2m，直接影响岩体的稳定。由于工程直接实施于崖面之上，为了达到既保护岩体又不对文物景观造成太大影响的工程效果，针对部分石窟窟区气候条件干燥少雨的情况，崖面防风化（尤其是砂砾岩、砾石层的崖面）可采用喷洒敦煌研究院李最雄博士等人发明的PS材料进行渗透加固的治理保护措施。

7. 窟顶危岩体塌落病害的治理措施

部分大型石窟（如甘肃省瓜州县榆林窟6号大佛窟、甘肃省永靖县炳灵寺169号窟、甘肃省武威天梯山13号窟、甘肃省张掖马蹄北寺3号窟、甘肃省庆阳北石窟寺165号窟等）岩体被多组裂隙切割成块状，风化严重，已经形成了多块危岩体，直接威胁下方文物的安全；同时地下水发育，多见渗水点出露，长年有水流出，冲蚀洞窟所在崖面，形成沟槽，加速岩体风化，破坏岩体的稳定性。渗水增加了窟内湿度，危害壁画，加速了岩体风化，在地震力作用下极易塌落。应在加强观测的基础上根据病害的发展状况实施动态设计，并随时根据实际情况对原设计进行调整补充。大型石窟窟顶危体塌落病害的治理措施应采用包括窟外坡面吊梁吊顶（薄顶石窟）、轻型钢混凝土支撑梁（厚顶石窟）、上吊锚杆和上吊锚索等综合技术措施来加固窟顶，以增强洞窟自身强度。

8. 滚石灾害防护技术对策（一种用于滚石灾害柔性防护系统的缓冲装置）

窟区内所在山体是石窟的载体，只有保持库区岩体的稳定，才能保证石窟区的稳定和安全。由各种构造面相互切割形成的危岩体在各类石窟窟区普遍存在，是石窟岩体病害最常见的一种病害形式，其不仅对石窟和文物的安全构成了极大的危害，而且对工作人员及游客的生命财产安全也构成了极大的威胁，对危岩体加固和防护是石窟岩体加固的最主要内容之一。

由于危石已与母岩完全脱离，且一般位置较高，一旦不慎掉落砸到石窟和文物上，则会对石窟和文物造成不可挽回的破坏，后果不堪设想；因此石窟区要进行防砸遮蔽。为此本项目人员发明了一种用于滚石揉性防护系统的缓冲装置（一种簧胶式二级受力缓冲器）。

【背景技术】

目前，滚石灾害越来越受到地质灾害防治领域的重视。在众多防治滚石灾害的方法中，滚石柔性防护系统能够通过自身的位移、变形和振动等方式有效地消减滚石撞击该系统时所携带的能量，并以较高的滚石防护效率而著称。目前，国内外有多种滚石柔性防护系统被研制出来[10-11]，其中最为著名的有瑞士布鲁克（GEOBRUGG）公司研制的钢绳拦石网技术[12]。该项技术被广泛应用于欧美各国，并在全世界范围内有很多成功的应用实例。为了使拦石网具有较强的消能效果，该技术考虑了以下4项专门的设计：第一，用于支撑网片的斜柱有一个具有单向铰的柱脚，即斜柱可以顺着坡向转动；第二，将事先设计好的网片悬挂在钢绳上，并与相邻的斜柱相连接，进而形成具有很大允许变形的钢绳拦石网；第三，每一根斜柱的上端由一条拉索牵引着，而拉索的另一端与埋设在上方坡体内的短锚杆相连接；第四，在拉索中（有时也可在用于支撑拦石网的钢绳中）的某一段接有一个摩擦制动环，其目的是用于整个防护系统的缓冲和消能。据分析，当滚石砸向钢绳拦石网时，拦石网本身的较大变形和斜柱的转动可消减滚石所携带的部分机械能。很明显，斜柱的转动允许幅度大部分取决于钢绳拉索的柔性。而目前钢绳拉索上的制动环（图12.6）主要起到缓冲和制动的作用。虽然上述钢绳拦石网系统有较好的滚石防治效果，但其中的摩擦制动环还有多处不足。

（1）缓冲效果较差

瑞士布鲁克公司所用的摩擦制动环是一个单管环状结构，当拉索承受的拉力使管体与箍紧器之间发生相对滑动后，摩擦制动环开始收缩。在弹性范围内摩擦制动环可以发挥其防护功能；当拉索中的拉力大到一定程度时，管体将发生不可恢复的塑性变形，甚至被拉直。由于摩擦制动环的设计不是十分合理，致使可用于缓冲的弹性变形十分有限。当管体发生了部分不可恢复的变形后，摩擦制动环的缓冲性能更是大大降低，进而会使整个柔性防护系统失去应有的防护功能。

（2）造价较高

由于仅靠管体环状结构难以达到理想的缓冲要求，布鲁克公司曾不断利用改善材料质量的途径来提高摩擦制动环的消能和制动效果。结果必然导致这一产品造价大幅度提高。

（3）容易损坏

尽管摩擦制动环的造价较高，但它所处的受力特点并没有使其发挥出应有的材料性能。当拉索中的拉力过大时，管体将发生部分不可恢复的塑性变形，进而使整个系统失去应有的防护功能。甚至在有的情况下整个管体被拉直而必须马上更换。关于摩擦制动环易于损坏的问题，已在许多有关论文和现场试验中表现出来，其中较多提到的是：布鲁克公司钢绳拦石网系统中的摩擦制动环相对于其他部件来说更容易损坏而需要较为频繁的更换。

【发明特点】

本发明的目的是针对现有的拦石网缓冲系统中存在着消能效果差、造价高和容易损坏等问题，提出了一种具有消能效果好、造价低、不易损坏的簧胶式二级受力缓冲器，以便用于滚石灾害防治的柔性防护系统。

本发明给出了一种用于滚石柔性防护系统的二级受力缓冲装置，包括：一个弹簧、一个弹簧仓（两侧分开式弹簧仓）、两个带有金属挡片的金属杆（杆两端带有一端封闭、一端半封闭的拉环）、金属杆于其上的金属挡片固定连接、两个橡胶缓冲垫片。弹簧仓两端封闭，两端封闭端各有一孔，弹簧、橡胶垫片和带有金属挡片的金属杆部分位于弹簧仓内，弹簧位于仓内两金属杆端的中间部位，两边金属杆的外端拉环是与柔性防护系统的拉索固定连接的部件。

本发明相对于现有技术（例如瑞士布鲁克公司的摩擦制动环）来说，有如下明显优点：

（1）较好的消能作用

当滚石砸在拦石网上或斜柱上时，拉索通过两端的金属拉杆使弹簧受到拉伸。若所选弹簧的弹性系数为K，长度为L，则在初始拉伸过程中施加于弹簧上的拉力F为K与拉伸量的乘积。随着拉索所承受拉力的加大，弹簧的拉伸量将加大。当弹簧欲达到最大拉伸量a时，此时金属拉杆上的金属挡片已经开始压缩弹簧仓内两端的橡胶垫片，当拉索的拉力继续增大，金属挡片、橡胶垫片与弹簧仓两端的封闭金属挡体紧贴在一起。在弹簧受拉并达到最大的拉伸量a后，拉索的拉力仍可继续通过金属挡片、橡胶垫片与弹簧仓两端封闭金属挡体挤压而使弹簧的金属仓体承受更大的拉力F。一旦当拉索承受的拉力在数值上小于Ka时，弹簧将回拉。上述这种恢复趋势可使弹簧产生振动，并在振动过程中逐渐消减滚石携带的机械能。

（2）造价较低

用于此二级缓冲装置的主要部件弹簧可根据滚石防治的要求来选择它的基本参数（如弹性模量K、弹簧长度L、弹簧最大拉伸量a等），并据此选定弹簧标准件。显然，此簧胶式二级受力缓冲器的主要标准部件是经济的。另外，在一般条件下还可以采用上油等方法进行防锈而无须较贵的不锈钢制造。

（3）不易损坏

当弹簧受到冲击而拉伸时，弹簧不仅可承受一部分拉力，而且此装置中的橡胶垫片同时也会起到消能的作用，同时可以将更大的拉力转移到弹簧仓金属体上，从而起到制动的作用，弹簧也不会受到任何损坏。

【实施方式】

如图12.7所示的可应用于各种滚石柔性防护系统中的簧胶式二级受力缓冲器10，实施的具体方法是将之与防护系统中的拉索20相连。如图12.8所示的簧胶式二级受力缓冲器10的具体实施情况。

弹簧的拉伸长度标准可以根据滚石柔性防护系统的具体设计要求来选择相应的规格和型号。弹簧仓应能使弹簧在仓中自由变动，要求弹簧仓内径不能过大，要与弹簧外径相差不大。弹簧两端的封闭拉环与金属杆弹簧仓内端的半封闭拉环相连（在安装过程中当弹簧拉环与金属杆拉环连接后封闭金属杆端拉环，以避免在受力振荡过程中拉环脱钩）。弹簧仓外端两侧的金属拉杆的封闭拉环与防护系统中的拉索相连接，当两侧的拉索相对拉伸时，簧胶式二级受力缓冲器就进入了压缩状态。

如图12.7、图12.9、图12.10所示的一种用于滚石柔性防护系统的簧胶式二级受力缓冲器10，包括一个按设计要求而选择的两端带有封闭拉环的弹簧3、一个两侧分开式弹簧仓4、两个用于缓冲作用的橡胶垫片1、两个用于与弹簧和拉索之间相连的带有金属挡体的金属杆2、相应的附件等。将分别位于簧胶式二级受力缓冲器两端的金属杆端的封闭拉环与滚石柔性防护系统中受到拉伸作用的拉索20相连后，即可达到应有的消能和制动效果。

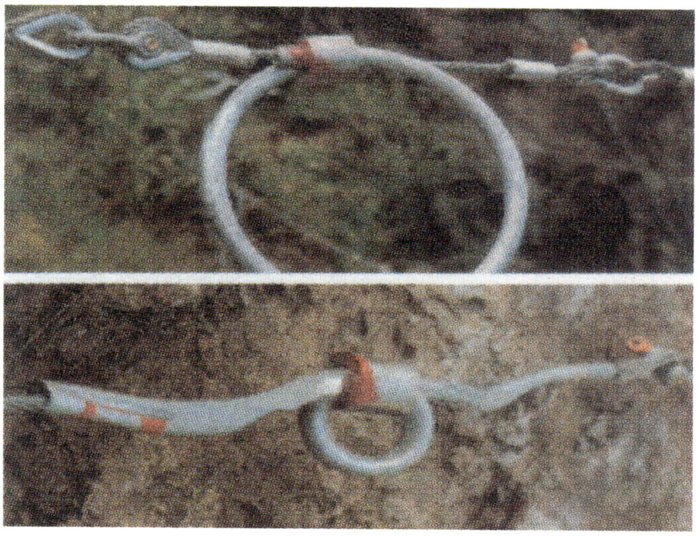

图12.6　已有缓冲装置图

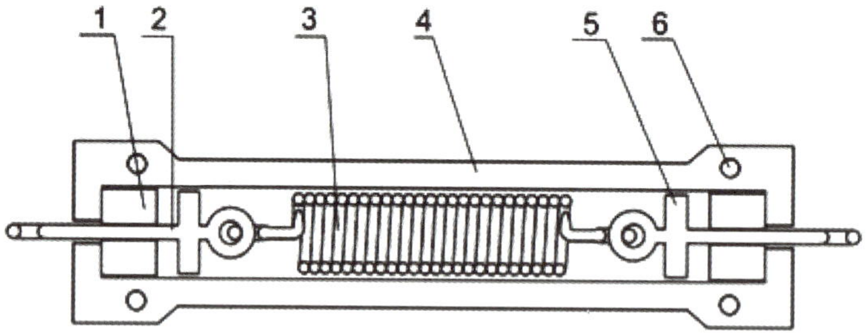

图12.7　缓冲器剖面图

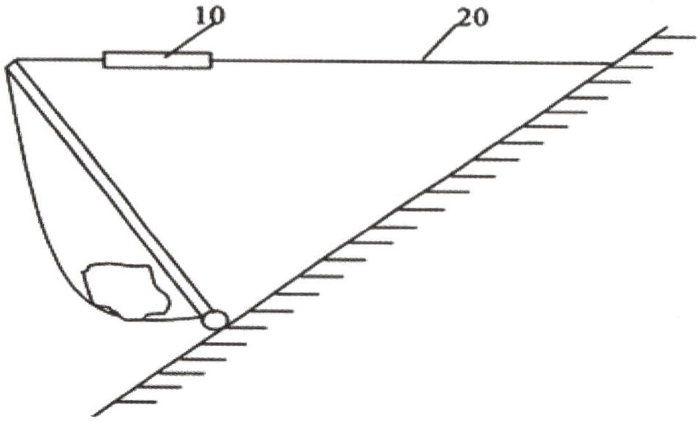

图12.8　缓冲器在系统中的位置图

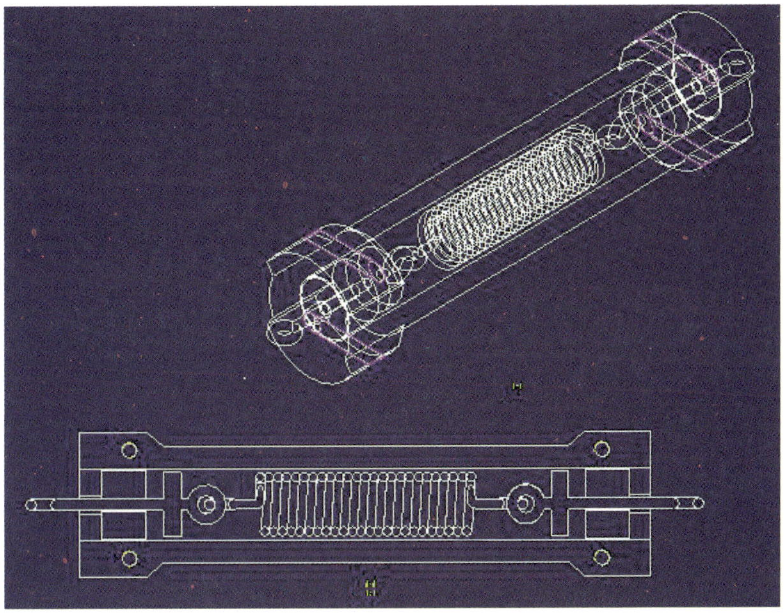

图 12.9　缓冲器透视图

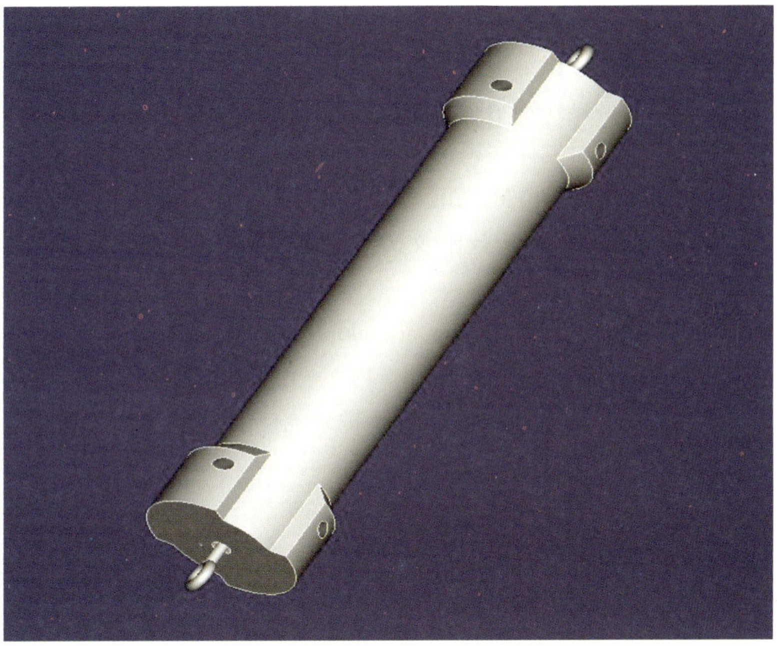

图 12.10　缓冲器三维视图

本发明用于滚石灾害防治的柔性防护系统，具有消能效果好、造价低、不易损坏、容易更换配件等优点。

【获得专利】

(1) 柔性防护系统是滚石灾害防治的一种重要措施。它之所以能抵抗滚石的巨大冲击力，主要在于具有良好的缓冲性能。从理论分析来看，簧胶式缓冲器具有良好的缓冲性能。

(2) 簧胶式缓冲器不仅具有较长的缓冲距离，而且还具有可控的恢复能力。

(3) 由于簧胶式缓冲器不易被损坏，且采用了诸多标准件，致使相应的造价较低。如果将之大量应用于滚石柔性防护系统，可望在滚石灾害防治方面起到重要作用。

(4) 由于簧式缓冲器具有创新性，该项技术已被授权为国家发明专利（专利号：200720032748.5）。

综上所述，本项研究提出了针对各种石窟岩体病害的多种治理措施，但需要特别强调的是，上述治理措施的应用首先必须是建立在对石窟岩体病害的类型和形成机理的准确判断和分析的基础上，各种治理措施的具体应用应根据窟区的气候条件、环境条件、地震烈度、石窟和文物的重要性、石窟岩体的岩性、裂隙性质和发育程度、危岩体的稳定状态、渗水的类型及坡体稳定性等多种影响因素进行综合考虑，灵活地应用单个治理措施或多种治理措施的组合，针对主要的石窟岩体病害进行治理，必要时应做出对比方案进行技术、经济和环境等诸方面的综合比较，筛选出适宜的方案，切忌僵硬教条地照搬套用。

参考文献

［1］赵立新，肖成忠.龙游石窟3#洞东区洞顶围岩稳定性分析及加固措施［J］.中国科技信息，2007，18：73-74.

［2］孙满利，王旭东，李最雄，等.交河故城瞭望台保护加固技术［J］.岩土力学，2007，28（1）：163-168.

［3］张咸恭，王思敏，张倬元.中国工程地质学［M］.北京：科学出版社，2000.

［4］程良奎，张作眉，杨志银.岩土加固实用技术［M］.北京：地震出版社，1994.

［5］邓凡平.ANSYS10.0有限元分析自学手册［M］.北京：人民邮电出版社，1994.

［6］兰州大学文物保护中心.克孜尔尕哈石窟抢险加固工程勘察报告［R］.2008.

［7］兰州大学文物保护中心.克孜尔尕哈石窟抢险加固工程设计报告［R］.2008.

［8］李文军，王逢瑞.中国石窟岩体病害治理技术［M］.兰州：兰州大学出版社，2006.

［9］黄克忠.岩土文物建筑的保护［M］.北京：中国建筑工业出版社，1998.

［10］阳友奎，姜瑞琪.SNS柔性防护技术及其与传统边坡防护方法之比较［J］.工程地质学报，2002，10（增刊）：354-359.

［11］Nicot F, Cambou B, Mazzoleni G. Design of rockfall restraining nets from a discrete element modeling［J］. Rock Mechanics and Rock Engineering, 2001, 34（2）: 99-118.

［12］布鲁克（成都）工程有限公司.SNS柔性防护系统技术简介［S］.2000.

第十三章　结　论

13.1　主要成果与结论

以我国石窟文物抗震防护问题为研究目标，结合国内外最新研究动态和发展趋势，较为系统地研究了石窟文物抗震安全中的一些关键科学问题，从石窟围岩的工程特性及主要病害、石窟地震环境评价和未来地震危害性估计、石窟潜在地震变形及其与活动断裂的安全距离、石窟围岩及其附属建筑物动力响应特性和地震稳定性、挡墙加固型石窟和预应力锚杆（索）加固石窟围岩的动态损伤特性、石窟岩体危石（滚石）灾害的动力机理及防护对策、石窟振动安全度安全阈值、石窟文物震害防御对策等方面进行了综合研究，取得的主要进展及结论如下：

1.统计分析了石窟文物分布现状及石窟围岩特征，通过资料收集、室内试验和现场测定给出了典型石窟岩体的工程特性和动力学特征，以及附属建筑物的材料力学指标，为石窟地震稳定性分析提供了有效的力学参数；以莫高窟为例，分析研究了洞窟和附属建筑物振动特性及其对石窟抗震稳定性的影响，当窟体和附属建筑物振动速度、共振频率或自振特性（频谱、幅值、振型等参量）相差较大时，不利于抗震。结合典型灾例，从气象气候因素、地震活动、水文特征、环境工程地质条件、石窟寺结构和龛内文物自身的特殊性以及人类社会行为因素等方面分析了石窟文物病害形成的内部作用因素和外部环境条件以及病害对石窟抗震稳定性的影响，阐明了石窟围岩稳定与环境保护的关系。揭示了石窟文物的地震构造环境、地震活动性及岩土灾害特点，分析了文物保护区历史地震及其对石窟文物的作用特点，对各震害类型的形成条件和成灾规律有了明确认识。

2.结合实际震例，分析研究了强震区岩体动力破坏特征，破坏的形式、分类和特征，指出了岩体的地震动力破坏形式可以分为滑坡、崩塌、剥落、塌陷、地裂缝和岩体松动，揭示了岩体地震动力破坏具有不均匀性、丛集性、重复性、结构控制性和广泛性等特点；结合汶川地震和玉树地震，分析了四川、甘肃以及青海灾区石窟文物的震害情况，强调了低烈度地震动对石窟文物的破坏影响，指出了石窟的抗震防灾不但要重视近震对石窟的影响，远震的破坏作用也不容忽视。揭示了对甘肃境内的全国重点石窟文物有重要影响的活动断层的特征，采用地震危险性概率分析方法和地震构造法对石窟寺的地震危害性进行了预测，给出了石窟未来可能遭受的地震烈度和地震动峰值加速度；针对石窟文物抗震防灾、修缮加固的行业特点，探讨了石窟文物抗震设防标准的原则和依据，提出了不同等级文物的抗震设防目标，指出了国家级重点文物抗震设防目标只设一级，不宜采用多级设防，采用100年超越概率2%～5%较为适宜，省级重点石窟文物采用50年超越概率3%～5%较为适宜，对于具有重大文物价值的石窟（尤其是世界文化遗产）的抗震加固，更要适当提高设防标准，同时要注重考虑附近活动断层的影响。

3.应用随机法模拟近场强地震动，以改善缺少强震记录地区应用间接经验性估计方法（转换法）得到加速度的局面，并期望能够满足重大工程和特殊工程采用地震动加速度时程反应的动力分析要求。

（1）随机法预测近场地震地面运动包括两方面，即震源模型的建立和近场地面运动的预测。建立震源模型非常重要，这将影响到预测近场地震动的可行性，本文确定采用Boore、Schneider-Langer等人提出并改进的点源模型和Silva、Beresenv的有限断层模型分别进行地震动拟合研究，达到了预期效果。此方法与场地的地震地质条件相关，被认为是最有希望突破因近场区强震记录不足给测评造成困扰的方法，但有待进一步完善和更多的实践检验。

（2）强震记录是近场地震动估计的基础数据。对有强震记录的1988年肃南5.7级地震进行研究，并从多方面搜集与之相关的资料，模拟了点源产生的地震动和有限断层产生的地震动。与实际记录进行对比分析发现，有限断层方法模拟得到的峰值加速度以及峰值加速度出现所对应的特征时刻更接近实际记录；而点源模型拟合肃南4.5级地震（震源距30km）与实际记录吻合较好。另外，比较计算反应谱和记录反应谱，总体上在工程感兴趣的频段内，有限断层方法拟合的结果基本能满足实际工作的需要。

（3）以地震地质研究程度相对较高的敦煌三危山断裂作为典型实例进行建模计算，给出了活动断层基于不同设定地震下对敦煌莫高窟的影响以及近场地震动分布情况。有限断层模拟结果表明，逆走滑断层的上盘效应对地震动分布起到控制作用。通过大量的数值模拟分析，揭示了近场地震动参数分布与震级大小、断层的破裂模式、断层的性质及产状、介质条件的关系。结合强震记录资料，分别沿断层走向和垂直于断层走向进行统计分析，得到近断层强地震动衰减公式，供石窟文物或其他重大工程进行抗震设防时参考。

4.分析研究石窟所赋存的高陡岩石边坡在水平动荷载作用下的动力响应规律非常重要。通过大量的数值模拟分析对边坡的动力响应规律进行研究，发现了高岩石边坡在水平动荷载下动力响应的加速度、速度、位移三量放大系数等值线在边坡剖面上分布的规律性特点。对于一定的岩土体材料，当边坡高度在一定时，边坡动力响应的加速度、速度、位移三量会随着角度的增大而减小；当边坡的角度一定时，边坡动力响应的加速度、速度、位移三量会随着高度的增加而放大；边坡的下覆岩层的材料特性对于边坡的动力响应的加速度、速度、位移三量的放大作用的影响具有一定的规律性；边坡动力响应的加速度、速度二量受动荷载的特征周期影响较位移明显，具有一定的规律性。边坡的边缘部位对振动的反应幅值较之内部存在放大现象，坡度决定了三量分布的等值线方向的走向。其研究成果体现了高岩石边坡的地震动力响应特征，为石窟高边坡工程的防治提供了理论基础和实践依据。

5.强震尤其是浅源强震的活动特点是破坏性大，强余震多，衰减慢，将会加大地震烈度，其潜在危害性较大。历次地震震害经验表明，余震的破坏作用非常显著。给出了以大量样本量为基础的具有统计意义的中国西部主震震级与余震震级之间的经验公式，揭示了强余震的空间分布和时间分布特点。对于位于地震区的重大文物工程而言，要注意分析石窟文物在主余震等多次地震作用下的反应特性和破坏累积程度，揭示余震作用下震害程度加深的规律性，为石窟文物安全加固提供科学依据。

6.在强震多发区的重要石窟文物的抗震防护中合理考虑近场区活动断层所产生的地震变形非常重要。基于地震的断层弹性位错理论，采用地震位移水平分布的抛物线模型，研究了三维有限元的方法在地震变形计算中的应用，结合莫高窟进行了实际计算，给出了不同设定地震、断层不同活动方式下地面地震位移和应变值。

（1）莫高窟区的潜在地震变形主要产生于其东南侧的三危山断层发震，该断裂未来不能排除发生中强地震的可能。在假定三危山断层分别发生5.5、6.0和6.5级地震情况下，用三维有限元的方法分析计算了莫高窟地区的潜在地震变形，给出了在震级5.5、6.0及6.5级地震时在莫高窟区产生的最大位移分别为0.090、0.182和0.413m，最大正应变分别为1.00×10^{-5}、1.75×10^{-5}和3.12×10^{-5}，最大剪应变分别为1.5×10^{-5}、3.98×10^{-5}和7.2×10^{-5}。

（2）通过对发震断裂逆断、正断和水平走滑三种不同活动方式下地表变形的研究，定量揭示了断层不同活动方式下的地震应变与位移的分布规律及设定震级、断层倾角对地震地表变形分布的影响。研究结果表明，断层不同活动方式下的地震地表变形分布各有自身的规律和特点，断层水平走滑运动方式发震比逆冲运动方式发震产生的地震变形要强，不论断层活动方式、断层产状及震级如何，地震地表变形分布规律在断层上下盘均存在明显的差异。这些分布特征可作为近活动断层工程抗震设计时的参考。

（3）如何确定重大工程活断层的安全距离，目前尚无解决的成熟技术途径，只能结合经验、数值模拟和可能的试验结果进行综合判断，本项研究提出的采用有限元数值模拟方法综合分析活动断裂可能发生的地形变的方法是可行的。鉴于重大石窟文物的重要性，不仅要考虑地震力对石窟围岩的作用，也要认真分析在较大震级时断层错动或破裂对石窟岩体直接产生的地震变形，分析探讨石窟文物活断层安全距离问题，可以为石窟文物的保护提供更充分的依据和更大的信心。本项研究提出的稍稍保守的不同类型围岩的石窟的安全距离，可以为强震区石窟文物安全防护提供依据。

7.建立了考虑岩体在节理裂缝处以及石窟和附属结构之间的动接触问题的动力有限元分析方法，提出了锚杆单元理论和计算模型，编制完成了动力有限元分析软件，采用二维、三维模型，通过对不同峰值加速度、频谱、持续时间的动荷载作用下石窟围岩位移场、应力场分布特征的数值模拟计算，揭示了石窟岩土体及其附属构筑物在地震作用下的动态响应和变化规律。

8.开挖在半胶结弱质砾岩直立边坡上的薄顶、薄底、薄墙、无衬砌密集洞群，是西北地区石窟文物的突出特征。以莫高窟为实例，分析研究了挡墙加固型石窟的动态损伤特性，同时以莫高窟人字批顶结构的254号石窟为例，采用三维有限元分析方法，计算分析了竖向地震荷载作用下不同模型的拉应力分布规律，揭示了石窟中心塔柱对石窟岩体抗震能力的影响，指出了窟体防护加固的重点部位。

（1）莫高窟加固工程是在20世纪50年代末、60年代中期和80年代以后分三批完成的。50年代加固范围很小，60年代加固规模最大，80年代加固是整个加固工程的扫尾工作。60年代加固工程，根据洞窟岩体的危险程度，按照先急后缓，先抢救后完善的原则进行。应该说，整个加固工程的安排是合理的。加固工程的质量，即对岩体的加固效果，可从不同的方面去评判。而其中加固工程施工之后岩体中裂隙的发展是否得到制止，工程构筑物自身是否正常运行，即能否达到原有的设计效果，是对加固工程质量最有权威的证明。60年代加固工程中的一期四工点和五工点，是莫高窟洞窟最密集，崖体高度最大，崖体中的卸荷裂隙发育最完善，加固前最危险的地段。加固工程施工之后，这些地段岩体中裂隙发展得到了有效制止。

（2）从加固效果看，莫高窟的加固工程是成功的，虽然过大地改变了窟区外貌，但它及时防止了危岩的进一步形成与发展以及石窟岩体大面积的崩塌现象。加固工程采取的顶、挡、刷的设计方案，是符合莫高窟实际情况和当时的施工水平的。但后期加固段因附属建筑物埋深较小，或因崖体地形限制，部分构筑物基础位于砂砾石层上，墙或柱有沉降或变形迹象，整体稳定性较差。部分区段危岩尚未加固或加固不合理，对于石窟抗震也是一个潜在威胁。大量计算结果分析表明，洞室尺寸大小、窟群组合特性（隔墙宽度等）、岩体物理力学性质、洞窟上方山体厚度、支挡结构与石窟岩体的振动特性、地震作用特点等是其中最重要的影响因素。强度大、持续时间长、长周期的地震动对石窟的危害更为严重。

（3）计算分析结果表明，绝大部分附属建筑物自身稳定性较好，部分区段由于挡墙的变形对洞窟岩体的稳定性不利，洞窟由于受自身特性的影响，也存在着一些抗震不利因素。在未来遭受大震袭击时，石窟岩体的震害主要有以下几种类型：①石窟崖体大面积崩塌；②石窟洞脸岩体塌落；③窟顶岩体塌落、开裂；④洞群隔墙毁坏；⑤洞窟内前段岩体坍塌；⑥窟内文物破坏；⑦裂隙处、抗震缝处岩体以及支挡结构与石窟围岩联结部位处岩体产生较大变形。这些部位属抗震薄弱环节，是窟体防护重点。

9.建立了锚杆、锚索技术（无预应力、有预应力）加固石窟岩体的理论分析方法和数值模拟技术；通过对无裂隙无锚杆、有裂隙无锚杆、有裂隙有锚杆和有裂隙有预应力锚杆4种模型的分析，定量分析了不同类型石窟在不同地震荷载作用下的动力响应和震害机制，研究了锚杆（锚索）在石窟岩体加固中的作用。运用Newmark隐式时间积分有限元法并采用黏-弹性人工边界，计算了不同地震动作用下不同的围岩材料对洞室地震反应的影响，并通过改变洞室围岩材料的参数，计算了洞室的地震反应，分析了注浆加固围岩的减震效果。

（1）锚（杆）索技术是近几十年发展起来的一种岩体稳定性加固技术。它可充分发掘岩土材料本身固有的能量，最大限度地调动岩土介质内在的强度和潜力，并设法加强岩土体的自承和自稳能力，使岩土体保持长期持续稳定，尽可能地约束其变形的有害增长。以控制论的观点认为锚固方法应属于一种主动控制措施，这比之如莫高窟所采用的挡土墙结构（属一种被动控制），在构思上似乎更为优越，是一种较理想的先进技术手段。锚杆支护还具有良好的变形适应性和施作的灵活性，它可以随时根据围岩地质条件的变化，方便地调整锚杆的类型和布设参数。在文物加固工程中可以做到修旧如旧，保持原来的自然和人文景观。

（2）分析计算结果表明，预应力锚索加固技术具有良好的抗震加固性能，加固后的石窟山体能够较好地满足基本地震烈度Ⅶ度的抗震要求。榆林窟砾岩的裂隙两壁有相当厚的一层风化松散层，同时裂隙中又充填了大量无法清除的沙土、碎石，因此平行于崖面的裂隙的加固效果对岩体的整体稳定性影响很大。在Ⅷ度地震作用下，基本上能满足抗震要求，但安全储备不高。在遭遇更大强度的地震袭击时，榆林窟将遭遇严重破坏。

（3）以洛阳龙门石窟和大同云冈石窟为研究对象，阐述了地震荷载下洞窟围岩损伤的影响因素，从地震动的不同工程特性、不同输入方向等方面入手，分析研究了不同地震作用下洞窟围岩的位移、速度和应力动态变化特征，揭示了围岩在不同地震作用下可能出现的拉性、压性以及剪性破坏，总体上，洛阳石窟的抗震性能明显强于大同云冈石窟。

10.中华人民共和国成立后三十多年的石窟文物工作的重点主要是“抢险加固”，防止石窟大面积的崩塌，当时缺乏全面的论证。尤其对地震荷载的估计缺乏概率意义上的抗震设防标准，石窟稳定性的安全储备不高，这对于需要永久保护的国家重点文物，显然是不够的。大量数值模拟计算结果和震害经验表明，对于我国的大部分石窟而言，在遭受当地地震基本烈度（50年超越概率10%）地震影响时，其整体抗震稳定性基本上能得到保证；在遭受50年超越概率2%～5%地震影响时，一些石窟群的部分区段将遭到较大程度的破坏；在遭到更大强度的地震影响（100年超越概率2%～5%）时，一些尚未加固或加固效果较差的石窟的整体抗震稳定性将得不到保证。可以说，我国许多大型的石窟群所面临的抗震形势还很严峻，抗震现状不容乐观。

11.分析研究了地震引发滚石灾害的主要类型和基本特征，揭示了引发滚石灾害的四种模式和致灾机理，从工程的角度建立了一套计算边坡滚石运动轨迹的计算公式；针对预应力锚索加固危岩体的特点，以某危岩体加固工程的3个典型工程剖面为实例，通过对不同动荷载作用下预应力锚索加固的危岩位移场、应力场分布特征的数值模拟计算，揭示了预应力锚索加固危岩体在地震作用下的动态响应和变化规律。分析结果表明，预应力锚索（锚杆）加固的危岩体在预应力锚索（锚杆）的作用下，控制了边坡岩体向临空面的位移并向坡体内压密，引起内部应力的重新分布，调整了岩体的自稳能力，起到了加固边坡的效果。

12.针对洞窟上覆岩体裂隙性状，提出了利用反分析法来确定岩体裂隙的抗剪强度（C，Φ）值来进行石窟边坡的锚杆加固设计方法。该方法对于在无法进行试验确定岩体抗剪强度（C，Φ）值的石窟尤为适用。

13.提出了不同石窟振动安全度安全阈值（环境振动、爆破振动），根据窟区岩体的临界剪应变值和现场实际模拟试验结果，砾岩、砂岩型石窟：爆破振动的防护速度阈值，采用$V\leqslant 0.4$mm/s，环境振动安全控制标准为$V\leqslant 0.2$mm/s。灰岩、结晶岩型石窟：爆破振动安全防护标准为$V\leqslant 0.5$mm/s，环境振动安全控制标准为$V \leqslant 0.25$mm/s。以此为防护标准，对拟采用的锚索加固技术所产生的振动情况进行了分析测试，较好地反映了该施工工艺引起的振动效应的实际情况，并对其安全性进行了评估，提出了合理化建议，为莫高窟崖体的加固施工提供了重要依据。

14. 提出了敦煌莫高窟地震监测系统建设方案并付诸实施。该系统包括由9个数字测震台站组成的小孔径同心圆台阵和8个不同高度、不同位置的强震动台站组成的振动监控立体观测台阵以及莫高窟地震监测台网中心。该系统是国内首个专门针对重大文化遗产的地震监测工程，对于提高对莫高窟及邻近地区的地震活动监测能力和地震危险性分析研究，全天候对洞窟岩体和窟内文物的振动防护监测以及开展石窟动力响应分析和抗震加固研究具有十分重要的意义，社会效益显著，同时对于国内外同类重大文化遗产地震安全防护具有典型的示范引领作用。

15. 提出了建立石窟文物防灾减灾综合体系建设的重要性，遵照“抢救第一、保护为主、加强管理、合理利用”的文物工作方针，提出了灾前防御对策、震时应急对策和灾后恢复对策。在归纳分析国内石窟寺加固方式和特点的基础上，提出了石窟文物抗震防护加固的原则，从危岩体（危石）、岩体裂隙病、洞窟加固、陡岩边坡和崖面风蚀、窟顶危岩体塌落、滚石灾害等方面提出了工程技术措施。

16. 发明了一种用于滚石柔性防护系统的簧胶式二级受力缓冲器，它由弹簧、弹簧仓、拉环、挡体的金属杆、橡胶缓冲垫片组成，并申请获得了专利（专利号：ZL 200720032748.5）。该项发明克服了现有钢绳拦石网中摩擦制动环缓冲的弹性变形有限、消能效果差、造价高和容易损坏等技术缺陷，用于钢绳拦石网中，能够发挥很好的滚石防治效果。

13.2 存在的问题和建议

石窟文物震害特征及其防护研究同工程实践相结合，是今后面临的重要课题和发展趋势。目前，文物保护部门和工程界迫切要求科研部门能够提供石窟地震灾害的定量预测研究结果和抗震防护技术措施，以便能够指导石窟文物的抗震防灾工作。本项研究较好地实现了上述目标，在实施期间，坚持“科研工作要与工程实践紧密结合，成果要及时转化为生产力，为社会经济服务”的宗旨，根据石窟管理部门、文物保护部门的需求，开展了许多有针对性的研究内容，用于石窟岩体的抗震加固和科学保护，受到文物保护单位的好评。但由于我国的石窟类型多且很复杂，限于研究经费不足等原因，要想解决石窟文物保护领域中的所有地震问题，绝非易事。因此，对于西南广大的石窟摩崖造像涉及的比较少。今后应进一步扩大研究区域，加大南方地区石窟文物抗震防护技术研究，使研究成果不断得到发展和完善，更好地服务于我国的文物保护事业。同时由于受文物保护方面的限制，岩土力学基础资料获得的难度很大，影响了资料的准确程度，今后应加强对石窟岩体无损勘察技术研究。同时，也应重视对与石窟岩体类型、病害特征相匹配的新型加固材料的研发。

历史留给我们丰富而珍贵的文化遗产,同时也赋予我们不容推卸的保护重任。建议有关部门继续加大对石窟文物风险管控和科学保护关键技术研究的支持力度，特别是要很好地考虑将地震风险同文物保护有机地结合起来，并开展相应成果的示范应用及效果评估，进而形成行业技术规范，使得研究成果更具实效性和推广应用性。

致 谢

石窟文物地震安全评估和抗震防护技术对策研究项目在立项过程中，得到了国家自然科学基金委员会、科学技术部基础研究司和中国地震局科学技术司的高度重视和支持，在项目实施过程中，得到了中国地震局科学技术司的大力指导和帮助，同时也得到了甘肃省地震局、中国地震局兰州地震研究所、敦煌研究院、兰州交通大学、大同云冈石窟文物研究所、兰州大学土木工程与力学学院、洛阳龙门石窟文物研究所、新疆文物局、新疆地震局等单位的大力支持，在此一并表示感谢！

在石窟现场考察期间，得到了各有关石窟管理部门工作人员的配合和支持，他们为现场测试和资料收集提供了很多便利，为项目的顺利实施和完成发挥了重要作用，在此向上述部门和单位表示衷心的感谢！

在项目执行和本书编写期间，甘肃省地震局、中国地震局兰州地震研究所科技发展处、发展与财务处和黄土地震工程研究室提供了支持和便利条件，谨此表示诚挚的谢意！

最后，向所有为本项研究和本书编写提供帮助和支持的领导和同事以及关心石窟文物保护事业的人们表示衷心的感谢，让我们共同努力，为祖国的文物保护事业做出更积极的贡献！